BASTEI
LÜBBE
STARS

Über den Autor:

René Weis, geboren 1953, ist Professor für Englische Literatur am University College London. Er vermittelt Historie auf unterhaltsame Weise, indem er mit detektivischem Spürsinn die Fakten analysiert und spannende Geschichten erzählt. René Weis lebt in London.

René Weis

Die Welt ist des Teufels

Die Geschichte der letzten Katharer 1290–1329

Aus dem Englischen von Anni Pott

BASTEI LÜBBE STARS

BASTEI LÜBBE STARS
Band 77042

Vollständige Taschenbuchausgabe
der im Gustav Lübbe Verlag erschienenen Hardcoverausgabe

Bastei Lübbe Stars und Gustav Lübbe Verlag
in der Verlagsgruppe Lübbe

Titel der Originalasugabe:
The Yellow Cross: The Story of the Last Cathars 1290 – 1329

Published by arrangement with VIKING, The Penguin Group UK,
80 Strand, London WC2R ORL, England

Aus dem Englischen von Anni Pott
Textredaktion: Babara Lauer, Bonn
Umschlaggestaltung: Bianca Sebastian nach einem Entwurf
von Guido Klütsch unter Verwendung eines Fotos
der British Library, London, UK/Bridgeman Art Library, London
BL 53185 (»Vertreibung der Albigenser aus Carcassonne«,
aus der *Chronik Frankreichs, von Priamos, König von Troja,
bis zur Krönung Karls VI.*,
aus der Werkstatt des Boucicaut-Meisters, 1388)
Satz: Dörlemann Satz GmbH, Lemförde
Druck und Verarbeitung: Ebner & Spiegel, Ulm
Printed in Germany, Oktober 2005
ISBN 3-404-77042-0

Für Jean Duvernoy
und Emmanuel LeRoy Ladurie

INHALTSVERZEICHNIS

EINLEITUNG
AUF DEN SPUREN DER LETZTEN KATHARER

Anfang des 14. Jahrhunderts startete die Inquisition von Carcassonne gegen eine kleine, in einem abgelegenen Winkel der Pyrenäen gelegene Gemeinde von Häretikern einen Großangriff. Diese Ketzer waren als Katharer bekannt. Ihrem Glauben zufolge war der Teufel genau wie Gott ewig, und die materielle Welt und das Fleisch waren nach ihrer Überzeugung eine Schöpfung des Teufels. Die Ursprünge dieser dualistischen, manichäischen Häresie reichen mindestens bis ins 11. Jahrhundert zurück. Das Wort »Katharer« kommt wahrscheinlich aus dem Griechischen, *katharós*, was so viel wie »rein« oder »gereinigt« bedeutet (*pace* Duvernoy, 1976, S. 303). Ihre Theologie wurde wohl von der östlichen Metaphysik beeinflusst.

Unter allen mittelalterlichen Häresien stellt der Katharismus die verblüffendste und anachronistischste Erscheinung dar. Ein abweichlerischer Glaube, der sich im Kern seiner Lehre durch Güte und das Versprechen auf eine universale Erlösung auszeichnete. Er war vom Neuen Testament inspiriert, und die geistlichen Führer der katharischen Kirche, die so genannten *Parfaits*, die »Vollkommenen«, oder *Bonshommes*, die »guten Menschen«, eiferten Christus und seinen Jüngern nach. Die Katharer lehnten jede Form des Tötens sowohl menschlichen als auch tierischen Lebens ab. Und wie Christus waren sie bereit, denjenigen zu vergeben, die sie verfolgten. Es ist erstaunlich, in der fernen Vergangenheit einer derartigen Philosophie zu begegnen, und noch erstaunlicher zu erfahren, dass ihretwegen im 13. Jahrhundert im Languedoc Zehntausende gewöhnlicher Männer und Frauen ihr Leben aufs Spiel setzten. Das Mittelalter wird allgemein als eine grausame und finstere Zeit gesehen, in der die Kirche das absolute Sagen hatte und man der Überzeugung war, dass sich die Sonne um die Erde dreht. Der Katharismus stellte insofern einen Leuchtturm in jener Finsternis dar, als er den Menschen ein moralisches und geistiges Modell anbot, dessen Idealismus in der Geschichte Europas kaum seinesgleichen fand.

In solch gegensätzlichen Bildern von Licht und Finsternis betrachteten die Katharer auch ihre Lehre und die der etablierten römisch-katholischen Kirche. Diese dürften sie wohl dem Johannes-Evangelium entnommen haben, das sie mehr als jeder andere biblische Text inspirierte.

Im dritten Vers des Johannes-Evangeliums lasen sie, dass »im Anfang« alles Leben durch das Wort, Gott, den Schöpfer, geworden war: »… und das Leben war das Licht der Menschen. Und das Licht leuchtet in der Finsternis, und die Finsternis hat es nicht erfasst.« (Joh 1,4-5)

Die Fleischwerdung Christi war nach demselben Evangelium das Ergebnis eines geheimnisvollen Aktes des göttlichen Willens. »Das wahre Licht, das jeden Menschen erleuchtet, kam in die Welt.« (Joh 1,9) In ihm wurde das Wort Fleisch, und durch Christus, Gottes »eingeborenen Sohn«, kam das Licht »in die Welt, und die Menschen liebten die Finsternis mehr als das Licht; denn ihre Taten waren böse. Jeder, der Böses tut, hasst das Licht, damit seine Taten nicht aufgedeckt werden. Wer aber die Wahrheit tut, kommt zum Licht, damit offenbar wird, dass seine Taten in Gott vollbracht sind« (Joh 3,19-21).

Die starke Mystik des Johannes-Evangeliums fand einen bemerkenswerten Nachhall im katharischen Glauben und hat diesen tiefgreifend beeinflusst. Abgesehen vom Vaterunser gab es keinen Teil der Heiligen Schrift, der eine so maßgebende Rolle spielte bei dem Ritual, das bei der Spende des wichtigsten katharischen Sakramentes, des *Consolamentum*, der Tröstung, vollzogen wurde. Der Begriff Consolamentum wurde ebenso für die Ordination der katharischen Geistlichen wie für die Tröstung der Sterbenden verwendet. Bei beiden Zeremonien legte ein Geistlicher, der tröstende Parfait, dem Betreffenden die Hände und das Johannes-Evangelium auf, jenes »kleine Buch«, das von verschiedenen Zeugen solcher Ereignisse mehrfach erwähnt wurde.

Das Johannes-Evangelium lieferte den Katharern die biblische Grundlage für ihre höchst metaphorischen und symbolischen Interpretationen der biblischen Mysterien. Ihre Feindseligkeit gegenüber dem menschlichen Körper und seinen physischen Bedürfnissen und Ritualen war in der Vision des Johannes vorweggenommen worden, wonach das Wort ohne die Hilfe der Jungfrau Maria Fleisch geworden war, die, auch wenn sie unbefleckt war, nichtsdestotrotz körperlich eine Frau war. Die katharischen Parfaits predigten, dass Christus selbstredend nicht aus dem Schoß einer leibhaftigen Frau geboren worden sein konnte und die jungfräuliche Geburt nur symbolisch zu verstehen war. Christus war nicht durch Maria geboren, sondern hatte in ihr »verschattet« gewohnt. Und genauso war ihrer Meinung nach leicht nachzuweisen, dass es sich bei der Verwandlung von Brot und Wein in das Fleisch und Blut Christi um eine Absurdität handelte, denn der Leib Christi würde nie reichen, um so verzehrt zu werden – ganz zu schweigen von der Tatsache, dass sein verwandelter Leib in dem Falle nach der Messe die Gedärme der Priester durchwandern würde.

Dass die Katharer eine so ausgesprochen negative Einstellung zum menschlichen Körper hatten, war tief in ihrer Metaphysik verwurzelt, die besagte, dass der Teufel die Seelen nach ihrem Fall aus dem Himmel in »Gewänder« oder Körper gehüllt hatte. Die ewige Seele eines jeden Menschen gehörte Gott, die unbeständige und dem Verfall anheim gegebene Materie dem Teufel. Entsprechend dieser Logik erfolgte die Auferstehung des Getrösteten nicht, wie die katholische Theologie behauptete, in seinem Körper, sondern in rein geistiger Form, wonach die Seele zum Himmel stieg, um dort ihrem Schöpfer zu begegnen. Starben ein Mann oder eine Frau ohne den Segen der katharischen Tröstung, so war es ihrer Seele beschieden, in den Leib eines anderen Lebewesens, Tieres oder Menschen, zu wandern, und zwar so lange, bis sie schließlich den Leib eines »guten Christen« gefunden hatte. Für die katharischen Gläubigen war die physische Welt angefüllt mit umherirrenden Seelen auf der Suche nach der richtigen Inkarnation, die sie letztendlich zur Erlösung führte.

Sobald ein Sterbender oder sterbenskranker Mensch aus den Händen eines Parfaits oder von einem Bonhomme die Tröstung empfangen hatte, war es ihm verboten, außer Wasser noch irgendeine Form von Nahrung zu sich zu nehmen. Dieser Zustand, dem Tod geweiht zu sein und die Erlösung fastend zu erwarten, wurde *Endura* genannt. Dieses Fasten bis zum Tode sollte die erlösende Wirkung der Tröstung gewährleisten. Von nun an befand sich der Sterbende in einem Gnadenzustand und durfte von Frauen nicht mehr berührt werden. Ein Glück für diejenigen, die die Tröstung erst kurz vor ihrem Tod empfingen, während für andere ein langsamer und qualvoller Hungertod begann.

Wie die Betonung des Nahrungsverzichts nach dem Empfang der Tröstung verdeutlicht, spielte die Frage der Ernährung im Katharismus eine bedeutende Rolle. Während der gewöhnliche katharische Gläubige, der so genannte *Credens* (Plural: *Credentes*), die Freiheit hatte, alles, auch Fleisch, zu essen, mieden die Parfaits jede mit tierischem Fett verbundene Nahrungsquelle, einschließlich Eier. Ihre Hauptnahrungsmittel waren Brot und Fisch, den sie in Maßen verzehrten. Fisch war nur deshalb erlaubt, weil man davon ausging, dass die Fortpflanzung von Fischen im Wasser frei von der mit dem Geschlechtsakt unter Säugetieren verbundenen Verderbtheit war.[1] Diese Abscheu vor Fleisch war auch der Grund, warum die Parfaits schwangere Frauen mieden. Der Fötus war, dem strengen Katharismus zufolge, eine Schöpfung des Teufels, die auf ihre Heil bringende Seele wartete. Überdies gab es einige katharische Versionen vom Sündenfall, die besagten, der Teufel habe die Seelen aus ihrem himmlischen Reich weggelockt, indem er eine schöne Frau hineingebracht hatte, die alle Seelen besitzen wollten. Frauen galten somit von Anfang an als ein Instrument des Sündenfalls und als Kreaturen des Teufels. Trotz dieses Frauenhasses hat es in der Zeit bis zum Fall von Montségur 1244 katharische *Perfectae* (weibliche Vollkommene) gegeben, und ebenso haben Frauen auch in der Geschichte der letzten Katharer eine entscheidende Rolle gespielt.

Die Anhänger der Katharer wurden durch das Vorbild beseelt. Die Opfer, die die Bonshommes brachten, waren, wie wir im Laufe dieser Geschichte noch sehen werden, ebenso zahlreich wie legendär. Während sie wahrhaft den Spuren Christi zu folgen schienen, schlugen ihre Feinde, die katholischen Priester, vorzugsweise den Weg des süßen, ausschweifenden Lebens ein. Den Worten des Parfaits Pierre Authié zufolge, an dessen Apostolat man sich im Languedoc bis auf den heutigen Tag erinnert, mussten die Menschen wählen zwischen der verfolgten katharischen Kirche, »die sich auf der Flucht befindet und vergibt, und der anderen, die Fesseln anlegt und schindet: Erstere folgt geradlinig dem Weg der Apostel und lügt und betrügt nicht; Letztere ist die Kirche Roms« (FR, f.249v).

In einer Zeit, in der das menschliche Leben unsicher und ständigen Gefährdungen ausgesetzt war und die Erlösung in der nächsten Welt als Entschädigung für all die Sorgen und das Leid in der hiesigen gesehen wurde, überrascht es nicht, dass so viele Menschen es vorzogen, sich der katharischen Kirche anzuschließen, zumal diese sich einer beträchtlichen Unterstützung durch die politisch Mächtigen in der Region erfreuen konnte.

Mitte des 12. Jahrhunderts war der Katharismus so verbreitet, dass Papst Alexander III. 1179 sich beim 3. Laterankonzil veranlasst sah, die Katharer öffentlich anzuprangern. Sie vergifteten den Geist des gemeinen Volkes, erklärte er, und hätten sich in der Gascogne, in der Gegend von Albi und Toulouse wie auch andernorts massenhaft verbreitet. Zwischen 1209 und 1255 wurden die Katharer im Languedoc, das in jener Zeit nicht zu Frankreich gehörte, unerbittlich verfolgt. Die Herausforderung, die sie für die etablierte Kirche darstellten, war in dieser Region am stärksten, was wohl darauf zurückzuführen war, dass sie hier den Schutz mächtiger Sympathisanten und absolut unabhängiger Kriegsherren wie der Grafen von Foix und Toulouse sowie der Trencavels von Carcassonne genossen.

Als Reaktion auf die Ermordung seines Legaten Pierre de Castelnau im Jahr 1208 rief Papst Innozenz III. zu einem Kreuzzug gegen die »Albigenser« auf, wie die französischen Invasoren, die den Kreuzzug anführten, die Häretiker (nach der Stadt Albi am Tarn) nannten. Sie brachten Tod und Zerstörung über das Land. Den Massakern von Béziers (1209), Minerve (1210) und Lavaur (1211) wurde in dem mundartlich verfassten zeitgenössischen Epos über die Kreuzzüge von Simon de Montfort, der *Chanson de la Croisade Albigeoise*, gedacht. Die Erinnerung an die Verwüstung, die Montfort und seine Kreuzfahrer in der Region anrichteten, lebt bis auf den heutigen Tag in der lokalen Überlieferung weiter. Das Blutvergießen endete erst mit dem Fall der katharischen Festungen Montségur (1244) und Quéribus (1255).

Der Katharismus war von den französischen Kreuzfahrern zurückgedrängt, aber nicht ausgemerzt worden, und Papst Gregor IX. hatte 1233 den Dominikanern die weitergehende Unterdrückung der Häresie anvertraut. Einer von ihnen war der Inquisitor Geoffroy d'Ablis, der fast genau 100 Jahre nach dem Ersten Kreuzzug von 1209 die Vernichtung der letzten Katharer vorantrieb. Bis zum Jahr 1310 waren die führenden Köpfe der katharischen Renaissance auf den Scheiterhaufen von Carcassonne und Toulouse gestorben. Ein Jahrzehnt später ließ der Bischof von Pamiers, ein Zisterzienser namens Jacques Fournier, die Übrigen hinrichten, sodass 1325 die Kraft des Katharismus endgültig gebrochen war, der nie wieder aufleben sollte.

Dieses Buch erzählt die Geschichte vom Untergang der Katharer zwischen 1290 und 1329. Die Inquisition hatte inzwischen ihre Stoßkraft auf eine Reihe kleiner Bergdörfer im so genannten Sabarthès konzentriert, einer Gegend des Languedoc mit der Stadt Ax-les-Thermes, einem Heilbad, als Zentrum. Aus dieser wichtigen Grenzstadt an den Toren des heute autonomen Fürstentums Andorra und der Region Katalonien in Spanien ging im ausgehenden 13. Jahrhundert aus einer begabten, wohlhabenden und etablierten Familie namens Authié eine neue katharische Führungselite hervor. Sie sollte jedoch zusammen mit anderen Parfaits am Ende in den Flammen der Inquisition ihr Leben lassen. Von ihren gläubigen Anhängern, wozu die Mehrzahl des einfachen Volkes im Ariège gehörte, ist allerdings nur von einer Person, einem gewissen Guillaume Fort aus Montaillou, amtlich festgehalten, dass er im Zuge der beschriebenen Unterdrückung sein Leben auf dem Scheiterhaufen verlor.

In der Gesamtheit der blutbefleckten Annalen des mittelalterlichen Languedoc ist diese letzte Auseinandersetzung zwischen der Kirche und ihren Gegnern kaum mehr als eine Fußnote wert. Die geringe historische Bedeutung dieser Ereignisse wird jedoch durch die Faszination Lügen gestraft, die sie ausgeübt haben, seit die entsprechenden Protokolle gegen Ende des 19. Jahrhunderts öffentlich zugänglich gemacht wurden. Damals wurden die umfangreichen Fournier-Akten, nachdem sie in den Archiven des Vatikans in Rom über Jahrhunderte hinweg halbwegs in Vergessenheit geraten waren, zum ersten Mal auf breiter Ebene bekannt. Wie Emmanuel LeRoy Ladurie es in seinem meisterlichen Buch über das Dorf Montaillou formulierte, ähnelt der okzitanische Katharismus einem toten Stern, der nach einer

Eklipse von fünf Jahrhunderten wieder ein kaltes und faszinierendes Licht ausstrahlt.[2]

Der Schlüssel für die Anziehungskraft dieser Geschichte liegt in der Natur der in den Protokollen von Geoffroy d'Ablis (MS 4269) und insbesondere von Jacques Fournier (MS 4030) enthaltenen Zeugnisse. Das Durchblättern der beiden Handschriften vermittelt das Gefühl, vor dem geistigen Auge liefe ein Dokumentarfilm über eine sieben Jahrhunderte zurückliegende Geschichte ab, so lebendig und anschaulich ist der hier gewährte Einblick ins mittelalterliche Leben des Languedoc. Ähnlich wie Alice im Wunderland überkommt den Leser der Eindruck, ein Land betreten zu haben, in dem nichts so ist, wie er es erwartet hätte. Und das Erstaunlichste ist, dass diese mittelalterlichen Texte ein Spiegel unserer eigenen Erfahrungen des alltäglichen Lebens an der Schwelle zum dritten Jahrtausend sind.

Die Texte bergen für uns natürlich einige kleinere Schwierigkeiten – so bei manchen Frauenvornamen. Während Namen wie Raymonde und Béatrice nach wie vor geläufig sind, sind andere wie Alamande, Alazais, Brune, Esclarmonde, Gauzia, Guillemette, Mengarde, Montane, Rixende und Serafina mittlerweile aus der Mode gekommen. Wenn man sich jedoch mit den Dokumenten befasst, dauert es nur relativ kurze Zeit, bis auch sie vertraut sind.

In diesen Handschriften aus dem 14. Jahrhundert werden die Häuser und Dörfer des mittelalterlichen Sabarthès auf eine Weise lebendig, die in der europäischen Geschichtsschreibung wohl einmalig ist. Wir werden in Ax-les-Thermes, Junac, Larnat, Luzenac, Montaillou und darüber hinaus in Katalonien in die Häuser des 13. Jahrhunderts geführt, wo wir Menschen beobachten können, die andere Menschen belauern: militante Katharer, die sich bei Nacht auf Dachböden, in Kellern, Scheunen und Taubenschlägen versammeln, deren Türblätter und -rahmen zum Schutz vor Entdeckung mit List und Geschick schallgedämmt wurden. Diese Dörfer samt der hinein- und hinausführenden Wege sind ebenso wie die umliegende Landschaft bis heute weitgehend erhalten geblieben und meist noch durch denselben Namen identifizierbar.

Welch ungemeinen Wert diese überaus umfangreichen Inquisitionsakten darstellen, wurde schon vor langem erkannt. Die einzelnen Teile des Puzzles sind bisher jedoch noch nie zu einem Ganzen zusammengefügt worden, was vielleicht damit zu erklären ist, dass einzelne Protokolle, wie etwa die lange Zeugenaussage des Pierre Maury, bereits für sich allein einen faszinierenden und in sich geschlossenen Untersuchungsgegenstand darstellen. Wenn die bislang über diese Unterlagen veröffentlichte Literatur in dieser Hinsicht gelegentlich Irrungen unterliegt, kommt dies von ihrem Eklektizismus.

Dieses Buch versucht aufzudecken, was wirklich während der Inquisitionstätigkeit von d'Ablis und Fournier geschah, und in dieser Hinsicht erwiesen sich meine Recherchen wahrlich als detektivische Arbeit. Es genügte mir zum Beispiel nicht, einfach nur festzustellen, dass alle Einwohner des Dorfes Montaillou an einem bestimmten Tag im Spätsommer oder Frühherbst des Jahres 1308 verhaftet worden waren. Vielmehr wollte ich herausfinden, warum es zu ebendiesem Zeitpunkt dazu kam, ob es irgendeine entscheidende Verbindung zwischen dieser Verhaftungswelle und einer früheren Durchsuchung des Dorfes im Mai desselben Jahres gab und wie es den Schergen der Inquisition gelingen konnte, das Dorf völlig ahnungslos zu überfallen.

Wie immer, wenn es um Montaillou ging, war entscheidend, zu verstehen, welche Rolle die mächtigste Familie des Dorfes bei all diesen Ereignissen spielte. Ihre Mitglieder saßen in den Jahren von 1290 bis 1320 wie Spinnen im Zentrum des Widerstandsnetzes gegen die Kirche und waren unglaublich vermögend. Dass sie beim Wiederaufleben des Katharismus eine maßgebende Rolle spielten, ist seit langem bekannt, aber wie sie ihre Verbindungen zur Inquisition zur Durchsetzung ihrer Interessen nutzten, ist nie ausreichend untersucht worden. Und ebenso wenig ist hinreichend erklärt worden, wie es am Ende dazu kam, dass sie doch noch in Ungnade fielen, nachdem sie die ersten Stürme der Inquisition, die die katharische Führung hinwegfegten, so erfolgreich überstanden hatten.

Der Name dieser Familie ist Clergue, und sie nimmt noch heute, sieben Jahrhunderte später, in dem, was vom Dorf Montaillou noch übrig geblieben ist, eine herausragende Stellung ein. Die Statussymbole unserer Zeit wie ein silbergestreifter BMW der Spitzenklasse und der neueste Peugeot 406 zeugen von der weiterhin bestehenden Vormachtstellung der Clergue-Sippschaft. Vom Fenster des Apartments, das ich von Georges Clergue gemietet hatte, sah ich bisweilen, wie der BMW seines Cousins sich fast lautlos den Weg hochschlängelte, der »Les Granges«, ein Flurstück unten am Bach von Montaillou, mit der Ortsmitte verbindet, ehe er nach Ax-les-Thermes oder Belcaire weiterführt; selbst die Nachfahren der mittelalterlichen Paten müssen einkaufen fahren. Der Besitzer des BMW rührt heute aktiv die Werbetrommel für das katharische Erbe des Dorfes, das so eng mit der Familiengeschichte der Clergues verknüpft ist.

Aber dieser Kampf um die Erneuerung der Bedeutung von Montaillou ist vielleicht schon verloren. Bis heute gibt es hier kein Café, in dem Besucher sich niederlassen könnten, und die heimische Bevölkerung schrumpft mit alarmierender Geschwindigkeit. Das ganze Ariège entvölkert sich zusehends, trotz aller regionalen Bemühungen, das Ausbluten der Dörfer zu stoppen. In Montaillou gibt es keine Teenager, und die einzigen Kinder sind jene, die im Sommer die Ferien in der *colonie de vacances* verbringen, die an der Stelle liegt, wo der äußere, um das Dorf herumführende mittelalterliche Weg einst mit dem Weg zusammenstieß, der im 13. Jahrhundert vom Dorfplatz von Montaillou kam.

Das puzzleartige Zusammensetzen der einzelnen Zeugnisse in diesem Buch konnte natürlich kein bruchloses Bild ergeben, was schon allein daran lag, wie die Belege ursprünglich zustande kamen. Tatsache ist, dass viele der Zeugenaussagen bestenfalls nur einen Teil der Wahrheit enthalten. Manchmal hatten die Beschuldigten Angst, alles zu sagen, um sich nicht selbst zu sehr zu belasten oder den lokal Mächtigen zu nahe zu treten, die schließlich noch da sein konnten, lange nachdem die Inquisitoren ihre Arbeit beendet hatten. Oder sie versuchten verzweifelt, jemanden zu retten, und gaben deshalb Halbwahrheiten zu Protokoll.

Berühmt ist im Rahmen der katharischen Studien zum Beispiel die vor Jacques Fournier zu Protokoll gegebene eidesstattliche Aussage Pierre Maurys, jenes freundlichen Schäfers aus Montaillou, die nur allzu oft für bare Münze genommen wurde, da man Maury wahrscheinlich für zu aufrichtig hielt, um die Unwahrheit zu sagen. Die Tatsache jedoch, dass dieser mutige und sympathische Mann vielleicht log, um seinen Bruder zu schützen, dürfte ihm in unseren Augen nicht unbedingt abträglich sein. Erst wenn wir uns bewusst machen, wie raffiniert desinformierend seine Zeugenaussage zum Teil ist, werden die tieferen Implikationen seiner Geschichte offensichtlich.

Die katharische Bewegung, die Ende des 13. Jahrhunderts im Sabarthès von sich reden machte, war eine Untergrundorganisation, zu deren Kern die Inquisition unter Geoffroy d'Ablis nie vordringen konnte, obwohl sie die meisten ihrer führenden Köpfe hinrichten ließ. Ein Autor, der zu diesem Thema Bedeutendes beigetragen hat, behauptete kühn, die wichtigste Galionsfigur der Bewegung, Pierre Authié aus Ax-les-Thermes, habe, während er in Toulouse in Haft war, gegenüber den Inquisitoren mehr als andere preisgegeben. (Duvernoy, 1970, S. 46) Sein Glaube verbot ihm zu lügen, und wir können die Möglichkeit nicht ausschließen, dass er möglicherweise gefoltert wurde. Auch wenn er ihnen viel erzählte, hatte er Geoffroy d'Ablis und seinem dominikanischen Mit-Inquisitor Bernard Gui, der in Umberto Ecos *Der Name der Rose* traurige Berühmtheit erlangte, jedoch *nicht* preisgegeben, dass die Clergues aus Montaillou Kollaborateure der Katharer waren. Sicher beantwortete er Fragen, aber er ließ sich die wichtigste Information über die katharische Bewegung des Sabarthès nie entlocken. Solange die Clergues in Montaillou die Fäden zogen, war die katharische Flamme dort nicht erloschen.

Die magnetische Anziehungskraft dieser Geschichte beruht in weiten Teilen darauf, dass sie uns in die kleinsten Details ihrer Welt hineinzieht. Der nächstliegende Schritt, um dem Ganzen noch näher zu kommen, bestand darin, im wahrsten Sinne des Wortes in die Fußstapfen der Akteure zu treten und ihren Wegen zu folgen, zumal die Lokalitäten in den Protokollen eine derart große Rolle spielten. So fragte ich mich, ob der Weg der Katharer, der von Larnat bis zum Gipfel des Berges und von dort hinunter nach Junac führte, noch ausfindig zu machen wäre, und wenn ja, ob sich daraus vielleicht in irgendeiner Hinsicht neue Aufschlüsse ergeben könnten. Sollte es nach 700 Jahren noch möglich sein, den Hohlweg auf der Miglos zugewandten Seite des Berges zu finden, auf dem im Frühjahr 1300 ein Verräter ermordet wurde (siehe S. 172)? Würde ich den Weg wiederfinden, den die Kastellanin von Montaillou nahm, wann immer sie das Haus ihres Vaters aufsuchte, um ihn und ihre Schwester zu besuchen?

Ich hatte die Hoffnung, dass die Erfahrung, in die Landschaft des Sabarthès einzutauchen, in irgendeiner unvorhergesehenen Weise aufschlussreich für die Geschichte sein könnte. Es erschien mir zumindest denkbar. Sie hatte sich in einer ländlichen und gebirgigen Gegend zugetragen, die sich topografisch in den sieben Jahrhunderten wohl kaum stark, wenn überhaupt, verändert haben dürfte. Es stand zu erwarten, dass die Zeitläufte hier deutlich weniger ihre Spuren hinterlassen hatten, als zum Beispiel in meiner Heimatstadt London, die sich seit dem Mittelalter grundlegend gewandelt hat. Kehrte Geoffrey Chaucer, der Dichter des 14. Jahrhunderts, nach London zurück, würde er seinen Geburtsort nicht mehr wiedererkennen, während die Personen dieser okzitanischen Geschichte bei einer Rückkehr ihre vertraute Landschaft vorfinden würden.

Die Entstehung dieses Buches erforderte einiges an Feldforschung, bei der ich in starkem Maß auf die Landkarten des Institut Géographique National (IGN) angewiesen war, den zu Recht berühmten Entsprechungen der Messtischblätter des britischen Landesvermessungsamtes. Sie wiesen mir nicht nur bei meinen Spaziergängen sicher den Weg, sondern zeigten, was entscheidend war, auch Ortsnamen, die selbst bei den Einheimischen vielfach in Vergessenheit geraten waren. Die IGN-Karten mussten jedoch durch die Plans Napoléoniens (PNs) ergänzt werden, auf denen in der ersten Hälfte des 19. Jahrhunderts ganz Frankreich kartografisch erfasst wurde. Jedes Bürgermeisteramt in Frankreich hat ein Exemplar des PN ihres jeweiligen Verwaltungsbezirks, und die gesammelten Karten aus dem Ariège werden in den amtlichen Archiven des Départements in der Stadt Foix aufbewahrt.

Selbst eine flüchtige Beschäftigung mit den Ortsnamen in den Protokollen von d'Ablis und Fournier offenbart, dass die Autoren, die sich mit den letzten Katharern beschäftigen, noch immer nicht so umfassend auf die PNs zurückgreifen, wie es angezeigt wäre. Dies ist bedauerlich, nicht zuletzt deshalb, weil es sich bei einigen von ihnen um hervorragende Zeichnungen handelt, wie sie heute nur noch selten angefertigt werden. Aber vor allem zeigen sie einen Landstrich, der noch weitgehend ländlich und präindustriell war, sodass Wege und Pfade, die genutzt wurden und viele Jahrhunderte lang sichtbar geblieben waren, nunmehr einzig auf den PNs erhalten geblieben sind. Für die Orientierung in einer mittelalterlichen Landschaft und für vieles mehr haben sie sich als unbezahlbar erwiesen, und sie werden es auch weiterhin sein.

Ich habe mich aufgemacht, um auf den Wegen der Katharer Körnchen von Informationen zu finden, irgendetwas, das Licht in meine Geschichte bringen könnte. Der Ort, den ich vor allem ausfindig machen wollte, war *Comba del Gazel*, ganz in der Nähe von Montaillou.[3] 1308 hatte ein junger Schäfer namens Jean Pélissier beobachtet, wie zwei Parfaits durch das Tal flohen, und in seinem dramatischen Bericht über die Begebenheit hatte er konkrete Angaben zur Landschaft gemacht (siehe S. 281ff.).

An einem drückend heißen Juli-Tag kam ich in Montaillou an, um die Comba zu suchen. Sie war auf der IGN-Karte 2148 ET, der Karte für das Gebiet von Ax-les-Thermes, nicht eingetragen, wohingegen die Ausläufer des Gazel jedoch vermerkt waren. Aus den Unterlagen ging hervor, dass es in der Comba del Gazel eine *Comba fred* gab, und ein solcher Ort wurde tatsächlich in der *Haute Montagne* oberhalb von Montaillou ausgewiesen. Das Problem war, dass diese Comba fred sich als die Falsche erwies. Sie lag in einer Senke jenseits der Gipfel des Pénédis und Roc de Quercourt, sodass das Dorf von dort aus nicht zu sehen war.

Ich marschierte dennoch bis zum Gipfel der Berge hinauf und brauchte dafür etwa zwei Stunden. Von hier oben erschien Montaillou klein und unbedeutend. Ich fragte mich, wie Pélissier aus einer solchen Entfernung zwei Männer, die aus dem Dorf kamen, hätte beobachten können. Er konnte von diesem Aussichtspunkt aus kaum mehr gesehen haben als ich, zumal ich sehr gute Augen habe. Somit war mir klar, dass ich zu weit ins Land hinein gegangen war.

Im fernen blauen Süden erstreckten sich die schneebedeckten Gipfel bis in die Cerdagne und nach Katalonien hinein, und ich musste an Pierre Maury aus Montaillou denken. Unermüdlich war er durch diese majestätische Landschaft gezogen, und er kannte die Pyrenäen besser als vielleicht sonst irgendjemand. Seine misshandelte Schwester hatte er mit der gleichen Entschlossenheit gerettet, mit der er auch Parfaits sicher durch die finstersten Nächte führte. Noch fast 700 Jahre später ist die Vorstellung, dass dieser Freigeist sein Leben in den feuchten Zellen eines Gefängnisses in der Nähe von Pamiers beendet hatte, nahezu unerträglich.

Durch die tief hängenden Wolken, die sich über dem Puymorens und den Bergen des Capcir zusammenzogen, wurde ich aus meinen Träumereien gerissen. Schlagartig verdunkelte sich der Himmel fast gespenstig über dem Tal in der Gegend von Ax-les-Thermes. Erst da wurde mir klar, dass die Fliegen wegen des nahenden Gewitters bei meinem Aufstieg so aufdringlich gewesen waren. Eine derartige Unerfahrenheit kann in den Bergen fatale Folgen haben, und ich machte mich sofort auf den Rückweg nach Montaillou.

Die ersten Regentropfen fielen, als ich über einen schmalen Graben stolperte, der sich talabwärts verbreiterte. Der Weg, den ich benutzte, kreuzte ihn direkt an seinem obersten Punkt. Er schien offensichtlich eine Abkürzung nach Montaillou zu sein, und ich folgte ihm, ungeachtet der unzähligen Nesseln und umgeknickten, ausgezackten Baumstämme, die es überall gab, das Werk vergangener Stürme und Blitzeinschläge. Das Gewitter brach los, als ich die Hälfte des Weges zurückgelegt hatte. Innerhalb von Sekunden konnte ich nur noch wenige Meter weit sehen, und schon blitzte es heftig um mich herum. Ich legte mich flach auf den matschigen Waldboden und zog meinen Regenmantel schützend über mich. Noch nie hatte ich so nahe ein derartiges Unwetter erlebt. Die Blitze waren erschreckend tief, und ich erinnerte mich, von Einheimischen gehört zu haben, dass hier jedes Jahr Kühe und Schafe vom Blitz erschlagen wurden. Das Wort *paratonnerre*, Blitzableiter, haben die Bewohner von Montaillou ständig auf den Lippen, egal, worüber sie reden, angefangen von der Burgruine bis zu den hässlichen Hochspannungsmasten, die im direkten Blickfeld von Montaillou über die tiefer gelegenen Berghänge verteilt sind.

Das Zentrum des Unwetters lag über dem Wäldchen, in dem ich, wie mir schien, eine ganze Ewigkeit Unterschlupf gesucht hatte, was in Wirklichkeit jedoch wahrscheinlich kaum mehr als zehn Minuten gedauert haben dürfte. Schließlich war das Gewitter vorbei, sodass ich wieder aufstehen und mich nach Montaillou hinunterschleppen konnte. Meine nackten Beine, eine weitere Dummheit eines Anfängers, waren von den nassen Nesseln schlimm zugerichtet und sollten mich noch drei Tage lang quälen. Ich blickte noch einmal zu »meiner« Nische im Gestrüpp des Wäldchens zurück, um die Erinnerung an einen Ort mitzunehmen, an dem ich einen winzigen Augenblick lang eine Ahnung von den Kräften der Natur mitbekommen und ausgehalten hatte, die für die Menschen des 13. Jahrhunderts zur alltäglichen Erfahrung zählten. Mein Platz unter den jungen Fichten lag etwas östlich des Grabens, und von Montaillou aus konnte ich ihn nicht mehr sehen. Als ich die Gegend später besser kannte und topografische Angaben in den mittelalterlichen Dokumenten sich in die Landschaft fügten, die sich mir Ende des 20. Jahrhunderts bot, merkte ich, dass der Platz, an dem ich durch reinen Zufall Schutz gesucht hatte, exakt die Stelle war, an der die Comba del Gazel und die mittelalterliche Comba fred ineinander übergingen: genau derselbe Ort, an dem zwei katharische Parfaits sich eines Tages im Sommer 1308 vor der Inquisition versteckt hatten.

In einem jüngst erschienenen Reiseführer über die Pyrenäen (1998) schreibt Marc Dubin vom »herrlichen Pays de Sault«, zu dem an der Grenze der beiden Départements Aude und Ariège die vier Orte Camurac, Comus, Prades und Montaillou gehören. Die Einheimischen erklären stolz: *»Le pays est beau, il est ouvert.«* (»Die Landschaft hier ist schön und weitläufig.«)

Und das wurde mir bei einem meiner Märsche von Montaillou über Prades und den Col de Marmare nach Caussou überaus anschaulich vor Augen geführt. Es war Winter, und es war warm. Diese Kombination kann in den höheren Lagen der Pyrenäen wegen der erhöhten Lawinengefahr tödlich sein; in rund 1200 Metern Höhe sorgte sie jedoch für ideale Wanderbedingungen: gute Sicht, da die Bäume kahl waren, keine Fliegen und Schnee, wo immer es Schatten gab. Hier ist es durchaus üblich, dass die windgeschützte, schattige Seite eines Weges gefroren ist, während die freiliegende, exponierte Seite nur wenige Zentimeter weiter von warmem Sonnenschein durchtränkt ist.

Ich wusste nicht genau, was mich erwartete, als ich das erste Mal über den Col de Marmare nach Caussou hinunterging, dem Heimatdorf der berühmtesten Person in den Fournier-Akten: Béatrice de Planisolles. Etwa drei Kilometer oberhalb des Dorfes öffnete sich das Tal allmählich und bot mir einen harmonischen, fast idyllischen Blick über Wiesen und einen Fluss. Meine Route entsprach zweifellos dem mittelalterlichen Weg, und der Blick war somit fast identisch mit dem, was die junge Kastellanin auf der letzten Etappe ihres Weges von Montaillou oder Prades sah, wenn sie ihre Familie besuchte.

Es waren über 20 Grad Celsius, als ich nach Caussou hinein schlenderte. Das einsame Café des Ortes sah aus, als hätte es schon vor einiger Zeit für immer seine Türen geschlossen. Die Fensterläden waren rundum geschlossen, und die einzigen Geräusche, die zu hören waren, kamen vom rauschenden Gebirgsfluss, der mitten durch das Dorf führt, und dem Geklapper von Messern und Gabeln an den Mittagstischen.

Am Ortseingang von Caussou hatte sich mir ein Hund als Gefährte angeschlossen, der darauf beharrte, mich durch diese Terra incognita zu begleiten. Ich kannte einige Namen der Dorfbewohner, die im Jahr 1300 hier gelebt hatten, und nachdem ich einen Blick in das Telefonbuch des Ariège geworfen hatte, vermutete ich, dass heute immer noch Nachkommen jener Familien hier lebten. Mein neuer Freund starrte mit mir zusammen auf ein Haus, auf dem in großen Buchstaben das Wort »Planisolles« zu lesen war; zumindest gab es hier jemanden, der verstanden hatte, warum ich Caussou besuchen wollte.

Ich setzte mich auf die Friedhofsmauer unterhalb der Kirche, und mein neuer Freund schloss sich mir an. Er hatte offensichtlich kein besonderes Interesse an meinem mit Bergkäse belegten Butterbrot, nahm aber dankbar alles an, was ich ihm gab; ansonsten hielt er Abstand. In Gedanken nannte ich ihn Argos, weil er so treu war und ich seine Gesellschaft genoss, während wir in der Sonne saßen. Ich versuchte mir auszumalen, wo die Feudalherren de Planisolles gewohnt hatten, und kam zu dem Schluss, dass es wohl an dem erstklassigen Platz jenes Bergvorsprungs gewesen sein musste, direkt auf der Ostseite des Flusses, wo sich heute noch immer das natürliche Zentrum des Dorfes befindet – also durchaus in der Nähe des heutigen »Planisolles«-Hauses.

Wenn dem so war, dann hatte vielleicht auch das Haus von Béatrice' Onkel, Pons de Planisolles, hier in der Nähe gestanden. In seinem Garten hatten Pons' Sohn Raymond und sein Komplize namens Bourret 1322 einen Schäfer begraben, den sie ermordet hatten. Während der Aristokrat aus Caussou ungestraft davonkam, wurde der Bauer Bourret in Foix gehängt, nicht ohne zuvor einen anderen de Planisolles, einen Bruder von Béatrice, aus Rachsucht der Häresie bezichtigt zu haben. Bourret hatte ihn durch den großen Gleichmacher im Languedoc des

14. Jahrhunderts vernichten wollen: Die Häresie unterwarf Bauern und Aristokraten gleichermaßen der Gerichtsbarkeit der Kirche. Wie wir sehen werden, hat die Kirche in den Jahren vor 1322 die Anklage der »Häresie« rücksichtslos genutzt, um ihre wirtschaftliche Machtbasis in dieser Gegend des Languedoc zu konsolidieren.

Die bemerkenswerteste Übereinstimmung zwischen den Dokumenten und der heutigen Landschaft war für mich die Entdeckung der Furt, an der die Parfaits in Tournefort durch den Fluss Agly gewatet waren. Ich fuhr von Rasiguères zu einem auf der IGN-Karte 2448 OT eingetragenen Ort namens Tournefort, als ich nicht weit vor mir ein Hinweisschild zu diesem Ort sah. Das Flussbett lag zu meiner Linken etwa zehn Meter tief unter mir. Die Straße hatte auf dieser Seite eine Ausbuchtung, und ich nutzte diesen natürlichen Parkplatz, um meinen Wagen abzustellen und meine Suche zu Fuß fortzusetzen. Wenn es tatsächlich eine Furt gegeben hatte, musste sie den Dokumenten zufolge hier in der Nähe sein. Als ich an den Böschungsrand trat und auf den Agly hinunterblickte, stellte ich fest, dass ich genau darüber stand. Es konnte keinen Zweifel geben: Dies war nicht nur die Stelle, an der der Fluss jahrhundertelang überquert worden war, sondern die Ausbuchtung der Straße war möglicherweise auch in Entsprechung zu der Übergangsstelle über den Fluss angelegt worden.

Wenn für das Auffinden der Furt im Agly letztlich wenig Fantasie erforderlich gewesen war, so stellte sich die Suche nach der Kirche von Gebets, nahe Montaillou, völlig anders dar. Das mittelalterliche Gebets war durch Familienbande mit Montaillou enger verbunden als Prades oder Camurac, die beide wesentlich näher lagen. Gebets ist heute verschwunden. An seine frühere Existenz erinnert noch der in der IGN-Karte 2148 ET (11B) vermerkte Ortsname »Crête de Gebets«. Er markiert einen Gebirgskamm, rund fünf Kilometer östlich von Montaillou, auf dem Weg zu einem Dorf namens Mérial, das einst die größten Eisenschmieden der Region beherbergte. Mérial liegt in einem düsteren, engen Tal, dem Défilé d'Adouxes, versteckt. Die Sonne zeigt sich hier unten nur widerwillig einige Stunden am Tag, und der Ort ist heute nahezu verlassen.

Rund 200 Meter den Berg hinauf, direkt oberhalb von Mérial, lag

Gebets. Im Gegensatz zu dem benachbarten Mérial konnte sich dieses nach Südosten blickende Dorf in gleichem Maße am Sonnenschein erfreuen wie die Dörfer des Pays d'Aillou, wie Prades und Montaillou auch genannt werden. In Mérial erklärte mir eine freundliche Frau, wie ich von der Kirche aus dorthin gelangen konnte. Obwohl ich tatsächlich Spuren von Wohnstätten abseits eines geschotterten Waldweges fand, war ich nicht sicher, ob es wirklich die Stelle war, die ich suchte. Ich konnte die Ruinen der Kirche von Gebets nicht finden, die, wie ich wusste, 30 Jahre zuvor noch sichtbar gewesen sein müssen.

Ich traf genau in dem Augenblick wieder in Mérial ein, als der Lebensmittelhändler mit seinem Wagen vorfuhr und der ganze Ort sich bei ihm einfand. Zum Glück handelte es sich bei dem Ersten, den ich um Hilfe bat, zufällig um einen ausgesprochen hilfsbereiten einheimischen Bauern namens André Vacquié. Er erklärte mir, wie schwer es sei, die Kirche zu finden, und dass es einen kleinen Pfad gebe, den man nehmen müsse, um dorthin zu gelangen. Im Sommer sei er jedoch völlig zugewuchert, sodass ich ihn allein nicht finden könnte. *Et voilà!*

Nachdem André begriffen hatte, was dies für mich bedeutete, bestand er kurzerhand darauf, seinen Lastwagen zu nehmen. Wir hielten unweit der Stelle, an der ich zuvor gewesen war, und drangen von dort bergabwärts in einen regelrechten Dschungel ein. Nach nur fünf Minuten betraten wir eine Lichtung und befanden uns tatsächlich in der Apsis der kleinen Kirche von Gebets. Ich entdeckte kniehohe Mauerreste, und die Apsis sowie der Vordereingang waren noch auszumachen. Pierre Maurys Onkel, der in Sant Mateu in Katalonien gestorben war, muss einst in diesem Gebäude gestanden haben und ebenso die junge Raymonde Cléments aus Gebets, die von ihrer Tante Alazais Faure aus den Fängen des zügellosen Pierre Clergue aus Montaillou gerettet werden sollte.

Mein freundlicher Begleiter wartete schweigend »außerhalb« der Kirche, während ich diese grün-bunte Szene ausführlich fotografierte. Das Dach, das die jungen Birken mit ihren silbernen Stämmen über uns bildeten, war so dicht, dass keiner von uns beiden merkte, als es zu regnen begann. Vor nur einer Generation war dieses Gelände noch nicht überwuchert, sondern frei und von Ackerland umgeben gewesen. Die Bauern hatten die Erde um die Kirche des alten Gebets herum regelmäßig gepflügt und dabei nicht selten menschliche Knochen zutage gefördert, da ihre Felder über dem mittelalterlichen Kirchfriedhof lagen.

Es fiel mir schwer, mich von der Erhabenheit des Ortes loszureißen. Wo einst Menschen gebetet und Gottesdienst gefeiert hatten, wurde die Szenerie jetzt von einer seltsam harmonischen Mischung aus altem Gemäuer und Natur beherrscht. Ich musste an San Damiano in Assisi denken. Als das Kruzifix in jener Kirche zum heiligen Franziskus sprach und ihn aufforderte, sie wiederaufzubauen, dürfte sich die Kapelle von Gebets im Herzen dieses Pyrenäendorfes stolz auf ihren Mauern erhoben haben. Heute ist nicht sicher, ob sie für immer verschwinden wird.

Hingegen ist ihre Nachbarin jenseits des Berges, die Pilgerkirche von Notre-Dame-de-Carnesses in Montaillou, nahezu erhalten geblieben. Dieses Gebäudes ist fraglos authentisch, trotz verschiedener Veränderungen, die im Laufe der Jahrhunderte vorgenommen wurden, einschließlich einer Erhöhung der Mauern. Diese Kapelle ist das bemerkenswerteste Gebäude in der näheren Umgebung. Die Apsis, in der der Priester Pierre Clergue der Kastellanin Béatrice de Planisolles einen unsittlichen Antrag machte, ist tadellos erhalten, und unter ihrem Boden ruht Pierre Clergues Mutter. Bis heute wird Notre-Dame noch immer als Kirche genutzt. Die Kirche Saint-Pierre in Prades steht ebenfalls noch, ihre architektonische Geschichte ist allerdings etwas bunter.

Die herausragende Bedeutung von Notre-Dame-de-Carnesses impliziert jedoch nicht, dass es in Montaillou keine weiteren interessanten Überreste mehr gäbe. Es sieht so aus, als sei das mittelalterliche Dorf durch die Hanglage mit der Zeit abgerutscht, und vermutlich haben die Dorfbewohner, als sie vor 400 Jahren den alten Standort verließen und ihre Wohnsitze ein Stück bergabwärts verlagerten, neben ihrer gesamten Habe aus dem alten Dorf alles mitgenommen, was sich mitnehmen ließ. Nichtsdestotrotz *sind* an verschiedenen Stellen des alten Ortes Grundmauern erhalten geblieben, vor allem nördlich des Dorfplatzes und am *Paret del Colel* (der Mauer von Colel), wo ein noch immer zu erkennender, von *A-la-Cot* hochführender Weg auf den alten Dorfplatz mündet, mit anderen Worten dort, wo ich das Haus von Raymond Rous genannt Colel platziert habe.

In dieser Gegend sind noch weitere mittelalterliche Stätten erhalten geblieben. In Pamiers mögen die geschichtsträchtigen Gebäude aus der Zeit von Jacques Fourniers Inquisitionstätigkeit zwar weitgehend verschwunden sein, das Straßennetz der Stadt stammt jedoch noch aus dem Mittelalter, und die Straßennamen sind ein Spiegel ihrer Geschichte. Eine wichtige Straße, die direkt von Fourniers ehemaligem Palast herabführt, hat die Zeitläufte der Jahrhunderte nahezu unbeschadet überdauert.

Einst lag der Friedhof von Saint-Jean (heute Saint-Jean-Martyre) außerhalb der Stadtmauern von Pamiers. Das ist jetzt nicht mehr so, nachdem die Mauern verschwunden sind. Von der Eisenbahn aus, die nahe daran vorbei führt, sieht er überladen, überfüllt und etwas finster aus – wie so viele französische Friedhöfe. Seine heute wenig veränderte Form und die Ausmaße beweisen, dass es noch derselbe Ort ist. Da er hoch oben auf einem Berg liegt, eröffnet sich vom Friedhof aus ein beeindruckender Blick über die Stadt mit ihren vielen Kirchen. Er war im ganzen Languedoc in der Zeit der Verfolgungen durch Fournier der berüchtigste Ort. Hier wurde Béatrice de Planisolles zusammen mit anderen verurteilt, und genau hier wurde auch Guillaume Fort aus Montaillou vor Zuschauern, zu denen seine Schwester und seine Nichte gehörten, auf dem Scheiterhaufen verbrannt.

Das Gefängnis von Allemans, das einst in dem Dorf La-Tour-du-Crieu stand, ist gänzlich verschwunden. Die Häuser, die den heute zum Parken von Autos sowie als Spielgelände für Kinder benutzten Dorfplatz säumen, stehen wahrscheinlich auf den alten Schutzwällen. Die Kirche von Saint-Paul hat als einziges Gebäude der gewaltigen Anlage, die einst hier stand, die Zeiten zumindest teilweise überdauert. Unter dem Dorfplatz von La-Tour-du-Crieu erstreckte sich einst eine unterirdische Welt von Verliesen und Kerkern, in denen viele der wichtigsten Akteure aus dieser Geschichte gefangen gehalten wurden. Die Brüder Pierre und Jean Maury sind möglicherweise sogar hier gestorben, da es über deren Freilassung keinen Vermerk gab, als 1329 einigen anderen Insassen die Freiheit geschenkt wurde.

Es ist ein höchst eigenartiges Erlebnis, im friedlichen und relativ unzugänglichen Oberland des Sabarthès herumzuwandern und sich die Intensität des katharischen Glaubens vorzustellen, der einst diese Orte und diese Landschaft beherrschte. Warum ausgerechnet hier der katharische oder albigensische Glaube in den Jahren von 1290 bis 1320 ein letztes Mal erneut aufflackerte, dieses Rätsel der Geschichte wird ungelöst bleiben.

Im Sabarthès ist man nach fünf Minuten fast überall allein, und meine bleibenden Erinnerungen an meine Wanderungen von Montaillou nach Caussou, durch die Gorges de la Frau nach Montségur, im Schnee des Jasse de Balaguès, in den Bergen oberhalb von Larnat oder an die Rast auf dem Kamm des Port de l'Artigue, von dem aus ich nach Katalonien schauen konnte, sind von Stille und Einsamkeit geprägt. Hier gibt es keinen störenden Verkehrs- oder Fluglärm, nur das Plätschern eines Baches, ein plötzliches Flattern im Gebüsch und den Takt meines Spazierstocks auf dem Weg. Ähnlich hatten auch die Parfaits und ihre *Passeurs* (ihre Bergführer) Stöcke dabei, die ihnen die steilen Böschungen hinauf halfen, und vielleicht auch, um gelegentlich eine Natter abzuwehren. Wenn man bedenkt, dass sie hauptsächlich nachts marschierten, erscheint ihre Leistung umso bemerkenswerter.

Obwohl ich mich auch nachts auf dem Gelände des früheren mittelalterlichen Dorfes Montaillou und in Unac und Caussou aufgehalten habe, scheiterte mein einziger ernsthafter Versuch, eine Nachtwanderung ohne Taschenlampe zu unternehmen, da ich mich in der Dunkelheit nicht zurechtfand. Man vergisst leicht, wie undurchdringlich schwarze Nächte bei wolkenverhangenem Himmel auf dem Land sein können. Und das, obwohl dieser Weg durch eine relativ offene Landschaft führte und ich mir nicht etwa einen Weg durch eine zerfurchte Senke voller Findlinge zu bahnen versuchte, die im Frühling von reißenden Gebirgsbächen dort abgelagert worden waren, oder auf einem Geheimpfad, der sich einen Berghang gefährlich hinaufwand. Ich hatte mich vorher gewundert, warum einheimische Parfaits, die die Gegend recht gut kannten, Führer brauchten, die ihnen den Weg zeigten. Jetzt verstand ich, dass es hier, um überhaupt bei Nacht voranzukommen, des sechsten Sinnes einer Katze bedurfte. Und selbst wenn sie eine solche Begleitung hatten, mussten die Parfaits körperlich in guter Verfassung sein, um diese anstrengenden Märsche zu bewältigen.

Neben meinen ausgedehnten Wanderungen und Fußmärschen im Sabarthès gab es auch Entfernungen, die nur mit dem Auto zurückzulegen waren. Angesichts der Tatsache, dass ich auf den Spuren der letzten Katharer mit dem Wagen rund 24000 Kilometer zurücklegte, nahmen die Recherchen für dieses Buch bisweilen die Form eines Roadmovies an.

Bei diesen Recherchen stieß ich wiederholt auf die irreführende Behauptung, die Stadt Ax-les-Thermes im Ariège und das Dorf Arques im Aude markierten die geografischen Grenzen dieser Ereignisse, und alles, was sich jenseits davon zugetragen hätte, wären vereinzelte Übergriffe der Verfolger gewesen. Die okzitanischen Schäfer hingegen hatten sich weit über die Grenzen des Languedoc hinausbegeben, ganz zu schweigen von Arques oder Ax. In Zeiten des Automobils, in denen große Entfernungen in kurzer Zeit zurückgelegt werden können, überraschen die Mobilität der damaligen Menschen und die riesigen Entfernungen, die sie in relativ kurzer Zeit bewältigten, wie aus den interessanten und verblüffenden Aspekten der Protokolle hervorgeht.

Die Schäfer wanderten, wie dies in Regionen mit unterschiedlichen Klimazonen üblich ist, mit dem Wechsel der Jahreszeiten von einem Weideplatz zum anderen. Ihr Gebiet reichte von Montaillou bis nach Katalonien. Bei nahendem Wintereinbruch trieben sie ihre Herden aus den Pyrenäen bis zur Küste bei Valencia. Dies führte sie über den Puymorens und die Berge des Capcir wie den Riucaut und dann Richtung Süden durch die Cerdagne und über den Gebirgszug des Cadí. Um Ostern herum legten sie die gleiche Strecke in umgekehrter Richtung zurück, um ihre Herden auf die Sommerweiden in den Bergen zu treiben. Ich konnte ihren Spuren nicht folgen, weil die mittelalterlichen Wege über die Pässe zum Teil nicht mehr so ohne weiteres ausfindig zu machen und weil solche Märsche selbst für einen durchtrainierten Wanderer zu anstrengend sind.

Als ich von Montaillou nach Peñíscola, der Küstenstadt oberhalb von Valencia, fuhr, hatte ich die Wahl zwischen verschiedenen Reiserouten. Ich entschloss mich, von Ax-les-Thermes über den Puymorens zu fahren, da zweifelsfrei feststeht, dass dies eine der Strecken der mittelalterlichen Schäfer war. Offenbar nahmen sie nicht die direkte Route nach La Seu d'Urgell durch Andorra und über den Port d'Envalira, was möglicherweise auf die Spannungen zwischen ihnen und den Andorranern zurückzuführen war (siehe S. 391f.).

Ich plante meine Fahrt so, dass sie ungefähr mit dem Beginn des mittelalterlichen September-Viehtriebs (auch Transhumanz genannt) zusammenfiel, der um den Michaelistag (29. September) begann. Es war ein nasser, düsterer, nebelverhangener Morgen, als ich gegen sechs Uhr früh in Montaillou aufbrach. Die Temperaturanzeige in meinem Wagen zeigte vier Grad Celsius an. Selbst das beruhigende Surren des Motors vermochte kaum, mir die Bedrückung während der Fahrt nach Ax-les-Thermes zu nehmen.

Etwa fünf Kilometer südwestlich von Montaillou bog ich in die Straße ein, die über einen kurzen Aufstieg zum Gipfel des Col du Chioula führt. Genau an der Stelle, wo in einer Linkskurve der eigentliche Anstieg beginnt, waren im Mai 1308 mitten in der Nacht zwei Jungen aus Montaillou einem führenden Kopf der einheimischen Katharer begegnet. In dem Augenblick, kurz nach sechs Uhr morgens, wurde mir der Unterschied zwischen 1308 und heute an einem Ort, der einst als der *Superius del Angle* bekannt war, mit einem Mal sehr deutlich. Es war eine Sache, an sonnigen Frühlingstagen auf den Wegen der Katharer spazieren zu gehen, aber eine ganz andere, sich im Stockdunkeln bei heftigem Regen oder Schneesturm einen winzigen steinigen Pfad hinaufzukämpfen. Mir wurde in dem Augenblick klar, so wie es Jack London und George Orwell ergangen war, als sie versucht hatten, das Leben der Armen und Mittellosen in London zu teilen, dass dies nicht möglich ist, solange man noch die Wahl hat, wieder auszusteigen. Genau wie sie in den paar Wochen ihrer Recherchen immer nur verkappte Tramps sein konnten, so war es jetzt für mich ein Ding der Unmöglichkeit, die Härte des Lebens im mittelalterlichen katharischen Languedoc zu erfahren. Und nicht nur, dass die Katharer in einer Weise mit den Elementen zu kämpfen hatten, wie es für mich nie der Fall war oder sein würde, das ganze Drama spielte sich auch noch vor dem Hintergrund eines Unterdrücker-Regimes ab, das es nicht als falsch erachtete, Menschen zu verbrennen. Jacques Fournier weinte angeblich bitterlich *(multum plangebat)*, dass er den Waldenser Raymond de la Côte, von dem er wusste, dass er ein guter Mensch war, dem Scheiterhaufen überantworten musste (FR, f.27r), was ihn jedoch nicht davon abhielt.

An jenem September-Morgen, an dem ich nach Spanien fuhr, lag die Ax-les-Thermes zugewandte Seite des Puymorens im Nebel, sodass ich mich entschloss, durch den Puymorens-Tunnel statt über den Berg zu fahren. Als ich auf der Seite von Latour-de-Carol herauskam, dämmerte es. Der Himmel war klar, und als hinter den Bergen im Südosten des Cerdagne-Tals die Sonne aufging, verblassten die Sterne.

In Bourg-Madame passierte ich die spanische Grenze und fuhr von dort aus nach La Seu d'Urgell und dann weiter nach Lleida, an Orten wie Tragó und Pons vorbei, die beide in einer berühmten Episode gegen Ende der katharischen Diaspora in Katalonien eine herausragende Rolle spielen sollten. Das Klima hatte sich spürbar verändert. Als ich am späten Morgen gegen 11.30 Uhr an Lleida vorbeifuhr, war die Temperatur auf 30 Grad Celsius gestiegen. Die Straßen waren schnurgerade, leer und eintönig. Was für ein Kontrast zur Kälte, die ich zu Beginn des Tages erlebt hatte. Ich hätte mir keine treffendere Veranschaulichung wünschen können, warum die okzitanischen Schäfer Jahr für Jahr mit ihren Herden nach Katalonien hinunterzogen, um dort die Wintermonate zu verbringen.

Von Lleida fuhr ich nach Los Monegros hinein, ehe ich in Fraga nach Süden abbog. In Mequinenza überquerte ich den Ebro und fuhr dann weiter nach Alcañiz und sodann in Richtung Morella. Die Straße war streckenweise so verlassen, dass sie ebenso gut in New Mexico oder Arizona hätte liegen können. Ich dachte an den jungen Arnaud Sicre, den unheimlichen Doppelagenten dieser Geschichte. Auch er hatte sich nach Süden zu jenen fernen blauen Bergen aufgemacht, die hinter dem Punkt lagen, an dem sich diese in der Hitze flimmernde, endlos erscheinende Straße im Nichts auflöste. Dahinter lagen die Olivenhaine und die saftigen Wiesen von Càlig und Sant Mateu und das Meer. Arnaud war jedoch den ganzen Weg *zu Fuß gegangen*, und er erinnerte sich später an die absolute Erschöpfung, die er bei seiner Ankunft in Sant Mateu empfunden hatte. Er dürfte kaum gehofft haben, dass seine Unternehmung so viel erfolgreicher sein würde, als er es sich je vorgestellt hatte.

Als die letzte Etappe meiner Reise nach Morella anbrach, die durch die einsamen Bergketten der Sierra de la Molinera und Els Ports führte, saß ich bereits acht Stunden am Steuer. Es war gegen drei Uhr nachmittags, als ich durch die engen, kopfsteingepflasterten Straßen von

Morella rollte und das städtische Parkhaus hoch oben auf dem Berg ansteuerte. Die Stadt lag unter einem heißen und wolkenlosen Himmel und wurde an jenem Nachmittag von peitschenden, ausdörrenden Winden heimgesucht, die durch die offenen Ebenen Kataloniens von den fernen Pyrenäen herunterwehten.

Von all den für mich neuen Dörfern und Städten, die ich im Zuge meiner Recherchen für dieses Buch besuchte, war Morella der faszinierendste Ort. Seine erhöhte Lage verleiht ihm eine gewisse Erhabenheit. Ich blieb nicht lange genug dort, um die Bevölkerung kennen zu lernen und zu erfahren, wie sie sich selbst sieht. Ich hatte jedoch den Eindruck, dass sie sich durch eine gewisse Eleganz auszeichnet. Außerdem hörte ich am ersten Abend in Morella in meinem Hotelzimmer die Nachrichten sowohl in Kastilisch als auch in Katalanisch. Katalanisch kommt der *Langue d'oc*, der Sprache, die von allen Personen in dieser Geschichte gesprochen wurde, am nächsten.

Sich Morella nachts von Süden, von Sant Mateau her zu nähern, wie ich es bei anderer Gelegenheit tat, ist als Erfahrung ebenso denkwürdig wie einschüchternd. Statt langsam den Berg hinauf zu der befestigten Stadt und ihrem Lichtermeer anzusteigen, führt die Straße von Port de Querol zunächst bis zum Fuß des Berges hinab, sodass Morella bei dem dann folgenden kurzen steilen Anstieg nach und nach die ganze Windschutzscheibe des Wagens einnimmt und Fahrer und Wagen förmlich schrumpfen lässt. Aus dieser Perspektive ist Morella bei Nacht ein mittelalterliches New York. Hier und unten in Sant Mateu, ein Stück weiter Richtung Küste, hatte die katharische Kirche sich um Guillaume Bélibaste gesammelt und im Exil überlebt. Bélibaste hatte Morella zu seinem Wohnsitz gemacht.

Alle Hauptdarsteller, die das letzte Kapitel des katalanischen Exils nach 1310 schrieben, waren durch diesen Ort gekommen. Bei meiner Ankunft in Morella waren mir die Orte und Plätze vertraut, durch die sie gezogen waren. Als ich diese Stadt besuchte, trug ich ebenso wie sie in meiner Erinnerung Bilder aus dem Sabarthès mit mir herum – Bilder von der Comba del Gazel und der Haute Montagne von Montaillou, vom Val de Caussou und am eindringlichsten von Cubières und Junac, den im Languedoc gelegenen Heimatdörfern von Bélibaste und seiner Geliebten Raymonde. In Junac hatte ich auf dem Fels gestanden, auf dem einst Raymonde Martys Haus und das ihrer Schwester Blanche seinen Platz hatte, und zweimal war ich durch Cubières, das Heimatdorf von Guillaume Bélibaste, gewandert. Jetzt war ich in Morella, wo die beiden nach 1310 Besuchern von ihrer Heimat erzählten.

Das heutige Cubières ist ein von der Zeit vergessener Ort, aber durch seine vorzügliche Lage und die Aufgeschlossenheit seiner Bewohner ein modernes *village fleuri*. Als ich das letzte Mal in Cubières war, hatte ein himmelblau gestrichener, schön mit Geranien geschmückter Schubkarren einen Ehrenplatz am Bach del Saouzé eingenommen. Er stand wohl nur wenige Meter von der Stelle entfernt, an der die Bélibastes einst ihr Haus hatten, denn wir wissen, dass die Koppel der Bélibastes zum Fluss hinunterführte.

Bélibaste hat Cubières nie wiedergesehen; ich bin jedoch 1999 hierher zurückgekehrt. Sollte es in seinem Geburtsort eine Gedenktafel oder etwas Ähnliches geben, was an ihn erinnert, so habe ich nichts dergleichen gefunden. Aber Villerouge-Termenès, der Ort, an dem er starb, ist zu einer Gedenkstätte für diesen letzten katharischen Parfait geworden. Und in der Festung, wo er als Gefangener in Ketten lag, wird seiner heute ehrenvoll gedacht, sodass sich für ihn zumindest in gewissem Sinne der Ausspruch *sanguis martyrorum semens christianorum* (»das Blut der Märtyrer wird zum Nährboden der Christen«) bewahrheitet hat. Man sollte meinen, es hätte im Laufe der Jahrhunderte manch einen angeseheneren Mann als den zum Parfait gewordenen ehemaligen Schäfer in der Corbières gegeben, aber es ist Guillaume Bélibaste, dessen man hier gedenkt, und nicht nur hier, sondern auch in Katalonien. Sowohl Morella, das zur Comunidad Valenciana gehört, als auch Sant Mateu in Katalonien weisen in ihrer Fremdenverkehrswerbung auf ihn hin.

In der Zeit, die seit der Verhaftung der Brüder Maury 1323 in Katalonien verstrichen ist, dürften nur wenige Menschen mit dem Wissen um diese besondere Geschichte und ihre Verbindung zum Sabarthès diese Gegend bereist haben. Die Erinnerung an die Vergangenheit mit einer anderen Gemeinschaft zu teilen, empfand ich plötzlich als ein belastendes und sogar mit Schuldgefühlen verbundenes Wissen, da ich im Unterschied zu ihnen frei und ungebunden war. Es stand mir frei, nach Frankreich zurückzufahren, wie ich es tat, da ich einfach das Glück hatte, in der zweiten Hälfte des 20. Jahrhunderts in einem freien Land geboren worden zu sein.

Wann immer ich mich in Montaillou aufhielt, war ich mir der Tatsache bewusst, dass, nur wenige Meter von meinem gemieteten Apartment entfernt, die Menschen von Montaillou vor fast sieben Jahrhunderten voller Angst die nächsten Schritte der Inquisition erwartet hatten. Auch wenn sie seitens der weltlichen Machthaber beachtliche Freiheiten genossen, so verlangte die Kirche doch, dass sie ihr ihre Seelen und ihren Geist und zur Bestrafung ihren Körper überließen. Und sie konnten nichts anderes tun, als insgeheim in ihrem Innersten ihren wahren Glauben zu pflegen.

Der bleibende Eindruck aus dieser Geschichte beruht auf dem Wert der bezaubernden kleinen Details des Alltagslebens im mittelalterlichen Languedoc. Die Protokolle von Geoffroy d'Ablis und Jacques Fournier machen uns mit zahlreichen intelligenten, sinnlichen, geistreichen und warmherzigen Menschen bekannt, die überdies eine Vorliebe fürs Essen hatten. Trotz allen Leids und aller Schmerzen, die ihnen ungerechterweise zugefügt wurden, hielten die von d'Ablis und Fournier verhörten Menschen der Inquisition zwei Jahrzehnte lang stand. Auch wenn sie den ungleichen Kampf am Ende verloren, soll diese Darstellung zeigen, dass es der Kirche nie gelungen ist, ihren Geist zu bezwingen. Sie waren gewöhnliche Menschen, die ihrem Instinkt folgten, um ihre Lieben zu schützen, und es war ihr Verhängnis, dass der winzige Landstrich, in dem sie lebten, ins Blickfeld einer strafenden mächtigen Kirche geriet.

QUELLEN UND VORGEHENSWEISE

Die wichtigsten schriftlichen Quellen dieses Buches sind zwei Sammlungen von Inquisitionsprotokollen aus dem 14. Jahrhundert: zum einen die Sammlung MS 4269 (Nationalbibliothek, Paris) der Akten der Inquisition unter Geoffroy d'Ablis in Carcassonne und zum anderen das Register MS 4030 (Bibliothek des Vatikans), die die vor Jacques Fournier in Pamiers gemachten Zeugenaussagen enthalten. Ergänzt werden diese Akten durch die *Sentences* der Inquisition in Pamiers, die sich in der British Library unter der Registratur BM MS 4697 befinden und durch den *Liber Sententiarum Inquisitionis Tholosanae 1307–1323* im Anhang von Philip Limborchs *Historia Inquisitionis* (1692) erhalten geblieben sind. Darüber hinaus sind in einer Reihe von Bänden der Sammlung *Doat* (Nationalbibliothek, Paris) relevante Unterlagen zu finden, die für dieses Buch verwendet wurden.

Sowohl das d'Ablis- als auch das Fournier-Register sind offiziell veröffentlicht worden. Das umfangreiche Register MS 4030 erschien 1965 in einer hervorragenden dreibändigen, mit Anmerkungen von Jean Duvernoy versehenen Ausgabe, die 1978 durch eine kommentierte französische Übersetzung ergänzt wurde. Der weitaus schmalere, aber gleichermaßen interessante d'Ablis-Band wurde 1984 zweisprachig, mit parallel abgedrucktem lateinischen und französischen Text und mit Anmerkungen sowie einem umfassenden kritischen Anhang von Annette Pales-Gobilliard veröffentlicht. Die *Sentences* unter der Registratur MS 4697 sind bisher unveröffentlicht geblieben, vermutlich wegen der von Limborch herausgegebenen Fassung, die nahezu von allen Autoren genutzt wird, die sich mit dieser Geschichte aus dem 14. Jahrhundert befassen. Ich bin ihrem Beispiel gefolgt, konsultierte jedoch zusätzlich die MS 4697.

Bei Zitaten aus den Registern habe ich jeweils auf die Originalhandschriften zurückgegriffen, die ich im Falle von d'Ablis und Fournier mit den offiziellen Ausgaben abgeglichen habe. Ich habe mich, sofern nichts anderes vermerkt ist, stets an die Handschriften gehalten. Bei lateinischen Zitaten habe ich nicht die übliche Schreibweise mit Großbuchstaben verwendet, weil dies in den Handschriften auch nicht gemacht wurde; im Übrigen habe ich, wie andere auch, jedes Wort ausgeschrieben, statt den Versuch zu unternehmen, die von den Gerichtsschreibern im Mittelalter ausgiebig verwendeten Abkürzungen wiederzugeben.

An einigen gewichtigen Stellen unterscheidet sich meine Lesart des Fournier-Registers von der des Herausgebers. Im MS 4030, f.44r, taucht zum Beispiel das Wort *eruca* auf, was Rauke bedeutet. Auch wenn die vorgeschlagene Korrektur in *bursa* (»Lederbeutel, Börse«: Duvernoy, 1965, Bd. 1, S. 248) in einem zugegebenermaßen schwer verständlichen Abschnitt durchaus plausibel klingt, weicht *bursa* doch zu sehr von dem *eruca* in der Handschrift ab, um auf einen Schreibfehler zurückgeführt werden zu können. Unter einigen Vorbehalten bin ich somit bei meiner Übersetzung bei *eruca* geblieben.

Ein weiteres Beispiel findet sich im MS 4030, f.265r, wo Duvernoy drei Schreibfehler unterstellt, wovon einer, *eadem*, stillschweigend und korrekt in *eodem* (Duvernoy, 1965, Bd. 3, S. 198) verbessert wird. Die anderen beiden Korrekturen sind jedoch bedeutsam: Der Vorname *Ramunda* wird durch das Wort *hereticus* ersetzt, und das Verb *venisset* (*venio*: kommen) wird zu *vidisset* (*video*: sehen). Beide Änderungen stellen eine inhaltliche Verzerrung der Handschrift dar, deren Sprache sehr abwechslungsreich und lebendig ist.

Wo ich von der Handschrift abgewichen bin oder eine vom Herausgeber vorgeschlagene Lesart übernommen habe, ist dies jeweils angegeben. Im MS 4030, f.43r, wo die Handschrift zum Beispiel das scheinbar unverständliche Wort *muicture* ausweist, wurde als Verbesserung der Begriff *iuncture* vorgeschlagen (Duvernoy, 1965, Bd. 1, S. 244). Im MS 4030 ist nur die Endung *-cture* eindeutig erkennbar, sodass ich in dem Fall die Verbesserung des Herausgebers übernommen habe, die einen Sinn ergibt und nur einen geringen Austausch von Buchstaben erfordert, ein Vorgehen, das im Zusammenhang mit Handschriften vertraut ist.

Alle Übersetzungen stammen von mir und weisen in der Betonung und Bedeutung zwangsläufig Abweichungen zu meinen Vorgängern auf. Wo Duvernoy zum Beispiel *habebimus inter vestrum de vobis* mit *mais nous aurons votre mort* erklärt, schließe ich mich Niermeyer (1984) an, der *inter* als Präposition (statt als Substantiv) übersetzt hat, was »für dieses wie auch jenes« heißt, sodass mein Text lautet: »aus diesen Gründen werden wir Euch Eurer ganzen Habe berauben« (FR, f.96v; Duvernoy, 1978, S. 463).

Eine weitere Quelle der Verwirrung stellt die enge Verwandtschaft der beiden Sprachen dar, die im 14. Jahrhundert im Languedoc verwendet wurden: das mittelalterliche Latein, welches die Schriftsprache war, und Okzitanisch, das allgemein im Sabarthès gesprochen wurde. Dabei ist nicht immer klar, ob es sich bei einem bestimmten Ausdruck um das eine oder andere handelt, was etwa der Fall von *druda* verdeutlicht; es klingt wie Okzitanisch, wobei es sich an der konkreten Stelle im Text jedoch wahrscheinlich um Latein handelt.

Druda hat in beiden Sprachen eine ähnliche Bedeutung, was jedoch bei dem Begriff *posticium* im MS 4030, f.76r, nicht der Fall ist. Ich gehe davon aus, dass der Begriff *posticium* Lateinisch und kein Okzitanisch ist, und schließe mich somit denjenigen an, die ihn mit »kleine Tür« übersetzt haben (Lewis u. Short, 1969; Niermeyer, 1984; DuCange, 1840); somit lese ich *intra* (»in«), wo andere *infra* (»unter«) gelesen haben, die sich Levy (1892-1924) angeschlossen und *posticium* als okzitanisches Wort aufgefasst haben, das »Diele« bedeutet. Das heißt, während die Okzitaner das Geschenk für die Parfaits folglich unter einer Diele versteckten, ließen die Latinisten es in der Ofentür verschwinden (siehe S. 522f.).

Ich habe in diesem Buch durchgehend für das klassische und postaugusteische Latein auf Lewis u. Short sowie Gaffiot (1934) zurückgegriffen und für das mittelalterliche Latein auf Niermeyer und DuCange, für Okzitanisch auf Levy und Mistral (1968) sowie Pompeu Fabras *Diccionari general de la llengua catalana*.

Wo es in den veröffentlichten Texten der Handschriften Übertragungsfehler oder Auslassungen gibt, habe ich dies ignoriert, da ich mich bei meiner Arbeit grundsätzlich als Textvorlage an die Handschriften gehalten habe. Um auf die endlose Auflistung detaillierter Anmerkungen und Textvergleichungen verzichten zu können, habe ich nur bei besonders wichtigen und wesentlichen Bezugnahmen auf die jeweiligen Quellen in Klammern verwiesen. »FR, f.000« steht für die Folio-Angabe in der Fournier-Sammlung (MS 4030), »d'AR, f.000« entsprechend für die d'Ablis-Akten (MS 4269), und mit »L, 000« habe ich den jeweils eingeklammerten Seitenangabenverweis auf Limborch angegeben. (Eine vollständige Liste der in diesem Text verwendeten Abkürzungen ist auf S. 519 zu finden.) Ebenso habe ich auch Verweise anderer Autoren, analog zum Literaturverzeichnis (Seite 542-545), im laufenden Text jeweils unter Nennung des Verfassers und der Seitenzahl in Klammern angegeben.

Bei allen längeren Zitaten habe ich in der Regel die indirekte Rede aus den Protokollen in direkte Rede umgewandelt. Dort werden nur zwei Zeugenaussagen authentisch in der ersten Person wiedergegeben, und zwar die von Pierre de Luzenac und Pierre de Gaillac in den d'Ablis-Akten. Während die von den Gerichtsschreibern aufgenommenen Aussagen voller formaler, juristischer Formulierungen sind und sich äußerst künstlich anhören, sind die beiden in der ersten Person wiedergegebenen Aussagen frei davon.

Ich bin jedoch nicht so weit gegangen, dass ich bei meinen Zitaten aus anderen Zeugenaussagen die juristischen Wendungen herausgenommen und nicht buchstabengetreu wiedergegeben hätte. Ich bin dabei konservativ geblieben, um zum einen den Ton der Originalgerichtsdokumente zu erhalten und um mich zum anderen nicht zu weit von meiner Textvorlage zu entfernen. Der Stil jeder Niederschrift wurde, auch wenn sie den juristischen Gepflogenheiten Rechnung trägt, durch die Situation geprägt, in der der Angeklagte sich befand, sodass sich ein völlig falsches Bild ergeben könnte von dem, was tatsächlich jeweils gesprochen wurde, wenn die protokollierten Beiträge in ein allzu frei wiedergegebenes Gespräch übertragen würden.

Ich habe bei allen Datumsangaben die neue Zeitrechnung verwendet, wonach das Jahr mit dem 1. Januar beginnt. In den Dokumenten wird naturgemäß die alte Zeitrechnung verwendet, der julianische Kalender, der in Europa bis zur Reform von Papst Gregor XIII. 1582 und in England bis 1752 gültig war.

Gleichwohl es eher eine Kunst als eine wissenschaftliche Arbeit war, eine Chronologie der Ereignisse dieser Geschichte zu erstellen, ist die Datierung der wichtigsten Begebenheiten kaum zweifelhaft. Dazu gehören die Rückkehr der Authiés ins Languedoc im Jahr 1300, Pierre Maurys Abreise aus Arques im Dezember 1305, die Hochzeit von Bernard Clergue aus Montaillou im September 1307, die zwei Razzien in Montaillou und die Verhaftungen der verschiedenen Parfaits in den Jahren 1305, 1307 und 1309. Auf gelegentliche Schwierigkeiten bei der Rekonstruierung der Chronologie wie im Falle des Todes von Na Roche in Montaillou oder des Treffens der zurückkehrenden Parfaits und Pierre de Luzenacs in Toulouse wird durch entsprechende Vermerke im Text hingewiesen.

Die größten Datierungsprobleme ergeben sich bezüglich der Ereignisse in der katalanischen Diaspora, weil die Kirche sich erst ziemlich spät mit den katalanischen Katharern befasste, sodass es darüber bis zum Oktober 1319 keine ausführlichen gerichtlichen Protokolle gibt. Über einen Zeitraum von zehn Jahren gehen unsere Informationen hauptsächlich auf die Brüder Pierre und Jean Maury, Guillaume Maurs, Guillaume Baille und Arnaud Sicre zurück, und diese Einzelteile mussten sehr genau abgeglichen und zusammengesetzt werden. Die Datierung der Ankunft von Arnaud Sicre in Sant Mateu ist dafür ein gutes Beispiel (siehe S. 395f.). Nicht wenige Schwierigkeiten in Zusammenhang mit der Chronologie der Ereignisse in der Diaspora sind darauf zurückzuführen, dass die beiden Brüder Maury der aragonischen Inquisition und Jacques Fournier bisweilen unterschiedliche Versionen derselben Ereignisse lieferten. Die Brüder hatten im Allgemeinen ein gutes Zeitgedächtnis und eine klare Erinnerung an die genauen Abläufe, aber guten Grund, manche Aspekte ihres Lebens in Katalonien etwas zu vernebeln.

Geld spielte eine wichtige Rolle bei den Geschäften der Bauern und Schäfer. Dies war in einer Zeit, in der in Europa die ersten Bankdynastien aufkamen, auch nicht anders zu erwarten. Die oberste Führung der Katharer machte selbst Geschäfte mit Bankleuten, um ihre Bewegung zu finanzieren. Die Dokumente sind voll von Hinweisen auf Pfennige, Schillinge, Pfund, Gulden, Goldmünzen und Barcelona-Geld. In der Zeit, in der diese Geschichte spielt, waren königliche französische Münzen wie der beliebte *gros tournois*, eine große Silbermünze, die auch *tournois d'argent* genannt und 1266 in Umlauf gebracht wurde, im Languedoc verbreitet. Sie ersetzten nach und nach die ältere Währung in der Region, insbesondere die *sous toulzas* und *deniers toulzas*, die Toulouse-Schillinge und -Pfennige. Sie wurden aber weiterhin zu einem höheren Wert als die französischen Münzen gehandelt, wie zwei der Akteure in dieser Geschichte feststellen sollten, und zwar auf ihre eigenen Kosten (siehe S. 180).

Gerechnet wurde im Sabarthès des späten 13. Jahrhunderts nach der karolingischen Münzordnung. Der Geldwert des *gros tournois* entsprach einem Schilling *(solidus)* und war zwölf Pfennig *(denarius)* wert. Zwanzig Schillinge waren ein Pfund *(libra)*, während der *petit tournois* den gleichen Wert wie ein Pfennig hatte. Schilling und Pfund waren Rechnungswerte und keine geprägten Münzen, im Unterschied zum Silber-Tournois, Pfennig oder Goldgulden, der das mittelalterliche Äquivalent des Dollars darstellte. Der Gulden avancierte schließlich zur allgemeinen Rechnungseinheit, wenn es um größere Summen ging; bei seiner Einführung 1252 wurde sein Wert auf 240 Pfennige festgelegt, was einem Pfund entsprach.

Wichtiger als die Münzordnung zu kennen, ist es jedoch, die tatsächliche Kaufkraft des Geldes in jener Zeit einschätzen zu können. Wo immer möglich, habe ich versucht, eine Vorstellung vom jeweils tatsächlichen materiellen Wert eines bestimmten Geldbetrages zu vermitteln. Dies ist zudem auch hilfreich, um die wirtschaftliche Struktur im mittelalterlichen Languedoc und in Katalonien zu veranschaulichen. Es zeigt, dass die menschliche Arbeitskraft relativ billig war, aber alles andere als gleich bezahlt wurde: Führende Schäfer wie Pierre Maury konnten sich zweifelsfrei sehr gut ihren Lebensunterhalt verdienen, während Kardätschenmacher wie Guillaume Bélibaste hart zu kämpfen hatten und sich darüber hinaus noch verdingen mussten, um sich ein Zubrot zu verdienen. Rasierklingen waren teuer und ebenso Fisch, sowohl Süßwasser- als auch Meerfisch, dagegen war Fleisch eher preiswert. Warum dies so war, ist unklar, es stimmt jedoch verblüffend mit den Erfahrungen des heutigen Reisenden in Katalonien und im Languedoc überein.

Sofern nichts anderes angegeben wurde, beziehen sich meine Entfernungsangaben auf die Luftlinie, da es keine verlässliche Methode gibt, um für 80 Kilometer auf einer Landkarte in einer gebirgigen Gegend die tatsächliche Entfernung auf dem Boden zu ermitteln. Gewiss ist dabei nur, dass die Wegstrecke um ein Vielfaches länger ist, insbesondere in den Pyrenäen und den *Serras* Kataloniens.

Alle katalanischen Ortsangaben sind in Katalanisch gemacht, nicht zuletzt, weil Katalanisch und das mittelalterliche Okzitanisch fast die gleiche Sprache sind. Pierre Maury besuchte somit das katalanische Sant Mateu statt das kastilische San Mateo, und ein Gebirgszug wird heute wie damals *Serra* und nicht *Sierra* genannt. Die Personennamen habe ich durchgehend in Neufranzösisch wiedergegeben, statt zu versuchen, sie einzudeutschen oder okzitanische oder im Midi gängige Schreibweisen beizubehalten; in Zweifelsfällen habe ich die Schreibweise der Namen in den aktuellen Telefonbüchern der Départements Ariège und Aude nachgeschlagen. Die Personen in den Protokollen sprechen uns mit einer Unmittelbarkeit an, die die Jahrhunderte überwindet, und so erschien es mir richtig, zum Beispiel »Pierre Clergue«, die heute in Montaillou übliche Schreibweise, sowohl »Peter Clergue« als auch der inzwischen nicht mehr verwendeten Form »Peyre (oder Peire) Clerc« vorzuziehen.

Die Bibelzitate wurden der Einheitsübersetzung der Bibel entnommen. Ich habe der Versuchung widerstanden, mich in langwierigen Darlegungen der katharischen Lehre zu ergehen. Die Akten vermitteln uns unterschiedliche Sichtweisen von bekehrungseifrigen Parfaits sowie von guten und schlechten Katharern. Ich habe mich entschieden, so oft wie möglich die Dokumente sprechen zu lassen, und hoffe damit, dem Geist dieses Buches gerecht zu werden, das die Einmaligkeit und Integrität dieser Geschichte und ihrer höchst individuellen Akteure zu vermitteln versucht. Diese Vorgehensweise ermöglichte es mir zudem, die mehr dogmatischen Teile des Buches über den ganzen Text zu verteilen.

Angesichts der Art meiner Belege habe ich, wann immer es mir erforderlich erschien, Zuflucht zu unbestimmten Ausdrucksweisen genommen. Ich habe »kann«, »könnte«, »vielleicht«, »wahrscheinlich«, »fast gewiss« und Ähnliches sowie das Konditional so nuanciert wie möglich verwendet und der Versuchung widerstanden, Hypothesen zu Fakten erhärten zu lassen. Ich bin mit einer gewissen Skepsis an die verschiedenen Zeugenaussagen herangegangen, wobei ich mir stets vor Augen gehalten habe, dass sie unter Druck zustande gekommen sind, auch wenn diese Inquisitoren von Folterungen abgesehen hatten.

Das »Rohmaterial«, mit dem ich mich befasst habe, ist schon vielfach behandelt worden, und die Herausgeber der Akten und ihre Vorgänger wie Döllinger und Vidal haben dazu beigetragen, diese Vergangenheit zu erschließen, die uns durch einmalige historische Umstände erhalten geblieben ist. Mit seinem Buch *Montaillou* lieferte LeRoy Ladurie eine präzise Analyse der sozio-ökonomischen Gegebenheiten, die in der Zeit der von d'Ablis und in Pamiers durchgeführten Inquisition das Leben im Pays d'Aillou bestimmten. Sein Werk über Familie, Zuhause, Ehe und Sexualität in Montaillou setzte jedoch unausweichlich ein gewisses Maß an konzeptueller Abstraktion voraus, bei der der Einzelne im ganzen Stamm gewissermaßen aufging. Dabei ist doch genau die Unmöglichkeit, jene Männer und Frauen auf Abstraktionen zu reduzieren, ausschlaggebend dafür, dass sie aus den alten Seiten dieser Protokolle mit einer derartigen Unmittelbarkeit zu uns sprechen. Ich habe diesen zugrunde liegenden Ereignissen ihre *Geschichte* zu entlocken und sie gleichzeitig sowohl von innen heraus als auch, da ich sie mit nachträglichen Einsichten schreibe, aus externer Sicht zu *erzählen* versucht.

Im Unterschied zu meinen Vorgängern habe ich mich nicht zuletzt auch um eine vollständige Rekonstruktion der Topografie der Geschichte der letzten Katharer bemüht und dabei auf die PNs, IGNs, die Ortskenntnisse der Einheimischen und meine eigenen ausgedehnten Ausflüge in der Region zurückgegriffen. Dass so viele Wege, Täler und Winkel aus der mittelalterlichen Geschichte in der Landschaft des Sabarthès noch heute identifiziert werden können, haben wir der Gründlichkeit der Inquisitionsprotokolle zu verdanken, die uns eine Fülle an geografischen Details hinterlassen haben. Auch wenn Gebirgsketten naturgemäß zeitlos sind, so trifft dies auf Städte und Dörfer jedoch nicht zu, nicht einmal im relativ unzugänglichen Oberland des Ariège. Hier werden meine Rekonstruktionen zwangsläufig eher zu Hypothesen und Deduktionen. Dies galt in unterschiedlichem Maße insbesondere für Ax-les-Thermes, Tarascon, Junac, Larnat und Montaillou sowie in Katalonien für Beceite, Sant Mateu und Morella.

Die größte Herausforderung stellte jedoch Montaillou dar. Die Vorherrschaft der Clergues hatte Montaillou zum Zentrum für die Bewegung der Authiés werden lassen, und Fournier hatte sich zu Recht auf dieses Dorf konzentriert, was die große Zahl der Zeugenaussagen aus Montaillou erklärt. Dass von dem mittelalterlichen Dorf bisher niemand eine präzise Karte erstellt hat, ist etwas überraschend, da es keinen Mangel an Daten gibt. Die Fournier-Protokolle liefern zahllose Informationen über verschiedene Örtlichkeiten und die Anordnung einzelner Häuser. So wissen wir zum Beispiel mit Sicherheit, dass die Clergues gegenüber den Belots wohnten, dass es eine geheime Verbindung zwischen den Häusern der Belots und Benets gab und dass die Ferriés und die Maurys auf derselben Seite des Dorfplatzes wohnten und direkte Nachbarn waren. Aber erst nachdem ich die PNs von Montaillou intensiv studiert hatte, konnte ich die Topografie aus den schriftlichen Aufzeichnungen auf die heutigen örtlichen Gegebenheiten übertragen und verstehen, wie Montaillou im 13. Jahrhundert ausgesehen hatte. In den PNs ist das Wegemuster des mittelalterlichen Dorfes im Wesentlichen noch erhalten. Es war wichtig und aufregend zugleich, die örtlichen Gegebenheiten, die sich aus der mittelalterlichen Handschrift erschließen ließ, in einer von Hand gezeichneten Karte aus dem frühen 19. Jahrhundert bestätigt zu sehen. Der Grund, dass ich so viele Details wie nur irgend möglich über Montaillou und seine Menschen aufzuzeigen versuche, ist, dass ich dadurch die Unmittelbarkeit und Gegenwärtigkeit der Örtlichkeiten und Menschen vor dem geistigen Auge des Lesers zu verstärken hoffe. Über diesen Ort und seine Einwohner ist mehr als über jeden anderen vergleichbaren mittelalterlichen Ort in Europa bekannt, vor allem, was die »einfachen« Leute im Mittelalter betrifft. Allein schon aus diesem Grund erschien es mir erstrebenswert, ihren Mikrokosmos so genau wie möglich wieder zu erschaffen. Es reichte mir zum Beispiel nicht festzuhalten, dass die junge Guillemette Rives nach ihrer Heirat oft das Kommen und Gehen im reichen katharischen Haus ihres Vaters beobachtete. Obwohl diese Information faktisch richtig ist, erklärt sie doch nicht, woher sie so viel über die katharischen Aktivitäten im Haus ihres Vaters wusste. Sie war, wenn überhaupt, nur ein sehr kleines Rädchen im katharischen Getriebe. Wenn man hingegen weiß, dass das Haus, in das sie eingeheiratet hatte, nur wenige Meter von dem ihrer Eltern entfernt lag und dass sie durch ihre zahlreichen Schwangerschaften und Kinder ans Haus gebunden war, gewinnt man ein tieferes Verständnis ihres Tuns. Sie wurde *malgré elle*, gegen ihren Willen, zur Beobachterin, weil sie es nicht wagte, ihre Kinder allein zu lassen. Wenn sie in ihrem Garten saß oder auf dem Dorfplatz stand, erlebte Guillemette, die Nichte eines Parfait, somit unabsichtlich mit, wie sich die Geschichte der Katharer Montaillous im wahrsten Sinne des Wortes direkt vor ihrem Haus abspielte.

PROLOG
DIE KASTELLANIN VON MONTAILLOU

Am Samstag, dem 26. Juli 1320, erschien im bischöflichen Palast der alten Stadt Pamiers im Languedoc eine Aristokratin von Mitte 40 zu einem Verhör der Inquisition.

Sie war zweifach verwitwet, und 1320 trug Béatrice den Namen ihres zweiten Ehemannes de Lagleize. Dreißig Jahre zuvor hatte sie durch die erste Eheschließung, mit der sie die Kastellanin eines Bergdorfes in den Pyrenäen namens Montaillou wurde, den Namen Béatrice de Roquefort erhalten. Vorher hieß sie Béatrice de Planisolles. Und unter ihrem wohlklingenden Mädchennamen erinnert man sich im Languedoc bis auf den heutigen Tag liebevoll an die Kastellanin von Montaillou, und ich werde sie somit durchgehend in diesem Buch Béatrice de Planisolles nennen.

Sie war vom Bischof des Bistums *Pamias* vorgeladen worden, wie die Stadt in der Sprache der Region hieß, um sich zu den gegen sie erhobenen Vorwürfen der Blasphemie, Hexerei und vor allem der Häre-

Der Weg der Kastellanin

sie zu äußern. Ihr Gegenspieler an diesem Wochenende im Sommer des Jahres 1320 war ein Zisterzienser namens Jacques Fournier. Er war im nahe gelegenen Saverdun geboren und Mitte 30. Vierzehn Jahre später sollte er in Avignon zum Papst gewählt werden, dem dritten Papst der »babylonischen Gefangenschaft«, wie Petrarch, Fourniers jüngerer Zeitgenosse, die Zeit nannte, in der das römische Papsttum in der Provence im Exil war (1309-1377).

Da die Aristokratin und der Bischof beide im Ariège geboren waren, sprachen sie Okzitanisch miteinander – die Sprache, die man *roman* nannte, um sie vom Lateinischen und *frances*, dem Französischen, zu unterscheiden. Sie ist durch die Troubadoure des 12. und 13. Jahrhunderts berühmt geworden, und es wird für gewöhnlich Dante (1265-1321), dem Dichter aus Florenz, der ein Zeitgenosse dieser Ereignisse war, zugeschrieben, sie als Erster als *Lingua d'oco* bezeichnet zu haben. Im Lateinischen wurde sie *vulgare* genannt. Als Sprache war das mittelalterliche Okzitanisch mehr mit dem Katalanischen und Italienischen als mit dem Französischen oder Kastilischen verwandt.[4]

Dieses erste Verhör, bei dem Béatrice de Planisolles unvereidigt ihre Aussage machen sollte, erbrachte nicht viel. In der Regel wurden die Beschuldigten zunächst unvereidigt vernommen, um sie davor zu bewahren, vorschnell einen Meineid zu leisten. Die Beweise gegen Béatrice waren kaum mehr als Indizien, und die gegen sie erhobenen Vorwürfe wogen unterschiedlich schwer. Drei Anklagepunkte wurden ihr zur Last gelegt: mangelnde Begeisterung für den Messbesuch, eine ketzerische Bemerkung über die Hostie und die Tatsache, einmal des Nachts von einer »Hexe« aufgesucht worden zu sein. Diese Punkte dürften dem Bischof wohl kein allzu großes Kopfzerbrechen bereitet haben. Was ihn hingegen beschäftigte, war, dass Béatrice aus einer Familie stammte, die mit den Katharern eng verbunden war, sowie die Tatsache, dass sie vor 25 Jahren in dem berüchtigten Dorf Montaillou heimisch gewesen war, in dem der Katharismus wieder aufgelebt war. Außerdem hatte sie die berühmteste häretische Familie der Region gekannt, die Authiés aus Ax, von denen drei Parfaits gewesen waren, wie die Katharer ihre geistigen Führer nannten.[5] Auch wenn Fournier keine fundierteren Gründe gehabt haben mochte, sie vorzuladen, so dürfte er den Verdacht gehabt haben, dass die Frau vor ihm in die letzte albigensische Renaissance verwickelt gewesen war. Unter Verweis auf ihren katharischen Vater zitierte er ihr gegenüber Matthäus 7,17: »Jeder gute Baum bringt gute Früchte hervor, ein schlechter Baum aber schlechte.«

Die Kastellanin muss sich gefragt haben, warum gerade sie für Fournier so wichtig war und warum er die ganze Vergangenheit erneut aufrollte. Schließlich war das Wiederaufleben des Katharismus vor einem Vierteljahrhundert im Oberland des Sabarthès, dem Gebirgszug in den Pyrenäen, wo der größte Teil dieser Geschichte sich abspielte, von dem Dominikaner Geoffroy d'Ablis erstickt worden, der 1303 das Amt des Inquisitors in Carcassonne übernommen hatte und ab dem Jahr 1307 von seinem Mitbruder, dem Furcht einflößenden und spitzfindigen Dominikaner Bernard Gui, unterstützt worden war.

Einige von Béatrice' Mitangeklagten äußerten den Verdacht, der neue Bischof von Pamiers nutze die Inquisition, um den hartnäckigen Widerstand der Bevölkerung gegen seine Steuerforderungen zu brechen. Diese Mutmaßung stimmte zum Teil. Jacques Fournier richtete seine ganze Anstrengung darauf, sich zum Bankier Gottes zu machen. In den drei Jahren vor den ersten Verhören von Béatrice de Planisolles hatte er der Bevölkerung im Ariège neue drückende Steuern auferlegt. Der dringendste Grund, warum der Bischof sich aus geistlicher Sicht zu einer Wiederaufnahme der Inquisition veranlasst sah, war aber das Ärgernis, dass es jenseits der Pyrenäen in Katalonien immer noch eine Gruppe von eingefleischten und rückfälligen Katharern gab. Fournier vertraute auf die überzeugende Macht des Geldes und setzte ein Kopfgeld für ihre Ergreifung aus. Er dürfte jedoch kaum darauf gehofft haben, dass im Oktober 1319 ein junger Mann namens Arnaud Sicre vor ihm erscheinen und anbieten würde, ihm den obersten Parfait der Katharer in der Diaspora auszuliefern. Darüber hinaus scheint dieser verwegene Söldner an den katharischen Herden und Lagerfeuern in Katalonien einige erstaunliche Informationen über die häretischen Jahre im Dorf Montaillou gesammelt zu haben, wo der neue Bischof zufällig einen entfernten Verwandten hatte.

Wir haben keine abschließenden Beweise dafür, dass es dieser Kopfgeldjäger war, der Jacques Fournier als Erster auf die Rolle aufmerksam gemacht hatte, die eine Familie namens Clergue 20 Jahre vorher beim Wiederaufleben des Katharismus gespielt hatte, es sieht jedoch ganz so aus, als sei der erste Hinweis darauf von ihm gekommen. Niemand, der vor Ort im Ariège, im Aude und in der Gegend von Toulouse lebte, hätte es gewagt, eine der wohlhabendsten und skrupellosesten Familien im Languedoc zu belasten, aber Katalonien war weit, und bis dorthin reichte die Herrschaft der Clergues nicht.

Selbst Fournier konnte es ohne schwerwiegende Indizien für eine mutmaßliche Schuld mit dieser Familie nicht aufnehmen. Er wollte es aber mit ihnen aufnehmen. Hier lag seine Chance, den verborgenen Kern des katharischen Krebsgeschwulstes auszumerzen, der seinen Vorgängern entgangen war. Und der Hauptübeltäter hatte, wie sich herausstellte, der ehemaligen Kastellanin von Montaillou nahe gestanden, die jetzt in dem Dorf Varilhes bei Pamiers lebte. Sie könnte sich, hoffte Fournier, als der schwache Punkt der Clergues erweisen.

Die Chronologie und Inhalte der Verhöre, denen verschiedene Bewohner von Montaillou im Sommer und Herbst 1320 in Pamiers unterworfen wurden, belegen zweifelsfrei, dass der Hauptgrund für die Vorladung von Béatrice de Planisolles ihre Verbindung mit den Clergues in Montaillou war, obwohl Fournier dies ihr gegenüber nie erkennbar werden ließ. Er versuchte im Gegenteil ständig den Eindruck zu erwecken, seine Angriffe auf die Clergues seien die Folge von Béatrice' Offenbarungen, erhärtet durch die Aussagen anderer Zeugen.

Der Bischof ließ sich bei ihrer ersten Begegnung nicht durch die Ausflüchte der Witwe täuschen. Nach einem kurzen Verhör setzte er den darauf folgenden Dienstag, den 29. Juli, als Termin fest, an dem Béatrice das nächste Mal vor Gericht erscheinen sollte. Dann sollte sie unter Eid ihre Aussage machen. Sie erklärte sich damit einverstanden und ergriff dann noch am selben Wochenende die Flucht. Wenige Tage später, am Mittwoch, dem 30., oder Donnerstag, dem 31. Juli, wurde sie in der Diözese Saint-Papoul, in Mas-Saintes-Puelles, rund 30 Kilometer nordöstlich von Pamiers, verhaftet. Bei ihr war ein junger Priester, der ihr Liebhaber war.

Am Freitag, dem 1. August, erschien sie erneut vor Fournier. Diesmal wurde sie aufgefordert, eine Reihe von Dingen, die man in ihrer Geldbörse und ihrem Lederbeutel gefunden hatte, als ihr Eigentum zu identifizieren. Dabei handelte es sich um zwei männliche Nabelschnüre,

Kambrikreste, die mit Menstruationsblut befleckt waren, Raukensamen, angebrannte Weihrauchkörner, einen Spiegel und ein kleines Messer oder *canivet*, das in ein Stück Leinen gewickelt war, sowie ein Korn von einer nicht identifizierten Pflanze, das in Seide eingeschlagen war. Darüber hinaus enthielt ihr Beutel noch getrocknete Stückchen eines Brotes, so genanntes *tinhol*, kurze Streifen und viele Leinenstücke. Wegen all dieser Dinge, vermerkt der Gerichtsschreiber gewissenhaft, bestand ein erheblicher Verdacht, dass Béatrice eine Hexe war und Wahrsagerei betrieb.

In ihren eidesstattlichen Aussagen wurde der Inhalt ihrer Börse und ihres Beutels zweimal aufgelistet: bei ihrem Erscheinen nach der Verhaftung am 1. August, als sie offiziell zugab, dass es sich dabei um ihre Sachen handelte, und drei Wochen später, am Montag, dem 25. August, als ihr die Liste vorgelesen und sie aufgefordert wurde, sich dazu zu äußern.

Am Montag, dem 25. August 1320, wurde Béatrice zum neunten und letzten Mal von Fournier und den anderen Inquisitoren verhört. Sie war erschöpft und, wie es hieß, sehr krank. Hier sei wiedergegeben, was sie zum Inhalt ihres Beutels sagte, und zwar offenbar ohne jeden Versuch, nach irgendwelchen Ausflüchten zu suchen, außer in Bezug auf das Brot, da dies praktisch ein endgültiger Beweis für ihre Verbindung zu den Katharern gewesen wäre. Bezeichnend für ihre ganze Aussage war ihre Freimütigkeit, wann immer es um den menschlichen Körper ging – und der Körper spielt in dieser Geschichte eine sehr wichtige Rolle.

»Ich hatte die Nabelschnüre von den Söhnen meiner Töchter, und ich behielt sie, weil eine Frau, die vor ihrer Taufe Jüdin gewesen war, es mir geraten hatte. Sie erklärte mir, wenn ich solche männlichen Nabelschnüre hätte und sie bei mir trüge, würde ich gegen niemanden ein Gerichtsverfahren verlieren, falls ich einmal in einen Rechtsstreit verwickelt würde. Das ist der Grund, warum ich die Nabelschnüre meiner Enkelsöhne hatte und aufbewahrte. Ich habe seither jedoch nie etwas mit irgendeinem Gerichtsprozess zu tun gehabt, um ihre Wirksamkeit prüfen zu können. Die blutbefleckten Leinenstücke wurden mit dem Menstruationsblut meiner Tochter Philippa getränkt, da dieselbe getaufte jüdische Frau mir gesagt hatte, ich sollte bei der ersten Periode meiner Tochter etwas von dem Blut auffangen, das aus ihr herausfloss, um es ihrem Ehemann oder irgendeinem anderen Mann zu trinken zu geben und somit sicherzustellen, dass der betreffende Mann sich nicht für irgendeine andere Frau als die, deren erstes Menstruationsblut er getrunken hatte, interessieren würde.

Als somit meine Tochter Philippa vor geraumer Zeit zum ersten Mal ihre Menstruation bekam, sah ich ihrem Gesicht an, dass es ihr nicht gut zu gehen schien. Ich fragte sie, was ihr fehlte, und sie erwiderte mir, sie würde aus ihrer Scham Blut verlieren. Da mir dann die Worte der bekehrten jüdischen Frau wieder einfielen, schnitt ich ein Stück von Philippas blutbeflecktem Unterhemd ab. Es schien jedoch nicht genug von ihrer Periode darauf zu sein. Deshalb gab ich meiner Tochter ein anderes Leinenstück aus feinem blauen Stoff und bat sie, es ganz mit ihrem Menstruationsblut zu durchtränken.[6] Philippa tat dies, und danach habe ich die Leinenstücke in der Absicht getrocknet, sie, wenn Philippa heiratete, ihrem Mann zu trinken zu geben, nachdem ich ihre Periode aus den wieder aufgeweichten Stoffteilen gewrungen hatte. Und als Philippa sich dieses Jahr verlobte, habe ich zweimal mit dem Gedanken gespielt, ihrem Verlobten ihre Periode zu trinken zu geben. Am Ende dachte ich jedoch, es sei besser, dies erst zu machen, nachdem Philippa und ihr Ehemann Geschlechtsverkehr miteinander gehabt hätten, und dass Philippa ihrem Ehemann ihre Periode selbst zu trinken geben sollte. Und da ich verhaftet wurde, ehe die Ehe zwischen Philippa und ihrem Ehemann vollzogen werden konnte und sogar ehe sie überhaupt verheiratet waren, konnte ich ihm folglich noch nichts von ihrer Periode geben.

Die Leinenstücke waren nicht zu irgendeinem bösen Zweck auf die Rauke mit den Weihrauchkörnern gelegt worden, sondern lagen durch Zufall darauf. Ich hatte den Weihrauch nicht bei mir, um böse Taten zu begehen, sondern weil meine Tochter dieses Jahr unter schlimmen Kopfschmerzen litt und mir gesagt worden war, Weihrauch mit anderen Dingen vermischt könnte ihre Krankheit heilen. Die Weihrauchkörner, die bei mir in meinem Beutel oder wo auch immer gefunden wurden, stammen daher, und ich hatte nie die Absicht, irgendetwas anderes mit ihnen zu tun. [Genauso] hatte ich weder den Spiegel noch das eingewickelte Messer noch die Kambrikstücke zum Zweck der Wahrsagerei oder um Zwietracht zu säen dabei. Was den in den Seidenstoff eingeschlagenen Samen angeht, so handelt es sich dabei um den Samen einer Pflanze, die allgemein als ›Senfkohl‹ bekannt ist. Ich habe ihn von einem Pilger erhalten, der mir sagte, er habe wirksame Eigenschaften, um die Fallsucht zu heilen; und weil dieses Jahr mein Enkelsohn von meiner Tochter Condors unter der Fallsucht litt, wollte ich den Samen verwenden. Meine Tochter sagte mir jedoch, dass sie ihren Sohn mit in die Kirche von Saint-Paul genommen hatte, wo er von der Krankheit geheilt worden sei. Sie wollte nicht, dass ich irgendetwas hinsichtlich der Krankheit ihres Sohnes unternahm, und somit habe ich den Samen nicht verwendet.« (FR, f.44)

Obgleich die meisten von Béatrice' Habseligkeiten in gewissem Sinne als belastend ausgelegt werden konnten, sah der Bischof sicher, dass es sich dabei um harmlose Zaubermittel und Liebestränke handelte, die sich letzten Endes nicht von anderen in der Gegend üblichen abergläubischen Bräuchen unterschieden, wie zum Beispiel der Sitte, den Toten Nägel und Haare zu schneiden, um ihre Häuser vor Übel zu schützen. Mit untypischer Schamhaftigkeit gab sie absichtlich irreführende Erklärungen zur Rauke *(eruca)* ab, der nachgesagt wurde, sie würde die Spermamenge und die sexuelle Lust beim Geschlechtsverkehr erhöhen (Poirion, 1995, f.30v). Dass sie ein Aphrodisiakum bei sich trug, beweist, dass Béatrice selbst auf der Flucht das sexuelle Wohlergehen ihres Liebhabers am Herzen lag.

Die getrockneten Brotstückchen ließen jedoch auf Verbindungen zu Katharern schließen. Fournier dürfte sofort den Verdacht gehabt haben, dass es sich dabei um Brot handelte, das von katharischen Parfaits gesegnet worden war. Dass sie das Brot so viele Jahre nach ihrem angeblich letzten Kontakt mit den Häretikern noch wie einen Talisman mit sich herumtrug, bewies, dass die ehemalige Kastellanin tief verwurzelte katharische Sympathien hegte. Es dürfte der Aufmerksamkeit des Inquisitors nicht entgangen sein, dass sie das Brot bei der Aufzählung ihrer Habseligkeiten ausließ.

Wenn Fournier in dem Punkt nicht nachhakte, so hatte er seine Gründe dafür. Ehe sie begann, den durch den Inhalt ihres Beutels heraufbeschworenen Vorwurf der häretischen Verstrickung detailliert zu widerlegen, versuchte die frühere Kastellanin, wesentliche Teile ihres Geständnisses der vorhergehenden Tage zu widerrufen. Warum sie sich dazu entschloss, bleibt ein Geheimnis, auch wenn ich später argumentieren werde, dass es möglicherweise darauf zurückzuführen war, dass sie von dem Bösewicht in dieser Geschichte unter Druck gesetzt worden war. An den Tagen bis zum 25. August hatte Béatrice de Planisolles in der Tat Aussagen gemacht, die das kirchliche Establishment im Ariège erschütterten. Sollten sich ihre Äußerungen als wahr erweisen, dann wären ihre eigenen häretischen Verwicklungen in der Vergangenheit vergleichsweise bedeutungslos. Fournier bekam von ihr mehr zu hören, als er je erwartet hatte, und fast mehr, als selbst er bewältigen konnte.

Am 25. August war es zu spät, um noch einen Rückzieher zu machen. Nachdem sie am Donnerstag, dem 7. August, zum ersten Mal bestimmte Behauptungen über Pierre Clergue, den Pfarrer von Montaillou, aufgestellt hatte, hatte Fournier auch unabhängig von ihr entsprechende Beweise erhalten. Der hinterhältigste Katharer der Authié-Ära war, wie sich herausstellte, kein anderer als der scheinbar loyale, hoch geschätzte und äußerst wohlhabende örtliche Priester. Dieser betrügerische Geistliche hatte nicht nur die diversen Durchsuchungen und Verhaftungswellen überstanden, sondern dabei auch aktiv seine Hände im Spiel gehabt. Bis zu dem Zeitpunkt, als Fournier Béatrice de Planisolles verhörte, war er nie verdächtigt, geschweige denn verhaftet worden. Béatrice kannte ihn gut. Genau wie viele andere Frauen war auch sie seine Geliebte gewesen, und der Priester scheint ihr große Zuneigung entgegengebracht zu haben. Aber keine andere als sie hätte es gewagt, seinen Namen der Kirche zu nennen, da er in dieser Gegend die Kirche *war*, und selbst in ihren Hauptstädten wie Carcassonne und wahrscheinlich auch in Foix und Pamiers übte er seine Macht aus. Er schien über jeden Verdacht, geschweige denn eine strafrechtliche Verfolgung erhaben zu sein.

Das Sabarthès war doch vor zwei Jahrzehnten auf der Suche nach den Häretikern gründlich durchkämmt und alle Führer der katharischen Renaissance waren bis 1310 auf dem Scheiterhaufen verbrannt worden. Deshalb war es besonders schockierend, dass das volle Ausmaß der Herausforderung, die die Familie Authié für die Kirche dargestellt hatte, erst jetzt ans Licht kommen sollte und dass einer der Hauptschuldigen der Pfarrer von Montaillou, der die Kirche vielfach hintergangen hatte, ungeschoren davongekommen war.

Fournier sah sich vor die Aufgabe gestellt, gegen die Geister der Authiés und ihre Anhänger, die Toten und die Lebenden, im Pays d'Aillou in den Kampf zu ziehen. In den Monaten und Jahren, die auf Béatrice' Zeugenaussage folgen sollten, wurden viele, die auf den Friedhöfen in Ax, Montaillou und Prades und anderen Teilen des Ariège, im Ober- und Unterland, ruhten, exhumiert und die Leichen dann auf Scheiterhaufen verbrannt. Sie zählten zu den Getrösteten, Männer, Frauen und Kinder, die von Parfaits das katharische Sterbesakrament empfangen hatten. Nach 15 Jahren Verfolgung, von 1295 bis 1310, sollte das geschlagene Volk des Ariège 1320 noch eine weitere Heimsuchung erleiden, die wohl schlimmste, die es seit den finsteren Tagen von Simon de Montfort und seinen Kreuzfahrern vor über 100 Jahren erlebt hatte.

Es war die Aussage von Béatrice de Planisolles, die diese letzte Offensive gegen eine Gemeinschaft ausgelöst hatte, der sie einmal angehört hatte. Auch wenn sie sich, wie wir noch sehen werden, umsichtig von jeglicher direkten Teilnahme an katharischen Aktivitäten auf dem Höhepunkt dieses häretischen *Risorgimento* ferngehalten hatte, hatten sich die Bonshommes um die Kastellanin von Montaillou dennoch wiederholt bemüht. Es war letzten Endes jedoch sexuelle Anziehung und nicht etwa eine religiöse Bekehrung zum Katharismus oder vielmehr Sexualität unter dem Deckmantel der Lehre, die sie im wahrsten Sinne des Wortes im Bett der Ketzerei landen ließ.

Sie spielte in diesem mittelalterlichen Drama eine Schlüsselrolle. Durch die Stellung, die sie in der damaligen Gesellschaft einnahm, kannte sie alle seine Hauptdarsteller. Ihre Stimme ist darüber hinaus eine der deutlichsten in einer ganzen Reihe von Aussagen, die sich durch eine bestechend einfache Menschlichkeit und Direktheit auszeichnen. Fourniers Verfolgungen brachten Anfang des 14. Jahrhunderts immenses Leid über das arg geschundene Volk Okzitaniens. Seine Hetzjagd auf diese Menschen brachte eine Sammlung von Aufzeichnungen hervor, aus denen sie unter widrigsten Umständen mit einer solchen Würde zu uns sprechen, dass ihre Niederlage in einen moralischen Sieg verwandelt wird. In ihrer Geschichte ist die Kastellanin die Prima inter Pares, und genau wie Fournier sie für den Schlüssel zu den Geheimnissen von Montaillou hielt, möchte ich aus dem gleichen Grund bei der Darstellung dieser Geschichte sie in den Mittelpunkt stellen.

Béatrice de Planisolles wurde wahrscheinlich im Jahr 1274 in einer kleinadligen Familie im Ariège geboren. Ihre Geburt fiel somit ungefähr mit der von Robert Bruce, dem schottischen Freiheitskämpfer, zusammen, der als Robert I. König von Schottland wurde, und es war auch das Jahr, in dem sich in Florenz der neunjährige Dante Alighieri in die achtjährige Beatrice Portinari verliebte, deren Vorname er in der *Göttlichen Komödie* unsterblich machte.

Béatrice' Geburtsort war mit ziemlicher Sicherheit das Bergdorf Caussou, der Stammsitz der Familie de Planisolles. Wie damals thront das Dorf noch heute am Hang eines sich 905 Meter über dem Meeresspiegel erhebenden Berges, und es verdankt seinen Namen dem Val de Caussou, einem fast zehn Kilometer langen Graben, der das Ariège-Tal mit dem Col de Marmare verbindet. (Farbabb. 1) Caussou hat sich in sieben Jahrhunderten nur wenig verändert und blickt auf den Zusammenfluss der Ruisseau de la Coume d'Amont und der Marmare. Die Coume d'Amont, die im 13. Jahrhundert einfach der »Bach von Caussou« hieß, teilt das Dorf durch einen tiefen, in nordsüdlicher Richtung verlaufenden Einschnitt in zwei Teile, während die Marmare rund fünf Kilometer weiter östlich, ganz in Gipfelnähe des Col de Marmare (1361 Meter) entspringt.

Jenseits des dicht bewaldeten Marmare-Gebirgszuges liegen die Dörfer Prades und Montaillou. Der Weg über den Col, den Pass, war im 13. Jahrhundert eine wichtige Lebensader für die Katharer. Der anstrengende, rund elf Kilometer lange Wanderweg von Caussou nach Prades und Montaillou führt zunächst über eine leichte Steigung an den rechts an der Marmare liegenden Wiesen vorbei, ehe er dann über eine Strecke von drei Kilometern unter einem Baldachin von Bäumen und dem Rauschen der Marmare, das aus der tiefen Schlucht von unten heraufdringt, bis zum Col steil ansteigt.

Nachdem Béatrice im Alter von 17 Jahren nach Montaillou gezogen war, nahm sie diesen Weg, wann immer sie ihre Familie und insbesondere ihre Schwester Ava besuchte, die in Caussou verheiratet war. Eine wichtige Anlaufstelle war Ende des 13. Jahrhunderts in Caussou, wenn man von Unac und Bestiac hineinkam, wohl »die Tür von Raymond Tinhol«, denn verschiedene Akteure dieser Geschichte hatten es sich zur Gewohnheit gemacht, dort als Erstes einmal auf einen Plausch hineinzuschauen. Andere Örtlichkeiten, die die junge Kastellanin in ihrem Heimatdorf gut gekannt haben dürfte, waren *Els Esshars*, eine Stelle auf dem Weg, der nach Prades hochführte, ganz in der Nähe des Punktes, an dem heute die geschotterte Straße in einen Weg übergeht, und die *Comba del Ginesta*, der »Ginsterkamm«, ein Graben, der oberhalb des Dorfes hinaufgeht.

Caussou war das Familienlehnsgut der Familie de Planisolles, die hier tief verwurzelt war. Ihr standen die beiden Brüder Philippe und Pons de Planisolles vor. Pons hatte mindestens zwei Kinder, Raymond und Raymonde, und Philippe war Vater dreier Töchter, die die Namen der herrschenden Klasse, Béatrice, Ava und Gentille, trugen, sowie zwei Söhne, Guillaume und Bernard. Letzterer war auch unter dem Spitznamen *de na mengo* oder *den amengo* bekannt, was »der finster Blickende« bedeuten kann (*mengano* = Grimasse LT). Mit Béatrice' Brüdern war nicht zu spaßen, und viele Jahre später war sie überzeugt, dass sie sie bestrafen würden, sofern sie mit ihrem unschicklichen sexuellen Verhalten Schande über sie brächte. Genau wie das übrige Sabarthès war auch Caussou in den sechs Jahrzehnten vor Béatrice' Geburt von heftigen Unruhen erfasst worden, insbesondere durch die Bemühungen der Heiligen Inquisition, die okzitanischen Gebiete endgültig von der Ketzerei zu säubern. Papst Gregor IX. hatte die Inquisition 1233 in Frankreich etabliert und ihre Durchführung dem Orden der Prediger, den Dominikanern, anvertraut. In den darauf folgenden Jahren übersäten sie das Land eifrig mit gelben Kreuzen, dem Symbol der Scham, das jeder, der als Häretiker betrachtet wurde, auf seinem Umhang oder Mantel tragen musste.

In den 1290er-Jahren waren die de Planisolles' schon seit zwei, wenn nicht drei Generationen der Häresie verbunden.[7] Béatrice hat wahrscheinlich nicht erlebt, dass ihr Vater sich mit den gelben Kreuzen zeigte, die zu tragen er verurteilt worden war, als sie noch ein kleines Mädchen war. Denn es ist unwahrscheinlich, dass Adlige in der Gegend von Caussou, wie fast überall in der Region, den Befehl der Kirche, die Kreuze jederzeit sichtbar zu tragen, beachtet hätten.

Die gelben Kreuze wurden im Volksmund *las debanadoras* genannt, was wörtlich übersetzt »Winden« oder »Wickelmaschinen« heißt. Diese eigentümliche Wendung ist nicht ganz verständlich, gemeint ist jedoch wohl, dass die Katharer sich vorstellten, die Kreuze würden sie ans Ende einer Leine binden, die eingezogen oder aufgewickelt werden könnte; analog hätte man vielleicht den sprichwörtlichen Ausdruck »einen Mühlstein um den Hals tragen« gebrauchen können. Im Urteil hieß es, dass die Büßer »von jetzt an und für immer auf allen Kleidungsstücken, außer ihren Hemden, zwei gelbe Kreuze tragen sollen, und ein Balken soll zwei Handflächen [20 Zentimeter] lang sein, während der andere quer liegende Balken anderthalb Handflächen [15 Zentimeter] lang sein soll, und jeder soll drei Finger breit sein [sechs Zentimeter], dabei soll eines vorn auf der Brust und das andere zwischen den Schultern getragen werden« (L, S. 214).[8]

Darüber hinaus wurden sie angewiesen, sich »weder innerhalb noch außerhalb« ihrer Häuser »zu bewegen«, ohne für jeden sichtbar die Kreuze zu tragen. Und sie waren verpflichtet, »die Kreuze auszubessern oder zu erneuern, wenn sie zerrissen oder altersbedingt verschlissen waren« (L, S. 191).

Viele Katharer, die von der Inquisition unter Auflagen auf freien Fuß gesetzt und zum Tragen der Kreuze verurteilt wurden, kamen dieser Auflage nicht nach. Und sie waren auch nicht sonderlich bußfertig. Als die katharischen Parfaits um die Jahrhundertwende wieder ins Sabarthès zurückkamen, leistete Béatrice' Vater ihnen augenblicklich begeistert Beistand und unterstützte ihre Sache, nicht zuletzt indem er ihnen einen sicheren Unterschlupf in Garanou bot, wie bereits 50 Jahre zuvor sein Großvater. Und er brachte sie auch in seinem Haus in Caussou unter. (d'AR, f.3v)

Irgendwann zog Béatrice, vermutlich zusammen mit anderen Mitgliedern ihrer Familie, in das Dorf Celles, das auf halbem Weg zwischen Tarascon und Foix liegt. Ende des 12. Jahrhunderts war Celles ein schönes, honigfarbenes Dorf, das ebenso gut in den Cotswolds Hills oder an der Dordogne hätte liegen können. Béatrice lebte Mitte der 1280er-Jahre hier. In Celles war es auch, wo sie einmal gehört hatte, wie ein Steinmetz einen respektlosen Vergleich zwischen dem Leib Christi und einem berühmten örtlichen Wahrzeichen gemacht hatte. Dabei handelte es sich, wie wir noch sehen werden, um eine klassische katharische Redewendung, um die Verwandlung von Brot und Wein in den Leib und das Blut Christi abzutun. Jahre später wiederholte sie die Äußerung aberwitzigerweise vor Zeugen.

Etwa 1291 heiratete Béatrice de Planisolles (wahrscheinlich) im Alter von 17 Jahren Bérenger de Roquefort, den Kastellan von Montaillou. Während sie zum Datum ihrer zweiten Eheschließung genaue Angaben machte, war sie seltsam verschlossen, wann ihre erste stattfand. Fest steht jedoch, dass sie im August 1294 zwei Söhne hatte und mit einem weiteren Kind schwanger war. Es ist somit davon auszugehen, dass ihre Hochzeit mit großer Wahrscheinlichkeit um 1291/92 stattfand, auch wenn sie selbst 1320 auf eine Zeit kurz vor 1296 hinwies, als sie davon sprach, dass ihre Hochzeit »mindestens vor etwa 24 Jahren« stattgefunden habe, während sie gleichzeitig behauptete, 1294 verheiratet gewesen zu sein und Kinder gehabt zu haben. (FR, f.37r)

Béatrice war möglicherweise erheblich jünger als ihr Ehemann Bérenger, der sich häufig nicht in Montaillou aufhielt und viele Jahre vor seiner Frau starb. Nichts ist über ihn bekannt. War er ein »Politiker« in Foix oder Pamiers, wo die de Roqueforts lebten, oder war er ein Verwalter des Grafen von Foix? Auch wenn Philippe de Planisolles seine Tochter wahrscheinlich nicht mit einem Feind des abweichlerischen Glaubens verheiratet hätte, lassen die Gespräche, die Béatrice mit ihrem Verwalter Raymond Roussel führte, darauf schließen, dass ihr Ehemann kein Katharer war.

Wo die Hochzeitszeremonie stattfand, ist nicht mehr zu klären, wobei nicht auszuschließen ist, dass dafür die prächtige Pilgerkirche von Montaillou, Notre-Dame-de-Carnesses, gewählt wurde. Die Hochzeit der Familien de Planisolles und de Roquefort dürfte in jedem Fall in der Region ein größeres gesellschaftliches Ereignis gewesen sein. Mit Sicherheit wurde der Adel zum Fest geladen, aber ebenso Mitglieder des gehobenen Bürgertums, da zu den Gästen auch Guillaume Authié aus Ax zählte. Die Authiés gehörten zu den mächtigsten Familien im Ariège, jenen *ric borzes* (wohlhabenden Bürgern) des Languedoc, die Guillaume de Tudèle zufolge, dem Chronisten und Dichter des 13. Jahrhunderts über die Kreuzzüge, durch die Ausbreitung der Häresie Gefahr liefen, alles zu verlieren.[9] Guillaume Authié war ein jüngerer Bruder von Pierre Authié und wie dieser Notar. Notare verfassten rechtsverbindliche Dokumente wie Verträge und Testamente und bildeten das Rückgrat der juristischen Alltagskultur im Languedoc. Sie waren per definitionem gebildet, und ihre Kanzleien und Häuser lagen in der Regel gut sichtbar an öffentlichen Plätzen.

Es war wahrscheinlich Guillaume Authié, der den Ehevertrag und die vorehelichen Vertragsurkunden bezüglich Béatrice' Mitgift verfasste, da ihre und Bérengers Papiere durch die Kanzlei der Authiés bearbeitet wurden. Wie im Languedoc üblich, wurde vertraglich garantiert, dass Béatrice' Mitgift für den Fall, dass sie Witwe werden sollte, aus dem Vermögen ihres künftigen Ehemannes zurückgezahlt wurde. Diese Heimfallrechtsklausel war als *donatio propter nuptias* bekannt.

Guillaume Authié war ein fröhlicher, anspruchsvoller und charismatischer Mensch mit einer schönen Frau und zwei kleinen Kindern, und er stand in der Region in hohem gesellschaftlichen Ansehen. Seine Frau Gaillarde aus Ax war die Nichte von Guillaume Benet, dem Oberhaupt einer prominenten Familie in Montaillou, sodass Guillaume Authié familiäre Gründe hatte, Montaillou zu besuchen.[10]

Guillaumes älterer Bruder Pierre, das Oberhaupt der Familie Authié, war ebenfalls mit Béatrice und ihrem Ehemann bekannt. Irgendwann zwischen 1291 und September 1296 setzte er einen Kaufvertrag für Berenger de Roquefort auf, den Béatrice mit einer eidesstattlichen Erklärung persönlich gegenzeichnen musste, da ihre Mitgift und das Vermögen ihres Mannes davon betroffen waren. Es ist davon auszugehen, dass sie wegen dieses Geschäfts die Kanzlei der Authiés in Ax aufsuchten.

In der juristischen Kultur des späten 13. Jahrhunderts in Okzitanien waren die Authiés als führende Kanzlei in der Region gut im Geschäft, und es lag nahe, dass der Adel alle juristisch relevanten Angelegenheiten von ihnen erledigen ließ. Es mag jedoch auch noch einen anderen Grund gegeben haben, warum insbesondere die de Planisolles vorzugsweise zu ihnen kamen: Béatrice' Vater war an den Bemühungen um die Erneuerung der katharischen Bewegung beteiligt, die damals gerade an Boden gewannen, und das Gleiche galt für die Authiés, obgleich es noch fünf Jahre dauern sollte, ehe sie fortgingen, um ordiniert zu werden, und fast zehn Jahre, ehe sie als Parfaits in das Sabarthès zurückkehren sollten.

Von 1291 bis 1301 sollte Béatrice de Planisolles, die neue Kastellanin, elf ereignisreiche Jahre im Pays d'Aillou verbringen, fast zehn davon in Montaillou. Während dieser Zeit erlebte das Dorf die heftigsten Unruhen in seiner Geschichte, die dazu führten, dass diese winzige Gemeinde der am genauesten dokumentierte mittelalterliche Ort auf der Welt ist.

Ehe die Geschichte nun im Einzelnen weiter erzählt wird, ist es zum besseren Verständnis zunächst wichtig, dem Montaillou der 1290er-Jahre einen Besuch abzustatten, um die umliegende Landschaft und das Wegenetz zu begreifen, um seine Einwohner, seine Helden und seine Schurken kennen zu lernen und um sich mit seinem katharischen Erbe auseinander zu setzen. Auch wenn die Kastellanin hoch oben in ihrer Burg wohnte und auf das Dorf herabblickte, lebte sie nicht in einem Elfenbeinturm. Sie mischte sich frei und mehr als in nur einer Hinsicht unter das Volk von Montaillou, und es war genau das, was das Dorf letzten Endes in die Knie zwang, auch wenn sie nie die Absicht hatte, ihm zu schaden.

In den 1290er-Jahren erstreckte sich Montaillou am Südosthang eines Berges, der breit genug war, um oberhalb des Dorfes auf einem erhöhten Plateau ein Burgturm samt Burgplatz zu errichten. Der höchste Punkt dieses Berges liegt 1362 Meter über dem Meeresspiegel. Während der westgotischen Herrschaft vom 5. Jahrhundert bis 711 n. Chr., als die Sarazenen das Gebiet überrannten, wurde das Pays de Sault, wie das Bergland des Sabarthès genannt wird, durch hoch auf den Bergen gelegene Festungen geschützt. Der Name Montaillou, der in den Protokollen zu *Mons Alionis* latinisiert ist, wurde von dem germanischen Eigennamen Agilo abgeleitet (Dauzat u. Rostaing, 1963), sodass »Montaillou« der »Berg von Agilo« bedeutet, wobei Agilo vermutlich ein gotischer Kriegsherr war. Die Wortbildung hat im angelsächsischen Etymon von Aylesbury in England eine Entsprechung. Aylesbury heißt »Aegeles-burh« oder »Aegel's fort«. Aylesbury und Montaillou sind somit jeweils die Festung und der Berg von Aegel-Agilo.[11]

Von der Festung von Montaillou aus dem 13. Jahrhundert ist wenig übrig geblieben, und die spärliche Ruine lässt heute nur noch schwer eine Vorstellung von der Zeit entstehen, als Béatrice de Planisolles hier von 1291 bis 1298 als Kastellanin residierte. Die Umrisse des Burgplatzes sind jedoch noch klar mit bloßem Auge auf dem Plateau erkennbar. Das heutige Montaillou ist im Vergleich zu der Vitalität des mittelalterlichen Ortes nur noch ein Schatten seiner selbst. Ende des 16. oder Anfang des 17. Jahrhunderts verlagerte sich sein Standort, und das Dorf liegt heute rund 50 Meter tiefer am Hang als im Mittelalter. In den 1990er-Jahren lebten hier während der Wintermonate rund 14 Personen, und obwohl die Zahl während des Sommers auf das Zehnfache ansteigt, ist sie kaum mit der Einwohnerzahl von mehr als 230 in den 1290er-Jahren zu vergleichen.

Im späten 13. Jahrhundert florierte das Sabarthès. Die Erinnerung an die Gräuel der Kreuzzüge schwand allmählich, und nachdem zwei Generationen in Frieden im Ariège groß geworden waren, hatte die harte Arbeit dieser freien Gemeinden, die keine feudale Knechtschaft kannten, eine gewisse Prosperität hervorgebracht. Die Menschen im Pays d'Aillou betrieben intensiv Ackerbau und Viehzucht, verbunden mit dem saisonalen Viehtrieb auf die Sommer- und Winterweiden; weitere wichtige Erwerbsquellen waren das Kardätschen und Weben von Wolle. Obgleich sie nicht reich waren, schien es immer genug zu geben, um sich selbst zu ernähren und gegenseitig zu unterstützen, auch die diversen unehelichen Kinder. Diese waren weitgehend in die eigentlichen Familien integriert, als hätte die Bevölkerung des Sabarthès sich im 13. Jahrhundert an das von Platon schon 1700 Jahre zuvor in seinem Werk *Der Staat* entworfene Modell der gemeinschaftlichen Kindererziehung gehalten. In Montaillou verhungerte niemand, und es gab dort keine Bettler. Nach Weihnachten brachen und hechelten die Frauen von Montaillou den Hanf, den sie wegen seiner wertvollen Fasern anbauten, im späten Juni machten sie Käse. Die Erzeugung von Nahrungsmitteln spielte für die wirtschaftliche Situation des Dorfes eine wichtige Rolle. Brot und Gemüse, vor allem Rüben und Kohl, stellten die Hauptnahrungsmittel dar, und die Dorfbewohner züchteten ihre eigenen Kräuter wie beispielsweise Petersilie, um damit verschiedene Hühner- und Schweinefleischbrühen zu würzen.

Nicht jeder hatte einen eigenen Ofen, um Brot zu backen, und so nutzte man diese Dinge gemeinsam. Aus diesem Grund war Brune Pourcel, die uneheliche Tochter des Parfaits Prades Tavernier, nach einer seiner Schwestern »Brune« genannt, eines Tages mit gekneteten

Brotlaiben zum Backen im Haus der wohlhabenden Rives' erschienen. Alazais Rives, geborene Tavernier, war ihre Tante. Brune verteilte die Laibe auf einem Brotschieber, benötigte jedoch Hilfe, um sie in den Ofen zu schieben. Da kam, weil sonst niemand da war, ihr Vater herbei und war ihr, sichtlich nervös, behilflich; er lebte zu diesem Zeitpunkt bereits im Untergrund.[12]

Da Brot und Mehl so wichtig waren, mussten die Männer und Frauen des Pays d'Aillou regelmäßig mit ihren Maultieren zu den Mühlen nach Ax hinuntergehen, um sich mit Säcken voll frisch gemahlenem Mehl wieder auf den Heimweg zu machen. Die Ernährung in der Region war jedoch alles andere als vegetarisch. Viele Dorfbewohner hielten Hühner, und darüber hinaus wurden Schafe und Schweine verzehrt, Letztere als gesalzene Schinken und Würste, die über dem Holzfeuer geräuchert wurden. Fische, insbesondere Forellen, waren in den zahlreichen Gebirgsflüssen des Sabarthès reichlich vorhanden und spielten vor allem in der Ernährungsweise der Parfaits eine wichtige Rolle. Und obwohl es sie in Hülle und Fülle gab, ist in den Protokollen wiederholt vermerkt, dass die Menschen ihren Fisch auf heimischen Märkten *kauften*. Die Märkte und die jeweiligen Kirchweihfeste bestimmten in dieser Zeit im Ariège den Wirtschaftskreislauf.

Da die Kirchweihfeste jährlich in den verschiedenen Städten zu Ehren ihrer jeweiligen Schutzheiligen stattfanden, stellten sie innerhalb des Jahreskreises wichtige Bezugspunkte dar und wurden oft von den Personen, deren Aussagen in den Protokollen von Fournier und d'Ablis erfasst sind, als Orientierungshilfe für die chronologische Einordnung von Ereignissen in der Vergangenheit genutzt. So fand die Fiesta in Laroque d'Olmes zum Beispiel jedes Jahr am 16. Juni (hl. Ciricus u. hl. Julitta) statt, in Pamiers am 2. September (hl. Antonius), in Ax am 14. September (Kreuzerhöhung), in Tarascon am 29. September (hl. Michael) und in Foix am 13. Oktober (hl. Géraud), um nur einige der Heiligenfesttage zu nennen, die in dieser Geschichte eine wichtige Rolle spielen. Weitere Orientierungspunkte im jährlichen Kalender waren die großen saisonalen Ereignisse, die das Leben dieser bäuerlichen Gesellschaft bestimmten, wie die Winterruhe und die Heumahd, das Einbringen der Ernte, der Viehtrieb und die überaus wichtige Weinlese im Oktober.

Neben den Heiligentagen, die mit Kirchweihfesten gefeiert wurden, wurde das Leben von Béatrice und ihren Zeitgenossen noch durch weitere christliche Feste und die allgemein begangenen Feiertage von Heiligen wie Johannes dem Täufer, Peter und Paul und insbesondere der Jungfrau Maria bestimmt. Ihre Himmelfahrt und Geburt waren neben Ostern und vielleicht noch Weihnachten die wichtigsten Feiertage des Jahres.

Bis ins dritte Jahrtausend ist der christliche Kalender in wesentlichen Teilen unverändert geblieben, wobei die Zahl derer, die damit noch vertraut ist, jedoch zunehmend abnimmt. Aus diesem Grund möchte ich hier beispielhaft einen Auszug aus dem mittelalterlichen Kalender bringen und dafür repräsentativ das Schaltjahr 1300 wählen, das Jahr, in dem die Authiés nach Ax zurückkehrten und das somit den Beginn der katharischen Renaissance im Sabarthès markiert. Ich führe hier jedoch nur die wichtigsten Feste auf, die damals jeder kannte.

1300	
Fest der Beschneidung Christi	Freitag, 1. Januar
Epiphanie	Donnerstag, 6. Januar
Hl. Vinzenz	Freitag, 22. Januar
Lichtmess	Dienstag, 2. Februar
Septuagesima	Sonntag, 7. Februar, der dritte Sonntag vor der Fastenzeit und 70 Tage vor Ostern
Quinquagesima	Sonntag, 21. Februar, der Sonntag vor Aschermittwoch
Faschingsdienstag	Dienstag, 23. Februar
Aschermittwoch	Mittwoch, 24. Februar
Fastenzeit	24. Februar bis Ostern, eine sechseinhalbwöchige Zeit des Fastens
Quadragesima	Sonntag, 28. Februar, der erste Sonntag in der Fastenzeit
Mariä Verkündigung	Freitag, 25. März
Passionssonntag	Sonntag, 27. März, Beginn der Passionszeit und der fünfte Sonntag in der Fastenzeit

Palmsonntag	Sonntag, 3. April
Karfreitag	Freitag, 8. April
Ostern	Sonntag, 10. April
Quasimodogeniti	Sonntag, 17. April, erster Sonntag nach Ostern
Markus, Apostel u. Evangelist	Montag, 25. April
Rogate	Sonntag, 15. Mai
Christi Himmelfahrt	Donnerstag, 19. Mai
Pfingstsonntag	Sonntag, 29. Mai
Geburt von Johannes dem Täufer	Freitag, 24. Juni
Peter und Paul	Mittwoch, 29. Juni
Mariä Himmelfahrt	Montag, 15. August
Märtyrertod von Johannes dem Täufer	Montag, 29. August
Geburt Mariens	Donnerstag, 8. September
Matthäus, Apostel u. Evangelist	Mittwoch, 21. September
Hl. Michael	Donnerstag, 29. September
Allerheiligen	Dienstag, 1. November
Allerseelen	Mittwoch, 2. November
Hl. Andreas, Apostel	Mittwoch, 30. November
Weihnachten	Sonntag, 25. Dezember

Das Zeitverständnis dieser zumeist des Lesens und Schreibens unkundigen Menschen im Languedoc des 13. Jahrhunderts mag einem Leser im 21. Jahrhundert zunächst recht vage erscheinen. Sie wussten nicht immer, wie alt sie waren, und ihre geschichtliche Vorstellung war streng ortsgebunden. Sie erinnerten sich natürlich an Ereignisse, einige von ihnen präziser als andere. Auf einige der Mütter in dieser Geschichte wie Guillemette Benet (aber nicht Alamande Guilabert) kann man sich zum Beispiel verlassen, was ihre Erinnerung an die Zeitspanne seit dem Tod eines Kindes betrifft, während ihre zeitlichen Angaben ansonsten jedoch recht vage sind. Dadurch ist eine präzise Datierung schwierig, aber nicht unmöglich, da sich bei einem sorgfältigen Vergleich der verschiedenen Aussagen rasch herauskristallisiert, auf wessen Erinnerungsvermögen man vertrauen kann und auf wen kein Verlass ist. Genauigkeit ist dabei selten eine Frage der Klassenzugehörigkeit: Die der Unterschicht angehörige Alazais Azéma irrte sich bei ihren zeitlichen Angaben zum Beispiel ebenso wenig wie die Kastellanin, die ein gutes Zeitgedächtnis hatte und Ereignisse recht genau datieren konnte.

Im Montaillou des späten 13. Jahrhunderts spielte sich das Leben, was ungewöhnlich war, nicht im Wesentlichen um den ovalen Dorfplatz herum ab, der an der nordöstlichen Ecke des Plateaus lag, was wahrscheinlich daran lag, dass sich die Kirche nicht an diesem Platz befand. (Karte 2) Der etwa 26 mal 13 Meter große Platz wurde von dem Hauptweg umsäumt, der zu der unterhalb des Ortes erbauten Kirche Notre-Dame-de-Carnesses führt. (Farbabb. 2 u. 3) Diese romanische Kapelle zählte zu den Bedeutendsten im Land, da ganz in der Nähe einer Schäferin die Jungfrau Maria erschienen sein soll. Sie wurde auch Sainte-Marie-de-Carnesses oder einfach Sainte-Marie genannt und lag rund 275 Meter nordöstlich des Dorfes. Während sich im Languedoc überall die Männer nach der Messe in der Nähe der Dorfkirchen unter weit ausladenden Ulmen auf Bänken versammelten, war dies in Montaillou nicht üblich. Hier fanden die wesentlichen Aktivitäten des Dorfes in den Häusern und des Nachts statt.

Das wichtigste Gut des Dorfes war Wasser. In dieser Hinsicht unterschied es sich nicht von den anderen Bergdörfern im Languedoc, die während des Sommers sengender Hitze und im Winter starkem Frost und schweren Schneefällen ausgesetzt sind. Die wichtigste Trinkwasserquelle von Montaillou war unter den Namen *la Fontcanal* oder *Lacanal* bekannt. Sie lag direkt hinter dem höchsten Punkt von Montaillou, unmittelbar unterhalb der Burg, von wo es nur ein kurzer Fußweg bis dorthin war. Der Hauptweg von Ax nach Montaillou ging am Fontcanal vorbei, ehe er rechts abbog und zum Dorf hinunterführte. (Farbabb. 4)

Der Fontcanal spielte im Leben von Montaillou eine entscheidende Rolle. Auch wenn es damals wie heute andere Wasserquellen wie die nicht identifizierten *Cortal sec* und *Del Buc* gab, war der Fontcanal eindeutig die Hauptquelle des Dorfes. Viele Frauen und die Dienstmägde der verschiedenen Familien kamen hier täglich zusammen, um Wasser zu holen, das sie auf *cabessals*, Kopfkissen, nach Hause schleppten. Dabei plauderten und klatschten die Frauen miteinander, und ihre Gesprächsthemen drehten sich hauptsächlich um Kinder und natürlich um

Liebesgeschichten. Gerüchte über das Sexualleben der jungen Kastellanin kamen erstmals auf, nachdem sie Witwe geworden war. Und als dann das 13. Jahrhundert zu Ende ging und das neue begann, rückte zunehmend das Wiederaufleben der katharischen Bewegung in den Mittelpunkt der Gespräche.

Das Panorama, das sich dem Betrachter vom Fontcanal über Montaillou und seine Umgebung bietet, ist heute im Wesentlichen dasselbe wie vor fast 700 Jahren, und an sonnigen, schneefreien Wintertagen ist die Sicht, wenn die Bäume kahl sind, besonders klar und weit. Es ist eine bewegende Erfahrung, Ende der 1990er-Jahre hier zu stehen und zum Hang hinüberzuschauen, an dem das heutige Montaillou genau wie früher klebt, auch wenn der alte Ort einige Meter weiter oben am Berg angesiedelt war. (Farbabb. 5) Bis auf den heutigen Tag steht ein altes und stattliches Haus trotzig an dem Platz, an dem sich im 13. Jahrhundert das Haus der mächtigsten Familie Montaillous, der Clergues, erhob.

Zweieinhalb Kilometer nordöstlich vom Dorf liegt Camurac mit dem Berg Col des Sept Frères, der heute durch seinen kahlen Gipfel hervorsticht. Im 13. Jahrhundert markierte er für die Bewohner Montaillous eine Grenzlinie.[13] Rund 280 Meter südöstlich vom Fontcanal, unten im Tal des Prade-Baches, steht ein Wäldchen, das ein rechteckiges Loch umschließt. Direkt dahinter windet sich zwischen zwei Berghängen ein enges Tal zur Haute Montagne von Montaillou hinauf, von wo Wege in die Cerdagne und nach Andorra führen. Das ist die Comba del Gazel, die nach dem Bois del Gazel benannt ist, an dessen Nordostflanke sie liegt. Im Mittelalter war die Comba del Gazel weithin kultiviert, mit sorgfältig parzellierten Wiesen und Feldern, die jeweils durch niedrige Trockensteinmauern von den Nachbarn abgegrenzt waren. Damals reichten die Fichten und Schösslinge nicht annähernd so weit wie heute in die Comba hinab. Ebenso wenig gab es auf dem Flurstück A-la-Cot, den nach Südosten auslaufenden Hängen des Dorfes, früher Bäume. Der Blick über die Felder bis zur Comba del Gazel war somit im Sommer wie im Winter gleich.

Im Mai 1308, einem Jahr, das sich als schicksalhaft für Montaillou erweisen sollte, stand eines Morgens früh ein Schäfer namens Jean Pélissier am Fontcanal. Er brachte seine Schafe auf die Weide, als er unten in der Comba del Gazel Arnaud Vital erblickte und sich wunderte, warum der Schuster des Dorfes schon so früh auf den Beinen war. Dies erzählte er zumindest der Inquisition. In Wirklichkeit wusste er bestens Bescheid, da er am Tag zuvor selbst in der Comba del Gazel gewesen war und, wie wir noch sehen werden, selbst miterlebt hatte, wie Arnaud Vital eine Flucht vor der Inquisition organisierte.

Bei näherer Betrachtung erweist sich das Loch in dem Wäldchen vor der Comba del Gazel als ein leicht abfallender breiter Graben, rund drei Meter breit und sechs Meter lang, der sich trichterförmig verjüngt, ehe sich sein Gebirgswasser in die Prade ergießt. Seitlich ist der Graben mit Findlingen befestigt. Dieser Ort wurde im 13. Jahrhundert in Montaillou *la Laviera* genannt, und hier wuschen die Frauen aus dem Dorf ihre Wäsche. (FR, f246r / Farbabb. 6) Von der Burg aus hat man einen direkten Blick dorthin. Hier war es Alazais Faure um 1300/01 aufgefallen, dass Mengarde Clergue, die junge und uneheliche Tochter von Bernard Clergue, Kambrikhemden und Taschentücher auswusch. Damit war ihr klar, dass katharische Parfaits im Dorf sein mussten, da sonst niemand in Montaillou so feines Leinen trug. Und Kambrik lässt darauf schließen, dass der Parfait ein Authié war, wahrscheinlich Guillaume Authié, der dabei war, Montaillou zu seinem Stützpunkt zu machen.

Von der Nordseite von der Laviera aus, ganz unten in der Comba del Gazel, hatte man einen ungehinderten Blick über die am Hang ansteigenden Felder auf A-la-Cot, die Seitenansicht des Dorfes und die Festung. Natürlich musste es eine direkte Verbindung von der Laviera zu dem Dorf geben, obwohl man auch auf einem Umweg, am Fontcanal vorbei, dorthin gelangen konnte, was tatsächlich die Route war, die die Schäfer benutzten. Sie wählten diesen Weg wahrscheinlich, damit ihre Herden nicht über die bewirtschafteten Felder trampelten. Der Weg, der Montaillou, die Laviera und Comba del Gazel miteinander verband, war die *via communis*, wie Jean Pélissier sie nannte.

Es ist an der Zeit, das mittelalterliche Dorf Montaillou zu betreten, und ich schlage vor, dazu den Hauptweg vom Col de Marmare und von Ax aus zu wählen, der am Fontcanal vorbeiführt, ehe er aus südwestlicher Richtung zum Dorf hin abfällt. Rund 45 Meter hinter dem Fontcanal gabelt sich der Weg an einer Kreuzung, die heute noch existiert. Hier biegt die mittelalterliche Hauptstraße, die Durchgangsstraße, die zum eigentlichen Dorf hinaufgeht, in einem Bogen nach links ab, während der andere Weg bergab und in einem leicht konvexen Bogen um den Ort herum und dann mehr oder weniger geradeaus zur Kirche Notre-Dame-de-Carnesses führt. Dieser äußere Weg bildet heute die Hauptstraße von Montaillou, da das Dorf ein Stück bergabwärts liegt. Die Durchgangsstraße und der äußere Weg bilden zusammen eine Ellipse um einen Teil des alten Dorfes herum.

Der alte Hauptverkehrsweg ist seit Jahrhunderten nicht mehr genutzt worden, seine Umrisse sind jedoch nach wie vor klar zu erkennen. Nachdem er zunächst ansteigt, fällt er dann sanft zu dem ehemaligen Dorfplatz hin ab, an dessen Ostseite er vorbeiführt. Kurz hinter dem Platz gabelt er sich erneut, genau wie vor fast 700 Jahren.

Einer der Wege biegt nach links ab und führt an den Ruinen von mindestens drei bedeutenden Anwesen, die am einstigen Dorfplatz lagen, vorbei und dann weiter nach Prades. Dabei beschreibt er einen halbkreisförmigen Bogen um den nördlichen Rand des Berges herum und führt somit am Rand des steil abfallenden Felsvorsprungs entlang. Dies war der »äußere« Prades-Weg, im Unterschied zum »inneren«, mit dem er sich auf der unbewohnten Nordwestseite des Berges dann wieder vereinigte.[14]

Der andere Weg bog an der Gabelung hinter dem Dorfplatz nach rechts ab und stieß dann wieder auf den Weg, der direkt zur Kirche hinunterführte. Heute führt dieses kurze Verbindungsstück in einer sanften Kurve um das ehemalige Pfarrhaus herum, in dem heute ein Kinderferienheim untergebracht ist.

Das mittelalterliche Montaillou hatte verschiedene Nebenstraßen. So kreuzten zwei in nordwestlicher Richtung verlaufende Wege, die direkt über den Berg führten, die Durchgangsstraße auf dem bergab zum Dorfplatz führenden Teilstück. Der nördlichere (und damit tiefer am Hang gelegene) Weg war der innere Weg nach Prades, der einen direkten Blick auf die Häuser am Dorfplatz gewährte, da er dicht hinter ihnen vorbeiführte. Zumindest von zwei Häusern aus der Geschichte ist bekannt, dass sie am inneren Prades-Weg standen, eines davon war das der Guilaberts. Es stand offenbar am Nordwestende des Dorfes, wo es einen Abkürzungsweg vom inneren Prades-Weg zur Burg gab. Die besondere Bedeutung, die seinem Standort an der Stelle zukam, von der man einen freien Blick über den *Bac*, den nordwestlichen Teil der Ausläufer, hatte, wird später deutlich werden.

Der innere Prades-Weg begann an der Kreuzung zur Durchgangsstraße, und es war mit an Sicherheit grenzender Wahrscheinlichkeit diese Kreuzung, die unter dem Namen »die Kreuzung von *Capanal den Belot*« bekannt war, da das einflussreiche Haus der Familie Belot hier stand.[15] Der innere Prades-Weg hörte jedoch wahrscheinlich nicht am Capanal den Belot auf, sondern ging weiter nach Südosten hinunter durch das kultivierte Gebiet von *A-la-Cot* bzw. heute *à la côte*. Schließlich brauchte man einen Verbindungsweg zu der Laviera. Dies dürfte der Weg sein, von dem Jean Pélissier sagte, er führe von Montaillou zur Comba del Gazel hinunter. (FR, f.241v)

Ein weiterer Weg, der noch immer zu erkennen ist, führte direkt vom Dorfplatz aus hinunter durch A-la-Cot nach Südwesten. Auf den PNs von 1826 kreuzt er die äußere Hauptstraße und führte von dieser Gabelung aus wahrscheinlich hinunter zu den Feldern, zu »Les Granges« und der Laviera. Auf dem letzten Stück vor dem Dorf scheint dieser Weg von einer Trockenmauer gesäumt worden zu sein, und diese Stelle war, wie ich glaube, unter dem Namen *Paret del Colel* bzw. »*Parede* von Jean [sic] Azéma« bekannt. Dass beide Namen gleichermaßen benutzt wurden, ist möglicherweise darauf zurückzuführen, dass dieser Weg im Dorf zwischen den Häusern von Pierre Azéma, dessen Vater vielleicht »Jean« hieß, und von Raymond Rous begann, der gemeinhin als Rous genannt Colel bezeichnet wurde. Wenn dem so war, dann hätte das Haus Colel den Dorfplatz von Montaillou überblickt, während hinter dem Haus »die Felder von Colel« lagen.[16]

Die Wege von Montaillou waren folglich so angelegt, dass es von Südwesten nach Nordosten eine Verbindung zwischen dem Fontcanal und Notre-Dame-de-Carnesses und von Nordwesten nach Südosten durch den Capanal den Belot eine Verbindung zwischen der nördlichen Ecke des Ausläufers und der Laviera, der Comba del Gazel und der Haute Montagne gab.

1. DIE MENSCHEN VON MONTAILLOU

Als Béatrice de Planisolles nach Montaillou kam, um zu heiraten, gab es im Dorf rund 35 verschiedene Familiennamen und fast 50 Familien, wenn man die verschiedenen Zweige derselben Familie einzeln zählt. In der letzten Dekade des 13. Jahrhunderts gab es in Montaillou folgende Familiennamen: Argelier, Arzelier, Authié (*nicht* verwandt mit den Parfaits aus Ax und passim Authié [B]), Azéma, Baille, Bar, Belot, Benet, Bonclergue, Capelle, Caravessas, Castanier, Clergue, Clergue (B), Faure, Ferrié, Fort, Fournier, Guilabert, Julia, Lizier, Mamol (?), Martre, Marty, Maurs, Maury, Moyshen, Pélissier, Pourcel, Rives, Rous (genannt Colel), Savenac, Tavernier (?), Teisseyre, Trilhe (oder Trialh?) und Vital.[17]

Um die Bevölkerung von Montaillou über einen Zeitraum genauer zu betrachten, scheinen die 18 Jahre von 1291, der Ankunft von Béatrice, bis 1308, dem Jahr, als das Dorf von der Inquisition heimgesucht wurde, besonders geeignet, zumal sie auch die entscheidenden

Das Zentrum von Montaillou (1300–1309)

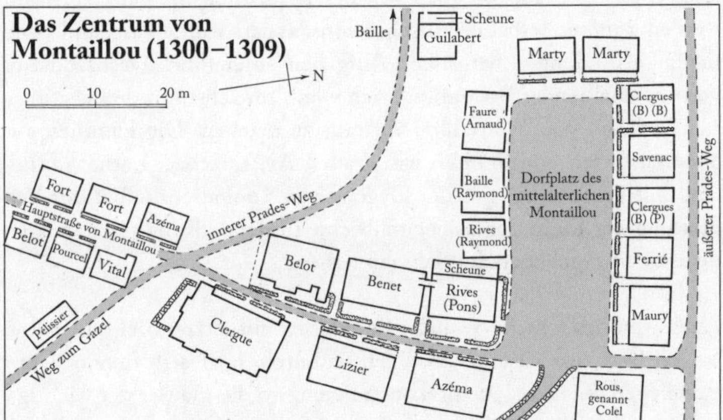

Jahre der katharischen Erneuerung waren. Die Mehrzahl der Dorfbewohner, denen wir in dieser Geschichte begegnen werden, wurde in diesem Zeitraum geboren oder wuchs aus ihren Jugendjahren zu Personen mittleren Alters heran. Ich werde mich somit überwiegend auf die Jahrgänge der 1280er- bis Mitte der 1290er-Jahre konzentrieren.

Rund 160 der Männer, Frauen und Kinder von Montaillou können namentlich identifiziert werden. Bei einer vorsichtigen Schätzung des durchschnittlichen Haushalts auf fünf Personen, zwei Elternteile und mindestens drei Kinder pro Familie, dürften etwa 250 Personen in dem Ort gewohnt haben. Darüber hinaus lebten neben den Kernfamilien auch verschiedene uneheliche Kinder sowie Großeltern und Bedienstete im Haus. Zudem wohnte möglicherweise noch eine Hand voll Familien in dem Ort, die in den Protokollen nicht konkret erfasst wurden. Und die Zahl von 250 Einwohnern schließt die Bewohner der Burg, die Kastellanin, ihren Ehemann, ihre Kinder und ihre Bediensteten nicht mit ein.

Um in dieser ausgesprochen ländlichen und bäuerlichen Kultur überleben zu können, mussten sich die Menschen aufeinander verlassen, sodass die Familienbande ein Bollwerk gemeinsamer Stärke waren. Es waren die Blutbande zwischen den Sippen und Familien, die den Authiés und anderen einheimischen Parfaits wie Prades Tavernier, Pons Sicre und Arnaud Marty die Sicherheit eines jahrhundertealten Netzes boten, das auch von der Inquisition nie ganz zerrissen werden konnte. Selbst der Bischof von Pamiers wurde aufgrund familiärer Verbindungen bei seinen Aufgaben unterstützt. Deshalb ist es von entscheidender Bedeutung, sich vorab zunächst mit den wichtigsten Familien von Montaillou vertraut zu machen. Die Familien aus anderen Orten und Städten wie Prades, Ax, Luzenac, Larnat, Tarascon und Junac sowie aus der Gegend von Toulouse, die bei der Verbreitung des Katharismus ebenfalls eine führende Rolle spielten, werden wir zu gegebener Zeit kennen lernen.

Auch wenn sich nicht bei *allen* Beteiligten mit letzter Sicherheit feststellen lässt, wo sie im Einzelnen wohnten, lässt sich dennoch mit ziemlicher Zuverlässigkeit rekonstruieren, wo die Häuser der wichtigsten Akteure standen. (Karte 3) Dieser Lageplan ist aus dem Mosaik deckungsgleicher und meist zufälliger Bemerkungen verschiedener Zeugen entstanden. Diese wurden maßgeblich durch einen interessanten Abschnitt in der Zeugenaussage von Pierre Maury ergänzt, der darin einen halbwegs strukturierten Überblick über die Haushalte des Dorfes zu liefern scheint. (FR, f.257v; siehe S. 81, 525) Sie ist eine wichtige Quelle, die die Anordnung der Häuser bestätigt und in einigen Fällen auch erst ermöglicht, die Lage verschiedener »unwichtigerer« Häuser in Montaillou zu bestimmen.

In den 1290er- und den ersten Jahren des 14. Jahrhunderts wurde Montaillou von vier mächtigen und unterschiedlich wohlhabenden Familien beherrscht, deren Häuser in der Nähe des Dorfplatzes eng beieinander standen. Dies waren die Familien Belot, Benet, Rives und Clergues.

DAS KATHARISCHE TRIO UND DIE CLERGUES

Die Häuser der Belots, Benets und Rives' waren in den Hang auf der Nordwestseite der Hauptstraße hineingebaut, sodass ihre Vorderseite nach Süden oder Südosten blickte. Diese Anwesen lagen zwischen der Kreuzung Capanal den Belot und dem Dorfplatz und waren vom Burgplateau aus gut zu sehen. Bei mildem Wetter waren ihre rückwärtigen, niedrigen Dächer ein bevorzugter Ort, an dem man das gesellige wie auch körperhygienisch notwendige Ritual des gegenseitigen Entlausens pflegte. Es waren drei stattliche Häuser mit Scheunen, Gemüsegärten und von Trockenmauern umgebenen Höfen mit Toren oder Pforten, die auf die Dorfstraße hinausgingen. Selbst die ärmeren Häuser hatten für gewöhnlich auf der Vorderseite Gemüse- und Kräutergärten, wie auch einige der Häuser am Dorfplatz. Manche Anwesen wie das der Pélissiers waren durch Hecken von der Straße abgeschirmt.

DIE BELOTS: Dieses große Haus stieß direkt an den konvexen Bogen, in dem der »innere« Weg nach Prades zum Capanal den Belot hinunter führte (FR, f.60v), und hatte an der rückwärtigen Seite ein niedriges Dach. Vor der stattlichen überdachten Vorhalle lag der nach Südosten ausgerichtete Hof der Belots, von dem man zu den Clergues hinunterschaute. Es war ein idealer Platz, an dem die Frauen schwatzend die Sonne genießen konnten. Etwas abseits der überdachten Vorhalle gab es eine Stelle, die *las penas* genannt wurde und wohl den Bediensteten vorbehalten war. Von hier konnten die Mägde die Gespräche ihrer Herrin belauschen. Die Belots waren die zweitreichste Familie des Dorfes und vermögend genug, um Bedienstete zu beschäftigen, wobei es wiederholt sexuelle Beziehungen zwischen Gesinde und Herren in diesem Haushalt gab, der in dieser Hinsicht der reinste Bienenstock war.

Zur Familie zählten die Eltern, vier Söhne und zwei (oder vielleicht auch drei) Töchter.[18] Die Söhne hießen Raymond, Bernard, Guillaume und Arnaud, und die Töchter Raymonde und Alazais sowie möglicherweise noch Arnaude. Der Name des Vaters ist nicht bekannt, aber vielleicht war er Ende der 1290er-Jahre auch schon tot. Denn das Haus der Belots wurde damals allgemein »Raymond Belots Haus« genannt, was darauf hinweisen dürfte, dass Raymond der älteste Sohn und das neue Familienoberhaupt war, vorausgesetzt natürlich, dass sein Vater nicht auch Raymond hieß und der Name des Hauses einfach weitergegeben wurde. Dass sich die Brüder Raymond und Bernard das Haus als Eigentümer teilten, hatte die neue Kastellanin bemerkt, als sie im Dorf lebte. Die jüngeren Belots waren Raufbolde. Bernard Belot war über die Ehefrau eines anderen Dorfbewohners hergefallen, um sie zu vergewaltigen, und sein Bruder Arnaud war offenbar bereits in seinen Jugendjahren Vater eines unehelichen Kindes namens Étienne geworden. Die Mutter der Belots hieß Guillemette und dürfte in den 1290er-Jahren in den Vierzigern oder Anfang 50 gewesen sein. Sie unterhielt mit ihrer gleichaltrigen Nachbarin Mengarde Clergue, der Mutter der reichsten und mächtigsten Familie in Montaillou, ein sehr enges und vertrautes Verhältnis. In ihrem Engagement für den Katharismus standen die Belots den Benets mit ihren illustren verwandtschaftlichen Verknüpfungen kaum nach.

DIE BENETS: Das Haus der Benets stand etwas tiefer am Hang, einige Meter nordöstlich neben dem der Belots. Ihr Haus wurde zum Einfallstor für den wieder auflebenden Katharismus in Montaillou, denn Guillaume Benet war der Onkel der Ehefrau des Parfaits Guillaume Authié.

Guillaume und Guillemette Benet hatten drei Söhne und vier Töchter. Als Montane Benet 1301/02 geboren wurde, waren ihre Schwestern Esclarmonde und Guillemette »kleine Mädchen«, und ihr Bruder Bernard war 1308 noch ein Kind. Dass die Kinder der Benets noch so klein waren, lässt vermuten, dass Guillemette, ihre Mutter, jünger als ihre Nachbarinnen Guillemette Belot und Mengarde Clergue war. Guillemette Benet war wahrscheinlich nicht wesentlich älter als Béatrice de Planisolles. Sie sprach wiederholt von ihrer panischen Angst vor den Schmerzen des Flammentodes und musste später die Qual erdulden, mit anzusehen, wie ihr Schwager auf dem Scheiterhaufen verbrannt wurde.

Während alle größeren Haushalte Viehzucht und Ackerbau betrieben, bestand auch Bedarf an qualifizierten Handwerkern. So wie es Weber im Dorf gab, so schienen die Benets sich aufs Bauhandwerk verstanden zu haben und Maurer oder Dachdecker gewesen zu sein, da sie entsprechendes Werkzeug besaßen.[19] In Zusammenhang mit einem Anbau bei den reichen Belots wurde bezeichnenderweise erwähnt, dass dieser *für* sie und nicht *von* ihnen gebaut wurde, was den Schluss zulässt, dass es in Montaillou funktionierende Arbeitsteilung gab. Das Holz, das für Dacheindeckungen, Scheunen und Zäune gebraucht wurde, kam aus den reichen dichten Wäldern im Südosten des Dorfes. Da »das Rad« im 13. Jahrhundert im Pays d'Aillou noch keinen Einzug gehalten zu haben scheint, mussten die Baumstämme entweder von Ochsen ins Dorf hochgezogen oder auf dem Rücken von Maultieren transportiert werden.

DIE RIVES': Neben dem Haus der Benets stand, etwas tiefer gelegen, das Haus von Bernard und Alazais Rives. Es war zu dem Haus der Benets terrassenförmig angelegt. Die Rives' bewohnten ein großes und prächtiges Eckhaus, das an der Kreuzung zwischen der Hauptstraße und der südwestlichen Seite des Dorfplatzes lag. Das Grundstück konnte sowohl vom Platz als auch von der Straße her betreten werden. An der Vorderseite prangte eine überdachte Vorhalle, in der das geerntete Gemüse und Obst gelagert wurden. Die Ställe, in denen das Vieh untergebracht wurde, lagen im Inneren des Hauses. Der anfallende Mist wurde durch den Haupteingang des Hauses nach draußen auf einen Misthaufen gebracht, der im Hof an der Seite zum

Dorfplatz hin lag. Direkt an das Wohnhaus angebaut war überdies eine Scheune, die jedoch einen separaten Eingang von außen hatte. In dieser Scheune wurden Gras, Heuballen und Stroh gelagert, und sie hatte ein Oberlicht.

Wir haben bereits erfahren, dass es in dem Haus einen viel genutzten Ofen zum Brotbacken und die Feuerstelle gab, die sich in einer geräumigen Stube befanden. Die okzitanische Bezeichnung für diesen zentralen Raum in einem Haus im Sabarthès des 13. Jahrhunderts war *Foghana*. Den Begriff mit »Küche« zu übersetzen, wie Pales-Gobilliard es tat, wird der besonderen Bedeutung des Raumes, an dem sich praktisch alles abspielte, nicht gerecht. Hier saß man zusammen, hier wurde gegessen, gekocht, Fleisch getrocknet und gebacken, und hier wurden auch die Toten aufgebahrt. In der Foghana, von der in der Regel auch die Schlafkammern und Ställe abgingen, spielte sich im Winter das ganze Leben ab. Aus diesem Grund möchte ich die okzitanische Bezeichnung für diesen zentralen Kernbereich beibehalten, in dem so viele elementare Dinge stattfanden.

Die Rives' verdankten ihre wirtschaftliche Bedeutung ihrem Grundbesitz. Sie waren wohlhabende Bauern, die neben dem Ackerbau auch Viehzucht betrieben; das Vieh hielten sie sowohl zum Schlachten als auch als Arbeitstiere. Überdies arbeiteten sie als Weber.

Neben dem großen Haus der Rives' gab es am Dorfplatz noch ein kleineres Haus, das vermutlich Bernards Bruder Raymond Rives gehörte. Die beiden Häuser gingen möglicherweise fast ineinander über. Wenn dem so war, haben sie praktisch eine Einheit und damit einen eindrucksvollen Block dargestellt, der die ganze südöstliche Ecke und einen Teil der südlichen Seite des Dorfplatzes einnahm.

Durch die Heirat von Bernard Rives aus Montaillou und Alazais Tavernier aus Prades waren die Rives mit einer Familie erfolgreicher Weber liiert worden. Bernard und Alazais hatten einen Sohn, Pons, und drei Töchter, von denen die Jüngste, Guillemette, 1291 ungefähr elf Jahre alt war; sie sollte später einige der faszinierendsten Einzelheiten über das Alltagsleben in Montaillou berichten.

Durch seine Hochzeit mit Alazais Tavernier hatte Bernard zugleich in eine Familie überzeugter Katharer hineingeheiratet, denn der Weber und künftige Parfait Prades Tavernier war ein Bruder von

Alazais. So sollte das Haus der Rives' ebenso wie das ihrer unmittelbaren Nachbarn, der Benets, zum Brennpunkt der häretischen Bewegung werden. Dort richteten die Parfaits sogar eine kleine katharische Kapelle ein. Die beiden Häuser waren möglicherweise auch durch einen Geheimgang miteinander verbunden, der durch eine bewegliche Trennwand vom Haus der Rives' in einen Nebenraum der Foghana der Benets führte.

DIE CLERGUES: Gegen Ende des 13. Jahrhunderts gab es in Montaillou mindestens fünf Familien namens Clergue, von denen zwei in diesem Buch Clergue (B) genannt werden, um sie von der Hauptfamilie Clergue zu unterscheiden.

Die beiden Zweige dieser Familie, die in dem Ort eine herausragende Stellung einnahm, bestanden aus Pons Clergue und seiner Frau Mengarde, einer geborenen Martre aus dem benachbarten Dorf Camurac, und zum anderen aus der Hausgemeinschaft von Pons' (unverheiratetem?) Bruder Guillaume und seinen zwei unehelichen Kindern Fabrisse und Raymond, der auch »Pathau« genannt wurde. Dies war vielleicht der Familienname seiner Mutter (es gab Pathaus in Ax), denkbar ist aber auch, dass *pathau* dem modernen französischen *pataud* (LT) entspricht, das täppisch oder tölpelhaft bedeutet. Es war Raymond Pathau, der über die neue Kastellanin herfiel und sie vergewaltigte.

Die dritte in Montaillou ansässige Familie Clergue, mit einem Oberhaupt namens Arnaud Clergue, war mit den anderen nur weitläufig verwandt. Keine dieser Familien scheint familiäre Beziehungen zur Familie Clergue (B) gehabt zu haben, in die Guillemette Rives, eine unserer wichtigsten Zeitzeuginnen, einheiratete.

DIE HAUPTFAMILIE CLERGUE: Pons Clergue und Mengarde Martre hatten vier Söhne und zwei Töchter und wohnten gegenüber den Belots in einem großen zweistöckigen Haus, unter dem sich wahrscheinlich noch Keller und Ställe befanden. Die Eltern waren unbeugsame Katharer, und Mengarde stand Na Roche (*Na* heißt *domina*), einer weithin bekannten katharischen Familienmutter aus Montaillou, sehr nahe.

Von den vier männlichen Nachkommen der Clergues war Pierre Clergue, der Pfarrer von Montaillou wurde, der Älteste. Er ist bis auf den heutigen Tag der verrufenste Sohn des Ortes geblieben. Der Nächste war Bernard, der sich vor der Inquisition aus Carcassonne als unverbesserlicher Romantiker gab. Von dem Trugbild, das Bernard Clergue der Inquisition erfolgreich verkaufte, ließen sich offenbar auch Forscher des 20. Jahrhunderts täuschen. Er war rücksichtslos, vergötterte seinen älteren Bruder Pierre und war der *Bajulus* oder *Bayle* von Montaillou. Als solcher war er vor Ort der Bevollmächtigte des Grafen von Foix. Neben den Verwaltungsaufgaben, die ihm oblagen, hatte er richterliche Vollmachten, die das Recht auf Verhaftungen mit einschlossen. Er war sozusagen der Polizeichef des Dorfes. Er war auch Vater einer unehelichen Tochter, die er als pflichtbewusster Sohn nach seiner Mutter Mengarde nannte. Die junge Mengarde arbeitete als Magd im großen Haushalt der Clergues.

Die beiden ältesten Brüder dürften junge Erwachsene gewesen sein, als die neue Kastellanin 1291 nach Montaillou kam. Sie sollten sich, um es mit den Worten eines ihrer Zeitgenossen zu sagen, als *mala cadelada*, als »schlechte Brut« oder »üble Ausgeburt« erweisen. Während Pierre Clergue in der ersten Hälfte der 1290er-Jahre nicht in Montaillou gewesen zu sein schien, lebten seine jüngeren Brüder Bernard, Guillaume und Raymond wie auch seine Schwestern Guillemette und Esclarmonde wahrscheinlich im Dorf. Die beiden Schwestern heirateten jedoch bereits vor der Jahrhundertwende und verließen das Dorf noch in den 1290er-Jahren.[20]

Während es ihren Nachbarn gut ging, waren die Clergues wirklich reich. Sie füllten im Laufe der Jahre einigen der höchsten Vertreter der Inquisition in Pamiers, Carcassonne und sogar Toulouse die Taschen mit fürstlichen Bestechungsgeldern. Die Quelle ihres Reichtums bleibt ein Geheimnis. Es darf jedoch vermutet werden, dass er über drei Generationen durch ein doppeltes Spiel mit der Inquisition angehäuft wurde.

Ein bedeutender Schwachpunkt der Inquisition war ihre Abhängigkeit von der örtlichen Geistlichkeit. Denn sie war es, die die Vorladungen zustellte und die Einhaltung ihrer Verfügungen überwachte. Dies ermöglichte es Familien wie den Clergues, ein Doppelspiel zu betreiben und lukrative Schutzgelder zu erpressen.[21] Aber trotz ihres Vermögens blieben die Clergues, genau wie die halbgebildeten sizilianischen Paten einer späteren Epoche, ihrem Grund und Boden unverbrüchlich verwurzelt.

Die Clergues und ihre Verbündeten wohnten somit in derselben Ecke von Montaillou zusammen. Sie bildeten einen Familienverbund mit eng miteinander verknüpften Interessen. Es gab jedoch auch noch verschiedene andere Familien, die nicht alle katharisch waren, aber eine wichtige Rolle in dieser Geschichte spielen sollten. Drei davon standen zu unterschiedlichen Zeitpunkten in erbitterter Fehde mit den Clergues. Die übrigen Familien hielten sich erfolgreich im Hintergrund, als sich die Wolken zusammenzogen, und überstanden 1308 sogar die ersten Stürme der Inquisition.

ZWEI LOYALE KATHOLIKEN: LIZIER UND AZÉMA

Neben den Clergues, in Richtung des Dorfplatzes, und gegenüber von den Benets stand das Haus der Liziers. Das Oberhaupt der Familie war Arnaud Lizier, ein strammer Katholik. Seine Frau hieß Raymonde (geborene Argelier). Sie hatten einen Sohn namens Pierre und eine Tochter. Arnaud Lizier erwies sich als ein Stachel im Fleisch der Katharer, sodass sie sich schließlich genötigt sahen, gegen ihn vorzugehen.

Nach den protokollierten Zeugenaussagen könnte man zunächst den Eindruck gewinnen, die katholische Familie, der Pierre Azéma und seine mächtige und gefürchtete Mutter, Raymonde Azéma (die im Ort »Na Carminagua« gerufen wurde), vorstanden, sei ein weniger fanatischer Gegner der Katharer als die Liziers gewesen. Fest steht, dass Pierre Azéma sich fast bis zum Schluss dem Teufelskreis von Intrigen und Verfolgungen fernhielt, der Mitte der 1290er-Jahre begann. Dies lag zum Teil vielleicht daran, dass Alazais, die Ehefrau seines Bruders Pons, und deren Sohn, ein weiterer Raymond, glühende Anhänger der Katharer waren.[22] Und wie andere in Montaillou, die entweder katholisch oder ohne besondere religiöse Bindung waren, wusste Azéma, sich gegen die Katharer zu stellen hieße, gegen den Strom zu schwimmen, insbesondere nachdem offenbar geworden war, dass Pierre Clergue mit den Ketzern gemeinsame Sache machte.

Die Azémas waren Bauern und hielten Schweine. Pierre Azéma und seine zänkische Frau Guillemette hatten zwei Kinder.[23] Sie scheinen im nächsten Haus unterhalb der Liziers und gegenüber den Rives' gewohnt und so den Dorfplatz gut im Blick gehabt zu haben. Wenn dem so war, dann haben die Häuser von Arnaud Lizier und Pierre Azéma, von denen wir wissen, dass sie katholisch waren, Seite an Seite nebeneinander gestanden. Wäre das daneben liegende Haus des Pfarrers tatsächlich ein loyaler katholischer Haushalt gewesen, so hätten die Clergues, Liziers und Azémas geografisch ein schlagkräftiges, orthodoxes Bündnis dargestellt. Angesichts der vorzüglichen Wohnlage drängt sich zudem die Vermutung auf, dass Pierre Azéma wie die Clergues und Liziers wohlhabend war.

DIE HÄUSER DER MAURYS UND MAURS'

Auf der nördlichen Seite des Dorfplatzes sind die Überreste von mindestens drei Häusern zu erkennen, von denen zwei auf den PNs eingetragen sind. Mit den nach Südwesten ausgerichteten Vorderseiten schauten sie auf den Platz, während die im »Keller« gelegenen Ställe auf den äußeren Weg hinausgingen.

Einer dieser Überreste war möglicherweise das Haus von Pierre Maury. Denn das Haus der Maurys stand an der nordöstlichen Seite des Platzes, direkt neben dem katharischen Haus von Pierre Ferrié und gegenüber dem großen Haus der Rives. (FR, ff.240r, 257v)

Pierre Maurys Vater Raymond war Weber und wurde in seinem Gewerbe von seinem Sohn Guillaume unterstützt, der im *sotulum* Weberschiffchen herstellte, das heißt im Erdgeschoss des Hauses bzw. im Keller, da Weber zum Schutz des Garns eine bestimmte Luftfeuchtigkeit benötigten. Vielleicht handelte es sich dabei um den runden holzgetäfelten Raum der Maurys, von dem Guillemette Arzelier sagte, er habe sehr tief im Innern des Hauses gelegen, und der schließlich auch als Versteck für Parfaits dienen sollte. (FR, f.243v)

Angesichts seiner Lage auf der Nordostseite des Platzes, was bedeutete, dass es nicht in den Hang hineingebaut war, dürfte das Haus der Maurys, genau wie das der Clergues, mindestens zwei Ebenen gehabt haben und wäre auf der Vorderseite niedriger als auf der Rückseite mit dem Gefälle zum äußeren Prades-Weg gewesen.

Raymond Maury stand im Ruf, ein ehrlicher Handwerker zu sein, bei dem man darauf vertrauen konnte, dass er seine Kundschaft nicht betrog, indem er einen Teil des gestellten Materials unterschlug. Seine Ehefrau Alazais war eine geborene Faure. Und ihr Bruder Arnaud, der Onkel von Pierre Maury, wohnte ebenfalls ganz in der Nähe am Dorfplatz.[24]

Die Maurys hatten acht Kinder. Von vieren haben wir sogar ungefähre Geburtsdaten, die von den Betreffenden selbst angegeben wurden.

Der Älteste scheint Pierre gewesen zu sein. Nach eigenen Angaben wurde er etwa 1282 geboren, sodass er zu Beginn des katharischen Risorgimento im Sabarthès ein Jugendlicher im Alter von 18 Jahren war. Der Nächste nach Pierre war offenbar Guillaume, zu dem Pierre eine besondere Zuneigung empfand. Auf Guillaume folgten wahrscheinlich seine zwei Schwestern. Raymonde wurde 1287 geboren und heiratete, ganz nach Familientradition, einen Marty aus Montaillou, mit dem sie mindestens einen Sohn, Guillaume, hatte. Raymondes Ehemann war allem Anschein nach kein katharischer Gläubiger *(credens)*, was zu einigen Spannungen in der Familie geführt haben dürfte. Raymondes Eheschließung mit Guillaume Marty bedeutete, dass neben den zwei Tanten von Pierre Maury nun auch seine Schwester Raymonde einen Mann aus der Familie Marty geheiratet hatte.

Die nächste Tochter der Maurys, Guillemette, kam 1288, ein Jahr nach ihrer Schwester zur Welt. Noch im jugendlichen Alter heiratete sie einen brutalen Böttcher aus Laroque d'Olmes. Sie hatte unter ihm, wie wir noch sehen werden, so zu leiden, dass sie noch vor ihrem 20. Geburtstag zu dem bekanntesten okzitanischen Parfait ging. Nach Guillemette kamen Bernard und Raymond (die Reihenfolge ist ungewiss) zur Welt und zum Schluss dann (wahrscheinlich) Jean, geboren 1296, und Arnaud, der Jüngste der Familie.

Die Maurys und die dreifach mit ihnen verschwägerte Familie Marty stellten eine einflussreiche Gruppe dar und genossen einigen Respekt. Selbst die Kastellanin verkehrte mit ihnen. Durch die Martys wurden die Maurys mit einer weniger bedeutenden Familie des

Dorfes, den Guilaberts, verwandt. Die weiteren Ereignisse sollten schließlich dafür sorgen, dass die relativ unbedeutenden Guilaberts ins Zentrum des inquisitorischen Sturms gerieten. Ein ähnliches Schicksal ereilte eine Familie namens Maurs, die ebenfalls durch verwandtschaftliche Beziehungen mit den Maurys verbunden war.

Die Maurs' wohnten an dem zur Laviera hinunterführenden Weg, wahrscheinlich in der Nähe des Areals, das heute Les Granges heißt. (Farbabb. 7) Möglicherweise wohnten sie auch direkt auf Les Granges, da die hier eingetragene Häuserreihe im Mittelalter bewohnt war; auf der Cassini-Karte vom Sabarthès aus dem 18. Jahrhundert ist sie als »la Grange« ausgewiesen.

Pierre Maurs, der in den 1280er-Jahren Mengarde Bar aus einer weiteren in Montaillou ansässigen Familie heiratete, stammte aus einer Familie gläubiger Katharer, deren Linie bis vor den Fall von Montségur zurückreichte. Pierre und Mengarde hatten vier Söhne und zwei Töchter. Einer ihrer Söhne, der junge Schäfer Guillaume Maurs, führte fast 20 Jahre lang eine Vendetta gegen Pierre Clergue.

In den 1290er-Jahren dürften die sechs Maurs-Kinder ins jugendliche Alter gekommen sein. Ihre Vettern und Cousinen ersten Grades waren die Nachkommen von Bernard und Guillemette Maurs, die überdies auch ihre Nachbarn waren. Dass Familien so dicht zusammenwohnten, war typisch für Montaillou.

Bei Bernard und Guillemette Maurs wohnten verschiedentlich auch zwei Mitglieder der Familie Pélissier, und zwar der Schäfer Jean und sein Bruder Bernard. Die beiden Pélissiers gehörten zur Familie, da Jean Pélissiers Mutter, die Frau von Bernard Pélissier, Alazais Maurs, eine Schwester von Guillaume Maurs war, der sich in die Fehde mit Pierre Clergue verstricken sollte. Jean Pélissiers Angabe, etwa 1287 geboren zu sein, dürfte ziemlich korrekt sein, da er damit gleichaltrig mit den Maurs-Kindern, seinen Vettern und Cousinen, war.[25]

Als Pierre Maurs Mengarde Bar heiratete, wurden durch ihre Verbindung zu den Faures auch verwandtschaftliche Beziehungen zu den Maurys hergestellt. Denn Pierre Faure war ein Schwager von Mengarde Bar, und dessen jüngere Schwester war Pierre Maurys Mutter. Daraus folgt, dass die beiden Schäfer, die in diesem Drama eine der

Hauptrollen spielen, Pierre Maury und Guillaume Maurs aus Montaillou, miteinander verwandt waren, wenn auch nur entfernt. Dies muss später, als sie sich in Katalonien wieder begegneten, zur Festigung ihrer Freundschaft beigetragen haben.

DIE MENSCHEN AM DORFPLATZ VON MONTAILLOU

Wenn man begriffen hat, dass die Auflistung der katharischen Häuser, die Pierre Maury zu Protokoll gab, die tatsächliche Anlage des Dorfes widerspiegelt, lassen sich fünf weitere wichtige Häuser und Familien am Dorfplatz identifizieren.[26] Dies sind die Häuser von Pierre Maurys Onkel mütterlicherseits, Arnaud Faure, und seiner Frau Alazais Guilabert; von seiner Tante väterlicherseits, Mersende, und ihrem Mann Pierre Marty; von Raymond Rives aus der Familie Rives; von Raymond Baille und seiner Frau; und von Pierre Clergue (B) und seiner Frau Guillemette (geborene Rives).

Pierre Maurys Aufzählung bekräftigt den von anderen Belegen nahe gelegten Schluss, dass Guillemette Clergue (B) am Dorfplatz wohnte, und zwar auf derselben Seite wie die Maurys und fast gegenüber ihren Eltern, den Rives'. In Anbetracht der Lage ihres Hauses hatte Guillemette einen guten Blick auf die Eingänge zum Haus der Rives', und zwar sowohl vom Dorfplatz als auch von der Straße her. (FR, f.67v) Und so können wir auch die topografischen Gegebenheiten bei einer Momentaufnahme im Leben in Montaillou in den 1290er-Jahren verstehen:

Eines Tages rief Mersende Marty von ihrem Garten her zu Guillemette hinüber, ob sie ihrer Mutter einige frisch geerntete Kohlköpfe (für den Parfait Prades Tavernier) bringen könne. Guillemette rief zurück, sie traue sich nicht, das Haus zu verlassen und ihre kleinen Kinder beim Feuer allein zu lassen. Somit brachte Mersende den Kohl selbst zu den Rives', »direkt vor meinen Augen«, wie Guillemette sagte, eine Redewendung, die sie auch bei anderen Personen gebrauchte, die das Haus ihrer Mutter betraten. Was diese kleine Episode zudem offenbart, ist, dass die Martys westlich von Guillemette

Clergues (B) Haus am Dorfplatz wohnten und damit ein Stück weiter als die Clergues (B) von den Rives' entfernt waren.[27]

Guillemette berichtete wiederholt, Leute »gesehen« zu haben, die in ihrem Elternhaus aus und ein gingen, weil sie ganze Tage damit verbrachte, gegenüber in ihrem Garten oder am Fenster zu sitzen, da sie entweder ständig schwanger war oder sich um ihre kleinen Kinder kümmern musste. Dass sie am Dorfplatz wohnte, erklärt auch, warum sie auf dem Rückweg vom Waschplatz oder der Laviera am Haus von Raymonde Belot-Lizier vorbeigehen musste, das weiter oben am Berg stand. Ihr Haus lag an der Nordseite des Dorfplatzes, und die Ferriés und Pierre Maurys Familie waren ihre Nachbarn in der entgegengesetzten Richtung. Noch weiter im Westen stand möglicherweise das Haus ihres Schwiegervaters Bernard Clergue (B) und seiner Frau Gauzia, da es in Montaillou üblich war, dass Familien dicht zusammenwohnten. Wenn dem so war, dann lag das Haus von Pierre de Savenac noch zwischen dem von Guillemette und ihren Schwiegereltern, da Bernard Clergue (B) und die de Savenacs direkte Nachbarn waren, wobei es zwischen dem Haus der Clergues (B) und dem Garten der de Savenacs eine direkte Verbindung durch ein Tor gab.

Damit bleiben zwei Familien übrig, die ebenfalls am Dorfplatz gewohnt zu haben scheinen: Arnaud Faure und seine Frau Alazais, geborene Guilabert, sowie Raymond Baille und seine Frau Guillemette, deren Sohn Jacques mit Sibylle Rives, der Schwester von Guillemette Clergues (B), verheiratet war.[28] Der Dorfplatz von Montaillou war somit beherrscht von den Rives', Maurys, Martys, Clergues (B), Faures und Bailles, um sie in der Reihenfolge ihrer Bedeutung zu nennen.

AM RANDE VON MONTAILLOU

Aus den Aussagen von Guillemette Clergue (B) und der Tochter ihrer Cousine Fabrisse, Grazide Lizier, geborene Rives, ist zu schließen, dass in der Nähe der Gabelung, an der sich der zum Westeingang der Burg führende Steilpfad und der innere Weg nach Prades teilen, noch ein zweites Baille-Haus stand. Dabei kann es sich um die Familie von Vital Baille mit seiner Frau Esclarmonde und deren Sohn Jacques gehandelt haben. Da sich die besten Häuser in Montaillou um den Dorfplatz herum befanden und die Vorzüge einer erstklassigen Südlage genossen, deutet eine Wohnlage Richtung Bac oder auf der Nordwestseite des Berges möglicherweise auf eine niedrigere gesellschaftliche oder wirtschaftliche Stellung hin. Das Haus der Bailles, das noch weiter zum Bac hin am selben Weg wie das der Guilaberts gestanden zu haben scheint, dürfte somit vielleicht noch ärmlicher als das der Guilaberts gewesen sein.

Wenn die Guilaberts und die Bailles am äußersten Nordwestrand des Dorfes gewohnt haben, dann war das Haus von Raymonde Testanière das letzte in Montaillou oder das erste, wenn man von oben, vom Fontcanal her ins Dorf hineinkam. Sie war die Schwester von Prades Marty und im Dorf unter dem Namen »Vuissane« bekannt. »Hinter das Testanière-Haus« zu gehen bedeutete in Montaillou Ende des 13. Jahrhunderts allgemein, sich außer Lauschweite zu begeben, obwohl dies gleichzeitig seltsam erscheint, da dieser Weg stark von Frauen frequentiert gewesen sein muss, die vom Dorf unterwegs waren, um am Fontcanal Wasser zu holen.[29]

UNKLARE STANDORTE

Es bleibt noch eine Reihe von Häusern, deren Lage nicht sicher auszumachen ist. Besonders rätselhaft ist das »Mamol«-Haus, das einen Hof hatte und in unmittelbarer Nähe der Häuser der Clergues und Benets gestanden zu haben scheint. In den Dokumenten tauchen jedoch nirgends Personen mit dem Namen »Mamol« auf. (FR, f.80r)

Da Pierre Maury die Belots, Arnaud Vital und Guillaume Fort in einer bestimmten Reihenfolge nannte, gehe ich davon aus, dass das Haus von Guillaume Fort südwestlich vom Capanal den Belot, vielleicht oberhalb des Hauses von Pons und Alazais Azéma und Arnaud Vitals Schmiede stand.[30] Ähnlich führte er Guillaume Pourcel und seine Frau Brune, geborene Tavernier, gemeinsam mit Guillaume Fort auf, sodass sich vermuten lässt, dass diese beiden Familien ebenfalls Nachbarn waren. Wenn dem so war, hat Brune Pourcel auf dem Weg zu Vuissane gewohnt. Die Pourcels waren arm, und im Unterschied zu den reicheren Häusern war ihr Haus nicht von einem Hof, sondern nur von einer freien Fläche umgeben.

Nicht weit von den Pourcels entfernt lebte offenbar Étienne Belot, der uneheliche Sohn von Arnaud Belot. Er wurde irgendwann Anfang bis Mitte der 1290er-Jahre geboren und dürfte damit zu jung gewesen sein, um im späten Frühjahr 1308 bereits ein Haus zu besitzen. Das war der Zeitpunkt, auf den sich Pierre Maurys Bericht über die örtlichen Verhältnisse angeblich bezog. Dass er Étienne Belot ein Haus zuwies, ist möglicherweise ein weiterer Fehler in seiner Aufzählung der Katharer-Häuser in einem Gespräch, von dem er bei seiner Aussage im Jahr 1324 berichtete und das mit großer Wahrscheinlichkeit völlig erfunden war, wobei er es zudem klar versäumte, zwischen 1308 und 16 Jahren später zu unterscheiden.

Zu den weiteren nicht identifizierten Häusern gehört das von Raymond und Guillemette Argelier und das der Familie Arzelier.[31] Darüber hinaus gab es noch das Haus von Raymond und Guillaume Capelle, die möglicherweise Vater und Sohn waren. Die Capelles waren in der Zeit vor Montségur, in der Parfaits in ihrem Haus in Montaillou verkehrten, eine wichtige katharische Familie. (D 24, f.73r) Und es gab noch eine weitere katharische Familie namens Julia, die möglicherweise mit den Julias und Benets aus Ax verwandt waren. Was die kämpferische Katharerin Na Roche anging, so dürfte sie und ihre Familie nicht weit von Brune Pourcel entfernt gewohnt haben (siehe S. 238). Zudem lebte in jener Zeit eine Familie namens Fournier im Dorf, die mit dem Bischof von Pamiers nicht verwandt war und in den erhalten gebliebenen Aufzeichnungen auch keine Rolle spielt.

Über einen Raymond Vital und seine Frau Brune ist, abgesehen davon, dass er vor ihr starb, wenig bekannt. War er mit dem Schuster und Passeur Arnaud Vital oder mit einem anderen Vital namens Bernard verwandt, der aus der Familie Arnaud Vitals stammte? Was war mit dem katharischen Haus von Guillaume Authié (B), dessen Frau von Bernard Belot beinahe vergewaltigt wurde? Und wo lebten Arnaud Teisseyre und seine Tochter Sibylle? Sie war in den späten 1290er-Jahren, während die Kastellanin ihre Affäre mit Pierre Clergue hatte, Béatrice' Dienerin und begleitete ihre Herrin, als diese den Pays d'Aillou für immer verließ. Sibylle Teisseyre wurde am Ende die Geliebte des Mannes, der die Kastellanin vergewaltigte.

Als Béatrice de Planisolles sich in Montaillou niederließ, waren viele der Hauptakteure des bevorstehenden katharischen Abenteuers noch im Kindesalter. Sie erlebten die großen Unruhen der katharischen Erneuerung in ihrer Pubertät. Ihre Eltern waren, nach dem Fall von Montségur 45 Jahre zuvor, in relativ ruhigen Zeiten aufgewachsen, in ihrem Herzen jedoch überzeugte Katharer geblieben. Als sich abzeichnete, dass der wahre Glaube wieder neu entfacht würde, waren sie sofort mit Begeisterung bei der Sache. Es waren ihre Kinder, die die Strafe für ihren Eifer zahlen sollten.

Aber nur wenige dürften einen solchen Ausgang vorhergesehen haben, da es Anfang der 1290er-Jahre nur noch eine Hand voll katholischer Familien im Dorf gab. Der Umstand, dass *alle* herrschenden und tonangebenden Familien und insbesondere die allmächtigen Clergues Katharer waren, musste für jeden Zweifler in Montaillou eine Beruhigung gewesen sein. Hinzu kam, dass die neue Kastellanin eine de Planisolles war und man darauf vertrauen konnte, dass sie aufgrund der weit zurückreichenden Verbundenheit ihrer Familien mit der *entendensa del be*, dem katharischen »Verständnis vom göttlichen Guten«, sympathisieren würde. Ihre Neigung zum Katharismus sollte schon bald von keinem anderen als ihrem Verwalter, Raymond Roussel, auf den Prüfstand gestellt werden.

2. DER VERWALTER, DIE KASTELLANIN UND DER DÄMONISCHE PRIESTER (1291-1301)

Es war im August 1294. Béatrice de Roquefort, wie sie jetzt hieß, war kaum 20, Mutter von zwei kleinen Jungen und gerade zum dritten Mal schwanger, als der Oberaufseher und Verwalter der Burg, Raymond Roussel aus Prades, anfing, sie zu bedrängen, mit ihm wegzulaufen und sich den guten Christen anzuschließen, die im Ausland Zuflucht suchten.

Raymond Roussel hegte bereits seit langem Neigungen zum katharischen Glauben und war sogar schon vor den 1280er-Jahren der Ketzerei bezichtigt und zum Tragen der gelben Kreuze verurteilt worden. Er begehrte die charismatische junge Kastellanin, deren Vaters häretische Vergangenheit allgemein bekannt war. Und dass er selbst weiterhin mit der Ketzerei zu tun hatte, wurde von den Einheimischen wahrscheinlich ebenfalls vermutet. Auch wenn Béatrice die nahe liegende Frage stellte: »Wie kann ich meinen Ehemann und meine

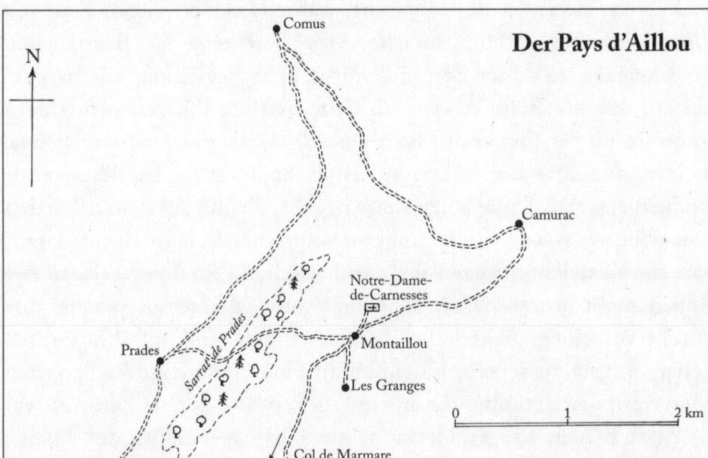

Söhne verlassen?« und darauf hinwies, dass sie überdies schwanger war, und sich fragte, was aus dem Baby werden sollte, wenn sie mit Raymond Roussel zusammen wegging, um sich den guten Christen anzuschließen, hatte sie sich darüber hinaus doch nicht grundsätzlich gegen seinen Vorschlag gesträubt. Was sie am meisten beschäftigte und sorgte, war in der Tat das ungeborene Kind.

Raymond Roussel erklärte ihr, die Seelen von Männern und Frauen würden durch bis zu neun Körper wandern, um einen guten Christen zu finden und dadurch ewiges Heil zu erlangen. »Wie kann der Geist eines toten Mannes oder einer toten Frau«, fragte Béatrice ihn daraufhin, »durch den Mund einer schwangeren Frau gelangen und durch ihren Mund zum Mund des Fötus gelangen, den sie in ihrem Bauch trägt?« Raymond Roussel gab ihr darauf die schwache, einfallslose und vielleicht auch zweideutige Antwort, der Geist könne über jeden beliebigen Teil des Körpers in eine Frau eindringen und zum Fötus in ihrem Bauch gelangen. Ebenso wenig gelang es ihm, ihre nächste Frage zu parieren, deren Logik nicht zu widerlegen war: »Warum sprechen denn Kinder nicht sofort nach der Geburt, wenn sie doch eine alte Seele haben?« Um diese einfache Frage zu beantworten, sah Raymond Roussel sich genötigt, sich auf die Unergründlichkeit Gottes zu berufen.

Wo war Bérenger de Roquefort, während seiner jungen Frau von ihrem Verwalter der Hof gemacht wurde? Fest steht, dass Béatrice und ihr Ehemann zu dieser Zeit eine körperliche Beziehung miteinander hatten, dass sie Respekt vor ihm hatte und um ihr Leben fürchtete, wenn sie auf der Flucht mit Raymond Roussel gefasst würde. Roussel meinte, sie sollten den richtigen Zeitpunkt abwarten, bis Bérenger de Roquefort sich auf eine lange Reise begäbe, die ihn aus dem Sabarthès hinausführen würde. Er spekulierte wahrscheinlich zu Recht darauf, dass die Kastellanin wegen ihrer katharischen Erziehung seinem Ansinnen nicht grundsätzlich abgeneigt war. Er beschloss somit, ihre Furcht vor einem Skandal zu beschwichtigen und auf ihre mütterlichen Ängste zu setzen, indem er ihr eine Geschichte katharischer Märtyrerinnen erzählte, die ihr möglicherweise bereits bekannt war.

Zwei Frauen adliger Herkunft aus Château-Verdun, der kleinen Ariège-Stadt, in der in den 1290er-Jahren die fromme Katharerin Stéphanie de Château-Verdun wohnte, wollten lieber in Toulouse auf dem Scheiterhaufen sterben, als ihren katharischen Glauben zu widerrufen. Eine von ihnen war Serena de Mirepoix, die 1247 starb, drei Jahre nach dem Fall der Burg Montségur, die ihr Bruder Pierre-Roger mit verteidigt hatte (D24, ff.261v-263v). Es war wahrscheinlich Serena, eine Mutter wie Béatrice, die es nicht ertragen konnte, von ihrem Baby in der Wiege getrennt zu werden, ehe sie sich auf den Weg machte, um ihrem Schicksal in Toulouse entgegenzugehen. Am Ende musste sie der Amme befehlen, das Baby wegzubringen, damit sie aufbrechen konnte.

»Raymond erzählte mir diese Geschichte, um mich dazu zu bewegen, es ihr gleichzutun«, erklärte Béatrice später. Wie Raymond Roussels nächster Schritt zeigte, war dies tatsächlich seine Absicht. Béatrice versuchte, etwas Aufschub zu gewinnen, und äußerte den Wunsch, zwei oder drei Damen ihres Standes als Reisebegleiterinnen mitzunehmen, um Beschuldigungen vorzubeugen, ihre Flucht könne sexuelle Hintergründe haben, die, da sie noch jung war, sonst in jedem Fall gegen sie erhoben worden wären.

Um Béatrice' Skrupel zu beschwichtigen, wandte Raymond Roussel sich an Alazais Gonelle, die Geliebte von Guillaume Clergue, die Béatrice häufig besuchte, und ersuchte sie, der Kastellanin ihre Begleitung anzubieten. Außerdem, so merkte Alazais an, sollte Algée de Martre aus Camurac, die eine Schwester von Mengarde Clergue und die Mutter von Guillaume Clergue war, ebenfalls mit von der Partie sein. Damit wäre ihr »Ausreißen« moralisch von zwei Frauen abgesichert worden, die eng mit den Clergues verbunden waren und von denen eine eine Matrone mittleren Alters war.

Wie viel von diesen Plänen wilde Fantasien waren, die der katharische Gläubige mittleren Alters der gelangweilten Kastellanin als Ablenkung zu bieten versuchte, ist schwer zu ermessen. Was Raymond wirklich vorhatte, sollte jedoch bald offenbar werden.

Eines Abends, nach einem, wie es scheint, Abendessen zu zweit mit der Kastellanin, schlich er sich heimlich in ihr Schlafgemach und versteckte sich unter ihrem Bett. Was dann folgte, wird am besten durch Béatrice' eigene Worte über jene Spätsommernacht in den 1290er-Jahren in der Burg von Montaillou wiedergegeben:

»Ich erledigte meine Haushaltsangelegenheiten und ging zu Bett. Im Haus [*de domo*: sie meint ihren Wohnbereich] war alles ruhig und schlief. Ich war selbst eingeschlafen, als Raymond unter meinem Bett hervorkroch, sich in seinem Nachthemd neben mich legte und sich in einer Weise verhielt, die deutlich machte, dass er mit mir Geschlechtsverkehr haben wollte. Als ich ausrief: ›Was soll das?‹, bedrängte er mich, ruhig zu sein. Daraufhin entgegnete ich ihm: ›Elender Bauer, wie soll ich denn ruhig bleiben!‹ und fing an zu schreien und nach meinen Mägden zu rufen, die neben mir in meinem Gemach schliefen [vermutlich in einem *angrenzenden* Schlafgemach] – ich rief, es sei ein Mann in meinem Bett. Als Raymond dies hörte, verließ er das Bett und das Gemach. Am darauf folgenden Morgen entschuldigte er sich bei mir für das Unrecht, sich bei mir zu verstecken. Ich sagte zu ihm: ›Ich sehe jetzt klar, dass sich hinter Ihrem scheinheiligen Vorschlag, wegzugehen, um uns den guten Christen anzuschließen, einzig die Absicht verbarg, mich zu besitzen und mit mir eine geschlechtliche Beziehung zu haben. Wenn ausgeschlossen wäre, dass mein Ehemann den Verdacht haben könnte, ich hätte mit Ihnen Schändliches getrieben, würde ich Sie auf der Stelle in den tiefsten Kerker werfen lassen.‹« (FR, f.38r)

Zwischen Béatrice und Raymond Roussel gab es keine weiteren ketzerischen Gespräche. Kurze Zeit später verließ er die Burg und kehrte nach Prades und, wie es scheint, zu seiner Frau Alazais zurück, einer katharischen Sympathisantin und Cousine von Pierre Clergue (B), dem Ehemann der jungen Guillemette Rives. Mit seiner Frau zog Raymond Roussel dann offenbar nach Laroque d'Olmes, jenseits von Montségur, vielleicht, um sich vor der Kastellanin in Sicherheit zu bringen, falls sie es sich bezüglich seines Vergewaltigungsversuchs doch noch anders überlegen sollte.

Béatrice' pikante Episode mit Roussel lässt vermuten, dass ihre Ehe mit Bérenger de Roquefort nicht unbedingt erfüllend war. Sie scheint die Gewohnheit gehabt zu haben, allein zu schlafen, und dachte sich anscheinend nichts dabei, mit ihrem Verwalter zu speisen. Und sie war offenbar so vertraut mit ihm, dass sie offen darüber gesprochen hatten, gemeinsam fortzugehen.

Im Frühjahr oder Frühsommer des Jahres 1295 brachte Béatrice ein Mädchen, wahrscheinlich namens Béatrice, zur Welt, die erste ihrer fünf Töchter. Diese Tochter war 1308, als Pierre Clergue ihre Mutter in Varilhes besuchte, noch am Leben, aber anders als ihre nach ihr geborenen Schwestern im Jahr 1320 bereits tot.

Im Juli 1295, während Béatrice sich noch von der Geburt erholte, klopfte eines Tages Alazais Rives, die damals Anfang 40 gewesen sein dürfte, an die Tür der Burg. Béatrice wusste natürlich, dass Alazais eine der zwei jüngeren Schwestern von Prades Tavernier war. Und sie wusste auch, dass über Prades gerade das Gerücht umging, dass er sehr viel mit Stéphanie, der Witwe von Guillaume-Arnaud de Château-Verdun, verkehrte und dass gemunkelt wurde, sie hätten vor, in die Lombardei zu gehen, um andere katharische Parfaits ausfindig zu machen.[32] Béatrice musste vorsichtig sein, mit einer ketzerischen Familie in Verbindung gebracht zu werden; es dürfte ihr aber auch bekannt gewesen sein, dass Alazais' 15-jährige Tochter Guillemette hochschwanger war und jeden Augenblick niederkommen musste und dass Alazais dies als Vorwand für ihren Besuch nutzte.

Als Béatrice eine Magd zur Tür schickte, um nachzufragen, was Alazais wollte, erhielt sie die Antwort, sie bräuchte Essig. Béatrice gab Weisung, ihn ihr zu geben, vielleicht glaubte sie, er werde für die bevorstehende Geburt im Haus der Rives' gebraucht. Die Magd kehrte jedoch mit der Botschaft zurück, dass Alazais ihr nun doch erklärt hatte, dass sie in Wirklichkeit keinen Essig bräuchte. Sie habe vielmehr auf ein Gespräch mit der Kastellanin gehofft. Béatrice lehnte es jedoch ab, sich darauf einzulassen.

Alazais ging unverrichteter Dinge fort. Sie war mit ihrer List, an die Kastellanin heranzukommen, gescheitert. Aber ein Kontakt war hergestellt worden.

Später am selben Tag kehrte Alazais zur Burg zurück und klopfte erneut an die Tür. Diesmal behauptete sie, ihre Tochter habe durch die Wehen große Schmerzen: Könne Béatrice nicht zu ihrem Haus herunterkommen, da Guillemette sich so sehr wünschte, sie zu sehen? Wieder weigerte Béatrice sich, auf die Bitte einzugehen. Sie sei selbst noch dabei, gab sie als Erklärung an, sich von der Geburt zu erholen. Es dauerte nicht lange, bis Alazais ein drittes Mal erschien und nunmehr inständig darum flehte, Béatrice möge kommen, um ihre Tochter zu sehen. Die Antwort war wiederum negativ.

Alazais' Beharrlichkeit macht nur allzu offensichtlich, dass sie von jemandem im Dorf gedrängt wurde, die Kastellanin ins Haus der Rives' zu locken. Sich für die katharische Sache die uneingeschränkte Unterstützung der Kastellanin von Montaillou gesichert zu haben, wäre eine wichtige Stütze für die Organisation der Dissidenten gewesen, die in jener Zeit in der ganzen Gegend gerade aufgebaut wurde. Je tiefer der lokale Adel darin verwickelt war, desto schwerer würde es für die Kirche und die weltlichen Mächte sein, die guten Christen zu verfolgen.

Es sagt einiges über die Meinung, die die Einheimischen von der Kastellanin hatten, dass Alazais und ihre katharischen Verbündeten wie ihr Verwalter Raymond Roussel glaubten, der Appell an ihre mütterlichen Gefühle sei ein sicherer Weg, sich Béatrice gewogen zu machen. Man glaubte offenbar, das Mitgefühl der weichherzigen Kastellanin mit einer Frau, die unter starken Wehenqualen litt, könne ihre Vorbehalte brechen, bei den Rives' auf Katharer zu treffen, zumal es sich bei dem leidenden Mädchen um die liebreizende jugendliche Guillemette handelte, die mit dem brutalen Pierre Clergue (B) verheiratet war, von dem bekannt war, dass er sie schlug und dass er die Katharer hasste.[33]

Vielleicht hatten Alazais' hartnäckige Besuche doch Béatrice' Neugier geweckt. Denn später am selben Tag entschloss sie sich, zur Kirche Notre-Dame-de-Carnesses zu gehen. Und dieser Weg würde sie unweigerlich entweder direkt durchs Dorf oder zumindest nahe daran vorbeiführen. Sie hatte eine Taufkerze angefertigt (*retinctam*: LS, N), die sie in die Kirche bringen wollte, vermutlich zur Feier ihres neugeborenen Kindes; denkbar ist jedoch auch, dass die Kerze zu einem Reinigungsritual gehörte.

Béatrice ließ sich von einer Frau begleiten, die sich im Hause von Pierre d'Espère, dem damaligen Pfarrer von Montaillou, aufhielt. Bei dieser Frau, die aus Limbrassac – zwischen Laroque d'Olmes und Mirepoix gelegen – kam, handelte es sich entweder um eine Bekannte oder eine Dienstmagd. Vermutlich hatte sie den Pfarrer wegen eines Anliegens für den Burghaushalt aufgesucht.

Warum Béatrice jemanden rufen lassen musste, der sich im Dorf beim Pfarrer aufhielt, ist rätselhaft, da es in ihrem eigenen Haushalt gleich mehrere Dienstmägde gab, die sie ebenso gut hätte bemühen können. Jemanden eigens mitten aus dem Dorf herbeiholen zu lassen, um sie auf ihrem Weg zur Kapelle zu begleiten, bedeutete einzig, dass ihre Absichten auf diese Weise im Voraus bekannt gegeben wurden.

Vielleicht hatte sie unterschwellig auf eine »zufällige« Begegnung mit Häretikern auf dem Weg zur Kirche gehofft, die in jedem Fall leichter als ein absichtliches Treffen mit wichtigen Vertretern der Dissidenten zu rechtfertigen wäre.

Die beiden Frauen machten sich auf den knapp einen Kilometer langen Weg zur Wallfahrtskapelle außerhalb des Dorfes. Unterwegs lief ihnen Alazais Rives, die zwei Gänse bei sich hatte, über den Weg. Sie wiederholte ihre inständige Bitte, Béatrice möge doch kommen und nach ihrer Tochter sehen. Als sie erneut eine Absage erhielt, wurde Alazais deutlich.

Sie erklärte Béatrice, ihr Bruder Prades Tavernier sei bei ihnen zu Hause und möchte mit ihr sprechen, denn Stéphanie de Château-Verdun habe ihm eine Botschaft für Béatrice mitgegeben. Béatrice blieb jedoch strikt bei ihrer Weigerung, da sie die Gefahren und Strafen kannte, die bezeugte Kontakte mit Parfaits oder angehenden Parfaits, wie es bei Prades zu dem Zeitpunkt der Fall war, mit sich brachten.

In Montaillou und Prades vollzog sich in den Jahren 1295/96 ein spiritueller Gärungsprozess. Und im Spätherbst des Jahres 1296 breitete sich im ganzen Sabarthès und vor allem im Pays d'Aillou das Gerücht aus, dass die reichen und mächtigen Authiés aus Ax zum Katharismus übergetreten und in die Lombardei gegangen seien, um sich dort als Parfaits ordinieren zu lassen.

Die Authiés waren durch Heirat mit den Benets aus Montaillou und den Savignans aus Prades verwandt; sie waren mit den gefürchteten Clergues eng befreundet und kannten die Kastellanin und ihren Ehemann. Und es waren ihre Kontakte in Ax und Montaillou, durch die die Authiés im Jahr 1300 bei ihrer Rückkehr aus dem Exil die albigensische Häresie im Languedoc erneut zum Leben erweckten.

Die Authiés waren im Pays d'Aillou jedoch eher hoch gestellte, vornehme und Distanz wahrende Persönlichkeiten. Die »gewöhnlichen« Leute der Region hatten bis dahin einen häretischen Bekehrungsprozess aus erster Hand nur bei ihrem Bruder, Vater und Onkel Prades Tavernier samt seiner Verbindungen mit Stéphanie de Château-Verdun miterlebt.

Es gab wenige, die eine unbedarftere Einstellung zu diesen Angelegenheiten gehabt haben dürften als Prades' Nichte Guillemette Clergue (B). Eine ihrer letzten Begegnungen mit ihrem Onkel Prades, ehe er nach Katalonien verschwand, dürfte etwa ein Jahr später, am 29. Juni 1296, stattgefunden haben. An jenem Freitag, dem Feiertag zum Fest der Heiligen Peter und Paul, erschien Raymond Roussels Frau, die eine Cousine von Pierre Clergue (B) war, morgens in Guillemette Clergues (B) Haus am Dorfplatz von Montaillou, um Guillemette zu fragen, ob sie mit ihr nach Prades zur Messe in die Kirche Saint-Pierre gehe. Als Guillemette ihr erwiderte: »Ich wage es nicht, ohne die Erlaubnis meines Mannes zu gehen«, schaltete Alazais sich als Vermittlerin ein und erwirkte für ihre Freundin befristeten Ausgang.

Und so machten die beiden Frauen sich auf den Weg nach Prades zur Kirche. Sie gingen natürlich hauptsächlich dorthin, um sich auf der Fiesta zu vergnügen und, was Alazais Roussel betraf, vor allem auch, um Prades Tavernier zu treffen. Auf dem Weg über den Berg zwischen Montaillou und Prades zog Alazais ein Hemd aus, das sie bis dahin getragen hatte, und gab es Guillemette. Dies war wahrscheinlich ein Geschenk, damit die verarmte junge Frau sich für das Fest etwas schicklicher angezogen und zurechtgemacht fühlte.

Nach der Messe in Saint-Pierre, der Kirche, in der die Kastellanin vier Jahre später mit dem Dorfpfarrer von Montaillou schlafen sollte, aßen die beiden Frauen bei Bernard Tavernier, Guillemettes Onkel, zu Mittag. Wie der Rest des Tages verlief, lassen wir am besten Guillemette selbst erzählen:

»Als wir bei Tisch saßen, fragte Alazais Bernard: ›Und wo ist Prades Tavernier? Das Haus kommt mir fast verlassen vor, weil ich ihn hier nicht sehe‹, worauf Bernard erwiderte, er wisse nicht, wo Prades sei. Es sei schon vier Tage her, dass er ihn das letzte Mal gesehen habe. Er fand es seltsam, dass Prades nicht zur Fiesta gekommen war.

Nach dem Mittagessen spielte und tanzte ich mit anderen Jungen und Mädchen aus Prades, und abends waren Alazais und ich wieder bei Bernard Tavernier zum Abendbrot. Als wir beim Essen waren und die Dämmerung hereinbrach, traf Prades Tavernier ein. Er betrat hastig das Haus, in dem wir beim Essen saßen, und zog aus dem oberen Umschlag seines Umhangs tote Eichhörnchen heraus und warf sie hin. Dann setzte er sich zu uns an den Tisch und aß mit uns.

Während wir speisten, sagte Prades zu Alazais, es sei gut, dass sie sie (die Taverniers) besucht und mich mitgebracht habe. Alazais entgegnete ihm, sie sei zu den Taverniers aus Liebe und aus Vertrauen zu ihm gekommen. Daraufhin sagte Prades zu uns beiden: ›Und warum ist Alazais – meine Mutter – nicht mit Euch gekommen? Es scheint sie nicht zu kümmern.‹ Wir gaben ihm zu verstehen, dass wir meiner Mutter nichts davon gesagt hatten, dass wir nach Prades gingen.

Nachdem wir mit dem Essen fertig waren, stiegen Albie, die Frau von Bernard Tavernier, und ich zu Prades Taverniers Unterkunft auf dem Dachboden hinauf, während Alazais und Prades einen Augenblick allein miteinander sprachen. Ich weiß nicht, was sie zueinander sagten, aber vor dieser Unterhaltung hatte Alazais, während wir uns vom Tisch erhoben, zu Prades gesagt: ›Es überrascht mich, dass du so frei herumwanderst und die Weberei aufgibst, da sie doch so gut lief.‹ Prades erwiderte, er sei der Weberei überdrüssig und wolle in Zukunft nicht mehr weben.

Nachdem Alazais allein mit Prades gesprochen hatte, lud er uns ein, über Nacht dort zu bleiben. Dies lehnten wir jedoch ab, und so brachen wir beide auf und machten uns auf den Nachhauseweg. Bernard begleitete uns, bis wir außerhalb von Prades waren. Während wir so den Weg entlangschlenderten, fragte Alazais Bernard: ›Und warum webt Prades nicht mehr wie früher sein Sackleinen, da er von dem Handwerk doch gut leben konnte?‹ Bernard erklärte, Prades wolle nicht mehr weben, da er keine Lust mehr dazu habe, und deshalb sei er gerade dabei, sein Handwerkszeug zu verkaufen; und wenn er einen Tag arbeite, dann sei er wieder drei oder vier Tage weg, und er halte sich sehr viel bei Château-Verdun auf.« (FR, f.66r)

War sich Guillemette Clergue (B) der Tatsache bewusst, dass der Pays d'Aillou davor stand, völlig auf den Kopf gestellt zu werden? Wahrscheinlich war das nichts, worüber sie glaubte, sich Gedanken machen zu müssen. Sie nahm die Ereignisse, die in Montaillou vor sich gingen, meist durch winzige Kleinigkeiten im häuslichen Alltagsleben wahr.

So war ihr Sohn Arnaud zum Beispiel eines Tages, als er noch sehr klein war, mit »drei oder vier Äpfeln oder Mispeln« von seiner Großmutter Alazais Rives auf der anderen Seite des Dorfplatzes zurückgekommen. Er hatte seiner Mutter erklärt, Mersende Marty habe die Früchte in einem Tuch zu den Rives' gebracht und sie ihm gegeben. »Ich wusste nicht«, erklärte Guillemette, »ob Mersende sie meiner Mutter gegeben hatte, um sie den Parfaits zu geben, oder aus irgendeinem anderen Grund.« (FR, ff.67v - 68r)

Eine andere Begebenheit hatte sich Ende August oder Anfang September 1296 zugetragen, als Guillemette eines Morgens zwischen sechs und neun Uhr zusammen mit ihrer Mutter auf einem Feld ihres Vaters auf A-la-Cot bei der Weizenernte war. Hier lief ihnen Guillemettes Bruder Pons über den Weg, der sich auf dem Heimweg befand, nachdem er seinen Onkel Prades zum Col de Marmare begleitet hatte. Prades war unterwegs nach Château-Verdun, wo Stéphanie de Château-Verdun dabei war, ihre Habe zu verkaufen, um nach Barcelona zu gehen und sich dort den Bonshommes anzuschließen. Pons musste Prades aus geselligen und vielleicht auch geistlichen Gründen begleitet haben, da Prades auf diesem leichten ersten Abschnitt der Strecke die Berge hinunter wohl kaum einen Führer gebraucht hätte.

Pons wurde schließlich, genau wie Raymond Azéma, Pierre Maury, Arnaud Vital und andere, Passeur der verschiedenen Parfaits. Dies war mit der Bereitschaft verbunden, jederzeit alles stehen und liegen zu lassen, um andere sicher, meist nachts, durch das zerklüftete Gelände des Sabarthès zu bringen.

Einige Tage später, an einem Feiertag, stand Guillemette, ihr Baby im Arm wiegend, auf dem Dorfplatz von Montaillou, als ihr Onkel Bernard Tavernier zu ihr kam. Er wollte wissen, ob sie unlängst seinen Bruder Prades gesehen hätte. Sie verneinte und fragte ihn, warum er Prades suche. Worauf Bernard ihr erklärte, er habe jemanden gefunden, der daran interessiert sei, die Hausgerätschaften zu kaufen, die Prades derzeit zu verkaufen versuche.

Als Guillemette ihn daraufhin fragte, warum ihr Onkel so viel bei

Stéphanie de Château-Verdun zu Besuch sei, gab Bernard ihr zu verstehen, dass Stéphanie und Prades sich auf den Weg machen wollten, um die Bonshommes zu finden, die die Seelen von Männern und Frauen zum Paradies führten. Als sie ihm entgegenhielt: »Aber wie können sie Bonshommes sein, wenn die Priester so viele schlimme Dinge über sie sagen und sie verbrennen würden, wenn sie sie ergreifen könnten?«, schwieg Bernard und ging weg.

Guillemettes Erinnerung mag hier nicht ganz getreu festgehalten worden sein, da sie bei ihrer Aussage behauptete, die gleiche Frage innerhalb weniger Tage ihrem Bruder und ihrer Mutter sowie ihrem Onkel und ihrer Tante Guillemette Tavernier-Dejean gestellt zu haben. Das Frage-und-Antwort-Spiel zeigt jedes Mal eine arglose Jugendliche, die berichtet, ihre Mutter habe sie wegen ihrer Unwissenheit sogar als *pega* (weibl. für *pec*), das heißt »dumm«, bezeichnet.

Die Wahrheit ist womöglich eine ganz andere, nämlich dass die im Allgemeinen naiv-unschuldige Guillemette bereitwillig mit den Katharern sympathisierte, nicht zuletzt, weil ihr scheußlicher Ehemann die Häretiker hasste. Wenn ihre älteren Verwandten sie nicht zu tief in diese Dinge hineinziehen wollten und deshalb bisweilen, wie ihr Bruder, zu verhindern versuchten, dass sie einen Parfait zu Gesicht bekam, so mochte dies sowohl wegen ihres Ehemanns als auch wegen ihrer Jugend geschehen sein.

Dennoch hatte Guillemette Prades Tavernier wiederholt im Hause ihres Vaters gesehen und gehört, wie er in einem Gespräch mit dem eingefleischten Katharer Raymond Roche Stéphanie de Château-Verdun erwähnt hatte. Sie war ihm auch 1295/96, während der Zeit des »Sitzkrieges«, bei ihrer Tante in Prades begegnet. Und neun Jahre später sollte sie in der Scheune am Haus ihres Vaters unversehens über den betend in einem Sonnenstrahl sitzenden Prades stolpern, der auf der Flucht war (siehe S. 232).

Der Hauptgrund, warum Guillemette ihr Elternhaus so oft besuchte, war, dass sie kam, um sich Weizen, Heu und Stroh sowie Brot, Mehl und Kämme zum Hecheln des Hanfs zu borgen oder gelegentlich ein Maultier oder einen Ochsen für die Arbeit auf den Feldern auszuleihen. Mitte der 1290er-Jahre erlebte sie unweigerlich mit, wie sich ihr Onkel Prades Tavernier von einem erfolgreichen Weber in einen angehenden Parfait wandelte und versuchte, das Bargeld für seine Reise nach Barcelona durch den Verkauf seines Handwerkszeugs aufzutreiben.

Prades Tavernier verließ das Sabarthès in Begleitung der adligen Stéphanie de Château-Verdun und deren Tochter, dem Edelfräulein Catalane. Letztere war bereits im heiratsfähigen Alter, und ihre Fertigkeiten als Näherin kamen ihnen finanziell sehr zugute, da seidene Barcelona-Hemden in jener Zeit begehrte Luxusartikel waren. Man ist versucht, ihre Abreise auf den Oktober 1296 zu datieren und mit der der Authiés zusammenzubringen, die zu dem Zeitpunkt in die Lombardei aufbrachen.

Der Weber und die Aristokratin waren lange fort. Stéphanie und ihre Tochter wurden irgendwann verhaftet, Prades hingegen offenbar nicht. Stéphanie verlor fast alles, sie wurde jedoch – möglicherweise aus Achtung vor ihrem Stand – nur unter Hausarrest gestellt. Fest steht, dass sie während der ersten Dekade des 14. Jahrhunderts wieder in Château-Verdun lebte, unter den wachsamen Augen ihres Sohnes. Sie scheint so mittellos gewesen zu sein, dass Prades ihr die Summe von 100 Schillingen lieh (was einem Gegenwert von etwa zehn Lämmern entsprach), die er sich später vergeblich von ihr zurückzuholen versuchte.

Prades wurde wahrscheinlich in Katalonien ordiniert, ungeachtet der Behauptung Vidals, er sei erst nach der Rückkehr der Authiés im Jahr 1300 ein Parfait geworden. (Vidal, 1906b, S. 78) Auch wenn es in den Aufzeichnungen keinen ausdrücklichen Vermerk darüber gibt, dass Tavernier in Montaillou zwischen 1295 und 1300 das Consolamentum gespendet hat, war er möglicherweise an der Tröstung von Guillemette Faure-Bar beteiligt, die im Winter 1299 stattfand, als die Authiés noch mit den Vorbereitungen für ihre Heimkehr beschäftigt waren.

Innerhalb kurzer Zeit konnte Prades Tavernier sich nur noch im Untergrund bewegen und musste bei Nacht auf einsamen und verstohlenen Wegen durch das Sabarthès schleichen. Mit dem Mantel des Parfaits nahm er den Vornamen André, nach Andreas, einem Jünger Christi, an. André Tavernier war während seines Apostolats ob seiner großen Statur und seines weißen Haares bekannt. Dies waren im Übrigen Merkmale, die er mit seinem Meister Pierre Authié teilte.

Die Abreise von Prades Tavernier scheint exakt mit der Neubesetzung der Pfarrstelle in Montaillou abgestimmt gewesen zu sein. Nachfolger des Pfarrers Pierre d'Espère wurde Pierre Clergue, ein Spross der reichsten und mächtigsten Familie in Montaillou. Er gehörte zu der Sorte von Priestern, die der Troubadour Pierre Cardenal im 13. Jahrhundert in einem anrüchigen populären Gedicht aufs Korn nahm:

»*Clergue se fan pastors*
et son aucizedor
e par de gran sanctor
qui los vei revestir«,

was übersetzt heißt: »Priester geben vor, Hirten zu sein, während sie in Wirklichkeit Mörder sind, und sie erscheinen sehr heilig, wenn man sie in ihrem Habit sieht« – mit anderen Worten, sie sind Wölfe im Schafspelz.

Wo Pierre Clergue studiert hatte, ehe er nach Montaillou zurückkehrte, lässt sich nicht sagen. Wir können jedoch mit ziemlicher Sicherheit davon ausgehen, dass der Zeitpunkt seiner Rückkehr keine Frage des Zufalls war. War sein Vorgänger gestorben oder aus seinem Amt entfernt worden, weil er zu tief im orthodoxen Katholizismus verwurzelt war? Jedenfalls lässt die Tatsache, dass die katharische Renaissance im Pays d'Aillou mit der Amtsübernahme eines katharisch gefärbten Priesters aus einer skrupellosen Familie katharischer Sympathisanten zusammenfiel, darauf schließen, dass die okzitanischen Machthaber und der Adel auf höchster Ebene mit der neuen Bewegung und deren Anführern im Exil, den Authiés, gemeinsame Sache machten.

Die Clergues bekamen das Dorf sogar noch fester in den Griff, als zusätzlich zu der Berufung des Pfarrers seinem jüngeren Bruder Bernard das Amt des Bayle übertragen wurde. Mit ihrer politischen Gerissenheit und ihren unerschöpflichen Taschen gelang es den Clergues, beide Ämter die nächsten 24 Jahre unangefochten zu behalten, sodass sie das Dorf vollkommen in ihrer Gewalt hatten. Sie verkörperten in ihrem kleinen Reich von Montaillou das Stendhal'sche *Rot und Schwarz*.

War es das, was ihren Halbvetter Pathau dazu ermutigte, bei der Kastellanin die Gelegenheit beim Schopf zu ergreifen? Wir werden es wohl nie wissen. Jedenfalls fiel Pathau Clergue im Januar oder Februar 1297 gewaltsam über Béatrice de Planisolles her und vergewaltigte sie in ihrem eigenen Haus. Bérenger de Roquefort lebte zu dieser Zeit noch. Pathau kam bei diesem schweren Vergehen ungeschoren davon, einem Delikt, das in jener Zeit gemeinhin nicht auf die leichte Schulter genommen wurde, wie der Fall von Bernard Belot und der Frau von Guillaume Authié (B) zeigt. War Bérenger damals zu krank, als dass man ihm von der Schändung seiner Frau und seines Hauses hätte erzählen können, oder war Béatrice durch das, was geschehen war, zu beschämt und gedemütigt, um darüber sprechen zu können? Fühlte sie sich zum Teil mitschuldig? War dies der Grund, dass sie sich durch diese Vergewaltigung vielleicht weniger geschändet fühlte, als man erwartet hätte? Denn als Bérenger im Februar 1298, ein Jahr nach dem Vorfall, starb, wurde sie die Geliebte von Pathau Clergue. Die Gerüchte über diese Affäre waren in der damaligen Zeit weit verbreitet.

Im Laufe des Jahres 1298 zog Béatrice aus der Burg aus und in ein daneben liegendes *(iuxta)* Haus. (FR, f.39r) Die Vorstellung ist kurios, dass es sich dabei um die bemerkenswerten Überreste handeln könnte, die heute nahe der Burg am Hang, hoch oben über der Hauptstraße des Dorfes, direkt unterhalb vom Fontcanal zu finden ist. Als Ehefrau war sie nach dem Tod ihres Mannes nicht die Erbin der Burg und des Gutes. Nach dem mittelalterlichen okzitanischen Gesetz war die Erbfolge so geregelt, dass im Falle der Witwenschaft die Mitgift, die die Frau mit in die Ehe gebracht hatte, an sie zurückfiel und der erstgeborene Sohn den Grundbesitz erbte. Auf diese Sitte wies sowohl Alazais Azéma als auch Béatrice hin. (FR, ff.40r, 58v; Duvernoy, 1965, I., S. 308f., Anm. 143)

Über den neuen Kastellan sind keine Belege zu finden. Sofern jemand auf der Burg einzog, dann möglicherweise als »Verwalter« für einen der beiden Söhne von Béatrice, die beim Tod ihres Vaters beide noch keine zehn Jahre alt waren. Béatrice' Hinweis, sie habe die »Erben ihres Ehemannes« – und nicht etwa »meine Kinder von ihm« – von der Erstattung ihrer Mitgift entbunden, lässt möglicherweise darauf schließen, dass Brüder ihres Mannes und deren Familien, mit denen sie nichts zu tun hatte, das Burggut von Montaillou erbten. Denkbar ist auch, dass es Söhne aus einer früheren Ehe ihres Mannes gab.

Es ist ein erstaunlicher Zug dieser Geschichte, dass der Kastellan von Montaillou, als das Dorf der turbulentesten Periode seiner Geschichtsschreibung entgegenging und 1308 ins Zentrum des Sturms geriet, keine Rolle gespielt zu haben scheint, ebenso wenig wie der von Prades.

Durch Pathau geriet Béatrice de Planisolles in den Einflussbereich der Familie Clergue. Nach ihrer Erfahrung mit dem brutalen Pathau dürfte sie zumindest kaum irgendwelche Illusionen bezüglich der Clergues gehabt haben. Hatte Pathau sie geschwängert? Scheinbar nicht.

Während ihrer ungefähr siebenjährigen Ehe mit Bérenger scheint Béatrice zwei Söhne und drei Töchter bekommen zu haben, darunter die im Mai oder Juni 1295 geborene kleine Béatrice. Die beiden Kinder, die danach zwischen 1295 und Anfang 1298 geboren wurden, waren ebenfalls Mädchen, Condors und Esclarmonde. Béatrice' Bruder Bernard aus Caussou hatte sich, vermutlich wegen des Todes von Bérenger, bereit erklärt, die Vormundschaft über die Mädchen zu übernehmen.

Aus ihren späteren Gesprächen mit Pierre Clergue und insbesondere dem Hinweis, welchen Wert ihr Vater auf Sitte und Anstand legte, lässt sich vermuten, dass sie in der Zeit zwischen ihren Ehen keine unehelichen Kinder bekommen hat.

Es war ein Jahr später, im März 1299 in der Fastenzeit, dem 40-tägigen Zeitraum von Aschermittwoch (4. März) bis zum Vorabend von Ostern (18. April). Für diese Zeit des Fastens, das im Gedenken an das 40-tägige Fasten Christi in der Wüste begangen wird, regelte das kanonische Recht nicht nur die Nahrungsaufnahme, sondern verbot auch jede Ausübung der Sexualität.[34] (Paterson, 1993, S. 272) Während dieser Zeit begab Béatrice sich zur Kirche Notre-Dame-de-Carnesses, um bei Pierre Clergue, dem Pfarrer von Montaillou, zu beichten, der die Beichte hinter dem Altar abnahm. Sobald sie sich vor ihm niedergekniet hatte, küsste er sie und erklärte: »Es gibt keine Frau auf der Welt, die ich so sehr mag wie Sie.« Interessant ist, dass er *diligere* (mögen) statt *amare* (lieben) oder *adamare* (leidenschaftlich lieben) verwendete. Obwohl er wusste, dass sie die Geliebte von Pathau war, hielt ihn dies nicht davon ab, sich ihr eindeutig zu nähern. Vielleicht hat es ihn sogar zusätzlich erregt. Sie war indes so konsterniert, dass sie, ohne zu beichten, auf der Stelle die Kirche verließ.

Jene Ostern 1299 suchte Pierre Clergue Béatrice einige Male auf und versuchte, sie zu verführen. »Wie können Sie mich auffordern, Ihre Geliebte zu werden«, fragte sie ihn, »wenn Sie doch sehr gut wissen, dass Ihr Vetter Raymond mich gehabt hat? Er würde alles aufdecken.«

»Ich weiß dies alles«, hielt Clergue ihr entgegen, »aber ich kann nützlicher für Sie sein als dieser Uneheliche und Ihnen mehr Geschenke machen.« Aber vielleicht, meinte er dann, könnten er und sein Vetter sich ihre Gunst auch teilen. Was Béatrice jedoch ausschlug. Denn dann würden sie, wie sie sagte, sich wegen ihr streiten und sie im Endeffekt beide verachten.

Während sie ihm zu verstehen gab, dass seine Zudringlichkeit angesichts des Umstandes, dass sie Witwe war, umso schwerer wog, hatte dies bei dem Pfarrer offenbar genau den gegenteiligen Effekt. Er hatte eine Schwäche für Witwen, wie der Fall von Mengarde Buscailh aus Prades zeigt (siehe S. 321 f.), zumal sie in der Regel allein lebten und man sich somit nachts nicht wegen eines Ehemannes sorgen musste.

Béatrice bot ihm jedoch Paroli. Sie konterte, dass sie lieber mit vier fremden Männern schlafen würde als mit einem einzigen Priester. Denn keine Frau, die sich mit einem Priester vereinigt habe, könne, wie sie gehört hatte, das Angesicht Gottes zu sehen bekommen.

»Sie sind sehr töricht«, hielt ihr Pierre Clergue entgegen und spann sich dann ein spitzfindiges Argument aus pseudokatharischem Gewäsch zusammen.

»Es ist eine ebenso große Sünde«, erklärte er ihr, »wenn eine verheiratete Frau fleischlich von ihrem eigenen Ehemann erkannt wird, als wenn sie von einem anderen erkannt würde. Es ist die gleiche

Sünde, wer auch immer der Mann ist, ob er ihr Ehemann oder ein Priester ist. Es ist [sogar] noch eine größere Sünde, Geschlechtsverkehr mit dem Ehemann zu haben, da sich die Ehefrau beim Verkehr mit ihrem Ehemann keiner Sünde bewusst ist. Sie ist fest davon überzeugt, zu sündigen, wenn sie mit anderen Männern Verkehr hat. Deshalb ist der Geschlechtsakt zwischen Verheirateten eine schlimmere Sünde als der Geschlechtsverkehr mit einem anderen Mann.« (FR, ff.38v - 39r)

In Okzitanisch hörte er sich vielleicht genauso an wie sein Zeitgenosse Arnaud de Savinhac, der behauptete, eine im Sabarthès verbreitete Einstellung wiederzugeben, als er sagte: *»tostemps es e tostemps sira qu l'home ab autru moilher jaira«*, was übersetzt heißt: »So sind die Zeiten und werden sie sein, dass ein Mann mit der Frau eines anderen schläft.« (FR, f.25v)

Auf seine Spitzfindigkeit hin fragte sie ihn, wie er als Priester solche Dinge sagen könne. Denn in der Kirche hieß es, dass der Ehestand von Gott eingesetzt und der erste *Ordo*, die erste göttliche Verfügung, die Ehe gewesen sei, die Gott zwischen Adam und Eva schloss, sodass der Geschlechtsakt zwischen Eheleuten wohl kaum eine Sünde sein dürfte.

»Wenn Gott«, erwiderte Clergue daraufhin, »die Institution der Ehe zwischen Adam und Eva geschaffen hat und wenn Er sie tatsächlich geschaffen hat, warum hat Er dann nicht sichergestellt, dass sie nicht sündigten?«

Als sie dies hörte, bekannte Béatrice später, begriff sie, dass der Pfarrer bestritten hatte, dass Gott Adam und Eva erschaffen und die Ehe zwischen ihnen gestiftet hatte.

Pierre Clergue beendete das Gespräch mit der Bemerkung, dass viele Lehren der Kirche falsch seien und die Priester sie aufrechterhielten, weil sie sonst weder respektiert noch gefürchtet würden: »Außer den Evangelien und dem Vaterunser sind alle anderen heiligen Schriften *affitilhas*«, sagte er, wobei er einen gängigen Begriff aus der heimischen Mundart verwendete, der bedeutete, dass Menschen dazu neigen, die Geschichten anderer fantastisch auszuschmücken.

Pierre Clergue gab nicht auf. Die Herausforderung, die verwitwete Kastellanin zu verführen und gleichzeitig im Namen seiner katharischen Freunde neue Anhänger zu gewinnen, schien ihn geradezu erregt zu haben. Er hatte es sich bequemerweise so zurechtgelegt, dass es für ihn nie eine Trennung zwischen sexuellen Eroberungen und der katharischen Lehre gab.

Er wandte sich nun gegen das offizielle Inzestverbot. Dabei konnte er allerdings kaum ahnen, dass eben dies ihn etliche Jahre später verfolgen sollte, und zwar in Gestalt Grazide Liziers, der Tochter seiner Nichte. Sie wurde genau in dem Jahr geboren, in dem er der Kastellanin nachstellte.

Pierre Clergue zufolge entsprang das orthodoxe christliche Verbot einer Heirat zwischen Bruder und Schwester der räuberischen Weltordnung der bedauernswerten Unterdrückung des sexuellen Verlangens. Am Anfang, erklärte er, hätten Brüder und Schwestern frei und ungehemmt ihren Spaß aneinander haben dürfen. Aber dann sei es mitunter so gewesen, dass eine ganze Schar von Brüdern nur eine oder zwei schöne Schwestern hatte, die von allen begehrt wurden und die jeder von ihnen besitzen wollte. Und dies habe zu vielen Morden unter den Brüdern geführt, deshalb gebe es das kirchliche Inzestverbot.

In den Augen Gottes, meinte Pierre Clergue weiter, sei die sexuelle Vereinigung immer die gleiche Sünde, in welcher Form oder Partnerkonstellation auch immer sie vollzogen werde. Aber das schlimmste Vergehen sei der Verkehr unter Verheirateten, da er ausgeübt werde, ohne damit etwas Schändliches zu verbinden.

Die Trauungsriten der Kirche, schloss er, seien in jedem Fall nur ein bisschen weltlicher Pomp. Aber worauf er mit seinen so sorgfältig dargelegten Ausführungen letztlich hinauswollte, war, dass es Männern und Frauen frei stand, jede Sünde zu begehen und ganz nach ihren Neigungen zu handeln, solange sie am Ende in den Glauben der Bonshommes aufgenommen wurden, da dies allein die Gewähr für ihr Heil war.

Béatrice scheint von Clergues unorthodoxen und verdrehten Ansichten nicht gerade gefesselt worden zu sein, gleichwohl sie durch ihre Erfahrung mit Raymond Roussel erraten haben dürfte, worauf dies hinauslaufen sollte. Jedenfalls ging Pierre Clergue als Nächstes von der reinen Theorie zu einer praktischen Veranschaulichung seines Glaubens über:

»Schauen Sie, wir Clergues sind vier Brüder. Ich bin Priester und möchte keine Frau haben. Wenn meine Brüder Guillaume und Bernard [Béatrice ließ sich hier möglicherweise von ihrer Erinnerung trügen, da Bernard zu diesem Zeitpunkt noch nicht verheiratet war] meine Schwestern Esclarmonde und Guillemette geheiratet hätten, wäre unserem Haus nicht das Vermögen entzogen worden, das meine Schwestern als Mitgift bekamen. Unser Besitz wäre vielmehr vollständig geblieben. Und mit einer [neuen] Frau, die unser Bruder Raymond ins Haus gebracht hätte, hätten wir jede Menge Frauen gehabt, und unser Haus wäre umso reicher gewesen. Deshalb wäre es besser, wenn ein Bruder seine Schwester heiratete und die Schwester den Bruder zum Ehemann nähme, statt sie aus dem Haus ihres Vaters mit einer großen Mitgift wegzuschicken, um einen Fremden zu heiraten, wodurch ihr Elternhaus zugrunde gerichtet wird.« (FR, f.39r)

Die bewusste Verdrehung der katharischen Lehre zum Inzest, zu der sich der lüsterne Pfarrer verstieg, spiegelte dennoch eine weit verbreitete Ansicht unter den gewöhnlichen Albigensern wider. In Verbindung mit den Eheschließungen zwischen den verwandten Familien Maury und Marty haben wir jedoch bereits darauf hingewiesen, dass die alten Tabus fest verankert waren. Dies wird auch durch die Tatsache bewiesen, dass es in Montaillou keine Missbildungen gab, als hätte irgendein atavistisches Gen sich ungeachtet irgendeiner dubiosen katharischen Billigung gegen den Geschlechtsverkehr unter Blutsverwandten gesperrt.

Raymond Delaire, der ein Jahr nach der Kastellanin als Angeklagter vor Fournier stand, bekannte ebenfalls, dass er in seiner Zeit als Katharer Inzest als frei von jeder Sünde betrachtet hatte. Aber obwohl er behauptete, er habe die Idee des Inzests als anstößig empfunden, unterhielt er, genau wie Pierre Clergue, mit seiner Schwägerin eine sexuelle Beziehung. »Allerdings«, bemerkte er, »ist es für einen Mann weder sündig noch anstößig, mit einer Cousine zweiten Grades oder mit anderen Frauen zu schlafen, da ich es mit dem im Sabarthès bekannten Spruch halte, nämlich *a cosina secunda tot leli afonia*«, was wörtlich übersetzt heißt, »einer Cousine zweiten Grades schob er ihn ganz hinein« (FR, f.144r).

Raymond war es nicht gegeben, sich bei seinen Ausführungen etwas gewählter auszudrücken, wie seine naturalistischen Ansichten zur Zeugung Christi des Weiteren zeigen. Christus, erklärte er unbekümmert, sei durch *foten e coardan* gezeugt worden, was übersetzt unverbrämt heißt: durch »Vögeln und Ficken« (FR, f.144v). Eine pleonastische Variante davon war seine Behauptung, Gott sei das Ergebnis von *masan e foten ayshi co nos*, was von »schlichtem Ficken genau wie bei uns« bedeutet. Und dies unterstrich er genüsslich damit, dass er beide Handflächen gegeneinander schlug (FR, f.143v), was im Sabarthès eine eindeutige Geste war.

Es überrascht wohl nicht, dass keine dieser Äußerungen von den Schreibern des Inquisitionsgerichts ins Lateinische übersetzt wurden. Das Interessante hierbei ist vor allem die Berufung auf die Volksweisheit im Ariège, die offenbar seit undenklichen Zeiten die Grenzen der erlaubten Sexualität (die beim Geschlechtsverkehr zwischen Vettern und Cousinen zweiten Grades endete) so definierte, dass genetische Fehler auf ein Minimum reduziert wurden.

Béatrice hielt Pierre Clergue über drei Monate Stand, bis sie sich ihm dann in der ersten Juli-Woche, zwischen Montag, dem 29. Juni, und Sonntag, dem 5. Juli 1299, eines Nachts in ihrem Haus nahe der Burg hingab. Nach dieser ersten Zusammenkunft schliefen sie oft miteinander. Und sie erlaubte es sich, sich die nächsten anderthalb Jahre von ihm »aushalten« zu lassen. (FR, f.39r) Er war regelmäßig zwei oder drei Nächte in der Woche bei ihr. Und zwei weitere Nächte ging sie zu ihm, was bedeutet, dass sie während der Woche, mit Ausnahme des Sonntags vielleicht, die meisten Nächte zusammen verbrachten.

Das Haus der Clergues wird in den Dokumenten als »das Haus des Pfarrers und seiner Brüder« beschrieben, und bisweilen lebten drei Generationen (Bernard Clergues uneheliche Tochter mit eingerechnet) in diesem großen Haus zusammen. (FR, f.99r) Pierre Clerguc bewohnte ein Zimmer im ersten Stock über dem Haupteingang. Dies dürfte aller Wahrscheinlichkeit nach auch der Raum gewesen sein, in dem er mit der Kastellanin schlief. Dass sie etwas miteinander hatten, munkelte man allenthalben in Montaillou. Allem Anschein nach musste der Pfarrer sich jedoch weder vor seinen Eltern noch sonst jemandem in Acht nehmen, wenn er sich im Obergeschoss mit Frauen amüsierte. Die Tatsache, dass sein Zimmer, das über eine große Diele zu erreichen war, offenbar auch einen separaten Zugang von außen hatte, dürfte ebenfalls hilfreich gewesen sein.

Es war wahrscheinlich auch in diesen Räumlichkeiten, wo Mengarde Clergue eines Tages zu Béatrice gesagt hatte, es sei eine gute Tat, sich um die Unterstützung von Na Roche und ihrem Sohn Raymond Roche, beide vormals inhaftierte Katharer, zu kümmern. Wenn ihr Besitz konfisziert worden war, dürften sie mittellos gewesen sein. Sie scheinen die einzigen Katharer gewesen zu sein, die in den 1290er-Jahren in Montaillou aktiv verfolgt wurden und einige Zeit im Gefängnis waren. Bis 1298/99 waren sie jedoch wieder auf freiem Fuß, und Na Roche, eine Freundin von Mengarde Clergue und Guillemette Benet, wurde 1305 in Montaillou getröstet und starb noch im selben Jahr. Ihr Sohn war ebenfalls wieder im Lande, da er um das Jahr 1300 unten in Sorgeat das politische Terrain sondierte und mit Guillaume Escaunier über die Rückkehr der Authiés sprach. (FR, f.119)

In der Zeit, in der Béatrice ihre Affäre mit Pierre Clergue hatte, die 18 Monate bis Januar 1301 dauerte, bemühte Pathau sich immer wieder um sie, um jedoch jedes Mal erneut von ihr zurückgewiesen zu werden. Somit entstand, wie sie sagte, ein »verborgener Hass« zwischen den beiden Clergue-Vettern.

Als Béatrice und Pierre Clergue ihr Verhältnis begannen, fragte sie ihn: »Und was mache ich, wenn ich von Euch schwanger werde? Ich wäre völlig verloren.« Clergue beruhigte sie, er besitze ein spezielles Kraut, das empfängnisverhütende Eigenschaften habe. Was er zu verwenden gedachte, scheint eine improvisierte Kombination aus einem Kondom, Pessar und Spermizid gewesen zu sein.

Béatrice beschrieb ihren »geschützten« Verkehr mit Pierre Clergue mit wohl gewählten Worten, da ihre Zuhörerschaft aus dem Inquisitionsgericht bestand. Die gestelzten Wiederholungen spiegeln die typischen Merkmale einer gerichtlichen Aussage wider:

»Ich erwiderte ihm: ›Und was für ein Kraut ist das? Ist es das, welches die Kuhhirten über den Milchkessel legen, in den sie das Lab getan haben, und welches, solange es über dem Milchkessel liegt, verhindert, dass die Milch dick wird?‹ Er meinte, ich solle mir keine

Gedanken darüber machen, um welches Kraut es sich handele, wichtig sei nur, dass es diese speziellen Eigenschaften habe und dass er es besäße. Und fortan trug er, wenn er mich fleischlich erkennen wollte, etwas, das mit einem Stück Leinen [um seinen Penis] gewickelt und festgebunden war, etwa von der Dicke und Länge von zweieinhalb Zentimetern oder des Glieds [sic Duvernoy, 1963, I. S. 244] meines kleinen Fingers an der linken Hand.

Er hatte eine spezielle lange Schnur, die er mir um den Hals legte, wenn wir uns liebten. Dieses Ding, welches er Kraut nannte, hing an dieser Schnur. Es hing zwischen meinen Brüsten herunter und blieb über meiner Vagina liegen [wörtlich: ›der Öffnung meines Bauches‹]. Er legte es immer dorthin, wenn er mich fleischlich erkennen wollte. Es blieb um meinen Hals, bis der Pfarrer aufstehen wollte, und während er sich erhob, nahm er es mir vom Hals.

Und wenn er mich manchmal in derselben Nacht zweimal oder öfter fleischlich erkennen wollte, fragte der Pfarrer mich, ehe er selbst zu mir kam, wo das Kraut sei. Ich nahm es dann, da es sich ja an der Schnur um meinen Hals befand, und gab es ihm in die Hand. Der Pfarrer nahm das Kraut und legte es über die Öffnung meines Bauches, wobei die Schnur zwischen meinen Brüsten hindurchlief. Und so vereinigte er sich mit mir, und nie anders.

Manchmal bat ich den Pfarrer, mir das Kraut zu überlassen, worauf er entgegnete, er denke nicht daran, weil ich mich sonst, wenn ich das Kraut trüge, ohne die Sorge, schwanger zu werden, mit einem anderen Mann vereinigen könne. Und deshalb, um mich aus Angst vor einer Schwangerschaft davon abzuhalten, mit einem anderen Mann zu schlafen, wollte er mir das Kraut nicht überlassen.

Der Pfarrer sagte das vor allem, weil ich vor dem Pfarrer mit Raymond Clergue, auch ›Pathau‹ genannt, der ein leiblicher Vetter des Pfarrers ist, ein Verhältnis hatte. Deshalb waren die beiden wegen mir eifersüchtig aufeinander.

Der Pfarrer erklärte mir auch, dass er mich nicht schwängern wollte, solange Philippe de Planisolles, mein Vater, noch lebte, da mein Vater dies als tiefe Schande empfinden würde; aber nach seinem Tod werde er sich sehr glücklich schätzen, wenn ich schwanger von ihm würde.« (FR, f.43)

Pierre Clergue und Béatrice sprachen über die Häresie, wenn er bei ihr war und sie ihn in ihrem Haus in der Nähe des Fensters, von dem man die Straße überblicken konnte, oder vor dem Kamin oder im Bett entlauste. Dabei achteten sie immer sorgfältig darauf, dass sie von niemandem belauscht wurden. (FR, f.39v)

In dieser Zeit war Sibylle Teisseyre aus Montaillou Béatrice' Dienerin. Im Dezember 1299, als die Vorbereitungen für die Rückkehr der Authiés ins Sabarthès schon in vollem Gange waren, saß Béatrice eines Tages im Haus der Maurys am Dorfplatz mit Alazais Maury vor dem Kamin, um sich zu wärmen. Mit einem Mal kam Gauzia, die Ehefrau von Bernard Clergue (B) und damit wahrscheinlich die Schwiegermutter von Guillemette Clergue (B)-Rives, herein und fragte Alazais, ob Guillemette Faure tot sei. Diese Guillemette, geborene Bar, war die Witwe von Pierre Faure aus Montaillou, die Schwester von Mengarde Maurs und die Schwägerin von Alazais Maury, geborene Faure.

Alazais Maury antwortete, Guillemette sei tot und bereits beerdigt:

GAUZIA: Und habt Ihr es gut gemacht?
ALAZAIS: Ja, nach meinem Glauben, gut.
GAUZIA: Und Ihr habt es wirklich gut gemacht? Euch hat es an nichts gefehlt?
ALAZAIS: Wir haben es gut gemacht, und es gab keine Behinderung.
GAUZIA: Dank sei Gott.

Béatrice wusste natürlich, dass es sich bei dieser Unterhaltung um eine katharische geheime Absprache handelte. Aber als sie einige Tage später Alazais Maury danach fragte, weigerte diese sich zunächst, sie aufzuklären. Erst nach einigem guten Zureden erklärte sie Béatrice schließlich, Guillemette sei von den Bonshommes getröstet worden und habe sich der Endura unterzogen, dem reinigenden Todesfasten der Katharer. Sie habe 15 Tage lang, bis sie starb, nur kaltes Wasser zu sich genommen, ein Akt des Mutes und des Martyriums, der Béatrice so beeindruckte, dass sie Jahre später in einem Augenblick der Zärtlichkeit ihrem damaligen Liebhaber davon erzählte. (FR, f.45v)

Alazais Maury überredete Béatrice, den Parfaits einen Viertelscheffel Mehl, das sind etwa neun Liter, zu schicken. Es scheint in dieser Zeit gewesen zu sein, dass Béatrice sich in die katharischen Aktivitäten hineinziehen ließ, nachdem sie früheren Annäherungsversuchen im Juli 1295 widerstanden hatte. Da sich diese Begebenheit im Dezember 1299 zutrug, handelte es sich bei dem fraglichen Parfait wahrscheinlich um Guillaume Authié, der vielleicht von Pierre-Raymond de Saint-Papoul begleitet wurde.

Auch wenn Gauzia Clergue (B) später halbherzig versuchte, sich von ihren ketzerischen Verbindungen zu distanzieren, war sie eine überzeugte Katharerin. Sie war sowohl durch Heirat als auch von Geburt mit der mächtigen Familie Clergue verwandt. Im Dorf wurde sie manchmal auch Gauzia Longa, nach ihrer Mutter Na Longa, genannt, die mit einem Martre aus Camurac, einem Bruder von Mengarde Clergue, verheiratet war.[35]

Im Februar oder März 1303 half sie eines Samstagmorgens ihrer sterbenden Tochter Esclarmonde, dem Patenkind von Guillaume Benet, bei der von Prades Tavernier vorgenommenen Tröstung. Esclarmonde war, als sie erkrankte, aus Comus, wo sie verheiratet war, in das Haus ihres Vaters zurückgekehrt, um in Montaillou wieder gesund zu werden oder zu sterben. Sie siechte drei Jahre lang dahin. Raymond Belot hatte Prades den weiten Weg von Junac oder Larnat herbeigeholt. (FR, f.295v)

Einige Jahre später bekam Raymonde Belot-Lizier, als sie ihren eingekerkerten Ehemann Arnaud besuchte, am Eingang des Gefängnisses von Carcassonne von ihrem Schwager Raymond Belot, aufgetragen, Gauzia Clergue (B) auszurichten, dass sie genau wie ihre tote Tochter verraten worden sei, die deshalb ausgegraben und nachträglich verbrannt werde.

Im Winter des Jahres 1299/1300 war Béatrice eines Tages gegen Einbruch der Dämmerung bei Alazais Azéma zu Besuch. Dort sah sie, wie Alazais' Sohn Raymond mit einer Tasche voller Nahrungsmittel wegging, um den Bonshommes etwas zu essen zu bringen. Die Anwesenheit der Kastellanin in einem der bescheidensten Häuser des Dorfes kann zweifellos der aktiven Rolle zugeschrieben werden, die es bei der Förderung des Katharismus in der Region spielte. Alazais blockte zunächst ab, als Béatrice sie fragte, wo ihr Sohn zu dieser Zeit noch hinging. Sie warf ihrem neugierigen adligen Gast sogar vor, *cilharda* zu sein, große Augenbrauen zu haben, also eine Schnüfflerin zu sein. Nachdem sie ihr jedoch das Versprechen absoluter Geheimhaltung abgenommen hatte, eröffnete sie ihr, dass Raymond ein Passeur war.

Es war wohl an jenem Heiligabend des Jahres 1299 und nicht an dem des Jahres 1300, als Pierre Clergue die Kastellanin bedrängte, mit ihm ins Bett zu gehen. (FR, f.39r) Als sie ihn fragte: »Wie könnt Ihr in einer solch heiligen Nacht eine derartige große Sünde begehen wollen?«, hielt Clergue ihr entgegen, die Sünde des Geschlechtsverkehrs sei in dieser Nacht die gleiche wie in jeder anderen. Sie gab nach – und beide gaben sich sodann ihrer Leidenschaft hin.

Am darauf folgenden Morgen las Clergue, ohne vorher gebeichtet zu haben, ohne jede Scham in Montaillou das weihnachtliche Hochamt. Das machte er oft so, bemerkte Béatrice, nachdem er nachts mit ihr geschlafen hatte. Er entschuldigte dies damit, wie er ihr erklärte, dass die Kraft der Absolution allein beim allmächtigen Gott lag. Besonders nachdrücklich schärfte er ihr ein, niemals einem anderen Priester etwas von ihrer Beziehung mit ihm zu beichten. Nicht einmal der Papst und seine Bischöfe hätten die Macht, dem Menschen seine Sünden zu vergeben, sondern nur die Bonshommes, die unter der Verfolgung der Kirche zu leiden hätten.

Béatrice fragte ihn daraufhin, warum er dann selbst die Beichte hörte, Absolution erteilte und Bußen auferlegte. »Auch wenn es nutzlos ist«, antwortete er, »so müssen ich und andere Priester es dennoch tun, denn wenn wir es nicht täten, würden wir unsere Einkünfte verlieren; niemand würde uns irgendetwas geben, wenn wir uns nicht daran hielten, was die Kirche uns gebietet.« (FR, f.39v)

Im neuen Jahr 1300 zog Béatrice nach Prades um und bewohnte dort ein kleines Haus in der Nähe der Kirche Saint-Pierre. Es lag eingezwängt zwischen der stattlichen Residenz eines Pierre Guillaume aus Prades und dem Haus des Pfarrers von Prades, Jean Clergue. Letzterer war nicht oder zumindest nicht eng mit den Clergues aus Montaillou verwandt. Gauzia Clergue (B) behauptete später, allerdings nicht überzeugend, ihm vertraulich von den ketzerischen Aktivitäten von Mersende Maury-Marty, der Tante von Pierre Maury, erzählt zu haben.

Der Umstand, dass Béatrice betont, dass ihre neue Unterkunft klein, vielleicht sogar winzig war (eine *domuncula*), lässt möglicherweise darauf schließen, dass sie in dieser Zeit finanzielle Schwierigkeiten hatte. (FR, f.43r) Hatte sie ihre Kinder mit nach Prades genommen? Wo waren sie, wenn sie in ihrem Haus in Montaillou mit Clergue schlief? Wurden sie von einem Kindermädchen oder einer Amme versorgt? Die beiden Jungen und ihre drei jüngeren Schwestern, Béatrice, Condors und Esclarmonde, waren zu diesem Zeitpunkt noch keine zehn Jahre alt; die Mädchen waren zwischen drei und fünf oder sechs, wobei die kleine Béatrice die Älteste war.

Da ihr Haus in Prades unmittelbar an das von Jean Clergue grenzte und die Schalldämmung denkbar schlecht war, konnten sie und Pierre Clergue dort keinen Geschlechtsverkehr miteinander haben, ohne dass es im Haus nebenan zu hören war. (FR, f.43r) Deshalb erklärte Pierre Clergue ihr eines Tages, er werde am folgenden Abend seinen »Schüler« Jean zu ihr schicken, um sie abzuholen und in die Kirche Saint-Pierre zu bringen, wo er sie lieben wollte.

Clergue hatte in dieser Zeit tatsächlich einen Schüler, der Aufträge für ihn erledigte. Dieser Junge wurde von Béatrice und anderen Zeugen, die sich erinnerten, dass Guillaume Authié 1301 den Schüler erwähnt hatte, als *scolaris* bezeichnet. (FR, ff.43r, 51v) Jetzt wurde er von seinem Herrn als Kuppler eingesetzt.

An jenem Abend, »um die Zeit des ersten Schlafes«, wartete Béatrice auf diesen Schüler und folgte ihm dann gehorsam durch »die sehr schwarze Nacht« zur Kirche. Hier fanden sie Pierre Clergue vor, der sie erwartete. (FR, f.43r) Er hatte ein Bett für sie herrichten lassen.

Welche kirchlichen Befugnisse er in Saint-Pierre in Prades hatte, ist alles andere als klar. Wahrscheinlich teilte er nicht die Schamhaftigkeit der ehemaligen Kastellanin gegenüber ihrem priesterlichen Nachbarn Jean Clergue, der sich wohl kaum gegen einen der mächtigen Clergues aus Montaillou gestellt hätte.

Ihrer eigenen Aussage zufolge hatte sie beim Anblick des Bettes ausgerufen: »Also wirklich! Wie können wir so etwas in der Kirche Saint-Pierre tun?« Worauf Pierre Clergue ihr spöttisch erwidert hatte:

»O que gran dampnagge y aura sent peire!« (»Oh, welch schlimmer Schaden wird dadurch dem heiligen Peter zugefügt!«) Nach diesen Worten hatten sie sich ins Bett gelegt. Und in jener Nacht und in jener Kirche hatte Pierre Clergue mit ihr geschlafen. Vor dem Morgengrauen hatte Clergue sie dann bis zur Tür ihres Hauses zurückgebracht.

Die Kirche in Prades heißt immer noch Saint-Pierre, und sie stand bereits Anfang des 12. Jahrhunderts hier. (Moulis, 1970, S. 130f.) Bei einem Brand 1648, der fast das ganze Dorf zerstörte, hatte sie schlimmen Schaden genommen. Dass Béatrice de Planisolles *dans l'église de Prades*, in der Kirche von Prades, Geschlechtsverkehr hatte, ist bis auf den heutigen Tag in Montaillou bekannt. Auch wenn die Dorfbewohner darüber lachen, missbilligen sie es insgeheim doch.

War Béatrice auch nach Prades gezogen, um sich der Zuneigung des Pfarrers zu entziehen? Er war schließlich niemand, den sie heiraten konnte, und im Gegensatz zu ihm war sie um ihren Ruf besorgt und hatte zudem Angst vor ihren Brüdern. Sie war zu diesem Zeitpunkt erst Ende 20. Ihre Affäre mit dem triebhaften Clergue dauerte jedoch noch bis zum Ende des Jahres 1300.

Im Laufe desselben Jahres, als sie in Prades lebte, besuchte Béatrice ihre Schwester Ava in Caussou, dem Heimatdorf der de Planisolles', wo diese mit einem Véreze verheiratet war. Ava, die möglicherweise jünger als Béatrice war, hatte gerade ein Kind bekommen und war noch dabei, sich von der Geburt zu erholen. Der Weg dorthin dürfte bei einem strammen Fußmarsch in nicht viel mehr als zwei Stunden zu bewältigen gewesen sein.

Am Sonntag nach ihrer Ankunft in Caussou nahm Béatrice in der Prioratskirche von Unac, einem gut drei Kilometer entfernten Dorf unten im Val de Caussou zur Ariège hin gelegen, an der Messe teil. Das Priorat ist inzwischen längst verschwunden, die eindrucksvolle Kirche von Unac hat jedoch überdauert. (Farbabb. 8) Dieses romanische Bauwerk aus dem 12. Jahrhundert mit seinem hohen Uhrenturm aus dem 11. Jahrhundert war die Pfarrkirche von Caussou und offenbar von Luzenac, da die Grundbesitzer auch von Luzenac hier das Hochamt besuchten. Das Priorat von Unac erhob sich um die heutige Kirche herum und nahm wahrscheinlich den Großteil des Platzes östlich der Kirche ein, auf dem heute Autos parken. Hier in diesem Priorat führte Jacques Fournier ebenfalls mehrere Befragungen durch.

Vor der Kirche begegnete Béatrice Raymonde de Luzenac, der Witwe von Guillaume-Bernard de Luzenac. Die de Luzenacs gehörten zum Kleinadel und waren eine Familie von Grundbesitzern wie die de Planisolles'. Raymonde war beträchtlich älter als Béatrice. Während die junge Witwe de Roquefort aus Montaillou fünf kleine Kinder hatte, von denen das jüngste, Esclarmonde, kaum von der Brust entwöhnt gewesen sein dürfte, waren die drei Söhne von Raymonde bereits erwachsen und der jüngste im Jahr 1301 schon 19 Jahre alt.

Da die de Planisolles' und de Luzenacs beide im Val de Caussou wohnten, überrascht es nicht, dass sie miteinander verwandt waren. Darüber hinaus gab es in Luzenac eine Burg, sodass Raymonde wohl die Kastellanin war. Wie Béatrice angab, umarmte und küsste Raymonde sie, »weil sie zu meiner Familie gehörte«.

Als sie sich dem Eingang der Kirche näherten, fragte Raymonde Béatrice: »Und Ihr, Cousine, die Ihr aus dem guten Land [dem Pays d'Aillou] kommt, habt Ihr noch keinen dieser Bonshommes gesehen? Wenn ich dort wäre, würde ich mich bemühen, sie zu Gesicht zu bekommen.« Als Béatrice ihr entgegnete, noch keinen von ihnen gesehen zu haben, und darüber hinaus bekannte, ihr fehle der Mut dazu, versicherte Raymonde ihr: »Wenn Ihr sie einmal gesehen und gehört habt, werdet Ihr nie wieder etwas anderes hören wollen; und wenn Ihr sie einmal gehört habt, werdet Ihr immer im Zustand der Gnade sein, wohin Ihr auch geht.«

Nach dieser Unterhaltung über die Katharer betraten die beiden Frauen die Kirche, um der Messe beizuwohnen. Wenn eine scheinbar arglose Béatrice 20 Jahre später vor dem Inquisitor beiläufig darauf hinwies, dass sie und Raymonde verwandt waren, kann es gut sein, dass sie damit versuchte, jede Vertrautheit zwischen ihnen auf ihre Blutsverwandtschaft zurückzuführen. Auch wenn sie für die katharische Bewegung höchst empfänglich war, hielten sie ihr Selbsterhaltungstrieb und ihr gesunder Menschenverstand von jeder offenen Verwicklung fern. Sie hatte jedoch keinen Einfluss darauf, was ihr Vater und ihre Familie unternahmen, und vielleicht war sie nicht einmal über das volle Ausmaß ihres Anteils an der Mission der Authiés informiert. Sie muss hingegen gewusst haben, dass die Häuser der de Planisolles' und der de Luzenacs Anlaufstellen für Leute wie Prades Tavernier waren, wenn sie zwischen dem Ariège-Tal und dem Sabarthès unterwegs waren.

Tatsache ist, dass bis zum Jahr 1300 ein ausgedehntes Netz geknüpft worden war von Zufluchtsorten und *Filières*, Verbindungen im Untergrund, um die Authiés wieder im Sabarthès zu empfangen. Das Netz ging kreuz und quer durch die Region und zum Teil noch darüber hinaus und erstreckte sich von Osten nach Westen und von Norden nach Süden.

Im Val de Caussou, das eine strategisch wichtige Abkürzung zwischen dem Fluss Ariège und dem Oberland des Pays de Sault darstellte, spielten die de Luzenacs eine zentrale Rolle. Raymonde war eine eingefleischte Katharerin, die unter anderem die Aufgabe gehabt zu haben scheint, für ein sicheres Durchqueren des Tals in der Gegend von Luzenac und Garanou zu sorgen. Dabei hielt sie eine enge Verbindung mit den de Planisolles', die von Caussou aus den nördlichen Bereich des tiefen Talgrabens überwachten, der den Marmare mit dem unteren Tal verband.

Mobilität und Schnelligkeit waren das Entscheidende, wenn die katharische Erneuerung Erfolg haben sollte. Raymonde wurde bei ihrer Aufgabe von ihrer Nichte Lorda unterstützt wie auch von ihren drei Söhnen, Guillaume-Bernard, dem ältesten, der nach dem Tod seines Vaters der Gutsbesitzer wurde, seinem Bruder Arnaud und dem jüngsten, Pierre.[36]

Durch die Heirat ihrer Nichte Lorda mit Guillaume Bayard konnte Raymonde de Luzenac jedoch erst wirklich Einfluss ausüben. Bayard war Anwalt und Richter von Beruf sowie der Kastellan und Verwalter von Tarascon. Er war nach dem Grafen von Foix wahrscheinlich der mächtigste Mann im Sabarthès, und Pierre Authié nannte ihn in einem Atemzug mit Roger-Bernard III., dem Grafen von Foix. Welch entscheidenden Platz er im Netzwerk der Authiés einnahm, wird bald deutlich werden.

Darüber hinaus konnte Raymonde sich auf ihre getreue Dienerin, Rixende Palharèse, verlassen. Auch wenn Rixende Raymondes Dienerin und zufällig zugleich die Geliebte ihres ältesten Sohnes war, genoss sie eine beachtliche Eigenständigkeit. Sie besaß in Luzenac an der Ariège ein kleines Haus und hatte freien Zugang sowohl zu Raymonde als auch zu verschiedenen Parfaits und Aristokraten in der Region, wozu auch der Kastellan von Junac und Stéphanie de Château-Verdun gehörten. Sie war einmal dabei beobachtet worden, wie sie mit Letzterer geheimnisvoll konferierte, sehr zum Verdruss von Stéphanies Sohn, der darauf bedacht war, weitere Vergeltungsmaßnahmen von seinem Haus fern zu halten.

Eine der nachhaltigen gesellschaftlichen Folgen des Katharismus bestand darin, dass die Unterschiede zwischen den Reichen und den Armen, den oberen und unteren Schichten an Bedeutung verloren, da alle auf ein gemeinsames Ziel hinarbeiteten. So wurde Rixende von den reichen Belots in Montaillou willkommen geheißen, wenn sie zu ihnen ging, um bei der Ernte zu helfen, aber insbesondere, weil gleichzeitig mit ihr auch zwei Parfaits, Guillaume Authié und Prades Tavernier, dort übernachten sollten. Und es war eine der ärmsten Bewohnerinnen Montaillous, Alazais Azéma, die sich für Rixende verbürgte und auf deren Wort die Belots hörten.

Wenn Alazais in der Zeit, in der das Abenteuer der katharischen Erneuerung in Montaillou unternommen wurde, ein gewisses Ansehen genoss, dann deshalb, weil sie die Mutter von Raymond Azéma war, der einer der wichtigsten Kundschafter und Führer für die Parfaits wurde. Alazais war wegen des heldenhaften Mutes ihres Sohnes, bei Nacht Parfaits über die Berge zu geleiten, bei der Witwe des Grundbesitzers in Luzenac willkommen. Und die Notwendigkeit, sich ihren eigenen Lebensunterhalt durch An- und Verkauf von Käse zu verdienen, bedeutete zugleich, dass sie selbst häufig unterwegs war, sodass sie idealerweise sowohl Geheiminformationen verbreiten als auch in Erfahrung bringen konnte.

Als sie in Luzenac war, sah Rixende sie und fragte, ob sie Käse kaufen möchte:

»Ich sagte ja, und dann erklärte Rixende mir, sie wüsste von sechsen, die verkauft werden sollten. Ich bat sie, sie zu sich nach Hause zu schaffen, damit ich auf dem Rückweg von Guillaume de ›Serras‹, bei dem ich meinen Käse abholen wollte, ihre sechs holen könne. Als ich wieder zu Rixendes Haus kam, sagte sie mir, sie habe den Käse im Haus von Raymonde de Luzenac, der Herrin des Ortes, abgeholt, die zu wissen begehrte, wer den Käse kaufen wollte. Rixende hatte ihr erklärt, dies sei die Mutter von Raymond Azéma aus Montaillou. Ich kaufte dann ihren Käse, und als ich ihn gekauft hatte, kam Raymonde de Luzenac bei Rixende vorbei und umarmte und küsste mich sofort. Sie sagte mir, dass sie mich wegen meines Sohnes Raymond, der die Bonshommes begleite, sehr gern habe.« (FR, f.59v)

Diese Begegnung dürfte einige Zeit nach dem 15. August 1301 stattgefunden haben, etwa innerhalb eines Jahres nach der Unterredung zwischen Béatrice und Raymonde de Luzenac. Inzwischen waren die Parfaits ins Sabarthès zurückgekehrt, und dies war allgemein bekannt. Allerdings kann es gut sein, dass Béatrice, als sie in Unac mit Raymonde sprach, davon noch nichts wusste, auch wenn Guillaume Authié zu diesem Zeitpunkt bereits mit den Benets in Montaillou Verbindung aufgenommen hatte.

Aber vielleicht wollte Raymonde de Luzenac mit ihrer arglos erscheinenden Begeisterung für die Sache der Katharer auch mehr in Erfahrung bringen. Wenn die Kastellanin von der Rückkehr der Parfaits nichts wusste, dann war davon auszugehen, dass die verdeckte Operation erfolgreich verlief.

Darüber hinaus scheint sich Pierre Clergue, der mit Sicherheit über die Heimkehr der Authiés informiert war, offenbar entschlossen zu haben, dies vor seiner Kastellanin geheim zu halten. Dass Clergue dies tat, um sie zu schützen, mag bezweifelt werden. Vielleicht hatte er das Gefühl, ihr in dieser sensiblen frühen Phase der Rückkehr der Authiés nicht ganz vertrauen zu können, obwohl sein Bekehrungseifer erste Früchte zu tragen schien. Sie gab später tatsächlich zu, sich im Jahr 1301 zwischen Ostern und August dem katharischen Glauben so leidenschaftlich verbunden gefühlt zu haben, dass sie bereit gewesen wäre, dafür jede Strafe in Kauf zu nehmen.

Inzwischen war Clergue jedoch nicht mehr ihr Liebhaber, und sie war dabei, sich andernorts umzusehen. Vielleicht war sie ihrem zweiten Ehemann schon begegnet, als sie Raymonde in Unac traf. Dies könnte bedeuten, dass Raymondes Frage in Wirklichkeit verdeckt ein Unbehagen wegen der mangelnden *entendensa del be*, also dem mangelnden Verständnis vom göttlichen Guten, ihres neuen Freiers zum Ausdruck brachte, das im Unterland, wo es Béatrice sodann hinziehen sollte, weitaus weniger verwurzelt war als im Sabarthès. Dass Béatrice angab, im August 1301 habe der Katharismus für sie jegliche Anziehungskraft verloren, ist ein weiterer Hinweis in diese Richtung.

Irgendwann zwischen 1300 und 1301 begegnete Béatrice dem adligen Grundbesitzer Guillaume-Othon de Lagleize und verlobte sich mit ihm. (FR, f.45v) Wenn sie ihre Beziehung mit Clergue beendete, als sie ihren zweiten Ehemann kennen lernte, dann dürfte sie Othon im Winter 1300/01 begegnet sein. Denn die Affäre zwischen dem Pfarrer und der Kastellanin war um den Januar 1301 herum beendet.

Die Trennung von Clergue scheint gütlich vonstatten gegangen zu sein. Sie sollte, wie sich herausstellte, auch nicht von Dauer sein. Aber als sie ihre Absicht kundgetan hatte, de Lagleize aus Dalou zu heiraten und mit ihm ins Unterland zu gehen, suchte Bernard Belot aus Montaillou sie auf. Pierre Clergue, sagte er, würde viel um sie weinen, da es im Unterland keine »guten Christen« gebe, um ihre Seele zu retten. Darum sei es wichtig, dass sie jetzt die Bonshommes aufsuche. Denn die Parfaits wagten es nicht, sich ins Unterland zu begeben, und niemand könne von ihnen aufgenommen werden, der sie nicht zuvor gesehen oder gehört habe. Béatrice weigerte sich jedoch standhaft.

Andere aus Prades bedrängten sie ähnlich und warnten sie, im Unterland begäbe sie sich in die Gesellschaft von »Hunden und Wölfen« (FR, f.45v). Béatrice ließ sich jedoch nicht beirren und verließ Prades (wahrscheinlich) am 15. August 1301 für immer.[37]

Othon war ein wohlhabender Adliger mit Beziehungen in Crampagna, Dalou und Varilhes. Für die frühere Kastellanin mit ihren fünf Kindern mag dies durchaus eine Rolle gespielt haben, zumal ihre finanzielle Situation 1301 ziemlich angespannt gewesen zu sein scheint. Béatrice und Othon begannen ihr Eheleben in dem Dorf Crampagna in einem Haus oder Anwesen, das *Carol* hieß, nach dem benachbarten Dörfchen und Fluss Carol, der im Nordwesten an Crampagna vorbeifließt, ehe er sich in die Ariège ergießt.

Sie zogen jedoch schon bald von Crampagna in den nahe gelegenen Ort Dalou. Hier residierten sie in der Burg von Dalou, die sich am südwestlichen Ende des Dorfplatzes erhob und mit ihrer rückwärtigen

Seite dem Pech von Dalou und dem Berg Margail zugewandt war.[38] Ganz in ihrer Nähe stand eine Kirche, vielleicht an derselben Stelle wie diejenige, die heute an der Rue des Nobles steht und vor der sich der hufeisenförmige Platz ausbreitet.

Um den Michaelistag desselben Jahres herum (den auf einen Freitag fallenden 29. September), knapp sechs Wochen nach ihrer Heirat, suchte Bernard Belot sie in Crampagna auf, um ihr eine weitere Nachricht von Pierre Clergue zu überbringen. Er näherte sich ihr unter dem Vorwand, ihr ihren Ehevertrag und die Papiere bezüglich ihrer Mitgift überbringen zu wollen. Obwohl sie diese tatsächlich bei Pierre Clergue hinterlegt hatte, vielleicht nachdem ihre Anwälte ins Exil gegangen waren, brauchte sie diese jedoch nicht mehr, da sie die Erben ihres ersten Ehemannes bereits von der Rückerstattung ihrer Mitgift entbunden hatte.

Sie erriet natürlich den wahren Zweck dieses Besuches und nahm Belot deshalb beiseite, um mit ihm vertraulich sprechen zu können. Sie erklärte ihm, dass sie von den Katharern nichts mehr hören wolle, und verbot ihm, sie noch einmal aufzusuchen, um nicht das Misstrauen ihres Ehemannes zu erwecken. Dann gab sie ihm fünf Schillinge, die er Guillaume Authié überbringen sollte. (FR, ff.40v, 59r) Das, sagte Bernard Belot, hätten »sie«, das heißt Bernard, der Pfarrer und ihre katharischen Freunde, nicht gedacht, dass ihre guten Worte so schnell in Vergessenheit geraten würden. Niedergeschlagen ging er von dannen.

Pierre Clergue war jedoch nicht leicht von etwas abzubringen. Zwei oder drei Wochen später, im Oktober 1301, zur Zeit der Weinlese, erschien er selbst. (FR, f.42r) Unterdessen waren Béatrice und ihr Ehemann bereits nach Dalou gezogen. Einen Tag vor seiner persönlichen Begegnung mit Béatrice ließ er ihr durch Sibylle Teisseyre, Béatrice' Dienerin aus ihren Tagen in Montaillou, ein luxuriöses Geschenk überbringen. Dabei handelte es sich um ein Hemd im Barcelona-Stil mit karminroten und safrangelben Stickereien. (FR, f.42r) Zudem hatte er Sibylle auch aufgetragen, ihrer Herrin auszurichten, sie könnten sich lieben, ohne entdeckt zu werden, wenn Sibylle in der Kellertür stehen bliebe und Wache hielte. Offenbar brauchte er vor der Dienerin aus Montaillou kein Blatt vor den Mund zu nehmen.

Am darauf folgenden Tag betrat er das herrschaftliche Haus von de Lagleize. Er stellte sich als ein Besucher aus Limoux vor und gab vor, Béatrice Grüße von ihrer Schwester Gentille zu überbringen. Sie spielte mit, möglicherweise wegen der Dienerschaft ihres neuen Ehemannes, und bat ihn herein. Dann begaben sie sich in den Keller und liebten sich, während Sibylle an der offenen Tür Wache hielt. Anschließend begleitete Béatrice Clergue aus dem Haus und erkundigte sich nach dem Verbleib des Geldes, das sie Bernard Belot gegeben hatte.

Danach sah Béatrice eine ganze Zeit lang Pierre Clergue nicht mehr. 1302 oder 1303 wurde Ava, nach ihrer Tante benannt, geboren. Da Béatrice immer ein reges Sexualleben hatte, ist anzunehmen, dass sie auch mit ihrem neuen Ehemann geschlafen hat und Ava ein Spross dieser Vereinigung war. 1305 folgte ihre Schwester Philippa, denn 1310 hieß es, die Mädchen seien zwischen sechs und sieben sowie zwischen vier und fünf Jahre alt. (FR, f.36v) Nach allen vorliegenden Belegen war Philippa die Jüngere der beiden und somit das Jüngste von Béatrice' Kindern. Sowohl Ava als auch Philippa scheinen Othons Kinder gewesen zu sein, obgleich nicht absolut auszuschließen ist, dass Pierre Clergue der Vater von Ava war. Es ist nicht davon auszugehen, dass er im Keller in Dalou die Zeit für die Verwendung von Verhütungsmitteln gehabt hätte. Und es war auch nicht mehr so notwendig, da jetzt jede Schwangerschaft dem Ehemann untergeschoben werden konnte.

Ließ Béatrice sich auf einen weiteren Liebesakt mit Clergue ein, um ihn für ein ausgewähltes Geschenk zu belohnen? Wir werden es nie wissen, es können jedoch kaum Zweifel daran bestehen, dass er um sie bemüht war und sie die Sexualität mit ihm genoss. Aber während Clergue zunehmend in den politischen Sturm geriet, der sich in Montaillou zusammenbraute, war Béatrice damit beschäftigt, zwei weitere Töchter zur Welt zu bringen und aufzuziehen. Nach allem, was darüber festgehalten ist, spielte ihr Leben sich nun wieder in einem vertrauten häuslichen Rahmen ab.

1305 besuchte sie zum Beispiel ihre Schwester Gentille, die in Limoux mit einem Paga den Post verheiratet war, in ebenjenem Jahr, in dem in dieser Stadt im September zwei Parfaits verhaftet wurden. Auch wenn sie letztlich entkamen, dürfte diese Neuigkeit die Gespräche in Limoux beherrscht haben ebenso wie die beunruhigende Tatsache, dass das Glück der Authiés und ihrer Anhänger offensichtlich nicht unfehlbar war.

Das moderne Limoux ist eine lebhafte Kleinstadt, mit Cafés, Buchläden, Bistros und Konditoreien, die mit Carcassonne konkurrieren kann. Am Ostrand des Marktplatzes steht die alte Stadtkirche Saint-Martin mit ihrer rückwärtig an die Aude grenzenden halbmondförmigen romanischen Apsis. Am Rande von Limoux, keine anderthalb Kilometer vom Stadtzentrum entfernt, erhebt sich auf einem Plateau die imposante und herrliche Pilgerkirche Notre-Dame-de-Marceille. Die romanische Kapelle mit ihrer berühmten, aus dem 11. oder 12. Jahrhundert stammenden holzgeschnitzten Madonnenstatue mit Kind, die sich im nördlichen Querschiff befindet und seit dem Mittelalter verehrt wird, ist bis auf den heutigen Tag eine Pilgerstätte.

Hierher kam Béatrice, um ihre Beichte abzulegen, wobei wir wissen, dass sie von häretischen Aktivitäten *nichts* gebeichtet hat. Da sie demonstrativ mit ihrer Schwester zur Kirche Notre-Dame-de-Marceille ging, dürfte ihre »Beichte« aller Wahrscheinlichkeit nach vor allem ein Manöver gewesen sein, um in einer gefährlichen Zeit jeden Argwohn zu zerstreuen.

Sofern dies tatsächlich ihre Absicht war, so hat sie die langfristige Wirkung allerdings durch ihre unachtsamen Bemerkungen, die sie zwei oder drei Jahre später in Dalou über die Hostie fallen ließ, eher wieder zunichte gemacht. Sie war damals, um das Jahr 1307/08, nicht zur Rechenschaft gezogen worden, vielleicht weil ihr Ehemann Othon dort zu mächtig war, um seine Frau angreifbar zu machen.

Ihre anstößigen Bemerkungen waren dem Pfarrer von Dalou, Guillaume de Montaut, jedoch von zwei unabhängigen Zeuginnen berichtet worden. Eine davon war Othons Nichte Mabille Vacquié. Sie hatte Béatrice bezichtigt, nicht zur Kirche zu gehen und gesagt zu haben: »Glaubt Ihr wirklich, dass das, was der Priester am Altar hochhält, der Leib Christi ist? Glaubt mir, selbst wenn der Leib des Herrn so riesig wie der Berg dort drüben wäre, hätten die Priester ihn bereits gegessen.« Dabei hatte sie auf den Berg Margail gezeigt, der nicht weit von ihrem Haus in Dalou entfernt war, um ihre Aussage bezüglich der offensichtlichen Absurdität des katholischen Glaubens an die

Verwandlung von Brot und Wein in das Fleisch und Blut Christi zu unterstreichen.

Und diese eindeutig katharische Bemerkung hatte sie vor einer weiteren Zeugin wiederholt, sodass sie zwölf Jahre später einen durch eine Zeugenaussage erhobenen Vorwurf erhärten konnte.

Unterdessen verlief ihr Leben mit ihren Töchtern in ihrem herrschaftlichen Haus in geregelten Bahnen. Wenn wir ihr das nächste Mal begegnen, sind die geistlichen Bestrebungen im Sabarthès bereits gescheitert, und die ehemalige Kastellanin wird sehr krank sein.

3. DIE AUSWANDERUNG IN DIE LOMBARDEI (1296)

Anfang der 1290er-Jahre standen die Authiés auf dem Höhepunkt ihres Ansehens. Zwanzig Jahre zuvor hatten Pierre und Guillaume Authié sowie ihr Schwager Guillaume de Rodes den Grafen von Foix, Roger-Bernard III., bei den territorialen Auseinandersetzungen unterstützt, die ihn dann doch zu einem Vasallen Frankreichs gemacht hatten.[39] Seither hatte die Kanzlei Authié dem Hof dank ihrer herausragenden Stellung unter den Juristen im Ariège weitere Dienste geleistet. Warum sollte diese hoch angesehene und reiche Familie der Ketzerei verfallen, da sie sich über die Konsequenzen eines solchen Tuns wohl kaum Illusionen gemacht haben dürfte?

Die Bauern, Hirten und die Armen im Sabarthès mochten nicht voll ermessen können, dass der lange Arm der Inquisition die Häresie selbst in den abgelegensten Gebirgswinkeln auszumerzen vermochte. Die Authiés wussten dagegen, dass sie sich der mächtigsten Institution ihrer Zeit widersetzten, deren Macht zudem keineswegs durch

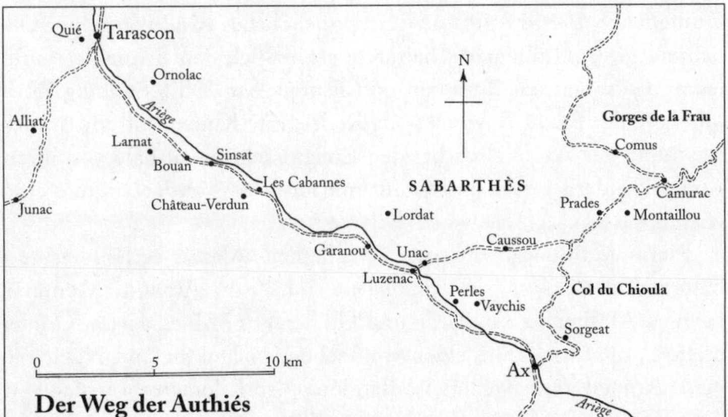

Der Weg der Authiés

nationale Grenzen beschränkt war. Und ihre Herrschaft und Gewalt war weder ausschließlich noch in erster Linie politischer Natur. Der Kirche wurde vielmehr nachgesagt, aus eigenen gewinnsüchtigen Interessen heraus den menschlichen Geist zu unterdrücken, und von ihrer gütigen Haltung ließ sich niemand blenden.

Indem sich die wohlhabenden und erfolgreichen Authiés aus Ax gegen die Kirche erhoben, legten sie ein Maß an *contemptus mundi*, Weltverachtung, an den Tag, die ihre Anhänger aus allen Schichten mit starker Treue an sie band. Vielleicht blieben sie auch einer Familientradition treu, da in den 1230er-Jahren in Ax schon einmal Vater und Sohn, nämlich Pierre und Raymond Authié, als Parfaits gewirkt hatten. (D 24, ff.268f.)[40]

Bei Limborch wird Pierre Authié zum Zeitpunkt seiner Ergreifung wiederholt als alter Mann *(senex)* beschrieben. Er scheint damals Mitte bis Ende 60 gewesen zu sein. Er hatte, abgesehen von Guillaume, noch einen weiteren Bruder, und zwar Raymond, der wohl der zweitälteste war und dem offenbar nicht der Sinn danach stand, Parfait zu werden. Er scheint genau wie seine Brüder Notar gewesen zu sein, da er davon sprach, vor dem königlichen Gericht in Carcassonne einen Fall vertreten zu haben. (d'AR, f.11r) Es gab auch eine Schwester namens Raymonde. Sie lebte in Tarascon, wo sie mit einem kleinen Adligen, Guillaume de Rodes, dem Ältesten von Tarascon, verheiratet war. Sie hatten mehrere Kinder. Und Raymonde zog in Tarascon auch Guillemette, Pierre Authiés zweites uneheliches Kind von seiner Geliebten, groß. Guillemette heiratete schließlich den Schneider Guillaume Carramat aus Tarascon und festigte damit die Stellung ihres Vaters in der Stadt. Raymonde de Rodes, ihre Kinder und ihr Bruder Raymond aus Ax spielten bei den Ereignissen, die alsbald von ihren beiden Brüdern Pierre und Guillaume ausgelöst werden sollten, eine wichtige Rolle.

Pierre Authié war mit einer Frau namens Alazais verheiratet und hatte mindestens sieben Kinder mit ihr: Jean, Arnaud, Montane, Jacques, Mathende, Gaillarde und Guillemette. Eines davon, Guillemette Authié, heiratete einen wohlhabenden Doktor und Notar namens Arnaud Teisseyre aus Lordat, knapp 20 Kilometer westlich von Ax. (Farbabb. 9) Durch ihre Heirat sollte ein bedeutsames Glied in der Kette geschaffen werden, die schließlich quer durch die ganze Region aufgebaut wurde. Guillemette selbst brachte diese Heirat jedoch kein Glück.

Gleichermaßen wichtig ist die Tatsache, dass einer von Pierres Söhnen, Jacques, der etwa 1281/82 geboren wurde, in die Fußstapfen seines Vaters trat und ebenfalls Parfait wurde. Jacques war wahrscheinlich der jüngste und eloquenteste Prediger im katharischen Languedoc und vielleicht auch der kühnste, da er bei einer Gelegenheit abends in der Höhle des Löwen, in der Kirche Sainte-Croix in Toulouse, predigen sollte. (L, S. 159)

Neben seiner Ehefrau hatte Pierre Authié noch eine Geliebte, eine Witwe namens Monète Rouzy, die die Schwester eines Anwaltskollegen aus Ax war.[41] Mit ihr hatte er noch zwei weitere Kinder, einen Sohn, der liebevoll »der gute Guilhem« genannt wurde, und eine Tochter namens Guillemette. (FR, f.161r)

Pierre Authié begann in fortgeschrittenem Alter seine katharische Odyssee. Dabei war seine Gesundheit den Härten des Lebens eines Parfaits in den Pyrenäen nicht immer gewachsen. Als er in guter katharischer Tradition zum *Ancien* (eine Art Hoher Priester) unter den Parfaits ernannt wurde, war dies eine Anerkennung, die sowohl seinen Lebensjahren als auch seinem Status gezollt wurde. (L, S. 37, 81)

Die Opfer, die er für seine Berufung zu erbringen hatte, waren weniger schwerwiegend als bei einem jüngeren Mann. Mit neun Kindern, die alle erwachsen waren, war Pierre durchaus frei und ungebunden, um gehen zu können und sein Heil zu suchen.

Dies war bei seinem Bruder Guillaume hingegen nicht so. In den umfangreichen Dokumenten taucht Guillaume 1284 zum ersten Mal als Zeuge auf, vielleicht als Juniorpartner in der Kanzlei der Authiés. Allem Anschein nach war er wesentlich jünger als Pierre. Möglicherweise wurde er erst 1260 geboren.

Wir haben bereits gehört, dass er auf der Hochzeit der liebreizenden Kastellanin getanzt hatte. Er war bekannt für seine vollkommenen Manieren und seinen Sinn für Humor. Sein Lachen war ansteckend und konnte durch fast alles ausgelöst werden. Er gab gerne eine Geschichte zum Besten von einer Begebenheit, die sich einige Zeit vor seiner Ordination in der Gesellschaft eines Mitgläubigen in Pamiers auf dem Kirchweihfest zugetragen hatte. Dieser Credens hatte sich etwas abseits mit Bertrand de Taix unterhalten, einem örtlich bekannten Katharer. Als de Taix Guillaume ganz in der Nähe stehen sah, fragte er: »Ist das da nicht der Teufel?« Wenn Guillaume diese Geschichte erzählte, scherzte er darüber und lachte. Der Umstand, dass es dabei um Bertrand de Taix ging, trug wahrscheinlich noch zu seiner Erheiterung bei. Denn die Erfahrungen, die de Taix in seinem Leben mit dem anderen Geschlecht machte, hätten ebenso gut, wie wir noch sehen werden, der Feder eines Plautus oder Molière entsprungen sein können.

Etwa ein Jahr, nachdem die Authiés als katharische Parfaits nach Ax zurückgekehrt waren, wollte Alazais Azéma von Raymonde de Luzenac, Béatrice' Gesprächspartnerin aus Unac, wissen, wie es käme, »dass Guillaume jetzt seine Frau und seine Kinder verlassen und all seine Habe zurückgelassen hat, wenn er doch eine schöne Frau und Kinder mit ihr hatte und er zudem reich und ausgesprochen lebenslustig war? Und jetzt versteckt er sich und wagt es nicht, sich offen zu bewegen.« (FR, f.59v)

Ähnliches hatte Raymonde Testanière gehört, und zwar, dass die Belots aus Montaillou gemeint hatten, Guillaume sei ein erstklassiger Tänzer, der wüsste, wie man sich vergnügte. (FR, f.94r) Was die Zeitgenossen Guillaume Authiés ebenso beeindruckte wie erstaunte, war der scharfe Kontrast zwischen seinem jetzigen und seinem früheren Leben. Solche Gedanken wurden offenbar selten über seinen älteren Bruder geäußert.

Im Haus von Sibylle Baille in Ax wurde diese Frage Guillaume eines Tages selbst gestellt. Als er gefragt wurde, warum er jetzt einsam und allein lebe, während er doch früher immer so lebenslustig gewesen sei, antwortete er schlicht, »das waren andere Zeiten, und dies sind wiederum andere« *(»aliud tempus erat illud et aliud istud«)*. (FR, f.117r)

Wie diese neuen Zeiten des Apostolats von Guillaume Authié aussahen, fasste Raymonde de Luzenac treffend zusammen, als sie meinte, Guillaume habe die Welt verlassen und wandle nur noch auf dem Weg Gottes:

»Er isst kein Fleisch, kein tierisches Fett, keine Eier, keinen Käse, keine Milch mehr und hält in einem Jahr drei Fastenzeiten. Er fastet jede Woche drei Tage mit Brot und Wasser und lebt ein rechtschaffenes Leben, weil er keine Frauen anrührt und nicht lügt, und er tötet auch nichts, was lebt, und hat um Gottes willen unter vielen Verfolgungen zu leiden. Er hat die Macht, genau wie die Apostel, mit Gottes Gnade Seelen zu retten, indem er die Worte spricht, die Christus zu seinen Jüngern gesprochen hat. Es wäre eine große Sünde, wenn jemand Guillaume Authié Böses zufügen würde.« (FR, f.59v)

Der Weg zum Himmel war immer steil und dornig, nicht nur für denjenigen, der sich entschlossen hatte, ihn einzuschlagen. Was Raymonde zu erwähnen versäumte, waren die Strafen, die den Familien der Parfaits auferlegt wurden. Die Inquisition wusste, dass die führenden Köpfe einer Untergrundbewegung, um in einer mittelalterlichen Gesellschaft funktionieren zu können, auf Unterstützung durch ihre Großfamilien angewiesen waren. Genau in dem Moment, da der Kontakt zwischen den Parfaits und ihren Verwandten hergestellt wurde, gerieten diese ins Visier der Inquisition, da jeder derartige Kontakt sträflich war. So überrascht es nicht, dass die ganze Authié-Sippe samt Frauen und Kindern, Pierre Authiés alternde Frau Alazais nicht ausgenommen, von den Inquisitoren eingekerkert wurde, wenn offenbar auch nicht lebenslänglich. Doch konnte selbst eine kurze Haft den Tod bedeuten, da die Kerker des 13. Jahrhunderts im Languedoc hart und der Gesundheit alles andere als zuträglich waren. Durch die Ordination wurde unweigerlich die ganze Familie gefährdet.

Wie wir bereits gesehen haben, bestand die Verbindung der Authiés zu Montaillou durch Guillaume Authiés Frau Gaillarde, deren Mutter eine Savignan aus Prades war, wodurch gewährleistet war, dass die Authiés auch dort eine feste Basis hatten. Gaillarde spielte später bei der Tröstung ihres Großvaters Arnaud de Savignan eine herausragende Rolle.

Guillaume dürfte zu Beginn der 1290er-Jahre Anfang 30 gewesen sein, und Gaillarde war jung genug, um in dieser Zeit zwei Jungen zu gebären. Diese beiden Jungen, die nach ihrem Onkel und Vetter Pierre und Arnaud genannt wurden, dürften nicht der einzige Nachwuchs gewesen sein, auch wenn das Paar nie irgendwelche anderen, älteren Kinder erwähnte.

In seinen neun Missionsjahren hielt Guillaume stets engen Kontakt zu seiner Frau. Sie konnten zwar keine Beziehung mehr unterhalten und waren in den Augen der katharischen Kirche geschieden, aber dennoch blieb eine tiefe Bindung zwischen ihnen bestehen. Er konnte sich weder von seinen Kindern noch von seiner Frau je ganz lösen. Bei einer Gelegenheit wurden sie gesehen, wie sie in einem Schlafzimmer unter dem Dach auf zwei Bänken einander gegenübergesessen und über ihre jungen Söhne diskutiert hatten. (FR, f.188)

Ihre Kinder wurden schließlich nach der Katastrophe der Jahre 1308/09 nach Katalonien in Sicherheit gebracht. Gaillarde erschien jedoch vor der Inquisition in Carcassonne und wurde dort wahrscheinlich eingekerkert. Niemand in der Region hatte vorhersehen können, dass Fournier ihr nach diesem Drama nochmals so viel Leid zufügen würde.

Guillaume Authié war der charismatischste und faszinierendste Parfait in der von den Authiés vorangetriebenen katharischen Renaissance und derjenige, der für seine gefährlich privilegierte Position den höchsten Preis gezahlt haben dürfte. Er scheint der volkstümlichste Parfait geworden zu sein, der einige außergewöhnliche Tröstungen durchführte. Guillaumes geistige Brillanz lässt sich in seiner prägnanten Antwort im Stil Montaignes über die Gegenwart und die Vergangenheit erkennen. Sein Mut, seine Menschlichkeit und Widerstandskraft werden im Laufe dieser Geschichte zunehmend deutlich werden.

Die Geschichte über die Berufung der Authiés war in der Region weithin bekannt. Es finden sich darin sowohl augustinische als auch paulinische Anklänge, die ihr bezüglich der eigentlichen Fakten vielleicht einen generischen und damit unechten Anstrich geben. Was jedoch die Wichtigkeit eines Buches oder *des* Buches angeht, so enthält dies möglicherweise mehr als nur ein Körnchen Wahrheit, da Bücher in dieser Geschichte von außerordentlicher Bedeutung sind.

Nach der Aussage Sibylle Peyres, die sich wie die von Pierre Maury durch eine präzise Erinnerung an Predigten Authiés und an Einzelheiten aus beiläufigen Gesprächen in den ersten Jahren des 14. Jahrhunderts auszeichnet, las Pierre Authié eines Tages im Beisein seines Bruders Guillaume ein Buch. Er erzählte ihm, was er in dem Buch gefunden hatte. Guillaume hatte den Text daraufhin ebenfalls kurz studiert. Und als Pierre wissen wollte, was er davon halte, erwiderte Guillaume: »Mir scheint, wir haben unsere Seelen verloren.« Daraufhin sagte Pierre: »Lass uns deshalb gehen, Bruder, und das Heil für unsere Seelen suchen.« Und so ließen sie alles im Stich, so erzählt die Geschichte, und gingen in die Lombardei, wo sie »gute Christen« wurden. Bei dem Buch dürfte es sich mit ziemlicher Sicherheit um das Johannes-Evangelium gehandelt haben.

Die spirituelle Leidenschaft der Authiés ist unbestreitbar, auch wenn ihre Integrität von einem anderen Parfait, der sie um ihre Klassenzugehörigkeit und Gelehrtheit beneidete, in einem Augenblick der Niedergeschlagenheit schmählich infrage gestellt wurde (siehe S. 209).

Die plumpen Versuche der Kirche, die moralische Integrität der Parfaits zu verunglimpfen, indem unter anderem die Tatsache, dass sie stets zu zweit, jeweils mit einem *Socius* (Gefährten) unterwegs waren, so dargestellt wurde, als verberge sich dahinter ein sexuell abweichendes Verhalten, stießen bei den Menschen auf taube Ohren (Oldenbourg, 1998, S. 62). Sie wussten, dass die Parfaits zu zweit unterwegs waren im ehrenvollen Gedenken an die Jünger Christi, die es ebenso gehalten hatten.

Gerade der unbestrittene Idealismus der Authiés lässt vielleicht einen Punkt in neuem Licht erscheinen, der seit langem einen Schatten auf Pierre Authiés Motive für seinen Aufbruch 1296 geworfen hat, nämlich seine Schulden bei Simon Barre, einem Edelmann aus Ax. Statt seine Auswanderung in die Lombardei als eine Abkehr von der materiellen Welt erscheinen zu lassen, sah sie angesichts der nicht getilgten Schulden bei Barre ganz wie die Flucht vor einem mächtigen Gläubiger aus.

Simon Barre war der Erbkastellan von Ax und Mérens, der jedoch in einem gewöhnlichen Haus in Ax lebte und in einem Schlafgemach nahe der Vordertür schlief.[42] Auch wenn dies den Eindruck erwecken konnte, er würde eher in kleinbürgerlichen Verhältnissen leben, so trog dieser Schein. Barre war nicht weniger mächtig als die Clergues in Montaillou. Seine Macht beruhte wahrscheinlich vor allem auf seinen Geldverleihgeschäften, da mindestens zwei Akteure dieser Geschichte offenbar seine zahlungsunfähigen Schuldner waren.

Simon Barre war gefürchtet, daran kann es kaum einen Zweifel geben. Als sein Bayle, Arnaud de Sobrenia aus Tignac, ertrank, ging das Gerücht um, Simon Barre habe ihn zum Schweigen gebracht, damit er die ketzerischen Geheimnisse seines Herrn und Gebieters nicht verraten konnte. (FR, f.52r)

Genau wie die Clergues aus Montaillou trieben die Barres aus Ax mit der Inquisition ungestraft ein doppeltes Spiel. Als der Inquisitor aus Carcassonne in Ax erschien, um seine Vernehmungen durchzuführen, richtete er sich samt seinem Anhang im Hause eines weiteren Barre, Arnaud Barre, ein, ohne zu wissen, dass die Barres selbst Katharer waren.[43]

Barre war bereit, seinen zahlungsunfähigen Schuldern mit der Todesstrafe zu drohen und sie womöglich auch zu vollstrecken, wie im Falle des älteren Pierre de Gaillac, der ein Edelmann und Vater eines skrupellosen jungen Anwaltes gleichen Namens war. Aber wie der jüngere de Gaillac wusste, war Barre durch die ihm zur Last gelegte Ketzerei verwundbar. Und sofern sich das klerikale Klima in eine orthodoxe Richtung verschärfen sollte, konnten Barre und viele andere wie er von jenen weniger Mächtigen zu Fall gebracht werden.

Die Barres genossen möglicherweise mit den Authiés die Auszeichnung, eine der ersten Familien im Ax des 13. Jahrhunderts zu sein. In den 1230er-Jahren waren die Vorfahren beider Familien Mitglieder der katharischen Bewegung gewesen, und Bertrand Marty, Pierre und Raymond Authié sowie Guillaume Barre, der damalige Bayle von Ax, hatten sich im Haus der Authiés zu gemeinsamen Zusammenkünften getroffen. (D 24, f.268r) Als Mitbürger aus Ax dürfte Pierre Authié diese gemeinsame Vergangenheit nur zu gut gekannt haben. Und die Authiés werden darüber hinaus wohl auch mehr als einmal wegen geschäftlicher Vertragsbeurkundungen von den Barres bemüht worden sein.

Die offizielle und vielleicht richtige Darstellung von Pierre Authiés Schulden wurde von Pons Cog aus Tarascon vorgetragen. Allem Anschein nach handelte es sich bei ihm um einen gedungenen Schläger und Geldeintreiber, der für Simon Barre tätig war. Die Tatsache, dass er lesen und schreiben konnte, spricht nicht unbedingt dagegen, dass er ein Lakai war.

Cog hatte den Auftrag erhalten, Pierre Authié seine Schuldscheine zu überbringen und ihn zur Begleichung seiner Schulden aufzufordern. Mit der Tilgung der Schulden wäre auch Arnaud Carot von seinen Zahlungsverpflichtungen befreit worden, da Carot, ein gläubiger Katharer, als Sicherheit für 60 »Schillinge« gebürgt hatte.

Dieser Betrag kann nur ein Bruchteil dessen gewesen sein, was Pierre Authié Barre insgesamt schuldete. Denn es war allgemein von einer beträchtlichen Verschuldung die Rede, was nicht zuletzt Arnaud Teisseyre bestätigte. Sechzig Schillinge waren allerdings auch keine Kleinigkeit. Sie entsprachen in der Gegend von Tarascon dem Verkaufswert von fünf Lämmern. Eine Herde von 20 Schafen und fünf Lämmern hatte nach der damaligen Geldrechnung zum Beispiel einen Wert von 320 Schillingen, also mehr als das Fünffache von Pierre Authiés Mindestschulden. Selbst wenn man berücksichtigt, dass beim Verkauf einer Herde von 25 Schafen auch gut und gerne zehn Pfund für Wolle mit dabei waren, wie der Verkauf einer solchen Herde von Arnaud Marty in der damaligen Zeit belegt, scheint der reiche Anwalt aus Ax wesentlich höhere Schulden als die von Arnaud Carot geleistete Bürgschaft gehabt zu haben. (FR, f.281r) Dass er die Absicht hatte, sich von seiner ganzen Kuhherde zu trennen, ist ein Indiz dafür, dass seine Schulden weit über 20 Pfund lagen.

Der für diese Transaktion vorgesehene Termin war Samstag, der 29. September 1296, das dreitägige Kirchweihfest zum Michaelistag in Tarascon. Pierre Authié hatte seine ganze Kuhherde auf den Markt nach Tarascon gebracht, um sie am dritten und (wohl) letzten Tag des Festes, am Montag, dem 1. Oktober, durch Versteigerung zu verkaufen.

Es war vereinbart worden, dass Pierre Authié am Tag nach dem Verkauf seine Schulden bei Barre begleichen sollte. Am besagten Dienstag wurde Cog jedoch von ihm hingehalten mit den Worten, er werde das Geld am darauf folgenden Tag erhalten.

An jenem Dienstagabend war Pons Cog unterwegs, um Geld einzutreiben. Seine erste Tour hatte ihn und seine dreiköpfige Selbstschutztruppe in den Süden von Tarascon, nach Axiat, geführt. Bei ihrer Rückkehr nach Tarascon um Mitternacht entgingen sie nahe der Ariège-Brücke knapp einer Verhaftung durch den Bayle der Stadt, vielleicht weil sie noch so spät unterwegs waren.

Cogs zweite Tour sollte ihn in dieser Nacht in den oberen Teil der Stadt an einen Ort, der *Al Pech* genannt wurde, führen, wo er eine Scheune mit dem darin gelagerten Heu inspizieren sollte, die Bernard Cog gehörte. Um zu vermeiden, dass sie dem Bayle ein zweites Mal begegneten, schlugen die vier Männer einen Weg ein, der »die Straße der Gärten des heiligen Michael« hieß.

Als sie etwa die Hälfte des Weges zurückgelegt hatten, sahen sie im Licht des Vollmondes zwei Männer, an einen Gartenzaun gelehnt, Richtung Tarascon schauen. Nachdem Cog gesehen hatte, dass sie nicht bewaffnet waren, fragte er sie, wer sie seien. Daraufhin drehten Pierre Authié und sein Schwiegersohn Arnaud Teisseyre sich zu ihm hin und sagten es ihm. Cog erkannte sie im Mondschein. Es war inzwischen schon früh am Morgen. Auf Cogs Frage, was sie um diese Zeit noch draußen machten, antwortete Pierre, sie hätten spät gegessen und wollten vermeiden, dass ihnen das Essen schwer im Magen liegen bliebe, deswegen seien sie an der frischen Luft. Cog bot ihnen an, im Haus von Bernard Cog zu übernachten – vielleicht weil er sich Sorgen wegen Simon Barres Geld machte und es für sicherer hielt, Pierre Authié im Auge zu behalten. Die beiden Männer lehnten das Angebot jedoch mit der Erklärung ab, sie hätten anderswo bereits ein Quartier.

Worüber mochten Pierre Authié und Arnaud Teisseyre gesprochen haben, als sie in den frühen Morgenstunden (vermutlich) des Mittwoch, den 3. Oktober 1296, Richtung Tarascon schauten, auf eine in völligem Dunkel liegende mittelalterliche Stadt am Fluss, die nur durch das unheimliche Licht des Vollmondes erhellt wurde und von dem majestätischen Panorama hoher Berge umgeben war, die noch immer die Spuren prähistorischer Besiedlung tragen?

Dies war ein bedeutsamer Augenblick. Pierre hatte zwei Tage zuvor seine ganze Herde verkauft, und mit dem Geld würden er und sein Bruder ihren Aufenthalt im Ausland finanzieren können. Die Kosten für eine Reise aus der Gegend von Toulouse bis in die Lombardei lagen bei etwa 15 Schillingen.[44] Für die Hin- und Rückreise von Montaillou nach Carcassonne war, zum Vergleich, etwa ein Schilling zu veranschlagen. Für Pierre Authié waren die Würfel gefallen, nach dem morgigen Tag gab es kein Zurück mehr, und sein Leben sollte sich für immer verändern. Selbst sein mutiges Herz muss eine gewisse Beklommenheit gespürt haben, als er in seiner letzten Nacht vor dem »mitternächtlichen Lauf« in der »Straße der Gärten« stand. Am Ende seiner Reise würde ihn mit an Sicherheit grenzender Wahrscheinlichkeit der Tod auf dem Scheiterhaufen erwarten.

Auch wenn einige ihrer Anhänger verkündeten, Gott nähme den Parfaits in diesem schrecklichen letzten Augenblick den Schmerz, weil sie erstickten, bevor die Flammen sie erreichten, behauptete Pierre Authié das Gegenteil. Im Unterschied zu dem Ordensgründer ihrer Widersacher, Dominikus de Guzmán, war von den katharischen Parfaits selten zu hören, dass sie sich nach dem Martyrium sehnten.

Unterhielten Pierre und Arnaud sich gerade darüber, ob der Aufbau eines Widerstandsnetzes in der Region möglich sei, als Pons Cog auf sie traf? Hatten sie zum Beispiel ihre Hand mit im Spiel, als die Pfarrstelle von Montaillou einem Mitglied der Familie Clergue zufiel? War der junge Pierre Clergue schon damals mit der Familie Guillaume Authiés befreundet oder erst später? Wie freundschaftlich verkehrten die Authiés mit den Clergues, und hatten sie im Rahmen einer langfristigen Strategie den freundschaftlichen Umgang mit der ländlichen Geistlichkeit gepflegt? War die Tatsache, dass Pierre Authiés Neffe in Pamiers, ein Stück flussaufwärts von Tarascon, Dominikaner war, von Bedeutung? Wie kam es, dass die Authiés nur vier Jahre nach dieser Nacht von Hunderten, wenn nicht Tausenden von Menschen wieder im Sabarthès willkommen geheißen wurden, die bereit waren, alles für sie aufs Spiel zu setzen?

Wir werden nie wissen, ob Pierre Authié weiterhin Schulden bei Simon Barre hatte oder ob es Carot irgendwie gelang, sie mithilfe anderer Mitglieder der reichen Familie Authié in Ax für Pierre zu begleichen. Während Pierre Authié sofort nach seiner Rückkehr im Jahr 1300 Arnaud Carot sein Geld zurückgab, und zwar durch seinen Bruder, in Raymond Authiés Keller in Ax, gibt es nirgends einen Vermerk, dass er auch bei Barre seine Schulden bezahlt hätte. War dies bereits durch Abtretung des Hauses der Authiés an ihn geschehen?

Bei der Rückkehr der Authiés tauschten Barre und die neuen Parfaits Geschenke aus, und Barre bekannte sich in ihrer Gegenwart zu ihrem Glauben. Seine eigene Frau Sicarde entwickelte gar eine solche Leidenschaft zum Katharismus, dass sie fast einem Mitgläubigen in die Lombardei gefolgt wäre.

Aber ebenso sehr wie das Charisma der Bonshommes mochten auch Barres Tändeleien mit anderen Frauen die Ursache dafür gewesen sein, dass seine Frau, die aus dem Ariège kam, den Wunsch hatte, mit einem Geliebten durchzubrennen. Simon Barre bot der Katharismus einen sexuellen Hafen, um nicht zu sagen Himmel. Genau wie Pierre Clergue hatte er seine erotische Glückseligkeit in der Eroberung zweier Schwestern gefunden, Saurmonde und Grazide Tourte aus Ax; und Jacqueline den Tourte aus Ax, die Clergue im Hospital aufsuchte, war möglicherweise ihre dritte Schwester. Diese – nach dem Verständnis der Bibel – Form des Inzests entwickelte sich zu einer speziellen katharischen Obsession, wie wir bereits im Falle der Kastellanin und Clergues gesehen haben.

Barre ergötzte eines Tages, als sie bei Grazide Tourte zusammensaßen, zwei seiner Busenfreunde damit, dass er erklärte, mit anderen Frauen als mit der eigenen Ehefrau zu schlafen, sei keine Sünde. Einer seiner Gesprächspartner war der gewalttätige Raymond Vaissière, ein rückfälliger Katharer, der, um seine Haut zu retten, ein Spitzel der Inquisition wurde. Der andere war Pathau Clergue aus Montaillou, von dem nicht vermerkt ist, dass er etwas zu diesem Männergespräch beigetragen hätte. Er brauchte dies auch nicht; er war ein Vergewaltiger, und jede Frau, auch die Kastellanin, war Freiwild für ihn. Er brauchte die fragwürdigen Spitzfindigkeiten der katharischen Lehre nicht als Entschuldigung.

Es ist ratsam, kein abschließendes Urteil über die wahren Hintergründe von Pierre Authiés Schulden zu fällen. Dass es sie gab, ist kaum zu bezweifeln. Sie könnten jedoch Teil eines ausgeklügelten Verwirrspiels gewesen sein, um die immer wachsame Inquisition hinters Licht zu führen, die ihre Ohren überall hatte. Es wäre absolut natürlich gewesen, wenn Pierre Authié alles verkauft hätte, um wieder zahlungsfähig zu werden, während es etwas völlig anderes gewesen wäre, ohne offensichtlichen Grund alles zu verkaufen.

So sorgten die »Schulden« bei Barre möglicherweise dafür, dass die Authiés sich zumindest zeitweilig außer Reichweite bringen konnten, bevor die Inquisitoren in Carcassonne oder die Dominikaner in Pamiers gemerkt hatten, dass sie in Wirklichkeit Häretiker geworden waren.

Einen Monat, bevor er das Sabarthès verließ, reiste Pierre Authié Ende August oder im September 1296 nach Lordat, um sich um seinen Schwiegersohn, Arnaud Teisseyre, zu kümmern. Wie bei den wohlhabenderen Häusern in jener Zeit üblich, hatte auch Arnaud Teisseyres Haus eine prächtige Eingangshalle *(aula)*, von der Räume abgingen, sowie ein Studierzimmer *(scriptorium)*, das ein Fenster zur Straße hinaus hatte. Hinter Arnauds Haus war ein Obstgarten, und hier hatte Michel Cerdan aus Lordat eines Nachts im Sommer kurz vor dem Morgengrauen, bei Vollmond, zwei Männer beobachtet, die eine Landkarte hochhielten, die sie offensichtlich im Schein des Mondes zu lesen versuchten. (FR, f.158r)

Die Beziehungen zwischen Arnaud und seinem Schwiegervater waren, wie es hieß, zeitweilig gespannt, weil Arnaud seine Frau Guillemette misshandelte. Arnaud deutete dies selbst in seiner Zeugenaussage an, genau wie auch Pierre de Gaillac, der sein Schreiber wurde. Aber jetzt, 1296, war Arnaud sehr krank. Drei Tage lang hing sein Leben an einem seidenen Faden. Pierre Authié und der Bayle von Lordat und Château-Verdun, Pierre-Arnaud de Capoulet, ein Gefolgsmann von Stéphanie de Château-Verdun, errichteten um Arnaud einen *cordon sanitaire*, einen Sicherheitsbereich. Wenn er sterben sollte, wollten sie zur Verfügung stehen, um für ihn einen Parfait herbeizuholen, sodass er in den katharischen Glauben aufgenommen werden konnte.

Es war wahrscheinlich kurz danach, dass Pierre Bela, der Pfarrer vom Pech von Lordat, Arnaud einen Besuch abstattete. Wie in einer Szene, die Jahrhunderte später direkt aus *Oliver Twist* hätte stammen können, spähte er von außen durch ein Flügelfenster in Arnauds Studierzimmer hinein, wo er Pierre Authié sah, der abseits vom Fenster hinter Arnaud saß. Arnaud schien inzwischen auf dem Weg der Besserung und seiner Sinne wieder so weit mächtig zu sein, dass er verdutzt auf Belas plötzliches Erscheinen reagierte und von ihm zu wissen begehrte, ob er irgendetwas Bestimmtes wolle. Bela behauptete im Nachhinein, durch den Anblick von Pierre Authié so überrascht worden zu sein, dass er »nein« gesagt habe und wieder gegangen sei. Bela erinnerte sich später verworren daran, dass sich dies zugetragen hatte, »drei Tage« nachdem das Gerücht umging, Pierre Authié sei wegen seiner Schulden, der Lepra oder der Häresie aus Ax geflüchtet. (FR, f.158r)

Arnaud Teisseyre erholte sich wieder. Und es dürfte an oder um den Donnerstag, den 4. Oktober 1296, gewesen sein, dem Tag nach der Begegnung mit Cog in Tarascon, als die Authiés in Begleitung eines Pierre de na Sclana und Bon Guilhem das Sabarthès verließen, um in die Lombardei zu gehen.

Ehe sie aufgebrochen waren, hatte Pierre seinem Schwiegersohn ein Buch zur Aufbewahrung anvertraut. Es war in Leinen gebunden, etwa »die Länge einer Handfläche« oder ungefähr 20 Zentimeter groß und acht bis zehn Zentimeter dick. Nach der Dicke zu urteilen, dürfte es sich dabei um eine gebundene Ausgabe der Evangelien und der Briefe des heiligen Petrus und des heiligen Paulus gehandelt haben. Nach ihrer Rückkehr machten die Authiés das Ausleihen der katharischen Evangelien zu einer Geste der Freundschaft und Wertschätzung.

Nachdem Simon Barre in Ax öffentlich kundgetan hatte, dass ein zahlungssäumiger Pierre Authié sich heimlich abgesetzt hatte, wurde dessen Haus als Sicherheit für den Gläubiger vom Grafen von Foix beschlagnahmt. Zunächst erschien Authiés Abreise als eine rein weltliche und lokale Angelegenheit, die Roger-Bernard III. und seinen getreuen Berater, Pierre Authié, betraf. Der Graf wie auch sein Stellvertreter hielten, wie wir noch sehen werden, dem alten Parfait die Treue. Ein Gefallen, der ihnen mit Sicherheit voll und ganz vergolten wurde.

Möglich, dass das Haus tatsächlich zur Begleichung der Schulden, die Pierre Authié bei Barre hatte, konfisziert wurde. Oder hatte Barre das Haus lediglich zu treuen Händen für die katharische Kirche übernommen? Es ist bemerkenswert, dass das Authié-Haus danach nie mehr erwähnt wurde. Stattdessen sollte eine Reihe sicherer Häuser mit raffinierten Verstecken zum neuen Heim der Authiés werden.

Zu der Zeit, als Pierre Authié in die Lombardei aufbrach, lebte sein Sohn Jacques auf der Burg von Castellbó in der Diözese Urgell, als Gast des dortigen Kastellans Arnaud del Pech. Nach der Abreise seines Vaters kehrte Jacques Authié nach Ax zurück. Er blieb zwei Monate dort, wobei in der Gegend jedoch das Gerücht umging, er werde seinem Vater in die Lombardei folgen. Er verschwand wenig später tatsächlich und ging in den Untergrund, womit ein Leben auf der Flucht begann.[45]

Pierre Authiés Tochter Mathende und ihr Ehemann Pierre-Eugène schlossen sich beide den angehenden Parfaits auf dem Weg in die Lombardei an. (L, S. 221) Darüber hinaus sorgte der äußerst aktive Guillaume Falquet aus Verdun (Ariège) für einen beständigen Briefverkehr und den Austausch von Botschaften zwischen dem Ariège und der Lombardei, und zwar sowohl während der Abwesenheit der Authiés als auch nach ihrer Rückkehr. Bei seiner vierten Reise in die Lombardei ging Falquet von dort weiter bis nach Sizilien, um zwei Parfaits, von denen einer Pons Baille, der Sohn von Sibylle Baille, war, dorthin zu bringen.[46] (L, S. 13)

Die Authiés hatten die Wahl zwischen zwei Routen, um in die Lombardei zu kommen. (Nelli, 1969, S. 264f.) Sie konnten entweder die Strecke über Nizza nehmen und von dort ihre Reise über den Col de Tende fortsetzen, der sich rund 50 Kilometer nördlich von Menton und Ventimiglia befindet. Oder sie konnten den Col de Larche in den Alpes-de-Haute-Provence überqueren, um dorthin zu gelangen. Beide Routen wurden regelmäßig genutzt. Parfaits wie Gläubige hofften gleichermaßen, den Agenten der Inquisition zu entkommen, indem sie sich unter die vielen Hausierer, Kaufleute, Schafhirten, Pilger und anderen mischten, die ständig über diese Berge strömten. Von den Bergen aus reisten sie nach Cuneo weiter, das an den Toren der Lombardei liegt und seit 1250 für die Emigranten die regionale Hauptstadt des okzitanischen Katharismus war. (Duvernoy, 1965, I., 269n, S. 107) Hier blieben sie zwei Monate, während Pons-Arnaud aus Château-Verdun sich in einer nahe gelegenen Stadt aufhielt. In Cuneo wurden Pierre und Guillaume denn auch zu katharischen Parfaits geweiht. (d'AR, f.10r)

Bon Guilhem scheint ein Jahr später ins Sabarthès zurückgekehrt zu sein, um die Lage zu sondieren. Er besuchte seinen Schwager Pierre Argen aus Ax und zusammen mit ihm Raymond Authié. Am oder um den St. Martinstag am 11. November 1297 herum, der auf einen Montag fiel, traf er in Lordat bei Arnaud Teisseyre ein, bei dem er sich einquartierte. Hier stellte er wahrscheinlich auch den Kontakt zu seinem Halbbruder Jacques her. Er überbrachte die aufregende Neuigkeit, dass Pierre und Guillaume Authié im Ausland ordiniert worden waren und sehr gerne zurückkommen wollten, sofern ihre Sicherheit gewährleistet wäre.

4. DIE RÜCKKEHR DER LETZTEN PARFAITS (1299-1300)

Die Rückkehr der Authiés ins Sabarthès wurde in zwei separaten, gleichwohl parallel laufenden Operationen mit unterschiedlicher personeller Besetzung vollzogen. Die erste leitete Pierre Authié persönlich, ihre erste Anlaufstelle war Toulouse. Von dort wollten die Authiés dann weiter nach Ax. (FR, f.55r) Die zweite sollte ihnen unter der Leitung von Guillaume Authié Tarascon und die umliegende Region sichern.

Die Authiés hofften gewiss, die größte Stadt Okzitaniens würde ihnen mit ihren rund 35000 Einwohnern ein gewisses Maß an Anonymität garantieren. Und sie lag nahe genug am Sabarthès, dass regelmäßig Boten durch das Ariège-Tal und insbesondere nach Tarascon und Ax hin und her geschickt werden konnten. Darüber hinaus lebte Pierre Authiés Tochter Gaillarde in Toulouse, wo sie mit Raymond Sartre aus Sorèze verheiratet war, was sicher ein zusätzlicher Anreiz

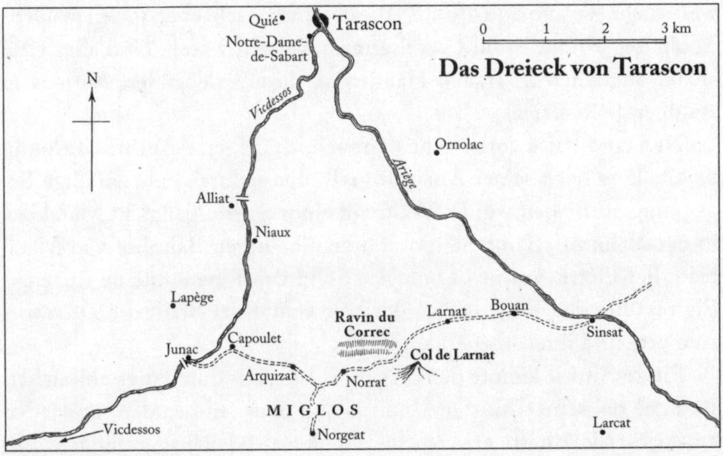

war. (L, S. 68; d'AR, f.62v) Allem Anschein nach hielten die Authiés sich für gewöhnlich im Haus einer Gentille im Vorort Saint-Cyprien auf, der vom Stadtkern aus gesehen auf der anderen Seite der Garonne lag. (L, S. 69)

Ein weiterer Grund, dass Pierre und Guillaume Authié Toulouse als Zwischenstation wählten, war, dass sie hier bei einem bekannten Toulouser Geldwechsler, den Ysalguiers, einen Kredit aufnehmen wollten. Dabei handelte es sich wahrscheinlich um Raymond Ysalguier, der im Jahr 1295 sowohl als Geldwechsler oder Bankier als auch als Konsul registriert war.[47] (L, S. 183) Die Authiés waren praktisch orientierte Geschäftsleute und hatten vielleicht in der Vergangenheit schon Geschäfte mit den Ysalguiers abgewickelt. Der spirituelle Aufstand brauchte Kapital, und das musste an verschiedenen Orten jederzeit verfügbar sein.

Während die Authiés in Toulouse Kredite sicherten, stieß ihr Schatzmeister Martin Francès aus Limoux im Aude zu ihnen. Sowohl er als auch seine Frau Montolive waren eifrige Katharer. Die Tatsache, dass Francès kurz nach ihrer Rückkehr bei Pierre Authié war, lässt darauf schließen, dass dieser katharische Vorkämpfer ihre finanzielle Basis aufbaute und konsolidierte.

Nach der Aussage von Jean Maury, der dabei nur wiedergab, was er von den zwei Diaspora-Parfaits, Raymond de Toulouse und Guillaume Bélibaste, gehört hatte, enthielt die »Kriegskasse« der Authiés weit mehr als 100 000 Pfund (!), die strategisch über mehrere Orte, Toulouse, Mirande und Castelsarrasin, verteilt waren. Und alles ging später angeblich zu treuen Händen an die überlebenden Authiés in Ax über. (FR, f.217r)

Niemand hatte vorhersehen können, dass Pierre Authiés Tarnung bereits kurz nach seiner Ankunft in Toulouse durch eine zufällige Begegnung auffliegen würde. Während eines Spaziergangs in Matabiau, in der Nähe von Saint-Sernin und dem heutigen Bahnhof von Matabiau, lief Pierre Authié der jüngste Sohn von Raymonde de Luzenac, Pierre, über den Weg, der an der Universität der Stadt die *Decretales* studierte und ihn sofort erkannte.[48]

Pierre Authié kannte den jungen de Luzenac durch die zahlreichen Besuche bei seiner Mutter. Und 1296, in dem Jahr, in dem er das Sabarthès verließ, hatte er versucht, den damals 14-jährigen Jungen zum katharischen Glauben zu bekehren. Eine Zeit lang war Pierre de Luzenac, genau wie seine Mutter und seine Brüder, von Pierre Authié stark beeindruckt, der seinerseits Gefallen an diesem intelligenten Jungen gefunden zu haben scheint. Er war ein viel versprechendes Mitglied der Intelligenz im Ariège und ein angehender Anwalt, der Bücher liebte und dem man vertrauen konnte, dass er auch welche für die Parfaits aussuchte (siehe S. 178).

Am Tag nach der Begegnung in Matabiau suchte Pierre Authiés Gefährte, Pierre Sans *(Sancius)*, Pierre de Luzenac in seinem Quartier auf. Er hoffte, durch Bestechung sein Schweigen und seine Kooperation kaufen zu können. »Während des ganzen Winters und Frühlings [des Jahres 1299-1300]«, sagte de Luzenac später, »suchte Pierre Sans mich häufig auf und brachte mir viele Delikatessen in Form von Kapaunen und Lämmern.« (d'AR, f.62r)[49]

Im darauf folgenden Sommer, erinnerte Pierre de Luzenac sich später, war er bei einem Abendessen zu Gast, bei dem es »guten Lachs und gute Forellen« gab und bei dem Pierre Authié ihn ausgehorcht und ihm viele Fragen zur Situation in ihrer Heimat gestellt hatte. Des Weiteren anwesend bei dieser Feier waren Guillaume Peyre aus Limoux, zwei namentlich nicht bekannte Toulouser, Pierre Sans sowie Raymond Sartre und seine Frau Gaillarde, die Tochter des alten Parfaits. Sartre war dort, weil Pierre de Luzenac ihm in jenem Sommer des Jahres 1300 sein Quartier untervermietet hatte, um eine zusätzliche Einnahmequelle zu haben. Als er eines Tages in seine Unterkunft zurückgekehrt war, war ihm im Hof Pierre Authié begegnet, der vermutlich seinen Schwiegersohn besuchte. (d'AR, f.62v)

Es scheint, als hätten die Parfaits begriffen, dass der beste Weg, sich de Luzenacs Loyalität zu erhalten, darin bestand, ihn zu kaufen. Dabei waren die Parfaits es im Allgemeinen gewohnt, dass ihnen Unterstützung und Geld, manchmal mit einer geradezu verblüffenden Großzügigkeit, freigebig geschenkt wurden. In diesem Fall war die Situation jedoch umgekehrt. Hier hatten sie es mit einem unzuverlässigen jungen Mann zu tun, der während seines Studiums in Toulouse dauernd verschuldet war, wahrscheinlich, weil er spielte. Als er den Authiés begegnete, beliefen sich seine Schulden auf über zehn Pfund, und sie scheinen ihm dabei ausgeholfen zu haben.

Seine Schulden wuchsen jedoch weiter, und er behalf sich fortan damit, dass er sich ständig Geld bei den Authiés borgte. Dies tat er auch noch, als diese sich bereits sicher auf ihren Besitz im Oberland des Ariège zurückgezogen hatten.

Nachdem seine Familie es sich nicht mehr leisten konnte, ihn und seinen Bruder gleichzeitig studieren zu lassen, gab Pierre sein Studium auf und trat beim Gericht des Grafen von Foix wie auch des Königs auf.

Die Parfaits nutzten Pierre de Luzenacs finanzielle Schwierigkeiten, um ihn unter Kontrolle zu halten. Andererseits dürften sie auch die Gefahr gesehen haben, dass er auf die Idee kommen könnte, seine Situation durch Blutgeld zu verbessern, indem er einfach zum Kloster der Dominikaner ging, das nicht sehr weit von Matabiau entfernt war, und ihnen die neuen Parfaits anbot.

Warum die Authiés sich weiterhin um ihn bemühten, lässt sich heute nicht mehr sagen, und rückblickend darüber zu urteilen, wäre wohl kaum fair. Vielleicht hätten sie es besser wissen müssen, als einem liederlichen Jugendlichen zu vertrauen. Sie glaubten jedoch offenbar, dass er ein nützlicher Verbündeter sein könnte, vor allem, wenn sie ihn einmal brauchen sollten, um einen Fall vor Gericht zu vertreten. So wie sie ihn zum Beispiel für Pierre de Mérens um Hilfe gebeten hatten, als dieser wegen eines Verbrechens vor dem Gericht des Grafen von Foix angeklagt war. (d'AR, f.66r)

Wir werden nie wissen, ob es sich bei ihm einzig um gekaufte Zuneigung handelte und ob er seine Freunde am Ende für Geld verriet. Er behauptete später, er habe wegen des Geldes, das er ihnen schuldete, nicht gewagt, mit ihnen zu brechen. Sicher ist, dass das Kopfgeld, das auf den Ancien ausgesetzt war, nachdem der Inquisitor Bernard Gui im August 1309 die Ergreifung Pierre Authiés zur wichtigsten Aufgabe der katholischen Kirche im Languedoc erklärt hatte, für die Schwächeren und Korrupteren unter seinen Anhängern eine Versuchung gewesen sein muss. Durch den Verrat an seinen Freunden konnte Pierre de Luzenac sowohl auf Geld als auch auf Nachsicht wegen seines Umgangs mit den Häretikern hoffen.

Während Pierre Authié sich in Toulouse um die finanzielle Seite der Bewegung kümmerte, bereiteten Guillaume Authié und Pierre-Raymond de Saint-Papoul eifrig den Boden in Junac und Larnat, in der Nähe von Tarascon. Von Allerheiligen 1299 bis zum Frühjahr 1300 hielten sie sich bei den Martys in Junac, ihrer Operationsbasis, sowie in Quié, Larnat und wahrscheinlich an anderen Orten auf. Marty war der örtliche Hufschmied, dessen Familie mit Arnaud überdies einen Parfait und mit dem linkischen Bernard einen Passeur hervorbrachte.

Ihr Heimatdorf Junac liegt acht Kilometer südwestlich von Tarascon und rund zehn Kilometer westlich von Larnat, jenseits des Col de Larnat. Junac und Larnat sowie der jenseits von Larnat liegende Weiler Bouan bilden zusammen mit Tarascon ein topografisches Dreieck, dessen Spitze Tarascon darstellt. Die von Westen nach Osten gehende Grundlinie verbindet das Vicdessos- und das Ariège-Tal (die im 13. Jahrhundert beide Ariège-Täler waren), die Fluchtwege aus der Grafschaft Foix nach Katalonien und ins Königreich Aragonien boten. Das zerklüftete Gelände rund um Larnat bot einen besonders sicheren Schutz vor Verfolgern, da es nur über den steilen Abhang von Bouan oder über den Col de Larnat erreichbar war.

Nicht lange nachdem Guillaume Authié und Pierre-Raymond de Saint-Papoul sich in jenem Winter im Taubenschlag der Martys eingerichtet hatten, kehrte Arnaud Martys jüngerer Bruder Bernard nach Hause zurück. Er arbeitete als Hirte für Guillaume-Arnaud de Castel, den Kastellan von Rabat, das etwa acht Kilometer nördlich von Junac liegt, und war nun mit Fieber erkrankt. Er war wegen angeblicher Meinungsverschiedenheiten mit seinem Vater und seinen Brüdern in die Dienste de Castels getreten.[50]

Als sich Bernard Martys Zustand verschlimmerte, richteten sie ihm ein Bett in der Foghana her. Niemand dachte, dass er die Krankheit überleben würde, und sein Bruder bedrängte ihn, den katharischen Glauben anzunehmen. Es war Guillaume Authié, der ihm das Consolamentum spendete. Bernard behauptete später, er habe gewusst, dass Guillaume Authié und de Saint-Papoul Bonshommes waren, bis zu jenem Augenblick habe er ihre Namen nicht gekannt, auch wenn er gesehen hatte, wie sie bei seinem Vater ständig aus und ein gegangen seien.

Mit der Tröstung begann die Endura. Drei Tage lebte Bernard von nichts anderem als Wasser. Dann erholte er sich jedoch wieder und bekam großen Hunger. Er verlangte nach Essen, womit die Tröstung jedoch unweigerlich ihre Wirkung verloren hätte. Sein Bruder Arnaud gab seinem inständigen Flehen schließlich widerstrebend nach und wies seine Schwester an, ihm Fleisch zu essen zu geben. Das Fasten während der Endura hatte Bernard wahrscheinlich das Leben gerettet, indem es das Fieber ausgelöscht hatte.[51]

Arnaud, der künftige Parfait, nahm Anstoß an der Schwachheit seines Bruders und fragte ihn, als er wieder genesen war, ob er seine Seele retten wolle oder nicht. Bernard entschied sich dafür, dass sie gerettet werden solle, und wurde sodann zur *Convenenza* in den Taubenschlag seines Vaters gebracht, das heißt für die offizielle »verbindliche Verpflichtung« seiner Seele gegenüber der katharischen Sache.

Hier fand er Guillaume Authié und Pierre-Raymond de Saint-Papoul vor.[52] Bernard kniete vor den Parfaits nieder, vergaß jedoch seine Mütze abzunehmen. Sein Bruder zog sie ihm hastig vom Kopf und warf sie zu Boden. Guillaume Authié nahm sie daraufhin auf und warf sie beiseite, wobei sie auf einem *palum* landete, einem Haken, an dem die Mäntel hingen. Die beiden Parfaits brachen in ein herzliches Lachen darüber aus, was Bernard ein Rätsel war. Bei Guillaume Authié konnte jedoch fast alles sein berühmtes Lachen auslösen.

Das Haus der Martys, in dem die Parfaits sich versteckten, lag am Hang am südwestlichen Rand von Junac, nicht weit entfernt von der Burg. Die Kirche stand ein Stück entfernt im Tal Richtung Alliat und Tarascon. Bernard Marty beschrieb, wie sein Bruder Arnaud, die Parfaits Pierre-Raymond de Saint-Papoul und Guillaume Authié sowie Pierre Grat, der Bayle von Junac, eines Nachts an der Burgmauer entlang bis zu einem Kellerfenster gegangen waren, das sich in einem der Türme befand und zur Dorfkirche zeigte. Das Einzige, was von der Burg der de Junacs heute geblieben ist, sind die überwachsenen Ruinen eines Turms, in dem eine dachlose Kammer dem Lauf der Jahre standgehalten hat.

Der Hof der Martys mit dem Taubenschlag befand sich auf einem massiven Fels, der über eine kleine Schlucht hinausragte und noch immer gut zu sehen ist. (Farbabb. 10) Das Haupthaus war etwas weiter in den Berg zurückversetzt, sodass das Anwesen abschüssig war. Dadurch war es dem stets wachsamen Bernard möglich, alles zu beobachten, was in oder bei dem Taubenschlag geschah. Eines Nachts, sagte er, habe er auch gesehen, wie Guillaume Authié seine Notdurft über die Kante des *bauz* hinunter verrichtet hatte – ein okzitanisches Wort, das »einen steilen, an der Spitze abgeflachten Fels« bezeichnet. (FR, f.276v; Erläuterung in LT)

Vom Haus der Martys hatte man einen weiten Blick über das *Valh* oder Tal der Ariège und die Wiesen von *Les plas e rosana* bei Laburat, einem inzwischen verschwundenen Ort, der möglicherweise mit dem heute als Labaure bezeichneten Flurstück identisch ist. Die zwischen dem Haus und der Burg liegende Fläche wurde *planel* (Plateau) genannt. Hier schlief Pierre de Luzenac eines Nachts fast bis zur Mittagszeit des darauf folgenden Tages. (FR, f.279r)

Das Haus der Martys lag in einer mehr oder weniger geraden Linie direkt oberhalb der Steinbrücke, die über die Ariège führte. Es bestand aus den Wohnräumen und einem Keller. Die Haupteingangstür lag Richtung Burg, und ein Nebeneingang führte auf den Hof hinaus. Das Erdgeschoss unter den eigentlichen Wohnräumen wurde als Keller genutzt, in dem Vorräte wie Nüsse und Äpfel gelagert wurden.

In dem von einer niedrigen Mauer umsäumten Hof gab es noch eine Reihe weiterer Gebäude, vor allem einige Ställe, die neben dem Taubenschlag lagen und durch eine Innentür mit ihm verbunden waren. Zudem gab es noch eine Scheune für Heu und Stroh, eine Schafhürde und ganz am Ende des Hofes, fast direkt am Abhang, ein neu errichtetes Gebäude zur Unterbringung von Tieren. Der Garten der Martys lag nach Südosten, zum Tal hinunter, und grenzte an das Grundstück ihres Nachbarn und Bergführers, des Bayles Pierre Grat, der ein Freund der Katharer war.

Eigentlich wäre zu erwarten, dass die Schmiede der Mittelpunkt des ganzen Anwesens war. Sie wird jedoch nirgends erwähnt, wohl aber die Kohle, die zur Befeuerung der Esse benötigt wurde. Wir wissen, dass die Schmiede vom Haus ein Stück entfernt war, und es liegt nahe, dass sie direkt unten an der Ariège stand, wo sie von dem reichen Wasservorkommen profitierte – genau an dem Platz, an dem

Cassini einige Jahrhunderte später auf seiner Karte eine »Schmiede« verzeichnete.

Zu Pierre Martys Familie gehörten seine Frau Fabrisse, drei Söhne, Arnaud, Guillaume und Bernard, sowie drei Töchter, Bonnefemme, Blanche und Raymonde. Sowohl Fabrisse als auch ihre Tochter Bonnefemme waren von Guillaume Authié getröstet worden, als sie kurz nacheinander im Winter 1304 möglicherweise an der gleichen Krankheit starben.

Obgleich der alte Marty ein eifriger Reisebegleiter der Katharer gewesen zu sein scheint, missbilligte er seltsamerweise doch das starke Engagement seines Sohnes für den neuen Glauben. Arnaud strebte die Ordination an und hatte angefangen, abstinent zu leben. Er hatte aufgehört, Fleisch zu essen, aß getrennt von den anderen und beschränkte sich auf den Verzehr von Käse und Fisch. Vor allem aber nutzte er den Besitz seines Vaters als Zufluchtsstätte für die Parfaits. Auch wenn er die Angeln der Tür, die in den Taubenschlag führte, zur Schalldämpfung umwickelte, konnten das nächtliche Kommen und Gehen dennoch nicht verborgen bleiben.

Eines frühen Morgens kam Bernard von einem Besuch bei einem überzeugten Katharer namens Guillaume Delaire in Quié nach Hause zurück. Als sein Vater ihn fragte, wo er gewesen sei, wich er aus, zweifellos aus Respekt vor dem Schweigegebot, das sein Bruder ihm auferlegt hatte. Sein Vater wurde daraufhin wütend und machte ihm Vorhaltungen: »Ihr geht schlechte Wege, du und dein Bruder Arnaud, mit der Herumstreunerei bei Nacht.«

Beim Abendessen desselben Tages, als Arnaud friedlich bei seiner Familie saß, kam es schließlich zwischen ihm und seinem Vater zu einem dramatischen Zusammenstoß. Vielleicht ärgerte es den alten Mann, so im Unklaren gelassen zu werden, was seine Söhne jedoch angesichts seiner notorischen Schwatzhaftigkeit wohl bewusst taten oder weil sie ihn einfach nicht hineinziehen wollten. Solange er von dem direkten Umgang mit den Katharern nichts wusste und mitbekam, war das Anwesen der Familie, das ihm gehörte, sicher.

Was auch immer die tieferen Gründe gewesen sein mögen, irgendwann während des Essens entspann sich an jenem Abend Anfang des Jahres 1300 jedenfalls folgender Wortwechsel:

VATER:	»Arnaud, mir gefällt es nicht, was du machst, dein ständiges Kommen und Gehen bei Nacht.«
ARNAUD:	»Seid still, Vater, wenn Ihr nicht wollt, dass Euch eines Tages etwas Schlimmes widerfährt.«
VATER:	»Das sagst du mir?«
ARNAUD:	»Wenn Ihr nicht still seid, werdet Ihr eines Tages Euren Kopf zwischen Euren Füßen finden.« (FR, f.276v)

Daraufhin griff der alte Marty nach einem Salzstößel und schleuderte ihn nach seinem Sohn, der ihn auffing, um ihn nach seinem Vater zurückzuwerfen. Pierre Talha, ein Gast, der bei dem Abendessen dabei war, hinderte ihn jedoch daran. Er bedrängte ihn, davon abzulassen und seinen Vater nicht tätlich anzugreifen. Arnaud fügte sich, aber nicht ohne seinem Vater wutentbrannt zu drohen, er werde sich eines Tages dafür an ihm rächen.

Darauf sprang sein Vater auf, packte die Bank, auf der er gesessen hatte, und warf sie mit zornigen Flüchen nach Arnaud. Er schimpfte ihn einen Bastard und gelobte, ihn ins Verderben zu stürzen. Arnaud wurde von seinem Freund Talha aus dem Haus gedrängt. Nach diesem Zusammenstoß sollten Vater und Sohn sich lange Zeit hassen.

Vielleicht hatte Arnaud Marty sich von Guillaume Authié begeistern lassen, in seine Fußstapfen zu treten, wobei sein Temperament für die heilige Berufung zum katharischen Parfait allerdings nicht unbedingt geeignet war. Aber auch der letzte okzitanische Parfait, der der Liebhaber von Arnauds Schwester werden sollte, war, wie wir noch sehen werden, nicht sonderlich gut für die Heiligkeit gerüstet.

In den Monaten November und Dezember des Jahres 1299 ging Guillaume Authié wiederholt nach Larnat hinauf. Bei mindestens zwei dieser in den Protokollen vermerkten Wanderungen über den Col de Larnat wurde er unter anderem von Bernard Marty begleitet. Jedes Mal waren sie im Dunkeln, nachdem der Hahn bereits dreimal gekräht hatte, aufgebrochen und noch vor Anbruch der winterlichen Morgendämmerung in Larnat eingetroffen.

Bei ihrem ersten gemeinsamen Marsch zur Ariège hinunter hatten sie, nachdem sie die Steinbrücke, *Peyrapont*, überquert hatten, die heute wahrscheinlich noch am selben Platz wie damals steht (auch wenn es zum Teil nicht mehr dieselbe Steinbrücke ist), hinter Capoulet strammen Schrittes auf Miglos zugehalten, um Pierre de Miglos abzuholen, der vielleicht damals schon mit der Tochter von Guillaume Bayard verheiratet war (siehe S. 183). Sein »großer Hund« hatte ihnen nicht nachgebellt, als sie sich zwischen Norgeat und Norrat ihren Weg über den Col und dann hinunter nach Larnat gebahnt hatten.

Rund 150 Meter oberhalb von Larnat lag eine Wiese, die in den Akten offenbar unter der Bezeichnung *fusan* festgehalten wurde und die auf den PNs für Larnat mit dem Namen *Suzan* oder *Luzan* vermerkt ist. (Farbabb. 11) Hier hielten die Parfaits und ihre Führer in der Regel an, um jeweils zu entscheiden, auf welchem Weg sie sich dem Dorf am besten näherten.

Es gab mindestens fünf verlässliche Katharer-Familien im Ort, die Capelles, Catalanes, de Larnats, Issaurats und Gouzys.[53] Die letzten drei, die durch Heirat miteinander verbunden waren, sollten bei der katharischen Erneuerung im Sabarthès eine herausragende Rolle spielen.

Um den Haupteingang der Gouzys vom Col aus zu erreichen, musste man das ganze Dorf durchqueren, da ihr Anwesen im unteren Teil des Dorfes, aus Richtung Bouan, gleich am Dorfeingang lag. (FR, f.275v) Das Haus der Gouzys stand in einem rechten Winkel zur Kirche und zeigte mit der Vorderseite nach Südosten, Richtung Dorfmitte. (Karte 4) Es gab eine Tür, die zur Ostseite der Kirche in der Nähe des Altars führte. Dieser Nebeneingang wurde manchmal von den nächtlichen Besuchern benutzt, weil er unauffälliger war. Die Lage des Hauses der Gouzys wird in den Dokumenten so präzise beschrieben, dass sein Standort auch heute noch leicht auszumachen ist, da die Kirche immer noch an derselben Stelle im unteren Teil Larnats steht. Durch die Lage der Kirche ist klar, dass der Seiteneingang der Gouzys im Unterschied zum Haupteingang bequem querfeldein über die oberhalb der Kirche und des Friedhofs gelegenen Felder erreichbar war.

Das Haus der Gouzys hatte, genau wie das der Martys, einen stattlichen ummauerten Hof, in dem es etwas zurückgesetzt lag, sodass jeder Besucher zwei Türen passieren musste. Dies muss gewissermaßen ein Statussymbol gewesen sein. In der Zeit, in der Guillaume Authié hier regelmäßig zu Besuch kam, um das Terrain zu sondieren und weiteres zu gewinnen, hatte eine der Töchter, Sibylle, das Haus bereits verlassen, um Raymond Peyre aus Sinsat zu heiraten, ein Dorf, das von Larnat aus unten am Berg, an der Ariège liegt. Sie war nach der Heirat mit ihrem Mann nach Arques gezogen, wo ihr wohlhabendes Haus später ein Zufluchtsort für Parfaits und deren Sympathisanten werden sollte. Sibylle hatte von zu Hause wahrscheinlich eine beachtliche Mitgift mitbekommen. Denn die Gouzys waren zumindest so wohlhabend, dass die katharischen de Larnats damit einverstanden waren, dass Philippe de Larnats Schwester Guillemette einen Gouzy heiratete.

Fast sieben Jahrhunderte später leben die Gouzys immer noch hier. Von den 18 Namen, die im Telefonbuch des Ariège von 1997 unter Larnat verzeichnet waren, waren vier Gouzys, und weitere fünf Gouzys waren unter Junac, das heißt, unter »Capoulet-Junac« eingetragen. Und in der Gemeinde Miglos, zu der die früheren katharischen Weiler Norgeat und Norrat gehören, gab es noch weitere Gouzys.

Bürgermeister von Larnat war zur Zeit meines Besuches Monsieur Sylvain Gouzy. Als ich ihm erzählte, wo die Gouzys im 13. Jahrhundert im Dorf gelebt hatten, lachte er vergnügt und wies mit der Bemerkung »Et voilà la mienne!« auf sein eigenes, nach Süden ausgerichtetes Haus, das an derselben Stelle am östlichen Ende der Kirche steht.

Die Issaurats aus Larnat waren schon vor dem Fall von Montségur im Jahr 1244 durch Heirat mit den de Larnats verwandt. (D 24, f.270r) Arnaud Issaurat war in den 1290er-Jahren das Oberhaupt der Familie. Die Issaurats waren eine streitbare und rücksichtslose Sippe, wie ein einheimischer Verräter aus eigener Erfahrung feststellen musste. Zwei Söhne der Issaurats, Pierre und Raymond, sagten vor Geoffroy d'Ablis als Zeugen aus und schlossen sich später, in den Jahren nach den heftigen Verfolgungen, Pierre Maury in Katalonien an. Raymond arbeitete offenbar als Totengräber. (FR, f.266r) Auf die Söhne der Issaurats sollte schließlich ein hohes Kopfgeld ausgesetzt werden wie auch auf Pierre Maury.

Bei den Issaurats aus Larnat und insbesondere im Hause von Arnaud Issaurat richtete Pierre Authié sein – wenn auch mobiles –

Hauptquartier ein. Hier wurde der alte Parfait während seiner Krankheit im Oktober 1300 von den Issaurats gepflegt, nachdem Guillaume de Luzenac ihn die halbe Strecke des steilen Wegs von Larnat hinauf auf einem Maultier hierher transportiert hatte. Später hatte ein Sohn von Pierre Amiel aus Mérens den zwar immer noch schwachen, aber genesenden Pierre Authié hier abgeholt, um ihn nach Mérens zu bringen. Arnauds Familie war der sehr rührige Hauptzweig der Großfamilie. Sie besaßen mindestens drei Häuser, die Arnaud und seine Söhne bewohnten.[54] Sie lagen wahrscheinlich alle dicht beim väterlichen Haus in derselben Ecke zusammen. (d'AR, f.42)

Das andere Oberhaupt eines in Larnat ansässigen Zweigs der Familie Issaurat war Pons, der Vater mehrerer Töchter war. Eine davon wurde Nonne, auch wenn die Familie sehr katharisch war. Aber eine andere, Blanche, brachte ihn mit den Authiés von Ax in Verbindung, und das bedeutete im tief katharischen Sabarthès des Jahres 1300, sich einen Platz im Himmel zu sichern.

Arnaud Issaurats Garten, der außerhalb und oberhalb von Larnat lag, wurde durch einen Bach von den Wiesen Philippe de Larnats getrennt. Dieser Bach, der Ruisseau d'Andignac, fließt immer noch südwestlich durch seine mittelalterliche Rinne, ehe er sich in einen Graben ergießt. Die Issaurats und de Larnats waren somit im südlichen Teil des Dorfes Nachbarn. Während das Anwesen des Edelmannes mehr zur Dorfmitte hin lag, standen die Häuser der Issaurats in der südwestlichsten Ecke des Dorfes und damit näher an dem alten Weg wie auch Richtung Col. Und die Familie Catalane wohnte wahrscheinlich nicht weit weg von ihnen. Unterhalb der Wiesen der de Larnats gab es eine Gartenhecke, durch die Besucher, die des Nachts vom Col herabkamen, ungesehen durch einen weiteren Seiteneingang ins Haus der de Larnats gelangen konnten. (FR, f.279v)

Nicht weit von diesem Bach entfernt hatten die Issaurats eines Nachts im Sommer 1303 oder 1304 auf einer Wiese der de Larnats heimlich einen gewissen Guillaume Sabatier aus Limoux zum zweiten Mal begraben. Sie hatten ihn zuvor in einer Scheune versteckt, die ihnen gehörte und vom Haus ein Stück entfernt weiter unten zum Dorf hin lag. Sie wurde genutzt, um Wein, Korn und Heu darin zu lagern. Von Zeit zu Zeit wurden auch die Authiés und andere Parfaits darin untergebracht. Guillaume Sabatier war von Pierre Authié getröstet worden und hatte sich dann heldenhaft der Endura unterzogen, dem freiwilligen Hungertod durch Fasten. (d'AR, ff.40r, 44v, 46v)[55]

Sabatier, der möglicherweise mit dem Ehemann von Sibylle Gouzy verwandt war und dessen Bruder Peyre-Sabatier genannt wurde, starb um die Fastenzeit des Jahres 1302. Die Issaurats hatten ihn zuerst in einem Grab in ihrem Garten beerdigt, um seinen Leichnam dann nach einem oder anderthalb Jahren jedoch auf die andere Seite des Baches umzubetten. Fürchteten sie, die unter ihrem Gemüse verwesende Leiche könnte eine Seuchengefahr bedeuten? Oder wollten sie sich für den Fall, dass die Inquisition auf die Idee käme, ihren Garten umzugraben, absichern, indem sie die Leiche bei den ahnungslosen de Larnats begruben?

Das Schicksal, das Guillaume Sabatier posthum beschieden war, erinnert an das eines Cassagnas aus Coustaussa, der nach einer langen Endura im Hause der Rives' in Montaillou ähnlich heimlich auf einem Feld begraben wurde, das den Rives' oder den Belots gehörte.[56] Diese heimlichen Bestattungen waren erforderlich, da es sich um Auswärtige handelte, die nicht offen beerdigt werden konnten. Denn dadurch wäre bekannt geworden, dass sich ein Fremder im Ort aufhielt.

*

Hinter dem letzten Haus des heutigen Dorfes und nahe dem ehemaligen Anwesen der Issaurats führt ein alter Hohlweg nach rechts zum Col hoch. Es ist derselbe Weg, den die Authiés, Issaurats, Martys und viele andere Akteure, die in dieser Geschichte eine Rolle spielen, im Mittelalter viele Male bei dem halbstündigen Marsch zum und vom Col de Larnat gingen – oder zum *Lernayssol*, wie er damals aller Wahrscheinlichkeit nach hieß. (d'AR, f.43v; im Lateinischen heißt Larnat *Lernatum*)

Kurz hinter Larnat durchschneidet der tiefe Pfad, der wie ein Graben zwischen den Felsblöcken hindurchführt (Farbabb. 12), ein breites Wiesenareal, das im 14. Jahrhundert als *Prado lonc* bezeichnet wurde, was übersetzt »lange oder breite Wiese« heißt. Das Gebiet trägt in

Larnat heute immer noch diesen Namen, und es ist auf dem Anfang des 19. Jahrhunderts von dem Dorf erstellten PN unter der Bezeichnung *Prat loung* vermerkt. Irgendwo hier, auf dem Prado lonc, traf eine Frau namens Esperte d'en Baby aus Miglos unter einem Fels (in einer Felsenhöhle?) Pierre Authié, um seine Lehren in sich aufzusaugen. (FR, f.206r)

Es ist gut möglich, dass es auf dem Prado lonc einen bestimmten Fels gab, der als Treffpunkt für die Parfaits und ihre Passeurs diente. Das Geleit über den Col erfolgte normalerweise mit parallel operierenden Gruppen. Wir wissen zum Beispiel, dass der Treffpunkt auf der westlichen Seite des Berges, wenn Parfaits von Larnat nach Junac gebracht wurden, für gewöhnlich direkt oberhalb von Norrat war, wo die Issaurats den dort dann bereits wartenden Martys einen Parfait übergaben. (d'AR, f.39v)

Ich vermute, dass es sich bei dem Fels oberhalb des Prado lonc um eine ähnliche Stelle handelte. Zudem kann dieser Treffpunkt durchaus derselbe Ort sein, auf den der alte Issaurat sich bezog, als er von »einem [versteckten] Unterschlupf auf dem Weg aus dem Dorf heraus« sprach. (d'AR, f. 47v) Dies *könnte* der von Sibylle Peyre (geborene Gouzy) erwähnte Fels (oder Höhle) sein.[57]

In dem nahe gelegenen Dorf Larcat, das am selben Berg liegt wie das knapp fünf Kilometer südöstlich entfernte Larnat, gab es einen weiteren Zweig der Issaurats. Diese Issaurats waren getreue Katholiken.

Seltsamerweise wurden diese beiden Zweige der Familie einmal miteinander verwechselt, als nämlich 1301 ein älterer Weinhändler aus Pamiers sich irrtümlich eine katholische Issaurat aus Larcat statt einer katharischen aus Larnat zur Frau erwählte. Bertrand de Taix war ein reicher, adeliger und frommer Katharer. Seine erste Frau war eine »Flors« Mir, was bedeutet, dass er möglicherweise der Schwager des alten Arnaud Issaurat war. Er dürfte zur Zeit seiner zweiten Heirat mit ziemlicher Sicherheit in den Fünfzigern gewesen sein, da er bereits 1272 von der Inquisition zum Verhör in die Kapelle der Burg von Varilhes vorgeladen worden war. Er hatte immer wieder als großer Rezitator von Pierre Cardenals antiklerikalem Gedicht »Clergues se fan pastors« von sich Reden gemacht. Einmal hatte er es voller Begeisterung im Chorgestühl der Kirche Saint-Antonin in Pamiers vorgetragen, während der Bischof von Pamiers, Bernard de Saisset, gerade die Messe las.

Bertrand de Taix war schon lange mit Pierre Authié befreundet, bevor die Authiés in die Lombardei gingen, auch wenn er erklärte, Guillaume Authié nicht zu kennen, als er ihn sah. Durch Pierre Authiés uneheliche Tochter war er mit ihnen auch entfernt verwandt. Obgleich die Ehe, in die dieser *senex amens*, ältere Liebhaber, mit der forschen Huguette Issaurat aus Larcat gestolpert war, alle Züge einer Plautus-Farce trug, dürfte sein fast burgartig angelegtes Domizil für die Authiés in Pamiers ein willkommenes Refugium gewesen sein. Denn gerade Pamiers war für die Katharer im Allgemeinen ein gefährliches Pflaster, da es von Dominikanern und Klerikern hier nur so wimmelte. Es konnte mit Sicherheit nichts schaden, zusätzlich zu einem Maulwurf bei den Dominikanern noch einen reichen Verbündeten dort zu haben, wobei Bertrand de Taix im Jahr 1300 allerdings wahrscheinlich zu töricht war, um für die Authiés ein nützlicher Verbündeter zu sein.

Selbst nach seiner versehentlichen Heirat mit der falschen Frau war das Verlangen von Bertrand de Taix nach einer Tochter von Pons Issaurat noch lange nicht gestillt. Als Blanche de Rodes, eine von Pons Issaurats Töchtern, eines Tages mit ihm am Tor seines Obstgartens in Pamiers stand und sich mitfühlend die Klage über seine missliche Lage anhörte, konnte sie jedoch kaum mehr tun, als ihm die Tatsache vor Augen zu halten, dass alle ihre Schwestern, außer der Nonne, inzwischen verheiratet waren. Der alte Bertrand erklärte ihr, dass er zum Teil auch deshalb so sehr eine Frau der Issaurats aus Larnat begehrte, weil mit ihr wieder Parfaits Einzug in sein Leben halten würden.

Als er von der Rückkehr der Authiés aus der Lombardei hörte, schickte er ihnen einen Vorrat an gutem Wein. Er wagte es jedoch nicht, dazu hinter dem Rücken seiner katholischen Frau Huguette auf seinen eigenen Bestand zurückzugreifen. So kaufte er den Wein bei einem Händler und ließ ihn dann den Parfaits in Tarascon zukommen.

Um die Authiés besuchen zu können, kam er irgendwann auf die Idee, seiner Frau gegenüber einen Besuch der Thermalquellen in Ax als Vorwand für eine Reise ins Sabarthès vorzuschieben. Huguette durchschaute jedoch seine Absicht und vereitelte seinen Plan. Und fortan wurde allen Besuchern des Hauses verboten, die Thermalbäder in Ax zu erwähnen, geschweige denn, sich lobend darüber zu äußern, um ihn nicht noch weiter zu ermutigen.

Als Bertrand eines Tages in seiner Küche Pierre Authiés uneheliche Tochter Guillemette kennen lernte, war er entzückt. Er tätschelte ihr den Kopf und sagte, wegen ihres Vater liebe er sie sehr. Er bot ihr und ihrem Ehemann ein frei stehendes Haus in Pamiers an, damit sie in seiner Nähe sein könnten. Dass er so großzügig war, erklärte er damit, dass er bei einer früheren Gelegenheit einmal seinen Bruder Jean de Taix übers Ohr gehauen habe, den er als Guillemettes Schwiegervater oder Stiefvater bezeichnete. Was dahinter steckte, geht aus den Dokumenten nicht hervor. Eine Erklärung wäre vielleicht, dass Guillemettes Ehemann Carramat ein unehelicher Sohn dieses Jean de Taix war.

Als Huguette de Taix sich ihres einsamen Daseins an der Seite eines alternden Mannes bewusst wurde, der eigentlich eine völlig andere Frau geheiratet haben wollte, entschloss sie sich, Rose Issaurat aus Larnat zu sich zu bitten, um ihr Gesellschaft zu leisten. Rose folgte ihrer Einladung. Die Solidarität der beiden jungen Frauen, die möglicherweise Cousinen waren, erwies sich als stärker als das Sektierertum, das ihre Familien spaltete.

Die Issaurats boten Pierre Authié in Larnat die Operationsbasis, die sein Bruder Guillaume in Montaillou gefunden hatte. Wie in Montaillou waren es die familiären Beziehungen, die die Dorfbewohner ebenso sehr wie der Glaube mit den Authiés verbanden, auch wenn sie hier verwickelter waren.

Als Pons Issaurats Tochter Blanche Lombard verwitwet war, heiratete sie Guillaume de Rodes, den Sohn von Raymonde Rodes-Authié, Pierre Authiés Schwester, und Neffen des alten Parfaits. Die drei Rodes-Brüder aus Tarascon waren ihren Onkeln und ihrer Sache leidenschaftlich treu ergeben. Und die Issaurats, ihre – durch Guillemettes Heirat – angeheirateten Verwandten, standen geschlossen hinter ihnen.

Diese Verbindung zwischen den Authiés und Issaurats wurde noch weiter gefestigt, als Pierre de Gaillac Raymonde Lombard-Issaurat, eine Tochter aus Blanche' erster Ehe, heiratete. Pierre de Gaillac war ein Sohn von Gaillarde, der jüngeren Schwester von Raymond Authiés Ehefrau Esclarmonde, und er war dafür bekannt, dass er gerne Schach spielte. (d'AR, 47) Somit waren Pierre de Gaillac aus Tarascon sowie die Authiés aus Ax und die Issaurats aus Larnat im Jahr 1300 durch ein enges Netz familiärer Beziehungen miteinander verbunden.

Der Ort Larnat hatte Anfang des 14. Jahrhunderts im Vergleich zu heute zweifellos mehr Einwohner. Er war jedoch auch damals wahrscheinlich klein genug, dass niemand es sich hätte leisten können, aus der Reihe zu tanzen. Larnat war so sicher wie Montaillou, indes noch unangreifbarer. Während Guillaume Authié durch familiäre Bindungen in Montaillou festgehalten wurde, hielt sich sein Bruder Pierre normalerweise mehr in Larnat auf, vielleicht auch weil sein einflussreichster Credens, Guillaume Bayard, hier in der Nähe lebte.

Die Gemeinden Larnat, Junac, Tarascon und Rabat waren durch familiäre Bande und die Verpflichtung auf eine gemeinsame Sache, die oft alle Klassenunterschiede verwischte, eng miteinander verbunden. Auf dem Höhepunkt des Risorgimento verwischte der katharische Glaube zeitweilig alle sozialen und sonstigen Klassenunterschiede, sowohl in der Theorie wie in der Praxis.

So waren der Kastellan von Junac und seine ganze Familie eifrige Mitglieder der wahren Kirche. Sie hießen regelmäßig Arnaud Marty und die mit ihm befreundeten Parfaits in der Burg willkommen. Da sie dies nicht offen tun konnten, benutzten sie dazu ein kleines Fenster, das sich ganz unten in einem Turm befand – möglicherweise das, welches zuvor bereits erwähnt wurde. Durch diesen »geheimen« Eingang gelangten die Parfaits in die Schlafgemächer der Familie.

Wie in Montaillou war der klassenübergreifende Umgang nicht nur eine soziale Frage. Eine junge Frau namens Mersende, die eine »große Freundin« von Blanche Marty und die Geliebte ihres Bruders Arnaud, des künftigen Parfaits, war, hatte zum Beispiel auch eine Affäre mit Jacques de Junac, von dem sie zwei Kinder bekam, einen Jungen und ein Mädchen namens Guillemette. Und die Patin dieses Mädchens war keine andere als Blanche Marty.

Sowohl Guillaume Bayard als auch seine Frau Lorda waren oft in

Junac zu Besuch, wenn Guillaume Authié dort war. Zuerst suchte er für gewöhnlich die Burg auf und ging dann nach Einbruch der Dunkelheit zum Taubenschlag der Martys gegenüber, um sich dort mit dem Parfait zu treffen und zu besprechen. Dabei schlüpfte er, genau wie jeder andere, über die Sonnenterrasse in die Stallgebäude, die in den Taubenschlag übergingen. Einmal war er gesehen worden, wie er auf einem schwarzen Maultier zur Burg hinaufritt, nicht etwa auf einem Ross, wie es seinem Rang gebührt hätte. Selbst der zweitmächtigste Mann im Ariège musste vorsichtig sein, wenn er die Authiés besuchte. Diese erwiderten die Rücksichtnahme, indem sie sich auch bei Bayard und de Larnat einquartierten.

Wir wissen dies durch die Fischlieferungen, die die Martys ihnen schickten. Bei einer Gelegenheit erhielt Bayard 22 gesalzene Forellen von Arnaud Marty. Und acht Tage später schickte derselbe Arnaud weitere zwölf, dieses Mal frische, zu Philippe de Larnat mit der Entschuldigung hinauf, er könne dieses Mal leider nicht großzügiger sein. Jedes Mal war der Fisch mit ziemlicher Sicherheit für die Parfaits gedacht, die bei ihnen wohnten. Aber es gab auch noch andere, die den Parfaits Fische schickten. So tauchten sowohl Pierre als auch Guillaume-Bernard de Luzenac eines Tages unabhängig voneinander bei den Issaurats in Larnat mit Forellen für die Authiés auf.

Fisch war teuer, auch wenn es ihn in den Flüssen des Languedoc im 14. Jahrhundert überreichlich gab. Was die Martys an die Parfaits lieferten, dürfte größtenteils aus eigenem Fang gekommen sein. Dass Arnaud und seine Brüder für gewöhnlich mit Ruten und Gänsefedern angelten und nicht mit Netzen auf Fischfang gingen, lässt sich aus den Beschreibungen erkennen, wie sie am helllichten Tag die Treffen mit den Parfaits arrangierten, denen sie Unterschlupf gewähren wollten. (d'AR, f.18r)

Dies lief unterschiedslos so ab, dass sie die Parfaits außer Sichtweite des Dorfes auf einer der Ariège-Brücken trafen und ihnen Angelruten in die Hand drückten. Dann fischten die Parfaits mit den Martys zusammen die ganze Strecke flussaufwärts bis zum Dorf ab. Indem sie sich so unter die Männer mischten, die einer der üblichsten Beschäftigungen in Junac nachgingen, fielen sie niemandem auf. (d'AR, f.39v)

Beim Angeln waren die Martys wahrscheinlich auch Arnaud Piquier begegnet, einem Fischer aus Tarascon. Er sollte im Jahr 1305 ihre Schwester Raymonde Marty heiraten, nachdem seine erste Frau Mathende nach Allerheiligen im Jahr 1304 gestorben war. (d'AR, ff.18r, 19r, 32r)

Der Fluss und der Fischfang spielten in dieser oder jener Form in Junac eine bedeutende Rolle. Waren die Fischgründe dort besonders reich? Und war das der Grund, dass es in Junac sogar einen Fischhändler gab, bei dem die gewöhnlichen wie auch die »besseren« Leute einkauften?

Der Fisch, den Arnaud Marty zu den Bayards geschickt hatte, war gesalzen, sodass sich die Frage erhebt, ob er zum Teil nicht doch gekauft war. Gesalzener Fisch war haltbar und konnte in größeren Mengen bevorratet werden.

Beim Fischhändler in Junac sollte Arnaud Sicre auch 20 Jahre später bei einem seiner periodischen Besuche aus Katalonien vorbeischauen, vorgeblich um gesalzene Forellen zu kaufen. (Farbabb. 13) Er war, wie sich herausstellen sollte, von Raymonde Marty auf einen Metzgersgang nach Junac geschickt worden (siehe S. 403ff.).

Die katharischen Gemeinden von Larnat und Junac dienten nicht nur als Ausgangsbasen für die spirituelle Eroberung des Sabarthès. Sie hatten auch eine ausgezeichnete Lage, um Reisen nach Toulouse und vielleicht ebenso nach Foix und Pamiers zu unternehmen, obwohl es keinen Vermerk darüber gibt, dass Pierre Authié an einem dieser beiden Orte aufgetaucht wäre.

*

Das Jahr 1300 war das erste, von der katholischen Kirche ausgerufene Jubeljahr oder Heilige Jahr, in dem allen gläubigen Katholiken, die Rom besuchten, ein besonderer Ablass gewährt wurde. Ursprünglich sollte alle 100 Jahre ein solches Jahr gefeiert werden. Die Zeitspanne wurde dann jedoch sukzessive immer weiter reduziert; seit der zweiten Hälfte des 15. Jahrhunderts wird es schließlich alle 25 Jahre begangen. Dieses erste Heilige Jahr wurde von Papst Bonifatius VIII., der einen päpstlichen Weltherrschaftsanspruch vertrat, mit einer Bulle eingeführt, in der die Bedingungen für den Ablass festgelegt waren.

Dieses Heilige Jahr war ein großer Erfolg. Bis zu 30 000 Menschen dürften an den Hauptfeiertagen die Basiliken des heiligen Petrus und heiligen Paulus aufgesucht haben. (Levillain, 1994, S. 102 ff.) In seiner *Göttlichen Komödie* erinnerte Dante sich, der im Jubeljahr Mitte 30 war, dass der Menschenandrang so groß war, dass sich die Behörden in Rom veranlasst sahen, den Menschenstrom über die Tiber-Brücke in zwei Spuren zu leiten: eine zum Kastell Sant'Angelo (Engelsburg) und zur konstantinischen Basilika und die andere Richtung Monte Giordano. (»Die Hölle«, 18. Gesang, 28-33)

Inzwischen wusste nahezu jeder in der Grafschaft Foix, dass die Authiés in die Lombardei gegangen waren, und viele dürften über die noch wichtigere Tatsache informiert gewesen sein, dass sie bereits wieder zurückgekommen waren. Im Jahr 1300 traf der erneute Ruf nach einer spirituellen Renaissance im Tal der Ariège auf empfängliche Ohren – von den Hängen des Puymorens und Envalira im Süden, über die im tief eingeschnittenen Tal liegenden Städte Ax und Tarascon, bis nach Toulouse im Norden. (Karte 5)

Nur wenige der Hauptschauplätze dieser Geschichte sind wesentlich weiter als 30 Kilometer von Montségur entfernt, das zum Symbol der okzitanischen katharischen Kirche geworden war. Jetzt sollte die *entendensa del be* mit einem Eifer wieder belebt werden, der mit allem Vorhergegangenen konkurrieren konnte. Und die Authiés und ein weiteres Dutzend Parfaits, die von ihnen gesalbt worden waren, wurden die Katalysatoren dieser katharischen Dämmerung.

Die neun Jahre des Apostolats der Authiés führten zur größten Umwälzung, die in der Geschichte der Region überliefert ist. Ihre Folgen sind bis auf den heutigen Tag zu spüren, selbst in der Art, wie sich die Tourismusindustrie die katharische Geschichte einverleibt hat, wie etwa bei dem Wegenetz *Sentiers Cathares* oder *Chemins des Bonshommes*. Und die im 13. Jahrhundert geprägte Bezeichnung Bonshommes wird im Ariège bis heute für die katharischen Parfaits verwendet.

Die Fastenzeit des Jahres 1300, eines Schaltjahres, begann am Aschermittwoch, dem 24. Februar, und endete am Tag vor Ostern, am

Samstag, dem 9. April. Sie näherte sich ihrem Ende, als es eines Nachts an die Tür von Raymond Authié klopfte. Davor stand ein Bote seines Bruders, der ihm die Bestätigung brachte, dass die beiden Parfaits auf dem Weg zu ihm waren, und fragte, ob er bereit war, sie zu empfangen.

Sie müssen zu diesem Zeitpunkt in oder in der Nähe von Château-Verdun gewesen sein, da Philippe de Larnat ihnen auf ihrer Durchreise kurz an der Ariège-Brücke begegnete, als sie von Pons-Arnaud de Château-Verdun des Weges geführt wurden. De Larnat erkundigte sich nach Pierre-Arnaud de Capoulet und erfuhr, dass er in der Lombardei geblieben war.

Gegen Mitternacht des darauf folgenden Abends trafen Pierre und Guillaume Authié in Begleitung von Bon Guilhem zum ersten Mal seit Oktober 1296 wieder in Ax ein. Sie wurden von Raymond und Esclarmonde Authié »mit Umarmungen und Küssen« begrüßt und zogen sich dann für die Nacht in ihre Betten zurück. (d'AR, f.10r)

Den nächsten Tag verbrachte die wieder vereinigte Familie der Authiés damit, über die Zeit in der Lombardei, die Ordinationen der beiden Brüder und ebenso über die Pläne für die bevorstehende Unternehmung zu sprechen. Die beiden Parfaits machten ihren Verwandten deutlich, wie überaus wichtig es war, alle ihre Schritte geheim zu halten und ein Netzwerk sicherer Verstecke zu organisieren. Die für den Untergrund erforderliche Infrastruktur war zu einem Gutteil bereits aufgebaut worden. Jetzt ging es darum, sie zu festigen, Menschen zu bekehren, um neue Gläubige zu finden, und vor allem den Eifer der Gläubigen an der Basis und der Zweifler anzufachen, indem man ihnen mit gutem Beispiel voranging.

Die beiden Brüder trugen bei ihrer Rückkehr wahrscheinlich die Kleidung, die die meisten Parfaits gegen Ende des 13. Jahrhunderts bevorzugten. Sie bestand aus einem dunkelblauen Kapuzenmantel und einem dunkelgrünen Übergewand und wurde bei der Ordination angelegt. (d'AR, f.4r) Guillemette Clergue (B) gab nämlich an, im Haus der Belots zwei Männer in grüner Kleidung gesehen zu haben. Dies habe sie überrascht, weil sonst niemand in der Familie diese Farben getragen habe. Ebenso beschrieb Raymonde den Arsen, wie sie Guillaume Authié im Januar 1308 gesehen hatte, »einen Mann, der dunkelblau oder dunkelgrün gekleidet war« (FR, f.74v). Und Pierre Authié hatte einen Mantel mit Kapuze *(supertunicale et capucium)*, der für ihn aus zwei Ellen grünem oder blaugrünem Stoff angefertigt worden war. (L, S. 50)

Aus Gründen ihrer persönlichen Sicherheit trugen die Parfaits nicht mehr die schwarzen Gewänder, wie sie Anfang des 13. Jahrhunderts üblich waren. Und sie rasierten sich jetzt auch. Gleichwohl war ihre Aufmachung immer noch unverwechselbar, wie die hartnäckigen Fragen der Inquisition zur Kleidung mutmaßlicher Parfaits belegen.[58]

Während der acht Tage (d'Ablis) oder 14 Tage (Fournier), die sie bei Raymond Authié waren, hielten Pierre und Guillaume sich zusätzlich zu der während der Fastenzeit üblichen Enthaltsamkeit an ihre neuen Ernährungsvorschriften, wonach sie drei Tage in der Woche bei Wasser und Brot fasteten. Sie erklärten ihrer Familie die Ernährungsvorschriften, die für die Parfaits galten, eine katharische Variante von koscher, die auch verlangte, dass sie beim Essen möglichst immer ihre eigenen Schüsseln und Utensilien benutzten. Sie ernährten sich beinahe vegan, da sie auf jede Form von Fleisch und Käse und auf Eier verzichteten. Sie aßen jedoch Fisch, der allerdings in einem Topf zubereitet werden musste, der noch nie mit Fett oder Schmalz in Berührung gekommen war.

Eine interessante Veranschaulichung, wie anspruchsvoll die Küche der Parfaits war, lieferte Guillaume Peyres Besuch bei den Rives' in Montaillou. Für diesen Besuch wurde zwar kein Datum angegeben, er fand jedoch mit Sicherheit vor dem 8. September 1305 und wahrscheinlich im Jahr 1304 oder davor statt. Denn zu diesem Zeitpunkt schien Fabrisse Rives noch mit im Haushalt gelebt zu haben. Peyre war selbst kein Parfait, aber Pierre Authiés persönlicher Gehilfe und hatte somit eine privilegierte Stellung.

Als Fabrisse Rives ihn in der Foghana des Hauses erblickte, bemerkte sie, dass er sich auf ein Kissen gelehnt hatte, und sie war verblüfft, welch fürstliche Behandlung Alazais Rives ihm zuteil werden ließ. Alazais goss gerade eine aus Nüssen hergestellte »Brühe« in eine Schüssel, während sie, vermutlich für ihre Familie und sich selbst, in einem separaten Topf Kohl und Fleisch kochte. Sie brachte ihm zudem eine Holzschale sowie Wasser und ein frisches Tuch, und er wusch sich die Hände, während sie das Wasser darüber goss. Dann legte sie ihm saubere Tücher hin und bediente ihn mit großer Aufmerksamkeit. Dies war ganz klar die Art, wie sein Meister gewöhnlich bedient wurde. Aber vielleicht sah Peyre sich bereits als Novize, der alsbald zum Parfait geweiht würde. Nicht lange danach sollte er seine Freunde allerdings verraten (siehe S. 215ff.).

Die tieferen Gründe für die Speisevorschriften der Parfaits werden deutlich, wenn wir Pierre und Jacques Authié predigen hören.

In diesen ersten Tagen, die sie wieder in Ax verbrachten, war es Pierre und Guillaume zunächst ein Anliegen, ihre Bekannten und Verwandten im *Melioramentum* oder *Melhorier* zu unterweisen, der Ehrbezeugung der Gläubigen gegenüber den Parfaits. Diese bestand darin, dass der Gläubige sich vor dem Parfait hinkniete und dreimal um seinen Segen bat (oder um ihren Segen, da es zu Beginn des Jahrhunderts auch mehrere berühmte Perfectae gab). Und jedes Mal bekam er zur Antwort: »Möge Gott Euch segnen.« Der genaue Wortlaut, den der Gläubige dabei – natürlich auf Okzitanisch – sagte, lautete: *»Bon crestia la benediction de dieu e de vos.«* Darauf antwortete der Parfait: *»De dieu las aiatz e de nos«*, was wörtlich übersetzt heißt: »Ihr mögt ihn haben von Gott und von uns.« Raymond und Esclarmonde gelobten zugleich, dass sie den Wunsch hatten, im Augenblick des Todes getröstet zu werden. Mit der Convenenza sollte die Tröstung für den Fall sichergestellt werden, dass der Sterbende seine geistige Klarheit verloren hatte und sich in dem Augenblick nicht mehr dafür entscheiden konnte, der katharischen Kirche beizutreten.

Von da an zogen die Authiés neun Jahre lang unermüdlich von Ort zu Ort durchs ganze Sabarthès und darüber hinaus. Dabei scheint das schwierige und harsche Gelände für diese Männer mittleren Alters keine besonderen Schwierigkeiten dargestellt zu haben. Aber erst wenn man die Gebirgspässe und Entfernungen genau kennt, weiß man zu ermessen, welche Leistung diese letzten okzitanischen Parfaits und ihre Führer vollbrachten.

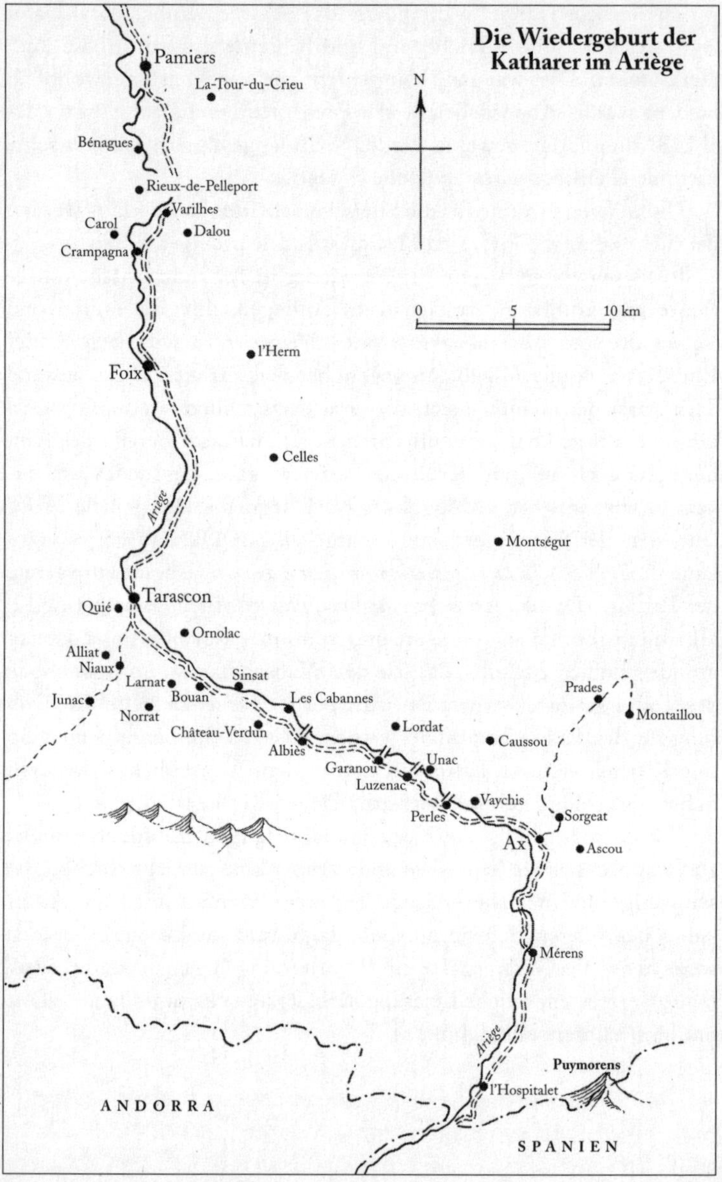
Die Wiedergeburt der Katharer im Ariège
N
0
5
10 km
Pamiers
La-Tour-du-Crieu
Bénagues
Rieux-de-Pelleport
Varilhes
Carol
Dalou
Crampagna
l'Herm
Foix
Celles
Ariège
Montségur
Tarascon
Quié
Ornolac
Alliat
Niaux
Larnat
Sinsat
Bouan
Junac
Norrat
Les Cabannes
Château-Verdun
Albiès
Lordat
Prades
Montaillou
Caussou
Garanou
Unac
Luzenac
Vaychis
Perles
Sorgeat
Ax
Ascou
Mérens
Ariège
Puymorens
l'Hospitalet
ANDORRA
SPANIEN

5. VERRAT UND SCHULTERSCHLUSS (1300)

Nachdem Pierre und Guillaume sich im Hause Raymonds einquartiert hatten, erhielten sie Besuch von einer Reihe ausgewählter Mitglieder des inneren Kreises der Erneuerungsbewegung, unter anderem von Guillaume und Géraud de Rodes aus Tarascon sowie Pierre Amiel aus Mérens. Tarascon und Mérens liegen jeweils am äußersten Ende des oberen Ariège-Tals.

Auch wenn Gaillarde, Guillaume Authiés Frau, in dem Zusammenhang nicht erwähnt wurde, können wir mit Sicherheit davon ausgehen, dass sie ihn hier besuchte, wahrscheinlich ohne ihre Kinder, da die Eltern beschlossen haben dürften, sie nicht einzuweihen. Sie waren vermutlich noch zu klein, um die Notwendigkeit absoluter Geheimhaltung zu verstehen. Und wenn sie, umgekehrt, zu dem Zeitpunkt schon 14 gewesen wären, hätte die Inquisition sie als Erwachsene behandelt und für jeden »häretischen« Kontakt zur Verantwortung gezogen. Es ist davon auszugehen, dass Guillaume Authié seine Frau gesehen hat, weil er sie liebte, wobei sein Besuch bei der Familie ihres Onkels in Montaillou allerdings zu seiner offiziellen Mission gehörte.

Guillaume Benet war etwa einen Monat vorher über die bevorstehende Rückkehr der Authiés nach Ax informiert worden. Er hatte versucht, seine Frau darauf einzustimmen, und ihr erzählt, wie gut die Parfaits seien, dass niemand gerettet werden konnte, der nicht von ihnen getröstet worden sei, und dass sie sie willkommen heißen sollten.

Eines Nachts, nachdem Guillemette Benet bereits zu Bett gegangen war, hatte ihr Mann Guillaume Authié ins Haus gebracht. Guillemette hatte ihn dann am nächsten Morgen gesehen und sich bereit erklärt, seine Predigt anzuhören. An diesem Tag hatten die Benets ihn nicht mit Essen versorgt, da er seine eigenen Lebensmittel bei sich hatte. Er war den ganzen Tag in Montaillou geblieben, bis Guillaume

Benet von der Arbeit auf den Feldern oder im Wald zurückgekommen war. Es wäre interessant zu wissen, ob er bei der Gelegenheit auch die Clergues besucht hatte.

Am Abend war der Nachbar der Benets, Guillaume Belot, dann vorbeigekommen, um den neuen Parfait abzuholen. Dass einer der Belots dies so offen tun konnte, lässt darauf schließen, dass die Organisation schon fast so weit gefestigt war, dass sie die Macht der römischen Kirche übernehmen konnte.

Für die Authiés waren die Clergues in Montaillou unverzichtbar. Um Weihnachten des Jahres 1301 erklärte Guillaume Authié während eines Gesprächs im Hause von Sibylle Baille in Ax, warum er sich so viel in Montaillou aufhielt: »Weil wir dort sehr viele gute Vertraute haben, und wenn wir in allen Städten der Welt so viele gute Freunde hätten, dann könntet ihr die Herren des ganzen Klerus sein, und es gäbe keinen Papst, keinen Bischof, keinen Priester, den ihr nicht von seinem Sitz stoßen könntet. Es gibt dort tatsächlich nur zwei Menschen, vor denen wir uns in Acht nehmen müssen, nämlich einen Bruder Pierre Azémas [er meinte Pierre Azéma selbst] und [Arnaud Lizier].« (FR, f.51)

Raymond Vaissière, der dies zu Protokoll gab, konnte sich nicht an den Namen der zweiten Person erinnern, die Guillaume Authié genannt hatte. Es handelte sich jedoch um Arnaud Lizier, was Esclarmonde Authié bestätigte. Sie hatte dies sogar noch weiter ausgeführt. Guillaume Authié habe ihr gesagt, wenn es Arnaud Lizier nicht gäbe, dann könne er sich offen auf dem Dorfplatz von Montaillou bewegen.

Als Guillaume Authié gefragt wurde, ob er sich wegen des Pfarrers von Montaillou und der anderen Clergues keine Sorgen machte, antwortete er:

»Wir brauchen uns wegen des Pfarrers von Montaillou, seines Schülers oder sonst jemandem aus dem Hause der Clergues in Montaillou keine Sorgen zu machen. Wenn nur alle Pfarrer auf der Welt wie der Pfarrer von Montaillou wären, dann bräuchten wir uns in Wirklichkeit vor überhaupt keinem Pfarrer mehr zu fürchten.« (FR, f.51v)

Deswegen und auch wegen der engen familiären Bindungen wurde Montaillou Guillaume Authiés wichtigste zusätzliche Basis, und auch Prades Tavernier nutzte Montaillou zunehmend als Zufluchtsort. Für beide, wenn nicht für die meisten Parfaits, blieb das Haus von Sibylle Baille in Ax jedoch der Hauptstützpunkt.

Genau wie bei Gaillarde Authié gibt es auch keinen Vermerk darüber, dass Sibylle Baille die Authiés zu diesem Zeitpunkt besucht hätte, was sie jedoch mit Sicherheit getan hat. Sibylle Baille und ihr Mann, der Notar Arnaud Sicre, gehörten zur selben Generation wie Guillaume und Gaillarde Authié und hatten wie sie zu Beginn der 1290er-Jahre kleine Kinder.

Sibylles jüngstes Kind, eine Tochter, wurde um 1298 geboren. Dieses Mädchen hieß Raymonde und sollte 20 Jahre später von ihrem Bruder Arnaud als Köder benutzt werden. Die Geburt des kleinen Mädchens, nachdem sie schon die beiden Jungen hatten, Pierre und Arnaud, der als Kind liebevoll »Naudy« gerufen wurde, lässt darauf schließen, dass Sibylle und ihr Mann sich in den 1290er-Jahren noch gut verstanden. Pierre Maury behauptete später, Arnaud an der Brust seiner Mutter gesehen zu haben. Dies bedeutet, dass die Sicre-Bailles Mitte der 1290er-Jahre, vielleicht um bei der Ernte zu helfen, entweder in Montaillou gewesen waren oder dass die Maurys sie in Ax gesehen hatten. Pierre Maury war zu der Zeit ein junger Mann, da Arnaud Sicre wahrscheinlich zwischen 1294 und 1296 geboren wurde. Esperte Servel, die Schwiegermutter von Pierre Maurys Bruder Jean, erinnerte sich, den jungen Arnaud Sicre etwa 1308/09 als 13-Jährigen in Tarascon gesehen zu haben.

Die Sicre-Bailles dürften in der Zeit zur »Schickeria« von Ax gehört haben. Dazu zählte der Kleinadel wie die Barres, aber vor allem auch eine vermögende und beruflich gut situierte Bourgeoisie, die von den geschäftlichen Möglichkeiten eines reichen Badekurortes profitierte, der verkehrsgünstig an einer Haupthandelsroute zwischen Spanien und Frankreich lag. Waren die Authiés anscheinend die erste bürgerliche Familie von Ax, die durch Heirat weit verzweigte familiäre Beziehungen in der ganzen Region besaß, so dürften die Sicre-Bailles ihnen kaum nachgestanden haben. Zudem scheint Arnaud Sicre der Ältere, ebenso wie die Kanzlei der Authiés, für den Grafen von Foix gearbeitet zu haben.[59] Die Sicres waren eindeutig, wie die Authiés, in der zweiten Hälfte des 13. Jahrhunderts eine der bedeutendsten Kanzleien im Sabarthès, sie scheinen ihren Hauptstandort jedoch in Tarascon gehabt zu haben.

Sibylle Baille, Tochter eines Katharers, entwickelte sich zur eifrigsten Gläubigen von Ax. Sie sollte letztendlich das gleiche Schicksal wie die mit ihr befreundeten Parfaits auf dem Scheiterhaufen in Tarascon erleiden.

Das Haus war von der Werkstatt eines Webers aus zu sehen, der wahrscheinlich in der Rue des Tisserands wohnte. Die Straße verlief parallel zur Auze, mitten durch das damalige Ax. Sie entsprach der heutigen Rue Mansart und Rue de la Brancade, in denen einige der ältesten prächtigen Gebäude der Stadt zu finden sind. Wir wissen, dass Pierre und Guillaume Authié häufig das Haus von Bernard Arquetayre in der Rue des Tisserands besuchten, das nur einen Steinwurf vom *Bassin des Ladres* entfernt war. Nach meiner Vermutung befand sich Sibylle Bailles Haus in oder in der Nähe der Rue des Tisserands. Zumindest ging ein Fenster des Hauses auf »den Fels« hinaus, wie er damals genannt wurde, jenen mächtigen Fels, der sich mitten in Ax erhebt und heute als Rocher de la Vierge bekannt ist. (Farbabb. 14)

Die nächsten acht Jahre gingen die Parfaits und ihre Anhänger dort ständig ein und aus. In der ersten oder zweiten Etage gab es eine kleine geheime Schlafkammer, die zum Fels hin lag und immer als Versteck bereitstand. Sibylle Baille war unablässig damit beschäftigt, für die Parfaits zu backen und zu kochen, für sie Fisch und für ihre Bergführer Fleisch zuzubereiten. Und wenn die Gläubigen einen Parfait suchten, der kommen sollte, um einen im Sterben liegenden geliebten Menschen zu trösten, dann führte ihr Weg sie zu ihr.

Die Leidenschaft, mit der Sibylle Baille für den katharischen Glauben eintrat, grenzte an Fanatismus, und sie ließ zu, dass er ihre Familie zerstörte. Etwa ein Jahr nachdem die Authiés weggegangen waren, hatte sie ihren Mann aus dem ehelichen Haus getrieben und wieder ihren Mädchennamen angenommen. Vielleicht wollte sie wieder Baille heißen, um damit eine ungebrochene Kontinuität zwischen ihrem Glauben und dem ihres Vaters zu signalisieren. Ihr Mann wurde durch den Hinauswurf zu einem erbitterten Feind der Katharer. Sibylle Baille hatte ihren jüngsten Sohn Pierre dann zu ihrer Schwester Alazais geschickt, die ebenfalls Katharerin war und mit ihrem Mann in La Seu d'Urgell in Katalonien lebte. Eine der besten Freundinnen von Alazais, Gaillarde Escaunier aus Sorgeat (bei Ax), sollte ein wichtiges Glied in der Kette werden, die Ax und Sibylle Baille mit den katharischen Familien von Arques im Aude verband.

Ihre beiden kleineren Söhne waren gerade in dem Alter, in dem sie anfingen zu sprechen, und es war zu gefährlich, sie im Haus zu behalten. Deshalb schickte Sibylle den fünfjährigen Arnaud um das Jahr 1300 zu seinem Vater nach Tarascon, weil er mit zunehmendem Alter ein potenziell gefährlicher Zeuge der Aktivitäten in ihrem Haus wurde. Achtzehn Jahre später sollte sein feines Gehör für Sprache ihm auf einem Platz in Katalonien ironischerweise zu dem Durchbruch verhelfen, den er sich seit jeher fast verzweifelt ersehnt hatte. Sibylles beide älteren Söhne, Pons und Bernard, blieben im Haus. Sie teilten den Glauben ihrer Mutter. Die beiden jüngeren Söhne sollten an den Katharern jedoch schreckliche Rache nehmen.

Sibylles Ehemann, Arnaud Sicre, zog nach der Trennung offenbar wieder nach Tarascon. Sein Notariatsbüro, das möglicherweise zur Kanzlei der Familie gehörte, lag am Marktplatz. Dort stand auch eines der beiden Häuser, die Blanche de Rodes in der Stadt besaß und in denen sie im Sommer des Jahres 1300 gelegentlich ihre Onkel Pierre und Guillaume Authié für ein paar Wochen unterbrachte.

Dass am Marktplatz von Tarascon einer der eingeschworensten Feinde der Katharer wohnte, wirft Fragen auf. Denn die Parfaits und andere Katharer scheinen sich deswegen keine allzu großen Sorgen gemacht zu haben. Der ältere Arnaud Sicre und die Authiés waren sicherlich miteinander bekannt. Sicre dürfte wahrscheinlich jedoch ohnmächtig gewesen sein, solange Bayard in Tarascon das Sagen hatte.

Unterdessen erreichte Sibylle Bailles Hingabe an die Sache der Katharer bald ihren krönenden Höhepunkt. Denn nur wenige Monate, wenn nicht gar nur Wochen, nach der Rückkehr der Authiés wurde ihr Sohn Pons zusammen mit Jacques Authié ordiniert. Die beiden waren wahrscheinlich gleich alt, etwa 18 oder 19, und vermutlich in der Kindheit befreundet gewesen.

Für die Authiés war es an der Zeit, mit den Tröstungen anzufangen, und dazu musste Pierre Authié zunächst von seinem Schwiegersohn Arnaud Teisseyre sein »Buch« zurückholen. Er hatte es zurückgelassen, weil es zu gefährlich gewesen wäre, es bei sich zu tragen. So machte sich Raymond auf den Weg nach Lordat, um den kostbaren Band seines Bruders abzuholen. Als er ins Haus von Arnaud kam, begrüßte er diesen gleich mit der Neuigkeit, dass die Parfaits zurückgekehrt waren. Arnaud zog ihn daraufhin ängstlich in eine Stube neben der Eingangshalle und erkundigte sich, wie es ihnen ging und ob sie ordiniert worden waren. Dann übergab er Raymond das Buch.

Raymond hatte es mit dem Einband an seinem Gürtel befestigt und eine Falte seines Umhangs darum gewickelt. So hatte er es wie Guillaume Authié an seinem Bauch getragen, als dieser gekommen war, um Bernard Marty zu trösten, und »unter seiner Kleidung ein Buch hervorzog«. Mit seiner kostbaren Fracht hatte Raymond dann seinen dreistündigen Rückweg nach Ax angetreten, wo seine Brüder inzwischen in seinem Keller untergebracht worden waren, dessen gewölbte Gänge im Notfall Schutz bieten konnten. (d'AR, f.4r)

Am Samstag, dem 9. April, dem Tag vor Ostern, hielten sich Pierre, Guillaume und Jacques Authié in Larnat bei der Familie Issaurat auf. Dort erhielten sie vom Nachbarn der Issaurats, dem Edelmann Philippe de Larnat, Besuch. Dieser erinnerte sich später, Arnaud Issaurat wie auch einen seiner Söhne, Guillaume, gesehen zu haben. De Larnat wusste auch noch, dass einer der Parfaits aus einem Buch vorgelesen hatte, wobei er angeblich jedoch nicht mehr sagen konnte, ob dieser auch gepredigt hatte oder nicht. Er gab einzig an, dass über irgendeine Art von Vision gesprochen worden sei.

Er wollte bei seinem Verhör eindeutig nicht mit der Sprache herausrücken. Es dürfte mit ziemlicher Sicherheit so gewesen sein, dass einer der Authiés vorlas und der andere fortlaufend einen Kommentar dazu gab. Das interessanteste Beispiel dieses Zusammenspiels, das in den umfangreichen Protokollen zu finden ist, ereignete sich im Hause von Sibylle Peyre in Arques (siehe S. 195-199).

Bemerkenswert ist, dass de Larnat auch berichtete, die beiden älteren Authiés in der zweiten Mai-Woche eines Abends in l'Herm, in der Nähe von Foix, getroffen zu haben. Guillaume Issaurat sei ihr

Führer gewesen und habe sie nach Garanou gebracht. De Larnat hatte sich ihnen angeschlossen und so den ehrwürdigen Empfang miterlebt, den ihnen der Edelmann Pons de Lordat und sein Sohn am Ortseingang, vermutlich an der alten Brücke, bereitet hatten. Diese beiden hatten sie dann in ein Haus geführt, das den de Planisolles' gehörte. Es muss das Haus gewesen sein, in dem Raymond de Planisolles vor über 50 Jahren einer früheren Generation von Katharern Zuflucht gewährt hatte. (D 24, f.274v) Béatrice' Vater war in der Frühphase der Rückkehr der Parfaits ganz tief in die Geschichte verwickelt.

Ihr nächster Ausflug führte sie nach Mérens, rund 13 Kilometer südlich von Ax, wo sie von Pierre Amiel willkommen geheißen wurden. Von dort wollten sie wahrscheinlich weiter nach Süden, über l'Hospitalet und den Col de Puymorens hinaus in das Dorf Carol (heute Latour-de-Carol), einen weiteren Ort mit starken katharischen Verbindungen, und nur fünf Kilometer nördlich der wichtigen Grenzstadt Puigcerdà gelegen, von der man auf die Cerdagne (französisch) oder Cerdanya (katalanisch) blickt, das größte und fruchtbarste Tal in den Pyrenäen, das durch den Fluss Segre bewässert wird.

Es dürfte kurz nach Ostern gewesen sein, als Raymond Authié auf dem Weg nach Puigcerdà war, um Schafe zu verkaufen, und durch Mérens kam, wo er seine Brüder besuchte. Als er ihnen angeboten hatte, ihnen aus Puigcerdà etwas mitzubringen, hatten sie ihn um Gewürze, insbesondere um Pfeffer und Safran, gebeten.

Auch wenn die Parfaits asketisch und enthaltsam lebten, waren einige von ihnen echte Genießer, die vor ihrer Ordination an Luxus gewöhnt waren. Die Authiés verwendeten Gewürze, aßen Fischterrinen und tranken »guten Wein«. Und so berichtete Géraud de Rodes, ein Neffe Pierre Authiés, mit einigem Bedauern, dass man Guillaume Authié im Hause von Raymonde de Luzenac Wein serviert hatte, »der nicht gut war, sondern wahrlich sauer« (d'AR, f.3v). Limborch verweist wiederholt auf Pierre Authiés Vorliebe für guten Wein. Und von einem Géraud d'Artigues wurde berichtet, er sei eigens losgegangen, »um einen besseren und namhafteren Wein als den zu suchen, den er selbst im Hause hatte«, den er Pierre und Jacques Authiés vorsetzen konnte. (L, S. 59)

Der alte Parfait liebte auch Honig aus Bouan. Die alten Bienenhäuser stehen dort immer noch, abseits der engen Straße, die sich von Bouan nach Larnat hinaufwindet. Die Bauern und Schäfer wie Pierre Maury wussten die Küche des Ariège natürlich zu schätzen. Aber das Interesse der Authiés an Gewürzen, das mit einer heutigen Vorliebe für Gourmet-Spezialitäten vergleichbar ist, lässt einen Lebensstil erkennen, der veranschaulicht, dass die Klassenunterschiede im Languedoc nie aufgehoben wurden. Weit davon entfernt, sich mit härenen Hemden zu kleiden, trugen die eleganten Authiés nach ihrer Konversion auch weiterhin Kambrik.

Die Tatsache, dass sie ihren Bruder um Gewürze baten, weist darauf hin, dass die Begegnung in Mérens nach dem Ende der Fastenzeit stattfand. Im Jahr 1300 fiel Ostern auf Sonntag, den 10. April. Dieses Osterwochenende des Jahres 1300 ist das berühmteste Osterfest in der europäischen Geschichte der Dichtung geworden. Denn an jenem Karfreitag, dem 8. April 1300, lässt Dante, der damals 35 und damit, gemäß dem Psalmisten, in der Mitte seines Lebens war (Psalm 90,10), die *Göttliche Komödie* beginnen. In jenem Jahr 1300 hatte der Patrizier Dante in seinem geliebten, wenn auch von politischen Machtinteressen gespaltenen Florenz ein hohes Amt inne. Aber genau wie den Authiés sollte ihm schon bald die Verbannung beschieden sein. Diese Spannungen, die Dante in Florenz letztlich zum Verhängnis wurden, hatten früher den Authiés ihren Aufenthalt in der Lombardei ermöglicht. Von Dante oder seiner Feindschaft gegen Papst Bonifatius VIII., der auch ihr Feind war, haben sie wohl nichts gewusst. Seine Stimme ergänzt jedoch ihre aus dieser lange zurückliegenden Vergangenheit mit brennender Eindringlichkeit.

Dass der Verfasser der größten Dichtung des Mittelalters ein direkter Zeitgenosse dieser letzten katharischen Renaissance sein sollte und sich in der Tat literarisch der Liebespoesie verpflichtet fühlte, die aus dem Okzitanien der Authiés kam, ist natürlich ein Zufall, eine rein zeitliche Koinzidenz der Geschichte. Aber für uns, die wir in die Zeit der beiden Geschichten zurückblicken, ergänzen beide, die Geschichte der Authiés und Dantes Meisterwerk der Dichtkunst, die zeitgleich im selben historischen Augenblick unternommen wurden, einander als Abenteuer des menschlichen Geistes.

Raymond Authié war nicht der Einzige, der den neuen Parfaits im späten Frühjahr des Jahres 1300 in Mérens einen Besuch abstattete. Sie wurden dort auch von einem Franziskaner oder *Beguinus* namens Guillaume Dejean besucht. Er muss ein bedeutender Katharer gewesen sein, dass man es ihm erlaubte, die Authiés so früh nach ihrer Rückkehr zu treffen. Und er scheint eine Zeit lang mit den beiden Authiés gesprochen zu haben, ehe er sich wieder verabschiedete. Danach machte er sich auf den Weg nach Pamiers und lief dort geradewegs zu einem Dominikaner namens Guillaume Pons.

Kurz darauf, es dürfte Mittwoch, der 25. Mai 1300, gewesen sein (wörtlich: »an einem Mittwoch kurz vor Pfingsten«, das auf den 29. Mai fiel), schrieb Bruder Raymond de Rodes O.P., der Sohn von Raymonde de Rodes-Authié, einen Brief. Er war an seinen Bruder Guillaume, den Notar in Tarascon, adressiert und enthielt die Warnung, ihre beiden Onkel, Pierre und Guillaume Authié, seien in Gefahr: Ob er nicht dringend zu einem Treffen nach Pamiers kommen könne? Am nächsten Tag traf Guillaume seinen Bruder, möglicherweise im Dominikanerkloster in der Carriera de Romengos o dels Predicadors. (Karte 6)

Raymond nahm seinen Bruder beiseite und berichtete ihm von dem Komplott, durch das ihre Onkel der Inquisition ausgeliefert werden sollten. Sein Mitbruder, der Dominikaner Guillaume Pons, hatte ihm erzählt, ein Spitzel namens Guillaume Dejean sei auf ihn zugekommen und habe ihm erklärt, er habe Pierre und Guillaume Authié gesehen und biete ihm nun an, sie auszuliefern.

Es war das Pech von Guillaume Dejean, dass die Verbindungen des Katharismus bis ins Zentrum der Inquisition reichten und dass die beiden Dominikaner Guillaume Pons und Raymond de Rodes Freundschaft und Familie über ihre Berufung stellten, oder vielleicht war die albigensische Kirche schon lange ihre wahre Berufung. Als Guillaume de Rodes gefragt wurde, warum er die Authiés unterstützt hatte, antwortete er, es sei »wegen seiner natürlichen Liebe zu ihnen« gewesen, »weil er zu ihrer Sippschaft und ihrer Familie gehörte« (FR, f.17r).

Guillaume de Rodes war mit seinem gefährlichen Wissen nach Tarascon zurückgekehrt und hatte sich von dort sofort auf den Weg nach

Ax gemacht. Er musste sich mit Raymond Authié beraten, dem stellvertretenden Oberhaupt der Familie Authié, da Pierre jetzt in der zwielichtigen Welt der Scheunen, Taubenschläge, Dachböden, Keller, Geheimkammern, Getreidespeicher, Silos, Kleiderkammern und großen Truhen lebte.

Auch wenn Guillaume de Rodes bei seiner Vernehmung vor Geoffroy d'Ablis kein Wort darüber sagte, so waren er und Raymond Authié zu dem Entschluss gekommen, dem Verräter eine Falle zu stellen. Rasches Handeln war geboten. Und Guillaume Delaire aus Quié, ein eifriger Anhänger der Authiés, sollte als Lockvogel dienen. Delaire wurde eingeweiht, was im Gange war, und arrangierte es so, dass er Dejean wie durch Zufall auf dem Marktplatz in Ax begegnete. So scheint es sich zumindest nach den Akten abgespielt zu haben. Delaire war es dann irgendwie gelungen, Dejean davon zu überzeugen, dass er ihm helfen konnte, die Parfaits in einem Versteck in den Bergen von Larnat zu ergreifen. Angesichts des Umstandes, dass die Authiés tatsächlich gegen Ende des Monats in die Gegend von Tarascon reisen wollten, war seine List besonders einleuchtend.

Dejean und Delaire scheinen dann aus Quié nach Larnat aufgebrochen zu sein, weil sich Philippe de Larnat, Pierre Delaire, Guillaumes Bruder, und Guillaume Issaurat aus Larnat an der Brücke über die Ariège (heute der Fluss Vicdessos) bei Alliat, vor Junac, auf die Lauer gelegt hatten. (d'AR, f.39r)

Die beiden Delaires und Issaurat sowie de Larnat hatten Dejean dann so schwer zusammengeschlagen, dass er nicht mehr um Hilfe schreien konnte. Dann hatten sie ihn in die Berge von Miglos hinaufgeschleppt und dort den niederträchtigen Informanten über seine Absichten befragt. Als er gestanden hatte, dass er die Authiés schnappen wollte, hatten sie ihn über einen steilen Abhang in eine Spalte oder tiefen Abgrund hinuntergeworfen, sodass seine Leiche unauffindbar blieb. Der Ort, an dem dieser Mord im Juni des Jahres 1300 geschah, war möglicherweise die Schlucht Ravin du Correc.

Die ganze Episode, angefangen mit dem Brief vom 25. Mai bis zum Tod des Informanten, dauerte etwa 14 Tage. Die Vergeltung war rasch und effizient erfolgt, was Guillaume de Rodes zunächst nicht zugeben wollte. Die Schnelligkeit und Erbarmungslosigkeit, mit der Dejeans

Verrat geahndet worden war, ließ die Katharer in keinem allzu guten Licht erscheinen.

Das albigensische Glaubensbekenntnis gründete auf der Spiritualität und den Metaphern des Johannes-Evangeliums und ächtete im Besonderen jede Gewalt. Es schloss Blutvergießen und die Tötung jeder lebenden Kreatur, selbst das Schlachten eines Huhns oder das Fangen eines Eichhörnchens, als Todsünde aus.

Die katholische Kirche zwang ihre katharischen Gefangenen wiederholt zuzugeben, dass für sie sogar gerichtlich angeordnete Hinrichtungen Sünde waren, trotz der Autorität der Bibel, die das Gegenteil besagte. Aber die Bibel der Kirche war eine Bibel der Vergeltung, während die der Katharer in der Theorie zumindest die Bibel der Güte Christi und der Vergebung war.

Die Praxis sah jedoch ganz anders aus, wie der Fall von Dejean und das Massaker, das 58 Jahre zuvor quasi als Vorspiel zu Montségur an den Inquisitoren von Avignonet verübt worden war, zeigen. Es ist eine tragische Ironie, dass die Rückkehr der Authiés praktisch sofort durch die Tötung eines Menschen geschützt werden musste. Und vier Jahre später sollten die Katharer mit einem zweiten Mord Montaillou ihren Stempel aufdrücken.

Etwa um die Zeit, als sich die Geschichte mit Guillaume Dejean abspielte, suchten die Authié-Parfaits Guillaume de Rodes und dessen Frau Blanche, die Schwiegermutter von Pierre de Gaillac, auf. Eines frühen Morgens um Pfingsten herum (29. Mai) hatten sie sich in Begleitung Raymonds Tarascon genähert, als das Licht der Morgendämmerung sie überraschte. Sie waren bis zu einer Scheune auf einer Wiese gekommen, die einem Katharer aus Tarascon namens Raymond Lombard gehörte, der möglicherweise der Schwiegersohn von Arnaud Issaurat war. Hier blieben sie, während Raymond Authié nach Tarascon hineinging, um Guillaume de Rodes aufzusuchen. De Rodes und Raymond holten sodann gemeinsam den Schlüssel für die Scheune und ließen die Parfaits hinein. Dann verschlossen sie die Scheune wieder und gingen in die Stadt zurück.[60]

Gegen 18 Uhr am Abend brachten Raymond Authié und Guillaume de Rodes den Parfaits Brot, Wein und gekochte Forellen. Sie konnten jedoch nicht bei ihnen bleiben, da in der Nähe Frauen damit beschäftigt waren, das Gras zu mähen, und sie ansonsten vielleicht ihren Argwohn geweckt hätten. Die Parfaits blieben bis zum Einbruch der Nacht in der Scheune und gingen dann nach Tarascon, wo sie sich bei Guillaume de Rodes versteckten.

Dort waren sie offenbar zwei Wochen geblieben, wobei sie einen Teil der Zeit möglicherweise auch bei den loyalen Delaires im benachbarten Quié verbracht hatten. Hier hatten sie sich in einem Getreidesilo versteckt, das durch eine riesige aufrecht stehende Truhe von der Speisekammer her erreichbar war. Das Silo hatte eine Falltür, die unter dem Getreide verborgen war und zu einem Versteck führte. (FR, f.306r; d'AR, ff.16v-17r) Den Großteil der Zeit lebten die letzten Parfaits des Languedoc buchstäblich im Untergrund.

Pierre de Luzenac und sein Bruder Guillaume-Bernard hatten sie dort aufgesucht, um ihnen ihre Reverenz zu erweisen. Beim Abschied hatte Pierre Authié dem jüngeren de Luzenac ein Parma-Messer geschenkt, das er aus einem Korb gezogen hatte. Den Korb trug er wahrscheinlich mit sich herum, damit seine Aufmachung als Hausierer echt wirkte. Diese Verkleidung wurde gemeinhin von den Parfaits gewählt, insbesondere wenn sie bei Tageslicht unterwegs sein mussten.

Später im Juni hielten sich die Authiés erneut in Tarascon auf, da Pierre de Gaillac sie am Donnerstag, dem 23. Juni, bei Arnaud Piquier traf. Er war damals in seinen Sommerferien von der Universität in Toulouse dort gewesen.

Kurz nach dem 24. Juni, dem Fest Johannes des Täufers, waren die Authiés nachweislich wieder im Keller neben den Stallungen bei ihrem Bruder Raymond in Ax und hatten den Wunsch geäußert, Pierre de Luzenac zu sehen. Als er sie aufsuchte, wurden sie von Jacques Authié bedient, der zu dem Zeitpunkt noch nicht ordiniert war.

Nachdem sie die Strecke zwischen Ax und Tarascon mehrfach zurückgelegt hatten, wussten sie, dass die Entfernung von gut 35 Kilometern zwischen den beiden Städten während der kurzen Sommernächte nicht sicher im Schutz der Dunkelheit zu bewältigen war, zumal sie nicht immer der Hauptstraße folgen konnten. Als Zwischenstation stand ihnen bereits das Haus der de Planisolles' in Lordadais zur Verfügung, sie brauchten aber noch einen weiteren Zufluchtsort.

De Luzenac versprach, sich darum zu kümmern. Er ließ sich jedoch Zeit.

Im August mussten sie ihn daran erinnern. Eines Abends, außerhalb von Ax, in der Nähe des Taubenschlags, der noch einem weiteren Barre gehörte, war er drei Männern begegnet, die in der »Blässe der Nacht« auf ihn zugekommen waren. Als sie nur noch einen Steinwurf von ihm entfernt waren, hatte er gepfiffen. Sie hatten angehalten, und einer von ihnen, Guillaume Authié, war auf ihn zugekommen und hatte von ihm verlangt, ihrem Freund, Pierre de Mérens, zu helfen und ihn bei seiner Anklage wegen eines Verbrechens vor dem Gericht des Grafen von Foix zu vertreten. Danach hatte Guillaume sich nochmals nach dem Zufluchtsort erkundigt, und de Luzenac hatte ihm versprochen, sich darum zu kümmern, »wenn es denn notwendig« sei.

Anfang Juli des Jahres 1300 hielten sich die Authiés wieder in der Gegend von Larnat und Tarascon auf, und im Juli oder August wurden Jacques Authié und Pons Sicre-Baille oder Pons d'Ax, wie er auch genannt wurde, von Pierre und Guillaume Authié zu Parfaits geweiht.

Aus der Zeugenaussage von Pierre Bela wissen wir, dass Jacques Authié sich vor seiner Ordination etwa 14 Tage bei den Teisseyres in Lordat aufgehalten hatte. Denn jener hatte ihn dort zufällig gesehen, als er, nachdem Bela an die Tür der Teisseyres geklopft hatte, verstohlen seinen Kopf aus einem Fenster der Foghana im ersten Stock gestreckt hatte.

Dass Jacques sich längere Zeit bei seinem Schwager aufhielt, hatte möglicherweise mit seinem Geschwür am Bein zu tun, das Teisseyre behandelte. Nach den Akten müsste Jacques zu dem Zeitpunkt, als diese Behandlung erfolgte, allerdings schon Parfait gewesen sein. Vielleicht waren seine Geschwüre chronisch und bedurften einer regelmäßigen Behandlung. (L, S. 69; FR, ff.157v, 159r)

Dass Jacques Authié nach dem 24. Juni und vor September 1300 ordiniert wurde, ist aus den Worten von Pierre de Luzenac zu schließen. Denn er hatte erklärt, Jacques sei noch nicht ordiniert gewesen, als er ihm am 24. Juni 1300 begegnet war. Er erinnere sich aber, bei einer erneuten Begegnung im September desselben Jahres gedacht zu haben, Jacques sei kürzlich ein Parfait geworden. (d'AR, f.66v)

Pierre de Gaillac scheint dies in seiner Aussage vom 23. Oktober 1308 zu bestätigen. Danach war er Pierre und Jacques Authié, der damals schon ein Parfait war, »etwa vor acht Jahren, vor dem Fest der Geburt des selig machenden Johannes des Täufers, das kürzlich gefeiert wurde«, begegnet. Da de Gaillac von »kürzlich« sprach, muss er das Martyrium Johannes des Täufers, das am 29. August begangen wird, und nicht seine Geburt gemeint haben.

Die Ordination oder das Consolamentum, das sich von der Tröstung Sterbender unterschied, fand im Haus von Arnaud Issaurat in Larnat statt, in dem es eine katharische »Kapelle« gab – wie auch bei den Rives' in Montaillou, bei den Peyres in Arques und bei den Francès' in Limoux. Mit dem Consolamentum wurde der Heilige Geist auf den Novizen herabgerufen. Bei ihrer Ordination mussten die beiden jungen Männer niederknien und mit gefalteten Händen um die Erlaubnis bitten, in die wahre Kirche aufgenommen zu werden. Kniend hörten sie sich anschließend die Lesung und Auslegung des Vaterunsers durch den Ältesten (in diesem Fall Pierre Authié) an und sprachen es ihm nach. Als Nächstes gelobten sie, ein Leben in moralischer Reinheit zu führen, nie zu lügen oder einen Eid zu schwören und sich an die Ernährungsvorschriften zu halten, die sie bereits kennen gelernt hatten. Nachdem sie um die Vergebung ihrer Sünden gebeten hatten und diese ihnen gewährt worden war, wurde den Postulanten das Evangelienbuch auf den Kopf gelegt. Anschließend legte der Älteste ihnen die Hände auf und beschwor mit folgenden Worten den Heiligen Geist auf sie herab:

»Segnet und vergebt uns, Amen. Möge uns geschehen nach Eurem Wort, o Herr. Möge der Vater und der Sohn und der Heilige Geist Euch Eure Sünden verzeihen und vergeben. Lasst uns zum Vater und dem Sohn und dem Heiligen Geist beten. Lasst uns zum Vater und dem Sohn und dem Heiligen Geist beten! Heiliger Vater, nehmt Euren Diener in Eurer Gerechtigkeit auf, und erfüllt ihn mit Eurer Gnade und Eurem Heiligen Geist.« (Nelli, 1969, S. 44)

Darauf folgten mehrfache Rezitationen des Vaterunsers und eine kurze Lesung aus dem Prolog des Johannes-Evangeliums, in dem Christus als der ewige *Logos,* das ewige Wort, dargestellt wird: »Und das Wort ist Fleisch geworden und hat unter uns gewohnt, und wir haben seine Herrlichkeit gesehen, die Herrlichkeit des einzigen Sohnes vom Vater, voll Gnade und Wahrheit.« (1,14) Die neutestamentarischen Grundlagen der katharischen Kirche wurden sodann dialektisch mit den Worten definiert: »Denn das Gesetz wurde durch Mose gegeben, die Gnade und die Wahrheit kamen durch Jesus Christus.« (1,17)

Dies stand Arnaud Issaurat vor Augen, als er sich bei seiner Vernehmung nur vage daran erinnern wollte, dass »in Anwesenheit der Häretiker viele Worte über die Apostel und die Evangelien gesprochen worden waren«, um nicht zuzugeben, dass er mit dem Consolamentum, das in seinem Haus stattgefunden hatte, bestens vertraut war. (FR, f.46v)

Zum Abschluss der Ordination wurde ein weiteres Mal das Vaterunser gesprochen, und anschließend küsste der Älteste die beiden neuen Parfaits auf den Mund. (Fr, f.158r; Duvernoy, 1978, S. 744, Anm. I; d'AR, ff.46v, 66v)

Dass diese beiden jungen Männer, die dem Jugendalter kaum entwachsen waren, nun geschworen hatten, nie vom wahren Weg abzuweichen, muss die beiden älteren Parfaits ermutigt haben, selbst wenn Pierre Authié sich der Gefahren durchaus bewusst war, die jetzt auf seinen Sohn zukamen.[61]

Jacques Authié trug bereits den Namen eines Jüngers, Pons hingegen nicht. Und ebenso wenig Guillaume Authié. Die meisten Parfaits änderten ihre Namen, wie Prades Tavernier, der den Namen André Tavernier angenommen hatte. Warum haben weder Pons noch Arnaud Marty, der Parfait aus Junac, ihre Namen geändert?

Innerhalb von zwei Jahren nach der Ordination seines eigenen Sohnes hatte Pierre Authié mithilfe von Guillaume Authié noch zwei weitere Parfaits in Larnat geweiht. Beide Männer waren in den Dreißigern und hatten die Namen Pierre und Paul erhalten. Der Zeremonie im Jahr 1302 hatten nicht weniger als fünf okzitanische Parfaits beigewohnt – die drei Authiés sowie Prades (André) Tavernier und Pierre-Raymond de Saint-Papoul. Ein Jahr später war Pons d'Avignonet von den Authiés ordiniert worden, wiederum im Haus der Issaurats in Larnat.

Auch wenn es bei dem Wanderleben, das die Authiés führten, wenig Raum für Luxus gegeben haben dürfte, hatten sie eine Vorliebe für Bücher und waren im Besitz einer Bibliothek. Pierre Authié gehörte eine Lederschatulle, die speziell für sein Tröstungsbuch angefertigt worden war. (L, S. 50) Jeder Parfait trug für gewöhnlich in seinem Umhang das Evangelienbuch ständig bei sich. Es gab jedoch noch andere Bücher, die nur in größeren Städten zu kaufen waren, und hier erwies sich Pierre de Luzenacs Belesenheit als nützlich.

Eines Abends im Herbst des Jahres 1300 zeigten Pierre und Jacques Authié ihm, Pierre de Luzenac, im Keller der Issaurats in Larnat, eine illustrierte Handschrift. Es war »ein sehr schönes Buch mit erlesenen Bologneser Lettern, die in Blau und Zinnoberrot reich verziert waren, und das Buch enthielt die Evangelien in Okzitanisch und die Briefe des heiligen Paulus« (d'AR, f.64r).

Die Tatsache, dass das Buch in Okzitanisch war, erschien Pierre de Luzenac bemerkenswert, da viele, vielleicht sogar die meisten Ausgaben der Evangelien die parallelen lateinisch-okzitanischen Texte enthielten.[62] Jacques Authié las den Anwesenden eine Zeit lang daraus vor und bat Pierre anschließend, ihm das nächste Mal, wenn er in Toulouse sei, eine vollständige Bibel zu kaufen. »Ihr könnt bis etwa 20 Pfund hochgehen.« Diese Summe entsprach ungefähr dem Wert eines halben Hauses im nahe gelegenen Tarascon. Die Bereitschaft der Authiés, so viel Geld für ein Buch auszugeben, lässt auf ihre finanziellen Ressourcen schließen.

Pierre erklärte sich dazu bereit und bat, ihm das Geld dafür vorzustrecken. Die Authiés verwiesen ihn daraufhin an ihren Bankier Ysalguier in Toulouse und gaben ihm zu verstehen, dass Pierre Sans die Auszahlung veranlassen würde. De Luzenac war jedoch wegen seiner Schulden in Toulouse verhaftet worden, war vermutlich geflohen und traute sich nun nicht mehr, dorthin zurückzukehren. Er wollte stattdessen in Montpellier oder in Lleida in Katalonien weiterstudieren. Wenn die Authiés ihm das Geld vorstreckten, würde er ihnen ihre Bibel in Montpellier kaufen. Und er bat sie noch um einen weiteren Vorschuss von mindestens zehn Pfund, damit er seine eigenen Bücher bei einem Pfandleiher in Toulouse auslösen konnte. Darauf ließen sich die Authiés jedoch nicht ein. Trotzdem brachte de Luzenac ihnen irgendwann ein Buch, das die Schriften des heiligen Petrus und heiligen Paulus auf Okzitanisch enthielt. (d'AR, f.2r)

Der Besitz eines Buches wurde in dieser Zeit nahezu immer als Zeichen katharischer Zugehörigkeit gewertet. Als Pierre Clergue aus Montaillou zum Beispiel mit einem Buch gesehen wurde, hatten die Dorfbewohner gleich darüber spekuliert, dass es von Guillaume Authié käme. Wir haben bereits erfahren, wie wichtig es für Pierre Authié war, sein Buch von Arnaud Teisseyre aus Lordat zurückzuerhalten.

Sechs Jahre später, nicht lange nach Pierre Maurys Rückkehr nach Montaillou, war Pierre de Gaillac bei ebenjenem Arnaud beschäftigt, mit dem er durch die Authiés verwandt war. De Gaillac arbeitete bei Arnaud Teisseyre als dessen Sekretär, nachdem er sein Studium in Toulouse beendet hatte. Er dürfte so etwas wie ein Anwaltsgehilfe gewesen sein. Zu der Zeit war er etwa Mitte 20 und hatte einen Bruder namens Bertrand sowie zwei jüngere Schwestern, Raymonde und Alissende, die damals noch Kinder waren. Alissende war nach ihrer Großmutter benannt.

Pierre de Gaillac arbeitete seit etwa sechs Monaten bei Teisseyre, als er eines Tages beim Durchsuchen der Akten seines Arbeitgebers ein Buch fand. Es war in Okzitanisch verfasst und in altes Pergament gebunden. (FR, f.157r) Es enthielt Argumente für und gegen die katholische Religion und den Manichäismus, eine dualistische Häresie, der zufolge beide, Gott und Satan, ewige Mächte waren. Bei dem Buch handelte es sich vermutlich um eine katharische Abhandlung, und es enthielt möglicherweise auch das Johannes-Evangelium. Arnaud Teisseyre überraschte seinen Sekretär, als dieser gerade in die Lektüre des Buches vertieft war, entriss es ihm verärgert und versteckte es.

An jenem Abend, so gab Arnauds Frau, die Tochter Pierre Authiés, an, habe er sie wie auch seinen unehelichen Sohn Guillaume (sein Sohn von Pierre Authiés Tochter hieß, nach seinem Onkel benannt, Raymond) geschlagen, weil er ihnen vorwarf, das Buch an einem Ort liegen gelassen zu haben, wo de Gaillac es finden konnte.

Pierre de Gaillac behauptete, sich so beschämt und gedemütigt gefühlt zu haben, dass er Arnauds Haus verlassen habe und nach Tarascon zurückgegangen sei. Drei Tage später hatte Arnaud ihn dort aufgesucht und überredet, nach Lordat zurückzukommen. Wenn Pierre irgendwann danach, während sie zusammen in der Gegend von Lordat unterwegs waren, einmal auf den Manichäismus angespielt hatte, hatte Arnaud nur gelacht und kein weiteres Wort gesagt.

Auch der Körper bedurfte wie der Geist der Pflege. Und so machten Raymond Authié und Arnaud Teisseyre sich am Freitag, dem 2. September, dem ersten Tag des Kirchweihfestes des heiligen Antonius in Pamiers, auf den Weg, um für Pierre und Guillaume Authié ein Rasiermesser zu kaufen. Um ihre Anonymität zu wahren, mussten die beiden Parfaits sich regelmäßig rasieren. Da sie den Barbieren nicht vertrauen konnten, mussten sie sich entweder gegenseitig oder von Anhängern rasieren lassen. Sie hatten zwar Raymond einen Schilling für den Kauf des Rasiermessers in die Hand gedrückt, es war jedoch Arnaud, der es aussuchte. Dank seiner Kenntnisse als Arzt und gelegentlich auch als Chirurg, der Rasiermesser für Aderlässe verwendete, konnten sie darauf vertrauen, dass er das beste wählte.

Sie gingen in ein Geschäft in der *Vilanova,* der Neustadt von Pamiers, die heute der Gegend zwischen der Place de la République und dem Mercadal entspricht. Das Geschäft befand sich neben dem Haus von »Compans Gras«, ein Name, den Raymond Authié so selbstverständlich erwähnte, als erwarte er, dass er dem Bischof von Pamiers vertraut sei. Das war er möglicherweise auch, da Pierre Compans Gras in einem Brief des Grafen von Foix vom 9. Dezember 1303 als einer der beiden Konsule von Pamiers erwähnt wird. (D 93, f.66r)

Raymond und Arnaud mussten jedoch feststellen, dass das Rasiermesser ihrer Wahl mehr als einen Schilling kostete, auch wenn man sich für einen Schilling in jener Zeit einen ganzen Tag lang einen Diener dingen oder für zwei Personen in einer Herberge eine Übernachtung samt Verpflegung leisten konnte. Rasiermesser waren teuer. Und für das, welches Arnaud ausgesucht hatte, musste Raymond noch zusätzlich drei Pfennige ([Deniers] Toulzas) der alten Währung für die Differenz zwischen seinem französischen Silber-Tournois und dem Gesamtpreis von zehn Toulzas bezahlen. Arnaud versicherte ihm jedoch, das beste gekauft zu haben. »Ich habe es so ausgesucht«, sagte er, »als sei es für mich selbst.« (FR, f.159v)

Fast einen Monat später, gegen Ende September, als es schon kalt wurde, hatte Pierre de Luzenac von Raymond Authié die Nachricht erhalten, dass er am Abend seinen Bruder an der Brücke von Perles erwarten und für ihre Unterbringung sorgen solle. Und so war de Luzenac noch am selben Tag zu Rixende Palharèse gegangen, deren Haus in Luzenac dafür geeignet war, und hatte von ihr verlangt, die Parfaits bei sich aufzunehmen.

Rixende war zunächst nicht willens, sich seiner Anordnung zu fügen. Sie habe Angst, erklärte sie, wenn zwei fremde Männer, während sie allein war, in ihrem Haus übernachten sollten. »Und was ist, wenn sie ›mich mit Gewalt nehmen‹?«, wollte sie wissen. »Macht Euch keine Sorgen«, hatte er ihr daraufhin gesagt, »darüber werden sie mit Euch nicht reden, und sie werden Euch nicht anrühren.« Als sie sich weiter sträubte, schnitt er ihr kurzerhand das Wort ab: »Seid still. Und ich erwarte, dass ein Feuer brennt, wenn wir kommen!«

An jenem Abend hatte er sich dann zur Ariège-Brücke begeben, um Pierre Authié und seinen Sohn Jacques abzuholen. Sie wurden von Raymond Authié begleitet, der dann wieder nach Ax zurückgegangen war, während die beiden Parfaits und de Luzenac zu Rixendes Haus geeilt waren. Dort hatten sie sich kurz am Feuer aufgewärmt, dann ihr Bett aufgeschlagen und sich für die Nacht zurückgezogen, während Pierre nach Hause, vermutlich zur Burg gegangen war.

Früh am nächsten Morgen war er wieder zu ihnen gegangen, um mit ihnen zusammen zu frühstücken. Es gab frische Forellen, die sie aus Ax mitgebracht hatten. Rixende aß derweil allein in der Speisekammer. (d'AR, f.66v) Bevor sie mit dem Frühstück begannen, nahm Pierre Authié Tücher aus seiner Tasche, gab Jacques und de Luzenac je eines und legte sich seines wie eine Stola um den Hals. Dann segnete er das Brot.

»Vor der Mahlzeit und stehend«, berichtete Pierre de Luzenac darüber, »nahm Pierre Authié die Hälfte des Brotes, hielt es mit dem Tuch, das er um seinen Nacken gelegt hatte, in seinen Händen und begann, das Vaterunser darüber zu sprechen. Dann betete er einen Augenblick leise murmelnd. Daraufhin teilte er das Brot mit seinem Messer und legte etwas davon auf den Tisch vor sich hin und dann vor jeden von uns. Dabei sagte er mir, dies sei geheiligtes Brot, wie sie es nannten.

Als Jacques, der uns bediente und das Essen brachte, das Geschirr vor uns oder für sich hinstellte, sagte er jedes Mal: ›Segnet uns‹, und desgleichen, als er das Geschirr abräumte und als er zu essen und zu trinken begann. Wir hatten alle während des Mahls unsere Stolen auf dem Tisch ausgebreitet.« (FR, f.66v)

Nach dem Frühstück, behauptete de Luzenac, hatten die Authiés ihn aufgefordert, ihnen das Melioramentum zu entbieten. Das hatte er abgelehnt, ihnen aber angeboten, es bei einer anderen Gelegenheit zu tun. Dann hatte Jacques ihm eine vierseitige Schrift gegeben, die eine lateinische Auslegung des Vaterunsers enthielt.

Anschließend hatten sie sich verabschiedet, und die Parfaits waren wieder zu Bett gegangen, um ausgeruht für den bevorstehenden nächtlichen Marsch zu sein.

Am Abend hatte de Luzenac sich ihnen wieder angeschlossen und sie nach dem Abendessen bis zur Brücke von Albiès begleitet, wo es zu regnen angefangen hatte. Sie hatten in einer stillgelegten Mühle Schutz gesucht, und dort hatte er ihnen dann das Melioramentum entboten. Kurz darauf hatten sie draußen vor der Mühle ein Pfeifen gehört, das ihnen signalisierte, dass die zweite Staffel, die sie in Empfang nehmen sollte, um sie den weiteren Weg zu geleiten, eingetroffen war. Die Parfaits waren mit ihnen gegangen, und Pierre hatte sich wieder auf den Heimweg nach Luzenac gemacht.

Es sollte zwei Monate dauern, bis er kurz vor Allerheiligen Rixende erneut behelligen musste. Nicht, dass sie sich generell gesträubt hätte. Vielleicht hatte sie nur etwas gegen den dreisten Egoismus des jungen Pierre. Seine Mutter scheint demgegenüber keine Schwierigkeiten gehabt zu haben, Rixende zu motivieren.

Als Vater und Sohn Authié sich beispielsweise eines Tages bei Raymonde in Luzenac aufhielten und am Abend nach Quié weitermarschieren wollten, beunruhigte sie der Gedanke, den Parfaits könnte es dort an irgendetwas, Decken, Laken oder Kissenbezügen, fehlen. (FR, f.56v) Daher hatte sie Rixende mit allem Nötigen vorausgeschickt und sie des Weiteren angewiesen, bei ihrer Nichte Lorda Bayard die nötige Verpflegung zu besorgen, weil die Parfaits in Quié sonst vielleicht nichts zu essen hätten. Und Lorda hatte ihr ebenso bereitwillig Brot, Fisch und Wein für die Bonshommes gegeben.

Im Übrigen war es auch Rixende Palharèse, die acht Jahre später Arnaud Marty retten sollte, als er auf der Flucht war (siehe S. 286).

Als das Jahr 1300 sich dem Ende zuneigte, hatten die Authiés sich bereits voll in ihre Aufgabe gestürzt. Sie hatten mindestens einen Versuch, sie zu verraten, überlebt und darüber hinaus solide Grundlagen geschaffen, um ihren Guerillakrieg gegen die katholische Kirche führen zu können. Im Raum Tarascon genossen sie vor allem die Unterstützung von Guillaume Bayard, seiner Frau Lorda, der Nichte von Raymonde de Luzenac, und seinen Töchtern Ricarde und Mathende.

Es geschah wahrscheinlich durch Vermittlung Bayards, dass der Graf von Foix, Roger-Bernard III., im März 1302 auf seinem Totenbett in der Eingangshalle der Burg von Tarascon von Pierre Authié getröstet wurde, auch wenn er später vom Bischof von Carcassonne und in Anwesenheit verschiedener Äbte beigesetzt wurde. (FR, f.206r; Devic u.a., 1872-1905, S. 9, 232) Bayards Stern ging nach dem Tod von Roger-Bernard III. noch weiter auf, als er in gewisser Weise die Regentschaft ausübte. (FR, f.51v)

Was Bayard dazu bewog, Katharer zu werden, ist nicht feststellbar. Was er aber fraglos, genau wie Simon Barre, in vollen Zügen genoss, war die sexuelle Freiheit, die sein neuer Glaube ihm gab. Trotz der engen Beziehung mit seiner Ehefrau, die ihn in mancher Hinsicht dominiert zu haben scheint, brüstete er sich damit, nicht nur mit zwei Schwestern, sondern mit zwei Schwesterpaaren geschlafen zu haben.[63]

Dass Bayard als Anwalt und Richter große Macht besaß, war weithin bekannt, und wie sehr er das Rechtssystem missachtete, wird zum Beispiel daran deutlich, wie er gewaltsam die rechtmäßige Ehe einer seiner Töchter mit Raymond-Arnaud von Château-Verdun zugunsten einer zweiten Eheschließung mit dem Edelmann Pierre de Miglos annullierte. Dieser war Besitzer eines sehr großen Hundes, der es in der Region zu legendärer Berühmtheit gebracht hatte. Bei einer anderen Gelegenheit hatte Bayard mit Raymond Authié gemeinsame Sache gemacht, als es darum gegangen war, einen Vergewaltiger vor dem Zorn des Herrn von Mirepoix zu schützen, da es sich bei dem Vergewaltiger um den Verwandten eines katharischen Verbündeten aus Ax handelte.

Im Jahr 1305 geschah jedoch etwas, das Bayard zum Nachdenken gebracht haben muss. Als eines Tages das Haus einer Alamande de Sos von den Männern des Grafen von Foix durchsucht wurde, während Guillaume Authié (d'AR, f.16r) oder sein Neffe Jacques (FR, f.235r) sich darin befanden, schaltete sich Bayard auf Drängen seiner Frau ein. Die Männer behaupteten zwar, lediglich Eigentum zur Begleichung von Schulden zu beschlagnahmen, der Überfall fiel jedoch mit dem Aufenthalt eines berühmten Parfaits im Hause zusammen. Bayard hielt die Männer lange genug auf, dass der Parfait noch mit knapper Not durch eine Tür entkommen konnte, die auf den Pech von Tarascon hinausführte.

Arnaud von Bédeilhac, ein Angestellter, der als Bayards Bote gegenüber dem Leiter des Trupps aufgetreten war, glaubte jedenfalls nicht, dass diese Aktion nichts mit der Anwesenheit eines Authiés im Haus zu tun hatte. Er hatte sicher Recht. Die Aktion war ein eindeutiges Zeichen, dass die Inquisition im Jahr 1305 angefangen hatte, zurückzuschlagen, und dass sie durch ihren Geheimdienst so gut informiert war, dass Bayard nicht die Leitung bei der Durchsuchung des Hauses von Alamande anvertraut worden war.

Im Jahr 1305 sollte die katharische Erneuerungsbewegung, wie wir noch sehen werden, im Ariège ihre ersten großen Rückschläge erleiden. Dass der mächtige Bayard bewusst übergangen wurde, kann ein gezielter Schuss vor den Bug gewesen sein. Die Vermutung, dass der ältere Arnaud Sicre als ortsansässiger Kirchentreuer dabei seine Hände im Spiel hatte, mag nicht zu weit hergeholt sein.

Es ist undenkbar, dass die Authiés nichts von den moralischen Unzulänglichkeiten Bayards bekannt gewesen sein soll, genauso wie sie gewusst haben müssen, dass der Pfarrer von Montaillou, ob nach den Vorstellungen ihrer oder der römisch-katholischen Kirche, vor Gott ein Verworfener war. Ihre Bereitschaft, im Hinblick auf das höhere Ziel über solche Verderbtheit hinwegzusehen, wirft einen tiefen Schatten auf ihre Mission.

Ende 1300 war der Zugriff der Authiés auf das untere Ariège-Tal durch ein eindrucksvolles Netz mächtiger Allianzen sichergestellt. Zwischen Tarascon und Ax war ein alles überspannendes katharisches Geflecht entstanden. (d'AR, ff.17r, 56r)

In Ax selbst erfreuten sich die Parfaits der uneingeschränkten Unterstützung der Familie Barre und kämpferischer Anhänger wie Sibylle Baille und einer Reihe anderer. Von Ax verbreiteten sie den Katharismus im Süden über den Puymorens hinaus bis nach Latour-de-Carol und Puigcerdà und im Osten bis nach Mijanès und Quérigut im Donézan und von dort über das Fenouillèdes hinaus. Nach Norden drangen sie bis ins Pays de Sault vor, von wo ihr Einfluss bis nach Verdun-sur-Garonne im Norden von Toulouse reichte. Weiter abwärts an der Aude lag Quillan, das in einem langen nächtlichen Marsch von Montaillou aus erreicht werden konnte. Und von Quillan waren es noch rund 35 Kilometer bis nach Carcassonne und Arques, einer katharischen Hochburg mit engen Beziehungen zum Sabarthès.

*

Die Energie, der Einfallsreichtum und das Engagement der Parfaits tritt am deutlichsten bei der Erfüllung ihrer gefährlichsten Aufgabe, der Tröstung Sterbender, zutage. Es war der Punkt, an dem sie am verwundbarsten waren und leicht in eine Falle geraten konnten. Ihre Ordination verpflichtete sie jedoch, die Tröstung zu spenden, wo und wann immer sie gebraucht wurden.

Die tüchtigen jungen Männer, die sich den Parfaits dabei als Führer und Boten zur Verfügung stellten, zählen zu den ungerühmten Helden dieser Geschichte. Keiner kannte die Gegend so gut wie sie, und ihre Schnelligkeit und Ausdauer waren unvergleichlich. Sie waren bei Tag und, wichtiger noch, bei Nacht die Augen und Ohren der Authiés. Zu den Führern gehörten Pierre Maury, Arnaud Vital, Raymond Azéma und Pons Rives aus Montaillou, ein Guillaume Dejean aus Prades, die beiden Brüder Issaurat aus Larnat, Bernard Marty aus Junac und möglicherweise noch Guillaume Escaunier aus Sorgeat.

Manchmal ließ ein Parfait sich von einem Kind begleiten, so zum Beispiel Pierre-Raymond de Saint-Papoul, als er am helllichten Tag Raymond Authié in Ax aufsuchte. Er wollte wie ein Händler aussehen, und dies scheint eine seiner bevorzugten Tarnungen gewesen zu sein. (d'AR, ff.11r, 39r) Es geschah ausgesprochen selten, dass ein

Parfait sich bei Tageslicht sehen ließ, und wenn, dann nur im Notfall, wie an jenem Tag in Montaillou, als Pierre Clergue Wache hielt (siehe S. 523).

Zu den kühnsten und spektakulärsten Tröstungen zählten die von Gentille im Hospital in Ax im September 1301 und die von Pierre de Gaillacs Mutter in Tarascon drei Jahre später.

Im Jahr 1301 war das Hospital von Ax 41 Jahre alt. Ludwig IX., der Sohn von Blanche de Castille und Erbauer der Sainte-Chapelle in Paris (1245 - 1248), hatte es zusammen mit dem Bassin des Ladres, dem Warmwasserbecken in Ax, errichten lassen. 1297 war Ludwig IX. von Papst Bonifatius VIII. heilig gesprochen worden, und noch heute trägt das Krankenhaus Saint-Louis in Ax-les-Thermes seinen Namen. Er hatte das Warmwasserbecken wie auch das Hospital, das heute noch an derselben Stelle wie vor 700 Jahren steht, ursprünglich für die Behandlung leprakranker Kreuzritter erbauen lassen, die sich bei den Kreuzzügen in Palästina Hautkrankheiten zugezogen hatten.

Gegen Ende September 1301, etwa um die Zeit »des ersten Schlafes«, war Raymond Vaissière in Ax bereits im Nachthemd und barfuß, um zu Bett zu gehen, als Guillaume Authié leise an die Tür klopfte. Er komme vom Haus seines Bruders Raymond, erklärte Guillaume, und wolle Vaissière bitten, ihn ins Hospital von Ax zu begleiten, wo er eine Frau namens Gentille d'Ascou trösten solle.

Gentille entstammte, ihrem Namen nach zu urteilen, den sie mit der Schwester von Béatrice de Planisolles teilte, vermutlich dem Kleinadel. Sie sei offiziell wegen einer Heilwasserbehandlung im Hospital, erklärte Guillaume, in Wahrheit sei sie jedoch dort, um sich trösten zu lassen, bevor sie starb. Dem war tatsächlich so, wie Vaissière wusste, da sie den Authiés über seinen Mittelsmann die stattliche Summe von 25 Schillingen hatte zukommen lassen.

Vaissière zog sich einen Pelzmantel über und machte sich zusammen mit Guillaume Authié auf den Weg zum Hospital. Als sie die Stufen der Steintreppe, die zum Eingang hochführte, erreicht hatten, sahen sie Marie, die Frau von Pierre Amiel aus Mérens, in der überdachten Vorhalle stehen und gingen zu ihr hinauf. Während Marie, die sich um die kranke Gentille kümmerte, dann im Innern des Hospitals verschwand, um Gentille herbeizuholen, begaben sich die beiden Männer auf ein Feld hinter dem Hospital.

Hier warteten sie, bis Marie Gentille brachte, die so krank war, dass sie weder allein gehen noch sich aufrecht halten konnte. Gentille setzte sich hin, und Guillaume Authié tröstete sie. Als er fertig war, schlug er Vaissière vor, nach Hause oder zu den Heilbädern zu gehen, die Gesellschaft von Marie würde genügen. Während Raymond Vaissière sich zu den Bädern aufmachte, blieb Guillaume noch bei den Frauen, sicher, um mit ihnen über die Endura zu sprechen. Bei Gentille sollte diese noch fünf oder sechs Tage dauern, bis sie schließlich erlöst wurde.

Gentille war eine fromme und von Bekehrungseifer beseelte Katharerin gewesen. Ihre großzügige Spende für ihre Tröstung sagte vieles. Eine Tröstung auf einem offenen, direkt am Hospital gelegenen Feld vorzunehmen, kam für Guillaume Authié einem Spießrutenlauf vor der Inquisition gleich. Ihre Mission stand noch am Anfang, aber das Komplott gegen die Authiés im Vorjahr hatte doch gezeigt, dass die Inquisition dabei war, sich mit dem Beistand lokaler Kollaborateure zum Gegenschlag zu formieren.

Hinzu kam, dass das Hospital in Ax nicht nur von Kranken in Anspruch genommen wurde. Die sexuelle Herrschaft des Pfarrers von Montaillou reichte bis hierher. Pierre Clergue hielt sich regelmäßig im Hospital auf, wenn er sich die Heilquellen in Ax angedeihen ließ, und wurde hier des Nachts von verschiedenen Mätressen aufgesucht. Es ging das Gerücht um, dass sie in Capes verhüllt zu ihm kamen, um ihre Identität zu verbergen. Dennoch waren einige der Namen in Ax allgemein bekannt, etwa der von Na Maragda, Jacqueline den Tourte und Alissende Pradon. Ebenso bekannt war auch, dass die Frauen, die dem dämonischen Pfarrer von Montaillou zu Diensten waren, durch die Macht, die er ausübte, gefügig gemacht und eingeschüchtert wurden. Um es mit den Worten einer Zeitzeugin zu sagen: »Es gab keine Frau in Ax oder nur wenige, die der Pfarrer nicht besitzen konnte, wenn er dort war, und zwar aus Furcht vor der Inquisition in Carcassonne.« (FR, f.51v)

Denkbar ist, dass Pierre Clergue erst später anfing, das Hospital für seine heimlichen Treffen zu nutzen, da er zur Zeit von Gentilles

Tröstung vielleicht noch um die Kastellanin trauerte, die sechs Wochen zuvor wieder geheiratet hatte. Andererseits waren sein Herz und seine unteren Körperregionen nicht unbedingt so eng miteinander verbunden, dass diese Vorstellung nahe liegend wäre.

Wenn Pierre Clergue das Hospital als Bordell nutzte, dann taten es vielleicht auch andere wie Barre, Bayard und die de Polignacs. Es ist gut möglich, dass die Clergues, wenn sie zu den Thermalquellen kamen, sie mit Frauen versorgten, da die Prostituierten sich gerne und oft im Bereich des Bassin des Ladres aufhielten.

Aber wie gefestigt die Position der Katharer in Ax auch gewesen sein mochte, sie mussten äußerst auf der Hut sein, und sei es nur, weil sie es sich nicht leisten konnten, ihre Freunde zu kompromittieren. Wie sehr sie auf Heimlichtuereien angewiesen waren und ein konspiratives Dasein fristeten, wird anlässlich der Tröstung von Pierre de Gaillacs Mutter deutlich, die wiederum von Guillaume Authié gespendet wurde.

Gaillarde de Gaillac starb im August 1304. Um sie zu trösten, war Guillaume Authié in Tarascon in eines der Häuser ihres Ehemannes geschmuggelt worden. Das Haus stand neben einem weiteren Wohnhaus, das ihnen offenbar ebenfalls gehörte. Und nahebei war auch das Haus von Guillaume de Rodes, dem Neffen von Pierre und Guillaume Authié und Ehemann von Blanche, der Schwiegermutter de Gaillacs. Guillaume Authié wartete, bis Gaillarde den Zustand erreicht hatte, an dem sie dem Tod nahe genug war, um die Endura zu beginnen. Sein Neffe Guillaume de Rodes berichtete später, dies habe mindestens acht Tage gedauert.

An einem sehr warmen Abend gegen sechs Uhr wurde Gaillarde dann an einen geheimen Ort zum Sterben gebracht (wörtlich: »sie schleppte sich«). In dem Raum, in dem sie im Sterben lag, hatten sich de Gaillac, seine Großmutter mütterlicherseits, Alissende, seine Tante Esclarmonde und rund 50 weitere Personen aus Tarascon eingefunden, um ihr die Ehre zu erweisen. Esclarmonde hatte ihn dann gedrängt, alle Anwesenden wegzuschicken, weil sie für die Tröstung absolut ungestört sein mussten.

De Gaillac hatte sich daher an die versammelte Gesellschaft gewandt: »Meine Herren, lasst uns wegen der drückenden Hitze nach draußen gehen. Wir lassen meine Mutter nur leiden.« Nur Alissende und Esclarmonde blieben im Raum zurück, den sie von innen verschlossen.

Nachdem Pierre mit den anderen gegangen war, kletterte Esclarmonde ins benachbarte Haus, in dem Guillaume Authié sich aufhielt. Dort nahm sie ihren Umhang und Mantel ab und gab sie ihm, um sie anzuziehen. Verkleidet als Esclarmonde betrat der Parfait den Raum, um die Sterbende zu trösten.

Bei Einbruch der Dunkelheit hatte er das Haus dann wieder verlassen und war zu seinem Neffen Guillaume de Rodes gegangen, wo er über Nacht und den darauf folgenden Tag geblieben war. Dann hatte Bertrand Tournier aus Tarascon ihn dort abgeholt und zum Haus von Guillaume Bayard geleitet.

Nach allen vorliegenden Berichten war Guillaume Authié äußerst bemüht, seine Pflichten als Parfait richtig zu erfüllen. Während Prades Tavernier sich mehrfach bewegen ließ, Kranke auch dann zu trösten, wenn sie nicht mehr bei vollem Bewusstsein waren und somit nicht mehr frei entscheiden und sprechen konnten, bestand Guillaume Authié bei seinen Tröstungen darauf, dass die Kranken noch bei klarem Verstand waren.

Im Jahr 1302 lag Guillaumes ehemalige Schwägerin im Sterben. (FR, ff.54v, 55v) Sibylle war eine geborene Benet und hatte einen Pierre Authié aus Ax geheiratet, der von allen Pierre »Pauc«, das heißt »kleiner« Pierre, gerufen wurde. Das war auch gut so, weil ihr Mann wie auch ihr Schwager den gleichen Namen wie die zwei berühmten Parfaits aus Ax hatten, sodass dies eine Tröstung unter Namensgleichen war; aber nicht nur das, ihre beiden Schwäger hießen auch noch Guillaume Authié.

In der Nacht, in der Sibylle starb, lag sie in ihrem Bett neben dem Feuer. Ihre Schwester Gaillarde, ihre Mutter und ihr Schwager Guillaume Authié kümmerten sich um sie. Sibylle hatte Gaillardes inständiger Bitte, sich trösten zu lassen, nachgegeben. Sie hatte jedoch Angst vor der Reaktion ihres Mannes, da weder er noch sein Bruder Katharer waren. In der Nacht, in der sie starb, lag ihr Mann jedoch schlafend in seinem Bett, vielleicht weil man ihn über ihren wahren Zustand im Unklaren gelassen hatte. Denn Gaillarde behauptete später, alles so arrangiert zu haben, dass die Tröstung ihrer Schwester stattfinden sollte, während er schlief.

An Sibylles letztem Abend kam Raymond Authiés Frau Esclarmonde zu Besuch. Irgendwann verschlimmerte sich Sibylles Zustand, und es war erkennbar, dass der Tod nicht mehr lange auf sich warten lassen würde. Nun musste Gaillarde schleunigst dafür sorgen, dass sie den katholischen Guillaume Authié aus dem Haus bekam, ehe sie ihren Mann Guillaume hineinschmuggeln konnte. Esclarmonde wandte sich an Guillaume und bat ihn, eine Hand voll Stroh zu holen, um es anzuzünden und ihr damit heimzuleuchten, da sie nun dringend nach Hause gehen müsse. Die unbeleuchteten Straßen waren im mittelalterlichen Ax für eine einzelne Frau sicher gefährlich genug, um eine Begleitung zu rechtfertigen. In dem Falle war Esclarmondes Angst um ihre persönliche Sicherheit allerdings wohl eher vorgeschoben, um ihn aus dem Haus zu bekommen.

Als sie gegangen waren, rannte Gaillarde sofort zum Haus von Sibylle Baille, um den Parfait Guillaume Authié zu holen. Inzwischen befand sich Sibylle Authié bereits im Delirium, und Guillaume Authié weigerte sich, sie zu trösten. »Wenn sie wieder zu sich kommt«, sagte er, »werde ich wiederkommen und sie dann aufnehmen.«

Sibylle starb in jener Nacht ohne den Segen der katharischen Tröstung. Auch wenn die Tröstung nicht den Himmel garantierte, so sollte sie den Weg dorthin doch erleichtern und sicherstellen, dass die Seele des Sterbenden nicht genötigt wurde, in einer weiteren Reinkarnation erneut in dieser Welt herumzuwandern. Dies scheint den Menschen im mittelalterlichen Languedoc als größerer Segen erschienen zu sein als vielleicht heute uns.

Bei der Beerdigung von Sibylle Authié-Benet am darauf folgenden Tag auf dem Friedhof in Ax erzählte Gaillarde einer enttäuschten Esclarmonde, dass Sibylle ungetröstet gestorben war. Sie gab dem katholischen Guillaume Authié daran die Schuld, weil er (vielleicht durchaus absichtlich) zu lange geblieben war. Und sie bedauerte, dass Sibylle sich nicht früher um eine Convenenza bei den katharischen Parfaits bemüht hatte (siehe S. 144).

6. PIERRE MAURY UND DIE KATHARER VON ARQUES

Zwei Jahre später fanden sich im April des Jahres 1304 in einer sehr nassen und schwarzen Nacht auf demselben Friedhof in Ax, nicht weit von dem heutigen Eisenbahnviadukt, vier Männer ein. Es waren Prades Tavernier, Guillaume Escaunier und sein Bruder Raymond, beide aus Ax, sowie ihr Führer, der rothaarige Pierre Montanié aus Coustaussa. Sie wollten von Ax zum Dorf Arques marschieren, wo Prades Tavernier erwartet wurde, um Gaillarde Escaunier zu trösten.

Im Dunkeln schlugen sie den Weg nach Sorgeat ein, »kletterten alle über den Berg« und kamen bis zu den Wäldern oberhalb von Montaillou und Gebets.[64] Die Bedingungen in dem Hohlweg müssen angesichts des strömenden Regens äußerst schwierig gewesen sein. Am nächsten Tag setzten sie ihren Weg fort, bis sie Coustaussa im Aude erreicht hatten. Hier rasteten sie bei den Montaniés einige Stunden und brachen nach Mitternacht wieder auf, um bis nach Arques zu gehen, wo sie vor der Morgendämmerung eintrafen.

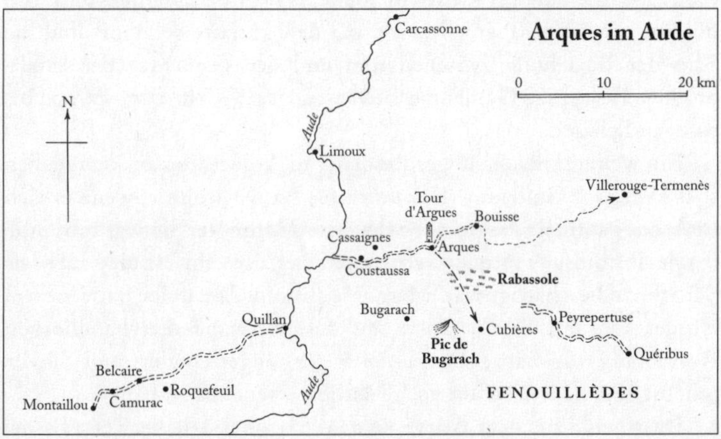

Arques liegt in einem breiten Tal, das Pierre Maury auf okzitanisch *la Vayl d'Archas* nannte. Im Winter trieben die Schäfer ihre Herden auf die ausgezeichneten Weiden des Aude-Tales hinunter, und im Sommer brachten sie sie wieder hinauf. Auch wenn einige Weiden in der Nähe von Arques ebenfalls während des Sommers genutzt wurden, weshalb Pierre Maury während dieser Jahreszeit dort blieb, nutzten zwei der getreuesten katharischen Familien von Arques, die Peyres und die Maulens, die Sommerweiden im Pays d'Aillou.

Pierre Maury aus Montaillou bezeichnete die Maulens als seine »Vettern«. Als er im Jahr 1299/1300 das Haus seines Vaters verließ, ging er zu Raymond Maulen aus Arques und lebte bei ihm. Die Bezeichnung »Vetter« ist streng genommen jedoch nicht korrekt.

Pierre Maurys Vetter ersten Grades, Raymond Marty, war offenbar mit einer Schwester von Raymond Maulen verheiratet. Das heißt, dass Pierre Maury, wenn er Raymond Marty als Maulens »Bruder« bezeichnet, in Wirklichkeit Schwager meint. (FR, f.254r) Ebendiese Schwester von Raymond Marty, Jeanne, sollte sich im katalanischen Exil als das Verhängnis der Katharer entpuppen.

Auch wenn es seine beruflichen Pflichten als Schäfer und vielleicht ein Zerwürfnis mit seiner Familie in Montaillou waren, die Pierre Maury ursprünglich nach Arques geführt hatten (sofern er nicht gehen musste, weil er von Pierre Clergue bedroht wurde), so war es doch die Liebe, die ihn dort hielt. Vor allem aber wurde in Arques eine Verbindung zwischen Pierre Maury und den Parfaits geknüpft und die Saat der Beziehung zwischen ihm und der »Leuchte« der katalanischen Diaspora, Guillaume Bélibaste, gesät, dem zum Parfait berufenen Schäfer.

Ein weiterer regelmäßiger Besucher in Arques, der aus dem Sabarthès kam, war Guillaume Escaunier aus Ax. Er wohnte, wenn er sich in Arques aufhielt, bei seiner Schwester Marquèse. Sie war mit Guillaume Botolh aus Arques verheiratet, bei dem ihr Bruder auch als Schafhirte beschäftigt war. Marquèse Botolh-Escaunier hatte sich in Arques eng mit Sibylle Peyre aus der wohlhabenden Familie von Raymond Peyre-Sabatiers (*passim* Peyre) angefreundet, und Sibylle scheint eine ihrer Töchter nach Marquèse genannt zu haben.

Dass beide aus dem Ariège kamen, hat sie möglicherweise beson-

1 *(oben)* Caussou und das Val de Caussou

2 *(unten)* Der Dorfplatz von Montaillou. Blick von der Hauptstraße aus nach Westen, Richtung Prades. Das Haus der Rives stand links an der Ecke, wo die Hauptstraße auf den Platz mündete.

3 *(links oben)* Die mittelalterliche Hauptstraße von Montaillou, die über den Dorfplatz führte.

4 *(links unten)* Der *Fontcanal* und der Weg, der von Ax nach Montaillou führte.

5 *(unten)* Montaillou und das Gebiet, das als *a-la-cot* bezeichnet wird.

6 *(ganz unten)* Die *Laviera*. Dort wuschen die Frauen von Montaillou im Mittelalter Wäsche.

7 *(oben)* Les Granges, die Ausläufer des Gazel, und die *Haute Montagne* von Montaillou

8 *(unten)* Die Kirche von Unac, vor der sich Béatrice und Raymonde de Luzenac im Jahr 1300 trafen.

9 *(oben)* Lordat, von der Burg aus gesehen.

10 *(unten)* Der Felsabhang am Haus der Martys in Junac

11 *(oben)* Larnat, von den Wiesen von *le fusan* aus gesehen.

12 *(rechts)* Die Schlucht der Parfaits bei Larnat

13 *(links)* Gesalzener Fisch bei einem Fischhändler des 14. Jahrhunderts *(pisces saliti*, aus dem *Tacuinum Sanitatis)*

14 *(unten)* Ax-les-Thermes und der Rocher de la Vierge

15 *(oben)* Pierre Authiés Fels von Bugarach

16 *(unten)* Cubières mit seiner aus dem Mittelalter stammenden Kirche

ders verbunden. Sibylle Peyre war eine geborene Gouzy aus Larnat.[65] Marquèse Botolh-Escaunier dürfte auch die Patin der namensgleichen Tochter Sibylles gewesen sein. Als die kleine Marquèse etwa 1302/03 starb, war Gaillarde Escaunier eigens den ganzen Weg von Sorgeat gekommen, um Sibylle und Raymond ihren Trost anzubieten. Dieser Besuch war möglicherweise jedoch mehr als ein reiner Mitleidsakt. Gaillarde Escaunier war genau wie ihre enge Freundin Sibylle Baille aus Ax eine überzeugte Katharerin.

Der Trost, den sie Sibylle Peyre und ihrem Mann brachte, bestand darin, sie auf die geistlichen Dienste der Authiés hinzuweisen. Vielleicht hat sie die Situation auch genutzt, um selbst das Wort zu verkünden, auch wenn sie damit das Leid der Familie und ihre Suche nach Trost ausgenutzt hätte.

Zumindest besaß Gaillarde so viel Überzeugungskraft, dass Raymond Peyre sich entschloss, die Authiés in Ax aufzusuchen. Und hier ließ er sich bekehren. Er sollte fortan, wie seine Frau es ausdrückte, ein guter *pecol*, »Fuß« (das heißt Fußsoldat) der katharischen Kirche sein. Da die Peyres ihre Schafe im Oberland des Sabarthès weideten, hatten sie einen guten Vorwand, »dort oben« zu sein, wenn es in Wirklichkeit darum ging, die Bonshommes aufzusuchen. Genau das machte Raymond Peyre. Später hat er bei seinen Besuchen im Pays d'Aillou möglicherweise auch als Geldkurier fungiert.

Es dauerte nicht lange, bis die Authiés ihrerseits ihre neu rekrutierten reichen Anhänger in Arques aufsuchten. Dabei erlebte Sibylle Peyre die am ausführlichsten protokollierte Unterweisung durch die Authiés mit. Sie behauptete später, Pierre Maury sei ebenfalls zugegen gewesen. Dies stimmte jedoch nicht, auch wenn er seit der Jahrhundertwende in Arques lebte und für Raymond Maulen arbeitete. Die Zurückhaltung, die er in dieser Zeit an den Tag legte, ist vermutlich darauf zurückzuführen, dass er zwei Jahre lang, von 1302 bis 1304, in ein strenggläubiges katholisches Mädchen aus Arques namens Bernarde d'Esquinat verliebt war. Aus diesem Grund sprach niemand über abweichlerische Ideen mit ihm.

Erhalten geblieben sind die Texte von insgesamt vier größeren »Arques-Predigten«. Zwei dieser Predigten wurden in zwei aufeinander folgenden Nächten im Haus der Peyres gehalten. Die dritte stammt von Jacques Authié, während er mit Pierre Maury unterwegs war. Und die vierte Homilie wurde im Winter des Jahres 1304 von Prades Tavernier im Keller der Maulens vorgetragen. Zusammengenommen gewähren sie uns einen einmaligen Einblick in die Lehren der katharischen Kirche jener Zeit. Da drei von ihnen von den Authiés stammen, auch wenn sie von zwei Zeugen, Sibylle Peyre und Pierre Maury, wiedergegeben wurden, sind es besonders faszinierende Dokumente. Wir wissen zwar, dass die Unterweisung bei den Peyres vor dem Frühjahr 1304 stattfand, eine genauere Bestimmung des Datums ist jedoch nur schwer möglich.

Die kleine Marquèse Peyre war schon einige Zeit tot, als die Parfaits Pierre und Jacques Authié zum ersten Mal nach Arques kamen. Als sie bei Nacht das Haus der Peyres betraten, schliefen Sibylle und ihre etwa fünfjährige Tochter Bernarde bereits zusammen im selben Bett. Da Bernarde an Ostern 1304 sechs Jahre alt wurde, dürften die Parfaits irgendwann Ende des Jahres 1303 nach Arques gekommen sein. Und damit können wir dann auch die Unterweisung bei den reichen Peyres datieren.

Wie andere im Languedoc hatten die Peyres auf ihrem Dachboden ein Quartier für die Parfaits hergerichtet, wobei dieser Dachboden einen Balkon hatte. Ihr Freund Raymond Maulen war schon seit mehreren Jahren Katharer, und Gerüchte darüber hatten sich sogar bis nach Montaillou verbreitet, wo Pierre Maury zum ersten Mal davon gehört hatte. Jetzt wetteiferten die Peyres und Maulens miteinander in ihrem Einsatz für die katharische Sache. Die Maulens waren nicht nur mit den Peyres befreundet, sondern möglicherweise genauso reich wie sie.

Raymond Maulens Frau hieß Églantine, und ihre Mutter war Bérengère. Beides waren vergleichsweise seltene Namen, zumindest in der bäuerlichen Kultur Okzitaniens. Und dies lässt möglicherweise darauf schließen, dass Raymond Maulen ein wohlhabender Bauer war, der eine Frau aus besseren gesellschaftlichen Kreisen geheiratet hatte.

Nachdem sie die erste Nacht geruht hatten, scheinen Pierre und Jacques Authié ihren ersten Tag in Arques damit verbracht zu haben, sich mit den Peyres zu unterhalten und ihnen von ihrem Leben in jüngster Zeit zu erzählen. Am Abend hatte es dann zum Essen Fisch, Äpfel, Nüsse, Brot und Wein wie auch Kohl gegeben, den sie selbst zubereitet hatten.

In der darauf folgenden Nacht, ihrer dritten bei den Peyres, hatten dann beide gepredigt. Auch wenn Sibylle sich nicht mehr so recht an den Inhalt dieser Predigten erinnern wollte, war sie verblüfft über Jacques Authiés Eloquenz gewesen: Er redete, sagte sie später, als spräche ein Engel.

In der nächsten Nacht hatten die beiden Authiés ein gut einstudiertes Zwei-Personen-Stück aufgeführt, das uns aus Larnat bereits bekannt ist. Dabei hatte Jacques Authié aus einem Buch auf Lateinisch vorgelesen, während sein Vater parallel dazu die Lehren auf Okzitanisch ausgelegt hatte.

Bei dem lateinischen Text handelte es sich sicher um das Johannes-Evangelium. Wahrscheinlich wurde er auf Lateinisch vorgetragen, um damit das Publikum zu beeindrucken. Es zeigte überdies, wie gelehrt die Parfaits waren und dass sie nicht minder belesen wie die korrupten Priester der Kirche Roms waren. In ihren Predigten erläuterten die Authiés die Grundlagen der katharischen Lehre und leisteten wichtige Überzeugungsarbeit während ihres langen Aufenthalts bei den Peyres.

Die erste überlieferte Predigt, die sie in ihrer vierten Nacht bei den Peyres hielten, bestand im Wesentlichen aus der klassischen Darlegung der katharischen Kosmografie.

Pierre Authié zufolge hatte sich der Teufel, nachdem er 1000 Jahre vor der Tür gewartet hatte, ins Paradies geschlichen. Sobald er hineingekommen war, hatte er die himmlischen Seelen damit verführt, dass er ihnen erzählte, sie seien Untertanen des himmlischen Vaters: »Wenn ihr mir in meine Welt folgt, dann werde ich euch jedoch Besitz geben in Form von Feldern und Weingärten, Gold und Silber, Ehefrauen und anderen Gütern jener sichtbaren Welt.« Viele Geister hatten sich dadurch verleiten lassen und waren sodann neun Tage und neun Nächte lang wie starker Regen durch ein Loch aus dem Paradies gefallen.

Als der Vater sah, wie sich der Himmel leerte, erhob Er sich von Seinem Thron und stellte Seinen Fuß auf das Loch. Zu den gefallenen Seelen sagte Er: »Geht für jetzt.« Damit hatte Er die Tür für die

Erlösung offen gehalten. Jeder würde gerettet werden, selbst die Bischöfe und Hohen Priester. Sie würden allerdings die Letzten sein. Denn ihre Seelen waren die bösen Ratgeber des Satans, und für sie würde der Weg zurück zum Vater am beschwerlichsten sein.

Als die Seelen auf der Erde angefangen hatten, über ihren Verlust zu trauern, hatte ihnen der Teufel zum Trost Hüllen angeboten, die sie die Glückseligkeit des Himmels vergessen ließen.

So hatte der Teufel den menschlichen Körper geschaffen. Diese Körper waren jedoch unfähig, sich zu bewegen, wenn der himmlische Vater ihnen kein Leben einhauchte. Der Teufel bat den Vater, dies zu tun, und Er tat es, unter der Bedingung, dass das, was Er in den Körper gab, Sein war, während der Körper selbst dem Teufel gehörte. So war die Dichotomie von Körper und Seele entstanden, und die Seelen vergaßen in ihren Körpern, was sie im Himmel gehabt hatten.

Niemand konnte gerettet werden oder in den Himmel zurückkehren, der sich nicht den »guten Christen« überantwortete. Wer es nicht tat, dessen Seele war beim Tod gezwungen, in einen anderen Körper, sei es den eines Menschen oder Tieres, überzugehen. Diese Seelenwanderung wurde so lange fortgesetzt, bis die Sünden des Körpers auf Erden getilgt waren. (FR, f.202)

Auch wenn Pierre Authié es nicht sagte oder Sibylle Peyre vielleicht vergessen hatte, es zu erwähnen, gab es bei diesen Seelenwanderungen eine Obergrenze von maximal neun Reinkarnationen.

Schlussendlich gelangten alle Seelen bei ihrer Wanderung in einen Körper, in dem sie getröstet wurden, und konnten dann in den Himmel zurückkehren. Der Tod, bei dem ein Parfait zugegen war, erklärte Pierre Authié, bedeutete das Ende dieser Odyssee der Seele.

Als Nächstes hatte Pierre Authié eine Parabel vorgetragen, die hier in den Worten Sibylle Peyres wiedergegeben sei:

»Die Seele eines gewissen Mannes verließ seinen Körper und trat in den eines Pferdes ein. Und so war er eine Zeit lang das Pferd eines Lords. Als der Edelmann eines Nachts bei der Verfolgung seiner Feinde auf diesem Pferd über Felsen und Steine ritt, blieb das Pferd mit einem Huf zwischen zwei Steinen stecken und konnte ihn nur mit größter Schwierigkeit wieder herausziehen. Das Hufeisen blieb jedoch stecken.

Als das Pferd starb, wanderte seine Seele in einen menschlichen Körper, den eines guten Christen [das heißt eines Parfaits]. Eines Tages kam er mit einem anderen guten Christen an der Stelle vorbei, an der er als Pferd sein Hufeisen verloren hatte. Und er erzählte seinem Gefährten von dieser Begebenheit. Daraufhin suchten die beiden Parfaits zwischen den Steinen nach dem Hufeisen und fanden es.« (FR, f.202v)

Als Pierre Authié diese Geschichte zu Ende erzählt hatte, erinnerte sich Sibylle Peyre, »lachten wir alle herzlich«. In der Parabel wie auch im Mythos vom Fall aus dem Paradies kommt in verschiedenen Formen und Variationen die katharische Lehre aus dieser Zeit zum Ausdruck. Und der manichäische Dualismus, wonach die Seele als Gottes Schöpfung dem Körper als der Schöpfung des Teufels entgegengesetzt wird, war das Kernstück der katharischen Häresie.

Nachdem die Predigt beendet war, hatten sie alle das Melioramentum entboten und sich dann von den Parfaits verabschiedet.

Am nächsten Tag hatten sie in ihrer Kammer Audienz gehalten. Und ehe Pierre Authié an jenem Abend erneut predigte, war er von einem der Gläubigen, einem Raymond Rayraud aus Arques, rasiert worden.

Seine Predigt, die dritte in drei Tagen, behandelte einzelne Themen, die zur allgemeinen Lehre der katharischen Kirche gehörten.

Die »Mutter Gottes«, erklärte er, war ein Begriff, der nicht wörtlich zu nehmen sei, weil es unvorstellbar war, dass Christus durch den Leib einer Frau gegangen war. Es handele sich vielmehr um eine Metapher, wie der Evangelist gezeigt habe, als er schrieb: »Denn wer den Willen meines himmlischen Vaters erfüllt, der ist für mich Bruder und Schwester und Mutter.« (Mt 12,50) Was mit anderen Worten hieß: »Meine Mutter und meine Brüder sind die, die das Wort Gottes hören und danach handeln.« (Lk 8,21) Das hieß, dass diejenigen, die gewillt waren, den Willen Gottes zu erfüllen, seine »Mutter« waren.

Diese Leugnung der tatsächlichen Fleischwerdung Christi war ein Kernpunkt der katharischen Lehre, wie auch Pierre Authiés nächste Aussage, wonach Christus weder am Kreuz gestorben noch am Kreuz körperliche Schmerzen erlitten hatte. Darüber hinaus beharrte Pierre Authié darauf, dass dem Kreuz oder den Darstellungen von Heiligen keine Ehre erwiesen werden durfte, weil dies Götzenbilder seien. »So wie ein Mann mit einer Axt den Galgen zerschlagen sollte, an dem sein Vater gehängt wurde, so solltet ihr versuchen, die Kruzifixe zu zerschlagen, weil Christus daran aufgehängt wurde, wenn auch nur dem Scheine nach.« (FR, f.202v).

Der Vater, erklärte Pierre Authié weiter, enthielte seinen Jüngern das Privileg göttlicher Schmerzunempfindlichkeit vor, weil der Diener nicht größer als der Meister sein dürfte. Er widersprach damit der Ansicht vieler Gläubigen, dass wider den eigenen Augenschein die Parfaits auf dem Scheiterhaufen nicht leiden müssten. Aber, fuhr er in Anlehnung an die Worte Christi fort, als dieser Petrus versprochen hatte, ihm die Schlüssel des Himmelreichs zu geben (Mt 16,19), habe der Sohn Gottes ihnen zugesichert, dass das, was die Parfaits auf Erden banden, auch im Himmel gebunden sein würde.

Dann wandte er sich der Taufe zu. Beginnend mit dem Hinweis, dass das Schreien des Babys bereits ein Zeichen für sein Unwohlsein bei diesem ganzen Vorgang sei, verspottete er das christliche Ritual als einen abartigen Mummenschanz, bei dem Erwachsene im Namen des ohnmächtigen Kindes Antworten gaben und damit in Wirklichkeit logen. Die katharische »Taufe« bestand demgegenüber weniger aus »Wasser«, als vielmehr dem Herabkommen des Heiligen Geistes auf erwachsene Menschen.

Als Nächstes kam er zu der Verwandlung von Brot und Wein in das Fleisch und Blut Christi. Mit einem für eine Religion, die sich so sehr auf Symbole und die Mystik des Johannes-Evangeliums stützte, verblüffend wörtlichen Verständnis wiederholte Pierre Authié die albigensische Argumentation, dass der Leib Christi nicht einmal annähernd groß genug wäre, um für die Horden der gierigen Priester dort draußen ausreichend zu sein. Selbst wenn er so groß wie der nahe gelegene Fels von Bugarach (Farbabb. 15) wäre, hätten die unersättlichen Priester ihn schon längst verschlungen.

Dann ging er zur letzten Offensive gegen den menschlichen Körper über und behauptete, die einzige sakramentale Ehe sei die Vereinigung der Seele mit Gott. Die eheliche Verbindung des Fleisches, die Vereinigung von Mann und Frau, sei lediglich eine geschlechtliche Vereinigung. Der eheliche Geschlechtsverkehr sei eine größere Sünde als der außereheliche, da er in der Ehe häufiger und für gewöhnlich ohne jedes Schamgefühl vollzogen wurde. Jede Sexualität sei, mit anderen Worten, Sünde, egal, wie sie gebilligt werde.

Zum Thema Sünde hatte Pierre Authié jedoch auch einiges Positives zu sagen. Es sei keine Sünde, sagte er, die Feiertage zu missachten. In Wirklichkeit sei es sogar immer besser zu arbeiten, als dem Müßiggang zu frönen und zu schwatzen. Ebenso sei es unsinnig, das Fleischverbot an bestimmten Tagen wie dem Karfreitag einzuhalten, weil der Verzehr von Fleisch immer eine Sünde sei, egal an welchem Tag.

Und abschließend kam er noch einmal auf das Thema des vorhergehenden Abends zurück. Alle, die von den guten Christen getröstet wurden, sagte er, brauchten keine weitere Reinkarnation zu durchlaufen und könnten direkt zum Vater gehen. Und damit endete er.

Die Authiés hatten in Arques hart gearbeitet. Sie waren fünf Tage (nicht vier, wie Sibylle Peyre behauptete) und fünf Nächte bei den Peyres geblieben. An jedem dieser Abende hatte Jacques Authié, in einen grünen Mantel gehüllt, den er sich von seinem Gastgeber, Raymond Peyre, geborgt hatte, auf den Marktplatz hinausgewagt. Dort hatte er sich jeweils für längere Zeit unter die Männer von Arques gemischt, in der sicheren Annahme, dass er hier nicht erkannt werden würde. So hatte er leicht Informationen über die allgemeine Stimmung im Dorf und in der Gegend sammeln können.

Von Arques waren die Authiés dann nach Rieux-en-Val, nordöstlich von Arques, aufgebrochen. Während Raymond Maulen und Raymond Peyre noch mit der Zubereitung der gesalzenen Meerbarbe beschäftigt gewesen waren, die Peyre für sie als Reiseproviant besorgt hatte, hatten sie beschlossen, sich alle als Schafhändler zu tarnen. Sofern man sie dennoch irgendwo ansprechen sollte, wollten sie erklären, dass sie auf dem Weg zu ihren Weiden auf *A Ser* wären.

Pierre Maury wurde hier noch nicht erwähnt, was zweifellos der Fall gewesen wäre, wenn er als Führer zur Verfügung gestanden hätte. Ende Mai des Jahres 1304 sollte er Jacques Authié genau diesen Weg führen. Ist es abwegig zu glauben, die Authiés hätten Maulen und Peyre ermuntert, sich um Pierre Maury zu bemühen und zu versuchen, ihn zu gewinnen? Sie kannten die Maurys durch ihre familiären Beziehungen in Montaillou und dürften über Pierre Maurys Rechtschaffenheit und Zielstrebigkeit informiert gewesen sein. Hier war vielleicht eine natürliche Führungspersönlichkeit, ein Berg- und Menschenführer, dessen Energie und Scharfsinn von großem Nutzen für die Sache sein konnten.

Die Authiés waren allen Berichten zufolge effiziente, weitsichtige und gewiefte Strategen. Sie haben im Dienste eines höheren Gutes nicht gezögert, mit jemandem wie Pierre Clergue gemeinsame Sache zu machen. Und sie haben fast acht Jahre erfolgreich den verschwenderischen Pierre de Luzenac wie auch den unberechenbaren und gefährlichen Pierre de Gaillac auf ihrer Seite gehalten. Wir können mit Fug und Recht davon ausgehen, dass sie auch bei der Rekrutierung von Pierre Maury ihre Hand im Spiel hatten.

Hatten die Gehilfen der Authiés sich dann zum Handeln entschlossen, weil es ganz danach aussah, als würde Pierre seine Bernarde bald heiraten? Als sie sich Pierre Maury näherten, hatte er in Arques gerade ein Grundstück gekauft. Er stand sich finanziell gut, und er war verliebt. Wenn er seine Bernarde heiratete, würde er für die guten Christen womöglich für immer verloren sein.

Irgendwann gegen Ende der Fastenzeit des Jahres 1304 oder um Ostern herum, das auf den 29. März fiel, stellte Raymond Peyre ihn als Hirte ein. Dies war der erste Schritt.

An einem Sonntag, rund acht Tage später, vielleicht an Quasimodogeniti, dem ersten Sonntag nach Ostern, nutzten Raymond Peyre und Bernard Bélibaste die Gelegenheit in der Schafkoppel der Peyres bei ihrem Haus und sprachen mit Pierre. Peyre kam ohne Umschweife zur Sache und drängte Pierre, keinesfalls eine Frau zu heiraten, die nicht zur *entendensa del be* gehörte. Er hielt ihm vor Augen, wie sehr er vor seiner Liebschaft mit Bernarde den guten Christen zugetan gewesen war. Wenn er eine Katholikin heiratete, würde er in Zukunft nie die Bonshommes in seinem Haus begrüßen und mit ihnen sprechen können. Warum suche er sich keine andere Braut? Dabei würden sie ihm gerne helfen.

Raymond trat dann einen Schritt zur Seite, und Bernard Bélibaste, der Passeur und Bruder eines künftigen Parfaits aus Cubières, ergriff das Wort, um Pierre ein Angebot zu machen, das dieser schwerlich ablehnen konnte. Warum erwäge er nicht, statt Bernarde d'Esquinat Bernarde Peyre zu heiraten? Sie sei zugegebenermaßen erst sechs Jahre alt, aber sie würde eine große Mitgift von ihrem reichen Vater bekommen, der überdies bereit sei, Pierre in der Zwischenzeit zu adoptieren. »Mit ihrer Mitgift und dem, was Ihr bereits in Arques habt«, erklärte ihm Bernard, »werdet Ihr reich genug sein, um nicht mehr mit Euren Händen arbeiten zu müssen.«

Der Sohn des Webers aus Montaillou ging auf den Handel ein, und es ist anzunehmen, dass er seine Beziehung mit Bernarde d'Esquinat beendete. Sobald Pierre seine Bereitschaft erklärt hatte, sich in ihre Glaubensgemeinschaft aufnehmen zu lassen, verschwendeten die Katharer keine Zeit mehr, die notwendigen Vorbereitungen zu treffen. War das Initiationsritual erst einmal vollzogen, so war es wesentlich schwieriger, die Verbindung zur Häresie zu lösen. Denn der Besuch eines Parfaits, geschweige denn, ihm Achtung zu erweisen, wurde von der Kirche als ein schweres Vergehen betrachtet und mit empfindlichen Strafen geahndet. Peyre und Bélibaste hatten gehofft, Pierre praktisch sofort aufnehmen zu können. Es sollte jedoch noch etwas dauern, bis ein Parfait, *der* Parfait, so weit war.

*

Etwa vier oder fünf Tage später, vielleicht am Freitag, dem 10. April 1304, betrat Pierre Maury abends, nachdem er die Schafe in ihren Pferch zurückgebracht hatte, die Foghana der Peyres, wo gerade als Überraschung für ihn ein großes Essen vorbereitet wurde, mit dem seine Aufnahme in den katharischen Glauben gefeiert werden sollte.

Pierre Authié war offenbar im Laufe des Tages mit seiner Begleitung, Guillaume Peyre und Martin Francès, angekommen. Zu den Teilnehmern des Festessens gehörten Sibylle Peyre, ihr Ehemann und ihre Mutter aus Larnat, Raymond Maulen, Pierre Maury, Bernard Vital aus Montaillou (der in Arques wohnte und ein Vetter Arnaud Vitals war), Guillaume Escaunier und seine Schwester Marquèse. Pierre Authié und Martin Francès nahmen ihr Fischgericht in einem Nebenraum, getrennt von den anderen ein, die in der Foghana aßen. Sie wurden von Guillaume Peyre bedient, der häufig zwischen ihrem Zimmer und der Foghana hin und her lief; dabei brachte er einmal Fisch von Pierre Authié heraus, der für Raymond Peyre bestimmt war.

Nach dem Essen erschien Pierre Authié kurz in der Foghana und grüßte die Anwesenden, indem er Gottes Segen auf sie herabrief. Dann wandte Raymond Peyre sich an Pierre Maury und führte ihn in den Nebenraum zu Pierre Authié. Der Parfait saß dort mit Guillaume Peyre zusammen, und als sie hereinkamen, erhoben sich beide, um Pierre zu begrüßen. Authié ergriff die Hand des jungen Maury und bat ihn, neben ihm Platz zu nehmen, während Raymond Peyre, wahrscheinlich als Zeuge, sich ihnen gegenüber setzte. Zuvor scheinen die beiden Peyres, Raymond und Guillaume, Authié und Maury jedoch kurz für das Melioramentum allein gelassen zu haben.

Die Verbindung zwischen den Katharern und dem 26-jährigen Schäfer aus Montaillou sollte jetzt durch den Ältesten, den bekanntesten lebenden Parfait im Languedoc, besiegelt werden. Und zwei oder drei Jahre später sollte die Beziehung des alten Parfaits zu Pierre Maury noch weiter gefestigt werden, als sich nämlich die Schwester von Pierre Maury entschloss, sich Pierre Authié anzuschließen, und wahrscheinlich bis zu seinem Ende bei ihm blieb (siehe S. 311 f.).

Die Begrüßung, mit der der Parfait Pierre Maury empfing, war herzlich. Er gebrauchte gleich von Anfang an das vertraute »du« anstelle des »Ihr«, der sonst üblichen Anrede in der zweiten Person Plural:

»Pierre, es ist mir eine solch große Freude! Man hat mir erzählt, dass du ein guter Gläubiger sein wirst, wenn Gott es so will, und ich werde dich auf den Weg zum Heil Gottes führen, wenn du mir vertrauen willst, so wie Christus Seine Apostel dorthin gebracht hat, die nie gelogen oder betrogen haben. Und wir sind es, die auf diesem Weg bleiben, und ich werde dir sagen, warum wir Häretiker genannt werden: Aus diesem Grund, weil die Welt uns hasst, was nicht überrascht, weil sie auch unseren Herrn hasste, den sie verfolgte, wie auch Seine Apostel. Und wir werden wegen Seines Gesetzes gehasst und verfolgt, das wir beständig befolgen. Und diejenigen, die aufrecht sind und standhaft ihren Glauben bewahren wollen, lassen es zu, dass sie gekreuzigt und gesteinigt werden, wenn sie in die Hände ihrer Feinde fallen, so wie die Apostel es taten, und sie werden nicht ein einziges Wort von ihrem festen Glauben zurücknehmen. Denn es gibt zwei Kirchen, eine, die sich auf der Flucht befindet und vergibt, und die andere, die Fußfesseln anlegt und schindet.« (FR, f.249v)

Nach diesen einleitenden Worten mit der klassischen katharischen Aussage zu den zwei Kirchen und einer erstaunlichen Begeisterung für das Martyrium, das für die Parfaits jener Zeit stets eine reale und oft unmittelbare Bedrohung darstellte, führte Pierre Authié den Gegensatz zwischen den beiden Kirchen weiter aus.

Er verstand es, Pierre Maury zu Fragen zu ermutigen, und erging sich dann in dem bekannten Angriff auf die christliche Taufe. Die katharische Version der Taufe, erklärte er, stütze sich im Unterschied dazu auf das entwickelte moralische Urteilsvermögen eines Menschen, sodass ein Täufling mindestens zwölf oder besser 18 Jahre alt sein sollte.

Im Bemühen, Pierre Maury durch seine Vertraulichkeit zu beeindrucken, schilderte Pierre Authié ihm anschließend seine eigene Bekehrung:

»Pierre, ich habe dir viele Dinge erzählt, die nur allzu wahr sind. Ich weiß um alles, was in der Kirche Roms geschieht, und ich war Notar. Ich habe dann erkannt, dass ich in großer Sünde lebte, weil ich nicht rechtschaffen und wahrhaftig lebte. Und ich habe deshalb von der Sünde abgelassen und mich auf die Suche nach der Wahrheit gemacht. Und nachdem ich sie gefunden hatte und im beständigen Glauben aufgenommen worden war, kehrte ich in diese Gegend zurück, um unseren Freunden die guten Lehren dieses Glaubens verständlich zu machen, und so hat sich unser Glaube verbreitet. Auf diese Weise gelangte er von einem zum anderen, sodass es binnen kurzer Zeit viele gute Gläubige in dieser Gegend geben wird.«

Zur zweiten Person Plural wechselnd, ermahnte Pierre Authié ihn dann:

»Seid guter Laune und vergnügt, denn dies ist ein glücklicher Tag für uns. Wenn Ihr die Gnade kenntet, die uns verheißen ist, die wir niemandem offenbaren dürfen, der kein guter Christ geworden ist, würden wir kaum auf dieser Erde bleiben. Pierre, ich habe Euch alles zu wissen gegeben, was jedem guten Gläubigen zu wissen gegeben werden muss. Hier ist es. Es gibt einige, die sich nicht auf das einlassen möchten, worum ich Euch jetzt bitte, aber die Mehrzahl der Gläubigen willigt ein.« (FR, f.250r)

Wenn es Gottes Wunsch sei, erwiderte Pierre Maury, dann wolle er das Gute tun. Daraufhin erhob sich Pierre Authié und schloss die Tür. Sie waren nun allein, und der Parfait nahm ein Kissen, legte es auf den Boden und hieß Pierre zu tun, was ihm gesagt wurde. Pierre war einverstanden. Vor dem Parfait kniend, bat Pierre Maury ihn dann um seinen Segen und vollzog das Ritual des Melioramentums.

Nun war Pierre Maury ein vollwertiger Katharer. Er und der alte Parfait begaben sich nun in die Foghana zu den anderen, die schon auf sie warteten, um gemeinsam am Feuer zu sitzen und etwas zu trinken.

Im Anschluss daran hatte Pierre Maury sich, wahrscheinlich zum ersten Mal, einer Gruppe angeschlossen, die aus Guillaume Escaunier, Raymond Maulen, Guillaume Peyre und Bernard Vital bestand und den Parfait die rund 20 Kilometer nach Cassaignes, das auf dem Weg nach Limoux lag, begleiten sollte. Wenn dies seine erste derartige nächtliche Unternehmung war, so wäre es dabei, nur wenige Minuten nachdem sie das Haus der Peyres verlassen hatten, um Haaresbreite zu einem Verhängnis gekommen.

Als sie hinter der Mühle von Arques, gegenüber der »Tour d'Arques«, entlanggingen, der sich übrigens immer noch an der Straße nach Cassaignes im Westen des Dorfes erhebt, begegneten sie dem Besitzer des Turms höchstpersönlich, dem Edelmann Gilet de Voisins, und einem Trupp seiner Männer. An der Stelle, an der diese Begegnung 1304 stattfand, steht heute die »Auberge du Moulin«.

De Voisins repräsentierte in Arques den weltlichen Arm der Kirche. Die Katharer behielten jedoch die Nerven, und sich grüßend gingen beide Gruppen aneinander vorbei.

Die Gruppe um Pierre Authié hatte sich zweifellos zur Vorsicht als Händler, Bettler oder Schäfer verkleidet. Aber selbst dann hätte Gilets Misstrauen durch eine Gruppe von Männern geweckt werden müssen, die zu so später nächtlicher Stunde unterwegs waren. Vielleicht war es ihre Unverfrorenheit, entgegen ihrer sonstigen Gepflogenheit, die Hauptstraße zur Aude entlangzugehen, durch die er sich täuschen ließ. Oder hatte er sich dadurch beruhigen lassen, dass sein eigener Bayle, Raymond Gayraud, bei der Gruppe war, der unverdächtig war, zu den Katharern zu gehören?

Die lange Nacht von Pierre Maurys Bekehrung war noch nicht vorüber. Vor Cassaignes wurde die Gruppe von zwei jungen Männern erwartet, die sie ins Haus von Guillaume de Cassaignes brachten. Zwanzig Jahre später erinnerte Pierre Maury sich an den blauen Mantel dieses Guillaume, der möglicherweise darauf hindeutet, dass er ein angehender Parfait war. Wenn dem so war, hatte er vielleicht nicht uneingeschränkt den Segen des Pierre Authié. Denn Maury erinnerte sich auch daran, dass der alte Parfait seine begeisterte Begrüßung nicht erwidert hatte.

Pierre Maury wurde eingeladen, noch auf einen Umtrunk zu bleiben, was er gerne annahm. Bevor er sich wieder verabschiedete, schärfte der alte Parfait ihm noch die Notwendigkeit äußerster Zurückhaltung bei künftigen Begegnungen mit anderen Parfaits ein. Er riet ihm, sie nicht mit schwierigen Fragen in Verlegenheit zu bringen, denn wenn er sie an einem wunden Punkt treffe und sie in der Antwort irrten, müssten sie drei Tage fasten. »Es ist eine Sünde«, meinte er, »einem guten Christen Leid zu bereiten.«

Mit dieser Ermahnung im Ohr machte Pierre Maury sich auf den Rückweg nach Arques, wo er bei Morgengrauen eintraf. Er sollte Pierre Authié danach nie mehr zu Gesicht bekommen.

Einige Tage später, gegen Mitte April, kam Pierre Maury eines Morgens vom Schafehüten zu den Peyres zurück. Offenbar sah er von draußen Prades Tavernier, der essend auf einer Bank genau in dem Raum saß, in dem er in den Glauben aufgenommen worden war. Er betrat das Haus und fand in der Foghana Sibylle Peyres Mutter vor, die für sich selbst Eier und Schinken briet. Als er in den Raum gehen wollte, um Prades zu begrüßen, und die Tür verschlossen fand, erklärte Sibylles Mutter ihm, er werde darin etwas Unerwartetes finden. Dann warf sie ihm den Schlüssel zu, und er ging zu Prades. Der Parfait segnete einen Teil des Brotes, von dem er gerade aß, und reichte es Pierre, der es mitnahm, als er wieder zu seinen Schafen ging.

Rund acht Tage später war Pierre Maury wieder bei den Peyres, um sich neues Brot zu holen. In ihrem Keller begegnete er Guillaume Bélibaste senior, der ihn einlud, mit zu den Maulens hinüberzugehen. Das prächtige Haus der Maulens lag an zwei Straßen mit unterschiedlichem Niveau, wobei ihr Keller und die angrenzende Schafkoppel auf gleicher Höhe waren, während sich die Foghana über dem Keller befand.

Hier im Keller der Maulens streckte Prades Tavernier hinter einem Fass, hinter dem er sich versteckte, seinen Kopf hervor. Er hielt sich offenkundig länger in Arques auf. Der alte Guillaume Bélibaste erwies ihm das Melioramentum, aufgrund seiner Lähmungserscheinungen (Arthritis?) allerdings, ohne sich hinzuknien, wie Pierre anmerkte.

Pierre hat sich interessanterweise nicht dazu geäußert, warum Prades sich bei den Maulens und Peyres aufhielt. Versuchte er damit, Personen zu schützen, die in die Sache verwickelt und noch am Leben waren? Denn Pierre Maury wusste nur zu gut, dass Prades wegen zwei Tröstungen in Arques gewesen war. In beiden Fällen sollten Prades Tavernier und die katharische Kirche jedoch eine der seltenen Niederlagen erleiden, und zwar dank Raymond Peyres Frau Sibylle.

Sie war, wie wir gesehen haben, beim früheren Tod ihrer Tochter Marquèse untröstlich gewesen: »Ich konnte nicht aufhören, traurig zu sein und zu leiden«, sagte sie. Und Gaillarde Escaunier hatte versucht, ihr Trost zu spenden.

Im Frühjahr 1304 war Gaillarde nun selbst erkrankt, während sie sich bei ihrer Tochter Marquèse Botolh in Arques aufhielt. Als es danach aussah, dass sie sterben würde, beschloss man, sie trösten zu lassen. So ging ihr Sohn nach Ax und kehrte, wie wir gesehen haben, mit seinem Bruder und Prades Tavernier zurück. Seine andere Schwester, die nach ihrer Mutter Gaillarde hieß, war bereits bei den Botolhs.

Als Prades Mitte April 1304 zu Gaillarde kam, halluzinierte und stöhnte sie. Prades zögerte, weil sie nicht bei klarem Bewusstsein war. Am Ende gab er jedoch nach, und Gaillarde wurde im Glauben aufgenommen, getröstet, und die Endura begann. Prades blieb noch bei Raymond Maulens in Arques, um zu warten, bis die Frau starb.

Unterdessen hatten die einheimischen Anhänger und Interessenten Gelegenheit, sich mit ihm zu unterhalten. Parfaits nutzten oft die

Gelegenheit einer Tröstung, um andere Angehörige der Familie oder Dorfbewohner zu bekehren. Solche Zusammenkünfte waren das Äquivalent unserer modernen Wahlkampfveranstaltungen.

Nachdem Gaillarde fünf oder sechs Tage nur frisches Wasser bekommen hatte, besserte sich ihr Zustand, und sie bat um Essen. Ihr Sohn Guillaume und ihre Tochter Marquèse wollten ihrer Bitte nicht nachkommen, da die Tröstung durch das Essen aufgehoben worden wäre. Gaillarde sollte jedoch das Glück haben, dass Sibylle Peyre sie besuchte, nachdem sie von ihrer Erkrankung gehört hatte. Als Gaillarde sie inständig bat, ihr etwas zu essen zu geben, gaben Sibylle und Gaillardes Tochter, die junge Gaillarde, ihr Wein und Brot und anschließend in Öl gebratenen Kohl. Es war Sibylle Peyre, die offenbar Gaillardes Bedenken, zu essen, beschwichtigte, wobei sie und die jüngere Gaillarde ihre samaritische Tat jedoch so lange wie möglich vor ihren Familien verborgen hielten.

Sibylle Peyres Mitgefühl lag vielleicht darin begründet, dass sie in dieser Zeit selbst ein Baby, Jacqueline, nährte, das ebenfalls sehr krank war. Sie musste damit rechnen, eine weitere Tochter zu verlieren, sodass ihr nur noch die kleine Bernarde geblieben wäre.

Sibylle war mit ihrem Mann übereingekommen, das Baby trösten zu lassen. Und Prades hatte sich noch einmal, nicht ohne auf das fehlende moralische Bewusstsein des Säuglings hingewiesen zu haben, erweichen lassen und ihren inständigen Bitten nachgegeben.

Das Baby, erinnerte sich die Mutter später, befand sich während der Tröstung im »Todeskampf«. Nach der Zeremonie fühlte sich Raymond Peyre, trotz seines tiefen Leids, erleichtert. Denn er liebte seine Kinder, genau wie seine Frau, und hatte um die kleine Marquèse lange getrauert. Zumindest, sagte er, würde Jacqueline jetzt ein Engel im Himmel sein.

Als er dann jedoch kurz zusammen mit Prades und Bernard Vital das Haus verließ, konnte Sibylle nicht anders, als das Baby zu stillen, um seine Qualen zu lindern. »Ich konnte es nicht ertragen«, erklärte sie, »sie so sterben zu sehen.« Die kleine Jacqueline lebte noch ein weiteres Jahr. Als sie im Mai oder Juni 1305 starb, wurde sie nicht getröstet. Vielleicht wollte ihre Mutter nicht zulassen, dass sie und das Baby noch einmal solche Qualen durchzumachen hatten.

Als Raymond Peyre erfuhr, was seine Frau getan hatte, war er erschüttert und zornig, und er konnte, wie Sibylle sagte, sie und ihr Kind lange Zeit nicht mehr lieben. Ihr Verhalten wurde auch von anderen Männern, zum Beispiel von Pierre Maury, rundweg verurteilt, wahrscheinlich auch von Jacques Authié, der kurz darauf nach Arques gekommen zu sein scheint. Er hatte bereits Gaillarde Escaunier vorgeworfen, »eine schlechte alte Frau« zu sein, weil sie ihr Fasten gebrochen hatte.

Aber selbst wenn die eigenwillige Sibylle zeitweilig die Wertschätzung ihres Ehemannes verloren hatte, so hatte sie durch ihr Handeln die tiefe Freundschaft Gaillarde Escauniers gewonnen. Nicht nur, dass Gaillarde, die für die Katharer mit ihrem Bekehrungseifer Anhänger gewonnen und dann bei der Endura versagt hatte, sich langsam erholte, auch ließ sie sich jetzt von Sibylle Fleisch zu essen geben, womit sie sich ein weiteres Mal über Vorschriften hinwegsetzte.

Sibylles erzürnter Ehemann erklärte ihr, sie könne tun, was ihr gefiele, solange es um sie selbst ginge, »aber reiße andere nicht ins Verderben, denn du weißt, dass es heißt, ›wer schlechte Nachbarn hat, hat schlechte Tage‹« (FR, f.204r).

Nicht lange danach wurde Raymond Peyre selbst krank, und er glaubte, dem Tod geweiht zu sein. Prades wurde herbeigerufen. Er schob die Tröstung jedoch hinaus, weil ihm Raymond nicht so krank erschien. Vielleicht hatte die Aussicht auf eine dritte Niederlage durch die zu allem entschlossene Sibylle ihn vorsichtig werden lassen. Raymond erholte sich wieder, und Prades gute Dienste wurden nicht mehr gebraucht.

Als die ortsansässigen Katharer bei der Gelegenheit die stattliche Summe von zehn Pfund für Prades Travernier sammelten, bemerkte Raymond beifällig, Prades brauche das Geld dringender als die Authiés. Sie seien gelehrt, meinte er, weshalb viele Leute es als Privileg erachteten, ihnen vieles zukommen zu lassen. (FR, f.204r) Demgegenüber war Prades, der kein Latein beherrschte und arm war, nicht annähernd so hoch angesehen. Raymond Peyre dürfte bestens informiert gewesen sein, da es seine Aufgabe war, die vielen Vermächtnisse entgegenzunehmen, die den Authiés hinterlassen wurden, und sie anschließend zu treuen Händen an die Familie Francès in Limoux weiterzuleiten, die die »Kriegskasse« der Authiés verwaltete.[66] (FR, f.204v)

Über das Vermögen der Authiés gab es in der damaligen Zeit zahllose Gerüchte. Sie waren bereits vor ihrer Ordination reich, belesen und kultiviert gewesen. Und trotz ihres asketischen und schlichten Lebens als Parfaits hatten sie eine gewisse Unnahbarkeit bewahrt, die in der bäuerlichen Kultur des 13. Jahrhunderts in Okzitanien den oberen Klassen zugeschrieben wurde.

Dass dies bei den weniger Glücklichen eine gewisse Eifersucht auslöste, überrascht nicht. So hatten Raymond und seine Frau Sibylle einmal gehört, wie Prades in einem Augenblick der Bitterkeit die Authiés der Habgier bezichtigt hatte. In beinahe molièrescher Manier behauptete Prades, Guillaume und Gaillarde Authié liebten es, ihren Schatz zu bestaunen:

»Aber ich [Sibylle Peyre] hörte ihn [Prades] damals sagen, wenn er von Anfang an gewusst hätte, wie Pierre und Guillaume Authié lebten, hätte er sich nicht in ihren Stand berufen lassen, weil sie nicht so lebten, wie sie es sollten, weil sie sehr gierig und neidisch wären und Geld scheffelten, sodass Guillaume Authié manchmal, wenn er Geld gesammelt hatte, zu seiner Frau Gaillarde kam und die beiden dann oft ihre Köpfe zusammen in eine Truhe steckten, um das Geld zu bestaunen, das er zusammengebracht hatte.« (FR, f.204r)

Prades missgönnte den Authiés ihre Berühmtheit in der Bewegung und beschwerte sich bei Pierre Maury darüber, dass die Authiés sich den besten Teil von einem Stück Wollstoff genommen hatten, der unter allen Parfaits aufgeteilt werden sollte. Könnte es sich dabei um den Wollstoff gehandelt haben, den Sibylle Peyre nach Limoux brachte, um ihn purpurrot färben zu lassen, als sie auch einen Kuchen oder einen Käse, als Geschenk für ihre Gastgeber, die Familie Francès, dabei hatte? Auf demselben Weg trug Guillaume Escaunier Süßwasserfische in seinem Gepäck, was zeigt, dass sie zu einem Treffen mit Pierre Authié unterwegs waren.

Aus der Beschreibung, die Sibylle vom Haus der Familie Francès lieferte, ist ersichtlich, dass der Schatzmeister der Authiés selbst vermögend war. Erstaunlicher ist, dass er sogar »einen alten Leibeigenen« besaß. (*mancipius*: N; d'AR, f.11r)

Gegen Ende Mai 1304 war Pierre Maury draußen auf seinen Schafweiden, als er eines Abends nach Arques gerufen wurde. Dort traf er bei den Peyres auf Jacques Authié, der mit Pierre Montanié gekommen war und einen Führer nach Rieux-en-Val brauchte.

Lange vor dem Morgengrauen des darauf folgenden Morgens brachen Pierre Maury, Jacques Authié und Pierre Montanié zu ihrem über 30 Kilometer langen Marsch auf. Während die beiden Führer zu Fuß gingen, ritt der junge Parfait auf einem Maultier, das Raymond Peyre ihm zur Verfügung gestellt hatte. Ihr Weg führte sie an einem Ort namens *la Calm de Linas* vorbei, und in der Nähe von Bouisse machten sie Rast, um zu essen. Ihr Ziel war das Haus eines Guillaume de Rieux, eines 25-jährigen Angestellten, der von großer Statur und in seinen jungen Jahren bereits ergraut war. Er scheint den Parfaits gelegentlich ebenfalls als Führer gedient zu haben.

Dies war Pierre Maurys erste Begegnung mit dem jüngeren Authié, der von Pierres kürzlicher Bekehrung wusste und unterwegs zu predigen begann, wie die Parfaits es häufig taten. Der 22-jährige Jacques Authié stand in dem Ruf, sehr beredt zu sein, was er mit seiner reich ausgeschmückten Darstellung vom Sündenfall anschaulich unter Beweis stellte. Während die Version seines Vaters eher abstrakt und kurz war, erzählte Jacques eine lebendige, anschauliche und anekdotenreiche Geschichte. Interessant ist, dass er Pierre Maury, der einige Jahre älter war als er, genau wie sein Vater mit dem vertrauten »du« statt mit der zweiten Person Plural »Ihr« ansprach.

Im Übrigen wetterte er gegen die gleichen Dinge wie sein Vater, vor allem gegen die Transsubstantiationslehre und andere Rituale der römischen Kirche mit Ausnahme der Evangelien und des Vaterunsers. Was, fragte er rhetorisch, solle denn aus dem Leib Christi werden, sobald die Hostie von Menschen gegessen worden war? Nach der katharischen Vorstellung war der Gedanke, dass der Leib Christi zu einem menschlichen Verdauungsprodukt wurde, selbstredend unmöglich, genauso wie die Vorstellung, dass Er durch den Schoß einer Frau in diese Welt gekommen sein sollte.

Im Sommer 1304 war Pierre Maury hoch oben auf den Weiden vom Rabassole, zwei Stunden südöstlich von Arques und rund 290 Meter über dem Dorf. Vom Rabassole aus hatte er einen wunderbaren Blick über das sich im Westen erstreckende Arques-Tal. Damals war die Gegend weniger dicht bewaldet, da sie ständig von Herden hungriger Schafe abgegrast wurde. Mit ihm hüteten zu dieser Zeit sein Vetter Raymond Marty aus Montaillou und ein Bruder von Raymond Peyre dort ihre Herden.

Bei Letzterem sollten wir einen Augenblick verweilen. Raymond Peyre hatte, wie es scheint, zwei Brüder, Bernard und Pierre, der aus irgendeinem Grund Pierre Sabatier statt Pierre Peyre oder Peyre-Sabatier genannt wurde. Wenn es sich bei dem Bruder oben auf den Weiden, den Pierre Maury als einen Gläubigen beschrieb, um Pierre Sabatier handelte, der nach Darstellung von Sibylle Peyre tatsächlich Schäfer war, dann lässt dies einen wichtigen Teil ihrer Aussage in einem interessanten Licht erscheinen.

Sie behauptete, ihr Schwager sei irgendwann auf ihren Dachboden hinaufgegangen, während Pierre Authié dort einquartiert war. Als er feststellte, dass er einen der Räume nicht betreten konnte, weil ein Parfait dort war, verlor er offenbar die Fassung. Seiner Schwägerin zufolge hatte er die Katharer verflucht und ihnen mit physischer Gewalt gedroht. Er hatte sich erst beruhigt, nachdem sein Bruder ihm erklärt hatte, dass es sich bei den Besuchern um Bedienstete des Edelmannes Guillaume-Arnaud de Château-Verdun und seiner Mutter Stéphanie handele, die auf dem Weg zum Kloster Lagrasse bei ihnen Station gemacht hätten.

Diese Geschichte mochte der Wahrheit entsprechen, ich vermute jedoch eher, dass es sich um ein ausgeklügeltes Täuschungsmanöver handelte, das die Peyres ausgeheckt hatten, um ihren Besitz vor der Konfiszierung zu bewahren. Sie hatten das Haus oder zumindest einen Teil des ansehnlichen Peyre-Anwesens möglicherweise auf Pierre Sabatier überschrieben, um sicherzustellen, dass es in der Familie blieb, solange Pierre Sabatier nicht selbst in die Sache verwickelt wurde. Offenbar konnte man sich zumindest theoretisch den Vermögensstrafen der Inquisition dadurch entziehen, dass der Besitz rechtzeitig an eine vertrauenswürdige dritte Partei »verkauft« oder vermacht wurde, sodass er dem Zugriff des weltlichen Arms der Gerichtsbarkeit entzogen war.

Pierre Maury verbrachte den Großteil des Sommers 1304 als »Oberschäfer« auf dem Rabassole, wo er sich um seine Schafe kümmerte und nebenher Käse und Brot herstellte. Gegen Ende August bekam er hier eines Tages zwischen zwölf und drei Uhr mittags Besuch von dem Parfait Amiel de Perles und Raymond Bélibaste, die nach Cubières, dem Stammsitz der Bélibastes unterwegs waren, und ihr Weg führte sie am Rabassole vorbei. Dies war Pierre Maurys erste Begegnung mit dem berühmten Amiel de Perles, einem Parfait, der einen beinahe ebenso mustergültigen katharischen Stammbaum vorzuweisen hatte wie die Authiés.

Eines Sonntags in jenem Winter hatte Pierre Maury, als er aus der Kirche zurückkam, die die Katharer besuchten, um ihre Tarnung zu wahren, erneut Prades Tavernier im Keller der Maulens angetroffen, wo er sich hinter demselben Fass wie vorher schon einmal versteckt gehalten hatte. Raymond Peyre und Pierre Maury hatten dann im Keller einen Tisch aufgestellt, um dort mit Prades zusammen zu essen. Während dieser mit Öl angerichtete Linsen, Brot, Wein und Nüsse zu sich genommen hatte, hatten sie Fleisch gegessen. Pierre war dann irgendwann kurz nach oben in die Foghana gegangen, um aus dem Topf noch etwas Nachschlag zu holen. Daraufhin hatte Prades zu ihm gesagt: »Macht, dass Ihr von der *feresa* wegkommt.« Dies war der von den Parfaits verwendete abfällige Ausdruck für Soße und Fleisch.

Prades hielt ihnen sodann eine Predigt. Er erklärte, dass die Parfaits nur Fisch aßen, weil Fische sich im Wasser vermehrten, und dass sie mit ihrer fleischlosen Kost das Fleisch kasteien wollten. Sein grundlegendes Thema war, dass die Wege Gottes geradlinig und schmal seien, während die des Satans den Begierden des Fleisches frönten.

Später in jenem Winter, vielleicht im Januar oder Februar 1305, wurde Pierre Maury in Arques von seinem Bruder Guillaume aus Montaillou aufgesucht. Guillaume war damals etwa 14. Er hatte Prades Tavernier, der inzwischen seine Zelte mehr oder weniger dauerhaft bei den Rives' in Montaillou aufgeschlagen hatte, nach Coustaussa gebracht, wo er ihn bei den Montaniés gelassen hatte. Guillaume überbrachte ihm Grüße von Prades. Und Pierre gab seinem Bruder einen Schilling, einen Silber-Obolus (der dem Wert eines halben Pfennigs entsprach), und vier Pfennige, die er dem Parfait bringen sollte, um sich neue Schuhe zu kaufen.

Ostern 1305 wurde Pierre Maury von Raymond Peyre zu den Bélibastes nach Cubières (Farbabb. 16) geschickt, um Schulden einzutreiben. Als er am frühen Abend in ihrem Haus nahe am Fluss ankam, traf er mehrere von ihnen zu Hause an – den alten Guillaume Bélibaste und seine Frau, Raymond und seine Estelle sowie Bernard.

Der junge Guillaume Bélibaste, der künftige Parfait und Gefährte Pierre Maurys in Katalonien, war jedoch nicht anwesend. Vielleicht war er mit seinen Schafen draußen auf der Weide. Möglich ist jedoch auch, dass er bereits im Verborgenen lebte, da er einen anderen Schäfer getötet hatte und sein eigenes Leben somit auf dem Spiel stand (dies scheint sich einige Zeit vorher im selben Jahr ereignet zu haben). (FR, f.256r)

Wer Guillaume Bélibaste ordinierte, ist nicht bekannt, es kann jedoch durchaus Pierre Authié gewesen sein. Die Verbindung zwischen ihnen könnte über Pierre Maurys Schwester bestanden haben, die sich irgendwann offenbar von Guillaume Bélibaste getrennt und dem Ancien angeschlossen hatte.

Die Bélibastes unterhielten sich gerade, als Pierre Maury bei ihnen eintraf. Und kurz nach ihm traf der Ehrengast ein. Es war Maître Pierre Girard, der Ankläger des Erzbischofs von Narbonne. Zwei Jahre später sollte Pierre Maury, der Häresie angeklagt, vor ihm stehen.

Nach dem Abendessen, bei dem Fleisch, Käse und Milch gereicht wurden, zog der Strafverfolger sich zur Nacht zurück. Nun führten Raymond und Bernard Bélibaste Pierre nach draußen und brachten ihn zu einer Scheune, in der Stroh gelagert war und die etwas abseits vom Haus zum Flussufer hin lag. Sie war verschlossen wie die Scheune in Tarascon.

Dort waren Amiel de Perles und ein kürzlich ordinierter Raymond Faure aus Coustaussa untergebracht. Pierre entbot Amiel das Melioramentum und grüßte ihn von seinem Arbeitgeber. Kurz darauf klopfte Estelle Bélibaste an die Tür und raunte, Bernard und Pierre sollten die Scheune schleunigst verlassen. Als sie hinausgingen, bemerkte Pierre Maury, dass sich zwei Männer der Scheune näherten, die zu den Parfaits wollten. Er gab später an, sie nicht gekannt zu haben; in dem Fall dürfte er sie für Führer gehalten haben, die die Parfaits ins Fenouillèdes bringen wollten.

Vielleicht. Aber könnte es sich bei einem dieser heimlichen Besucher nicht auch um den Ankläger gehandelt haben? Warum speiste er im Haus eingeschworener Katharer? War er ein weiterer hochrangiger Beamter, der sich von der korrumpierten Kirche Roms abgewendet und gegen sie gestellt hatte? Es erscheint unwahrscheinlich, dass die beiden Parfaits sich zufällig genau zu der Zeit bei den Bélibastes aufhielten, als einer der wichtigsten Beamten des Bischofs dort auftauchte. Sofern Pierre Maury Girard erkannt hatte, entschied er sich später jedenfalls dafür, es nicht zuzugeben.

Ende August 1305 ließ Pierre Maury seine Schafe auf »Peyresols« weiden, direkt im Nordosten von Arques, wobei ich davon ausgehe, dass es sich dabei um die in den Fournier-Akten als *pars sors* bezeichnete Flur handelt.[67] Eines späten Abends traf Raymond Bélibaste aus Limoux, gefolgt von dem Parfait Philippe d'Aylarac dort ein. Pierre Maury beköstigte sie, wobei der Parfait nur Wein aus einem Becher trank, den er bei sich trug. Dann bat Bélibaste Pierre, sie geradewegs nach Cubières zu bringen, ohne in Arques Halt zu machen, worüber die Peyres später verärgert waren. Sie brachen nach Südosten auf, gingen an der Tour d'Arques vorbei, über den Fluss Richtung Rabassole.

Die Nacht war dunkel, und die Gruppe konnte kaum etwas sehen, während sie sich ihren Weg durch die Wälder und steile Böschungen hinauf bahnte. Ihre Wanderung war so mühsam, dass der Parfait wiederholt stürzte, sich den Fuß verletzte und ausrief: »Heiliger Geist, hilf mir!« Die Anstrengung ging fast über seine Kräfte.

Nahe Cubières schlüpften sie in einen Schafstall – *cortal* auf Okzitanisch (*corral* auf Spanisch) –, der den Bélibastes gehörte. Dort wurden sie von Bernard Bélibaste, seinem Bruder Guillaume, dem künftigen Parfait, und einem kleinen Jungen begrüßt, der ihr Neffe war. Es war noch immer dunkel, und die Führer stärkten sich mit einem Bissen Brot und tranken Milch, während der Parfait sich auf seiner Kleidung schlafen legte. Die Bélibastes baten Pierre, über Nacht in ihrem Haus zu bleiben. Er lehnte jedoch ab und kehrte stattdessen allein nach Arques zurück.

Diese Märsche über so weite Strecken müssen auch ihn an seine physischen Grenzen gebracht haben, obwohl es im Vergleich zu seiner letzten vollständig dokumentierten Wanderung 15 Jahre später fast nur Ausflüge waren.

Einige Tage später, Anfang September 1305, traf Pierre Maury bei den Peyres abermals Amiel de Perles an. Diese kurze Begegnung sollte für ihn das letzte Zusammentreffen mit Parfaits im Arques-Tal sein, da kurz danach die Katastrophe hereinbrach.

Um den 8. September 1305, Mariä Geburt, gerieten Jacques Authié und Prades Tavernier in Limoux in eine Falle. Auch wenn die Einzelheiten ihrer Gefangennahme und anschließenden Flucht ein Geheimnis bleiben, wissen wir, dass sie von niemand anderem als Guillaume Peyre, Pierre Authiés getreuem Adjutanten, unter dem Vorwand einer Tröstung dorthin gelockt worden waren.

Limoux war Peyres Heimatstadt, und er hatte von Anfang an, seit der Rückkehr der Authiés ins Languedoc 1299/1300, in enger Verbindung mit ihnen gestanden. Wie auch der andere Verräter, Pierre de Luzenac, hatte er fünf Jahre zuvor, im Sommer 1300 in Toulouse an einem Lachs- und Forellenessen teilgenommen.

Er trieb jetzt dieses doppelte Spiel, weil er sich von den Authiés und anderen Katharern im Stich gelassen fühlte, die sich geweigert hatten, ihm Geld zu geben, um eine Schuld von 40 Schillingen bezahlen zu können, die bei seinem kurzen Aufenthalt im Gefängnis der Inquisition entstanden war. Er beglich die Schulden bei seinen Gläubigern, indem er zwei seiner Freunde gegen ihr Blutgeld tauschte.

Es ist unwahrscheinlich, dass außer einem Mitglied des inneren Kreises um die Authiés irgendwer Jacques Authié und Prades Tavernier hätte in die Irre führen können, da die Sicherheitsvorkehrungen der Katharer im Allgemeinen gut funktionierten. Und keine waren besser als die, welche die Authiés direkt betrafen: Sie stellten schließlich die Elitetruppe dieser katharischen Mission dar.

Aber nicht nur, dass Guillaume Peyre die beiden Parfaits verriet, er lieferte der Inquisition auch wertvolle Informationen über die Verbreitung der häretischen Bewegung in der Region. Die katharischen Gläubigen hielten jedoch, wie wir gesehen haben, nicht immer ihre andere Wange hin. Guillaume Peyre musste fortan sehr vorsichtig sein. Aus Rache wurde sein Bruder in Carcassonne ermordet. Und noch im April 1321 war dieser okzitanische Erzverräter in Schutzhaft.

Die Folgen dieser Verhaftungen waren immens. Es war keine Frage, dass die beiden Männer sich einem Verhör würden stellen müssen. Sie hatten gelobt, nie die Unwahrheit zu sagen, und wenn die Inquisition die Folter zu Hilfe nahm, würden sie mit Sicherheit reden. Keiner der Gläubigen konnte vorhersehen, dass die zwei gefangen genommenen Parfaits der Inquisition fast sofort wieder entwischten, noch bevor man sie von Limoux nach Carcassonne hatte bringen können.

Wir finden ihre Spur kurz darauf in dem Dorf Le Born wieder, rund 35 Kilometer nordöstlich von Toulouse, was beweist, dass sie von Limoux aus nach Nordwesten geflohen waren, statt instinktiv kehrtzumachen und sich ins Sabarthès zurückzuziehen. (L, S. 28) Hier versteckten sie sich acht Tage im Hause eines Guillaume-Arnaud Faure (seine Familie war unter dem Namen *Espanhol* bekannt). Dies lässt darauf schließen, dass ihr Schatzmeister Francès die Flucht der Parfaits organisiert hatte, weil Francès' Frau vier Jahre später im Haus von Guillaume-Arnauds Bruder, Bernard Faure, im selben Dorf, sterben sollte. Die Familien Francès und Faures waren offenkundig eng miteinander verbunden.

Als die Nachricht von der Gefangennahme von Jacques und Prades in Arques eintraf, war Raymond Peyre erschüttert. Als er Pierre Maury davon unterrichtete, schlug er sich wiederholt zum Ausdruck seiner Verzweiflung auf die Wangen. Pierre war zutiefst beunruhigt, er floh jedoch nicht.

Zwei Wochen später kehrte er ins Haus der Peyres zurück. In der darauf folgenden Nacht wurde dort Kriegsrat gehalten. Raymond Maulen, sein Schwager Raymond Marty, Guillaume Escaunier und seine Schwester Marquèse, Raymond und Sibylle Peyre sowie ihre Mutter, Bernard Vital, Raymond Gayraud, der katharische Bayle von Gilet de Voisins, und Pierre Maury nahmen daran teil. Sie beschlossen, das päpstliche Gericht aufzusuchen, um ihre ketzerischen Aktivitäten zu beichten, ehe sie vorgeladen wurden. Auf diese Weise würden sie bußfertig erscheinen, und das würde strafmildernd zu Buche schlagen.

Inzwischen war zwar allgemein bekannt geworden, dass die beiden Parfaits entkommen waren, wohl noch ehe man sie hatte verhören können. Der Verräter Guillaume Peyre hatte jedoch mit Pierre Authié Zutritt zu ihren Häusern gehabt; deshalb fühlten sie sich ihres Lebens nicht mehr sicher. Möglicherweise waren sie über seine Rolle informiert, was die harte Vergeltung erklären würde, die sie von den Peyres einforderten.

Pierre Maury weigerte sich für seinen Teil, ihren Plänen zuzustimmen und zum päpstlichen Gericht zu gehen, um zu beichten. Die Diskussion, die sich daraus entspann, artete in eine Debatte über Geld aus. Denn Pierre Maury beklagte sich, dass er bei ihrem Vorhaben Gefahr lief, die 60 Schillinge zu verlieren, die sie ihm schuldeten, denn wenn die Inquisition erst ihre Habe konfisziert hätte, würden sie ihn nicht mehr auszahlen können.

Die Würfel waren jedoch gefallen. Früh am nächsten Morgen brachen die Peyres, Maulens und die anderen zu ihrem Bittgang zur Erlangung der päpstlichen Absolution auf.

Der neue Inhaber des päpstlichen Stuhls war Bertrand de Got aus der Gascogne, jetzt seine Heiligkeit Papst Klemens V. (1305-1314). Er war am Samstag, dem 5. Juni 1305, in Perugia in Umbrien zum Papst gewählt und am Sonntag, dem 14. November 1305, in Lyon gekrönt worden. Im Unterschied zu seinem Vorgänger sollte er sich als fügsamer Untertan der französischen Krone erweisen, und Philipp der Schöne wohnte seiner Amtseinführung bei. Es war auch Klemens V., der 1306 Robert Bruce, den schottischen Freiheitskämpfer, in aufsehenerregender Weise exkommunizierte, weil dieser »Red Comyn«, den Lord von Badenoch, in der Kirche der Greyfriars in Dumfries getötet hatte.

In der Hölle der *Göttlichen Komödie* stellte Dante Klemens V. sogar als einen noch verderbteren Menschen als den pharisäerischen Bonifatius VIII. dar, der den Dichter aus Florenz ins Exil getrieben hatte. »Denn nach ihm [Bonifatius] kommt mit noch viel wüsterem Werke von Westen her ein gesetzloser Hirte« (Die Hölle, 19. Gesang, 82), also ein noch Schlimmerer als Bonifatius VIII. oder Nikolaus III.

Was das Thema Päpste anging, waren Dante und die katharischen

Parfaits sich einig. 1305 war der Papstsitz noch in Rom, Klemens V. verlegte ihn jedoch nach Avignon, wo 1316 Johannes XXII. seine Nachfolge antrat.[68] Man erinnert sich seiner heute hauptsächlich wegen seiner feigen Unterstützung der groß angelegten Vernichtung des Templerordens durch Philipp IV.

Am Morgen, ehe die Gruppe aus Arques aufbrach, wandten Raymond Peyre und Raymond Maulen sich dann noch einmal an Pierre Maury und baten ihn, bis zu ihrer Rückkehr auf ihre Schafe aufzupassen, wozu er sich bereit erklärte. Später am selben Morgen beschlagnahmte Gilet de Voisins den Besitz und Viehbestand aller Bittsteller und wies Pierre Maury und Jean Maulen dabei an, gut für die Schafe der Peyres und Maulens zu sorgen. Dieser fürsorgliche Hinweis könnte darauf hindeuten, dass Gilet de Voisins, genau wie sein Bayle, mit der Sache der Katharer sympathisierte. Aber jetzt, da die schuldigen Familien sich auf den Weg gemacht hatten, um sich sowohl dem Papst als auch der Inquisition zu stellen, musste er öffentlich zeigen, dass er gegen sie vorging.

Die Reise der Katharer aus Arques dauerte mehr als zehn Wochen. Sie legten vor Bérenger, dem Bischof vom Béziers und Vorsitzenden des päpstlichen Bußgerichts, ein Geständnis ab. Am Sonntag, dem 5. Dezember 1305, wurde Guillaume Escaunier und seiner Frau schriftlich die Absolution erteilt. Und dieser Ablass wurde am Freitag, dem 24. Dezember, durch ein zweites Schreiben ergänzt, das der Notar Barthélemy Adalbert im Namen der königlichen Gerichtsbarkeit in Carcassonne verfasste, wonach den Escauniers ihr Besitz ohne weitere Auflagen wieder zugesprochen wurde.

Der Fall der Peyres und Maulens war offenbar vor dem der Escauniers behandelt worden. Denn diese beiden Familien waren schon etwa zwei Wochen vor Weihnachten wieder nach Arques zurückgekehrt.

Sie machten Pierre Maury Vorhaltungen, dass er nicht mit ihnen gegangen war, und gaben ihm zu verstehen, dass er nicht mehr bei ihnen logieren könnte. Für sie stellte die bloße Tatsache, ihn nicht auf der Stelle anzuzeigen, schon ein Vergehen dar.

In dem Streit, der dann folgte, weigerte Raymond Peyre sich, seine Schulden bei Pierre Maury zu begleichen. Pierre suchte daraufhin noch am selben Abend seinen »Vetter« Maulen auf, um sich mit ihm zu beraten. Dieser drängte ihn ebenfalls, wenn nicht zum päpstlichen Gericht, dann wenigstens zur Inquisition nach Carcassonne zu gehen, und bot ihm sogar an, ihn zu begleiten. Pierre versuchte, erst einmal Zeit zu gewinnen, und kehrte wieder zu seiner Herde zurück.

Etwa eine Woche später ließ er seine Schafe auf den Winterweiden, offenbar in der Nähe von Lavelanet, zurück und machte sich auf den Weg nach Arques, um ein Kleidungsstück aus Wollstoff abzuholen, das er sich von einem Schneider dort hatte weben und anfertigen lassen. Er hatte gerade Fougax, im Nordosten von Montségur, erreicht, als ihm sein Bruder Guillaume über den Weg lief, der bereits gehört hatte, dass Pierre nicht mehr bei den Peyres beschäftigt war. Gemeinsam setzten sie den Fußmarsch nach Arques fort und begegneten unterwegs noch ihrem Schwager Guillaume Marty.

Die beiden Guillaumes warteten an der Mühle von Arques, unterhalb der Tour de Voisins, während Pierre das Kleidungsstück bei dem Weber abholte. Damit eilte er dann in den Weiler Pontilhs zurück, der noch heute als winziger Punkt auf der Straßenkarte zwischen Arques und Serres verzeichnet ist. Hier wartete er auf die beiden Guillaumes, die möglicherweise noch andere Dinge in Arques zu erledigen hatten.

Gemeinsam waren die drei dann nach Coustaussa zurückgegangen, wo sie im Hause von Bernard Montanié einkehrten, der offenbar, genau wie Pierre Maury, beschlossen hatte, erst einmal dem Sturm zu trotzen und abzuwarten, statt überstürzt ein Geständnis abzulegen.

Dies war der letzte protokollierte Besuch Pierre Maurys in Arques. Da er sich so heimlich davonstahl, blieben ihm die Peyres seinen Lohn schuldig, und er verlor den Besitz, den er gekauft hatte, sowohl das Haus als auch die Felder. Er klagte später, dies sei das erste Mal gewesen, da er vor dem Ruin gestanden habe. Das zweite Mal war, als er nach 1308, aus Angst, verhaftet zu werden, seinen Anteil an seinem Erbe nicht einforderte. Und das dritte Mal war ihm dieses Schicksal in Katalonien beschieden.

Trotz der überstürzten Geständnisse der Katharer aus Arques war die Schwungkraft der Bewegung in dieser Region vielleicht nur vorübergehend ins Stocken geraten, da es verschiedene Belege dafür gibt, dass die Parfaits nach 1305 nach Arques zurückkamen und dass Pierre Authié Sibylle Peyre Informationen über Bernard Clergue zukommen ließ, die Arques erst nach Mitte September des Jahres 1307 erreicht haben konnten, also fast zwei Jahre *nach* den Geständnissen von Lyon und Carcassonne.

Von Coustaussa gingen die beiden Maurys weiter nach Quillan und von dort am nächsten Tag nach Roquefeuil. »Danach erreichten wir Montaillou«, sagte Pierre Maury später, »und das war etwa zwei oder drei Tage vor Weihnachten, und dies war letztes Weihnachten 19 Jahre her.« (FR, f.254v)[69] Warum sollte Pierre Maury sich in Montaillou sicher fühlen, da der verhasste Guillaume Peyre früher auch die Familie Rives besucht hatte und seinen neuen Herren somit berichtet haben dürfte, dass das Dorf katharisch war? Pierre Maury hatte tatsächlich Arques den Rücken gekehrt, um in sein Heimatdorf zurückzugehen. Wenn er schon verhaftet werden sollte, erklärte er leichthin, dann konnte dies ebenso gut im Sabarthès wie anderswo geschehen. Hatte ihm jemand den Wink gegeben, dass Montaillou, egal was geschah, in jedem Fall sicher war?

Dies war das erste Weihnachtsfest, das Pierre seit 1299/1300 in Montaillou verbrachte. Sein Ansehen bei den Parfaits dürfte kaum höher gewesen sein als jetzt, da er einen hohen persönlichen Preis gezahlt hatte für seine Weigerung, sich den Bußfertigen von Arques anzuschließen. Sie würden nicht lange warten, bis sie es gegen ihn verwendeten.

Als Pierre Maury sein Heimatdorf damals verlassen hatte, waren die Menschen dort voller Hoffnung und stolz, an der Spitze der katharischen Erneuerung zu stehen. In fünf turbulenten Jahren hatten sie inzwischen eine Reihe von Schwierigkeiten und Rückschlägen erlebt. Aber jetzt, im Herbst 1305, reagierten die Gläubigen von Montaillou im Unterschied zu ihren Glaubensbrüdern in Arques nicht auf die Verhaftungen von Jacques Authié und Prades Tavernier.

Dies kann nicht nur einfach daran gelegen haben, dass die Nachricht von diesem Rückschlag das Sabarthès später als das näher gelegene Dorf im Aude erreicht hätte. Denn die Buschtrommeln des

14. Jahrhunderts übermittelten Neuigkeiten so schnell, dass der Zeitunterschied minimal gewesen sein dürfte.[70] Überdies hatten die Clergues so enge Verbindungen zur Inquisition von Carcassonne, dass sie über die Verhaftung der Parfaits wahrscheinlich schon informiert gewesen wären, noch ehe dies allgemein bekannt wurde.

Verhaftung und Flucht in Limoux scheinen zu schnell aufeinander gefolgt zu sein, als dass die Clergues ihre Hand im Spiel hätten haben können.

Sie waren jedoch eng mit dem Gefängnisaufseher von Carcassonne, Jacques de Polignac, vertraut, der auch der Pfarrer der Kirche von Caunettes-en-Val (Aude) in der Diözese Carcassonne war. Er sollte bei einer Reihe der langen Verhöre zugegen sein, die in den Protokollen von d'Ablis festgehalten sind. Sowohl er als auch sein Neffe Hugues de Polignac, dem Jacques offenbar die tägliche Essensausteilung und Versorgung im Gefängnis übertragen hatte, gehörten als wahre Schmarotzer zum Strandgut der Inquisition.

Hugues wurde vorgeworfen, Zuschüsse der Krone für die Verpflegung der Gefangenen in Carcassonne unterschlagen und zudem Gelder von den Familien verurteilter Häretiker über einen Zeitraum von bis zu zwei Jahren nach deren Tod in die eigene Tasche gesteckt zu haben, indem er es unterließ, diese vom Tod ihrer Angehörigen in Kenntnis zu setzen. Darüber hinaus hatte er Bauholz und Ziegel der Krone veruntreut, um sich damit ein Haus zu bauen. Sein Onkel wurde ebenfalls angeklagt, sich aus Habgier den konfiszierten Besitz verurteilter Häretiker angeeignet zu haben. (Beugnot, 1839-1848, Bd. 3, S. 147f.; Devic u.a., 1872-1905, Bd. 10, cc.650ß-652; CR, 1285-1314: S. 8718)

Weder der Onkel noch der Neffe wurden am Ende verurteilt. Aber dass ihre Integrität so offen infrage gestellt wurde, zeigt die Maßlosigkeit ihrer Gier.

Woher sie die Clergues kannten, ist nicht mehr feststellbar. Dass sie sie kannten, steht jedoch fest, und sie scheinen ihnen auch verpflichtet gewesen zu sein. Ihr Vorgehen war mit Sicherheit ähnlich wie das der Clergues: Die Inquisition bot den Skrupellosen immense Chancen, sich selbst zu bereichern.

Die Clergues waren in diesem Spiel wahre Meister, die dabei auch erst wesentlich später erwischt wurden als die de Polignacs. Auf diese Weise hatten die Clergues, wie weitreichend ihre Operationen auch immer gewesen sein mögen, ein solches Vermögen zusammengerafft, dass sie die de Polignacs bequem bestechen, wenn nicht gar kaufen konnten.

7. MONTAILLOU (1300-1305)

Als Pierre Maury Montaillou im Jahr 1299/1300 verließ, war das Dorf dabei, sich auf den Empfang der Authiés vorzubereiten. Bis er fünf Jahre später zurückkam, hatte Guillaume Authié sich hier zusammen mit Prades Tavernier durch die Unterstützung der Benets, Belots, Rives' und Clergues bereits eine solide Basis geschaffen. Wenn das Dorf jetzt nahezu geschlossen hinter der katharischen Bewegung stand, so hatte es doch einiges gekostet, dies zu erreichen. Die Angst hatte keine unwesentliche Rolle dabei gespielt, dieses katharische Einvernehmen in Montaillou herzustellen. Und nicht jeder war über den Stand der Dinge glücklich.

Nachdem die herrschenden Familien des Ortes beschlossen hatten, den Parfaits in Montaillou eine Basis zu schaffen, war es zunächst das Wichtigste gewesen, für sichere Verstecke zu sorgen. So hatte man sich daran gemacht, Obergeschosse an- oder auszubauen und teilweise Zwischendecken einzuziehen, sodass neue Halbgeschosse entstanden

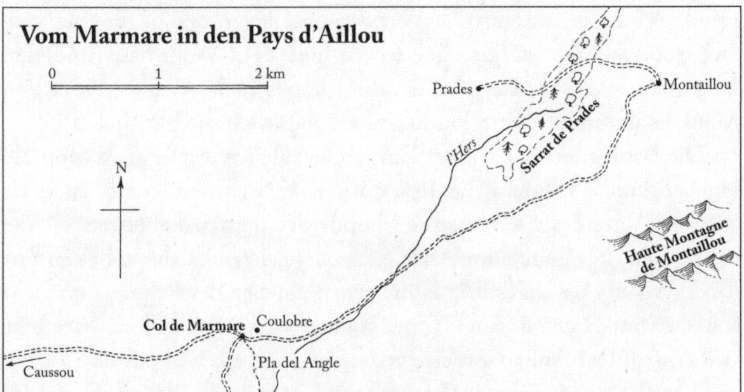

waren, wo Betten mit kostbaren Bezügen aufgestellt wurden, die ausschließlich für die zu Besuch kommenden Parfaits bereitstanden.

Das Haus der Clergues hatte mindestens seit der Rückkehr von Pierre Clergue Mitte der 1290er-Jahre und wahrscheinlich bereits vorher ein prächtig ausgebautes Obergeschoss.

Ab wann Guillaume Authié bei den Clergues unterschlüpfte, lässt sich nicht sagen. Fest steht jedoch, dass er sich offenbar ohne Anmeldung Einlass verschaffen konnte, indem er an der Außenwand des Hauses ein Brett abnahm. Dieser geheime Zugang war nur ihm und der Familie des Pfarrers bekannt.

Ein Obergeschoss zu haben war ein Statussymbol, und das reichste Haus des Dorfes war darauf bedacht, seine Macht nach außen hin zu demonstrieren. Angesichts des festen Felsuntergrunds unter den Häusern waren die meisten Familien im Dorf gezwungen, in die Höhe zu bauen und ihre Häuser aufzustocken, wenn sie zusätzlichen Wohnraum schaffen wollten.[71] Nur Häuser wie die der Clergues und Maurys hatten aufgrund ihrer Hanglage und damit quasi zweigeschossigen Bauweise Unterkellerungen, die nach einer Seite hin frei standen.

Auch wenn die Häuser in den Bergen im Ariège nicht generell unterkellert waren, so hatten doch viele Vorratsräume. Keller oder *sotula* waren im Ariège- oder Aude-Tal durchaus üblich und im Allgemeinen integraler Bestandteil der Häuser, mit denen sie manchmal über Falltüren verbunden waren. Die Vorratsräume lagen demgegenüber vielfach separat und auf gleicher Ebene mit dem Wohnhaus und den Scheunen, wie zum Beispiel bei den Benets in Montaillou oder den Maulens in Arques. Ihre Funktion war natürlich die gleiche.

Die Sonnenterrasse auf der Empore der Belots war in ganz Montaillou berühmt. Während die Rives' ihren Verwandten Prades in einer Scheune unterbrachten, hatten die Belots dem beliebtesten okzitanischen Parfait, Guillaume Authié, einen gewissen Luxus zu bieten. Ihr Obergeschoss lag auf halber Höhe versetzt neben der Foghana und war sowohl vom Haus als auch von draußen, vom Hof her, zu erreichen. (FR, f.94v) Der Anbau datierte wahrscheinlich aus den Jahren 1300/01.

Eines Morgens hatte Vuissane, die damals Magd im Haus der Belots war, darin ein prachtvoll bezogenes Bett gesehen, mit einem Kissen aus Seide. Sie wusste sofort, dass Parfaits die vorhergehende

Nacht hier geschlafen hatten. Guillaume Authié hatte tatsächlich hier übernachtet, und die Belots dürften sich besonders bemüht haben, ihm den Aufenthalt mehr als angenehm zu machen.

Als Vuissane das Bett sah, war der Anbau noch so frisch, dass er noch nicht »mit Erde bedeckt« war (*interratum*, FR, f.94v), was heißen kann, dass er noch nicht mit Lehm verputzt oder isoliert worden war. Dazu wurde in den mittelalterlichen Häusern in der Regel eine Masse aus Lehm, Sand, Stroh und dünnen Zweigen angerührt, mit der ein Rutengeflecht überputzt wurde.

Im Hof neben ihrem Haus und dem ausgebauten Obergeschoss hatten die Belots einen großen, hohen Misthaufen, der der neugierigen Vuissane Testanière an jenem Abend als Beobachtungsposten diente, von dem aus sie durch einen Spalt in das Obergeschoss spähen konnte, nachdem sie Stimmengemurmel von dort gehört hatte. So bekam sie zu sehen, wie Guillaume Belot und Bernard Clergue, die Hände zum Gebet gefaltet, neben Guillaume Authié knieten.

Aber nicht nur die reicheren Haushalte wie die der Rives' und Belots hatten jetzt ein Obergeschoss für die Parfaits, auch früheren Abhängigen ging es jetzt im Dorf so gut, dass sie sich nicht nur ihre eigenen Häuser bauen oder kaufen, sondern auch in An- und Ausbauten investieren konnten.

Einer von ihnen, ein überzeugter Katharer, war der Schuster, Schmied und Passeur Arnaud Vital, der zudem ein Vetter ersten Grades der Belots war. Ende der 1290er-Jahre betrieb Arnaud seine Werkstatt sogar in einem Raum bei seinen Vettern. Er war auch der »Flurwächter« von Montaillou, was bedeutete, dass er dafür verantwortlich war, aufzupassen, dass keine Schafe in die nahe gelegenen Felder eindrangen, sobald diese bestellt waren.

Während dieser Zeit beschäftigten die Belots drei Mägde, die alle Raymonde hießen. Die erste war Arnaud Vitals Schwester Raymonde, die später Prades den Arsen heiratete. Zum Haushalt der Belots gehörten somit ein Vetter und eine Cousine ersten Grades. Raymonde Vital verließ die Belots möglicherweise bereits im Jahr 1300, vielleicht um zu heiraten, während sie allerdings nach Alazais Azémas Aussage um 1302 noch dort war. Die Belots dürften sich ihrer in jedem Fall erinnert haben, als sich das Drama zuspitzte.

Die nächste war Raymonde (Vuissane) Marty. Zu der unehelichen Tochter namens Guillemette, die sie um 1300 bereits hatte, bekam sie von Bernard Belot, dem vermutlich zweiten Sohn der Belots, noch zwei weitere uneheliche Kinder. Eines davon wurde nach ihm Bernard genannt. Vuissanes Gefälligkeit entsprang ihrer Hoffnung, von ihm geheiratet zu werden. Als Objekt seiner Begierde und Mutter seiner Kinder hoffte sie ihn dazu bewegen zu können, sie zu einer echten Belot zu machen.

Bernard Belot war jedoch ein Draufgänger, der mitnahm, was er bekam, und wegen der versuchten Vergewaltigung der Ehefrau eines Einwohners von Montaillou verurteilt wurde; er musste dafür die teuerste Strafe zahlen, die in den Akten festgehalten wurde. Darüber hinaus, so hatte Arnaud Vital es Vuissane erklärt, würde Bernard sie nie heiraten, weil sie keine Katharerin war. Das zumindest behauptete sie vor Fournier. Der wahre Grund, warum er sie nicht heiratete, wurde ihr 1321 dargelegt.

Während Arnaud Vital sich bemühte, Vuissane zum Katharismus zu bekehren, bot er ihr auch seine sexuellen Dienste an. Zu der Zeit hatte sie immer noch gehofft, von Bernard geheiratet zu werden. Irgendwann hatte Arnaud schließlich sogar versucht, sie sich gewaltsam zu nehmen, es war ihm allerdings nicht gelungen, sie zu vergewaltigen. Sie hatte ihm daraufhin Vorhaltungen gemacht, dass er sie zur Sexualität nötigen wollte. Sie habe schließlich schon zwei Kinder von seinem Vetter, erklärte sie ihm, und damit käme ein Geschlechtsverkehr zwischen ihnen einem Inzest gleich.

Die dritte Raymonde im Haushalt der Belots wurde um 1300 Arnauds Frau.[72] Es ist anzunehmen, dass sie von Arnaud verführt wurde, während sie bei den Belots arbeitete, da Arnaud sich an die meisten Frauen, denen er begegnete, heranzumachen versuchte, und im Allgemeinen mit Erfolg.

Als Mann und Frau hatten Arnaud und Raymonde noch vom 24. Juni bis Allerheiligen des Jahres 1300 bei den Belots gelebt. Danach waren sie in ihr eigenes Haus gezogen, das schräg gegenüber den Belots, auf der anderen Seite der Hauptstraße und oberhalb von den Clergues lag. Es muss gut fürs Geschäft gewesen sein, an der Kreuzung der Hauptstraße, am Capanal den Belot zu wohnen. Hatte Raymondes

Mitgift es ihnen erlaubt, in ihr neues Haus zu ziehen? Arnaud scheint es selbst auch gut gegangen zu sein, da ihr Haus mit dem neuen Obergeschoss in der »vornehmen« Ecke von Montaillou stand.

Nach seiner Heirat ließ Arnaud seine junge Frau abends oft allein und kehrte erst sehr spät zurück, ohne dafür eine Erklärung abzugeben. Da sie aus ihrer Zeit bei den Belots wusste, dass er ein Schwerenöter war, war sie natürlich eifersüchtig, und die fortgesetzte Aufmerksamkeit, die er Vuissane schenkte, muss ihre Ängste geschürt haben. Sie hatte den Verdacht, dass er Raymonde Rives besuchte, die Nichte des Parfaits Prades Tavernier und Schwester der vergewaltigten Guillemette, wie auch eine Alazais Gavelle, über die nichts bekannt ist.[73]

In Wahrheit hatten Arnauds nächtliche Ausflüge weniger mit Liebesabenteuern als vielmehr mit dem Glauben zu tun, denn sie fielen praktisch genau mit den sich in der Region entfaltenden Aktivitäten um die Authiés zusammen. Als einer der besten Passeurs stellte er sich den Parfaits ganz zur Verfügung. Das war der Grund für seine häufige nächtliche Abwesenheit.

Hätte Arnaud seine Frau mehr geliebt, hätte er vielleicht bemerkt, dass man ihr ein Geheimnis anvertrauen konnte. Sie war es, die später die Inquisition offen herausforderte, sich von ihrer schlimmsten Seite zu zeigen. Die verächtliche Art, mit der er sie behandelte, war vielleicht der Grund, dass sie Trost in den Armen von Pierre Clergue und, Vuissanes versteckten Anspielungen zufolge, Bernard Clergue suchte.

Alazais Azéma, die Mutter eines weiteren Passeurs aus Montaillou, Raymond Azéma, gehörte auch zu denjenigen, die Trost in den Armen Pierre Clergues fanden. Sie sollte ihm rund 20 Jahre später mehr Treue als die meisten anderen erweisen.

Sie und ihr Sohn gehörten in der Hochphase der häretischen Mission von 1300 bis 1308 zu den eifrigsten Katharern des Dorfes. 1302 hatte sie mit den Parfaits einen so vertrauten Umgang, dass sie zusehen durfte, wie Guillaume Authié und Pons Sicre die Foghana der Benets durch eine abnehmbare Holzverkleidung verließen, um zu den Rives' zu gelangen. Die Stöcke, die sie bei sich hatten, ließen darauf schließen, dass sie entweder zu einem langen Marsch im Aufbruch begriffen oder gerade von einem zurückgekehrt waren.

Wie die anderen ärmeren Frauen Montaillous, wie Brune Pourcel, Guillemette Clergue (B) und schließlich Fabrisse Rives, ging Alazais Azéma ständig in den reicheren Häusern ein und aus, in ihrem Fall bei ihren Nachbarn gegenüber, den Belots. Neben Nahrungsmitteln borgte sie sich gelegentlich Küchenutensilien wie etwa eine *payrola* (Kessel) aus, wobei sie bei der Hochzeit von Bernard Belot und Guillemette Benet *ihnen* einen Topf auslieh. Trotz ihrer Armut machte sie wie alle anderen den Parfaits Geschenke, die bei ihr aus ein paar Scheffeln Weizen bestanden, weil sie sich nicht mehr leisten konnte.

Montaillou war voller Beobachterinnen, weil die Frauen im Unterschied zu den Männern wegen ihrer Kinder mehr ans Haus gebunden waren. Der Großteil der Informationen über das Kommen und Gehen im Dorf stammt somit von Frauen mit kleinen Kindern.

Eine davon war Brune Pourcel, die uneheliche Tochter von Prades Tavernier. In der Zeit der Rückkehr der Authiés arbeitete Brune zusammen mit Bernard Clergues unehelicher Tochter als Magd im Haushalt der Clergues. Die beiden Familienmütter Mengarde Clergue und Guillemette Belot verkehrten in der Zeit wesentlich enger miteinander als sonst, und man sah sie des Öfteren, tief ins Gespräch versunken, zusammen an der Straße sitzen, die zwischen ihren beiden Häusern hindurchlief. Da die tiefgläubige Katharerin Na Roche während dieser Zeit ebenfalls häufig im Hause der Clergues zu Besuch war, gibt es keinen Zweifel, welchem Zweck diese Zusammenkünfte der beiden Frauen mittleren Alters dienten.

Eines Tages wies Mengarde Clergue, die Mutter des Pfarrers, Brune an, zwei in der Ofenasche gebackene und in ein Tischtuch eingeschlagene Laibe Brot und eine Flasche Wein zu Guillemette Belot gegenüber zu bringen. Brune gab zu Protokoll, erstaunt über dieses Geschenk gewesen zu sein, da die Belots »sehr reich« waren. Als sie fragte, was sie Guillemette zu dem Brot und Wein sagen sollte, meinte Mengarde, sie solle sich darüber keine Gedanken machen: »Gib es Guillemette einfach, denn ich habe mit ihr gesprochen.«[74]

Brune ging mit dem Brot und dem Wein zu den Belots hinüber und klopfte an die Tür, da sie verschlossen war. Sofort öffnete Guillemette Belot die Tür, aber nur einen Spalt, in dem sie stehen blieb, um zu verhindern, dass Brune hineinschauen konnte. Sie nahm die Geschenke entgegen und verschwand dann ohne weiteres Aufheben wieder im Haus.

Der Grund für diese Heimlichtuerei war, dass die Authiés sich im Haus aufhielten, die in dieser frühen Phase das Haus von Pierre Clergue mieden, aus Furcht, ihn zu kompromittieren. Deshalb lief Mengarde jetzt ständig über die Straße, wobei sie vorgab, zum Nähen oder Handarbeiten zu ihren Nachbarn zu gehen, oder sie schickte ihre Mägde hinüber. Genau wie Brune musste auch Bernard Clergues Tochter solche Botengänge machen und Lebensmittel für die Parfaits zu den Belots bringen.

Mengarde Clergue versorgte die Parfaits mit Mehl, Brot, Honig, Öl und gutem Wein von Pierre und Bernard Clergue. Auf Weisung des Pfarrers brachte sie ihnen auch Auftragsarbeiten, die sie erledigen sollten. Während seiner Aufenthalte bei den Belots nähte Guillaume Authié auf einige Gewänder Pierre Clergues einen Pelzbesatz auf und versah die Ärmel seiner Kleidung mit Flicken. Er reparierte auch Schuhe und wurde für diese Dienste von Pierre Clergue bezahlt.

Als Gaillarde Authié 1308 Guillaume Belot ansprach, dass sie sich Sorgen um ihren Mann machen würde, beruhigte er sie, Guillaume Authié werde in Montaillou bestens versorgt, denn Mengarde Clergue lasse den Parfaits alles zukommen, was sie bräuchten. Zudem ging das Gerücht um, Pierre Clergue würde seine katharischen Freunde durch regelmäßige Zuwendungen in Form von Weizen unterstützen.

Guillaume Authié revanchierte sich für Pierre Clergues Freundlichkeit und schenkte ihm im Gegenzug ein Paar Handschuhe, bei dem damals im Languedoc üblichen Austausch von Geschenken eine beliebte Gabe. Die Parfaits brachten Handschuhe aus der Lombardei mit und erhielten auch ihrerseits welche geschenkt. Handschuhe, wofür zwei verschiedene lateinische Worte verwendet wurden (*cirothecas vel gans*, FR, f.75v), scheinen sowohl ein Luxusartikel, wie die Messer oder *canivets* aus der Lombardei oder Barcelona-Seide, als auch ein Schutz gegen die Kälte in den Pyrenäen gewesen zu sein.[75] Aber das wichtigste Geschenk, das Guillaume den Clergues zukommen ließ, war ein *calendarium*, ein mit den Evangelien in einem Band zusammengebundener Kalender, wie er bei Tröstungen verwendet wurde.

Mehr als sonst jemand im Dorf lebte Brune von Zuwendungen ihrer Verwandten, und sie hatte keine Hemmungen, sich gelegentlich in eine diebische Elster zu verwandeln. Solche Unternehmungen brachten sie wiederholt mit ihrem Vater in Kontakt, und zwar bei den Rives', die offenbar gegenüber Kind und Kegel großzügig waren.

Wenn er sich bei den Rives' einquartierte, was zunehmend häufig geschah, hielt er sich für gewöhnlich in der Scheune auf, in der Heu und Stroh gelagert wurde. Als Brune sich eines Tages leise in die Scheune schlich, um sich mit einem Bündel Heu zu versorgen, saß ihr Vater, Prades Tavernier, den sie vorher nicht bemerkt hatte, hoch oben auf dem Stroh und fragte sie, was sie hier täte. Sie antwortete ihm, sie nähme sich etwas Heu, weil sie selbst keines habe. Dann floh sie.

Ähnlich war es bei der Rübenernte. Pons Rives hatte veranlasst, die geernteten Rüben in oder bei der überdachten Vorhalle des Hauses zu lagern. Noch am selben Tag ging Brune viermal mit einem Korb hin, den sie heimlich mit Rüben füllte. Bei jedem Mal sah sie ihren Vater Prades, der sich hinter verschlossener Tür im Haus aufhielt. Als sie sich näherte, öffnete er die Tür einen Spalt und fragte sie, warum sie die Rüben stehle: »Um sie für meine Kinder zu kochen und sie damit zu füttern«, entgegnete sie ihm. Er rügte sie, dass sie sie ohne das Wissen des Hausherrn nahm. Als Pons Rives später erschien, erzählte sie ihm, dass sie Rüben genommen hatte, worauf er meinte, sie dürfe sie gerne behalten.

Ein andermal lieh sie sich ein Mehlsieb von den Rives' aus, die ebenso ihr Mehl und Brot mit ihr teilten wie auch verschiedene Schüsseln und Brennholz, und sie nutzte gelegentlich ihren Brotbackofen. Sie war Prades Tochter, und die Katharer müssen sie allein schon aus diesem Grund geliebt haben, so wie auch Pierre Authiés Tochter. Darüber hinaus war sie arm und hatte viele Kinder. Einmal musste sie darauf verzichten, ihren Vater zu sehen, weil ihre Kinder sonst unbeaufsichtigt geblieben wären. Bei Müttern mit vielen Kindern legten die Menschen von Montaillou eine herzerfrischende Solidarität an den Tag.

Es hatte jedoch seinen Preis, so abhängig von anderen zu sein. Um Ostern 1302 hatte Brune einen sechs Monate alten kleinen Jungen, Raymond, den sie stillte. Eines Tages kam ihre Tante Alazais Rives zu ihr und bat sie, ihr Baby in ihr Haus zu bringen, damit es dort von einer Frau aus Razès gestillt werden könne, die Schmerzen wegen ihrer Milch litte. Brune wollte sich zunächst nicht darauf einlassen und erklärte, die Milch der anderen Frau würde vielleicht nicht gut für ihr Baby sein. Schließlich gab sie jedoch nach. Sie war zu arm, um einer reichen Verwandten irgendetwas abzuschlagen.

Als sie bei den Rives' eintraf, fand sie die Frau am Feuer sitzend vor. Und an der Tür, die zu einem der Nebenräume der Foghana führte, stand ihr Vater, Prades Tavernier. Alazais forderte Brune daraufhin auf, ihn mit dem Melioramentum zu ehren, was sie tat, nachdem ihre Tante ihr zuvor erklärt hatte, was sie dabei zu tun hatte. Alazais und die Frau aus Razès taten es ihr anschließend nach. Als Brune sich verabschiedete und das Haus mit ihrem Baby wieder verließ, gab ihre Tante ihr zwei Stücke Brot mit: ein großes für ihren Sohn und ein kleines gesegnetes *tinhol* für sie.

Bei einem ihrer Besuche bei den Rives' erlebte Brune in der Foghana auch einmal die *Adoration* Prades Taverniers durch Mersende Marty mit. Außer ihr waren noch Arnaud Vital und Alazais Rives anwesend. Mersende überreichte Prades dabei in ein blaues Tuch gewickeltes Brot und Öl.

Mersende war eine tiefgläubige Katharerin, die in ihrem Glauben nie wankte. Bei einer anderen Gelegenheit war Mersende um das Jahr 1303/04 herum gesehen worden, wie sie die Parfaits Guillaume Authié und Pons Sicre in ihrem Haus am anderen Ende des Dorfplatzes, schräg gegenüber von den Rives', bewirtet hatte. Viele Jahre später, in einem anderen Land, erinnerte Mersende sich voller Trauer an den »prächtigen« Sohn von Sibylle Baille.

Es gab in der Nachbarschaft noch eine weitere Augenzeugin von Prades' Aufenthalten in der Scheune seiner Schwester, die zudem gerne und viel bei den Rives' ausborgte: ihre Tochter Guillemette Clergue (B). Sie datierte ihre Begegnung mit Prades auf das Jahr 1304, und sie erinnerte sich wie ihre Cousine Brune daran, dass es in der Zeit der Rübenernte war. Sie hatte eines Tages ihre Mutter gefragt, ob sie etwas Heu nehmen könne. Sie möge sich ein kleines Bündel aus der Scheune holen, hatte ihr diese entgegnet, sie solle aber zusehen, dass sie gleich wieder verschwände, damit ihr Bruder es ihr nicht gleich wieder abnähme.

Inzwischen (1304) war Pons Rives das Oberhaupt der Familie. Er war zwar freundlich zu Guillemette, ärgerte sich jedoch über ihre häufigen Besuche, nicht zuletzt, weil sie so zu viel von den katharischen Umtrieben in seinem Haus mitbekommen konnte.

»Ich betrat die Scheune«, schilderte Guillemette die Geschichte mit ihren eigenen Worten, »in der das Stroh und Heu gelagert wurden, und ganz oben auf dem Heuboden sah ich Prades Tavernier, der in einem einfallenden Sonnenstrahl saß. Er las in einem schwarzen Buch, von der Länge meiner Hand. Als er mich erblickte, stand er auf, vor Schreck wie gelähmt, als wollte er sich verstecken, und sagte zu mir: ›Seid Ihr das, Guillemette?‹ Worauf ich erwiderte: ›Ja, mein Herr.‹

Ich fragte ihn dann, wie er hier hereingekommen sei, und er antwortete: ›Kommt her [*veta pur* (?)]. Ich sitze hier in einem Sonnenstrahl.‹ Als ich etwas Heu nehmen wollte, fragte Prades mich: ›Wollt Ihr Heu nehmen?‹ Ich sagte: ›Ja, meine Mutter hat mir die Erlaubnis dazu gegeben.‹

Dann nahm ich das Heu, und Prades schlüpfte durch einen Nebeneingang in der Scheune, von dem ein Brett entfernt worden war, in das Wohnhaus meines Vaters. Er steckte seinen Kopf durch das Loch an der Stelle, an der das Brett herausgenommen worden war, und als ich das Heu genommen hatte, das ich brauchte, und wieder gehen wollte, sagte Prades: ›Möchtet Ihr Euch nicht kurz zu mir setzen?‹ Ich entgegnete ihm, ich könne nicht, weil ich Angst hätte, mein Bruder könne auftauchen und mir das Heu wegnehmen.« (FR, f.66v)

Der Grund, dass Prades ins Wohnhaus schlüpfen musste, war vermutlich, weil er weichen musste, damit Guillemette das Heu von dem Haufen nehmen konnte, auf dem er gesessen hatte.

Am nächsten Tag machten Guillemette und ihr gewalttätiger Ehemann sich auf den Weg nach Ax. (FR, ff.66v, 67r) Er ging voraus und trieb ein mit Korn beladenes Maultier vor sich her. Das Korn sollte in Ax gemahlen werden. Und Guillemette hatte fünf Hühner und einige Eier bei sich, die sie verkaufen wollten.

Sie waren bis zu einem Ort gekommen, der damals *Pla del Angle* genannt wurde, was wörtlich übersetzt »die Fläche des Winkels oder

Ecke eines tiefen Tals« heißt. (FR, f.67r) Er bezeichnet die Stelle, an dem das Tal des Flusses Hers von Prades und Montaillou her unter dem Col de Marmare ganz eng wird.

Am Pla del Angle trafen drei Wege aufeinander. Einer führte geradewegs nach Westen Richtung Caussou und verband das Sabarthès mit dem Ariège-Tal in Luzenac, während die anderen beiden nach Süden Richtung Ax führten. Einer der beiden entsprach ungefähr der heutigen Départementsstraße und wurde in der Regel von den Bewohnern im Oberland des Sabarthès benutzt, wenn sie Waren zum Markt von Ax bringen wollten oder wenn sie ein Maultier dabei hatten, wie die Clergues (B) bei dieser Gelegenheit.

Der andere Weg war steil und direkt. Er wurde damals der »Bergweg« genannt und stellte die bevorzugte Route der Katharer nach Ax dar. Er stieg vom Pla del Angle bis zu einem bewaldeten Kamm steil an, der damals *Del Tisheire* genannt wurde (und wahrscheinlich dem heutigen Bois de Drazet entspricht), ehe er dann über eine steile Böschung, der l'Assaladou heißt, nach Sorgeat hinabführte (siehe S. 249).[76]

Während Guillemette und ihr Mann den leichteren Weg einschlugen, warf sie einen Blick zum Del Tisheire zurück und sah dort ihren Bruder Pons mit einem Bündel auf den Schultern, dicht gefolgt von Prades Tavernier, der drei oder vier Schaffelle auf den Schultern trug und offenbar wieder als Hausierer verkleidet war. Zur Sicherheit hielt Prades sich etwas abseits vom eigentlichen Weg, »die Länge eines Armbrustpfeils«, wie sie es ausdrückte. Sie wartete, damit ihr Bruder sie einholte, er rief ihr jedoch zu, sie solle weitergehen und ihrem Mann folgen. Pons wollte nicht, dass der Katharer-Hasser Clergue Prades zu sehen bekam.

Guillemette tat, was er ihr gesagt hatte, und beobachtete danach, wie ihr Bruder sich wieder Prades anschloss und zusammen mit ihm den Bergweg nahm.

Kurz danach, vielleicht nur wenige Tage später, ging Guillemette Clergue (B) wiederum nach Ax, diesmal mit ihrer Mutter. Sie brachten Hanf zu einem Weber, um daraus ein Stück Leinen anzufertigen. Sie webten dort, bis Alazais Rives der Hanf ausging, und sie beschloss, loszugehen und noch welchen zu besorgen. (Farbabb. 17) Guillemette drängte sie, sich zu beeilen, da bald die Nacht hereinbräche und sie noch nach Montaillou zurückkehren müssten.

Von ihrem Platz am Webstuhl aus beobachtete Guillemette, wie ihre Mutter das Haus von Sibylle Baille betrat. Als sie nicht zurückkam, ging Guillemette hinüber, um sie zu holen, wahrscheinlich weil sie Angst hatte, spät nach Hause zu kommen und einem wütenden und gewalttätigen Ehemann gegenüberzustehen.

Sie betrat das Haus der Bailles und blieb am Fuß der Treppe stehen. Als sie zur Diele hochschaute, sah sie ihre Mutter im Gespräch mit Sibylle Baille und zwei Männern, ihrem Onkel Prades Tavernier und (wahrscheinlich) Guillaume Authié, die beide an einer Truhe lehnten.

Von unten rief Guillemette zu ihrer Mutter hoch: »e donna!« (»hallo, gnädige Frau«). Als Sibylle Baille feststellte, dass die Ruferin Guillemette Clergue (B) war, wandte sie sich wutentbrannt an Alazais Rives: »Wie könnt Ihr diese junge Frau hierher bringen, die bei schlechten Menschen lebt und einen schlechten Mann zum Ehemann hat. In Zukunft werden wir nicht mehr zulassen, dass Ihr noch einmal hier hereinkommt.« (FR, f.67r)

Die schwache Verteidigung ihrer Mutter, sie habe Guillemette beim Weber gelassen, vermochte wenig gegen Sibylles Zorn und die Vorwürfe der beiden Parfaits auszurichten. Ihr wurde befohlen, sicherzustellen, dass ihre Tochter gegenüber ihrem Ehemann nicht ein Sterbenswörtchen darüber verlieren würde, was sie gesehen hatte. Auf dem Rückweg nach Montaillou fragte Guillemette ihre Mutter, wer der zweite Mann gewesen sei, worauf ihr nur gesagt wurde, sie solle still sein, es ginge sie nichts an.

Guillemettes Umgang mit den Parfaits beschränkte sich im Großen und Ganzen auf die Sicht einer arglosen Zuschauerin, obwohl sie nicht annähernd so naiv war, wie sie sich gab. Ihr Ehemann gab den Katharern in Montaillou jedoch Anlass zur Sorge, obwohl er seine Feindseligkeit ihnen gegenüber offenbar nur dadurch zum Ausdruck brachte, dass er seine katharische Ehefrau schlug. Die Tatsache, dass sie so viele Kinder hatte, deutet möglicherweise darauf hin, dass er auch sexuell von ihr Besitz ergriff, wann immer ihm danach war, oder vielleicht arrangierte sie sich auch mit dem Verhalten ihres Mannes, weil sie die Sexualität mit ihm genoss. Fest steht jedenfalls, dass sie ihn gelegentlich auch verteidigte, wenn andere im Dorf ihm mit Feindseligkeit begegneten.

Es war etwa in dieser Zeit, da sie den Schuster und Schmied um einen Zahlungsaufschub ersuchte, nachdem sie gesehen hatte, dass Arnaud ihr Elternhaus frequentierte, weil die Parfaits dort waren. Sie brachte ihm ein paar Schuhe ihres Mannes zum Reparieren und bat ihn, auf die Bezahlung bis Pfingsten zu warten, weil sie hoffte, dann einige Hühner zu verkaufen. Guillaume Belot war bei diesem Gespräch anwesend.

Er war wahrscheinlich nur herübergekommen, um sich mit seinem alten Freund zu unterhalten, zumal Arnauds Schmiede und Werkstatt in einem großen, frei zugänglichen Raum untergebracht waren. Pierre Clergue ließ sich hier oft auf einem der Werktische von Vitals Frau Raymonde entlausen, während er dabei gleichzeitig mit den Frauen flirtete, die draußen vorbeigingen. Dass er am Ende auch eine Affäre mit seiner Entlauserin hatte, versteht sich von selbst.

Arnaud Vital weigerte sich, Guillemette Kredit zu geben, und erklärte, ihr Mann sei eine schäbige Kreatur. Sie verwahrte sich wütend dagegen und scheint ihren Mann mit einigem Nachdruck verteidigt zu haben. Sie wusste natürlich, dass der Ausdruck »schäbige Kreatur« benutzt wurde, weil ihr Mann kein Katharer war.

Guillaume Belot fragte: »Seid Ihr eine von uns?« Oder vertraute sie ihrem Mann manchmal etwas von ihren häretischen Umtrieben im Dorf an? Sie wage es nicht, ihm gegenüber davon zu sprechen, erwiderte sie, weil er gedroht habe, sie umzubringen oder hinauszuwerfen, wenn sie in den Häusern von Katharern verkehre.

Die kleine Fraktion der Katharer-Gegner im Dorf hatte jedoch guten Grund, sich aufgrund zweier Ereignisse eingeschüchtert zu fühlen, die beide in der Zeit zwischen 1301 und 1304 stattfanden: die Verstümmelung von Mengarde Maurs und die Ermordung von Arnaud Lizier.

Alles, was wir über die »Affäre Maurs« wissen, ist, dass Mengarde auf Betreiben Pierre Clergues die Zunge abgeschnitten wurde und dass dies irgendwie mit der Häresie zusammenhing. Den einzigen Hinweis auf diese Geschichte liefert ein heimliches Gespräch zwischen Arnaud Vital und seinem Nachbarn Bernard Belot, bei dem einer der beiden Clergue empört als einen »Verräter« bezeichnete und ihm ein zynisches Doppelspiel vorwarf. Clergue, meinte er, habe schließlich den gleichen Glauben wie Mengarde und überdies Geschenke mit Guillaume Authié ausgetauscht! (FR, f.162v)

Die Art der Verstümmelung lässt vermuten, dass Mengarde Maurs bezichtigt wurde, verleumderisch über die Clergues gesprochen zu haben. Damit wäre sie mit einem ungeschriebenen, aber absoluten Gesetz in Montaillou in Konflikt geraten: Alle Katharer des Dorfes wussten, dass der Pfarrer und seine Familie Häretiker waren, aber niemand durfte dies, unter welchen Umständen auch immer, laut aussprechen. Denn in diesem Fall würden die Clergues durch ihre Freunde in Carcassonne Rache üben. Hatte Mengarde unbedarft (oder einfach nur aus Torheit?) die Clergues belastet, und hatten sie deswegen diese Strafe gegen sie erwirkt?

Mit der Schwere der Strafe sollte eindeutig ein Exempel statuiert werden. (Farbabb. 18) Und die Clergues scheinen sich nicht allzu viele Gedanken darüber gemacht zu haben, wenn sie sich andere im Dorf damit zu Feinden machten. Ihre Herrschaft in Montaillou beruhte schon seit langem auf der nackten Ausübung von Macht und dem Einflößen von Angst. Die Tatsache, dass sie mit dem grausamen Urteil gegen Mengarde Maurs die ganzen Familien, die mit ihr verwandt waren, die Maurs, Bars, Maurys und Pélissiers, wie auch Freunde und Nachbarn wie die Vitals und die Belots gegen sich aufbrachten, kümmerte sie nicht. Aber einer ihrer Söhne, Guillaume Maurs, der während dieser Ereignisse nicht in Montaillou war, schwor, seine Mutter und Familie zu rächen. Und er verfolgte seine Rachepläne beharrlich, wie wir noch sehen werden.

Wie die katharischen Parfaits zu der Vorgehensweise des Pfarrers standen oder darauf reagierten, ist nirgends festgehalten. Dies wirft jedoch erneut die unangenehme Frage nach der Freundschaft zwischen Guillaume Authié und Pierre Clergue auf.

Wenn die Clergues Mengarde Maurs mithilfe des Gesetzes bestraften, das wohl kaum ein »Gesetz« war, weil sie das Gesetz waren, dann war die Ermordung von Arnaud Lizier im Jahr 1304 in Montaillou ihre kühnste Demonstration roher und unberechenbarer Macht. Sie wurde ihnen zwar nie konkret zur Last gelegt, aber nichts im Dorf geschah ohne ihr Einverständnis.

Dass Lizier ein unangenehmer Zeitgenosse war, lässt sich aus den abfälligen Äußerungen von Guillaume Authié schließen. Lizier war wohlhabend und wohnte neben den Clergues, sodass er alles sah, was auf dem Dorfplatz und am Capanal den Belot geschah. Und weder das eine noch das andere machte ihn bei den Katharern in Montaillou beliebt, die ihm anscheinend offen den Kampf angesagt hatten.

Es war Pierre Authié, der Sibylle Peyre aus Arques erzählte, dass »Arnaud Lizier aus Montaillou die Häretiker nicht mochte und sie deshalb beschlossen hatten, hart mit ihm umzugehen, und man ihn vor dem Eingang der Burg ermordet aufgefunden hatte« (FR, f.206).

Die Tatsache, dass seine Leiche *in plano castri de monte alionis* (FR, f.59r) entdeckt wurde, auf dem markant oberhalb des Dorfes liegenden Burgplateau, verdeutlicht, dass sein gewaltsamer Tod als Abschreckung für weitere Gesinnungsgenossen wie Pierre Azéma und vielleicht Pierre Clergue (B) gedacht war.

Wir wissen nicht, wo oder wie Arnaud Lizier starb. Vielleicht wurde er in einem Hinterhalt in den nahe gelegenen Wäldern erstochen oder zu Tode geprügelt. Es ist unwahrscheinlich, dass er bei den Festungsmauern umgebracht wurde. Auch wenn zu dieser Zeit keine Garnison dort stationiert war, so hätte doch der amtierende Verwalter der Burg zumindest eine Wache gehabt, die durch den Lärm kämpfender Männer draußen alarmiert worden wäre. Fakt ist, dass Lizier irgendwo des Nachts in der Nähe des Dorfes ermordet wurde und seine Leiche dann nahe des Haupteingangs der Burg abgelegt wurde.

Hatte er sich im Vorfeld vielleicht um ein Gespräch mit dem Kastellan (sofern es einen gab) bemüht, um ihn und den Grafen von Foix über die Anwesenheit der katharischen Parfaits in Montaillou zu informieren? Als Nachbar der Clergues muss er gewusst haben, dass der Pfarrer und der Bayle von Montaillou die Katharer aktiv unterstützten. Er dürfte jedoch ebenso gewusst haben, dass Pierre Clergue auch lange nach dem Weggang von Béatrice de Planisolles auf der Burg ein und aus ging. Wenn er dennoch versucht haben sollte, die Unterstützung des Grafen von Foix zu gewinnen, hätte er damit mit an Sicherheit grenzender Wahrscheinlichkeit sein eigenes Todesurteil unterschrieben. Und damit käme dem Fundort seiner Leiche eine starke symbolische Bedeutung zu: Nicht einmal die Burg, schien er zu sagen, vermochte Schutz vor dem rachsüchtigen Arm der Katharer zu bieten.

Was die Frage angeht, wer die Tat begangen hatte, kann es keinen Zweifel daran geben, dass mehrere einheimische Katharer darin verwickelt waren, ebenso wie Katharer aus Larnat und Quié bei dem Mord an Guillaume Dejean in den Bergen von Miglos ihre Hände im Spiel gehabt hatten.

Es gibt keine eindeutige Grundlage für die Annahme, dass Raymonde Lizier-Argelier mit den Mördern ihres ersten Ehemannes unter einer Decke gesteckt haben könnte, obwohl dieser Verdacht aufkam, weil sie drei Jahre später in eine bedeutende katharische Familie heiratete.

Arnaud Liziers Nachbar, und wie er Katholik, Pierre Azéma dürfte Realist genug gewesen sein, um einschätzen zu können, dass ihm nichts weiter übrig blieb, als abzuwarten, bis die Zeit vielleicht einmal reif sein würde. Aber als es dann 1308 so weit war, wechselten die Clergues einfach die Seiten und blieben damit weitere zwölf Jahre lang unangreifbar.

Durch eine Art *omertà* (ein Mafia-Begriff für Schweigen), die nach 1304 in Montaillou herrschte, blieben die katharischen Aktivitäten im Dorf in absolute Geheimhaltung gehüllt.

Im Januar 1305 wurde Na Roche, nachdem sie in der Scheune ihres Sohnes von Guillaume Authié getröstet worden war, nach Einbruch der Abenddämmerung in einem Betttuch von Guillaume Belot, Raymond Benet und Rixende Julia zum Haus von Brune Pourcel gebracht, wo sie die Endura durchstehen sollte. Nach Brunes Aussage waren sie, Rixende und Alazais Pélissier in jener Nacht bei der alten Katharerin geblieben, die schließlich in der dritten Nacht starb. Als sie diese Ereignisse, in dem offenkundigen Bemühen, den Inquisitor positiv zu stimmen, erzählte, hob Brune hervor, dass sich im Augenblick von Na Roches Tod zwei Eulen auf ihrem Dach niedergelassen hätten und sie dies so gedeutet habe, dass die Teufel gekommen seien, um die Seele der alten Frau zu holen.

Früh am Morgen nach Na Roches Tod kam Alazais Azéma in

Brunes Haus und half ihr, den Leichnam herzurichten. Sie wickelten ihn in ein Betttuch, das Alazais Azéma gehörte, und begruben ihn dann auf dem Friedhof von Notre-Dame-de-Carnesses, wobei Pierre Clergue (wahrscheinlich) die Beisetzungsfeier zelebrierte.

Na Roche wurde später exhumiert und verbrannt, genau wie ihr Sohn, der drei oder vier Jahre nach ihr starb. Die Katharer, die den getrösteten Raymond Roche in ihrem Garten begraben hatten, mussten ihn auf den entsprechenden Befehl hin mit eigenen Händen wieder ausgraben *(propriis manibus extumulaverunt)*. (L, S. 79)

Innerhalb von acht Tagen nach der Tröstung von Na Roche wurde Guillaume Authié erneut gebraucht, da die Cousine seiner Frau, Alazais Benet aus Montaillou, im Sterben lag. Sie war seit Ende November oder Anfang Dezember 1304 krank gewesen und unter anderem von Fabrisse Rives gepflegt worden. Es war keine Frage, dass diese Tochter eines maßgeblichen katharischen Hauses, das überdies so eng mit den Authiés verbunden war, von ihnen getröstet werden sollte.

Als ihre Kräfte zusehends nachließen, machten sich Guillaume Belot, der ein Patenkind von Alazais Benets Vater war, und sein Bruder Raymond auf den Weg, um Guillaume Authié, vermutlich aus Ax, zu holen. Um in jener Nacht an das Bett seiner Cousine zu gelangen, mussten Guillaume Authié und seine Führer während ihres Aufstiegs von Ax auf dem bereits völlig eingeschneiten Berg einem Schneesturm trotzen. Selbst nach den Maßstäben dieser Zeit war dies ein schwieriges Unternehmen und ein Beweis für das Engagement der katharischen Parfaits.

Während Alazais starb, litt ihre Mutter unter Ohrenschmerzen. Und in Guillemettes Erinnerung waren Alazais Tod und die Ohrenschmerzen ihrer Mutter noch Jahre später stets miteinander verbunden.

Die Gruppe mit Guillaume Authié traf in Montaillou ungefähr bei Einbruch der Morgendämmerung ein. Während die Belots zunächst das Haus kontrollierten, versteckte sich der Parfait, möglicherweise noch mit einem anderen Mann, im Vorratsraum der Benets, einem separaten Bau, der neben dem Wohnhaus und auf gleicher Ebene mit ihm stand. Alazais Eltern und die beiden Belots waren bei der Tröstung anwesend, und Alazais starb in den Armen ihres Vaters und Raymond Belots.

Fabrisse hatte die »Fremden« gesehen und dies prompt und begriffsstutzig ihrem Vetter Pierre Clergue berichtet (der allerdings dazu neigte, ihre Blutsverwandtschaft zu leugnen, weil Fabrisse unehelich war).

Der Himmel hatte sich offenbar wieder aufgeklart, da Pierre Clergue in der Tür von Notre-Dame-de-Carnesses gerade die Wintersonne genoss, als Fabrisse ihm die Nachricht von der Tröstung überbrachte. »Seid still, seid still«, erwiderte er, »Ihr wisst nicht, was Ihr sagt, es gibt hier keine Häretiker; und wenn es so wäre, dann wären sie leicht auszuräuchern.« (FR, f.62v)

Er scheint daraufhin sofort zu dem Schluss gekommen zu sein, dass es ihr an der nötigen Verschwiegenheit mangele und dass es gefährlich sei, sie so nahe an einem der Hauptstützpunkte der Katharer zu wissen. Pons Rives und seine Mutter waren sowieso der festen Überzeugung, dass es wegen Fabrisse unmöglich war, Parfaits in ihr Haus zu bitten. Es dürfte kurz nach dieser Geschichte gewesen sein, dass Pons Rives ihr die Tür wies.[77]

Fabrisse erwähnte in ihrer eigenen Aussage nichts davon, dass sie mit Gewalt aus dem Haus getrieben worden war, obwohl sie sich vor Fournier in ein gutes Licht hätte setzen können, wenn sie ihm erzählt hätte, dass sie aufgrund ihrer Anhänglichkeit an den katholischen Glauben aus ihrem Haus geworfen wurde. Stattdessen erzählte sie von dem großartigen Empfang, der Guillaume Peyre von Alazais Rives bereitet worden war (siehe S. 160 f.), und der Tatsache, dass sie und ihre Schwägerin danach nicht mehr offen miteinander gestritten hatten, »weil eine der anderen hätte zur Last legen können, was bei dem Besuch von Guillaume Peyre geschehen war« (FR, f.62v).

Allem Anschein nach stritt Fabrisse sich ständig mit Alazais Rives, und vielleicht fürchteten die Rives', dass sie durch ihre mangelnde Verschwiegenheit und ihr zänkisches Temperament zur Verräterin werden könnte. Die obige Erzählung macht nur allzu deutlich, dass Fabrisse, was sehr töricht war, ihr gefährliches Wissen als eine Waffe ansah, mit der sie den Rives' drohen konnte.

Nachdem sie die Frau eines der reichsten Männer des Dorfes gewesen war, wurde Fabrisse nun so arm wie Alazais Azéma. Sie versuchte, sich als umherziehende Wirtin durchzuschlagen, und lebte größtenteils vom Weinverkauf. Die Vertreibung aus ihrem Haus muss vom Pfarrer von Montaillou gebilligt, wenn nicht gar veranlasst worden sein. Und ihre familiäre Beziehung zu den Clergues hatte sie möglicherweise vor Schlimmerem bewahrt, einem Schicksal, wie es Mengarde Maurs und Arnaud Lizier beschieden war.

Es war für Fabrisse ein zusätzliches Glück, dass sie, im Gegensatz zu ihrer Schwägerin Guillemette, nur ein Kind hatte, Grazide, die damals etwa fünf war. Das kleine Mädchen begleitete seine Mutter vermutlich in ihr neues Domizil. Wo genau sie sich jedoch in Montaillou niederließ, ist nirgends festgehalten, möglicherweise in der Nähe von Les Granges, weil sie dort in einer sicheren Entfernung, zugleich aber noch Teil der Gemeinschaft gewesen wäre, der sie nun ihre Dienste anbot.

Wie sie ihr Wandergewerbe als Wirtin betrieb, ist nicht bekannt. Sie musste ihren Wein (aus den großen Weinbergen in Pamiers) vermutlich in Ax oder Tarascon kaufen und wird für den Transport zweifellos ein Maultier benötigt haben. Es ist vorstellbar, dass die Rives' und insbesondere Pons Rives, der Vater ihrer Tochter, sie aus der Ferne unterstützt haben. Vielleicht haben sogar die Clergues Mutter und Tochter, die trotz der späteren gegenteiligen Behauptungen des Pfarrers ihr eigenes Fleisch und Blut waren, geholfen (siehe S. 320f.). Fabrisse wurde am Ende jedenfalls wieder in den katharischen Kreis aufgenommen, und sie und Grazide lebten später, allein, im großen Haus der Rives' an der Ecke des Dorfplatzes.

Binnen fünf Monaten nach dem Tod seiner Schwester Alazais starb Raymond Benet um Pfingsten des Jahres 1305 (6. Juni) im Haus seines Vaters. Er war ein stattlicher und vielversprechender junger Mann gewesen. Seine Eltern waren dabei, als er von Guillaume Authié getröstet wurde, ebenso Guillaume und Arnaud Belot sowie Arnaud Vital, der den Parfait nach Einbruch der Abenddämmerung zum Haus der Benets geleitet hatte.

Sein Vater trauerte bitter um seinen Sohn und sagte weinend zu Alazais Azéma: »Ich habe durch den Tod meines Sohnes Raymond alles verloren, was ich hatte. Nun habe ich niemanden mehr, der für mich arbeitet.« (FR, f.61r)

Seit ihr ältester Sohn Pierre das Haus verlassen hatte, lebten bei den Benets nur noch zwei Töchter im jugendlichen Alter und zwei Kinder, Bernard und seine fünf- oder sechsjährige Schwester Montane. Als Pierre Benet am Ende wieder nach Montaillou zurückkam, musste er die Würdelosigkeit ertragen, dass Pierre Clergue sich erdreistete, sowohl seine Frau als auch seine Schwägerin zu verführen.

Drei oder vier Monate später scheint Prades Tavernier, der gerade den Fängen der Inquisition entflohen war, halbwegs dauerhaft bei den Rives' sein Quartier aufgeschlagen zu haben. Hier, im innersten Herrschaftsbereich der Clergues, war er so sicher, wie ein Parfait nur sein konnte.

8. DIE KATHARER UND GUILLEMETTE MAURY (1305–1307)

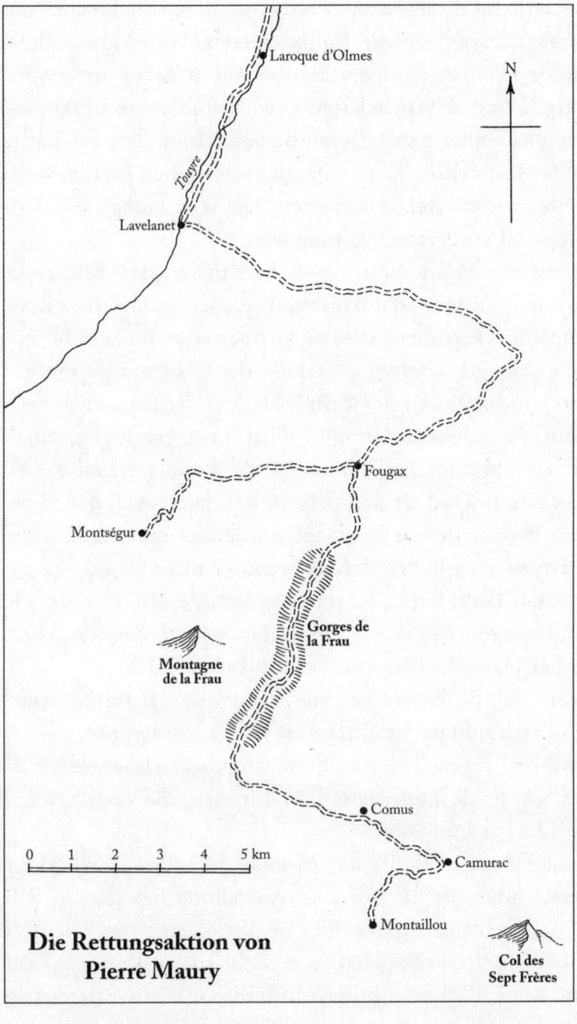

Pierre Maury verbrachte die Weihnachtsfeiertage 1305 in Montaillou bei seinen Eltern und vier seiner Brüder.[78] Nach Weihnachten begann Pierre als Schäfer für den Bruder seiner Mutter, den Junggesellen Arnaud Faure aus Montaillou, zu arbeiten. Pierre war inzwischen etwa 23 oder 24 Jahre alt. Als er Arnaud nach den Parfaits in Montaillou fragte, erwiderte dieser ihm, er sei zu jung, um sich mit solchen Dingen zu beschäftigen. »Wenn Ihr ihnen etwas Gutes tun wollt, dann tut es, ohne sie sehen zu wollen.« Arnaud war in Bezug auf seinen Neffen vorsichtig. Denn es war bekannt geworden, dass er in Arques die Inquisition missachtet hatte. Es wurde befürchtet, dass die Katharer von Arques der Inquisition seinen Namen angegeben hatten, sodass er zu einer potenziellen Belastung geworden war, zumal aus Montaillou noch niemand vorgeladen worden war.

Auch wenn Montaillou inzwischen tief in den Katharismus verwickelt war, konnte man die offene Verachtung, mit der Pierre Maury der Inquisition getrotzt hatte, nicht tolerieren, nicht zuletzt, weil dadurch die streng katholische Fassade der Clergues gefährdet worden wäre. So wurde schnell der Entschluss gefasst, dass er gehen musste. Statt ihm die schlechte Kunde selbst zu überbringen, zog Arnaud Faure es vor, ihm durch Guillaume Belot kündigen und das Haus verbieten zu lassen. Und als Belots Botschaft dann auch noch von Pierres jüngerem Bruder Bernard ergänzt wurde, der ihm sagte, ihre Familie würde darunter zu leiden haben, wenn er nicht ginge, wusste Pierre, dass er keine Wahl hatte. Er sei überrascht, erklärte er, dass Katharer einem Gläubigen wie ihm zu verstehen gäben, dass er gehen müsse, und verzieh Arnauld Faure zeit seines Lebens nicht.

Anders als die Bewohner von Montaillou hatte er jedoch nicht selbst die Spannungen erfahren, die in den vorhergehenden 18 Monaten sowohl zu einem Fall von Folterung als auch zu einem Mord geführt hatten, beides, um zu verhindern, dass die Verbreitung der Häresie im Ort bekannt wurde.

Der alte Arnaud Baille aus Montaillou sollte Pierre Maurys Rettung sein, indem er für ihn eine Anstellung bei seinem Schwiegersohn, einem reichen Viehzüchter in Ax namens Barthélemy Bourrel, fand. Bourrels Verwandtschaft war nicht katharisch, wohl aber seine Frau und seine Tochter mit dem ambitiösen Namen Bérengère.

Sobald Pierre und Barthélemy sich handelseinig geworden waren, wurde Pierre auf die Weiden von Tortosa im Ebro-Delta in Katalonien geschickt. Die Entfernung von Ax nach Tortosa beträgt mindestens 260 Kilometer Luftlinie und dürfte auf dem Landweg deutlich weiter sein. Ein abgehärteter Schäfer wie Pierre Maury konnte diese Strecke (die noch weit über die Berge hinausführt) zwar in vier oder fünf Tagen bewältigen, wenn dabei jedoch eine Schafherde von Tortosa bis ins Sabarthès zu treiben war, dann dauerte es drei bis vier Mal so lange.

Diese Partnerschaft dürfte für alle eine gute Lösung gewesen sein: Bourrel hatte den besten Schäfer im Languedoc engagiert, und Pierre Maury war im tiefsten Katalonien erst einmal in Sicherheit, denn bis dahin reichte der lange Arm der Inquisition für gewöhnlich nicht. Vielleicht würde man ihn sogar vergessen. Rätselhaft ist, warum Arnaud Faure und Pierre Maurys Vater sich nicht gemeinsam darum bemühten, ihn zu überzeugen, dass er um ihrer aller Wohl willen, einschließlich seines eigenen, aus Montaillou und Ax verschwinden müsse.

In der Fastenzeit desselben Jahres 1306 wurde der beste Passeur aus Larnat, Raymond Issaurat, nach Montaillou geschickt, um einen Parfait für die Tröstung von Alazais Gouzy zu suchen, die im Sterben lag. Sie kam aus der Familie Gouzy, die mit den de Larnats und den Peyres aus Arques verwandt war. Issaurat wurde bei seiner Mission von einer katharischen Mitbewohnerin des Dorfes, Guillemette d'Arnaude, begleitet.

Sie trafen früh am Abend nach einem über 30 Kilometer langen Marsch bei den Belots ein. Raymond erklärte den Grund ihres Kommens, worauf Raymond Belot mit ihm zu den Maurys ging, wo sich der Parfait Philippe d'Aylarac gerade aufhielt. Pierre Maurys Mutter war auch da, als Issaurat hinkam. D'Aylarac hatte jedoch bereits anderweitige Verpflichtungen, sodass er Issaurat nicht zur Verfügung stehen konnte. Er riet ihm stattdessen, nach Ax zu gehen, dort finde er, was er suche. Raymond Belot erklärte sich bereit, ihn dorthin zu begleiten.

Es war um Mitternacht, als sie in Ax ankamen. Hier ließ Belot Issaurat und Guillemette d'Arnaude zunächst zurück, während er sich auf die Suche nach einem Parfait machte, wahrscheinlich im Haus von Sibylle Baille. Kurz darauf kam er mit Raymond Faure aus Coustaussa zurück. Raymond Belot ging dann wieder in den Ort zurück, vermutlich um hier zu übernachten, ehe er den Rückweg nach Montaillou antrat, während die drei sich gleich auf den Weg nach Larnat machten.

Von Ax nach Larnat brauchte man acht Stunden – oder eine Mittsommernacht, wie wir aus Pierre Issaurats Beschreibung wissen. Als sie rund 13 Kilometer vor Larnat die Höhe von Unac erreichten, war es bereits helllichter Tag. Dies lässt vermuten, dass sie irgendwo eine Rast eingelegt hatten, vielleicht in Montaillou, und dass sie kurz nach Mitternacht in Ax angekommen waren. Raymond Issaurat erzählte später, dass er sich bei einer anderen Gelegenheit nachts im Haus von Sibylle Baille in Ax ins Bett gelegt hatte, um sich von der Mühsal des Marsches zu erholen.

Sie gingen an Unac vorbei nach Château-Verdun, wo sie zu Mittag Brot, das der Parfait segnete, zu sich nahmen und Wein, den sie in einer Taverne im Ort gekauft hatten. Nach dem Mittagessen setzten sie ihren Weg nach Sinsat fort, wo der Parfait sie seltsamerweise bat, schon einmal ohne ihn weiterzugehen; er wolle ihnen wenig später folgen, vielleicht, nachdem er kurz einen Freund besucht hatte.

So gingen Raymond und Guillemette den Rest des Weges allein nach Larnat, um bei ihrer Ankunft nach einem Marsch von insgesamt rund 100 Kilometern festzustellen, dass Alazais bereits gestorben war. Als Raymond Faure am Nachmittag eintraf, wurde er nicht mehr gebraucht. Er blieb jedoch noch einige Tage und wurde in dieser Zeit sehr viel von den Leuten aus der Region aufgesucht.

Einige Monate später, gegen Ende Juni, lag Raymond Issaurats Bruder Guillaume, einer der Mörder des unseligen Dejean, im Sterben, und Pierre ging auf der Suche nach einem Parfait zu Arnaud Authié nach Ax. Dort fand er Amiel de Perles, einen guten Freund der Issaurats, der Zeit hatte, ihm zur Verfügung zu stehen. Pierre freute sich darüber so überschwänglich, dass sich die beiden Männer umarmten. Während der Nacht legten sie die Strecke von Ax nach Larnat zurück und kamen kurz vor dem Morgengrauen an; Guillaume war noch am Leben.

Irgendwann verlangte der sterbende Mann nach Wasser. Als sein Vater ihm einen Löffel voll geben wollte, gab er ihm durch undeutliches Gemurmel und Gesten zu verstehen, dass er das Wasser nicht mehr schlucken konnte. Dies war für Amiel de Perles das Zeichen, mit der Tröstung zu beginnen, was er dann auch tat.

Pierre Maury war zu diesem Zeitpunkt wieder im Sabarthès. Er war um Pfingsten herum (22. Mai 1306) zurückgekommen, da die Schäfer üblicherweise im Mai, ehe die Sommerhitze einsetzte, ihre Herden von den Weiden im Tiefland in die Berge zurücktrieben. Die Sommermonate des Jahres 1306 verbrachte er zusammen mit anderen Schäfern aus Ax auf den (namentlich nicht genannten) Pässen von Roserabat. Während dieser Zeit nahm seine Familie Raymond Faure aus Coustaussa bei sich auf, um den sich insbesondere sein Bruder Guillaume kümmerte, und zusätzlich brachten sie bald darauf auch noch Philippe d'Aylarac bei sich unter.

Im Winter 1306/07 sollten die Katharer dann durch Sibylle Baille wieder mit Pierre Maury in Kontakt treten. Pierre hatte Sibylle einige Jahre zuvor kennen gelernt, und zu seiner Herde gehörte jetzt *eines* ihrer Schafe. Wie viele solcher einzelnen Schafe mochte Sibylle Baille wohl bei verschiedenen Schäfern und Schafzüchtern untergebracht haben, um so einen legitimen Vorwand zu haben, mit allen möglichen Leuten Verbindung aufzunehmen, die sich als nützliche Kontakte erweisen konnten?

Es war eines Abends in diesem Winter. Pierre hatte gerade die Schafe in ihren Pferch zurückgebracht und war dabei, Brennholz zu hacken, als der Sohn von Sibylle Baille, Bernard, vorbeikam, um ihn zu holen. Er führte ihn zum Haus seiner Mutter, und während Pierre Maury hineinging, blieb Bernard draußen auf einer Steinbank sitzen. Bei den Häusern im mittelalterlichen Ariège bestanden solche Bänke üblicherweise aus einem aus der Hauswand hervorstehenden Steinblock.

Pierre stieg die Treppe zu den Wohnräumen hinauf und traf dort in der Foghana auf den Parfait Philippe d'Aylarac und auf Bernard Bélibaste, den er aus den Tagen in Arques kannte. Sibylle Baille kochte. Ihre achtjährige Tochter war ebenfalls anwesend. Pierre erwies d'Aylarac zur Begrüßung das Melioramentum. Dann erklärte er, dass er nicht bleiben könne, weil sein Chef Bourrel Gäste habe, die über Nacht blieben, und er sich noch um sie kümmern müsse. Er möge dann doch später, bat Sibylle ihn inständig, wenn sie zu Bett gegangen seien, noch einmal wiederkommen, denn der Parfait brauche einen Führer, der ihn nach Montaillou hinaufbrächte.

Nachdem Pierre bei den Bourrels ausgeholfen hatte, machte er sich zusammen mit einer Magd der Bourrels, »Mondine« (Koseform für Raymonde), auf den Weg zu einer Taverne, um Wein zu kaufen. Dabei kamen sie am Haus der Bailles vorbei. Mondine hielt an und erklärte, sie müsse Sibylle Baille von ihrer Herrin (entweder Esclarmonde oder Bérengère) noch eine Nachricht überbringen. Singend stieg Mondine hinter Pierre die Treppe im Haus der Bailles hinauf. Oben an der Geländerbrüstung wurden sie von Sibylle empfangen, die Mondine etwas zur Seite nahm und sich flüsternd mit ihr unterhielt.

Als sie fertig waren, erklärte Pierre Sibylle, dass er in der Nacht mit Sicherheit nicht mehr kommen könne, um d'Aylarac zu begleiten, da es bei den Bourrels zu viele Gäste gebe, um die er sich kümmern müsse. Sie beharrte jedoch darauf, dass die beiden Männer unbedingt noch in der Nacht nach Montaillou gebracht werden müssten und einen Führer brauchten, da sie mit den Wegen nicht vertraut seien. Könne Pierre seinen Chef nicht dazu bewegen, ihn gehen zu lassen, wenn er versprach, am Mittag wieder zurück zu sein? Mondine konnte nicht hören, was sie miteinander tuschelten, und der Parfait und Bernard Bélibaste hatten sich bereits in den versteckten Raum eine Treppe höher zurückgezogen, der für die Parfaits, die über Nacht blieben, reserviert war.

Barthélemy Bourrel zeigte sich erstaunlich entgegenkommend. »Warum steht Ihr nicht sehr früh auf, um vor dem Morgengrauen in Montaillou zu sein?«, meinte er. »So könnt Ihr bis drei Uhr am Nachmittag wieder hier sein. Ich werde mich bis dahin um die Herde kümmern.« Als bei den Bourrels alle zu Bett gegangen waren, machte Pierre Maury sich auf den Weg zu Sibylle Baille und verbrachte dort den Rest der Nacht auf einem Bett neben ihrem Sohn.

Während Sibylle im Morgengrauen den Parfait in einem separaten Raum bediente, nahmen Pierre Maury und Bernard Bélibaste ein herzhaftes Frühstück mit kaltem Fleisch zu sich, das vom Vorabend übrig geblieben war. Dies war für Pierre eine außergewöhnliche Köstlichkeit, und er sagte Sibylle, wie sehr er es genoss.

Schließlich machten sich die drei mit einem großzügigen Proviantpaket von Sibylle Baille auf den Weg nach Sorgeat, ihrem ersten Etappenziel auf der Strecke nach Montaillou. Von Sorgeat aus kletterten sie einen Hang hinauf, der *Lasitardor* genannt wurde und aller Wahrscheinlichkeit mit dem heutigen l'Assaladou identisch sein dürfte, einem massiven Bergbuckel, der sich im Norden von Sorgeat erhebt (Duvernoy, 1978, S. 1026, Anm. 58).[79]

Der beschwerliche winterliche Aufstieg wurde durch widrige Wetterbedingungen noch erschwert. Pierre Maury erwähnte die *asperitatem itineris et temporis*. Auch Pierres Schwester Raymonde bestätigte, dass das Wetter schlecht war; sie erinnerte sich an den Regen und die Kälte an jenem Tag. Und sein jüngerer Bruder Jean wusste noch, dass in Montaillou damals eine dicke Schneedecke gelegen hatte, woraus er schlussfolgerte, dass sich diese Dinge im Januar abgespielt haben mussten.

Während des Aufstiegs hatte d'Aylarac unter heftigen Magenbeschwerden zu leiden, die vermutlich darauf zurückzuführen waren, dass er die Kletterpartie mit vollem Magen unternommen hatte. Der Assaladou ist zwar nicht unbedingt der Everest, er hat jedoch eine steile Steigung. Oberhalb des Campingplatzes von Sorgeat, der bereits ein Stück die Coste hinauf liegt, sind immer noch Teile des alten Weges zu finden. Er verläuft durch einen Hohlweg auf der Ostflanke des Assaladou, parallel zu dem Gebirgsfluss Afouys; im Sommer ist sie weitgehend zugewachsen, im zeitigen Frühjahr jedoch noch zu erkennen. Der Weg ist hier steil und steinig, und man braucht bei strammem Marsch eine Stunde, um bis zum Gebirgsplateau oberhalb von Montaillou zu gelangen, von wo es eine weitere Stunde bis zum Pla del Angle ist. Heute dauert die Wanderung von Sorgeat nach Montaillou insgesamt etwa drei Stunden. Im Mittelalter, als die Wege durch die dauerhafte Nutzung noch wesentlich besser waren, dürfte man für die ganze Strecke von Ax über Sorgeat nach Montaillou etwa vier Stunden benötigt haben.

Dass die Gruppe aus Ax nicht so recht vorankam, lag möglicherweise ebenso sehr daran, dass der Parfait mit einer Kolik zu kämpfen hatte, wie an der Beschwerlichkeit des Weges über die Coste. Denn bis sie den bewaldeten Gipfel des Assaladou erreichten, war es Zeit für das Mittagessen. Sie machten ein kleines Feuer und labten sich an einer

Fischpastete, an Fleisch, Käse, Brot und Wein, die ihnen Sibylle Baille mit auf den Weg gegeben hatte. Statt nach dem Essen geradewegs nach Montaillou zu gehen, hielt der Parfait es für ratsam, bis zum Einbruch der Dunkelheit zu warten.

Es war am frühen Abend, als Pierre Maury mit seinen zwei Schutzbefohlenen im Haus seines Vaters in Montaillou ankam. Kurz vorher war auch Pierres Schwester Raymonde vorbeigekommen, um sich einen Laib Brot von ihrer Mutter zu leihen. Als die Männer aus Ax erschienen, waren sie, ihre Eltern und ihre jüngeren Brüder Guillaume, Bernard und Raymond im Haus. Der kleine Arnaud war um diese Zeit wahrscheinlich schon im Bett, und der zehnjährige Jean war noch draußen, um die Schafe seines Vaters zu hüten. Er kam offensichtlich später dazu.

Pierres Eltern und seine drei Brüder begrüßten den Parfait mit dem Melioramentum. Nachdem seine Schwester mit dem Brot nach Hause gegangen war, nahmen die Maurys, Philippe d'Aylarac und Bernard Bélibaste zusammen das Abendbrot ein. Während die anderen Rüben und Fleisch aßen, aß der Parfait zunächst auch Rüben, dann aber Fisch und schließlich Obst.

Am nächsten Morgen ging Pierre Maury zu d'Aylarac ans Bett und küsste ihn zum Abschied. Dann machte er sich wieder auf den Weg nach Ax. Er traf fast 24 Stunden später, als versprochen, dort ein. Als er ankam, kümmerte Mondine sich um Bourrels Schafe, und sie erzählte ihm gleich, dass Barthélemy wegen seiner langen Abwesenheit wütend auf ihn gewesen sei. Dieses Mal kam Pierre jedoch noch mit einer Verwarnung davon.

In seiner Darstellung der Geschichte sprach Pierre Maury stets ausschließlich von dem einen Parfait und von Bernard Bélibaste. Seine Schwester und sein Bruder, die seine Schilderung ansonsten bestätigten, erwähnten hingegen neben Philippe d'Aylarac noch Raymond Faure, der somit zur selben Zeit wie d'Aylarac bei den Maurys gewesen sein muss.

Während seines zweiten Sommers bei Bourrel besuchte Pierre seine Schwester in Laroque d'Olmes. Es war am Fest des heiligen Ciricus und der heiligen Julitta, das am Freitag, dem 16. Juni des Jahres 1307 mit dem Kirchweihfest begangen wurde. Pierre war zum Kirchweihfest gekommen, um Schafböcke auf dem Markt zu kaufen. Er hatte vor, über Nacht bei seiner Schwester und seinem Schwager, dem Böttcher Bertrand Piquier, zu bleiben.

Die 18-jährige Guillemette scheint Piquier relativ kurz vor Pierre Maurys Rückkehr nach Montaillou im Dezember 1305 geheiratet zu haben. Piquier war allen Berichten zufolge ein ungehobelter Charakter, und Guillemette war bereits einmal vor ihm nach Hause geflohen. In ihrem Elternhaus in Montaillou hatte sie dann den Parfait Philippe d'Aylarac und Bernard Bélibaste getroffen und den Passeur Bernard angefleht, sie zu den Bonshommes zu bringen, denn sie könne nie wieder, ob tot oder lebendig, bei ihrem Mann leben: »Lieber würde ich ziellos durch die Welt wandern«, rief sie aus; das hieß, und das hatten die Männer auch verstanden, dass sie lieber als Prostituierte denn als Ehefrau an Piquiers Seite leben wollte.

Guillemette war kaum 18, als sie dies sagte, und ihr Wunsch, zu den Parfaits gebracht zu werden, hing wohl damit zusammen, dass diese bekanntlich keine Frauen berührten. Guillemettes Flucht fand wahrscheinlich in jenem Winter 1306 statt, als d'Aylarac und Bélibaste sich bei den Maurys aufhielten. Möglich ist jedoch auch, dass sich die Geschichte im späten Frühjahr oder Frühsommer des Jahres 1307 zutrug; das heißt, dass sie in diesem Fall der Anlass für den Ausflug ihres Bruders Pierre nach Laroque d'Olmes gewesen wäre. Und auch in jenem Sommer waren d'Aylarac und Bélibaste gemeinsam im Sabarthès unterwegs.

Statt in Laroque d'Olmes im Haus der Familie seines Onkels Bernard Maury zu übernachten, zog es Pierre ins Haus seiner Schwester. Er wurde nur widerwillig empfangen. Sofern er gehofft haben sollte, er könne Guillemette, wenn er hier übernachtete, damit helfen, dann hatte er sich getäuscht, denn der brutale Böttcher schlug in jener Nacht wieder auf seine Frau ein. Weder Pierres Anwesenheit noch die von Piquiers Mutter oder seinem jüngeren Bruder konnten ihn von Gewalttätigkeiten abhalten.

Am nächsten Morgen traf Pierre Maury Philippe d'Aylarac und Bernard Bélibaste. Sie hatten sich vermutlich in der Nähe des Gatters verabredet, in dem die zum Verkauf angebotenen Tiere zusammengetrieben wurden. Bei einem späten Frühstück in einer Taverne sprachen sie über die missliche Lage seiner Schwester. Als Pierre den Vorschlag machte, sie sollten alle drei zusammen hingehen und ihrem Mann einen Besuch abstatten, mahnte d'Aylarac zur Vorsicht, da abzusehen sei, dass Piquier übel reagieren würde, wenn sie gemeinsam bei ihm auftauchten.

Die drei Männer entschlossen sich, einen gemütlichen Verdauungsspaziergang am Fluss entlang und nach Süden aus der Stadt heraus zu machen. Als sie schließlich einen abgelegenen und geschützten Platz gefunden hatten, ließen sie sich dort nieder und unterhielten sich weiter über Guillemette. Während sie dort saßen, sahen sie, wie Guillemette ein Stück entfernt zu einer Wiese zum Heumachen ging. Sie erhoben sich, um ihr zu folgen. Kurz darauf liefen sie Pierre Maurys Onkel Bernard aus Montaillou über den Weg, der sie einlud, mit ihm zu Mittag zu essen. Der Parfait und Bélibaste lehnten ab und zogen es vor, Guillemette hinterherzugehen. Pierre nahm die Einladung hingegen an und spazierte zusammen mit seinem Onkel in die Stadt zurück, wo sie in einer Taverne am Marktplatz eine Mahlzeit mit Fleisch zu sich nahmen.

Pierre Maury nahm danach die Spur seiner Schwester wieder auf und fand sie zusammen mit seinen beiden Freunden auf einer Wiese, die nahe am Fluss Touyre und der Straße lag. Sie hatten bereits miteinander gesprochen. Guillemette kam Pierre entgegen und sagte zu ihm: »Bruder, tut bitte, was der *Senher* Euch sagte.« Sie konnte jedoch nicht weiterreden, da die Straße mit den zahlreichen Passanten zu belebt war.

Um ihr keine Schwierigkeiten zu bereiten, kehrten Pierre und seine beiden Gefährten zu der Stelle zurück, an der sie vorher gesessen hatten. Hier erklärte d'Aylarac ihm, dass er seine Schwester nach Rabastens, rund 30 Kilometer nordöstlich von Toulouse, bringen und dafür sorgen solle, dass sie einige Tage vor oder spätestens am Fest der Geburt von Johannes dem Täufer (24. Juni) dort ankämen. Dort solle er seine Schwester in einem Haus lassen und dann selbst zur Messe in die Hauptkirche, Notre-Dame-du-Bourg, gehen, wo er entweder den Parfait oder einen der beiden Bélibastes, Bernard oder Guillaume, finden werde. Falls keiner von ihnen dort sein könne, werde er dafür sorgen, dass sich ein anderer vertrauenswürdiger Freund um Pierres Schwester kümmern werde. »Wartet entweder von morgens bis mittags in der Kirche oder nahe dabei«, instruierte d'Aylarac ihn.

Pierre war, völlig untypisch für ihn, nervös und ängstlich, was diese Reise anging, da er den Weg nach Rabastens nicht kannte. Er war jedoch mit dem Plan einverstanden.

Danach gingen die drei zum Kirchweihfest zurück und kehrten in einem Gasthaus ein. Bernard Bélibaste und Pierre kauften Seehecht auf dem Markt und einen irdenen Topf, in dem sie den Fisch kochen konnten. Pierres Schilderung von jenem Abendessen, seiner dritten Mahlzeit an dem Tag, und den Speisevorschriften des Parfaits, der koscher essen musste, gewähren einen faszinierenden Einblick in den Ablauf des Abends in einem Wirtshaus in Laroque d'Olmes am Samstag, dem 17. Juni 1307:

»Da im Wirtshaus bereits in einem anderen Topf Hecht gekocht wurde, meinte die Wirtin, als wir unseren separat in dem neu gekauften Topf kochen wollten, wir sollten keine unnützen Kosten verursachen und unseren Hecht mit in dem anderen Topf kochen. Wegen der Kosten, erwiderte Bernard ihr, bräuchte sie sich keine Sorgen zu machen, wir würden sie gut für das Feuer bezahlen. Sie gab uns dann einen Deckel für unseren Topf, den Bernard sehr gründlich mit Asche schrubbte, um jegliche Fettrückstände zu entfernen. Da auf dem Herd sehr viele Töpfe mit Fleisch waren, wollten Bernard und ich aufpassen, dass keine *feresa*, das heißt Fleisch oder Saft davon in unseren Topf gelangte. Obwohl unser Topf abgedeckt war, blieben wir deshalb in der Nähe, bis der Fisch gekocht war.

Der Parfait schlief unterdessen. Als Bernard und ich uns mit ihm an den Tisch setzen wollten, riet der Parfait uns, Eier für zwei Pfennige zu kaufen und sie offen vor uns auf den Tisch zu legen, damit unser Essen uns nicht als Häretiker verriet. Wir kauften die Eier. Nachdem Bernard einen Teller mit Fisch und Fischbrühe für den Parfait angerichtet hatte, nahm er den [restlichen] Fisch aus dem Topf, und wir fügten auf unseren Tellern die Eier hinzu. Der Parfait aß jedoch keine Eier, sondern nur Fisch und Brühe. Vor dem Essen segnete er das Brot auf die gleiche Weise, wie er es beim Frühstück getan hatte, und gab mir und Bernard von dem gesegneten Brot. Leise sagten wir:

›Segne uns, Senher‹, und er antwortete mit ähnlich leiser Stimme: ›Möge Gott Euch segnen.‹ Die Rechnung wurde von mir und Bernard Bélibaste bezahlt; wir gaben an dem Tag für uns etwa vier Schillinge aus.« (FR, f.255v)

In dieser Summe waren der Fisch, die Eier, der irdene Topf, das zur Verfügung gestellte Herdfeuer und die Übernachtung für drei Personen enthalten. Mit zwei Pfennigen kostete der Korb Eier genauso viel wie direkt bei einem Bauern. Die Gesamtkosten von 48 Pfennigen oder vier Schillingen waren jedoch eindeutig hoch, was wohl mit ein Grund war, dass Pierre Maury sich genau daran erinnerte. Béatrice de Planisolles und ihr damaliger Liebhaber hatten zum Vergleich für eine Übernachtung samt Essen in einem Wirtshaus nur einen Schilling bezahlt.

Der Topf, das Feuer und der Fisch hatten die hohen Kosten verursacht, da Fisch trotz des überreichen Vorkommens in den Flüssen im Ariège sehr teuer sein konnte. Guillaume Authiés Schwägerin Esclarmonde gab zum Beispiel sieben Pfennige aus, als sie Fisch für den Parfait kaufte. Und Pierre de Gaillac berichtete, für die Authiés eine Forelle für zwölf Pfennige gekauft zu haben mit dem Geld von Alissende Marty aus Tarascon, einer Tante von Blanche und Raymonde Marty aus Junac. Ein Schilling war ein stattlicher Betrag für eine Forelle, die wohl als ein besonderes Geschenk gedacht war. Bei dieser Gelegenheit hatten die Parfaits »die Forelle hervorragend zubereitet, nachdem sie sie mit guten Gewürzen vorbereitet hatten« (d'AR, f.54r).

Nach dem Essen zogen sich die Männer an jenem Abend zur Nachtruhe zurück, wobei Bernard Bélibaste sich mit Philippe d'Aylarac und Pierre Maury sich mit einem Fremden jeweils ein Bett teilten.

Am darauf folgenden Tag, am Sonntag, dem 18. Juni, kaufte Pierre auf dem Markt sechs Schafböcke und vertraute sie einigen Männern aus Montaillou an, die ebenfalls auf dem Markt waren und sich bereit erklärt hatten, sie mitzunehmen. Als Pierre anschließend ins Wirtshaus zurückkehrte, konnte er seine Gefährten nicht finden. Sie waren möglicherweise schon mit einer anderen Gruppe aufgebrochen. So ging er auf ein spätes Frühstück bei seiner Schwester vorbei, um sich zu verabschieden. Er frühstückte mit ihr, ihrer Schwiegermutter und einem Kind, bei dem es sich um einen jüngeren Bruder Piquiers handelte.

Ehe er aufbrach, flüsterte er ihr zu: »Ich komme Euch in drei Tagen holen. Bereitet in der Zwischenzeit alles vor, wenn Ihr tatsächlich gehen wollt, wie mit dem Parfait besprochen.« Sie sei dazu bereit, antwortete sie, und er dürfe die Verabredung nicht versäumen.

Dann machte Pierre sich auf den rund 50 Kilometer langen Weg nach Montaillou, der ihn an Montségur vorbei, durch den Engpass der Gorges de la Frau und an Comus vorbeiführte, wo Pierre de Luzenac damals vielleicht schon lebte. Mit von der Partie waren Guillaume Clergue, ein Bruder von Pierre Clergue aus Montaillou, Clergues Cousine Gauzia Longa und ein gewisser Vital Teshendier.

Als er wahrscheinlich am Mittwoch, dem 21. Juni, wieder nach Laroque d'Olmes zurückkehrte, traf er sich mit seiner Schwester auf derselben Wiese wie vorher und gab ihr Geld, um Brot, Wein und Käse für ihn zu kaufen. Er konnte es sich nicht leisten, von Piquier in der Stadt gesehen zu werden, der misstrauisch geworden wäre, wenn er seinem Schwager hier begegnet wäre.

Nachdem Guillemette alles besorgt hatte, aßen sie beide zusammen auf der Wiese. Dann ging Guillemette nach Hause. Sie hatten verabredet, dass Pierre bis spät in die Nacht am nördlichen Stadtrand von Laroque d'Olmes auf sie warten würde, bei einem Kreuz, das in der Nähe des Friedhofs stand, auf den man von der hoch oben liegenden Altstadt hinabsah. Fast sieben Jahrhunderte später befindet sich dieser Friedhof mit seiner alten Kirche immer noch an demselben Platz, nicht weit von der Straße nach Mirepoix entfernt, am Fluss Touyre.

»Um die Zeit des ersten Schlafes« erschien seine Schwester an der verabredeten Stelle. Sie hatte ihr Hochzeitskleid und ihre Bettlaken dabei, wahrscheinlich das Einzige, was sie in die Ehe mitgebracht hatte. Dann machten sie sich auf den gut 160 Kilometer langen Weg nach Rabastens.

In der Nacht von Mittwoch auf Donnerstag erreichten sie Mirepoix und zogen von dort aus nach Beauville und dann nach Caraman weiter, das rund 30 Kilometer südöstlich von Toulouse liegt. Sie kamen am Freitag, dem 23. Juni, in Rabastens an und quartierten sich in einem Haus in der Nähe der Kirche ein. Für die Strecke hatten sie vom späten Mittwochabend bis Freitag gebraucht.

Am Morgen ging Pierre zum Westportal der Kirche, wo er Bernard Bélibaste fand, der ihn zu einem Haus nicht weit von der Kirche entfernt brachte. Dieses Quartier teilte Bernard sich mit seinem Bruder Guillaume, dem künftigen Parfait. Pierre trank kurz etwas mit den beiden Bélibastes und ging seine Schwester holen.

Während Pierre und Bernard anschließend das Hochamt besuchten, blieben Guillaume und Guillemette im Haus und bereiteten das Mittagessen vor. Nach dem Essen versprachen die Bélibastes, sich um Guillemette so gut wie um sich selbst zu kümmern, während sie alles tun wollte, um sich ihre Liebe und Wertschätzung zu verdienen.

Nun war es für Pierre Maury an der Zeit, zu seinem Arbeitgeber Barthélemy Bourrel nach Ax zurückzukehren. Als er aufbrach, bat Guillemette ihn, er möge doch von Zeit zu Zeit kommen und sie besuchen. Pierre erwiderte, dass er dies nicht könne, weil er mehreren Herren diene, und so trennten sie sich.

Er sah seine Schwester nie wieder, da sie, wie er später berichtete, 1309 mit Pierre Authié verhaftet, zunächst ins Gefängnis nach Toulouse und dann nach Carcassonne gebracht wurde. Durch Guillaume Bélibaste, zu dem er in den nächsten zehn Jahren eine enge Freundschaft entwickelte, sollte er jedoch von ihr hören.

Guillemette erwies sich als eine gute Haushälterin, auch wenn sie offensichtlich streitsüchtig war und manchmal eine scharfe Zunge hatte. Sie scheint nach ihrer Verhaftung nicht mehr zu Piquier zurückgekehrt zu sein; absolut sicher ist dies jedoch nicht. Fest steht, dass sie am 18. Februar 1324, möglicherweise auch schon lange vorher, tot war, genau wie ihre Mutter, ihr Vater sowie ihre Brüder Guillaume, Bernard, Jean und der kleine Arnaud.

Als Pierre Maury kurz nach dem 25. oder 26. Juni 1307 nach Ax zurückkam, setzte Barthélemy Bourrel ihn davon in Kenntnis, dass seine Dienste nicht mehr gebraucht würden. Pierre wurde wegen seiner wiederholten Abwesenheit entlassen. Aber dieser Kündigung hatte er letztlich, wie wir noch sehen werden, weitere 15 Jahre Freiheit zu verdanken.

9. HOCHZEITSGLOCKEN IN MONTAILLOU (1307/08)

Es war um Ostern 1307, als Raymond Belot sich auf den Weg machte, um seine verarmte Cousine Raymonde Vital in Pamiers zu besuchen. Er erzählte ihr, dass er und seine Brüder vorhätten, ihre Schwester mit Bernard Clergue zu verheiraten, und sie solle doch kommen, um wieder bei ihnen zu leben. Raymonde hatte inzwischen, rund sieben Jahre, nachdem sie von Montaillou weggegangen war, eine Tochter. Ihr Mann Prades den Arsen war zu diesem Zeitpunkt vielleicht schon tot. Sie ging, wenn auch etwas widerwillig, auf den Vorschlag ein, meinte jedoch, dass sie bis Ende August in Pamiers vertraglich noch gebunden sei.

Nachdem diese Frist verstrichen war, brachte sie ihre Tochter zur Familie ihres Mannes, um sie dort großziehen zu lassen. Dann brach sie zur Ernte ins Arques-Tal auf und ging von dort aus weiter nach Montaillou. Als sie im Frühherbst 1307 dort eintraf, waren Bernard Clergue und Raymonde Belot bereits verheiratet (FR, f.74r).

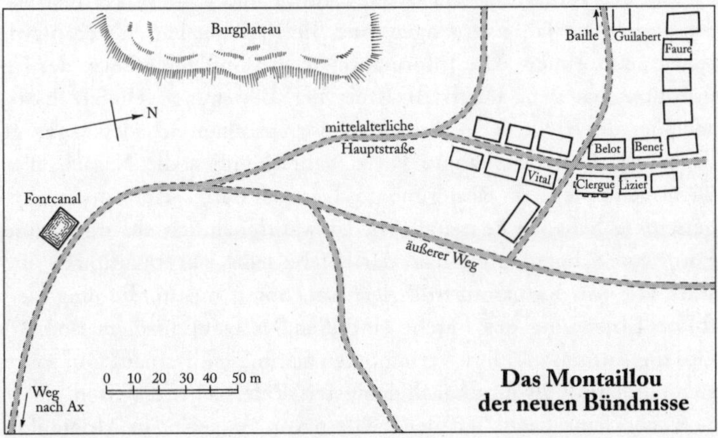

Dass Raymond Belot seiner Cousine um Ostern von den Hochzeitsplänen erzählt hatte, zeigt, dass bereits zu diesem Zeitpunkt entsprechende Verhandlungen geführt wurden. Diese langfristige Zeitplanung bestärkt des Weiteren den Verdacht, dass der romantische Schleier, mit dem Bernard Clergue seine Heirat umgab, nichts weiter als Erfindung war und dass diese Verbindung in Wirklichkeit mehr eine Sache ihres Glaubens als ihrer Herzen war.

Während die Clergues im Frühjahr 1307 Ränke schmiedeten, um ihre Machtbasis zu erweitern, stellten die Issaurats in Larnat ihr Haus für ein Treffen der Parfaits zur Verfügung. Es fand in der Karwoche 1307 (von Palmsonntag bis Ostersonntag, den 26. März) statt, und Guillaume Authié, Philippe d'Aylarac und Amiel de Perles nahmen daran teil.

Wurde dabei Kriegsrat gehalten, um die Strategie festzulegen, mit der sie auf die am Montag, dem 16. Januar 1307, erfolgte Ernennung Bernard Guis zum Inquisitor von Toulouse reagieren wollten (Baudrillart u.a., 1909ff., 8, 1935, cc. 677-681)? Oder waren sie zusammengekommen, um einen neuen Parfait zu ordinieren? Oder konnte es sein, dass das Treffen in Larnat vielmehr mit Raymond Belots Besuch in Pamiers und mit der Gestaltung einer neuen Ordnung in Montaillou zusammenhing?

Seit der Verhaftung von Jacques Authié und Prades Tavernier waren anderthalb Jahre vergangen, und die Katharer hatten sich inzwischen neu formiert. Die Informationen, die Guillaume Peyre der Inquisition aus dem innersten Kreis der Bewegung geliefert hatte, scheinen der Sache der Authiés keinen irreparablen Schaden zugefügt zu haben. Dennoch kannte Peyre wahrscheinlich die Namen aller wichtigen Spieler im Risorgimento. Dass der durch seine Aussage angerichtete Schaden begrenzt war, ist wahrscheinlich auf irgendeine Form von Sabotage innerhalb der Kirche selbst zurückzuführen, die stark von den Katharern infiltriert war. Somit musste die jüngst erfolgte Ernennung des Furcht einflößenden Dominikaners Bernard Gui die Authiés und ihre Verbündeten alarmieren. Bernard Gui sollte sich tatsächlich als ihr unnachgiebigster Widersacher erweisen.

Eine kleine Szene auf den Feldern von A-la-Cot in Montaillou veranschaulicht, dass die von den Authiés angestoßene Erneuerung die Menschen der Region weiterhin beflügelte. Eines frühen Morgens im Juni 1307 war Guillemette Clergue (B) unterwegs nach A-la-Cot zum Heumachen, als sie Guillaume Maury, dem Lieblingsbruder Pierre Maurys, begegnete, der ein mit Mehl beladenes Maultier mit sich führte. Guillaume kehrte gerade aus Ax zurück und ging singend seines Weges. Er müsse wohl einiges getrunken haben, dass er so fröhlich sei, neckte Guillemette ihn. Er entgegnete, ihm sei mitten in der letzten Nacht, während sein Korn in Ax gemahlen wurde, großes Glück widerfahren. »Wie das«, fragte Guillemette, »Ihr wart mitten in der Nacht in Ax? Wenn mein Mann dorthin geht, um unser Korn mahlen zu lassen, kehrt er immer hundemüde von der Warterei und dem ganzen Mehlstaub nach Hause zurück.« Er sei nur kurze Zeit in der Mühle gewesen, erklärte er ihr, und über Nacht im Haus von Sibylle Baille geblieben, wo er sich mit Guillaume und Jacques Authié unterhalten habe.

Wenn Guillaume Authié sich in Montaillou aufhielt, wohnte er nunmehr ständig bei den Belots. Er besuchte auch die Clergues auf der anderen Straßenseite, auch wenn es nur *einen* Augenzeugenbericht darüber gibt, dass er dort gesehen wurde (siehe S. 269). Nur im Haus der Clergues traf Guillaume Authié offen mit dem Pfarrer zusammen. Bernard Clergue musste jedoch nicht so vorsichtig sein und besuchte Guillaume oft bei seinen Nachbarn.

Bei einem dieser Besuche, als er im September 1307 bei den Belots mit Guillaume Authié zusammensaß, sah Guillaume plötzlich durch das nach Südosten, zum Haus der Clergues zeigende Fenster, dass sich im Garten vor dem Haus der Clergues Schweine herumtrieben. »So was!«, rief er aus. »Wer glaubt's denn, die Schweine zertrampeln den ganzen Garten!« Bernard folgte seinem Blick, sah sie und stürmte sofort die Treppe hinunter, um sie zu vertreiben. An der Haustür stieß er auf Bernard Belot und tauschte ein paar Höflichkeiten mit ihm aus, ehe er nach draußen rannte.

Nachdem er die ausgerissenen Schweine vertrieben hatte, wollte Bernard eigentlich zu den Belots zurückkehren. Dann sah er jedoch, wie er später behauptete, seinen Bruder Pierre Clergue auf dem Balkon stehen, der sich über dem Haupteingang seines Elternhauses befand. Der Balkon war von seinem Arbeitszimmer im ersten Stock aus erreichbar, und Pierre war wahrscheinlich herausgekommen, um zu sehen, was im Garten los war. Als Bernard den Pfarrer sah, wagte er es jedenfalls nicht, vor seinen Augen zu den Belots zurückzugehen, weil Pierre ihn des Öfteren damit aufzog, in Raymonde Belot vernarrt zu sein.

Das war im Wesentlichen die Aussage, die Bernard Clergue der Inquisition bei seiner Verhandlung am Freitag, dem 7. August 1310, präsentierte. Er wartete mit einer doppelt gezinkten Geschichte zu seiner Verteidigung auf. Denn nach dieser Darstellung hatte er erstens das Haus der Belots, in dem Guillaume Authié lebte, nur deshalb wiederholt aufgesucht, weil er in eine Tochter des Hauses leidenschaftlich verliebt war und damit in alles, was zu diesem Haus gehörte; mit anderen Worten, seine Kontakte mit dem berühmten Parfait waren einzig auf seine irrsinnige Verliebtheit zurückzuführen. Zweitens wurde der Pfarrer durch den beiläufigen Hinweis, dass er diese Besuche missbilligte, von jedem Verdacht eines geheimen Einverständnisses freigesprochen.

Indem Bernard Clergue zu seiner Verteidigung eine Liebesgeschichte auftischte und sie geschickt mit authentischen Einzelheiten wie herumlaufenden Schweinen ausschmückte, vernebelte er die Wahrheit vor dem Gremium, das ihn verhörte. Nicht, dass das allzu schwierig gewesen wäre, da in dem Gremium auch der mächtige Verbündete der Clergues, Jacques de Polignac, saß. Dass diese romantische Geschichte noch immer für bare Münze genommen wird, ist irritierend, da in den Unterlagen selbst überzeugende Belege für eine ganz andere Sicht der Dinge zu finden sind.

Fest steht, dass sich Bernard Clergue, der damals Anfang 30 war, im Juli oder August 1307, einige Zeit vor Mariä Himmelfahrt, mit seiner Nachbarin Raymonde Belot verlobte. Nach einer kurzen Verlobungszeit heirateten sie etwa Mitte September 1307 (FR, f.173r). Hinsichtlich dieser Datierung gibt es keine Zweifel. Dies muss betont werden, da das Datum der Hochzeit Bernard Clergues 1307 entscheidend für das Verständnis von Sibylle Peyres Aussage ist und auch im Hinblick auf die Behauptung von Fabrisse Rives bezüglich des Besuches von

Guillaume Authié beim Pfarrer an Ostern des Jahres 1308 eine wichtige Rolle spielt.

Es gibt zwei gewichtige Gründe, das von Bernard Clergue heraufbeschworene Liebesszenario mit Skepsis zu betrachten: die Aussage von Sibylle Peyre und die Tatsache, dass diese Verbindung die erste von drei Hochzeiten in Montaillou war, mit der alte Allianzen im Ort, vielleicht vor dem Hintergrund des wachsenden Drucks seitens der Inquisition, gefestigt wurden. An allen drei Eheschließungen waren die Belots beteiligt, und bei allen verbanden sich überzeugte Katharer.

Nach der Aussage von Sibylle Peyre aus Arques hatte Pierre Authié behauptet, Bernard Clergue habe Raymonde Belot geheiratet, weil die Belots eine zuverlässige katharische Familie seien; eine größere Mitgift hätte er sich anderswo sichern können. Die Glaubwürdigkeit von Pierre Authié wird allgemein in der Literatur bestätigt. In seinem Artikel über den Parfait glaubt Duvernoy dem Bericht von Sibylle Peyre, Pierre Authié habe ihr erzählt, dass er den Grafen von Foix getröstet hatte. Seiner Berufung getreu habe Pierre Authié schließlich nie gelogen (Duvernoy, 1970, S. 32). War Sibylle Peyre genauso ehrlich?

Sofern ihre Aussage wahr ist, zeigt sie, dass die Authiés Ende 1307 wieder in Arques aktiv waren, obwohl die meisten Katharer von Arques nach der Verhaftung von Jacques Authié und Prades Tavernier im Jahr 1305 dem katharischen Glauben abgeschworen hatten. Solche erneuten katharischen Aktivitäten in Arques bieten vielleicht eine Erklärung, warum Sibylles Ehemann, Raymond Peyre, letzten Endes doch noch im Gefängnis landete. Möglich ist jedoch auch, dass sie nur irgendwelche Gerüchte über einen Zusammenhang zwischen der Eheschließung von Bernard Clergue und Raymonde Belot und der katharischen Bewegung gehört hatte und den Inquisitor mit solchem Klatsch beeindrucken wollte, indem sie ihn Pierre Authié zuschrieb.

Ihr Hinweis auf diese Heirat taucht erst ganz am Ende ihrer Aussage auf, als sie offenkundig darauf bedacht war, Fournier zu überzeugen, der ihr bereits erklärt hatte, dass er ihrer bisherigen Aussage skeptisch gegenüberstehe. Anmerkenswert ist, dass sie in diesem Zusammenhang Roger-Bernard III. irrtümlich »Raymond-Roger« nannte, und sie behauptete auch, gehört zu haben, dass Pierre Authié Pierre Azéma als einen treuen Katharer bezeichnet habe, während er in

Wirklichkeit das genaue Gegenteil war (FR, ff.66r, 206r). Es gab tatsächlich einen Azéma, der häufig ihr Heimatdorf Larnat besuchte, das war jedoch der Passeur Raymond Azéma aus Montaillou (d'AR, f.36v). Außer von einem Azéma und einem »r.beloti« (das ist Raymond Belot) wurde auch von der gelegentlichen Anwesenheit eines Maury aus Montaillou in Larnat berichtet. Am helllichten Tage war er an einem Sonntag mit dem Parfait Pierre-Raymond de Saint-Papoul dort angekommen (FR, ff.36v, 39v).

Die Fehler, die Sibylle Peyre in ihrer Aussage Jahre nach den tatsächlichen Ereignissen unterliefen, sind vielleicht nicht mehr als kleine Versehen. Der Grund, dass ich sie so hervorhebe, liegt darin, dass ihre Aussagen im Allgemeinen höchst präzise, detailliert und lebendig zu sein scheinen. Aber selbst wenn sie die Urheberschaft an der Aussage über die Hintergründe der Eheschließung von Bernard Clergue Pierre Authié untergeschoben hat, zeigt ihre Zeugenaussage zumindest, dass sich bis nach Arques das Gerücht verbreitet hatte, bei der Heirat handele es sich um eine katharische Liaison.

Die nächste Hochzeit in Montaillou, die wahrscheinlich noch im Herbst 1307 stattfand, war die des damals etwa 30-jährigen Arnaud Belot mit seiner gegenüber wohnenden Nachbarin, der verwitweten Raymonde Lizier-Argelier.[80] Raymonde war möglicherweise etwas älter als Arnaud, da sie bereits Mutter eines Sohnes, Pierre Lizier, und einer Tochter im jugendlichen Alter war. Sie war auch wesentlich wohlhabender als ihr zweiter Ehemann, da Arnaud Belot nur seinen Erbanteil aus dem Vermögen der Belots mitbrachte, der nicht einmal ein Drittel des Wertes ihres Besitzes ausmachte.

Sechzehn Jahre später versuchte Fournier aus ihr herauszubringen, warum sie jemanden geheiratet hatte, der so wesentlich ärmer als sie war, womit er unterstellen wollte, dass sie ihn aus häretischen Gründen geheiratet hatte. Als er Raymonde am 23. Dezember 1323 verhörte, war Fournier bereits im Besitz der Aussage von Sibylle Peyre vom 2. Dezember 1322 mit ihren Behauptungen hinsichtlich der Heirat von Bernard Clergue. Er hatte eindeutig den Verdacht, dass es sich hier um eine weitere derartige Liaison handelte.[81]

Im November oder Dezember 1307 dürften auch Alazais Guilabert und Arnaud Faure geheiratet haben, der damals in den Vierzigern und praktisch eine Generation älter war als sie. Durch diese Heirat wurde die 25-jährige Alazais Guilabert die Tante von Pierre Maury, obwohl sie rund sechs Jahre jünger als er gewesen sein dürfte.

Ihr Vater Jean hielt die Absprachen über die versprochene Mitgift seiner Tochter nicht ein, was zu einem tiefen Zerwürfnis zwischen den beiden Familien führte. Jean Guilabert war ein niederträchtiger und hinterhältiger Zeitgenosse, und dies war nicht das letzte Mal, das er seine Familie täuschte, wie wir noch sehen werden.

Wie so viele junge Frauen in Montaillou, zu denen auch ihre Schwester Raymonde, die Ehefrau von Guillaume Authié (B), gehörte, war Alazais die Geliebte Pierre Clergues gewesen. Außerdem hatte sie, ehe sie Arnaud Faure heiratete, eine leidenschaftliche Liebschaft mit Arnaud Vital, den sie später beschuldigte, sie in der Häresie unterwiesen zu haben. Er war möglicherweise auch der Vater ihres Kindes, und es ist denkbar, dass sie sich auf die Heirat mit einem Mann mittleren Alters eingelassen hatte, um einen Vater für ihr Kind zu haben.[82]

*

Die dritte Belot-Hochzeit fand im Januar 1308 statt, als Bernard Belot Guillemette Benet zur Frau nahm. Wir wissen, dass sie und ihre Schwester Esclarmonde sieben Jahre vorher sechs oder sieben Jahre alt waren, sodass Guillemette 1308 etwa 13 oder 14 gewesen sein dürfte.

Der Mann, den sie an jenem Wintertag heiratete, war etwa doppelt so alt wie sie und alles andere als jungfräulich. Er hatte sich als Kuppler für Pierre Clergue und die ehemalige Kastellanin betätigt und vor seiner Heirat mehrere Jahre eine sexuelle Beziehung mit Vuissane Marty, wie sie damals hieß, unterhalten. Einige Zeit vor dem Hochzeitstermin scheint er Vuissane aufgefordert zu haben, das Haus zu verlassen. Trotz dieser verächtlichen Behandlung scheint sie sich mit Bernards Mutter weiterhin zumindest so gut verstanden zu haben, dass sie sie kurz nach seiner Hochzeit besuchte. Aber Vuissane war damals arm und hätte es sich, selbst wenn sie gewollt hätte, kaum leisten können, sich gegen eine so mächtige Sippe wie die Belots zu stellen.

Das Schlimmste war jedoch, dass Bernard versucht hatte, Raymonde Authié (B) (geborene Guilabert) zu vergewaltigen. Für dieses schwere Vergehen war er ins Gefängnis gekommen und zur Zahlung der ansehnlichen Summe von 20 Pfund verurteilt worden, die er an den Grafen von Foix zu entrichten hatte. Der Betrag entsprach etwa dem Kaufwert eines halben Hauses in Tarascon, eines seltenen Exemplars einer illustrierten Bibel aus Toulouse oder Montpellier oder einer Herde von 36 Schafen. Über diese schmutzige Angelegenheit sind keine weiteren Details überliefert. Erstaunlich ist jedoch, dass einer der mächtigen Belots überhaupt ins Gefängnis kam, zumal er zu den Komplizen des Pfarrers gehörte. Und es ist nicht minder erstaunlich, dass die Familie Authié (B) sich in Montaillou halten konnte, nachdem sie gegen Belot eine solche Beschuldigung vorgebracht hatte. Möglicherweise hatte auch die Kastellanin dazu beigetragen, dass Belot vor Gericht gebracht wurde. Der brutale Draufgänger war für eine junge Braut kaum eine attraktive Partie.

Als Guillemette in das reiche Haus der Belots heiratete, war ihre Mutter, Guillemette Benet, wahrscheinlich Ende 30. Sie war im September 1307, also drei Monate vorher, Witwe geworden. Ihr Mann, der später exhumiert und verbrannt wurde, war vor seinem Tod von Prades Tavernier getröstet worden, der sich damals bei den Rives' einquartiert hatte.

Dass Guillemette Benet bei der Hochzeit ihrer Tochter im Winter nicht anwesend war, lag möglicherweise daran, dass sie zu Hause bleiben musste, um auf die beiden jüngeren Geschwister der Braut aufzupassen, von denen eines 1308 erst sechs war (wenn es noch lebte). Vielleicht war sie auch noch in Trauer. Bernard Benet, der Bruder der Braut, der Schäfer war, gehörte noch zum Haushalt, nahm aber ebenfalls nicht an der Hochzeit teil, weil er zu der Zeit seine Schafe im Unterland, weit weg von Montaillou, weidete. Auch ihre Schwester Esclarmonde, die einen Guillaume Saint-Jean in Bélesta heiratete, war nicht dabei.

Die Familie der jungen Guillemette Benet war in den letzten Jahren tragisch geschrumpft, und ihre Kräfte waren erschöpft. Trotz des

Fehlens von Guillemettes Verwandten waren viele Gäste zur Hochzeit gekommen, da durch ihre Cousine Gaillarde Authié-Benet die berühmtesten Parfaits des Languedoc zu ihrer Familie gehörten. Vielleicht war es vor allem die Erwartung, dass der illustre Gast der Belots, Guillaume Authié, an der Feier teilnahm, wodurch eine so immense Zahl an Gästen angezogen worden war. Die Hochzeitsgesellschaft war so groß, dass die verarmte Nachbarin der Belots, Alazais Azéma, ihnen sogar einen Kochtopf zu diesem Anlass borgen musste. Vierzehn Erwachsene und ein Säugling waren bei den Feierlichkeiten im Haus der Belots versammelt. Über die Trauung in Notre-Dame-de-Carnesses ist in den Unterlagen nichts erhalten geblieben, und Pierre Clergue suchte das Haus der Belots an jenem Tag auch nicht auf. Er konnte es sich wahrscheinlich nicht leisten, in einem Raum mit Guillaume Authié gesehen zu werden.

Neben der Braut und dem Bräutigam zählten Guillaume und Gaillarde Authié aus Ax zu den Gästen, außerdem Bernard Clergue und seine neue Frau Raymonde, Guillemette Belot, die Mutter des Bräutigams, Raymond Belot, sein ältester Bruder und inzwischen das Oberhaupt der Familie, Raymond Belots Bruder Guillaume, Alazais den Torba-Belot, Raymonds Schwester, die mit ihrem Mann Raymond und ihrem Baby sowie mit Arnaude den Terras (bei der es sich möglicherweise um eine verheiratete Schwester der Belots handelte) aus Mijanès im Donézan gekommen war, sowie Raymonde den Arsen, die erst kürzlich wieder eingestellte Magd der Belots, und Alissende Roussel, deren Schwester Gaillarde mit Pierre Benet, dem erstgeborenen Sohn der Benets, verheiratet war. Einige Jahre später sollten Alissende Roussel, ihre Schwester und ihr Ehemann in die sexuellen Verstrickungen der Clergues hineingezogen werden, ehe sie schließlich mit der Inquisition kollaborierten.

Außer Guillaume Authié hatten sich alle Gäste um das Feuer in der Foghana der Belots versammelt, und Raymonde den Arsen saß als Magd *hinter* dem zentralen Kamin. In ihren Armen wiegte sie Raymond Belots Nichte, die Tochter von Alazais. Der Höhepunkt dieser katharischen Hochzeitsfeier war das Erscheinen des Parfaits. Guillaume Belot ging nach oben, um ihn aus seinem Quartier im verschlossenen Obergeschoss zu holen, und Guillaume Authié stieg mit einem Gewand und einem Mantel oder Cape bekleidet die Leiter hinunter. Als er die Foghana betrat, erhoben sich alle, außer Raymonde den Arsen mit dem Baby.

Gaillarde Authié berichtete fast 13 Jahre später, auch Prades Tavernier sei an jenem Abend dabei gewesen. In diesem Punkt wie auch in verschiedenen anderen, einschließlich des Datums dieser Hochzeit, trog sie wahrscheinlich die Erinnerung. Prades hatte keinen Grund, an dieser Hochzeit teilzunehmen, selbst wenn er jene Nacht in der 50 Meter entfernten Scheune der Rives' verbracht hätte.

Guillaume Authié nahm auf einer Bank neben den drei Brüdern Raymond, Guillaume und Bernard Belot, dem Bräutigam, Platz. Keine Frau setzte sich zu ihnen, Guillaume Authiés Frau saß jedoch auf einer separaten und offenbar niedrigeren Bank nahe bei ihm. Er unterhielt sich sehr leise mit ihr, genau wie auch mit den Belots und Arnaude den Terras, die vor ihm kniete und ihm offenbar Geld gab. Arnaudes demütige Haltung weist darauf hin, dass sie ihn offen mit dem Melioramentum »verehrte«. Guillaume Authié und Arnaude hatten die anderen zudem offenbar auch kurz verlassen, da Alazais Azéma, als sie nach der Trauung kam, um ihren Topf zurückzuholen, Arnaude den Terras mit dem Parfait allein in einem Raum neben der Foghana fand. Arnaude wurde von ihm »aufgenommen«, so wie Pierre Maury unter ähnlichen Umständen im April 1304 in Arques.

Guillaume Authié scheint an jenem Abend nicht lange bei der Gesellschaft geblieben zu sein, und die drei Belots begleiteten ihn schon bald wieder nach oben in das Obergeschoss, das sie von außen verschlossen. Es muss seltsam für ihn gewesen sein, in jener Winternacht allein in seinem bequemen Bett mit dem Seidenkissen zu schlafen, während seine Ehefrau, die er so sehr liebte, so nahe und dennoch jetzt auf immer für ihn unerreichbar war.

Von Mitte Januar bis Anfang Februar 1308 hielt Guillaume Authié sich im Allgemeinen bei den Belots auf, wenn er nicht bei Sibylle Baille in Ax war, wo er das Weihnachtsfest 1307 verbracht hatte. Inzwischen war im Obergeschoss ein gut ausgestatteter, in sich abgeschlossener und beheizbarer Wohnraum mit Kochmöglichkeiten und vermutlich einer vollständigen Ausstattung zum Nähen und Reparieren von Schuhen hergerichtet worden.

In der Scheune, in der die Belots ihr Heu und Stroh lagerten, hatte Raymonde den Arsen ihr Quartier samt Bett. Vuissane hatte wahrscheinlich früher ebenfalls dort genächtigt. Von hier aus sah Raymonde im Winter Rauch aus dem Obergeschoss aufsteigen, was ein sicheres Zeichen war, dass es bewohnt war und dort auch gekocht wurde.

Das Haus und die Scheune waren getrennte Einheiten mit jeweils separaten Eingängen von außen. Bei dem Obergeschoss handelte es sich hingegen um eine Erweiterung des Hauses; es hatte ebenfalls eine Außentür und war vermutlich über ein paar Stufen vom Hof her erreichbar. Diese Außentür wie auch Vuissanes Misthaufen (siehe S. 225) lagen genau im Blickfeld der Scheune, und Raymonde den Arsen sah mehrfach verschiedene Leuten kommen und gehen.

Bernard Clergue und seine Frau verließen zusammen mit Gaillarde Authié das Fest, und kurz darauf löste sich die ganze Gesellschaft auf und zog sich zur Nachtruhe zurück. Nur Raymonde den Arsen und Guillaume Belot blieben am Ende noch übrig. Worüber sie und Guillaume auch gesprochen haben mögen, ehe sie sich schließlich in ihr Bett in der Scheune zurückzog, mit ziemlicher Sicherheit jedoch nicht, wie sie später behauptete, über die Identität von Guillaume Authié. Sie wusste bestens Bescheid über alles, was vorging, und im Mai 1308 war sie »einen Tag ehe Pierre de Luzenac nach Montaillou kam, um die Häretiker zu suchen und zu verhaften«, ihrer Schwägerin Raymonde Vital am Brunnen Cortal sec begegnet, wo sie sorgfältig eine Flasche ausgespült hatte, die sie, wie sie Arnaud Vitals Frau erklärte, für die Parfaits, die im Obergeschoss der Belots einquartiert waren, mit Wasser füllen wollte. Die Belots hätten sie nie eingestellt, wenn sie keinen katharischen Hintergrund gehabt hätte.

Gegen Beginn der Fastenzeit des Jahres 1308 (28. Februar bis 14. April) wurde Gaillarde Authié aus Ax von der Inquisition nach Carcassonne zum Verhör geladen. Sie war offensichtlich wegen ihres Ehemannes ausgewählt worden und muss sich davor sehr gefürchtet haben. Als Reisebegleiter und Beschützer nahm sie Arnaud Authié, Pierre Authiés Sohn, mit.

Ihre erste Anlaufstelle war Montaillou, um Rat bei ihrem Mann zu suchen. Zusammen mit Arnaud kehrte sie entweder bei den Benets oder, wenn dies in den Akten korrekt wiedergegeben ist, bei den

Maurs' (eher als bei den Maurys?) ein. Nach dem Abendessen ging sie zu den Belots, um ihren Mann aufzusuchen, der schon seit zwei Tagen dort war.

Dort setzte sie sich zusammen mit ihrem Neffen Arnaud ans Feuer. Mit dabei waren Guillemette Belot, Raymonde den Arsen und drei der Brüder, Raymond, Bernard und seine neue Frau sowie Guillaume Belot.[83]

Guillaume Authié kam nach einer Weile aus dem Obergeschoss herunter und sprach stehend lange mit seiner Frau und seinem Neffen. Schließlich begleitete er sie zur Tür. Dort sprach er nochmals mit ihr und drängte sie, sie nicht zu verraten. Sie versuchte ihm klar zu machen, dass sie nicht umhinkommen werde, die Wahrheit zu sagen, worauf er ihr entgegnete, dann solle sie wenigstens nicht verraten, dass sie sie gerade erst gesehen hatte. Er scheint sogar mit aus dem Haus hinausgegangen zu sein, so dringlich sprach er auf sie ein.

Ihr Gastgeber, Raymond Belot, begleitete sie das kurze Stück bis zu ihrem Quartier, während Guillaume Authié mit Guillaume Belot wieder in das Obergeschoss hinaufging. Später in der Nacht verließen die beiden das Haus, vermutlich, um zu einer Tröstung zu gehen.

Das Protokoll über das Verhör von Gaillarde in Carcassonne ist nicht erhalten geblieben. Ihre Aussage hat aber wohl nicht dazu beigetragen, dass im Mai und September in Montaillou Razzien durchgeführt wurden. Sie dürfte ihr Möglichstes getan haben, um ihren Mann zu schützen. Und seine Verbündeten, die Clergues, hielten vermutlich ihre schützende Hand über Gaillarde Authié. Sie hatten guten Grund dazu, denn die einzige erhalten gebliebene Zeugenaussage, die nachdrücklich betont, Guillaume Authié und Pierre Clergue unter einem Dach und sogar in demselben Raum gesehen zu haben, stammt wahrscheinlich in etwa aus dieser Zeit.

Diese Information stammt von der umherziehenden Wirtin Fabrisse Rives-Clergue. Obwohl sie die Begebenheit zuerst um Ostern 1300 herum datierte, was definitiv falsch ist, erwähnte sie auch, Bernard Clergue »*und seine Frau Raymonde*« [Hervorhebung durch den Autor] 14 Tage später an demselben Ort gesehen zu haben, wonach diese Geschehnisse nach dem Herbst 1307 stattgefunden haben müssen.[84]

Nach Sondierung der Fakten können wir jedoch mit ziemlicher Sicherheit davon ausgehen, dass Fabrisse' Besuch bei den Clergues um Ostern 1308 stattfand, das auf den 14. April fiel. Es war zwischen mittags und drei Uhr am Nachmittag. Sie war als Wirtin auf der Suche nach einem Halbliter-Zinnkrug für den Ausschank von Wein, und die Clergues besaßen einen solchen. Als sie zu ihrem Haus kam, saßen Mengarde Clergue und Guillemette Belot, die nun verwandt waren, neben dem Eingang im Erdgeschoss auf einer Bank in der Sonne und unterhielten sich. Dies war auch ein Lieblingsplatz von Pierre Clergue, dessen Kammer sich direkt darüber befand.

Hinter den beiden Frauen führte eine Stiege zum Obergeschoss hinauf, zu dem offenbar auch noch eine Mansarde gehörte. Das Zimmer des Pfarrers hatte einen Balkon, der sich möglicherweise über die ganze Länge des ersten Stockwerkes erstreckte.

Nachdem Fabrisse den Grund ihres Kommens erklärt hatte, wies Mengarde sie an, nach oben zu gehen. Als sie an die Tür kam und sie öffnen wollte, stellte sie fest, dass Guillaume Belot sie bewachte. Er wollte wissen, was sie hier suche, und forderte sie dann auf, ihren Krug zu holen und sich dann schnell wieder davonzumachen. Fabrisse betrat die Diele des Obergeschosses, wo sie Pierre Clergue begegnete. Er fragte sie ebenfalls, was sie wolle, und mahnte sie, sich zu beeilen.

Fabrisse behauptete später in ihrer Aussage, sie habe den Krug auf einem Tisch am »östlichen« Ende des Raumes gesehen, das heißt Richtung A-la-Cot und der hohen Berge. Als sie den Raum durchquerte, bemerkte sie, dass zu ihrer Rechten die Tür zum Zimmer des Pfarrers einen Spalt weit offen stand. Und dort am Fenster, das sich über dem Haupteingang befand und »zum Fontcanal zeigte«, stand Guillaume Authié (FR, f.63r).[85] Er trug ein weißes Gewand und einen blauen Übermantel mit Kapuze, die er über den Kopf gezogen hatte. Fabrisse nahm den Krug und eilte wieder zur Dielentür, während Pierre Clergue in das Zimmer ging, in dem Guillaume Authié sich befand. Vielleicht zögerte sie einen Augenblick, denn Guillaume Belot drängte noch einmal, sie solle sich beeilen und sehen, dass sie fortkomme.

Vierzehn Tage später, als sie erneut bei den Clergues vorbeischaute und zum Obergeschoss hinaufstieg, war Guillaume Authié immer noch oder vielleicht auch wieder dort. Obwohl die Clergues skrupellose Ausbeuter waren, reagierten sie auf solche unwillkommenen Störungen durch ein umherziehendes Mitglied ihrer Familie mit einer seltsamen Nachsicht.

Bei dieser Begebenheit fiel Fabrisse die Machart der Kleidung von Guillaume Authié auf, und sie bemerkte, dass sein Übermantel aus grobem Wollstoff am Kapuzenansatz in Brusthöhe geteilt und mit Knöpfen aus blauem oder rotem Material versehen war. Das heißt, dass er ihn wie ein Cape trug. Die Farben des weißen Gewandes und des blauen Mantels mit Kapuze waren dieselben wie zuvor. Dieses Mal war es Bernard Clergue, der Fabrisse verscheuchte.

Es sieht so aus, als wäre Guillaume Authié jetzt des Öfteren bei den Clergues gewesen, und es entbehrt nicht einer gewissen Ironie, dass er sich dort in denselben Räumen aufhielt, in denen auch die Inquisition untergebracht wurde, wann immer sie auf dem Weg nach Ax in Montaillou einen Zwischenstopp einlegte.

10. DIE TRÖSTUNG VON GUILLAUME GUILABERT (Mai 1308)

Im Mai 1308 begann Guillaume Guilabert, ein 15-jähriger Schäfer aus Montaillou, Blut zu spucken. Er litt wahrscheinlich an einer Form von Lungenschwindsucht oder Tuberkulose. Es wurde schnell offenbar, dass sein Ende bevorstand.

Er war der einzige Sohn von Jean Guilabert und Alamande Fort. Er hatte vier Schwestern, von denen drei (Alazais, Guillemette und Raymonde) damals Jugendliche oder junge Erwachsene waren, während die Jüngste, Sibylle, erst fünf war.

Der junge Guillaume hütete auf den Weiden um Montaillou die Herde seines Vaters. Er war ein geselliger Junge, und zu seinen besten Freunden zählten zwei ältere Jungen, die Schäfer waren wie er: Guillaume Belot, der Bruder des Mannes, der seine Schwester Raymonde Authié (B) vergewaltigt hatte, und Raymond Benet, der drei Jahre vorher gestorben war.[86]

Guillaume Guilaberts Krankenbett wurde in der Foghana im Haus

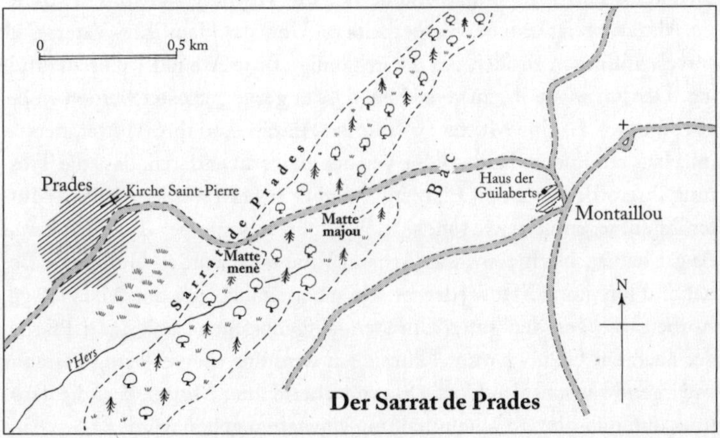

Der Sarrat de Prades

der Guilaberts aufgeschlagen. Am Vormittag seines Todestages kam Guillaume Belot, um ihn zu besuchen, und fragte in Hörweite seiner Mutter den sterbenden Freund: »Freund, möchtet Ihr, dass ich gehe und einen Doktor hole, der beides, Eure Seele und Euren Körper, retten kann?« Der junge Schäfer gab ihm zu verstehen, dass er sich das sehr wünschte. Seine Mutter hatte jedoch große Angst vor den Konsequenzen und drängte ihn, davon Abstand zu nehmen. »Mein Sohn«, sagte sie, »tu das nicht. Es ist schon zu viel, dass ich dich verliere. Ich habe keinen anderen Sohn. Muss ich nun auch noch alles, was ich habe, um deinetwillen verlieren?« Guillaume Guilabert bat jedoch weiter um die Zustimmung seiner Mutter.

Nachdem er das Haus verlassen hatte, ging Guillaume Belot zu Arnaud Vital und erzählte ihm, dass Alamande Guilabert sich gegen die Tröstung ihres Sohnes wehrte. Guillaume Belot hat Arnaud vermutlich gebeten, seinen Einfluss bei Alazais Faure (geborene Guilabert) in dieser Angelegenheit geltend zu machen, da Arnaud Vital und Alazais vor ihrer Heirat mit Arnaud Faure ein Liebesverhältnis gehabt hatten. Alazais liebte Vital immer noch, der versucht hatte, sie zu bekehren, wenn sie allein gewesen waren und vielleicht miteinander schliefen.

Am späten Nachmittag desselben Tages lief Alazais, die zu ihrem Bruder unterwegs war, Arnaud zwischen seiner Schmiede und dem Haus der Clergues in die Arme. Ohne Umschweife bedrängte er sie sofort, auf ihre Mutter einzuwirken, dass die Tröstung stattfinden könne.

Alazais betrat um die »Vesperzeit« (18 Uhr) das Haus ihres Vaters und sprach mit ihrem Bruder, um die inständige Bitte Arnaud Vitals zu erfüllen. Der Junge gab ihr zu verstehen, dass er gerne getröstet werden wolle, aber nur, wenn seine Mutter zustimmte. Alazais fand ihre Mutter, nervös im Haus auf und ab laufend. Sie versuchte, ihr zu erklären, dass die Tröstung ihrem Bruder einen Platz im Paradies sichern werde. Als ihre Mutter ihr entgegenhielt, wie sehr sie sich fürchtete, sagte sie: »Ihr dürft keine Angst haben. Nach dem, was Arnaud Vital sagt, wurden Guillaume Benet und Raymond Maurs [der zwischen September 1306 und Mai 1308 gestorben war] von den guten Christen ›aufgenommen‹, und unser Pfarrer, der auch ein Gläubiger der Häresie ist, wird uns ebenso wenig verraten wie irgendwer sonst im Dorf.« Sie versicherte ihrer Mutter, dass die Tröstung unter absoluter Geheimhaltung vonstatten gehen würde.

Alamande ließ sich erweichen, und kurz darauf erschien Guillaume Belot wieder im Haus, vermutlich um mit Alazais und ihrer Mutter über den Ablauf der Tröstung zu sprechen. Anschließend ging Alazais zusammen mit Guillaume zu Arnaud Vital, um sich mit ihm zu beraten. Die beiden Männer sagten ihr äußerste Diskretion zu, nicht ohne hinzuzufügen, dass der Pfarrer, Pierre Clergue, alles andere als eine Bedrohung, sondern in Wirklichkeit »der Garant für die Sicherheit vor der Inquisition« sei.

Sie waren wohl zu dem Schluss gekommen, der sicherste Zeitpunkt, um Guillaume Guilabert zu trösten, sei die darauf folgende Nacht. Da Guillaume sehr krank war, drängte die Zeit; der Schutz der Dunkelheit war jedoch eine wesentliche Voraussetzung, dass der Parfait sicher ins Haus gelangen konnte. Im Laufe jenes Abends dürfte Guillaume Guilaberts Vater Jean wohl erfahren haben, dass sein Sohn getröstet werden sollte. Denn am folgenden Tag erklärte er gegenüber Guillemette Benet, der Tröstung unter keinen Umständen beiwohnen zu können. Sie riet ihm, eine Ausrede zu Hilfe zu nehmen und sich einfach früh am Abend mit seiner kleinen Tochter Sibylle zur Nachtruhe zurückzuziehen. Und dies tat er.

Da seine Schlafstätte außerhalb der Foghana lag, in der die Tröstung stattfand, und er die Tür schloss, sah er nichts und wurde auch von niemandem gesehen. So entkam er den Klauen der Inquisition. Er muss jedoch jedes gesprochene Wort gehört haben, blieb den Trauernden, die in seinem Haus versammelt waren, jedoch die ganze Zeit fern. Seine Sorgen um seine eigene Sicherheit waren größer als sein Pflichtgefühl und seine Treue gegenüber seinem Sohn, den er in diesem überaus wichtigen Augenblick schmählich im Stich ließ. Seine Tochter Alazais, die viele Jahre später dahinter kam, dass er sich an jenem Abend durch einen Vorwand fern gehalten hatte, erklärte, wie sehr sie ihn dafür verachtete.

Am Abend der Nacht, in der Guillaume Guilabert starb, ging Guillaume Belot zu seinem Nachbarn, dem jungen Bernard Benet, den er in seinem Garten antraf. Nach der Entfernung ihres anschließenden nächtlichen Marsches zu urteilen, dürfte es zwischen acht und neun Uhr abends, bei Einbruch der Dunkelheit, gewesen sein. Er bat Bernard, ihn auf dem Weg ins benachbarte Prades zu begleiten, um dort entweder Guillaume Authié oder Prades Tavernier zu finden.

Belot war das Patenkind von Bernards verstorbenem Vater, und er wollte bei dieser Mission vielleicht deshalb von einem Benet begleitet werden, weil die Benets mit den Authiés verwandt waren. Der junge Bernard behauptete später, er habe nicht mit ihm gehen wollen und gesagt, er sei doch noch ein Kind und überhaupt nicht in der Lage, mit Belots Marschtempo Schritt zu halten. Belot bestand jedoch darauf, dass er ihn begleitete, und so hatten sich die beiden nach Westen den Bac hinunter Richtung Prades auf den Weg gemacht.

Bis nach Prades waren es nicht einmal drei Kilometer. Der Weg führte durch eine Senke in dem Hügel, der zwischen den beiden Dörfern lag. Die Senke wurde von den Leuten in Montaillou damals *Matte majou* genannt, und der Hügel war als *Sarrat de Prades* bekannt.[87] (Farbabb. 19) Das Gebiet vom Sarrat nach Prades hinunter wurde *Matte menè* genannt. Hier durchwateten die beiden Wanderer den Bach und gingen dann über die Wiesen, hinter denen sich Prades erhob. Ungefähr dort, wo sich der neue Friedhof befindet, ließ Guillaume Belot den jungen Bernard zurück, während er nach Prades hineinging, um die Parfaits zu suchen.

Belots Kontaktperson in Prades war Pierre Dejean, dessen Frau Gaillarde die Schwester von Prades Tavernier und Alazais Rives war. Als überzeugter Katharer nahm Dejean regelmäßig in seinem Haus Parfaits auf, während sein Sohn Guillaume Dejean sich ihnen offenbar als Passeur zur Verfügung stellte.

Dejean konnte Belot nur die Auskunft geben, dass die Parfaits bereits aufgebrochen und über den Col de Marmare ins Sabarthès unterwegs seien. Daraufhin ging Belot zu dem jungen Benet zurück, und gemeinsam machten sie sich Richtung Südwesten auf den rund vier Kilometer langen Weg durch das Tal zum Col.

Als sie am höchsten Punkt des Pla del Angle angekommen waren, rief Belot in die Dunkelheit hinein, erhielt jedoch keine Antwort. Die beiden kletterten die Böschung zum Superius del Angle hinauf, was »über der Ecke« bedeutet und die Stelle bezeichnete, an der die D 613 in einer weit ausholenden Linkskurve den Anstieg auf den Chioula beginnt. (Farbabb. 20)

Belot rief noch einmal, aber ohne Erfolg. So bahnten sie sich ihren Weg zum Ausläufer des Coulobre hinauf. Dabei muss es sich um den

Kamm handeln, in dem der Coulobre und Marmare ineinander übergehen und der Weg nach Caussou hinunter beginnt. Hier rief Guillaume erneut zweimal in die Nacht hinein. Und beim zweiten Mal antwortete eine Stimme. Sie warteten.

Aus der Dunkelheit tauchten zwei Männer auf, die auf sie zukamen. Einer von ihnen war Guillaume Dejean. Der andere war groß und trug, auch wenn Belot und der junge Bernard dies in der Dunkelheit nicht erkennen konnten, einen braunen Umhang mit Kapuze und einen Filzhut (FR, f.88r). Es war Prades Tavernier.

Guillaume und Bernard knieten vor ihm nieder und empfingen seinen Segen nach dem Melioramentum. Dann bat Belot den Parfait, sie nach Montaillou zu begleiten, um den sterbenden Guillaume Guilabert zu trösten. Prades Tavernier erklärte sich dazu bereit, und so machten sich die vier auf den Rückweg nach Prades, wo der junge Dejean sich von ihnen trennte und nach Hause ging.

Es war etwa um Mitternacht (auch wenn Alazais und ihre Mutter sich später irrtümlich daran zu erinnern glaubten, es sei in der Morgendämmerung gewesen), als die drei auf dem Weg zum Haus der Guilaberts die Matte wieder durchquerten.

In Montaillou hatte sich unterdessen einiges zugetragen. Im Laufe des Tages hatte der im Sterben liegende Junge seine Schwester gebeten, bei ihrem Mann Arnaud ein gutes Wort dafür einzulegen, dass er sich überwinde und zu ihm komme, damit sie sich versöhnen könnten. Seit Alazais Mitgift im vorhergehenden Winter zurückgehalten worden war, hatte Arnaud Faure keinen Fuß mehr in das Elternhaus seiner Frau gesetzt. Das Zerwürfnis war möglicherweise noch dadurch zusätzlich verschärft worden, dass der junge Guillaume Guilabert als der einzig weitere »Mann« in der Familie zu seinem Vater gehalten hatte.

Als Arnaud an jenem Abend aus dem Wald zurückkam, erzählte seine Frau ihm von der tödlichen Erkrankung ihres Bruders. Dann bat sie ihn inständig, Frieden mit ihrem Bruder zu schließen. Er erklärte sich bereit, ihr nach dem Abendbrot in ihr Elternhaus zu folgen.

Als Arnaud ankam, saßen seine Frau und ihre Mutter in der Foghana, die mit Kerzen erleuchtet war, neben dem Feuer. In einem anderen Bett, das nicht weit von dem ihres Bruders entfernt stand, lag seine ältere Schwester Guillemette Cléments, die ein Baby im Arm hielt. Sie war krank und ins Haus ihrer Eltern gekommen, um hier wieder gesund zu werden.

Guillaume Guilaberts Kräfte schwanden inzwischen rapide. Er konnte nur noch undeutlich sprechen, war aber noch bei Bewusstsein, und er und Arnaud schlossen Frieden und verziehen einander alles. Als Arnaud sich anschickte, wieder nach Hause zu gehen, baten Alazais und Alamande ihn, noch zu warten, weil Guillaume Belot losgegangen sei, um »einen guten Christen« zu holen, der Guillaumes Seele retten werde. So blieb Arnaud.

Es gab noch einige andere, die in der Foghana auf die Ankunft des Parfaits warteten. Dazu gehörten Guillaume Authié (B) aus Montaillou, ein Schwager des sterbenden Jungen. Seine Frau Raymonde war von Bernard Belot vergewaltigt worden, und er empfand immer noch Verbitterung gegenüber den Belots. Des Weiteren anwesend waren Guillaume Fort, ein Onkel des jungen Guillaume, und seine Frau Sibylle.

Als Guillaumes Kräfte immer mehr nachließen, wurden seine Mutter und seine Schwester Alazais zunehmend besorgt, er könne vor der Ankunft des Parfaits sterben. Sie drängten Arnaud Faure und Guillaume Authié (B), in die Scheune zu gehen, um Ausschau zu halten, ob auf dem Bac, dem Berghang, der nach Prades hinunterführte, schon die Gruppe mit dem Parfait zu sehen war. Die beiden gehorchten, und von der Scheune aus sahen sie sie kommen.[88]

Die drei kamen durch die Scheune ins Haus, wo sie von Arnaud und Guillaume begrüßt und dann in die Foghana geführt wurden. An der »zweiten« Tür verließ, Arnaud Faure zufolge, Bernard Benet das Haus, ohne den Raum, in dem die Tröstung stattfinden sollte, betreten zu haben. Dies wurde von seiner Frau Alazais bestätigt. Allerdings behauptete Bernard selbst später fälschlicherweise, bei der Tröstung zugegen gewesen zu sein (siehe S. 461).

Als der Parfait die Foghana betrat und seinen Hut abnahm, bemerkte er Guillaume Authié (B) im Licht. Ob er ihn nicht erkannte oder ob er glaubte, vorsichtig bei jemandem sein zu müssen, der gegen die Katharer-freundlichen Belots prozessiert hatte, ist nicht klar. Jedenfalls rief er aus: »Warum ist der dort hier? Er soll gehen!« Alazais und

Alamande versicherten Prades, dass Authié (B) ein Freund sei und er nichts von ihm zu befürchten habe. Guillaume selbst antwortete dem Parfait: »Aber, mein Herr, ich brauche auch meinen Anteil am Göttlichen Guten.«

Prades näherte sich dem Bett von Guillaume Guilabert und rief ihn bei seinem Namen. Der Junge konnte jedoch nicht mehr sprechen. Sein Atem ging nur noch unregelmäßig, und sein Mund hatte sich mit Blut gefüllt. Trotz der Wiederbelebungsversuche, die sein Freund Guillaume Belot unternahm, konnte er Prades nicht mehr antworten. Er konnte ihm somit nicht mehr selbst aus freien Stücken erklären, dass er den Wunsch hatte, in den katharischen Glauben aufgenommen zu werden. Und so gab Prades den Anwesenden zu verstehen, dass es zu spät für eine Tröstung sei.

Guillaume Belot und Alazais flehten ihn jedoch an, ihn dennoch zu trösten, da der Junge, als er noch bei vollem Bewusstsein und klarem Verstand gewesen sei, den inständigen Wunsch geäußert habe, in den katharischen Glauben aufgenommen zu werden. Daraufhin ließ Prades sich erweichen.

Guillaume Belot fasste seinen Freund an den Schultern und setzte ihn aufrecht hin, während Prades ihm ein kleines Buch auf den Kopf legte. Nach mehreren Kniefällen stellte er sich dann an das Fußende des Bettes und tröstete Guillaume Guilabert.

Inmitten des Geschehens erschien die junge Tochter von Guillaume und Sibylle Fort, Esclarmonde, auf der Türschwelle und fragte nach ihrer Mutter. Sie wurde gebeten zu bleiben. In den späteren Äußerungen ihres Vaters stellte er sie als achtjähriges Mädchen dar, entgegen der Aussage von Alazais Faure, wonach sie bereits 13 Jahre alt war, was eher korrekt ist, da die Forts der Generation von Alamande angehörten und ältere Kinder gehabt haben dürften. Ihre Tante achtete bei ihrer Aussage jedoch darauf, das Alter des Mädchens als unter 14 anzugeben; denn mit 14 hätte sie sich durch ihre Anwesenheit in dieser Nacht der Häresie schuldig gemacht. Esclarmonde sollte später Raymond Clergue heiraten, der den wenig schmeichelhaften Spitznamen »Morrut« hatte, was »dicklippig« oder »mürrisch« heißt.

Als die Tröstung vorbei war, nahm Prades auf einer Bank neben dem Feuer Platz. Als Guillaume starb, wandte sich sein Freund Guillaume

Belot an seine verzweifelte Mutter und sagte ihr, ihr Sohn sei gerettet. Dann löste sich die Versammlung auf, und zurück blieben nur die trauernde Familie und der Parfait.

Guillaume Guilaberts kurze Reise auf dieser Erde war beendet. Sein Gesicht wurde mit Wasser besprengt und dann mit einem Tuch bedeckt, wie es im Pays d'Aillou Brauch war. Er wurde ordnungsgemäß auf dem Kirchhof von Notre-Dame-de-Carnesses beerdigt. Seine Überreste blieben dort bis zum Juli 1322, als seine Knochen auf Anordnung der Inquisition in Pamiers exhumiert und wegen Häresie verbrannt wurden. Der Kummer, der seiner Familie und denjenigen bevorstand, die ihm in der Stunde seiner Not beigestanden hatten, sollte im Frühjahr 1321 über sie hereinbrechen.

Kurz nach dem Tod ihres Sohnes unterhielt Alamande Guilabert sich gerade am Eingang ihres Hauses mit einer Nachbarin, als Guillemette Benet sie besuchen wollte. Guillemette sammelte Geschenke als Dank für die in Montaillou gespendeten Tröstungen und erklärte Alamande, dass es ein großes Werk der Nächstenliebe sei, wenn sie den »guten Christen«, die »die Freunde Gottes« seien, eine Gabe schicken würde. Die dankbare Alamande gab Guillemette zwei Stränge Wolle für die Parfaits, damit sie für die Seele ihres Sohnes beteten. Guillemette nahm die Wolle, steckte sie in die Brusttasche ihres langen Mantels und ging wieder.

Die Art von Alamandes Spende lässt darauf schließen, dass sie für Prades bestimmt war, der als ehemaliger Weber die Wolle nutzen konnte. Prades hielt sich wahrscheinlich an jenem Tag zusammen mit Guillaume Authié im Dorf auf, das dürfte der Grund gewesen sein, warum Guillemette an dem Tag bei Alamande erschien, um Dankesgaben zu sammeln. Im Unterschied zu Alamande war Guillemette Benet über die jeweiligen Aufenthaltsorte der Parfaits informiert.

Und das war in diesem Fall auch die Inquisition von Carcassonne. Am späten Morgen des Tages, an dem die vorgenannte Unterhaltung stattgefunden hatte, tauchte mit einem Mal ein von Pierre de Luzenac und dem Kastellan von Lordat angeführter Trupp auf, um in Montaillou eine Razzia durchzuführen. Der junge de Luzenac lebte zu dem Zeitpunkt vermutlich im nahe gelegenen Comus, da der Kaplan von

Comus im Winter 1308 der Inquisition in Carcassonne einen Rechtfertigungsbrief von ihm überbrachte. Von Comus aus war es relativ leicht, das Kommen und Gehen der Parfaits in Montaillou zu beobachten, zumal de Luzenac auch Informationen aus erster Hand bekam. Es muss die Verlockung von Bernard Guis Geld gewesen sein, die diesen nichtsnutzigen Spieler zum Verräter werden ließ, so wie es auch Guillaume Peyre aus Limoux dazu gebracht hatte, sich als Spitzel zu betätigen.

Das Erstaunliche an dieser Razzia ist, dass de Luzenac zuschlagen konnte, ohne dass Pierre Clergue vorher darüber informiert war. Dies lässt vermuten, dass der Befehl dazu nicht in Carcassonne erteilt wurde, weil die Clergues dann einen Tipp von den de Polignacs bekommen hätten. Die Durchsuchung war vermutlich durch die Aussage ausgelöst worden, die der Neffe von Pierre Authié, Géraud de Rodes, am 10. Mai 1308 vor den Vertretern d'Ablis' in Pamiers gemacht hatte (d'AR, ff.3v-4r). Ihm war herausgerutscht, dass Bernard Tavernier aus Prades und die Belots in Montaillou die Parfaits Prades Tavernier und Jacques Authié in ihrem Haus beherbergt hatten. Die Order für die Razzia muss kurz danach gegeben worden sein; unklar bleibt allerdings, wie es dazu kam, dass de Luzenac mit ihrer Leitung betraut wurde.

Es war nicht leicht, sich Montaillou unbemerkt zu nähern. Im Pays d'Aillou kannte jeder jeden oder war durch Heirat oder Liebesbeziehungen miteinander verwandt oder verbunden. Die Fremden, die an jenem Morgen durch die Landschaft zogen, waren entweder gesehen und sofort als Durchsuchungstrupp erkannt worden, oder irgendjemand hatte verraten, dass sie von Prades her im Anmarsch waren, denn dort waren bereits am früheren Morgen Verdächtige festgenommen worden.

Es blieb jedoch nicht mehr viel Zeit, als die Warnung die Parfaits im Haus der Belots erreichte. Der Passeur Arnaud Vital wurde alarmiert, und die beiden Parfaits zogen Verkleidungen über, die für den Notfall bereitgehalten wurden.

Es dürfte etwa elf Uhr morgens gewesen sein, als die Großmutter des Schäfers Jean Pélissier in ihrem Garten für das Mittagessen Kräuter holte. Dabei sah sie Arnaud Vital, gefolgt von Guillaume Authié und Prades Tavernier. Sie hatte beobachtet, dass Arnaud die Parfaits bei den Belots abgeholt hatte, aber nicht mitbekommen, dass er sie von dort in das Haus von Raymonde Belot-Lizier gebracht hatte, wahrscheinlich, weil es direkt oberhalb von A-la-Cot und damit günstig lag, um in die Berge zu fliehen.

Es ist anzunehmen, dass der Pfarrer dabei seine Hand im Spiel hatte, da berichtet wurde, dass er irgendwann zwei Parfaits bei den Belots abgeholt und ihnen zur Flucht über A-la-Cot hinunter verholfen hatte. Am selben Abend scheinen die Handlanger der Inquisition im Dorf das Haus von »Arnaud« Fort niedergebrannt zu haben (FR, f.152v).

Die drei eilten an der Hecke vor dem Garten der Pélissiers Richtung Comba del Gazel entlang, während die Inquisition die Häuser der Benets, Belots und Rives' durchsuchte. Sie wussten, wo der katharische Kern in Montaillou zu suchen war, sie hatten jedoch kein Glück. Und sie fanden auch keine schlüssigen Beweise für organisierte, subversive Aktivitäten, und der Geheimgang zwischen dem Haus der Rives' und dem der Benets sollte noch weitere vier Monate unentdeckt bleiben. Ebenso wenig weckte das gut ausgestattete Obergeschoss der Belots unnötigen Verdacht.

Pierre de Luzenac und sein Trupp verhafteten die Nachbarn Pons Rives (der von Pélissier fälschlicherweise Bernard genannt wurde) und Guillemette Benet, außerdem Bernard Julia, dessen Frau Rixende Julia bei Na Roche Totenwache gehalten hatte, sowie Guillemette Maurs, die Frau von Bernard Maurs, und Raymond Capelle. Seine Familie war traditionell gut katharisch, spielte jedoch bei der letzten katharischen Erneuerungsbewegung keine Rolle.

Bemerkenswert an diesen Verhaftungen ist, dass nur zwei bekannte Katharer, nämlich Guillemette Benet und Pons Rives, darunter waren. Guillemette Benet war unter den Verhafteten, weil Pierre de Luzenac natürlich wusste, dass sie die Tante von Guillaume Authiés Frau war. Die kleine Anzahl der Verhaftungen lässt jedoch darauf schließen, dass de Luzenac nicht über die tatsächliche Verbreitung der Häresie in Montaillou informiert war. Pierre Authié hatte ihm also nicht anvertraut, wer in Montaillou zu den Katharern gehörte und wer nicht. Die Verhafteten aus Montaillou wurden mit den Gefangenen aus Prades, zu denen Prades Taverniers Bruder Bernard gehörte, zunächst auf der Burg von Montaillou eingesperrt und schließlich nach Lordat gebracht.

Unterdessen war es Arnaud und den beiden Parfaits gelungen, an der Laviera vorbei und zur Comba del Gazel hinaufzulaufen, wo der 24-jährige Jean Pélissier, der keine Ahnung von den Ereignissen hatte, die sich in dem Augenblick im Dorf abspielten, gerade seine Schafe hütete. Er war nicht allein. Hier seine Worte, mit denen er die Situation 17 Jahre später schilderte:

»Es war ein Jahr vorher, aber ich kann mich in Wirklichkeit nicht genau daran erinnern, ob es im selben Jahr oder das Jahr zuvor war, als die Leute aus Montaillou auf den Befehl des Herrn Inquisitors aus Carcassonne [Geoffroy d'Ablis] verhaftet und in der Burg von Montaillou eingesperrt wurden; und ich bin mir auch nicht sicher, ob es im Sommer nach der Grasmahd oder im Frühjahr vor dem neuen Austreiben der Wiesen war. Es konnte entweder Frühjahr oder Sommer gewesen sein, als ich eines Morgens meine Schafe an einem Ort namens Comba del Gazel hütete, die zur Flur von Montaillou gehört.

Ich war auf einer Wiese, die Guillaume Fort und seinen Brüdern gehörte. Ich war linker Hand auf der Wiese, nahe beim Weg, der in die Berge von Montaillou führt. Ganz in meiner Nähe, rechter Hand von mir, jenseits des Weges, war Pierre Baille, der Sohn von Raymonde Baille aus Montaillou, der seine Schafe auf den Wiesen von Bernard Marty hütete, der den Spitznamen ›Cabre‹ hatte; und Jean Marty war ebenfalls dort, auf seiner Wiese, die neben der von Raymond Marty lag.

Es war fast Mittag. Als Pierre Baille, Jean Marty und ich unsere Schafe auf diesen Wiesen hüteten, kam, ein Stück von Montaillou entfernt, der inzwischen verstorbene Arnaud Vital, der einen blauen Umhang trug, mit einer Axt um den Hals den Weg entlang. Bei ihm waren zwei Fremde, die nicht aus Montaillou waren, und ich hatte sie weder vorher gesehen noch kannte ich sie. Über ihrer anderen Kleidung trug jeder von ihnen einen langen braunen Schäfermantel, der aus zwei Stoffteilen gemacht war, sodass an den Seiten ihre Kleidung zu sehen war. Ihre Gewänder oder die Kleidung, die sie darunter trugen, waren aus blauem oder grünem Stoff, und jeder trug eine Axt über der Schulter bei sich.

Diese drei Männer kamen auf mich und die anderen beiden zu. Als sie die Wiese der Belots erreicht hatten, verließen sie den Gemeindeweg und gelangten über eine Steinmauer auf die Wiese der Belots. Sie gingen über die Wiese und direkt auf die Wiese zu, wo Pierre Baille seine Schafe hütete. Arnaud Vital grüßte ihn, und Pierre grüßte Arnaud zurück. Dann kamen sie an Jean Marty vorbei, den sie auch grüßten, und er grüßte sie zurück.

Danach sah ich, wie Arnaud Vital und die beiden Fremden quer über die Wiesen bis zum Wald, der Comba fred heißt, marschierten und hineingingen. Arnaud Vital kam danach sofort wieder aus dem Wald heraus, er trug ein riesiges Reisigbündel auf den Schultern, das er mit seiner Axt abstützte. Er kam direkten Weges zu Pierre Baille und Jean Marty, während die Fremden im Wald blieben.

Und als er Pierre und Jean erreicht hatte, machte er ihnen in meiner Hörweite Vorhaltungen, dass sie ihre Schafe auf die frisch gesäten Felder laufen ließen. Er tat dies, weil Arnaud zu der Zeit der Flurhüter des Dorfes Montaillou war. Jean sagte daraufhin jedoch scherzhaft zu Arnaud: ›Und sind diese zwei Holzfäller aus Lavelanet? Sie sehen so aus.‹ Worauf Arnaud ihm antwortete, ja, sie seien aus Lavelanet. Sonst habe ich nichts gesehen und nichts mehr gehört von dem, was Pierre und Jean miteinander sprachen.

Als Arnaud verschwunden war, gingen Jean und Pierre, während sie ihre Schafe auf den Wiesen, die zwischen ihnen und der Comba fred lagen, grasen ließen, bis dort hin und blieben am Rand stehen. Dann ließen sie ihre Schafe auf den Wiesen direkt am Wald grasen, und ich sah, wie sie manchmal auch in den Wald hineingingen.

Ich weiß nicht, ob Pierre und Jean hineingingen, um mit den zwei Fremden zu sprechen, und sie haben es mir hinterher, soweit ich mich erinnere, auch nicht erzählt. Als Jean und Pierre dann jedoch an einem Wäldchen, das *la Peyra del Fug* genannt wird, vorbeigegangen waren, konnten sie jederzeit in den Wald hineingehen und wieder herauskommen, ohne dass ich sie von dort, wo ich stand, gesehen hätte. Jean und Pierre ließen ihre Schafe bis zum Abend jenes Tages dort am Wald grasen. Ich habe an dem Tag sonst niemanden mehr zu dem Wald gehen sehen.« (FR, f.241v)

Jean Pélissiers Richtungsangaben, wenn er von »rechts« und »links« sprach, waren aus seiner Perspektive innerhalb der Comba del Gazel, nach Montaillou blickend. Er stand ein Stück oberhalb der Laviera, und wenn er davon sprach, dass sie »quer über die Wiesen« gingen, so meinte er damit die Wiesen der Comba del Gazel, von seiner Position am Rand des Weges aus betrachtet, der in die Berge hinaufführte.[89] (Farbabb. 21 und Karte 1)

Der Grund, wieso seine beiden Schäferkollegen Pierre Baille und

Jean Marty so vertraut mit den beiden Fremden und ihrem Führer umgingen, war Jean Pélissier allemal klar, auch wenn er diese Information später vor der Inquisition zunächst zurückzuhalten versuchte. Pélissier wusste nur zu gut, dass Pierre Bailles Bruder Jacques mit Sibylle Baille verheiratet war, die die Nichte des Parfaits Prades Tavernier war. Prades war also in der Comba del Gazel dem Schwager seiner Nichte begegnet.

Die Familie Baille war gut katharisch und sollte dafür bald einen hohen Preis bezahlen.

Was den rätselhaften Wortwechsel über die »Holzfäller aus Lavelanet« anging, so kann es sich dabei um eine verschlüsselte Bezeichnung für Parfaits handeln, vielleicht weil Lavelanet so nahe bei Montségur liegt.

Jean Pélissier blieb noch bis zum Abend in der Comba del Gazel, ehe er ins Dorf zurückkehrte, wo er von seiner niedergeschlagenen und streng katharischen Großmutter die Neuigkeit von der Razzia zu hören bekam.[90] Früh am nächsten Morgen weidete Jean seine Herde oben auf dem Fontcanal, und als er Richtung der Laviera blickte, sah er Arnaud Vital in der Comba del Gazel. Arnaud kehrte wahrscheinlich von den Parfaits zurück, denen er Essen und die neuesten Nachrichten gebracht hatte. Demnach waren sie den ganzen Tag und die ganze Nacht in dem Wald geblieben, um auf die Nachricht zu warten, wie die Razzia verlaufen war. Es war für sie natürlich überaus wichtig zu wissen, wer verhaftet worden war, damit sie sich entsprechend vorsehen konnten.

Im Mai 1308 war die Gegenoffensive der katholischen Kirche bereits in vollem Gange. Die erste in den Inquisitionsprotokollen von Geoffroy d'Ablis erhalten gebliebene Aussage datiert vom 10. Mai 1308. Aber zweifellos hatte es auch schon vor Mai 1308 eine Reihe von Verhaftungen und Vernehmungen gegeben. Am 10. und 11. Mai 1308 hatte sich die Inquisition aus Carcassonne kurzzeitig im Kloster der Dominikaner in Pamiers niedergelassen, ehe sie vom 21. Mai 1308 bis 27. September 1309 ihren Sitz in Carcassonne einrichtete. Von den 51 Aussagen der d'Ablis-Akten sind nur 17 erhalten geblieben, und darunter ist keine aus Montaillou.

Um die Selbstzensur in den 17 erhalten gebliebenen Aussagen einschätzen zu können, sollten wir uns vor Augen halten, dass sie *vor* der Verhaftung der wichtigsten Parfaits und deren Anhänger gemacht wurden. Einige der Beschuldigten wurden mehrfach nach dem derzeitigen

Aufenthaltsort verschiedener Parfaits gefragt, wohl wissend, dass sich einige von ihnen vielleicht nur wenige Meter vom Inquisitor entfernt versteckt hielten, während dieser in Ax tagte. Vermutlich erwähnte Raymond Authié in seiner Aussage vom 12. Juni 1308 zum Beispiel Sibylle Baille deshalb nicht, weil sie sich zu diesem Zeitpunkt wahrscheinlich auf der Flucht befand und sich möglicherweise in Ax selbst versteckt hatte.

Im Unterschied zu den Fournier-Protokollen von 1320-1325 handelte es sich bei den Aussagen der d'Ablis-Akten um Vernehmungen zu aktuellen Ereignissen. Einige der Befragungen gingen der großen Razzia in Montaillou vom September 1308 voraus, während andere, wie die von Pierre de Luzenac, kurz danach durchgeführt wurden.

Bis hierher war es Pierre Clergue gelungen, jede genauere Untersuchung von seinem Kirchspiel abzuwenden. Diese Position war jetzt jedoch nicht mehr haltbar, zumal die Durchsuchung im Mai gezeigt hatte, dass der Kirche geheime Informationen über das Dorf vorlagen. Wenn die Clergues außerdem den Verdacht hatten, dass Pierre de Luzenac sie bewusst aufgrund von Gerüchten über ihre katharischen Sympathien umgangen hatte, dürften sie gewusst haben, dass nunmehr dringendes Handeln geboten war, um ihren rechten Glauben (in jedem Sinne des Wortes) zu beweisen.

So machten die Clergues nun die Notwendigkeit zu überleben zu einer Gelegenheit, zum großen Schlag gegen ihre Feinde auszuholen. Ihr erster Racheakt richtete sich zweifellos gegen de Luzenac, indem sie dafür sorgten, dass er selbst vor d'Ablis zitiert wurde, um Rede und Antwort über *seine* Verbindungen mit den Authiés zu stehen.

Mit einem nicht zu überbietenden Zynismus festigten sie ihre Position in den Monaten zwischen Mai und September 1308. Diese ländlichen *padroni* müssen gedacht haben, dass für die Dorfbewohner kein Handlungsspielraum zwischen ihnen und den de Polignacs blieb. Es war undenkbar, dass im Gefängnis der de Polignacs in Carcassonne jemand gegen die Clergues aussagte. Außerdem wurden die Freunde der Clergues beschützt, und von nun an sollten sogar die Belots und Rives' ihnen zu Dank verpflichtet sein. Hatte Pierre Clergue irgendwann mit seinem Freund Guillaume Authié über diese Strategie gesprochen, oder war sie nur innerhalb der »Familie« bekannt?

11. DIE MARTYS AUS JUNAC (1308-1310)

Nach einer waghalsigen Flucht aus den Fängen der Inquisition in Carcassonne, die Philippe d'Aylarac im September 1307 zusammen mit Guillaume Bélibaste gelungen war (siehe S. 349 f.), kehrte d'Aylarac aus der Sicherheit Kataloniens ins Sabarthès zurück und hielt sich im Oktober 1307 bei den Martys in Junac auf. Während dieser Zeit wurde er zweimal von Arnaud Piquier auf dem Marktplatz von Tarascon gesehen. Wenn man bedenkt, dass die Büros des älteren Arnaud Sicre zu diesem Platz hin lagen, ist es geradezu unbegreiflich, dass d'Aylarac sich dort sehen ließ, selbst wenn er in gewisser Weise unter dem Schutz von Bayard und anderen stand.

Im Januar oder Februar 1308 tröstete er Sibylle, die Schwester von Philippe de Larnat. Und in der Fastenzeit bis Ostern, dem 14. April 1308, wohnte er bei den Issaurats in Larnat.

Inzwischen war die Inquisition zum Angriff übergegangen. Und das Verzeichnis der Aussagen vor d'Ablis zeigt, dass die de Rodes, de

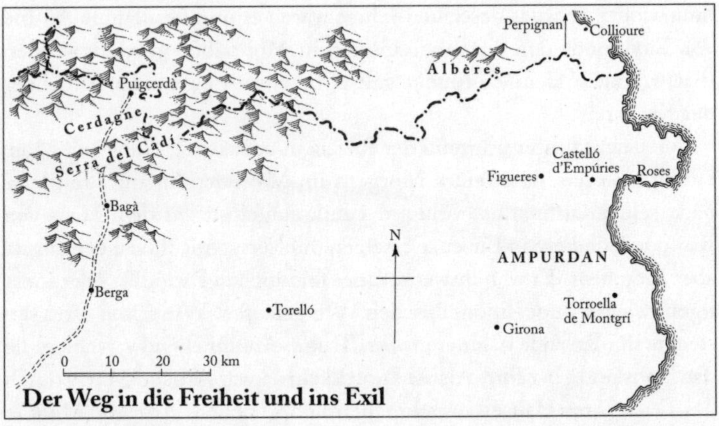

Der Weg in die Freiheit und ins Exil

Larnats, Issaurats und Piquiers ganz oben auf der Liste des Inquisitors standen. Nachdem ihre ehemaligen Kameraden auf der Anklagebank saßen und Namen von katharischen Mitgläubigen nannten, war es nur eine Frage der Zeit, bis die Martys vorgeladen wurden (d'AR, f.56r), insbesondere nachdem die de Junacs bereits zur Vernehmung herbeizitiert worden waren.

Im Jahr 1308 bestand die Familie aus dem Vater, Bernard de Junac (seine Frau Lombarde war möglicherweise bereits gestorben), vier Söhnen, Guillaume, Pierre, Gaillard und Jacques, und zwei Töchtern, Esclarmonde und Raymonde. Bernard de Junac war der Erste, der nach Carcassonne beordert und dort eine Woche lang vernommen wurde. Bei seiner Rückkehr erfuhr er, dass auch seine Söhne eine Vorladung erhalten hatten. Alle, außer Jacques, der sich wegen Krankheit entschuldigen ließ, in Wirklichkeit jedoch nur simulierte, kamen der Ladung nach. Der alte Kastellan sah, nach seinen eigenen Erfahrungen in Carcassonne, der Abreise seiner Söhne sehr beunruhigt entgegen. Als er seinen Sohn Guillaume zum Abschied küsste, versicherte dieser ihm, er werde in Carcassonne dort wohnen, wo auch sein Vater gewohnt hatte. Der alte Bernard wurde krank, wir wissen jedoch, dass er am Tag nach Pfingsten, dem 3. Juni 1308, noch am Leben war.

Es war etwa im Mai 1308, als Arnaud Marty aus Junac schließlich von Guillaume Authié ordiniert wurde, wobei die Zeremonie wahrscheinlich wiederum im Haus der Issaurats in Larnat stattfand. Ende Januar oder Februar desselben Jahres waren er und Guillaume Authié von Raymonde den Arsen zusammen in Montaillou gesehen worden (FR, f.74v); zu dem Zeitpunkt galt er bereits als glühender Anhänger der Katharer.

Vielleicht war er während der Razzia in oder in der Nähe von Montaillou gewesen, da er eines Morgens im Mai oder Anfang Juni, kurz nach seiner Ordination, völlig in Panik aufgelöst, vor dem Haus von Rixende Palharèse in Luzenac erschien. Sie versuchte, ihn zu beruhigen, aber vergebens. Er war entweder einer feindlichen Patrouille oder sonst irgendwie der Inquisition über den Weg gelaufen. Wie schon öfter versteckte ihn Rixende in einer großen Truhe. Anschließend verschloss sie das Haus und ging fort. Als sie zurückkehrte, war Arnaud Marty durch das Dach ihres Hauses ausgebrochen und geflohen. Arnauds Mission als Parfait hatte offenkundig einen schlimmen Anfang genommen. Und Rixende zufolge sah sie ihn ein Jahr lang nicht wieder.

Kurz vor Pfingsten 1308 (2. Juni) ergriffen Guillaume und Arnaud Marty die Flucht. Ihr Schwager Arnaud Piquier muss zu dem Zeitpunkt bereits seine Vorladung erhalten haben, da er am Donnerstag, dem 13. Juni 1308, in Carcassonne verhört wurde. Um ihre Flucht zu finanzieren, verkauften sie unter anderem 20 Äxte, eine große Menge Kohle aus der Schmiede und zwei Ochsen. Sie nahmen ein Maultier mit und machten sich Richtung Sautel, dem heutigen Plantaurel, auf den Weg, eine hügelige Landschaft mit üppigen Wäldchen, südlich von Pamiers und Mirepoix.

Hier blieben sie am ersten oder zweiten Tag ihrer Flucht, um das Wochenende vom 25./26. Mai, eine Nacht bei Freunden, die früher in Rabat gelebt hatten. Von hier aus zogen sie weiter nach Mirepoix und von dort aus nach Grenade in der Gegend von Toulouse. Hier beschlossen sie, sich zu trennen, um weniger verdächtig zu sein. So verkauften sie ihr Maultier sowie die Kleidung und das Werkzeug, das sie bei sich trugen. Guillaume setzte seinen Weg nach Castelnaudary fort, während Arnaud ins Sabarthès zurückkehrte.

Nicht lange nach ihren Brüdern floh Blanche Marty von zu Hause, um ihrem gewalttätigen Vater zu entkommen. Als Bernard Marty aus Rabat, wo er weiterhin für Guillaume-Arnaud de Castel arbeitete, nach Junac zurückkam, bat ihn sein reumütiger Vater, seine Schwester zu suchen und sie nach Hause zurückzubringen. Wenn sie sich weigerte, sollte Bernard ihr drei Schillinge von ihrem Vater für ihren Lebensunterhalt geben.

Einige Tage später, an Pfingsten, fand Bernard seine Schwester in der im Norden gelegenen Stadt Castelnaudary, wo sie bei einer Begine lebte. Blanche weigerte sich kategorisch, nach Junac zurückzugehen, und war auch zu stolz, um das Geld ihres Vaters anzunehmen; sie habe genug bei sich, sagte sie. Dann erklärte sie ihrem Bruder den besten Weg nach Mirepoix.

Am südlichen Stadtrand von Castelnaudary traf Bernard auf seinen Bruder Guillaume und erzählte ihm, dass ihre Schwester in der Stadt sei. Daraufhin kehrten beide dorthin zurück und suchten Blanche noch einmal auf, die ihnen ein Wirtshaus zeigte, das einem

Raymond Marty gehörte, möglicherweise ein Verwandter von ihnen. Hier teilten sie sich in jener Nacht ein Bett und sprachen über die jüngsten Widrigkeiten. Guillaume drängte Bernard, der hinsichtlich der Häresie nach außen eine weiße Weste hatte, nach Junac zurückzugehen und die Schmiede zu übernehmen, sofern Bernard de Junac damit einverstanden war.

Ehe Bernard nach Junac aufbrach, kündigten seine beiden Geschwister ihm an, innerhalb der nächsten acht Tage ebenfalls dort zu sein. Offenbar hatte Blanche doch nachgegeben. Nachdem er seinem Vater Bericht erstattet hatte und noch bevor Guillaume und Blanche in Junac eintrafen, machte Bernard sich auf den Weg nach Rabat, um dort nach seiner Herde von 20 Schafen und fünf Lämmern zu sehen. Völlig überrascht musste er feststellen, dass sein Bruder Arnaud in seiner Abwesenheit den gesamten Bestand verkauft und dafür insgesamt 19 Pfund eingestrichen hatte: zehn für die Schafe (sodass ein Schaf zehn Schillinge kostete), sechs für die Wolle und weitere drei für die Lämmer.

Wütend machte Bernard sich auf die Suche nach Arnaud. Bei Einbruch der Abenddämmerung fand er ihn zusammen mit seinem Schwager Arnaud Piquier auf einer Steinbank vor dessen Haus in Tarascon sitzend. Er stellte Arnaud wegen des Verkaufs zur Rede. Arnaud versuchte, ihn damit zu beschwichtigen, dass er dringend Geld gebraucht habe, und versprach, ihm alles so bald wie möglich zurückzuzahlen. Angesichts des großen Geldbetrages, um den es hier ging, sieht es ganz danach aus, als hätte er sich damit die Gunst irgendwelcher Offizieller erkaufen müssen. Und es sollte nicht lange dauern, bis ein weiterer Marty gezwungen sein würde, zum Mittel der Bestechung zu greifen.

Dass Arnaud Marty und Arnaud Piquier, genau wie d'Aylarac, sich hier so offen im direkten Blickfeld des streng katholischen Arnaud Sicre zeigten, ist kaum zu glauben, da der eine von ihnen bereits nach Carcassonne beordert worden und der andere ein Parfait auf der Flucht war. Es kann nur so gewesen sein, dass Sicre zu der Zeit abwesend und vielleicht in Carcassonne bei den Inquisitoren war. Für Marty hätte eine Gefangennahme den sicheren Tod bedeutet. Und Piquier hätte Jahre im Gefängnis fristen müssen, wenn er so offen mit einem bekannten Parfait gesehen worden wäre, zumal er bereits eine Vorladung erhalten hatte.

Als Bernard nach diesem Wortwechsel mit Arnaud nach Hause kam, saßen seine Schwestern Raymonde und Blanche zusammen in der Foghana ihres Hauses. Raymonde blieb die nächsten 18 Monate im Haus ihres Vaters, was vermuten lässt, dass Piquier nach seiner letzten protokollierten Aussage vom 23. Oktober 1308 verurteilt und inhaftiert wurde; denn dann wäre auch sein Haus in Tarascon gepfändet und Raymonde somit obdachlos geworden.

Zwei Tage später tauchte Guillaume auf, es gibt jedoch keinen Vermerk darüber, dass Arnaud ebenfalls nach Hause gekommen wäre. Er floh vielmehr ins Roussillon und von dort in die Grafschaft Ampurdan (siehe S. 294). Später kehrte er jedoch, wie verschiedene andere Parfaits, ins Sabarthès zurück, um hier trotz der Verfolgung seine Pflicht als Geistlicher zu erfüllen. Seine Mission sollte nur von kurzer Dauer sein.

In den darauf folgenden Monaten, bis weit in das Jahr 1309 hinein, arbeitete Bernard Marty überwiegend für einen Raymond Goutas in Varilhes. Vielleicht ist er dabei sogar der ehemaligen Kastellanin aus Montaillou begegnet, die dort lebte.

Während dieser Zeit wurden sein Vater, Blanche, Raymonde und Guillaume zu Voruntersuchungen nach Carcassonne geladen, wahrscheinlich im Laufe des Herbst 1308 oder Anfang 1309. Eines Nachts suchte sein Vater ihn auf, um ihn über seine Aussage zu informieren. Und um Ostern, das 1309 auf den 30. März fiel, tauchte Guillaume in Varilhes auf.

Er hatte sieben Wochen in Carcassonne in Haft gesessen und war nur vorübergehend freigelassen worden, damit er das Geld zur Begleichung seiner Schuld von 15 Pfund bei dem Gefängniswärter de Polignac auftreiben konnte. Dazu wollte er zwei Stück Land verkaufen, wofür er jedoch die Genehmigung seines Vaters und seines Bruders brauchte.[91] Nach dem Verkauf nahm Guillaume das Geld und floh. Einige Wochen später folgte ihm seine Schwester Blanche. Ist es denkbar, dass die Geschwister diesen Fluchtplan in der ersten Woche im Juni 1308 ausgeheckt hatten, als sie beide in Castelnaudary allein waren? Die Inquisition sollte weder sie noch ihn je fassen, und Guillaume ist womöglich erst 1323 in Katalonien gestorben.

Blanche und Raymonde Marty waren beide verhört und unter Auflagen freigelassen worden. Blanches Verhör bei Geoffroy d'Ablis ist von besonderem Interesse. Als sie vor ihm erschien, bekannte sie sich zu einigen kleineren häretischen Vergehen. Sie konnte schließlich schlecht behaupten, vom Katharismus überhaupt nichts zu wissen, wenn ihr Bruder ein Parfait war. Sie vermittelte jedoch geschickt den Eindruck, dass sie *orca*, das heißt schlicht und etwas langsam, war. Der Inquisitor hörte ihr wohlwollend zu, während sie ihr Geständnis ablegte. Sie gab sich unterwürfig vor ihm, warf sich vor ihm zu Boden und flehte um Gnade, während sie mit ihren Armen seine Beine umschlungen hielt. Er klopfte ihr mehrfach freundlich auf die Schulter und sagte ihr, sie brauche keine Angst zu haben, er werde ihr nichts tun. Dann ließ er sie gehen. »Ich hatte nicht einmal die Hälfte dessen, was ich getan hatte und von anderen wusste, gebeichtet«, bemerkte sie später (FR, f.131r).

Die Intimität der Szene, die körperliche Nähe zwischen Richter und Angeklagter, ist überraschend. Diese Episode lässt vermuten, dass d'Ablis ein freundlicherer und leichtgläubigerer Zeitgenosse als Fournier war. Er ließ sich von Blanches Darbietung täuschen, wodurch sie sich jedoch nicht dazu verleiten ließ, sich in einem falschen Gefühl der Sicherheit zu wiegen.

Im Frühjahr 1309 ergriff sie, wie bereits gesagt, die Flucht. Dabei wurde sie von einem »wohlhabenden Mann aus dem Sabarthès« finanziell unterstützt, bei dem es sich aller Wahrscheinlichkeit nach um einen de Junac gehandelt haben dürfte (FR, f.224r). Es bestehen kaum Zweifel daran, dass die de Junacs später auch Raymonde bei ihrem Aufbruch in die Freiheit unterstützten.

Blanches Geschichte über ihre Begegnung mit d'Ablis sollte in den nächsten Jahren eines der beliebtesten Histörchen sein, das die exilierten Katharer sich erzählten, wenn sie beisammensaßen. Eines späten Abends im Dezember 1320 erzählte sie es wieder einmal, und es rief bei den anwesenden Exilkatharern die übliche Belustigung hervor. Was keiner von ihnen ahnte: Unter den Zuhörern und Lachenden in dem kleinen Kreis saß diesmal jedoch ein Maulwurf der Inquisition.

Ehe Blanche das Sabarthès verließ, wollte sie sicherstellen, dass einige ihrer liebsten Habseligkeiten möglichst sicher aufbewahrt würden. Ihre beste Freundin in Junac war Mersende, die Frau von Pierre Ferrié und zuvor die Geliebte von Arnaud Marty und von Jacques de Junac. Blanche vertraute ihr nun ein Cape oder einen Umhang mit Kapuze, ein Bettlaken und ein Kissen an mit der Bitte, diese Dinge, wenn sie nicht zurückkommen solle, ihrem Patenkind Guillemette zu geben; sofern sie jedoch zurückkehre, wolle sie sie wieder abholen.

Nachdem Blanche und ihr Bruder im April 1309 geflohen waren, blieben ihr Vater und Raymonde allein in Junac zurück. Beide waren in Carcassonne glimpflich davongekommen und waren nicht einmal zum Tragen der gelben Kreuze verurteilt worden. Es muss für sie eine schlimme Zeit gewesen sein, zumal Raymondes Bruder Arnaud verhaftet und auf dem Scheiterhaufen verbrannt wurde.

Ende Dezember desselben Jahres oder Anfang Januar 1310 wurde der alte Marty krank. Er erholte sich wieder, starb jedoch plötzlich um Epiphanie. Raymonde war nicht zugegen, sie war es jedoch, die ihn – vermutlich in seinem Haus – fand. Ihrem Bruder Bernard zufolge glaubte sie, er sei erdrosselt worden, weil sich an seinem Hals unmittelbar nach seinem Tod Blutergüsse gebildet hätten. Sie habe gesagt, dass »die Arterie oder Luftröhre unter seinem Kinn gebrochen und eingedrückt war; und ich glaube, dass er von denen von der Burg erdrosselt wurde, um ihn davon abzuhalten preiszugeben, was er über ihre vergangenen häretischen Aktivitäten wusste« (FR, f.279v).

Bernard behauptete später, Raymondes Ansicht zu teilen. Anfang 1310 hatten die Verfolgungen jedoch wieder nachgelassen, da die meisten der letzten Parfaits aus dem Sabarthès tot waren und Pierre Authié gefangen genommen worden war. Die »Ermordung« des alten Marty war möglicherweise eine Erfindung Bernards, der, als er im Juli 1324 vor Fournier erschien, die de Junacs und insbesondere Jacques und Gauserande de Junac hasste. Sie hatten ihm deutlich zu verstehen gegeben, dass er in der Gegend von Junac nicht mehr erwünscht sei, da er sie durch seinen Verbleib alle gefährden könne. Dass seit der Ernennung des neuen Bischofs von Pamiers ein anderer Wind blies, durch den das glimmende Feuer der Inquisition wieder neu entfacht werden könnte, muss den de Junacs nur allzu bewusst gewesen sein.

Bernard hatte den de Junacs mit der kaum verhüllten Drohung geantwortet, er werde andere mit hinunterziehen, falls er vorgeladen würde. Vielleicht projizierte er die auf seine Drohung erwartete Reaktion der de Junacs auf den Tod seines Vaters und ließ deshalb in seinem Kopf das Mordszenario entstehen.

Dass der alte Marty eines unnatürlichen Todes starb, ist nicht ausgeschlossen, und es ist auch nicht unvorstellbar, dass es »die von der Burg« waren. Ebenso gut kann sein Tod jedoch auch durch eine spontane Schlägerei zwischen dem gewalttätigen Schmied und jemandem mit einem ebenso aufbrausenden Temperament verursacht worden sein. Vielleicht ist er auch an einem Schlaganfall oder an den Folgen der überwunden geglaubten Krankheit gestorben.

Der wichtigste Grund, hinsichtlich der »Ermordung« des alten Marty skeptisch zu sein, ist jedoch, dass Raymonde Marty während der ganzen Jahre in Katalonien mit ihren Freunden auf der Burg sehr eng verbunden blieb und diese ihre Treue ebenso erwiderten. Dies wissen wir aus einer nüchtern analysierenden, objektiven Quelle der Inquisition, von ihrem Spitzel Arnaud Sicre. Es spricht für die Tiefe der Bindung zwischen den de Junacs und Raymonde, dass sie sich noch elf Jahre, nachdem Raymonde Marty und Esclarmonde de Junac sich unter Tränen voneinander verabschiedet hatten, an die damals vereinbarten Absprachen hielten und damit einen kleinen, wenn auch nur symbolischen Sieg über den Verräter errangen (siehe S. 403ff.).

Allem Anschein nach haben die de Junacs treu zu ihren Freunden gestanden, selbst als diese 500 Kilometer entfernt, jenseits der Pyrenäen lebten. Es ist kaum vorstellbar, dass die gutmütige Raymonde den Mördern ihres Vaters weiterhin eine solche Herzlichkeit entgegengebracht hätte.

Nun, da ihr Vater von ihnen gegangen und Bernard bereit war, sich bei den katholischen Issaurats aus Larcat als Schäfer zu verdingen, die ihn offenbar wegen des Todes seines Bruders auf dem Scheiterhaufen verspottet hatten, beschloss Raymonde, ihrer Schwester und ihrem anderen Bruder ins Exil zu folgen. Sie mag ursprünglich vor den Strapazen der harten Wanderung zurückgeschreckt sein, weil sie unter Herzbeschwerden litt. Aber jetzt gab sie, genau wie ihre Schwester, ein paar Dinge, die ihr sehr teuer waren, bei Freunden in Verwahrung, die hier blieben. Bei Esclarmonde und ihrem Bruder Gaillard ließ sie ein neues Cape aus einem gestreiften Material zurück, außerdem ein reich verziertes Kleidungsstück und einen Schleier oder Seidenschal sowie einen Ring und offenbar einen Gürtel und eine Börse (FR, ff.128v, 274r). Es herrschte ein derartiges Klima des Misstrauens, dass sie vereinbarten, dass die de Junacs diese Dinge einem Fremden nur herausgeben würden, wenn dieser ihnen ein kleines Messer, das Raymonde besaß, vorzeigen konnte. Dieses *canivet* glich wahrscheinlich den kleinen Parma-Messern, die Pierre Clergue, Béatrice de Planisolles und Pierre de Luzenac von den Parfaits geschenkt bekommen hatten.

Andere Dinge, die ihr kostbar waren, wie ihr Bettzeug, Leinen, Kissen und Kissenbezüge und ihre Tischdecken, ließ sie bei ihrer Nachbarin in Tarascon, einer Frau namens La Gasc, bei der es sich wahrscheinlich um Rixende de l'Aire, die Frau des Notars Bérenger Gasc aus Tarascon, handelte. Dies war möglicherweise derselbe Gasc, der für Guillaume Gayard arbeitete und von Bernard, wenig freundlich, kurz als klein, fett und rotgesichtig beschrieben wurde.

Nachdem sie so ihre Angelegenheit geregelt hatte, brach Raymonde Anfang des Jahres 1310 auf und sollte nie wieder ins Languedoc zurückkehren. Sie wurde einige Zeit später in Alairac, rund 13 Kilometer südwestlich von Carcassonne, gesehen. Und Ende des Jahres 1313 oder Anfang 1314 erfuhr Bernard Marty von einem Pierre Gasc aus Junac, vermutlich einem Verwandten der Gascs aus Tarascon und Freund von Raymonde, dass dieser ihr und Blanche im Roussillon in Saint-Cyprien bei Elne, südöstlich von Perpignan und gut 16 Kilometer oberhalb von Collioure, dem heute berühmten Badeort an der Côte Vermeille, begegnet war. Die beiden Schwestern hatten Gasc von ihrer Absicht, nach Katalonien zu gehen, erzählt, ihn aber inständig um Geheimhaltung ihrer Pläne gebeten.

Sie nahmen dieselbe Route, die auch ihr Bruder Guillaume Marty, Guillaume und Bernard Bélibaste und Philippe d'Aylarac gewählt hatten. Anscheinend war Raymond Issaurat den beiden Frauen bei ihrer Reise nach Katalonien behilflich. Seine mehrfachen Anhörungen vor d'Ablis (die letzten protokollierten datieren vom 21. und 22. März 1309) dürften ihn kaum im Zweifel darüber gelassen haben, was ihn erwartete. Selbst wenn bei den Vernehmungen nur ein Bruchteil seiner Aktivitäten ans Tageslicht kam, war dies ausreichend, um ihn für immer hinter Schloss und Riegel zu bringen, wenn nicht gar Schlimmeres. Aus dem, was über die Wanderungen von Raymond Issaurat in Katalonien bekannt geworden ist, wird deutlich, dass er der wichtigste Passeur der katharischen Kirche in der Diaspora geworden war. Sein Bruder Pierre tauchte ebenfalls in Katalonien auf.

Die Gruppe überquerte die Albères-Berge und ging dann weiter Richtung Ampurdan, der Tiefebene zwischen Figueres und der Costa Brava. Die heutigen Ortsnamen wie »Castelló d'Empúries« an der Straße von Figueres nach Roses und »Empúria Brava« an der Küste erinnern an die mittelalterliche Grafschaft, die zwischen Katalonien und Mallorca lag. Heute gehört die Region zu der Provinz Girona.

Sie gingen bis nach Torroella de Montgrí, rund 30 Kilometer südöstlich von Figueres. Der Ort war eine Art Zwischenstation, von der aus die Exilkatharer sich in alle möglichen Gegenden Kataloniens verteilten. Zu verschiedenen Zeiten hielten sich auch die beiden Bélibastes, Guillaume und Arnaud Marty sowie Philippe d'Aylarac hier auf, wobei die beiden Letzteren später nach Okzitanien zurückkehrten und sich damit selbst opferten.

Wenn wir Raymonde und Blanche das nächste Mal begegnen, werden sie im tiefen Katalonien, im Haus der Servels, der Familie eines Schmieds aus Tarascon, leben, die die Martys wahrscheinlich als Mitglieder derselben Zunft kannten. Dies wird im Jahr 1312 sein, und Raymonde wird gegen alle Widrigkeiten ihr Glück an einem höchst unwahrscheinlichen Ort gefunden haben.

Auf den Winterweiden in Katalonien sollte die verfolgte katharische Kirche einen kurzen Altweibersommer genießen, bis ihr Licht schließlich auf einem Scheiterhaufen in der Corbières und den Verliesen der Festung Allemans ganz erlosch, die fünf Kilometer östlich von Pamiers stand und heute La-Tour-du-Crieu heißt. (Farbabb. 22)

Aber ehe wir ihren weiteren Weg in Katalonien verfolgen, ist es notwendig, noch einmal nach Montaillou zurückzukehren, da einige der schillerndsten Akteure unmittelbar infolge der Katastrophe, die jetzt über das Dorf hereinbrach, in Katalonien eintrafen.

12. DER TAG, AN DEM DIE VERFOLGER KAMEN (8. September 1308)

Sonntag, der 8. September 1308, war das Fest der Geburt der Jungfrau Maria, der wichtigste Festtag des Jahres in Montaillou. Es war davon auszugehen, dass die ganze Bevölkerung geschlossen die Messe in der Kirche Sainte-Marie besuchen würde. Konnte es eine bessere Gelegenheit für die Verhaftung des ganzen Dorfes geben?[92]

Diesmal überraschte der Stoßtrupp das Dorf ohne jede Vorwarnung, und das war nur möglich, wenn die Clergues bei der Koordinierung der Aktion mitgeholfen hatten. Die Tatsache, dass dabei keine Parfaits verhaftet wurden, ist ein weiterer Hinweis in diese Richtung.

Die bewaffneten Männer aus Carcassonne hatten das Dorf vermutlich in den frühen Morgenstunden umzingelt und Posten an den verschiedenen Ausfallwegen nach Ax, Prades, Gazel und Camurac aufgestellt. Der Ring, der um das Dorf herum gezogen wurde, muss

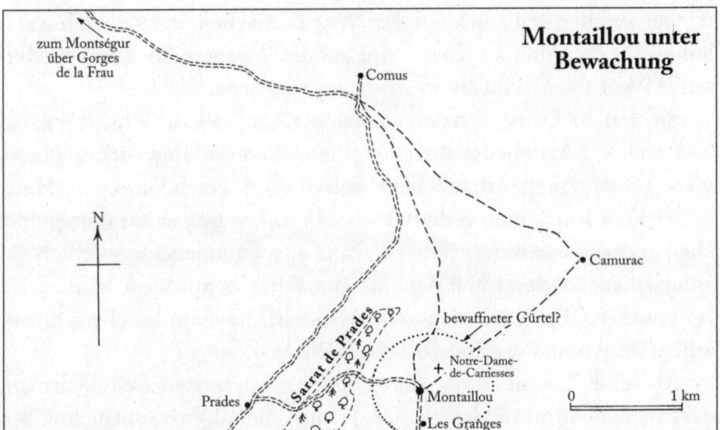

groß genug gewesen sein, um sowohl die Bewohner als auch Wachtiere völlig überrumpeln zu können.

Die Hypothese, dass die Durchsuchung früh am Morgen durchgeführt wurde, wird durch die Aussage von Guillemette Clergue (B) unterstützt, die von der spektakulären Flucht von Pierre Maurys Tante Mersende »am Morgen« sprach. *Wenn* die Bewohner von Montaillou mitten am Morgen während des Gottesdienstes überrascht worden wären, dann wäre diese Flucht nicht möglich gewesen. Stattdessen ließ die Inquisition das Dorf wahrscheinlich zunächst umzingeln und anschließend von Haus zu Haus die Bewohner herausholen. Aber nicht jeder wurde bei der ersten Durchsuchung gefasst. Bei einer Bevölkerung von über 250 Personen, die den Verfolgern nahezu vollständig unbekannt waren, war es eine schwierige Aufgabe, wirklich alle Bewohner zu verhaften.

Vielleicht war Mersende Maury gerade draußen, um ihre Tiere zu füttern oder zu melken, als die Bewaffneten kamen. Wir werden es nie wissen. Was wir hingegen wissen, ist, dass sie sich einen Laib Brot und eine Sichel auf den Kopf legte und ruhig aus dem Dorf hinausspazierte. Es gelang ihr, die Bewacher davon zu überzeugen, dass sie eine Wanderarbeiterin sei, die bei der Ernte geholfen habe. So ging Mersende der Freiheit entgegen und ließ, wenn auch nicht für immer, ihren Ehemann und eines ihrer beiden Kinder zurück. Es muss ihr schwer gefallen sein, sich auf den Weg zu machen, der sie nach Katalonien führte. Aber an jenem Morgen des 8. September brachte Mersende Maury der Inquisition eine schwere Niederlage bei.

Sie war nicht die Einzige aus Montaillou, der die Flucht gelang, und mehrere Mitglieder ihrer Familie sollten der Inquisition durchs Netz gehen. Auch Arnaud Belot verschwand. Nachdem er im Haus seiner Frau Raymonde verhaftet worden war, wurde er zusammen mit allen anderen zur Burg gebracht, wo er sich dann jedoch heimlich davonmachen konnte, ohne dass die Bewacher es zunächst bemerkten. Im Laufe des Tages erschienen sie wieder bei Raymondes Haus, um zu sehen, ob Arnaud dorthin zurückgekehrt war.

Als seine Frau hörte, dass er geflohen war, regte sie sich derart auf, dass sie den Anführer des Trupps, Jacques de Polignac, aufsuchte, der sich wahrscheinlich bei den Clergues aufhielt, dem Haus gleich neben

Raymondes. Sie ging zusammen mit ihrem Sohn Pierre zu ihm, und beide verbürgten sich persönlich dafür, dass ihr Mann sich freiwillig stellen würde. Später am selben Tag tauchte Arnaud wieder zu Hause auf, nachdem er sich in einem Wald versteckt hatte. Aber bis dahin waren die Inquisitoren schon wieder abgerückt.

Wie der Fall von Raymonde Belot-Lizier zeigt, wurde nicht jeder verhaftet. Der Befehl lautete nicht, wie Pierre Maury berichtete, alle Personen über 14 Jahren festzunehmen, sondern nur alle über 14-Jährigen, *die der Häresie verdächtig waren*. Woher wusste man in Carcassonne, auf wen das im Dorf zutraf, wenn nicht durch eine von Pierre Clergue gelieferte Liste? Vielleicht hatten er und seine Brüder die Männer bei den Durchsuchungen sogar begleitet.

So wussten die Männer, die die Verhaftungen durchführten, zum Beispiel sehr genau, dass Arnaud Belot Katharer war, seine Frau aber nicht, und Raymondes Sohn ließ man vermutlich gehen, weil er genau wie seine Mutter nicht katharisch oder noch keine 14 Jahre war. Desgleichen wurde Pierre Azéma nicht behelligt, obwohl er ein Feind der Clergues war, aber vielleicht zu dieser Zeit noch kein erklärter.

Guillaume Maurs zufolge wurde de Polignac bei der Aktion von dem älteren Arnaud Sicre und Guillaume Peyre unterstützt, der seit 1305 in Carcassonne inhaftiert gewesen war. Jetzt führte er im Haus seiner früheren Gastgeber eine Durchsuchung durch, ehe er triumphierend in aller Öffentlichkeit erklärte, dass er einen Geheimgang zwischen dem Haus der Rives' und dem der Benets entdeckt habe (FR, f.95v). Dabei wusste er wahrscheinlich durch seinen früheren Besuch im Haus längst, dass es ihn dort gab.

Im Laufe dieses dramatischen Tages wurden die Einwohner von Montaillou auf der Burg zusammengetrieben, wo die Inquisitoren offenbar eine improvisierte Anwesenheitskontrolle per Namensaufruf durchführten, vermutlich wiederum unterstützt durch die guten Dienste der Clergues. Gegen einige Beschuldigte wurde offensichtlich auf der Stelle bei dieser summarischen öffentlichen Vernehmung Anklage erhoben, die vermutlich große Ähnlichkeit mit der in Saint-Paul-de-Fenouillet hatte, bei der Pierre Maury befragt wurde (siehe S. 351). De Polignac leitete das Verhör offenbar mit Sicre an seiner Seite. Die Tatsache, dass Guillemette Benet von *ibi* (FR, f.99r) sprach, was »dort in Montaillou« heißt, als sie beschrieb, wo sie ihr Häresiegeständnis abgelegt hatte, lässt vermuten, dass einige Geständnisse an Ort und Stelle, in Anwesenheit der versammelten Dorfbewohner abgelegt wurden.

Die Zeit war jedoch kurz und die Zahl der Beschuldigten groß. Die meisten erhielten wahrscheinlich Termine, wann sie in Carcassonne zu erscheinen hatten, und damit war die Sache für die Inquisition im Augenblick erledigt. De Polignac scheint zu dem Zeitpunkt, als Arnaud Belot wieder zu Hause erschien, schon wieder nach Ax unterwegs gewesen zu sein. Daher mussten Belot und seine Frau Anfang November den weiten Weg nach Carcassonne zu einer Voruntersuchung auf sich nehmen.

Mit der Koordinierung der Vorladungen wurden »diejenigen aus dem Hause des Pfarrers von Montaillou und der Pfarrer selbst« betraut, die sich dieser Aufgabe mit einem gewissen Eifer hingaben (FR, f.75). Sofern die Menschen von Montaillou über ein derartiges Doppelspiel empört waren, dürften einige auch argumentiert haben, dass in dieser verzweifelten Situation die guten Beziehungen der Clergues zur Inquisition das Beste waren. Niemand konnte sie zwingen, Farbe zu bekennen, da ihre Verbindungen bis ins Gefängnis in Carcassonne hinein reichten, und niemand konnte mit Sicherheit sagen, ob de Polignac und Pierre Clergue eines Geistes waren oder nicht.

An jenem Abend des 8. September dürften die Clergues insgeheim gefeiert haben. Sie hatten eine scheinbar unabwendbare Niederlage in einen Sieg verwandelt. Und da der Vollzug der Konfiszierungen Bernard Clergue in seiner Eigenschaft als Bayle des Dorfes übertragen wurde, verbreiterte sich ihre ökonomische Machtbasis um ein Vielfaches. Sie sollten von Freunden wie Feinden gleichermaßen nehmen.

Es war nicht lange nach der Razzia, als Pierre Clergue seine einstige Geliebte Béatrice in ihrem Haus in Varilhes besuchte. Er war auf dem Weg zu einer Synode in Pamiers, die möglicherweise einberufen worden war, um die jüngste Entwicklung im Sabarthès zu besprechen.

Im Herbst 1308 war Béatrice erneut verwitwet und lag jetzt schwer krank zu Hause. Hatte Clergue durch einen gemeinsamen Bekannten davon gehört, oder schaute er rein zufällig vorbei, da Varilhes sowieso auf dem Weg nach Pamiers lag? Im Beisein ihrer ältesten Tochter Béatrice setzte er sich in ihrer Kammer auf ihr Bett. Sanft ihre Hand und ihren Arm streichelnd, fragte er sie, wie es ihr gehe, und sie antwortete ihm, dass sie sehr krank sei. Daraufhin wies Clergue ihre Tochter an, den Raum zu verlassen, da er, wie er sagte, allein mit ihrer Mutter sprechen müsse.

Als die junge Béatrice den Raum verlassen hatte, fragte Clergue seine ehemalige Geliebte, wie sie sich in ihrem Herzen fühle. »Schwach und ängstlich«, sagte sie, wegen ihrer früheren Gespräche, die sie bisher noch keinem Priester zu beichten gewagt habe. Clergue bedrängte sie, dies auch unter keinen Umständen zu tun, da nur Gott allein ihr vergeben könne und werde. Er versicherte ihr, dass sie bald wieder gesund sein würde, und versprach, sie bei seinen Reisen nach Pamiers zu besuchen, sodass sie weiter über ihre früheren Gespräche reden könnten.

Er erzählte ihr auch von den jüngsten Ereignissen in Montaillou und brüstete sich damit, die Inquisition zu benutzen, um auf die Bewohner von Montaillou Druck auszuüben. Sie war bestürzt und sagte: »Wie könnt Ihr jetzt die guten Christen und ihre Anhänger verfolgen, wenn Ihr ihnen vorher so wohl gesinnt wart?« Clergue erklärte, dass er sie weiterhin unterstütze, sich aber an seinen Feinden unter den »Bauern« von Montaillou rächen wolle, und zwar wo und wie er nur könne. »Meinen Frieden mit Gott werde ich später schließen«, meinte er zum Abschied. Béatrice überlebte ihre Krankheit und sollte eine neue Liebe finden, während Pierre sich nach Pamiers begab, bevor er nach Montaillou in sein Reich zurückkehrte.

Die greifbarste Verbindung zu dieser mittelalterlichen Geschichte, die bis heute erhalten geblieben ist, datiert zufällig aus dieser Zeit. Am 2. und 3. August sowie am 23. und 24. Oktober 1308 erschien Pierre de Gaillac vor d'Ablis. Er befand sich mindestens seit dem 25. Juli in Gewahrsam (d'AR, f.5r). Ein wesentlicher Teil seiner erhalten gebliebenen Aussage ist von ihm handschriftlich verfasst; es handelt sich um die *einzige* autografische Aussage, die in den d'Ablis-Akten zu finden ist.[93] Alle anderen Vernehmungsprotokolle, einschließlich der in der ersten Person verfassten Aussage von Pierre de Luzenac, wurden von Schreibern aufgenommen.

Es waren 690 Jahre und sechs Monate vergangen, als ich eines Morgens im April 1999 in der Rue de Richelieu in der Nationalbibliothek in Paris an einem Tisch im Lesesaal der Handschriftensammlung saß. Das MS 4269, besser als die Protokolle von Geoffroy d'Ablis bekannt, wurde mir gebracht, und ich war verblüfft über den bescheidenen Umfang im Vergleich zu den großformatigen Fournier-Akten. Aber die Unmittelbarkeit der schwungvollen Handschrift de Gaillacs macht jene in gewisser Hinsicht zu einem kostbareren Dokument.

Das Papier, das ich jetzt berührte, während ich vorsichtig in den Seiten blätterte, hatte einst blank vor diesem wichtigen Mitspieler in dieser Geschichte gelegen, der es zwölf Jahre nachdem er dies geschrieben hatte, gewagt hatte, mit den Clergues in Montaillou die Klingen zu kreuzen (siehe S. 346f., 537). Genau dieselbe Handschrift hatte einst die Akten von Pierre Authiés Schwiegersohn Arnaud Teisseyre in Lordat gefüllt. (Farbabb. 23) Und dieselbe Hand, die diese Zeilen schrieb, hatte die Hände der Authiés, die von Pierre de Luzenac und vielen anderen geschüttelt.

An dem Tag, an dem diese Seiten aus spanischem Papier des frühen 14. Jahrhunderts im Oktober 1308 mit Tinte bedeckt wurden, waren die drei Parfaits der Authié-Familie, Pierre und Bernard Clergue, Béatrice de Planisolles, Guillaume Bélibaste und Pierre Maury noch am Leben. Pierre de Gaillac hatte die Aussage, die er niedergeschrieben hatte, noch am selben Tag Geoffroy d'Ablis persönlich vorgelesen. Wenigstens konnte er seine Handschrift, die wesentlich schwieriger als jede andere Schrift in diesem Band zu entziffern ist, gut lesen.

Der Weg, den die Handschrift von Mittwoch, dem 23. Oktober 1308, im Haus der Inquisition in Carcassonne, bis Montag, dem 19. April 1999, in der Rue de Richelieu im Lesesaal der Handschriftensammlung zurückgelegt hatte, war sehr lang. Und ich ertappte mich dabei, dass ich darüber nachdachte, wo de Gaillacs Aussage oder irgendeine unserer heutigen Schriften sich im Oktober 2689 befinden könnten, wenn weitere 690 Jahre und sechs Monate vergangen sein würden. Was würden die dann lebenden Menschen wohl noch von der berühmten Bibliothek in der Rue de Richelieu wissen, und was würde dann von der Welt, die wir heute kennen, einschließlich London und Paris, noch übrig sein?

Es war für mich ein seltsam beruhigender Gedanke, dass die

Comba del Gazel und die Haute Montagne über Montaillou dann immer noch aussehen würden wie heute.

Als ich später an jenem Abend bei einem Kaffee in Les Deux Magots, nicht weit von meinem Hotel in Saint-Germain-des-Prés, saß, versuchte ich mir vorzustellen, wie de Gaillac *seinen* Abend damals in Carcassonne verbracht hatte, nachdem er diese Seiten geschrieben hatte. Nach einem solchen Geständnis gab es kein Entkommen mehr vor dem Gefängnis, und er wurde tatsächlich eingekerkert. Dies bedeutete aber nicht sein Ende, wie wir noch sehen werden.

Die seltsame Unberechenbarkeit, die Pierre Clergue nach der Razzia an den Tag legte, wird bei der Vorladung von Guillemette Benet Anfang des Jahres 1309 deutlich.

Guillemette war zu Hause, als Arnaud Clergue, der uneheliche Sohn von Guillaume Clergue und Neffe des Pfarrers, sie aufsuchte. Der Pfarrer hatte ihn geschickt, um sie bezüglich ihrer Vorladung nach Carcassonne vorzuwarnen. Durch seinen Neffen ließ Pierre Clergue ihr ausrichten, wenn sie nach Carcassonne ginge, würde sie mit Sicherheit ins Gefängnis kommen. Deshalb riet er ihr, am folgenden Morgen, wenn die Vorladung unter Zeugen zugestellt werde, im Bett zu liegen. Sie solle sagen, sie sei von einer Leiter gefallen und habe sich zahlreiche Brüche zugezogen; auf diese Weise könne er sie legal entschuldigen.

Sie befolgte seinen Rat und entkam damit offenbar bis 1321 dem Gefängnis. Clergue schützte sie wahrscheinlich, um sie dafür zu belohnen, dass sie nach ihrer früheren Verhaftung im Mai sein Geheimnis bewahrt hatte. Er hatte sie damals, als sie in Carcassonne inhaftiert war, besucht und bedrängt, ihn und seine Familie nicht mit hineinzuziehen, sondern nur einige Vergehen, die sie selbst begangen habe, zu gestehen. Wenn sie sich daran halte, werde er alles daransetzen, sie wieder frei zu bekommen.

Dieses Versprechen hat er gehalten, denn Guillemette Benet war im September 1308 wieder in Montaillou; sie hatte d'Ablis nichts von den häretischen Umtrieben der Clergues erzählt. Doch während der Pfarrer Guillemette beschützte, beschlagnahmte sein Bruder Felder oder Wiesen, die ihrer Familie gehörten, vor allem in der Gegend von

Des Molis. Da *molis* Mühlen bedeutet, lagen diese Felder wahrscheinlich auf einer Flur, die heute noch Coume du Moulin genannt wird und im Osten von Montaillou auf dem Weg nach Camurac liegt. Nun waren die Benets verarmt und dezimiert, und mit der verwitweten Guillemette ging es bergab. Jahre später sollte sie Alazais Faure erzählen, dass sie bereits alles verloren hatte, lange bevor sie in Pamiers ins Gefängnis kam.

Es war nach dem 8. September 1308 und *vor* dem Tod von Pons Clergue, als zwischen Pierre Clergue und Guillaume Maurs ein offener Krieg ausbrach. Keine Familie in Montaillou hatte so viel durch Pierre Clergue erlitten wie die Maurs', und drei von ihnen, Guillaume, sein Bruder und sein Vater, die beide Pierre hießen, waren unmittelbar nach der September-Razzia in Carcassonne festgesetzt worden. Guillaume wurde als Erster wieder aus der Haft entlassen; wir wissen zwar nicht genau, wie lange er inhaftiert war, wie bei Guillaume Marty dürften es jedoch bis zu sieben Wochen gewesen sein.[94]

Guillaume war entschlossen, seinen Bruder und seinen Vater wieder frei zu bekommen. Er erkaufte sich die Hilfe von zwei Taugenichtsen aus dem Aude, einem Flurhüter und einem »Notar« (in Wirklichkeit ein Gauner) aus Limoux, der behauptete, er könne Vater und Bruder selbst dann aus dem Gefängnis bekommen, wenn sie Parfaits wären, solange nur das Honorar stimme.

Guillaume begab sich mit den beiden in den Vorort von Carcassonne. Sie quartierten sich in einem Haus bei der Brücke ein, vermutlich um möglichst nahe am Palast und den Gefängnissen der Inquisition zu sein. Um das notwendige Geld aufzutreiben, hatte Guillaume Maurs 36 Schafe verkauft, was ihm rund 20 Pfund eingebracht haben dürfte. Er hatte sich zu dem Glauben verleiten lassen, dass eine solche Summe genügen würde, um die Beamten in Carcassonne zu bestechen und auch seine beiden Kumpane zu bezahlen.

Aber wie korrupt die de Polignacs auch waren, Guillaume Maurs' Silber stieß bei ihnen auf taube Ohren, höchstwahrscheinlich weil ihnen die Clergues Informationen und Weisungen zu den Maurs' gegeben hatten. Viele Jahre später sollte Bernard Clergue triumphierend kundtun, welche Macht er in den Gefängnissen von Carcassonne gehabt hatte.

Guillaume Maurs und seine beiden angeheuerten Handlanger fingierten nun eine Vorladung der Inquisition für Pierre Clergue und stifteten zwei Beamte des Königs von Frankreich dazu an, sie zuzustellen. Gleichzeitig ließen sie zwei Einwohnern aus Prades, Pierre Dejean und Prades Ayméric, fingierte Vorladungen zustellen, die sich früheren Ladungen angeblich widersetzt und die zustellenden Beamten des Königs schlimm zusammengeschlagen hatten. Guillaume Maurs hatte die naive Hoffnung, wenn Pierre Clergue nach Carcassonne gebracht würde, dann würde der Inquisitor ihn entlarven und seine absolute Gewalt über Montaillou brechen. Er versuchte Prades Ayméric hineinzuziehen, weil dessen Sohn mit Mengarde, der unehelichen Tochter von Bernard Clergue, verheiratet war, sodass der Name Clergue durch sein Erscheinen vor dem Inquisitor erneut Schaden erleiden würde.

Als die beiden Beamten in Montaillou mit den fiktiven Ladungen erschienen, ließ Pierre Clergue sie umgehend verhaften. Ihnen war bei der Fälschung ein törichtes Missgeschick unterlaufen, da sie das Siegel der Inquisition auf der Vorladung an die falsche Stelle gesetzt hatten.

Guillaume Maurs stand am Rande des Ruins, als er im tiefen Winter, vielleicht im Januar oder Februar 1309, nach Montaillou zurückkehrte. Hier erfuhr er nun von der Verhaftung der beiden korrupten Beamten und dass erneut ein Haftbefehl gegen ihn erlassen worden war. Einige Zeit später fand er sich dann plötzlich von Angesicht zu Angesicht Pierre Clergue und dessen Vater Pons gegenüber.

Dieses unbeabsichtigte Zusammentreffen fand auf dem Paret del Colel in der Nähe des Dorfplatzes statt. Guillaume Maurs machte dem Pfarrer Vorhaltungen wegen seines rachsüchtigen Verhaltens gegenüber seiner Familie, worauf Clergue ihm erwiderte, er werde dafür sorgen, dass alle Maurs' »im Kerker« in Carcassonne »verrotten« würden, sodass sie in Montaillou niemandem mehr Probleme bereiten konnten. »Ich werde dieses Land verlassen«, gab Guillaume zurück, »aber erst werde ich mich noch an Euch rächen. Ihr solltet besser auf mich und meine Verbündeten aufpassen. Wenn ich kann, werde ich es versuchen und Euch umbringen. Entweder Ihr oder ich.« Als Pons, der Vater des Pfarrers, dies hörte, warf er ein: »So, denkt Ihr, Ihr könntet es mit der Kirche und dem König von Frankreich aufnehmen?« Guillaume Maurs entgegnete, dass er nicht den Wunsch habe, gegen einen der beiden zu kämpfen, sondern dass er sich nur für das Böse rächen wollte, das ihm zugefügt worden sei (FR, f.152r).

Nach dieser Bemerkung trennten sie sich. Und von da an war Guillaume Maurs auf der Flucht, denn er wusste, dass Pierre Clergue nach einer derart offenen Kriegserklärung alles in seiner Macht Stehende tun würde, um ihn zu vernichten. Guillaume, sein Bruder Raymond und ein gewisser Jean Benet, der ebenfalls in den Untergrund gegangen war, begaben sich sodann nach Ax zu Jean Benets Schwager Julia, der wahrscheinlich ein Verwandter von Bernard Julia aus Montaillou war. Hier schworen sie, bei Brot und Wein, einen rituellen Eid, Pierre Clergue umzubringen und sich gegenseitig bei allem zu unterstützen, das dazu diente, diese Aufgabe zu erfüllen (FR, f.152).

Über einen Zeitraum von vier oder fünf Wochen schlichen sie dem Pfarrer von Montaillou hinterher, ohne dass sich irgendeine Gelegenheit bot, ihn zu töten. Dann gelang es Guillaume Mathieu in Ax, Raymond Maurs davon zu überzeugen, dass der Einfluss der Clergues bei der Kirche und dem Grafen Foix zu ihrer Verhaftung und Vernichtung führen werde. Sie sollten sehen, dass sie über die Grenzen Frankreichs hinauskämen. Ironischerweise sollte es Guillaume Mathieu sein, der schließlich dabei helfen sollte, Guillaume Maurs zu verhaften, nachdem er von Fournier »umgedreht« worden war.

Pierre Clergue verlor keine Zeit, gegen die Maurs' zum Schlag auszuholen, indem er während der Messe in Montaillou Guillaume öffentlich als Häretiker ächtete. Guillaume Maurs verließ das Sabarthès, um nach Puigcerdà zu gehen. Er nährte aber weiterhin seinen Hass auf den Pfarrer, bis er zehn Jahre später einen weiteren Anschlag auf dessen Leben plante (siehe S. 389 ff.). Er erreichte im Frühjahr 1309 schließlich das Gebiet des Königreiches Mallorca, wo er im Herbst Pierre Maury begegnete, als dieser von den Sommerweiden herunter kam und seine Herde in den Süden trieb.

*

In der Zwischenzeit mussten auch die Clergues die Wechselfälle des Lebens erdulden. Ende 1308 oder Anfang 1309 starb Pons Clergue, der Vater des Pfarrers. Die Protokolle schweigen sich darüber aus, ob er getröstet wurde oder nicht, möglich ist es jedoch, da Guillaume Authié noch immer auf freiem Fuß war und vielleicht sogar von den Clergues beherbergt wurde.

Bevor Pons Clergue in ein Leichentuch gehüllt wurde, wurde sein Gesicht mit Wasser besprengt. Dann wurde er in der Foghana aufgebahrt; eine große Menschenschar kam aus dem Pays d'Aillou, um ihm die letzte Ehre zu erweisen. Ihre Reverenz glich den Ehrbezeugungen, die später toten Mafia-Paten von ihren verschiedenen *Clientes* erwiesen werden sollten; selbst die Beerdigung von »Don Clergue« war ein Ritual der Macht.

Auf Anweisung seiner Witwe Mengarde und im Beisein von Pierre Clergue (Alazais Azéma ließ dieses Detail später aus, weil sie ihn decken wollte, siehe Seite 454f.) verschlossen Brune Pourcel und Alazais Azéma sodann die Foghana, ehe sie dem Toten an der Stirn Haare abschnitten und an den Fingern und Füßen die Nägel schnitten. Dieses Ritual sollte gewährleisten, dass das Glück dem Hause von Pons Clergue weiterhin hold war. Die Haare und Nägel wurden dann der Magd des Hauses, einer Guillemette, übergeben, während Brune draußen in einem anderen Raum nach einem Faden suchte, um das Hemd um den Leichnam festzunähen.

Mengarde Clergue überlebte ihren Mann nicht lange. Sie muss jedoch Anfang 1309 körperlich noch in so guter Verfassung gewesen sein, Alazais Rives versprechen zu können, sie werde sich um ihre Tochter Guillemette und ihre vielen kleinen Kinder kümmern, als Alazais nach Carcassonne vorgeladen wurde. In der patriarchalischen Kultur Montaillous zog Mengardes Tod nicht die Menschenmassen an, die beim Tod ihres Mannes herbeigeströmt waren, um ihm die letzte Ehre zu erweisen. Pierre Clergue erwies seiner Mutter jedoch besonderen Respekt, indem er sie im Innern der Kirche Notre-Dame-de-Carnesses nahe dem Altar begrub. Dies war selbst für seine Maßstäbe ein Akt des Hochmuts, der im Dorf Bestürzung hervorrief.

Alazais Azéma wohnte zusammen mit Guillemette Belot, Alazais Rives und anderen der Beisetzung bei. Auf dem Rückweg von der Beerdigung unterhielten sie sich über die Tote. Während jemand meinte, sie habe eine schlechte Brut hervorgebracht, lobten die anderen sie für die vielen guten Taten, die sie den Parfaits erwiesen habe. Als Pierre Maury mehrere Jahre später von der Beisetzung in Notre-Dame-de-Carnesses hörte, war die Geschichte bereits ein berühmt-berüchtigter örtlicher Skandal, nicht zuletzt, weil Mengarde mit ziemlicher Sicherheit trotz aller Maßnahmen zur Unterdrückung der katharischen Kirche getröstet worden war.

Im Laufe der Jahrhunderte wurde Notre-Dame-de-Carnesses umgestaltet, und die Spuren davon sind im Mauerwerk dieser verehrten kleinen Kirche zu sehen. Die Mauern wurden offenbar höher gezogen, aber die wichtigsten Merkmale wie die schmale Eingangstür, das Mittelschiff und die Apsis sind noch dieselben wie Anfang des 14. Jahrhunderts. (Farbabb. 24)

Es sind keine Dokumente erhalten geblieben, aus denen hervorginge, dass die Mutter des Pfarrers jemals als Häretikerin exhumiert worden wäre, und das wurde sie wahrscheinlich auch nicht, weil es bei einer Tröstung im Haus der Clergues außer den Clergues keine Zeugen gegeben haben dürfte. Pierre Clergues Aussageprotokoll, sofern es überhaupt eines gab, ist zwar nicht erhalten geblieben, wohl aber das seines Bruders, und es zeigt, dass Bernard Clergue weder nach der Tröstung seiner Mutter noch seines Vaters gefragt wurde; und dies trotz der Tatsache, dass er seine Aussage unmittelbar *nach* Alazais Azéma machte, die Mengardes Beerdigung erstmals erwähnte, sodass es zu erwarten gewesen wäre, dass dadurch entsprechende Fragen aufgeworfen wurden. Demnach ist davon auszugehen, dass die Überreste von Mengarde Clergue heute noch immer in der Apsis von Carnesses ruhen.

Als 1759 das Grab von Fourniers päpstlichem Vorgänger in Avignon, Johannes XXII. (gestorben 1334), geöffnet wurde, fand man den winzig kleinen 85-jährigen Pontifex in weiße Seide gekleidet mit einzeln verteilten roten Quasten darauf; Weiß war die Farbe der Unschuld Christi, und Rot stand für sein Märtyrertum. Nach 425 Jahren trug er immer noch eine Tiara und einen Ring. In ihrem in Fels gehauenen Grab unter der Kirche von Montaillou könnte Mengarde Clergue, die eine jüngere Zeitgenossin von Johannes XXII. war, vielleicht noch ähnlich gut erhalten sein. Der Gedanke, den Überresten der Mutter des berüchtigten Pfarrers von Montaillou so nahe zu sein, berührt den heutigen Besucher unangenehm, wenn er am Altar in der Kirche Notre-Dame-de-Carnesses steht. Und in derselben Apsis, in der er zehn Jahre später seine Mutter begrub, hatte Pierre Clergue sich an die Kastellanin herangemacht.

Pierre und Bernard Clergue waren jetzt die Oberhäupter und Nachfolger der »Familie« Clergue. Irgendwann im Laufe des Jahres 1309 reiste Bernard Clergue nach Carcassonne, um seine Schwiegermutter zu retten, die im Gefängnis der Inquisition krank geworden war. Er verbürgte sich für sie und brachte sie auf einem Maultier nach Hause.

Der Stern der Clergues leuchtete weiterhin hell in Carcassonne. Obwohl Bernards Verbindungen zur Häresie von mehreren Zeugen zur Sprache gebracht worden waren, zog er sich mit der wohl überlegten Geschichte seiner großen Liebe zu Raymonde Belot aus der Affäre. Clergues Geschichte war überzeugend in einer Kultur, die im vorhergehenden Jahrhundert die erlesene Liebeslyrik der Troubadoure hervorgebracht hatte, während Simon de Montfort gleichzeitig schlimmste Verwüstungen und größtes Blutvergießen anrichtete. Wir dürfen jedoch sicher sein, dass das Geld der Clergues eine eloquentere Sprache zu Bernards Verteidigung sprach als seine gewundenen Worte.

Niemand kann die katharische Aufrichtigkeit von Bernard Clergue ernsthaft bezweifeln, da er den ganzen Weg bis nach Carcassonne auf sich nahm, um Guillemette Belot nach Montaillou zurückzubringen, damit sie dort von Guillaume Authié getröstet werden konnte (FR, ff.98v, 99r). Dieser dürfte einer der letzten Parfaits gewesen sein, der noch auf freiem Fuß war. Als der Pfarrer aus dem nahe gelegenen Camurac, der vermutlich für den abwesenden Pierre Clergue einsprang, das Haus der Belots betrat, um der sterbenden Frau die Kommunion zu bringen, rief sie angeblich aus: »Heilige Maria, heilige Maria, der Teufel kommt.«

Am Abend des Tages, an dem die Familienmutter starb, kam ihre ehemalige Magd und Mutter zweier ihrer unehelichen Enkelkinder, Vuissane Testanière-Marty, von A-la-Cot nach Montaillou hinauf.

Sie hatte im Wald gearbeitet. An der Kreuzung Capanal den Belot begegnete sie Guillemette, der Frau von Pierre Azéma. Inzwischen war Vuissane kaum noch mit den Belots befreundet, und Guillemette Azéma war seit langem mit ihnen verfeindet. Aber angesichts der anhaltenden und sogar noch wachsenden Macht der Clergues im Dorf war es notwendig, Feindseligkeiten im Zaum zu halten, wenn es um ein Mitglied ihrer Familie ging. Das Schicksal von Mengarde Maurs und Arnaud Lizier war nicht vergessen.

Als Vuissane und Guillemette Alazais Azéma und Guillemette Benet draußen vor der Tür von Alazais Haus stehen und miteinander flüstern sahen, erkundigten sie sich nach Guillemette Belot. Guillemette Benet zögerte mit ihrer Antwort. Sie sei schwach und auf dem Wege der Besserung, aber es sei nicht sicher, ob sich ihr Zustand nachhaltig bessere, da sie sehr schwach sei.

Als die beiden Frauen weitergingen, hörten sie, wie die beiden Katharerinnen darüber sprachen, dass Guillemette Belot die Endura begonnen habe. Um sie zu provozieren, sagte Guillemette Azéma laut: »Wenn sie so schwach und dem Tod so nahe ist, weshalb hören wir ihre Töchter nicht um sie weinen?« Guillemette Benet ging offenbar in die Falle, denn sie flüsterte Alazais Azéma zu: »Die beiden sind ganz schön dumm. Warum sollte jemand Guillemette Belot beweinen, die alles erhalten hat, was sie brauchte, weil ihr Schwiegersohn dafür gesorgt hat, dass sie nichts wollte.« Guillemette Azéma antwortete darauf, indem sie lauthals lachte und zu Vuissane sagte, diese »schlechten Leute« hätten dafür gesorgt, dass Guillemette getröstet wurde, deshalb das heimliche Geflüster der beiden Frauen (FR, f.95v).

Vuissane und Guillemette waren kaum im Haus von Pierre Azéma angelangt, als die Totenglocken für Guillemette Belot geläutet wurden. Ihr Leichnam wurde sofort aus dem Haus gebracht und beerdigt.

Zwischen den vier Frauen, unter denen zwei Azéma-Schwägerinnen waren, herrschte offene Gehässigkeit. Der Wunsch von Pierre Azémas Frau, laut und öffentlich über die Tröstung von Guillemette Belot zu sprechen, spiegelt vielleicht die wachsende Enttäuschung unter den orthodoxen Katholiken des Dorfes wider. Seit der großen Razzia war noch nicht einmal ein Jahr vergangen, und die Katharer trösteten immer noch.

13. ENDSPIEL UND NEUBEGINN (1309-1316)

Anfang des Jahres 1309 wurde Jacques Authié verhaftet, und am 3. März 1309 sprach der Ankläger des Grafen von Foix von seiner bevorstehenden Hinrichtung (Devic u.a., 1872-1905, 10, S. 484-489). War die Verhaftung seines Neffen der Grund, warum Guillaume Authié seinen Bruder Pierre in der ersten Woche der Fastenzeit in der Gegend von Toulouse aufsuchte? Versuchte er, die Bewegung in dieser äußersten Krisenzeit zu retten?

Pierre Authié lebte damals an seinem vorletzten Zufluchtsort in Verlhac-sur-Tescou, nur gut 30 Kilometer nordöstlich von Toulouse, wo Bernard Gui am Sonntag, dem 10. August 1309, alle »Soldaten Christi« im Languedoc aufrief, Pierre Authié, Pierre Sans und Sanche Mercadier gefangen zu nehmen, wofür er ihnen »ewigen« Lohn *und* zeitliche Güter versprach.

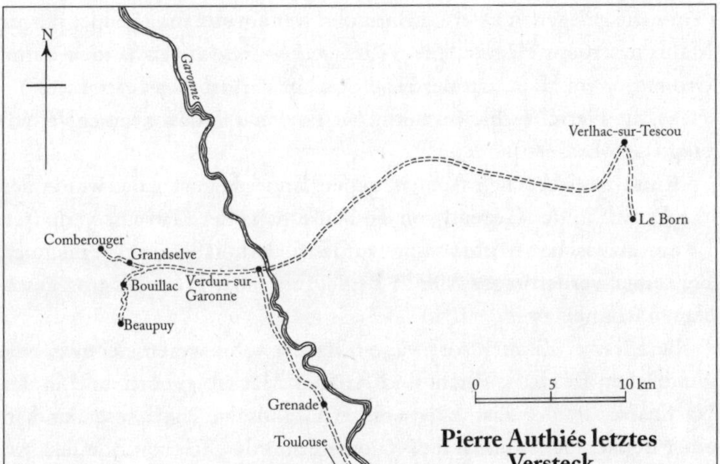

Pierre Authiés letztes Versteck

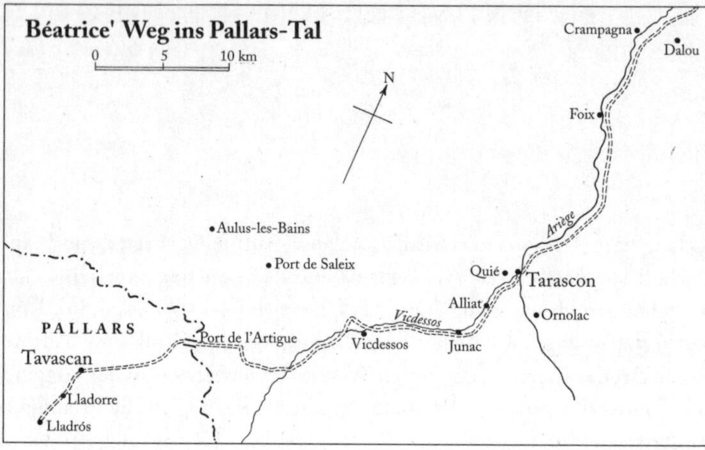

Bei den Letztgenannten handelte es sich um Parfaits, die Pierre Authié ordiniert hatte. Pierre Sans, ein Mann mittleren Alters, kam aus Verfeil. In den Tagen des Exils in der Lombardei und nach seiner Rückkehr war er ein treuer Bote des alten Parfaits gewesen und um Allerheiligen 1306 im Hause von Raymond Durand aus Beauvais-sur-Tescou ordiniert worden (L, S. 48, 80, 86). Sanche Mercadier kam aus dem nahe gelegenen Dorf Le Born und war ein gut aussehender junger Mann mit roten Haaren, ein *juvenis pulcher ruphus* (L, S. 102). Seine Ordination im Haus von Bertrand Salas in Verlhac-sur-Tescou war die letzte, die Pierre Authié vornahm. Sie fand erst kurz vor seiner Verhaftung statt (L, S. 80).

Rund zwei Wochen danach, gegen Ende August 1309, wurde der alte Parfait in der Gegend von Toulouse nahe der Garonne verhaftet. Er war inzwischen Mitte 70 und wurde wiederholt als *senex* bezeichnet. Bei seiner Verhaftung war er in Begleitung einer Frau und trug einen blauen Mantel.

Sein letzter Zufluchtsort war ein Bauernhof gewesen, der zwei burgundischen Brüdern, Perrin und Arnaud Maurel, gehörte und in der Nachbarschaft der Zisterzienserabtei Grandselve lag. Diese stand in einer Senke, nicht einmal drei Kilometer nordöstlich von Bouillac, wo Pierre Authiés Schwiegersohn Sartre *möglicherweise* ein Haus hatte, sofern das lateinische *morabatur* bedeuten soll, dass »er sich dort für gewöhnlich aufhielt« (L, S. 86). Wie der Name der Abtei andeutet, lag diese ebenso wie die drei Orte Bouillac, Beaupuy und Comberouger einst in einem riesigen Waldgebiet (*selve* = lateinisch *silva* = Wald). Teile des alten Waldes sind noch vorhanden, von der mittelalterlichen Abtei scheint jedoch nichts erhalten geblieben zu sein. Die Senke inmitten des sich großflächig ausdehnenden hügeligen Ackerlandes wird heute vielmehr von einer Reihe eleganter honigfarbener Gebäude eingenommen, deren überdachte, dezent verglaste Vorhalle an die ehemalige Notre-Dame-de-Grandselve erinnert. Ich fuhr mehrfach daran vorbei, bis mir aufging, dass dieser pastoral aussehende Bauernhof inmitten von blühendem Mohn in Wirklichkeit ein ferner Verwandter der mittelalterlichen Abtei war, die ich suchte.

Pierre Authié war von dem 20-jährigen Sohn seiner Gastgeber aus Verlhac, Pierre Salas, zu seinem neuem Versteck, dem Bauernhof der Maurels in der Nähe von Verdun-sur-Garonne gebracht worden.[95] Der alte Parfait hielt sich ab dem 24. Juni 1309 hier für rund sechs Wochen versteckt und gab Arnaud Maurel für dessen Gastfreundschaft drei Schillinge, als er weiterzog. Irgendwann während dieser Zeit hatte er Maurel mit einem Maultier nach Verlhac zurückgeschickt, um seine Sachen und seine Bücher zu holen. Dies muss vor dem 25. Juli 1309 geschehen sein, da an diesem Tag das Haus der Salas' von der Inquisition durchsucht wurde.

Pierre Authié wurde in seinem Versteck von dem jüngst ordinierten Sanche Mercadier wie auch von Pierre Sans und Sanche Mercadiers Bruder besucht. Von hier aus wurden der alte Parfait, Sanche Mercadier und Pierre Sans von ihren Gastgebern für einige Tage nach Beaupuy gebracht, vermutlich wegen einer Tröstung. Zudem besuchten Pierre Authié und Pierre Sans auch das Dorf Comberouger, das drei Kilometer nordöstlich von Bouillac liegt und heute sehr schön restauriert ist.

In den letzten Stunden seiner Freiheit kam eine Frau zu Pierre Authié, die ihn in Sicherheit bringen wollte. Diese späte Antigone war entweder eine seiner beiden Töchter namens Guillemette (die eine mit Arnaud Teisseyre aus Lordat und die andere mit Guillaume Carramat aus Tarascon verheiratet) oder Pierre Maurys Schwester Guillemette.

Perrin Maurel zufolge suchte »eine Tochter Pierre Authiés, die, wie ich hörte, ›Guillemette‹ hieß, ihn dort auf und blieb kurze Zeit, bis sie zusammen mit ihm wegging. Am folgenden Tag wurde der Häretiker Pierre Authié verhaftet« (L, S. 102).

Maurel sollte es eigentlich wissen, und eine der Töchter Pierre Authiés, Gaillarde, wohnte damals vielleicht sogar mit ihrem Mann Sartre in Bouillac. Pierre Maury erklärte jedoch kategorisch, dass seine Schwester Guillemette zusammen mit dem alten Parfait verhaftet und dann in Toulouse inhaftiert worden sei, ehe sie schließlich nach Carcassonne verlegt wurde (FR, f.256r). Was Guillemette Teisseyre-Authié betrifft, so lebte sie im Herbst 1320 noch mit ihrem Ehemann Arnaud in Lordat (FR, f.159r). Über Guillemette Carramat sind hingegen keine Aufzeichnungen erhalten geblieben.

Es dürfte als ziemlich wahrscheinlich gelten, dass die Guillemette, die Pierre Authié begleitet hatte, Pierre Maurys Schwester war.[96] Wir wissen, dass Guillemette, nachdem sie ihren Mann im Juni 1307 verlassen hatte, sich hauptsächlich um den Haushalt von Guillaume Bélibaste und dessen Bruder kümmerte, die beide sehr mit ihr zufrieden waren. Sofern es sich bei der Guillemette von Bouillac-Verdun tatsächlich um Pierre Maurys Schwester handelte, dann hatte sie möglicherweise unter anderem die Aufgabe, von Zeit zu Zeit in die Rolle der Tochter des alten Parfaits zu schlüpfen, um von seinem ordinierten Junggesellendasein abzulenken. Trotzdem bleibt, dass sie damals erst etwas über 20 war und es ihr vielleicht etwas schwer fiel, sich als Kind des alten Mannes auszugeben. Raymonde Piquier-Marty sollte Bélibaste später in Katalonien eine ähnliche Tarnung geben.

Sofern Maurel irrte, müssen wir davon ausgehen, dass er und sein Bruder nicht zum inneren Kreis der Authiés gehörten und daher Guillemettes wahre Identität nicht kannten. Die Parfaits achteten wahrscheinlich streng darauf, nur diejenigen einzuweihen, die es »wissen mussten«.[97] Guillemette Maury kam wahrscheinlich auf den Bauernhof, weil der katharische »Geheimdienst« befürchtete, Pierre Authiés Versteck könnte entdeckt werden. Raymond Vaissière behauptete, Pierre de Luzenac sei daran beteiligt gewesen, den alten Parfait in seinem letzten Versteck aufzuspüren, das wird von Limborch jedoch nicht bekräftigt (FR, f.49v).

Pierre Authié wurde von Bernard Gui und Geoffroy d'Ablis in der Kathedrale Saint-Étienne in Toulouse verurteilt und am Donnerstag, dem 9. April 1310, »vor Palmsonntag«, wie in den Inquisitionsakten pedantisch vermerkt, vor Saint-Étienne verbrannt (L, S. 93). Angesichts des Scheiterhaufens soll Pierre Authié gesagt haben, wenn es ihm erlaubt würde, zu den Menschen zu sprechen und zu predigen, würde er sie alle zu seinem Glauben bekehren (FR, f.199r).

Ende 1309 wurde auch Guillaume Authié verhaftet und starb wie sein Bruder, sein Neffe und viele seiner Freunde und Gefährten wie Arnaud Marty, Prades Tavernier, Philippe d'Aylarac, Amiel de Perles,[98] Sibylle Baille und Pons Sicre in den Flammen der Inquisition. Aus den Unterlagen geht nicht hervor, wo und wann Guillaume starb, es dürfte jedoch entweder in Toulouse oder in Carcassonne wahrscheinlich um das Jahr 1310 gewesen sein. War seine geliebte Gaillarde zugegen, um ihm in diesen letzten entsetzlichen Augenblicken auf dem Scheiterhaufen Kraft zu geben? Die katharischen Bonshommes hatten gelehrt, dass die materielle Welt und ihr eigenes Fleisch die Schöpfung des teuflischen Gottes waren und dass sie allein die Schlüssel zum Himmel besaßen. Wir dürfen sicher sein, dass Guillaume Authié nie daran zweifelte, nach seinem Tod dem Schöpfer seiner Seele zu begegnen, dies bedeutete jedoch, dass er Gaillarde und seine beiden Kinder zurücklassen musste. Wenn er und Gaillarde gemeinsam einen Plan geschmiedet hatten, der ihre Jungen notfalls außer Reichweite der Inquisition bringen sollte, so war dieser Gedanke für ihn sicher eine gewisse Beruhigung, als die Mächte der Bigotterie ihm sein Leben nahmen. Gaillarde musste mit der Erinnerung weiterleben, dass mindestens drei Mitglieder ihres engsten Kreises den grauenvollen Feuertod hatten erleiden müssen.

Aus den Rechnungsbüchern der Inquisition wissen wir, dass die Opfer gezwungen waren, auf dem Scheiterhaufen ein liturgisches Opfergewand zu tragen. Die Kosten einer Hinrichtung von vier Personen wurden mit einer unheimlichen Pedanterie von demselben königlichen Beamten in den Büchern vermerkt, der bei anderer Gelegenheit die Einnahmen der de Polignacs untersuchte. Die Gesamtkosten für die Materialien, den Scheiterhaufen, die Pfähle, das Brennmaterial, die Stricke und das Gemeinschaftsgrab beliefen sich auf insgesamt 174 Schillinge und sieben Pfennige (»Summa: 8l.14s.7d.«, in: CR, 1285-1314, S. 8690), was etwa dem Gegenwert von rund 20 Schafen entsprach.

Offenbar starben die Verurteilten in der Regel durch Ersticken, ehe die Flammen sie erreichten. Es war ein makabres Schauspiel, wenn das Feuer den verurteilten Männern und Frauen die Kleidung und das Haar vom Leibe fraß, ehe es das Fleisch ihrer Körper ergriff. Auch wenn diese groteske Nacktheit zu der Zeit gewisse Bedenken hervorgerufen zu haben scheint, machte die Inquisition in diesem Punkt keinen Unterschied zwischen den Geschlechtern. Wie die *Chanson de la Croisade Albigeoise* uns erzählt, ließen sich in Casseneuil »viele schöne häretische Frauen« lieber »ins Feuer werfen« als zu konvertieren, während sich in Minerve Frauen (»verrückte Häretikerinnen«) widersetzten, als sie auf den Scheiterhaufen gebracht werden sollten. Die verbrannten Leichen brachen schließlich an den Pfählen in sich zusammen, an denen sie mit einem Strick (statt mit Ketten) festgebunden waren, und wurden anschließend in Massengräber geworfen, damit die Kreuzfahrer durch »den Gestank dieses Abschaums nicht belästigt wurden« (*Chanson*, 1931-1961, I.14.49).[99]

Wenn diese Hinrichtungen die anderen überzeugen sollten, so wurde dieses Ziel eindeutig nicht erreicht. Nur wenige Leute glaubten, dass die Bonshommes Jünger des Teufels waren, und diese grausamen Rituale gefährdeten im Endeffekt das Leben der Inquisitoren mehr, als ihre scheinbar absolute Herrschaft vermuten ließe. Weder das Volk noch die Kirche hatten die grausame Ermordung der Inquisitoren in Avignonet vergessen.

Genauso abstoßend wie die Hinrichtungen bei lebendigem Leibe war die Praxis der posthumen Verbrennung der Überreste von Verstorbenen. Die Exhumierung der Toten wurde manchmal, wie wir im Falle von Raymond Roche gesehen haben, denjenigen auferlegt, die sie in dem Wissen begraben hatten, dass sie getröstet worden waren. Die unansehnlichen Reste von verfaulendem Fleisch und vermodernden Knochen wurden vor ihrer symbolischen Verbrennung auf dem Scheiterhaufen auf Karren gelegt und feierlich durch die Straßen von Toulouse oder Carcassonne gezogen.[100]

Im Jahr 1310 waren die Menschen des Languedoc ihrer geistlichen Führung beraubt, und in der Zeit vom 8. September 1308 bis zum Jahr 1310 befand sich Montaillou und ganz Okzitanien in permanenter Unruhe. Viele Einwohner Montaillous, von denen etliche, wenn auch anscheinend nicht für sehr lange Zeit, inhaftiert wurden, reisten zwischen ihrem Dorf und Carcassonne hin und her, einige, weil sie zu Vernehmungen vorgeladen waren, andere, weil sie ihre Liebsten – Ehemänner, Frauen, Mütter und Väter – im Gefängnis besuchen und ihnen Geld und Essen bringen wollten oder um ihnen Gelegenheit zu geben, ihre Kinder einmal wiederzusehen. Wer aus Carcassonne zurückkam, wurde von besorgten Nachbarn ausgefragt und um Botschaften angegangen.

Der Fall von Raymonde Belot-Lizier ist ein anschauliches Beispiel. Bei einem ihrer zwei oder drei Besuche in den Jahren 1310 bis 1312 bei ihrem Mann Arnaud, der in Carcassonne im Gefängnis saß, lief sie vor den Gefängnistoren ihrem Schwager Raymond Belot über den Weg. Er bat sie, Gauzia Clergue (B)-Longa auszurichten, dass sie und ihre bereits verstorbene Tochter denunziert worden seien, er könne jedoch nicht sagen, weshalb. Das brauchte er auch nicht, denn Raymonde wusste, dass Gauzias Tochter getröstet worden war. Raymonde gab die Warnung weiter, die von Gauzia trotzig aufgenommen wurde. Sie sollten ruhig das Schlimmste tun, meinte sie, solange Gott nur ihre Freunde rettete.

Die Tatsache, dass der Pays d'Aillou nach 1308 nicht mit gelben Kreuzen übersät war, lässt darauf schließen, dass die Clergues im Hintergrund einiges zu bewirken vermochten. Wenn einige ihrer Freunde und Verbündeten dennoch nicht mehr zurückkamen oder wie Guillemette Belot gebrochen und sterbenskrank waren, so war dies darauf zurückzuführen, dass die schlechten, allerdings, wie wir noch sehen werden, auch unterschiedlich harten Haftbedingungen über ihre Kräfte gingen.

Pierre Maurys Mutter erhielt 1308 eine Vorladung nach Carcassonne und kehrte nach ihrem Verhör erst einmal wieder für »lange Zeit« nach Montaillou zurück, bevor sie und andere Mitglieder ihrer Familie verurteilt wurden (FR, f.245v).

Binnen kurzer Zeit verloren die Maurys alles, wobei ihr Haus am Dorfplatz allerdings noch Jahre später von Maurys bewohnt wurde. Dies deutet darauf hin, dass das »Abfackeln« einiger häretischer Häuser in Montaillou hauptsächlich symbolischer Natur war, obgleich Pierre Maury von der Zerstörung seines Elternhauses sprach. Vielleicht war das Haus auch einem der jüngeren Kinder vorsorglich für einen solchen Fall vermacht worden. Dies war im Languedoc keine unübliche Praxis, um den Familienbesitz vor Vergeltungsmaßnahmen zu bewahren. War dies der Grund, warum Pierre Maury bedauernd feststellte, er sei um sein Erbe in Montaillou gekommen?

Pierre Maurys Eltern wurden in Carcassonne inhaftiert, seine Mutter Alazais und sein Bruder Guillaume starben dort. Sein Vater, Raymond Maury, wurde nach ein oder zwei Jahren Haft 1310/11 freigelassen mit der Auflage, die gelben Kreuze zu tragen. Er kehrte nach Montaillou zurück, wo er als offenbar gebrochener Mann starb. Vor der bittersten Armut wurde der alte Maury durch ein Geschenk von 60 Schillingen von Pierre Maury bewahrt und wahrscheinlich auch durch noch mehr Geld von seinem anderen Sohn Jean, der ihn im zweiten Jahrzehnt des 14. Jahrhunderts regelmäßig während des Sommers besuchte.

Auch Pierre Clergue war gelegentlich Gast in seinem Haus, und bei diesen Gelegenheiten dürften sich der alte Weber und der Pfarrer sicher über die jüngsten Ereignisse unterhalten haben. Eine Art Scheinfriede herrschte jetzt in Montaillou, wobei manche der klügeren und zurückhaltenderen Familien sich einfach mit dem Doppelspiel der Clergues abfanden.

Raymonde Belot-Liziers Ehemann Arnaud überstand keine zwei Jahre im Gefängnis, er starb nach dem Juni 1312 im Alter von etwa 32 Jahren. Sein Zeitgenosse Arnaud Vital wurde 1310 ebenfalls in Carcassonne inhaftiert, wo er auch starb. Der genaue Zeitpunkt ist nicht feststellbar, aber Arnaud war so tief in die Missionstätigkeit der Authiés verstrickt, dass er wahrscheinlich zu einer harten Gefängnisstrafe verurteilt wurde. So wurde Raymonde Vital Witwe, und es dürfte entweder während Arnauds Aufenthalt im Gefängnis oder nach seinem Tod gewesen sein, dass Pierre Clergue Raymonde zu seiner Geliebten machte, bevor sie schließlich einen Bernard Guilhou aus Vernaux heiratete.

Arnaud Vital war im Sommer 1312 mit Sicherheit tot, da er in einer Abrechnung aus dieser Zeit nicht erwähnt wird, in der die Gefangenen der Inquisition in Carcassonne aufgelistet und ihre Haftkosten im Einzelnen aufgeführt wurden (CR, 1314-1328).

Das Dokument wurde am Samstag, dem 1. Juli 1312, erstellt. Das genaue Datum lässt sich feststellen, weil es auf rund 15 Insassen Bezug nimmt, die »kürzlich« *(noviter)* inhaftiert wurden, wobei gleichzeitig vermerkt ist, dass sie seit 40 Tagen in Haft waren, nachdem sie am Montag, dem 22. Mai 1312, verurteilt worden waren. Ihre Haftkosten wurden mit vier Pfennig am Tag veranschlagt, sodass sich die aufgelaufenen Gesamtkosten für jeden auf 160 Pfennige oder, wie sie offiziell verbucht wurden, auf 13 Schillinge und vier Pfennige beliefen. Diese Kosten waren offenbar weitgehend von den Insassen selbst zu tragen, wobei von der Krone ein Zuschuss zur Verpflegung gezahlt wurde. Aus den vorhergehenden Eintragungen geht des Weiteren hervor, dass die Kosten von drei Pfennigen pro Tag in den ersten drei Wochen des Jahres 1312 auf vier Pfennige gestiegen waren; diese Erhöhung spiegelte die Teuerung wider, die durch die infolge der Missernte von 1310 verursachte Brotknappheit hervorgerufen worden war.

Zu dieser Gruppe von Gefangenen zählte ein »Philippe de Taylarac« (siehe auch L, S. 76), bei dem es sich um den Parfait gleichen Namens aus Coustaussau gehandelt haben muss. Wenn dies stimmt, wurde er wesentlich später als jeder andere, abgesehen von Bélibaste, inhaftiert. Wir wissen aus Pierre Maurys Erzählung von einem Gespräch mit Guillaume Bélibaste, dass d'Aylarac in einem Ort namens Roquefort im Fenouillèdes auf dem Rückweg von einer Mission im Roussillon verhaftet und anschließend hingerichtet wurde (FR, f.257r). Er starb somit nach dem 1. Juli 1312.

In derselben Liste wird auch eine »Alissendis de Martra, de Cameracho« aufgeführt. Dabei handelt es sich möglicherweise um Algée de Martre, die Schwester von Pierre Clergues Mutter, die als Anstandsdame für Béatrice erkoren worden war, als sie mit ihrem Verwalter hatte fortgehen wollen. Zumindest dürfte Alissende mit den Martres aus Camurac verwandt gewesen sein, wodurch auch eine Verbindung zu den Clergues in Montaillou bestanden hätte.

Zusätzlich zu diesen Neuzugängen werden in den Dokumenten die

Namen einer Reihe von Gefangenen *De terra domini comitis Fuxi* genannt, die zumindest während des gesamten Abrechnungszeitraumes vom 1. Januar 1312 bis zum 1. Juli und womöglich länger dort waren. Obwohl die Abrechnung Nr. 15068 mit *61 inmuratis, quorum nomina sunt a tergo* beginnt, sind auf der rückseitigen Abrechnung Nr. 15069 nur 56 Namen aufgeführt. Aus der Abrechnung geht im Weiteren hervor, dass die Zahl von 56 als Berechnungsgrundlage für die Kosten diente, sodass »163l.13s.8d.« herauskamen, also knapp 164 Pfund. Die fehlenden fünf Häftlinge, unter denen womöglich Arnaud Vital war, waren vielleicht im Laufe des Zeitraums von sechs Monaten gestorben, was der Buchhalter möglicherweise erst gemerkt hatte, nachdem er mit den Eintragungen begonnen hatte, sofern er von einer vorliegenden, aber überholten Liste ausging.

Aus Montaillou finden sich auf der Liste Arnaud Belot und sein Sohn Étienne sowie Raymond Capelle und Bernard Maurs, dessen Frau bei der Razzia im Mai 1308 verhaftet worden war. Bernard war der Onkel von Guillaume Maurs, der Pierre Clergue Rache geschworen hatte. Es mochte verschiedene Gründe dafür geben, dass die Familien Capelle und Maurs bereits im Mai 1308 die Aufmerksamkeit der Inquisition auf sich gezogen hatten. Aber warum darbten Arnaud Belot und sein Sohn im Jahr 1312 noch immer im Gefängnis? Hatten sie es sich mit den Clergues verdorben, vielleicht weil sie es gewagt hatten, gegen diese auszusagen?[101]

Mit Ausnahme dieser vier waren diejenigen aus Montaillou, die ihre Haft überlebt hatten, Ende 1311 wieder zu Hause. Andere hatten weniger Glück. In der Liste sind nicht weniger als zehn Mitglieder der Großfamilie Authié enthalten. Dabei handelte es sich um den Bruder des toten Parfaits, Raymond Authié, und seine Frau Esclarmonde, Pierre Authiés betagte Witwe Alazais und drei ihrer Kinder, Arnaud und seine Schwestern Montane und Guillemette, die Frau von Arnaud Teisseyre aus Lordat, Blanche de Rodes (geborene Issaurat) und »G. de Redesio«, bei dem es sich entweder um ihren Mann Guillaume de Rodes oder ihren Schwager Géraud gehandelt haben dürfte, beides Neffen von Pierre Authié, sowie ein »Petrus de Rodesio«, vielleicht die Person, die in den Fournier-Akten als »einfach« bezeichnet wurde und zur Familie Authié-de-Rodes gehörte.

Blanche war vor dem 26. Juli 1308 in Foix in Haft genommen worden und spätestens im Jahr 1318 wieder auf freiem Fuß, da sie zu dem Zeitpunkt auf der »Bourg« von Carcassonne bei ihrer Tochter und ihrem Schwiegersohn Pierre de Gaillac wohnte (L, S. 294). Ihre Cousine Marguerite, die Schwester der furchtlosen Brüder Issaurat und Frau von Amiel d'Ascou, war ebenfalls in Carcassonne im Gefängnis.

Bei dem Eintrag einer »Galharda Bonetha« könnte es sich um Gaillarde Benet handeln, die Witwe des Parfaits Guillaume Authié, obwohl es ungewöhnlich gewesen wäre, sie unter ihrem Mädchennamen aufzuführen, zumal ihre »Scheidung« von Guillaume von der Kirche nicht anerkannt worden wäre.

Die Tatsache, dass Raymond Authié und seine Frau wie auch Gaillarde Authié und Lorda Bayard, die ranghöchste Gefangene der Inquisition in Carcassonne, zehn Jahre später überhaupt noch am Leben waren, um sich erneut dem Druck durch Fournier ausgesetzt zu sehen, spricht dafür, dass ihre Haftbedingungen in Carcassonne relativ erträglich und sie nicht zu einer lebenslänglichen Haftstrafe verurteilt worden waren, und selbst dies hat mitunter nur fünf Jahre bedeutet.

Möglicherweise kamen die Authiés im Kerker de Polignacs auch in den Genuss der Protektion durch Pierre Clergue, was die Tatsache erklären könnte, dass Bekannte der Clergues im Gegensatz zu Delinquenten aus Larnat und Tarascon vergleichsweise glimpflich davonkamen.

Im selben Gefängnis waren Philippe de Larnat und die drei Brüder, Guillaume, Pierre und Gaillard de Junac, inhaftiert. Während ihrer Abwesenheit kümmerte Jacques sich um die Burg. Gaillard war jedoch auch wieder dort, als Arnaud Sicre 1319 zum ersten Mal durch Junac kam. Außerdem waren unter den Gefangenen noch Pierre »Pauc« aus Ax, dessen Frau Guillaume Authié nicht hatte trösten können, und Bérengère Bourrel, die katharische Tochter von Pierre Maurys ehemaligem Arbeitgeber. Genau wie seine Schwiegermutter war auch Pierre de Gaillac hier eingesperrt; sein Aufenthalt dürfte jedoch um einiges kürzer als ihrer gewesen sein.

Während alle anderen in Montaillou ins Verderben gestürzt waren, ging es den Clergues bestens, und der Pfarrer folgte seinen Trieben mehr denn je. Im Jahr 1313 hatte er eine Affäre mit Gaillarde, der Frau von Pierre Benet aus Montaillou.

Dass Gaillarde seine Geliebte war, war im Dorf nahezu allgemein bekannt. Seine Cousine Fabrisse Rives machte ihm deswegen eines Tages, als er auf dem Weg zur Kirche Notre-Dame-de-Carnesses an ihrem Haus vorbeiging, leichte Vorhaltungen. Sie lebte jetzt mit ziemlicher Sicherheit im Haus ihres ehemaligen Schwiegervaters, da es, genau wie das große Haus der Rives', eine separate Scheune hatte. Fabrisse' jugendliche Tochter Grazide war bei diesem Wortwechsel dabei. Fabrisse wies den Pfarrer darauf hin, dass Gaillarde immerhin eine verheiratete Frau sei, worauf Clergue ihr fröhlich erwiderte, eine Frau sei so gut wie die andere und er sei der Überzeugung, dass er mit der einen ebenso viel wie mit der anderen sündige bzw. mit keiner von ihnen eine Sünde begehe. Ehe Fabrisse auf diese Spitzfindigkeit antworten konnte, kochte in der Küche ein Topf über, sodass sie ins Haus laufen musste, um danach zu sehen.

Sie dürfte am Ende diese Unterhaltung mit ihrem Cousin bereut haben, da Clergues sexuelle Besessenheit ans Pathologische grenzte und er nun auch noch ein Auge auf Fabrisse' jugendliche Tochter warf. Die 14-jährige Grazide lebte zu diesem Zeitpunkt mit ihrer Mutter allein im Haus, während ihr Vater Pons wahrscheinlich im Kerker in Carcassonne schmachtete. Im Hochsommer 1313 war sie allein im Haus, als Pierre Clergue eines Tages dort auftauchte. Ihre Mutter war draußen bei der Ernte. Er bat das junge Mädchen, das seine Cousine zweiten Grades war, unumwunden, mit ihm zu schlafen; durchdrungen von seiner Rechtfertigung der freien Liebe, willigte sie ein.

Sie gingen in die Scheune, in der einige Jahre zuvor Prades Tavernier in der Sonne gesessen hatte. Hier »in der Scheune, wo das Heu gelagert wurde, nahm [Pierre Clergue] mir meine Jungfräulichkeit, aber sanft. Danach erkannte er mich weiterhin im Fleische, bis zum darauf folgenden Januar, und es geschah immer im Haus meiner Mutter, die es wusste und billigte« (FR, f.56v).

Im Januar 1314 nahm Pierre Clergue die Trauung von Grazide Rives mit Pierre Lizier vor. Die Vorstellung, dass er diese beiden in einer christlichen Hochzeitszeremonie in Notre-Dame-de-Carnesses miteinander vermählte, wobei vermutlich alle Anwesenden von der Affäre zwischen der Braut und dem Pfarrer wussten, ist schon sehr bizarr. Aber noch befremdender ist der Gedanke, dass die sexuelle Beziehung, die jetzt einen Ehebruch darstellte, trotz Grazides gegenteiliger Behauptung, weiterging. Pierre Lizier hatte kaum eine andere Wahl, als die andauernde Affäre seiner Frau mit dem Pfarrer stillschweigend zu dulden. Er wagte es nicht, ihr Einhalt zu gebieten, nicht zuletzt, weil sein Vater von den Clergues oder ihren Handlangern ermordet worden war. Er warnte seine Frau stattdessen nur, wenigstens keinen Ehebruch mit einem anderen Mann als dem Pfarrer zu begehen, und Clergue hatte das zweifelhafte Feingefühl, wenigstens nicht mit Grazide in ihrem Haus zu schlafen, wenn ihr Mann da war. Pierre Lizier starb nach vier Jahren Ehe, 1318, und es überrascht nicht, dass seine Mutter, Raymonde Belot-Lizier, sich später an dem Pfarrer zu rächen versuchte.

Grazide blieb bis 1320 die Geliebte Pierre Clergues. Solange er und sie es genossen, meinte sie später, habe sie nichts Unrechtes darin gesehen. Auf Fourniers bohrende Fragen, ob ihr die Blutsverwandtschaft zwischen ihr und dem Pfarrer bekannt war, antwortete sie ausweichend. Sie behauptete, sie habe Angst gehabt, die Wahrheit zu sagen, da die Clergues sie dann umgebracht oder misshandelt hätten. Der Pfarrer wehrte die erhobenen Inzestvorwürfe hingegen ab und erklärte, Fabrisse' Mutter sei die *filia* seines Onkels gewesen, was bedeutete, sie sei eine Hure, sodass jeder der Vater von Fabrisse gewesen sein konnte.

Der unersättliche Priester brauchte jedoch mehr als nur eine oder zwei Ehefrauen anderer Männer. Und so ließ er um Ostern 1315 nach Mengarde Buscailh aus Prades schicken. Sie war Witwe und somit, wie Pierre Clergue es sah, völlig frei und ungebunden. Das brachte keine Komplikationen mit sich, und er konnte in ihrem Haus mit ihr schlafen, ohne sich über einen Ehemann Gedanken machen zu müssen.

Er ließ sie unter dem Vorwand, dass ein höherer Justizbeamter des Grafen von Foix sie in seinem Haus verhören wollte, nach Montaillou kommen. Als sie ankam, war er allein zu Hause und erklärte ihr, dass »er mich schon seit langem leidenschaftlich liebte *(adamaverat)* und den Wunsch hatte, mit mir Verkehr zu haben«. Sie schreckte zurück und versuchte, sich ihm zu verweigern, worauf er erwiderte: »Wie könnt Ihr es wagen, Euch mir zu widersetzen, da es nicht eine einzige

Frau gibt, die ich nicht haben könnte, wenn ich so sehr darauf bestünde wie jetzt bei Euch!« (FR, f.103r)

Sie gab nach, weil sie keine Wahl hatte. Clergue nahm sie auf der Stelle in seinem Haus und auch noch einige Male danach. Meistens besuchte er sie jedoch bei Nacht in ihrem Haus in Prades. Und sobald er mit ihr geschlafen hatte, ging er wieder fort, wie sie bedauernd bemerkte. Vielleicht unternahm er einen postkoitalen Verdauungsspaziergang über den Sarrat de Prades.

Als Jean Maury 1315 von den Weiden in der Cerdagne und in Katalonien wieder nach Montaillou zurückkehrte, war vordergründig im Dorf wieder Ruhe eingekehrt. Die 25 turbulenten Jahre, die seit der Ankunft von Béatrice und Bérenger de Roquefort vergangen waren, hatten die letzte Generation okzitanischer Parfaits kommen und gehen sehen, aber das Licht, das sie in den Herzen der Menschen entfacht hatten, sollte fortan nicht mehr zu ersticken sein. Das Dorf hatte einen schweren Preis bezahlt.

1315 waren die Belots, Benets, Martys, Maurs', Maurys und Rives' zugrunde gerichtet, und nur sehr wenige Familien waren unbehelligt geblieben. Aber die von d'Ablis und Gui durchgeführten Verfolgungen hatten auch oft ins Leere getroffen, und so blieb es dem nächsten Inquisitor überlassen, die »wirkliche« Geschichte von Montaillou aufzudecken. Und sosehr sie ihn auch hassten, applaudierten viele Katharer Montaillous ihm, dass er die Clergues zuletzt doch noch zur Rechenschaft zog.

Neun Monate nachdem Pierre Clergue Mengarde Buscailh so brutal zu Leibe gerückt war, stürzte sich seine frühere Geliebte Béatrice de Planisolles in Dalou in eine leidenschaftliche Liebesaffäre. Sie war inzwischen etwa 42 Jahre alt und befand sich nach ihrer eigenen Aussage bereits in den Wechseljahren. Seit ihrer Heirat mit Othon hatte sie meist in ihrem herrschaftlichen Haus am südwestlichen Ende des Dorfplatzes, nahe der Kirche von Dalou gewohnt. Ihre beiden jüngsten Töchter, die 13-jährige Ava und die etwa elfjährige Philippa, lebten noch bei ihr, während ihre beiden anderen Töchter das Nest bereits verlassen hatten, wenn auch nicht sehr weit. Ihr neuer Liebhaber war ein örtlicher Priester namens Barthélemy Amilhat, der beträchtlich jünger war als sie.

Der Pfarrer von Dalou, Guillaume de Montaut, hatte Barthélemy wiederholt gesagt, dass Béatrice de Lagleize eine Häretikerin und eine Hure sei, die jeder haben könne, wenn er wolle, was bei Barthélemy offenkundig der Fall war. Diese Bemerkungen lassen darauf schließen, dass Béatrice' Affäre mit Pierre Clergue in den Jahren 1315/16 in Dalou offenbar allgemein bekannt war.

Vor ihrer Beziehung hatte Barthélemy Béatrice einmal, vielleicht auf Geheiß des Pfarrers, getadelt, weil sie nicht zur Kirche ging. Fortan sah man sie dort, wahrscheinlich, weil ihr der junge Priester gefiel und die Messe Gelegenheit bot, ihn zu sehen.

Barthélemy Amilhat schilderte den Beginn der Affäre im Januar 1316 wie folgt:

»Während meines letzten Jahres in Dalou ... verhielt ich mich unredlich mit Béatrice, und wir hatten oft in ihrem Haus bei der Kirche Geschlechtsverkehr. Sie war es, die mir anfänglich Avancen machte. Als ich eines Tages Schüler aus Dalou und zwei von Béatrice' Töchtern, genannt Philippa und Ava, in der Kirche unterrichtete, bat Béatrice mich, am Abend zu kommen und sie zu besuchen. Ich tat es. Als ich in ihrem Haus war und niemand außer ihr dort war, fragte ich sie, was sie wünsche. Béatrice antwortete, dass sie leidenschaftlich in mich verliebt sei und mit mir zu schlafen wünsche. Ich willigte ein, und wir liebten uns sofort in der Eingangshalle ihres Hauses. Danach besaß ich sie noch oft. Ich habe jedoch nie eine Nacht bei ihr verbracht. Stattdessen warteten sie und ich immer die Augenblicke ab, wenn ihre Töchter und ihre Dienerin tagsüber aus dem Haus waren, und dann begingen wir die fleischliche Sünde.« (FR, f.45r)

Béatrice behauptete später, von Barthélemy »verhext« gewesen zu sein. Wie Shakespeares Cleopatra erinnerte sie sich wehmütig, dass sie nicht mehr so ganz jung war, als sie sich in den jungen Priester verliebte: »Ich liebte ihn bis zur Raserei, und ich sehnte mich danach, bei ihm zu sein, auch wenn meine Monatsblutungen bereits aufgehört hatten, als ich ihm zum ersten Mal begegnete.« (FR, f.44v) Dass sie ihm zärtlich ergeben war, wird dadurch deutlich, dass sie bei den Verhören bis zuletzt versuchte, ihn zu schützen.

Barthélemy stammte aus Lladrós, einem Dorf in Aragonien, im hügeligen Tal des Flusses Cardós im Pallars Sobirà gelegen. Lladrós befindet sich etwa 15 Kilometer hinter der Grenze, südöstlich der Pyrenäengipfel des Estats und Montcalm, und genau wie heute war der Ort im Mittelalter durch verschiedene Bergwege, die über Lladorre und Tavascan führten, mit dem Ariège und dem Sabarthès verbunden.

Anfang des 14. Jahrhunderts gab es im Pallars-Tal Gemeinden, in denen Priester sich offen Konkubinen hielten. Diese Frauen wurden im Rahmen einer offiziellen Zeremonie mit ihren Liebhabern »verheiratet«, und sie erhielten ihre Mitgift wie bei einer ordentlichen kirchlichen Trauung. Man gelobte sich gegenseitige Unterstützung, und die Kinder aus diesen Verbindungen waren als Erben des Vermögens ihrer Eltern anerkannt. Diese seltsame utopische Welt scheint eine Mischung aus Platos Republik und der Hippie-Kultur gewesen zu sein, und gegen eine kleine Gebühr sanktionierte die örtliche Kirche diese Praktiken.

Béatrice hatte durch Barthélemy davon erfahren, und die Idee gefiel ihr. So einigten sie sich darauf, sich nach Lladrós abzusetzen, als in der ersten Juniwoche des Jahres 1316 in Dalou Gerüchte über ihre Affäre in Umlauf kamen und sie Angst bekam, ihre Brüder könnten ihr wegen ihrer unziemlichen Liaison mit Barthélemy etwas antun.

Sie wollten wahrscheinlich weiteren Klatsch vermeiden und vielleicht auch einer möglichen Verfolgung zuvorkommen, indem sie beschlossen, Dalou im Abstand von zwei Tagen getrennt zu verlassen. Mit ihrer Kleidung im Gepäck und 30 Pfund in der Tasche und in Begleitung der kleinen Philippa machte sich Béatrice auf den Weg nach Vicdessos. Der Umstand, dass Ava zurückblieb, lässt vermuten, dass sie bei einer ihrer älteren verheirateten Schwestern blieb, die anscheinend alle in dem Dreieck Varilhes-Dalou-Crampagna südlich von Pamiers lebten.

Mit der kleinen Philippa dürfte sie für den Weg von Dalou nach Vicdessos gut und gerne zwei Tage gebraucht haben. In Vicdessos warteten sie auf Barthélemy, und gemeinsam setzten sie dann den Weg ins Pallars-Tal fort. Die einzige direkte Route führt über den schwindelerregenden Port de l'Artigue, der auf der katalanischen Seite Port de Lladorre heißt. Von Vicdessos braucht man etwa sechs Stunden, um den Gipfel des l'Artigue durch das Tal von La Terre Rouge zu erreichen (Farbabb. 25), und von dort sind es noch einmal zwei Stunden bis nach

Tavascan. Dies wäre der ideale Weg, um die Grenze zu überqueren, gäbe es nicht die beschwerlichen Kaskaden massiver Felsbrocken, die dabei auf dem letzten Kilometer bis zum Gipfel des l'Artigue zu überwinden wären. Es ist schwer vorstellbar, dass diese Etappe von einer Gruppe mit einem Maultier, wie es bei ihnen zweifellos der Fall war, bewältigt werden konnte. Der Weg über den Port de Saleix ins Couserans als erste von zwei Etappen eines zweitägigen Marsches ist eher vorstellbar (Duvernoy, 1978, S. 298, Anm. 1). Der Saleix ist ein recht zugänglicher Pass, aber die Pässe vom Couserans ins Pallars-Tal liegen alle nahe am l'Artigue und sind gleichermaßen unwirtlich.

Wenn der Anblick des üppigen und fruchtbaren Cardós-Tals der einstigen Kastellanin von Montaillou auch gefallen haben mag, so ist es schwerer vorstellbar, was in ihr vorging, als sie mit ihrer Tochter und ihrem Liebhaber den ersten Blick auf Lladrós warf, nachdem es hinter einer Rechtskurve auf der nach Süden führenden Straße von Lladorre sichtbar wurde. Fast 700 Jahre später hat dieses kleine öde Dorf am Fuße eines Ausläufers noch immer keine Durchgangsstraße. Die düsteren schwarzen Steinhäuser und die steinigen Wege gehen bis ins Mittelalter zurück. Der Kirchhof samt dem zur Kirche hoch führenden Pfad sind zugewachsen und vernachlässigt, als habe das Dorf sich damit abgefunden, in Vergessenheit geraten zu sein. (Farbabb. 26)

Von allen Orten, die ich bei meinem Streifzug durch diese mittelalterliche Geschichte besucht habe, war Lladrós der trostloseste. Die Melancholie, die mich dort befallen hatte, fiel erst von mir ab, als sich das strahlende Pallars-Tal vor mir auftat. Trotz des heruntergekommenen und archaischen Bildes, das sich mir bot, war dies vielleicht der am wenigsten authentische mittelalterliche Ort, dem ich begegnete, weil es kaum einen Zweifel geben kann, dass das Tal im Mittelalter florierte. Die Gegend zwischen Lladrós und dem Fluss ist heute ein großflächiges grünes Wiesenareal. Vor sieben Jahrhunderten dürfte hier hingegen jeder Quadratmeter bestellt gewesen sein. Die mageren Einnahmen durch die zahlreichen diskret versteckten Campingplätze, die hier Ende des 20. Jahrhunderts zu finden sind, dürften kaum ein Vergleich zu dem schwungvollen Handel vor Hunderten von Jahren sein.

Béatrice hatte zumindest den Trost, sich im Hause ihres neuen Liebhabers sicher fühlen zu können, und in jenem Sommer ließen sie sich im Rahmen einer offiziellen Zeremonie vor einem Notar trauen. Dabei versprachen sie sich, in guten wie in schlechten Tagen füreinander zu sorgen, und Béatrice brachte ihre 30 Pfund als Mitgift ein, während er ihr und Philippa und den Kindern, die aus ihrer Vereinigung hervorgehen könnten, all seine weltlichen Güter zusprach. Letzteres dürfte eine reine Formalität gewesen sein, da Béatrice nicht mehr im gebärfähigen Alter war. Ihre Verbindung wurde dann im Rahmen einer öffentlichen »geistlichen« Handlung, die von dem örtlichen Priester Pierre de Lubersu vorgenommen wurde, gesegnet.

Barthélemy, Béatrice und Philippa lebten ein Jahr lang zusammen. Es muss befremdlich für das kleine Mädchen gewesen sein, diese seltsame Verbindung zwischen ihrer Mutter und ihrem priesterlichen Lehrer so nah mitzuerleben. Béatrice und Barthélemy stritten manchmal miteinander, und dabei nannte er sie eine bösartige alte Kuhhirtin und Häretikerin und warf ihr auch vor, dass sie aus einer häretischen Gegend kam.

Sie wies seine Vorwürfe entschieden zurück, um ihm dann jedoch einmal in einem Augenblick der Zärtlichkeit von ihrem Leben in Montaillou zu erzählen. Sie erwähnte die 15-tägige Endura von Guillemette Faure, und sie erzählte, wie Stéphanie de Château-Verdun wiederholt versucht hatte, sie zu einem Besuch bei ihr zu bewegen. Sie schilderte, wie sie am Ende bei Pierre Clergue, ihrem großen Freund und *Compadre*, Rat gesucht und er ihr erklärt habe, dass die Parfaits heilige und aufrechte Männer seien, die genau wie die ersten christlichen Märtyrer unter Verfolgung zu leiden hätten. Vor Fournier beharrte Barthélemy später darauf, dass er Béatrice danach gedroht habe, alles aufzudecken, woraufhin sie offenbar nur gelächelt und ihm erklärt hatte, bessere Priester als er seien Katharer, womit vermutlich Pierre Clergue und seinesgleichen gemeint waren.

Nach einem Jahr im Pallars-Tal zog es Béatrice und Barthélemy nach Frankreich zurück, wo Barthélemy das nächste Jahr, 1317/18, in einem Vorort[102] von Carcassonne lebte und dort in der Kirche Saint-Michel Dienst tat. Ob Béatrice ihn dorthin begleitete oder ob sie mit Philippa nach Dalou zurückkehrte, ist nicht sicher, Letzteres dürfte jedoch wahrscheinlicher sein. Denn es war eine Sache im freieren Umfeld von Lladrós in einer offenen sexuellen Beziehung zusammenzuleben, aber eine völlig andere, dies unter den Augen der Inquisition in Carcassonne zu tun.

Béatrice reiste anschließend wahrscheinlich in die Ebene von Pamiers, um ihre Kinder zu besuchen, die dort lebten, vielleicht in oder nahe der kleinen Stadt Rieux-de-Pelleport, weil sie von dem dortigen Pfarrer sagten, er habe sie alle vier, Condors, Esclarmonde, Philippa und Ava, gut gekannt. Dies erklärt vielleicht, dass sie, statt sich in Dalou niederzulassen, wieder nach Varilhes zog, wahrscheinlich in dasselbe Gebäude, in dem Pierre Clergue sie zehn Jahre zuvor, als sie krank war, besucht hatte.

Es ist zu bezweifeln, dass Clergue oben in Montaillou in dem Jahr sehr viel an Béatrice gedacht hat, da er jetzt vollauf damit beschäftigt war, der Nichte von Alazais Faure, Raymonde, nachzustellen, deren Ehemann, Pierre Faure, impotent war. Dabei erlebte Clergue, der inzwischen mittleren Alters war, seine einzige amtlich festgehaltene sexuelle Niederlage.

Im darauf folgenden Jahr, 1318/19, lebte Barthélemy nicht mehr so weit von Varilhes entfernt, da er eine Stelle als Priester in Sainte-Camelle bekam, einem Weiler rund 13 Kilometer südöstlich von Castelnaudary und fast genauso weit von Avignonet entfernt. Die kleine Kirche von Sainte-Camelle ist ausgezeichnet erhalten geblieben, und sie hat sich im Innern höchstens minimal verändert, seit Barthélemy darin seinen Dienst tat. 1319 zog er noch einmal um, dieses Mal allerdings nur knapp zwei Kilometer weiter zu der nahe gelegenen Kirche von Mézerville, die möglicherweise zu einem Priorat gehörte. Befremdend ist die Tatsache, dass er während dieser Zeit in der Gegend eine ganze Reihe kleinerer Diebstähle beging, wobei er vermutlich Gegenstände aus seinen Kirchen raubte. Er wurde für diese Vergehen jedoch nie zur Rechenschaft gezogen, vielleicht weil Fournier ihn schützte. Was Béatrice' Affäre mit Barthélemy betraf, so war sie noch nicht ganz beendet.

14. JACQUES FOURNIER, BISCHOF VON PAMIERS (1317)

Am Samstag, dem 19. März 1317, wurde der Zisterzienser Jacques Fournier Bischof von Pamiers. Er war vorher Abt der Zisterzienserabtei Fontfroide gewesen, wo er 1311 die Nachfolge seines Onkels mütterlicherseits, Arnaud Novel, angetreten hatte. Die Ermordung eines Zisterziensers aus Fontfroide, des päpstlichen Legaten Pierre de Castelnau, am 14. Januar 1208 hatte Papst Innozenz III. veranlasst, 1209 zum Ersten Kreuzzug gegen die Albigenser aufzurufen. Die Zisterzienser und die Inquisition waren somit schon miteinander verbunden, ehe die Dominikaner in den Kampf eingegriffen hatten. Der letzte Abt von Fontfroide und jetzige Bischof von Pamiers glaubte gerne, dass er zu seinen verschiedenen Ämtern durch die Hand Gottes geleitet worden war; und schließlich konnte dieser künftige Papst jeden überzeugen, dass er nie ein hohes Amt angestrebt hatte.

Als Fournier in den Dreißigern war, hat er womöglich nicht sehr

Pamiers im 14. Jahrhundert

viel anders ausgesehen als die steinerne Figur, die Pablo da Siena 24 Jahre später von ihm als Papst in seinem letzten Lebensjahr anfertigte. Auch wenn die Skulptur an ein von Alfonso del Cambio gefertigtes Bildnis von Bonifatius VIII. erinnert, dürfte sie dennoch einige Ähnlichkeit mit seinem tatsächlichen Aussehen haben, da bekannt ist, dass da Siena 1341 in Avignon an einem Denkmal für den Kardinal Matteo Orsini arbeitete und Papst Benedikt XII. vom Sehen gekannt haben dürfte. Darüber hinaus wird die markante Beleibtheit der Büste von Fournier-Benedikt XII. durch andere Quellen aus dem 14. Jahrhundert bekräftigt.

Diese Büste und eine Dankinschrift, auf der Benedikt XII. die Reparatur des Daches der Basilika in Rom zugute gehalten wird, die er von seinem Papstsitz in Avignon aus genehmigt hatte, standen ursprünglich in der Nähe des Altars der Toten in der Basilika Santa Constanza, von wo sie schließlich entfernt und in die neue Peterskirche gebracht wurden. Heute befinden sie sich in einer abgeschiedenen Ecke in den Grotten der Peterskirche, die der Öffentlichkeit normalerweise nicht zugänglich sind. (Farbabb. 27)

Im Alter von Ende 50 erinnert sein Gesicht an einen Mandarin, glatt rasiert, plump, mit einem Doppelkinn wirkte es durch die kräftige, breitflächige Nase grob. Dies alles zusammen veranlasste einen prominenten Autor, der über die Skulptur schrieb, sein Profil als *mostruoso* zu bezeichnen (Filippini, 1908, S. 102). Benedikt XII. war in Avignon tatsächlich die Zielscheibe von Witzen, weil »seine natürliche Fettleibigkeit … zu Karikatur und unwürdiger Kritik anregte« (CE, S. 431). Belege, die in dem Register zu finden sind, deuten darauf hin, dass er bereits korpulent war, als er 1317 nach Pamiers kam. Jüngst wurde er von einem angesehenen Autor als »groß, rotgesichtig, mit tiefer Stimme und salbungsvoll« beschrieben (Amargier, 1994, S. 206 ff.).

Der neue Amtsinhaber war ein in Paris ausgebildeter Theologe, und seine rhetorischen Fähigkeiten beim Führen von Streitgesprächen waren gefürchtet. Bei den Untersuchungen zeichnete er sich durch sein psychologisches Geschick aus, den Personen, die er im Rahmen der Inquisition von Pamiers verhörte, zusammenhängende Geschichten zu entlocken.

Eifer und Integrität gelten seit langem als die charakteristischen Eigenschaften Fourniers, nicht zuletzt, weil er im Juli 1319 im Auftrag von Papst Johannes XXII. sein Urteil über den Franziskaner Bernard Délicieux fällte und sich mutig weigerte, seinem Herrn zuzustimmen (L, S. 273). Fourniers Unbestechlichkeit entsprang jedoch nicht hauptsächlich einer mönchischen *contemptus mundi*. Ehe er als Papst Benedikt XII. in Avignon starb, wurde er in einem berüchtigten Pamphlet (Vingtain, 1998, S. 91f.) der Simonie beschuldigt, ein Vorwurf, den Dante bereits gegen drei seiner Vorgänger, einschließlich Bonifatius VIII. (1294-1303) erhoben hatte. Geld stand bei Jacques Fournier tatsächlich an oberster Stelle, das in erster Linie zur höheren Ehre Gottes für Seine Schatzkammern und Seine Bauwerke gesammelt wurde.

*

Als Fournier in Pamiers ankam, zählte die nierenförmige Bischofsstadt an einer Biegung der Ariège wahrscheinlich zwischen 5000 und 6000 Einwohner. (Karte 6) Sie stand in wirtschaftlicher Blüte, trotz der Jahre der Exkommunikation und der erbitterten Rivalität zwischen dem König von Frankreich und dem Papst, die auf ihrem Territorium ausgetragen wurde.

Pamiers verdankte seinen Wohlstand seinen Weinbergen und dem damit verbundenen Gewerbe, von reichen Landbesitzern und Weinhändlern wie Bertrand de Taix bis zu den Böttchern und Gelegenheitsarbeitern, die ihnen zur Hand gingen. Auch die Zahl der Tavernen, die es in Pamiers gab, spiegelte den florierenden Weinhandel der Stadt wider; selbst oberhalb der Kirche des Mercadal, Richtung Kastell, gab es eine Taverne. Die Weinberge von Pamiers hatten einen so guten Ruf, dass selbst der König von Frankreich ihren Wein trank.

Neben dem Weinhandel gab es in der Stadt mehrere Mühlen, Bäcker, Schlachter, Schuster, Weber, Gerber und Läden für Gebrauchsgegenstände. Sie war reich und wohltätig genug, um *zwei* Leprakolonien zu unterhalten; die zweite lag im Norden außerhalb der Stadt, jenseits von L'Estang, nicht weit von den Franziskanern und unterhalb des Sees, der die westliche Senke des Friedhofs einnahm.

In Pamiers lebten auch etliche Juden, die wirtschaftlich sehr erfolgreich waren, bis 1306 der König von Frankreich eine seiner periodischen Verfolgungen begann. Im Jahr 1320 führte Fournier mit einem deutschen Rabbi namens Baruch ein theologisches Streitgespräch, das 59 Tage dauerte; am Ende brachte der Bischof »Baruch eine gründliche Niederlage« bei, sodass der Rabbi zum Christentum konvertieren musste. In Toulouse war Baruch zuvor um Haaresbreite plündernden Banden militanter christlicher Schläger, den berüchtigten »Pastoureaux«, entkommen, die zwangsweise aus ihm einen Christen gemacht hatten. Mit seiner Scheindisputation mit Baruch unter der Bedrohung durch die Inquisition machte Fournier im Prinzip das Gleiche, trotz des frommen Anscheins einer ehrlichen Auseinandersetzung.

Zwei Jahre zuvor hatte Fournier in ähnlicher Form mit dem Waldenser Raymond de la Côte über theologische Fragen gestritten und war später zutiefst betroffen, als er zusehen musste, wie Raymond zusammen mit seiner Amme Agnès wegen Ketzerei auf dem Scheiterhaufen verbrannt wurde.

Im Jahr 1317 hatten sich in Pamiers nicht weniger als vier religiöse Orden niedergelassen. Der Wichtigste in jener Zeit waren die Dominikaner, deren Kloster und Kirche im Osten der Stadt, im Stadtteil Romengos standen. Hier wurden diejenigen, die der Häresie überführt worden waren, von den Schergen der Inquisition eingepfercht, ehe sie zur Verurteilung auf den Friedhof von »Saint-Jean« (heute Saint-Jean-Martyre) gebracht wurden. Die Franziskaner waren etwa zur selben Zeit wie die Dominikaner nach Pamiers gekommen; und gegen Ende der Amtszeit von Fournier kam im Stadtteil von L'Estang noch ihr Schwesterorden, die Klarissen oder *Menoretas* (Franziskanerinnen), hinzu; die heutige Straße Sainte-Claire erinnert an ihre Anwesenheit im Mittelalter. Die Karmeliten ließen sich sechs Jahre vor Fournier in Pamiers in der Carriera dels Carmes nieder, die heute immer noch nach ihnen benannt ist und vom Westen zur Place de la République, am nördlichen Ende der mittelalterlichen »Vilanova«, führt. Vier Jahre später kamen die Augustiner und schlugen ihre Zelte im Vorort von Loumet (L'Olmet) im Südosten von Pamiers, jenseits der Ariège, auf.

Im Süden von Pamiers hatten sich jedoch schon Jahrhunderte zuvor zwei Klöster angesiedelt: Mas-Saint-Antonin mit seiner Kirche und seinen Klosteranlagen, von wo der launische Bernard de Saisset seine Herrschaft ausgeübt hatte, und direkt jenseits der Ariège Mas-Vieux de Cailloup. Während von Mas-Vieux im Jahr 1317 bereits kaum mehr als eine Herberge mit einer minimierten Restbelegschaft verblieben war, übte Mas-Saint-Antonin weiterhin ungemindert seinen Einfluss aus.

Zusätzlich zu den verschiedenen Klostergemeinschaften und den beiden Klosteranlagen hatte Pamiers eine bischöfliche Residenz vorzuweisen, die Jacques Fournier und die Inquisition von Pamiers bezogen. Das Gebäude lag innerhalb der alten Stadtmauern in der Carriera dels Bons Efforts (heute Rue du Collège), östlich vom alten Stadtkern von *Pamias*, der aus dem Mercadal mit seinem befestigten Kastell bestand. Auch wenn der Großteil des ehemaligen Bischofssitzes inzwischen zu einem Karmeliterkloster gehört, ist der Bischofsturm heute immer noch zu sehen. In diesem Turm und in verschiedenen Räumen der bischöflichen Residenz mussten die in den Akten auftauchenden Personen als Erstes vor Fournier erscheinen.

Im 14. Jahrhundert stand ein Walnussbaum in der Nähe des Eingangs und der angrenzenden Schmiede. Innen führte eine breite Treppe zu den oberen Stockwerken hoch. Im Erdgeschoss befanden sich neben der großen Eingangshalle das Refektorium und der Schlafsaal. Dies war eine von mindestens zwei Hallen, die Fournier für das Verhör verschiedener Angeklagter und Zeugen nutzte. Die andere war über eine Treppe erreichbar und wurde als »der obere, auf halbem Weg nach oben im Turm gelegene Empfangsraum« beschrieben (FR, f.307v). Die okzitanischen Worte für *aula* und *camera* wurden von Raymond Peyre synonym für den oberen Raum, in dem er verhört wurde, verwendet.

Zusätzlich zu diesen beiden großen Räumen gab es einen Dachboden, wo einige Gefangene festgehalten wurden, während andere nach Allemans geschickt wurden. In wenigen ausgesuchten Fällen wurden Gefangene, wie der Pfarrer von Montaillou, in Mas-Saint-Antonin unter Hausarrest gestellt. Der Bischofssitz lag nahe an den Festungswällen, und der zum Gefängnis umfunktionierte Dachboden dürfte sich fast auf gleicher Ebene mit den Wehrgängen befunden haben, was erklären würde, wieso es relativ einfach war, mit den Insassen, wie wir noch sehen werden, von außen Kontakt aufzunehmen.

Als Bonifatius VIII. Pamiers 1295 zum Bischofssitz erklärte, übergab er der Stadt gleichzeitig ein Privileg für die Einrichtung einer Universität. Die Universität wurde nie verwirklicht, Pamiers entwickelte sich dennoch zu einer intellektuellen Brutstätte. 1317 scheinen zahlreiche Lateinschüler im Alter zwischen 16 und 18 Jahren in den verschiedenen Klostergemeinschaften unterrichtet worden zu sein, ehe sie nach Toulouse zur Universität gingen. Da die Kosten eines Universitätsstudiums in Toulouse selbst für den Kleinadel wie die de Luzenacs schwer zu verkraften waren, waren viele Studenten bereit, Gesindearbeit zu übernehmen, um sich ihr Studium zu finanzieren.

Jemand, der ihre Not sehr gut kannte, war ein abtrünniger Franziskaner aus einer mächtigen Adelsfamilie aus Pamiers, Arnaud de Verniolle, zufällig auch ein Freund des Waldensers Raymond de la Côte. Arnauds Aussage liest sich wie eine pikareske Reise durch Jacques Fourniers Pamiers. Sie gewährt einen unschätzbaren zeitgenössischen Einblick in die mittelalterliche Stadt, von der aus Fournier seinen privaten Kreuzzug gegen die Katharer des Sabarthès führte. Vor allem beschädigte Arnauds Aussage jedoch zutiefst die Glaubwürdigkeit des örtlichen Klerus, weshalb Fournier sie ohne jeden Skrupel so lange verdrehte, bis sie als häretisch gelten und somit inhaltlich als vom Teufel inspiriert abgetan werden konnte.

1323 war Arnaud etwa 32 Jahre alt und Vater von zwei Söhnen, von denen einer unehelich und der andere erwachsen genug war, um verlobt zu sein. Als Zehnjähriger war Arnaud in einem Schlafsaal von einem älteren Jungen verführt worden, »der sich bereits rasierte« und dann später Priester wurde. Als Arnaud nach Toulouse ging, um als Franziskaner zu unterrichten, verführte er seinerseits einen seiner Schüler. Für dieses pädophile Vergehen wurde er im Franziskanerkloster in Mirepoix inhaftiert.

Irgendwie gelang es ihm zu fliehen, und mit 20 Jahren verließ er den Orden. Es ist seltsam, dass er sich später frei auf den Straßen Pamiers bewegen und in mehreren Klostergemeinschaften in Pamiers, einschließlich der Franziskaner, ein und aus gehen konnte, ohne dass er zur Rede gestellt wurde. Vielleicht war der Einfluss seiner Familie groß genug, ihn zu schützen.

Was Arnaud während seiner Zeit im Kloster vom monastischen Leben mitbekommen hatte, war, dass die Mönche vor allem Meister der Sodomie oder Masturbation waren (FR, f.228v). Er gestand, dass er selbst nicht länger als acht bis 14 Tage ohne sexuelle Beziehung mit einem Mann oder einer Frau auskommen konnte. Die sexuelle Begegnung, die er in seiner Studentenzeit in Toulouse mit einer Prostituierten hatte, hatte bei ihm vorübergehend ein geschwollenes Gesicht und die, wie sich herausstellte, unbegründete Angst hervorgerufen, sich Lepra zugezogen zu haben. Dies sei der Grund gewesen, behauptete er, dass er sich dann ausschließlich Männern zugewandt habe. Es war eine Mischung aus zügelloser Sexualität und unerfüllter Berufung, die Arnauds unglückseliges Schicksal vorzeichnete.

Zu der Zeit, als er sich zum schwulen Triebtäter Pamiers' entwickelte, scheint er verheiratet gewesen zu sein, auch wenn in seiner Erzählung nirgends eine Ehefrau auftaucht. Seine verwitwete Mutter und eine Magd kommen hingegen darin vor, und er berichtet ebenso, dass von seinen beiden Brüdern nur noch einer, Guillaume, am Leben war. Er besaß eine Insel oder eine *mediana,* eine Flussbank. Arnaud wohnte neben der Kirche des Mercadal in einem prächtigen Haus, bei dem es sich offenbar um das Haus der Familie handelte. Hier bewohnte er die oberste Etage, wo er sein Arbeitszimmer und seine Bücher hatte. Er nutzte darüber hinaus noch ein anderes Haus im Viertel Le Camp, in der Nähe der Klarissen, auf dem Weg nach L'Estang.

Nach seiner Gefangenschaft in Mirepoix ging Arnaud nach Rom und kehrte dann wieder nach Pamiers zurück. Von hier aus machte er sich eines Tages auf den Weg zu den Warmwasserquellen in Ax, und auf dem Weg dorthin las er in Tarascon in der Kirche Notre-Dame-de-Sabart (auch als Sainte-Marie-de-Sabart bekannt) die Messe. Obwohl er kein Priester war, machte er seine Sache gut, aber warum sollte er den Wunsch gehabt haben, dies zu tun? Trieb ihn seine frühere Berufung? War das der Grund, warum er, wenn es so war, den Waldenser Raymond aufsuchte? Wir werden es nie wissen, aber er schlüpfte noch häufiger und überzeugend in die Rolle des Priesters, die den nicht unbedeutenden und für ihn vielleicht sogar ausschlaggebenden Vorzug hatte, ihm zu erlauben, die Beichte abzunehmen. Er habe wissen wollen, erklärte er später, ob andere die gleichen Sünden begingen wie er. Sein Auftreten als falscher Priester stellte bereits ein schweres Vergehen dar, und es wurde noch dadurch verschlimmert, dass Arnaud den Gläubigen die Absolution für ihre Sünden erteilte. Da er nicht geweiht war und somit keine Befugnis hatte, dies zu tun, verleitete er Bußfertige dazu, im Zustand der Todsünde die Kommunion zu empfangen. Seine eigenen sexuellen Verbrechen der Sodomie waren in den Augen der Kirche so schwer wiegend, dass diese Sünde nur vergeben werden konnte mit einer Beichte bei einem Bischof oder einem Priester mit einem Sonderablass des Bischofs.

Arnaud durchstreifte die verschiedenen Kirchen und Klöster von Pamiers wie auch die Schule in der Nähe der Karmeliten auf der Suche nach Jungen. Manchmal machte er sich an seine Opfer auf den Stufen des Altars heran, wie zum Beispiel vor dem Altar von Saint Barthélemy in der Kirche vom Mercadal oder in der Kapelle der Dominikaner, in der Theologie gelehrt wurde. Und er hatte keine Hemmungen, nach der Messe auf dem berüchtigten Inquisitionsfriedhof von Saint-Jean über unerlaubte Sexualpraktiken zu diskutieren. An diesem Ort, an dem gerade Menschen von der Kirche verbrannt worden waren, forderte Arnaud den Studenten Guillaume Boué zu einem Gespräch heraus, ob er die Masturbation oder Päderastie für das schlimmste Delikt hielt.

Arnaud war ein Seriensexualtäter, und ihm war kein Ort zu heilig oder zu riskant, um Jagd auf Jungen zu machen, nicht einmal der Durchgang »zwischen dem Schlafsaal und den Waschräumen der Franziskaner in Pamiers« (FR, f. 227r). Wenn man der Zeugenaussage des Jugendlichen Guillaume Rous glauben kann, dann hat Arnaud einige seiner jungen Opfer vergewaltigt.

Arnaud war Guillaume im Kloster der Augustiner in Loumet begegnet und hatte erfahren, dass Guillaumes Bruder nicht bereit war, die Kosten seines Studiums in Toulouse zu bezahlen. Arnaud hatte Guillaume in den Klostergarten geführt und ihm hier die Möglichkeit in Aussicht gestellt, kostenlos bei einem Kanonikus der Kirche Saint-Sernin in Toulouse zu wohnen. Dafür müsse er dem Kanonikus die Füße reiben, ihm Frauen besorgen und sich ihm bei seinen päderastischen Wünschen gefällig erweisen. Mit diesem Eröffnungsschachzug hatte er dem Jungen unter dem Vorwand, ihm mit der Beschaffung einer Unterkunft behilflich zu sein, erst einmal auf den Zahn fühlen können.

Dann lud er Guillaume zu sich nach Hause ein, um ihm sein Haus und seine Bücher, die *Decretales*, zu zeigen. Hier zwang er den Jungen, seinen Unterleib zu entkleiden, und dann befriedigten sie sich in der Missionarsstellung, wie beim Geschlechtsverkehr, zwischen den Oberschenkeln des jeweils anderen gegenseitig. Arnaud, behauptete der Junge, habe seinen Penis zwischen seinen Schenkeln bewegt, wie er es bei einer Frau gemacht hätte. Nachdem er seinen Höhepunkt erreicht hatte, animierte er den Jungen, das Gleiche bei ihm zu tun, und schenkte ihm anschließend (Guillaume Rous zufolge) ein Buch aus zehn Blättern Pergament oder, Arnaud zufolge, ein Exemplar eines der Bücher Ovids, wobei es sich um die damals beliebte *Ars amatoria* gehandelt haben könnte (Duvernoy, 1978, S. 1068, Anm. 25).

Bei einer anderen Gelegenheit hatte Arnaud Analverkehr mit dem Jungen, der ihn auch auf die Insel seines Bruders im Norden der Stadt begleitete, in eine Gegend, die Dels Pomarols oder Al Pomarol hieß, nicht weit von dem Leprahospiz in L'Estang entfernt. Auf der Insel, die in der Nähe eines Weinbergs lag, gab es ein kleines Haus. Hier machte Arnaud ihm den Vorschlag, sich wegen der Hitze beide auszuziehen. Als der Junge sich weigerte, jagte Arnaud ihm hinterher und vergewaltigte ihn angeblich mit gezücktem Messer.

Es kann im Wesentlichen keinen Zweifel an den von mindestens fünf jungen Männern erhobenen sexuellen Vorwürfen gegen Arnaud geben; und er hat selbst zugegeben, dass es noch mehr gab. Angesichts eines solchen Geständnisses ist es erstaunlich, dass Arnaud leugnete, je masturbiert zu haben; stattdessen verwies er vielmehr darauf, dass einer seiner Ankläger, Guillaume Rous, ein vollendeter Meister darin gewesen sei, vermutlich in der Hoffnung, ihn damit zu diskreditieren. Auch wenn man davon ausgehen kann, dass seine Hauptrichter wie der alte Dominikaner Gaillard de Pomiès und Fournier wenig oder keine Erfahrung mit Analverkehr hatten, kann es kaum Zweifel daran geben, dass sie alle sich der Onanie hingegeben hatten.

Arnaud zufolge hatte Guillaume ihn gefragt: »Möchtet Ihr, dass ich Euch zeige, was man tun kann, wenn man vom Verlangen erfüllt ist, mit einem Mann zu verkehren, aber keine Gelegenheit hat, diesen Wunsch zu befriedigen? Ich habe oft mein Glied in die Hand genommen und es gerieben, um meine Lust zu stillen, und ich kann Euch zeigen, wie es gemacht wird.« (FR, ff.231v, 232r) Guillaume Rous hatte vorher offenbar schon einmal homosexuellen Verkehr gehabt, und seine Beziehung mit Arnaud dauerte mehrere Monate.

Die vier Lateinschüler, die Arnaud sexueller Übergriffe bezichtigen, hatten sich vielleicht bereitwilliger darauf eingelassen, als sie später zugeben mochten. Mindestens drei von ihnen, Guillaume Rous, Guillaume-Bernard Joc und Guillaume Pech, waren mit Arnaud an einer Orgie zu viert beteiligt, bei der sie es abwechselnd miteinander getrieben hatten, jeweils zur erotischen Erbauung der anderen, die dabei zuschauten. Das zumindest erzählte Arnaud seinem Zellengefährten in Allemans, Bruder Pierre Record, und es gibt eigentlich keinen Grund, den Wahrheitsgehalt dieser Erzählung anzuzweifeln, auch wenn Arnaud selbst die Quelle ist.

Als Arnaud verhaftet wurde, war er gerade erst aus Toulouse zurückgekehrt. Er war mit einem jungen Mann dorthin gereist, mit dem es unterwegs zu homosexuellen Handlungen gekommen war. In der Haft erzählte Arnaud seinem Leidensgenossen Pierre Record zuversichtlich, in Pamiers gäbe es über 3000 schwule Männer, und da dies selbst über das hinausginge, was Fournier bewältigen könne, werde er wahrscheinlich glimpflich davonkommen (FR, f.229v).

Am 9. August 1324 wurde Arnaud jedoch mit einer exemplarischen Härte als Häretiker verurteilt. Er sollte lebenslänglich, an den Händen gefesselt, bei Wasser und Brot im Kerker bleiben; er wurde »nie herausgeholt und auf freien Fuß gesetzt«. Im Gegensatz zu seinem berühmten Zeitgenossen Dante, der nie aufhörte, seinen schwulen Lehrer Brunetto Latini zu verehren (*Die Göttliche Komödie*, Die Hölle, 15. Gesang), war Fournier nicht bereit, Nachsicht mit homosexuellem Verhalten zu üben.

Arnauds sexuelle Vergehen waren zugegebenermaßen abscheulich und wären, da es dabei auch um Vergewaltigung und Pädophilie ging, mit den schwersten Strafen der weltlichen Gerichtsbarkeit geahndet worden. Indem Fournier ihn jedoch der Ketzerei beschuldigte, unterstellte er ihn direkt der Gerichtsbarkeit der Kirche. Vielleicht wollte er damit von vornherein jede Einflussnahme durch Arnauds reiche und mächtige Verwandten ausschließen. Fournier verstand es, den geistlichen und weltlichen Bereich nach seinem Belieben zu vermischen, was zum Markenzeichen seiner Verfolgungen werden sollte. Dies untergräbt in gewisser Weise die Glaubwürdigkeit dieses Kirchenmannes, der durch die Nachwelt eine bessere Presse erhielt, als er womöglich verdient hatte.

Fourniers Motive, die Inquisition in seinem Zuständigkeitsbereich des Languedoc wieder aufleben zu lassen, waren überwiegend pragmatischer Natur. Es war in erster Linie sein Wunsch, neue Steuern zu erheben, der in seiner aufsässigen Herde, die gegen seinen Vorgänger einen ähnlichen Kampf gewonnen hatte, eine Revolte auslöste. Er versuchte auch den Viehbestand *(carnalagia)*, genauer gesagt die Erstlinge *(primitiae)*, mit Steuerabgaben zu belegen, zusätzlich zu dem Zehnten *(decimalis)* auf die Getreideernte.

Fournier brauchte das Geld unter anderem für ein Inquisitionsgefängnis, vielleicht weil es in Pamiers für die Kirche besonders wichtig war, der weltlichen Macht ebenbürtig zu erscheinen. Pamiers Bedeutung nahm zu auf Kosten von Toulouse, und bei seiner Ernennung auf den Bischofsstuhl von Pamiers hatte Fournier sofort eine 15-prozentige Erhöhung der Einnahmen für seine Diözese mit Papst Johannes XXII. ausgehandelt. Um sie zu erreichen, exkommunizierte er alle, die sich seinen Steuern widersetzten.

Die Menschen von Pamiers hatten jedoch bereits neun Jahre, von 1295 bis 1304, unter der Strafe der Exkommunikation gelebt und waren davon hartnäckig unbeeindruckt geblieben, selbst als während dieser Zeit die ursprüngliche »geringere« Exkommunikation in die »größere« umgewandelt wurde. Damit waren die Betroffenen nicht nur von allen Sakramenten der Kirche ausgeschlossen, auch alle Verträge und Testamente, die sie abgeschlossen und verfügt hatten, wurden per Kirchenerlass null und nichtig, ebenso wie ihr Anspruch auf eine kirchliche Beerdigung. Auf die größere Exkommunikation folgte normalerweise innerhalb eines Jahres eine Anklage wegen Ketzerei, und anschließend wurden die Angeklagten automatisch der Inquisition vorgeführt. Im

Gegensatz zu seinen Vorgängern setzte Fournier diese letzte Sanktion jetzt um.

Dass den Menschen absolut bewusst war, dass der Bischof seine kirchliche Autorität missbrauchte, wird deutlich durch die Aussagen zweier Zeugen, die für die Armen und Unterdrückten im Languedoc des 14. Jahrhunderts sprechen.

Raymond de Laburat aus Quié war ein Freund der Clergues aus Montaillou, exkommuniziert und Vater eines Priesters. Eines Sonntagmorgens, als die Gemeinde aus der Kirche Notre-Dame-de-Sabart strömte, die er als Exkommunizierter nicht mehr betreten durfte, begann er, sich lauthals aufzuregen. Die Leute, schimpfte er, bauten und schmückten mit ihren Anstrengungen und Steuern die Kirchen, um dann erleben zu müssen, wie sie selbst von den Prälaten ausgeschlossen würden. Es werde ihnen nicht einmal erlaubt, rief er zornig, die Früchte ihrer Arbeit zu genießen. Da wäre es doch viel besser, alle Kirchen einfach abzureißen und die Messe unter offenem Himmel zu lesen, dann könnten die Priester den Leib Christi wenigstens nicht vor den Menschen verstecken.

Raymond ging noch weiter. Er habe den inständigen Wunsch, meinte er, seine Differenzen mit Fournier auf einem einsamen Berggipfel von Mann zu Mann zu klären. »Dann«, spottete er, »würde ich feststellen, was er in seinem dicken Wanst hat«, mit anderen Worten, den Mut eines Feiglings bloßlegen.

Die Kirche bezeichnete Raymonds Tirade als »Unflat«, aber rückblickend stellt sich dennoch eine gewisse Befriedigung ein bei der Vorstellung, dass Fournier sich anhören musste, wie seine schlechten Absichten öffentlich an den Pranger gestellt wurden.

*

Raymond de Laburats Gefühle fanden bei vielen ihren Widerhall, auch bei Bernard Clergue. Diese antiklerikale Einstellung wurde jedoch am stärksten von einem seiner Feinde, Pierre den Hugol, zum Ausdruck gebracht, der ebenfalls aus Quié kam.[103]

Eines Morgens, während des ersten Jahres, in dem Fournier dazu übergegangen war, die Steuerverweigerer aus dem Sabarthès zu exkommunizieren, machte Pierre den Hugol sich auf den Weg, um in der Kirche Notre-Dame-de-Sabart die Messe zu besuchen. Auf halbem Wege zwischen Quié und dem Berg Sabart machte er seiner Wut über die neuen Steuern und die Unterdrückung durch die Kirche Luft:

»Seit das Sabarthès unter die Fuchtel der Kirche geraten ist, konnte ich keinen Gewinn mehr erzielen, weil der Klerus in seinem Machthunger die Exkommunikation erfunden hat. Gott selbst hat nie jemanden exkommuniziert, noch hat Er die Exkommunikation angeordnet, noch hat Er sie eingesetzt. Die Priester haben sie erfunden, um sich gegenüber dem Volk als Herren aufzuspielen, und haben damit, dass sie jeden Beliebigen exkommunizieren, eine große Gottlosigkeit begangen. Warum sollen wir uns überhaupt aufregen, wenn wir exkommuniziert werden, die Menschen von Pamiers waren es doch sieben [sic] Jahre lang? Diese Exkommunikation wird unseren Magen nicht zerfressen, und wenn wir so exkommuniziert sterben, dann werden wir genauso sicher gerettet, als wenn wir es nicht wären, und Gott wird uns gnädig sein. Und was ist diese Exkommunikation wert, da wir doch exkommuniziert werden, weil wir den Zehnten nicht zahlen; da wir den nie gezahlt haben, ist diese Exkommunikation wertlos.

Ich wünschte, es gäbe keine Kleriker, weder auf dieser Seite des Meeres noch jenseits. Denn wenn es keine Priester gäbe, ginge es uns gut, weil sie uns nichts als tägliches Leid bringen.

Es gibt keinen schlimmeren Teufel auf der Welt als den Bischof: Er hat unsere ganze Gegend entweder unter dem Vorwand der Ketzerei oder der Hexenjagd umgebracht; und wegen des Zehnten, den er ständig verlangt und sucht, und wegen all der [anderen] schlimmen Dinge, dic er jeden Tag untersucht. Wenn wir Pech haben und er lange lebt, dann wird er alle Menschen in dieser Gegend vernichtet haben; dann kann er gegen die Felsen vorgehen.

Es wäre besser für uns, wenn wir in die Gewalt von Bären und Wölfen fielen, als in der Gewalt dieses Teufels zu sein. Vor dem Wolf und dem Bär könnten wir fliehen, aber vor ihm gibt es für uns überhaupt kein Entkommen.« (FR, f.308v)

Wie dieser Brecht aus dem Sabarthès verdeutlicht, hatte das einfache Volk im Ariège die ökonomische Realpolitik hinter Fourniers Verfolgungen schnell durchschaut und hatte folglich vor den Ritualen einer Kirche, die im Namen der Seele Geld eintrieb, keine Ehrfurcht mehr. Die Praxis, einem Sterbenden eine gesegnete Kerze in den Mund zu stecken, entlockte Pierre Sabatier aus Varilhes zum Beispiel die Bemerkung, die Kerze könne genauso gut jemandem in den After geschoben werden. Und er meinte auch, die Lieder und Gebete der Priester während der Messe seien nur Blendwerk, um den Gemeindemitgliedern Geld aus der Tasche zu ziehen. In dem Punkt war Pierre Clergue bemerkenswert ähnlicher Meinung.

Fourniers Motive waren nicht nur ziemlich durchsichtig, sondern seinem verlogenen Beispiel folgten auch andere, sodass in den Akten der Inquisition von Pamiers eine Reihe schmeichlerischer und rundweg falscher Zeugenaussagen erhalten geblieben sind. Ein Fall veranschaulicht vor allem den üblen Effekt der Fournier-Politik; dabei ging es um die erbitterte Rivalität zwischen Pierre de Gaillac und einem anderen Anwalt. Der Streitpunkt war wiederum Geld. In dem Fall versuchte Fournier ironischerweise sein Bestes, um der Gerechtigkeit zum Sieg zu verhelfen, mit Erfolg. Fast wie in einer griechischen Tragödie hat diese Geschichte ihren Schlusschor, mit dem ich hier beginnen möchte.

Einen Steinwurf von der bischöflichen Residenz im Osten entfernt, direkt gegenüber den Toren des Mercadal, verlief eine Straße, die bis heute unter demselben Namen, Rue des Piconnières, fast unverändert erhalten geblieben ist. Im frühen 14. Jahrhundert führte sie zur Piconieras-Brücke, hinter der der Vorort Loumet mit dem neuen Augustinerkloster, dem Hospital, der Taverne und dem Leprahospiz lag. Etwa anderthalb Kilometer südöstlich der Brücke, eingekeilt zwischen der heutigen Route de Foix und der Rue Bernard Saisset, erhob sich Mas-Saint-Antonin.

Am Ende der Rue des Piconnières, kurz vor der Brücke, gab es eine Taverne mit Steinbänken für die Gäste. Am Freitag, dem 10. August 1324, irgendwann nach sechs Uhr am Nachmittag, saßen dort nebeneinander drei Männer und tranken Wein. Dies waren Pierre Peyre (auf der Mercadal-Seite), Pierre den Hugol (in der Mitte) und Jacques

Tartier (auf der der Brücke zugewandten Seite). Die beiden Letztgenannten mussten inzwischen Frieden geschlossen haben, nachdem Tartier fünf Jahre vorher im Gefängnis versucht hatte, den Hugol anzuschwärzen.[104]

Sie unterhielten sich über Bernard Clergue aus Montaillou, der am Tag zuvor für schuldig befunden worden war, ein verstockter und rückfällig gewordener Ketzer zu sein, und dem weltlichen Arm zur Verbrennung überantwortet werden sollte (D 28, f.48r). Bernard Clergues Glück und Einfluss hielten jedoch an, als er drei Tage später in der Kirche von Notre-Dame-du-Camp mit einem milden Urteil davonkam, während die drei Männer, die sich an jenem Sommerabend in Pamiers zu früh hämisch über sein Schicksal gefreut hatten, zu Beginn der darauf folgenden Woche, am Tag Mariä Empfängnis, beim Bischof angezeigt wurden.

Seit ihrer Entlassung aus dem Gefängnis vor mehreren Jahren hatten die drei auf Betreiben von Pierre de Gaillac, der selbst vor sechs Monaten gestorben war, die falsche Beschuldigung gegen einen Anwalt namens Guillaume Tron erhoben. Als Fournier im Sabarthès sein Denunziationssystem errichtete, sah Pierre de Gaillac seine Chance, endlich einen verhassten Rivalen zu vernichten. Statt sich nach einer Gefängnisstrafe wegen Ketzerei bedeckt zu halten, beschloss er, mit dem Teufel zu würfeln. Das Ergebnis war eine düstere mittelalterliche Version der Dreyfus-Affäre.

De Gaillac hatte vorher schon einmal, als er es mit dem mächtigen Simon Barre aufnahm, die Chancen genutzt, die der tödliche Bürgerkrieg zwischen den Jüngern Gottes einem Einzelgänger eröffnet. Im Jahr 1308, am Vorabend des Zusammenbruchs der katharischen Bewegung im Sabarthès, wurde der ältere Pierre de Gaillac zum Tode verurteilt. Das Urteil hatte Barre über ihn verhängt wegen einer Schuld von 22 Pfund, was in etwa dem Gegenwert einer Herde von 44 Schafen entsprach. Wie die Schulden zustande kamen, ist nicht bekannt, es ist jedoch denkbar, dass das Vermögen de Gaillacs wegen Häresie gepfändet worden war.

Es war der jüngere Pierre de Gaillac, der Erfolg hatte, wo andere gescheitert waren. Er erwirkte einen sechsmonatigen Vollstreckungsaufschub für seinen Vater, indem er Barre auf dem Marktplatz in Tarascon beherzt entgegengetreten war. De Gaillac zufolge hatte Simon Barre sich bereit erklärt, die Hinrichtung aufzuschieben, weil Pierre ein guter Katharer war. Barre hatte angeblich mit den Worten nachgegeben: »Gewiss, um der Liebe Gottes willen und weil ich weiß und spüre, dass Ihr den guten Glauben habt, das heißt, den Glauben, den Guillaume Authié predigt. Deshalb werde ich Euch und Euren Vater für den Augenblick gehen lassen und bin damit einverstanden, dass die Hinrichtung nicht direkt vollstreckt werden soll. Ich werde bei Eurem Vater eine gewisse Zeit warten.« (FR, f.56r)

Es dürfte ziemlich klar sein, dass de Gaillac Barre mit der Drohung erpresst hatte, ihn, trotz seiner eigenen tiefen Verwicklungen und seiner vielfältigen familiären Verbindungen mit den Authiés aus Ax, anzuzeigen.

Sowohl der jüngere de Gaillac als auch Barre kamen schließlich ins Gefängnis in Carcassonne. Aber sein Pyrrhussieg über Barre hatte ihn womöglich in seinem Selbstvertrauen derartig bestärkt, dass er glaubte, es auch mit seinem nächsten Feind, dem Anwalt Guillaume Tron, aufnehmen zu können.

Den ersten Versuch, Tron zu verleumden, unternahm er bereits am Mittwoch, dem 21. Mai 1309. Er behauptete, Tron habe ihm zuvor im selben Jahr, auf dem Rückweg vom Geschworenengericht in Alet-les-Bains im Aude nach Tarascon, einen schlechten Glauben vorgeworfen, dass er sich so schnell zur Häresie bekannt habe. Tron hatte damals angeblich behauptet, sich etwa 1305 als Student in Toulouse mit einem anderen Studenten der Naturwissenschaft ein Zimmer geteilt zu haben. Dieser junge Mann habe ihm mehrfach erklärt, dass er und fast alle Studenten der Naturwissenschaft in Toulouse und Paris der Meinung waren, dass es unmöglich und sogar widernatürlich sei, dass Brot und heilige Worte sich in den Leib Christi verwandeln könnten. De Gaillacs Pointe war sein Schlusssatz: »Und Guillaume Tron war mit dieser Argumentation nahezu einer Meinung.«

Dieser Versuch, sein Opfer zu zerstören, scheiterte, weil keine Zeugen zu finden waren, die diese gegen Tron erhobene Beschuldigung des Freidenkertums hätten bekräftigen können. Es konnte keine geben, da de Gaillac sie erfunden hatte.

Neun Jahre später, im Frühjahr 1318, und vor einem anderen Inquisitor, Jean de Beaune aus Carcassonne, beschloss Pierre de Gaillac noch einmal, die Häresiekarte gegen Guillaume Tron auszuspielen. Inzwischen war er aus dem Gefängnis entlassen und lebte mit seiner Frau und seiner Schwiegermutter in der Rue des Faures in einem Vorort von Carcassonne. Er war aus zwei Gründen von Tarascon nach Carcassonne gezogen: Erstens, weil er Tron an den Gerichten im Sabarthès nicht hatte beikommen können; und zweitens, weil er näher am Zentrum der Inquisition, auf der Seite der Sieger, sein wollte.

Hier gestand er Raymond Peyre aus Quié eines Tages, nachdem er dessen Bruder Pierre offenbar bereits entsprechend unterrichtet hatte, seinen abgrundtiefen Hass auf Guillaume Tron und dass er den Wunsch habe, ihn hinter Gitter zu bringen. Peyre, ein Nachbar und ebenfalls ehemaliger Häretiker, arbeitete in der Praxis des Anwaltes Frisco Ricomanni in Carcassonne und besuchte de Gaillac häufig in seiner Wohnung im ersten Stock, wo er als Schreiber arbeitete.[105] Dieses Mal bot de Gaillac in dieser Geschichte, die sich über sechs Jahre, von 1318 bis 1324, hinziehen sollte, mehrere Zeugen auf, einschließlich eines Anwaltskollegen namens Guillaume Gautier.

Tron, so argumentierte de Gaillac, habe sie alle schlecht behandelt und werde nicht müde, sie auch weiterhin als *iretialha*, das heißt »häretischen Abfall«, zu bezeichnen. Die Kirche verbot, abfällig über verurteilte und bußfertige Häretiker zu reden, Tron setzte sich jedoch vermeintlich über diese ausdrückliche Verfügung hinweg, und wann immer sie sich vor Gericht begegneten, überhäufte Tron de Gaillac angeblich mit Unflätigkeiten. Wenn es gelänge, Tron zu vernichten, so de Gaillac, dann könnten er und Gautier in einer Partnerschaft künftig alle Fälle im Sabarthès übernehmen und damit eine Menge Geld verdienen.

Gäbe es eine bessere Rache, als Tron mit seiner eigenen inquisitorischen Petarde hochgehen zu lassen, indem sie im Verein schworen, dass er bei einer katharischen Tröstung im Hause von Guillaume Delaire, einem allseits bekannten ehemaligen Katharer aus Quié, Guillaume Authié getroffen habe? Sofern die beiden Peyres bereit seien mitzumachen, werde de Gaillac sie künftig bei allen Fällen vor Gericht kostenlos vertreten sowie jeden, den sie ihm nennen würden.

Die Anklage gegen Tron wurde von de Gaillac vor den Inquisitor

Jean de Beaune gebracht, und Tron wurde ordnungsgemäß vorgeladen und verhaftet. Er muss sich an Fournier gewandt haben, denn innerhalb von einem Monat waren Fournier und Gaillard de Pomiès nach Carcassonne gereist, um sich selbst von seiner Schuld zu überzeugen. Das war wahrscheinlich Anfang des Jahres 1319, da Gaillard de Pomiès erst ab dem 10. Dezember 1318 mit Fournier zusammenarbeitete (siehe S. 388). Die Tatsache, dass Jacques de Polignac von Trons Schuld überzeugt zu sein schien, war für die Männer aus Pamiers ausschlaggebend, und Tron wurde inhaftiert. Er dürfte etwa zwei Jahre in de Polignacs Gefängnis in Carcassonne gesessen haben.

Dies war jedoch nicht das Ende vom Lied, auch wenn es de Gaillac für kurze Zeit gelungen war, sein Ziel zu erreichen und seinen Rivalen aus dem Verkehr zu ziehen. Die Tatsache, dass um das Jahr 1318/19 de Gaillac und de Polignac ganz gut miteinander auskamen, lässt darauf schließen, dass die Clergues und de Gaillac zu dem Zeitpunkt ihren Kampf noch nicht begonnen hatten. De Gaillac hatte jedoch vielleicht zu hoch gepokert in seinem Bemühen, der Inquisition zu helfen, *sofern* er es tat, als der Pfarrer von Montaillou ihre Beute wurde.

Am Mittwoch, dem 23. September 1320, hatte de Gaillac in Ax Raymond Vaissière getroffen, der ihn freudig mit den Worten begrüßt hatte: »Kommt zurück, Ihr vom Gesetz!« Dahinter steckte eine Wortspielerei, die sich auf de Gaillacs Beruf bezog, aber auch bedeutete, wie de Gaillac anmerkte, »Ihr, die Ihr von *unserem* Gesetz seid« [Hervorhebung durch den Autor], das heißt, ein katharischer Mitgläubiger. Sie waren zweifellos befreundet, und wahrscheinlich wollte Vaissière de Gaillacs Hilfe gegen einen anderen Barre, Jean Barre, in Anspruch nehmen, der Vaissière vor Fournier beschuldigt hatte, für den Glauben der Authiés zu missionieren.

Drei Wochen später, am Montag, dem 13. Oktober, wurde Raymond Vaissière als Gefangener der Inquisition nach Pamiers gebracht. In Tarascon suchte er de Gaillac in seinem Haus auf, um ihn um Rat zu fragen. De Gaillac behauptete, ihn bedrängt zu haben, die volle Wahrheit zu sagen. Vaissières Antwort darauf war, dass er in seine Hand blies, um das Entfachen der Flammen anzudeuten und zu verdeutlichen, dass er, wenn er es tat, als Rückfälliger verbrannt würde. Er verließ de Gaillac, ohne ein weiteres Wort zu sagen. Dreizehn Tage später erhob Vaissière jedoch schwere Anschuldigungen gegen Pierre Clergue, der zu dem Zeitpunkt bereits in Haft war, indem er berichtete, Guillaume Authié habe den Pfarrer als guten Freund bezeichnet.

Es ist möglich, dass de Gaillac Vaissière den Rat gab, die Wahrheit über die Clergues aufzudecken. Wenn er jedoch versucht haben sollte, ein doppeltes Spiel mit den Herren von Montaillou zu spielen, dann hatte er sich verrechnet und zog den Kürzeren. Denn in der Fastenzeit 1321 wurde Guillaume Tron aus Carcassonne entlassen, vermutlich, weil die Clergues es so wollten, nachdem sie nun in Trons Verunglimpfer, de Gaillac, einen ihrer wichtigsten Feinde erkannt hatten.[106] Im Juli 1321 wurde de Gaillac dann selbst von der Inquisition in Carcassonne verhaftet, wenn er auch innerhalb von sechs Monaten wieder freigelassen wurde. Pierre de Gaillac scheint am Dienstag, dem 21., oder Mittwoch, dem 22. Februar 1324, gestorben zu sein (FR, f.200v).

Guillaume Tron wurde letzten Endes rehabilitiert und setzte seine Karriere als erfolgreicher Anwalt im Sabarthès fort.

Wenn Jacques Fournier das Ariège zunächst aus fiskalischen Motiven in eine danteske Hölle verwandelt hatte, dann halfen die Katharer in Katalonien unabsichtlich, seine verlogenen Verfolgungen in einen echten Kreuzzug gegen die Häretiker zu verwandeln. Wir haben bereits mitbekommen, wie verschiedene Akteure dieser Geschichte die Pyrenäen überquert haben, um sich in Sicherheit zu bringen. Unter den Letzten, die dies taten, war Pierre Maury.

15. AUS DEM FENOUILLÈDES NACH KATALONIEN (1307-1314)

Nachdem Pierre Maury Ende Juni 1307 von Barthélemy Bourrel entlassen worden war, verdingte er sich zunächst bei Pierre André und dann bei Guillaume André aus Planèzes, einem Weiler am Fluss Agly im tiefsten Fenouillèdes, auf halber Strecke zwischen Ax und Perignan. Pierre Maury kannte diese heiße Gegend mit ihren Tälern, Buschregionen und felsigen Ausläufern südlich der Corbières aus seinen Tagen in Arques und von seinen Besuchen bei den Bélibastes in Cubières, das rund 25 Kilometer nordwestlich, jenseits von Saint-Paul-de-Fenouillet und den Gorges de Galamus liegt. Die zerstörten Festungen von Peyrepertuse und Quéribus liegen im Norden bzw. im Nordosten von Planèzes, und Carcassonne ist rund 55 Kilometer in nordöstlicher Richtung von hier entfernt.

Pierre Maury hielt sich im September 1307 auf den Weiden von Planèzes auf, als Guillaume Bélibaste und Philippe d'Aylarac aus dem Gefängnis des Inquisitors in Carcassonne entkamen, das nicht weit von

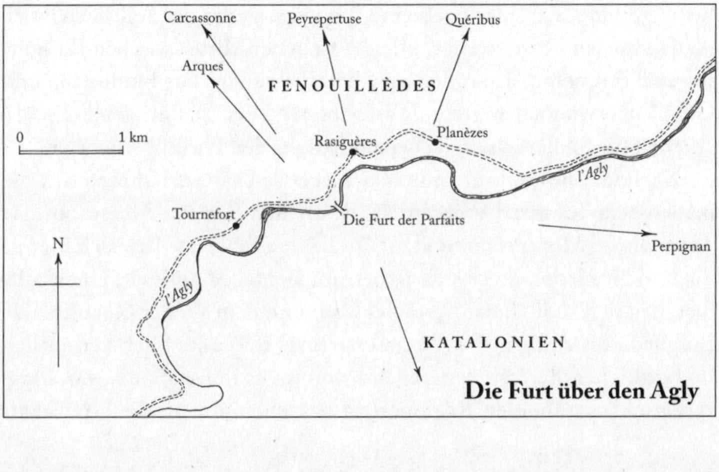

Die Furt über den Agly

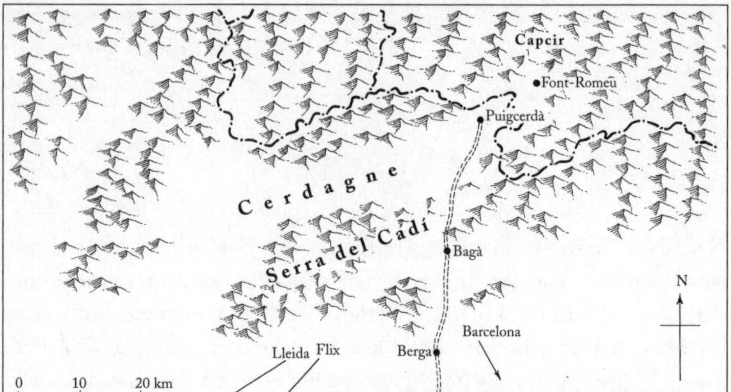

Der Cadí und die Straße nach Süden

dem viereckigen Turm des Bischofs entfernt war (Poux, 1931, S. 157). Sie versteckten sich den ganzen Tag über an einem nahe gelegenen Fluss (L, S. 273, 297). Als die Dunkelheit hereinbrach, machten sich die beiden Flüchtlinge auf den Weg ins Fenouillèdes. Sie wussten, dass Pierre Maury in Planèzes war, und suchten ihn in jener Nacht auf. Er gab ihnen Essen und Unterkunft, und er muss es auch gewesen sein, der ihnen mit seiner genauen Kenntnis der Gegend zeigte, wo sie den Agly am besten überqueren konnten, nämlich »zwischen Rasiguères und Tournefort«, etwa anderthalb Kilometer westlich von Planèzes. Auch heute befindet sich hier noch eine Biegung, an der der Agly sich zu einem schmalen Fluss verengt. Hier, etwa in der Mitte zwischen Rasiguères und Tournefort, kann der Agly durch eine Furt aus Findlingen und Geröll überwunden werden. (Farbabb. 28) Dies ist mit ziemlicher Sicherheit die Stelle, an der die beiden Parfaits den Fluss überquerten.

Nachdem sie den Agly hinter sich gelassen hatten, bahnten sich die beiden Männer ihren Weg durchs Roussillon und die Albères, bis sie Torroella de Montgrí erreichten. Guillaume Bélibaste ließ sich hier jedoch nicht nieder, da er sich 1310/11 im Berguedà aufhielt, einem Gebiet, das sich südlich der Serra del Cadí und dem Weiler Guardiola de Berguedà bis südlich von Berga erstreckt. Bélibaste blieb vermutlich im nördlichen Bereich der Gegend, von wo es ihm möglich war, Puigcerdà und die anderen Regionen zu besuchen, die an die Grafschaft

Foix grenzten. Hier muss er auch den Kontakt zu seinem Bruder Bernard hergestellt haben.[107]

Dass ein Parfait bei Pierre Maury gewesen war, hatte sich innerhalb von zwei Tagen nach der Überquerung des Agly verbreitet. Und Pierre wurde offenbar im Verlauf der Untersuchung der Flucht der Parfaits für kurze Zeit in Castelnou (im Fenouillèdes nahe Thuir) festgehalten.[108]

Um Ostern 1308, das auf den 14. April fiel, erschien Pierre schließlich auf dem Marktplatz von Saint-Paul-de-Fenouillet vor Pierre Girard, dem Ankläger des Erzbischofs von Narbonne. Er wurde beschuldigt, Guillaume Bélibaste und Philippe d'Aylarac bei ihrer Flucht geholfen zu haben. Pierre Maury wies den Vorwurf jedoch zurück und beharrte darauf, dass er zu der Zeit keine Schafe gehütet habe, sondern in den Weinbergen von Guillaume André zusammen mit dessen Söhnen und anderen gewesen sei. Dies wurde von vielen Anwesenden bestätigt, auch von Othon de Corbolh, dem Lehnsherrn von Saint-Paul, der neben dem Ankläger saß, und Arnaud de n'Ayglina, dem Bayle der Stadt. Sie alle legten falsches Zeugnis ab, Girard konnte gegen ihre Solidarität nichts ausrichten, selbst wenn er gewollt hätte; und womöglich wollte er, der selbst ein häufiger Gast im Hause der Familie eines Parfaits gewesen war, es gar nicht. Pierre Maury war offenbar überall beliebt.

Pierre musste noch an einem weiteren Termin vor Girard erscheinen, bei dem er dann ordnungsgemäß von einer Komplizenschaft mit den Häretikern freigesprochen wurde. Girard warnte jedoch, das Sabarthès und die Gegend von Montaillou seien mit Häretikern durchsetzt, »aber dieses Jahr«, drohte er, »werden wir sie alle kriegen und dort herausholen«.

Ist es denkbar, dass Girard versuchte, einem der wichtigsten Passeurs der Parfaits einen Hinweis zu geben, dass eine Säuberung bevorstand? Im Mai 1308 arbeitete die Verfolgungsmaschinerie auf vollen Touren, und die frühe Razzia in Montaillou zeigte, dass das Dorf eindeutig im Blick der Inquisitoren lag. Vielleicht hätte Pierre Maury dies weitergeben müssen.

Stattdessen begleitete er im Frühsommer 1308 eine Fracht Salz, die von Planèzes zu Bernard Tourte in Ax gebracht werden sollte. Dort lief er in der Nähe des Bassin des Ladres seinem Bruder Guillaume

Maury sowie Guillaume Belot aus Montaillou über den Weg. Sie aßen bei den Tourtes zusammen zu Abend und spazierten dann zur Altstadt hinauf, dort, wo heute die Straße hinter der Kirche Saint-Vincent hinaufführt. Hier setzten sie sich offenbar etwas abseits des Weges nach Prades und Montaillou hin, und Pierre Maury fragte die beiden, ob es in seiner Heimatstadt inzwischen viele Katharer gäbe. Sie zählten ihm daraufhin detailliert die Personen aus Montaillou auf, die diesem Glauben anhingen.

Das zumindest behauptete Pierre Maury im Juni 1324 vor Fournier. Auch wenn nicht auszuschließen ist, dass dieses Gespräch in irgendeiner Form stattfand, so ist darin doch schwer ein Sinn zu erkennen. 1308 waren alle drei bestens darüber informiert, wer die wichtigsten katharischen Familien waren, da sie selbst zwei der überzeugten Familien angehörten. Auch wenn Pierre Maury den Großteil der Jahre von 1300 bis 1308 außerhalb des Pays' de Sault verbracht hatte, so hatte er doch eng mit einer Reihe von Parfaits zusammengearbeitet und kannte zweifellos die maßgebenden Katharer in seinem Heimatdorf und darüber hinaus.

Die Tatsache, dass als erster Name in Pierre Maurys Aussage Jean Guilabert genannt ist, weckt sofort den Verdacht, dass der alte Guilabert, der 1321 noch lebte, als seine Tochter und seine Frau in Allemans darbten, im Jahr 1324 bereits gestorben war. Jean Pélissier steht nicht auf der Liste, ein später eifriger Katharer, der mehrere Jahre *nach* dem Zusammenbruch des Katharismus in Montaillou Pierre Maurys Bruder Geld anbot, um es an die Parfaits in Katalonien weiterzugeben. Nach Pierres »Erinnerung« hatte Guillaume Belot nichts von der Tröstung des jungen Guilabert erzählt, obwohl er dabei gewesen war und die Tröstung erst etwa einen Monat vor diesem angeblichen Gespräch stattgefunden hatte. Das Verblüffendste ist jedoch, dass die Clergues in Pierre Maurys Schilderung des Gesprächs gar nicht vorkamen, obwohl die Belots und die Clergues im Sommer 1308 durch Heirat miteinander verbunden waren; und an anderer Stelle hatte Pierre Maury sich damit gebrüstet, dass er aus erster Hand über Pierre Clergues katharische Sympathien informiert war. Zu dem Zeitpunkt, als Pierre Maury seine Aussage machte, war die Macht der Clergues zudem gebrochen, was er *wusste*, und Bernard Clergue lag im Sterben.

Die beiden Gesprächspartner Pierre Maurys waren 1324 bereits tot und konnten somit nicht herbeizitiert werden, um ihn zu widerlegen. Warum sollte Pierre Maury eine solche Liste geliefert haben? Vielleicht war er darauf bedacht, den Eindruck zu erwecken, als sei er zu einer Zusammenarbeit mit Fournier bereit, während er gleichzeitig nicht imstande war, jemanden direkt zu verraten?

Pierre Maurys Namensaufstellung ist gelegentlich in der Literatur als die Bestandsliste eines Insiders über die Häretiker des Dorfes zitiert worden, sie fügt dem, was wir über die katharische Verbreitung in Montaillou wissen oder was Fournier wusste, jedoch nichts Neues hinzu. Sie liefert uns jedoch, wie wir gesehen haben, unschätzbar wertvolle topografische Informationen. Auch wenn die Anordnung des Dorfes in wesentlichen Teilen unabhängig von diesem Überblick rekonstruiert werden kann, veranschaulicht, bestätigt und konsolidiert er doch verschiedene Hypothesen, die umgekehrt seine Darstellung unterstützen.

Während Belot und sein Bruder Guillaume nach Montaillou zurückkehrten, machte Pierre sich wieder auf den Rückweg nach Planèzes. Im September 1308 hütete er seine Schafe auf dem Quériu-Pass oberhalb von Mérens, als Bernard Tourte, der die Schäfer mit Mehl belieferte, ihm die Nachricht von der Razzia in Montaillou brachte. Seine stoische Antwort darauf: »Wenn sie jetzt gefasst wurden, dann werden sie in Zukunft nicht mehr gefasst«, ärgerte Tourte, der daraufhin gereizt fragte: »Habt Ihr denn keine Angst, dass alle Schuldigen aus der Grafschaft Foix nun geschnappt werden, nachdem sie [mit den Verhaftungen] angefangen haben?« Was Pierre Maury darauf antwortete, ist nicht festgehalten.

Pierre blieb bis Ostern 1309 (30. März) bei Guillaume André und verdingte sich dann bei Pierre André en Constans aus Rasiguères. Er verbrachte jenen Sommer auf einem Pass oberhalb von Mérens, der *De la Lose* genannt wurde, wobei es sich *vielleicht* um die falsch verstandene okzitanische Bezeichnung *[Tute] de l'Ours* handeln könnte, der sich drei Kilometer oberhalb von Mérens und fünf Kilometer nördlich vom Pédourrés und vom Étang de Pédourrés befindet, die beide häufig von den Schäfern aufgesucht wurden.

Pierre Maury hütete seine Schafe in der Nähe dieses Teiches, als eines Tages Raymond Clergue und Jacques Alsen, der Statthalter des Kastellans von Montaillou, auftauchten. Sie behaupteten, auf der Suche nach ihm und Jean Benet aus Montaillou zu sein, um sie als Flüchtlinge vor der Inquisition zu verhaften. Sie nahmen Pierre Maury jedoch nicht fest. Sie beschieden sich vielmehr damit, Lebensmittelvorräte von ihm anzunehmen, ehe sie sich weiter auf die Suche nach dem anderen Flüchtigen machten. In Wahrheit waren sie überhaupt nicht an Pierre Maury interessiert, sondern ausschließlich an Jean Benet, der zusammen mit Guillaume Maurs geschworen hatte, Pierre Clergue zu töten. Die Gegenoffensive der Clergues, die zu ihrer fortdauernden Vendetta gegen die Maurs' gehörte, war also im Gange.

*

Pierre Maury blieb etwa bis zum 29. September 1309 (Michaelistag) auf den Pässen oberhalb von Mérens, bis es allmählich Zeit war, mit den Vorbereitungen für den Viehtrieb auf die Winterweiden zu beginnen. Nachdem er Pierre en Constans verlassen hatte, ging er zu Raymond Borser in Puigcerdà. Borser war entweder ein großer Viehzüchter oder ein Verwalter der Lehnsherrin Brunissende von Cervello. Pierre Maury, Guillaume Maurs, Jean Maury und der junge Guillaume Baille arbeiteten jedenfalls alle zu irgendeiner Zeit während ihres Aufenthalts in Katalonien für ihn und Brunissende.

In Puigcerdà traf Pierre Maury im September 1309 Guillaume Maurs, der hier von Ende September 1309 bis Ende Juni 1310 beschäftigt war. Maurs war in Puigcerdà relativ sicher, da die Stadt außerhalb der Jurisdiktion der französischen Krone lag. Was Pierre Maury ihm über die Begegnung mit dem Stoßtrupp der Clergues in den Bergen berichtete, kann ihm jedoch kaum gleichgültig gewesen sein.

Wenige Monate nach Pierre Maurys Ankunft in Puigcerdà trafen seine jüngeren Brüder bei ihm ein: Arnaud, der noch klein war, und Jean, der ebenfalls nicht sehr viel älter als 13 oder 14 gewesen sein dürfte, als ihre Eltern in Carcassonne ins Gefängnis kamen. Bernards Tourtes Antwort auf Pierre Maurys ungerührte Bemerkung auf dem Quériu-Pass sollte sich schneller, als erwartet, bewahrheiten. Die Bereitschaft der Clergues, seine eigenen Eltern der Inquisition auszuliefern, womit sein jüngster Bruder im Endeffekt ein Waise wurde, muss ihn wie ein Schock getroffen haben.[109] Die Tatsache, dass der kleine Arnaud in Puigcerdà »ständig« bei seinem älteren Bruder Pierre war, lässt darauf schließen, dass Pierre sich gewissenhaft um ihn kümmerte (FR, f.153r).

Unterdessen arbeitete Jean Maury die nächsten zwei Jahre lang als Schafhirte für Jacques de Capcir in der Stadt Villefranche-de-Conflent im Têt-Tal. Diese Stadt mit ihren mittelalterlichen Häusern, ihrer Kirche aus dem 12. Jahrhundert und ihren Festungen aus der Zeit der Renaissance zieht heute einen nicht enden wollenden Strom von Touristen an.

Zur selben Zeit war ebenfalls ein gewisser Arnaud Authié dort, der erklärte, Katharer zu sein, mit dem Jean Maury auf dem *Pass de Canals* Schafe hütete. Mit seinem Neffen Pierre Cortil aus Ascou sollte Jean Maury, nachdem er 1312 nach Puigcerdà gekommen und in den Dienst von Pierre de Lilet getreten war, zwei Jahre lang zusammenarbeiten. Dieser Pierre Cortil war ebenfalls ein Katharer und der Enkelsohn eines Raymond Authié aus Vaychis bei Ax, wahrscheinlich ein Vetter der Parfaits.[110]

Zwischen Herbst 1309 und Sommer 1310 war Pierre Maury ständig unterwegs und über längere Zeiträume nicht in Puigcerdà. Zudem unternahm er des Nachts Märsche, was auf den pechschwarzen Berg- und Waldpfaden eine besondere Leistung war. Als Grund für diese Ausflüge gab er an, er versuche, die Summe von 25 Pfund einzutreiben, die er aus dem Verkauf seiner Schafe erzielt hatte, nachdem er aus Planèzes weggegangen war.

Diese Schulden scheint es tatsächlich gegeben zu haben, und Guillaume Baille erklärte, Pierre Maury sei verbittert darüber gewesen, dass sie nicht beglichen wurden. Sie lieferten jedoch auch einen guten Vorwand, um in den Bergen oberhalb von Mérens, Ax und Arques einen Fluchtweg für Katharer zu organisieren.

Schlich Pierre Maury bei diesen nächtlichen Unternehmungen um Montaillou herum, um Guillaume Authié zu suchen, der Ende 1309 immer noch auf freiem Fuß war? Nahm er Verbindung mit den Clergues auf, um zu versuchen, mit ihnen über eine Rückkehr seiner Eltern aus Carcassonne zu verhandeln? Er gab seinem Bruder Bernard die stattliche Summe von 60 Schillingen für seinen Vater, um diesen vor dem Verhungern zu bewahren.

Während Pierre Maury in Puigcerdà blieb, vielleicht um die Verbindung nach Montaillou aufrechtzuerhalten, machte Guillaume Maurs sich im Juli 1310 über das Cadí-Massiv Richtung Süden nach Bagà auf, einer wichtigen Handelsstation auf den südlichen Ausläufern der Serra del Cadí. Bagà ist rund 30 Kilometer von Puigcerdà entfernt und heute durch den Túnel del Cadí mit der Cerdagne verbunden. In Bagà gab es zwei große Viehzüchter, die Schäfer aus der Cerdagne beschäftigten, Barthélemy Companho und Pierre Castell. Nachdem er eine Zeit lang bei Campanho beschäftigt war, wechselte Guillaume Maurs zu Castell und zog in jenem Winter mit seiner Herde auf die Weiden von Tortosa hinunter.

Es scheint im Sommer des darauf folgenden Jahres, 1311, gewesen zu sein, als Pierre Maury eines Tages in der Nähe der Kirche Notre-Dame in Puigcerdà plötzlich von hinten festgehalten wurde. Sein erster Gedanke war, dass er jetzt wegen Häresie verhaftet wurde. Es war jedoch Bernard Bélibaste, der sich zusammen mit Pierre Issaurat aus Jux an ihn herangeschlichen hatte. Bernard erzählte ihm, dass sein Bruder Guillaume Bélibaste nicht weit entfernt sei und fragte, ob Pierre ihn ins Berguedà begleiten könne, um Guillaume Bélibaste zu suchen, und dann mit ihm zusammen zur Weinlese nach Cervera zu gehen, einer auf halber Strecke zwischen Cardona und Lleida hoch auf einem Berg gelegenen Stadt? Jetzt und auf der Stelle könne er dies nicht, antwortete Pierre, er werde jedoch während der Winterwanderung nach Guillaume Bélibaste Ausschau halten. Dann aßen sie gemeinsam zu Abend.

Nur vier Tage später, berichtete Pierre Maury, sei Bernard Bélibaste in einem Hospital in Puigcerdà gestorben und auf dem Friedhof von Notre-Dame begraben worden. Ein Grund für Bernard Bélibastes plötzlichen Tod wird nicht angegeben, er mutet jedoch wie eine seltsame Vorwegnahme des Todes von Raymond Maurs aufgrund einer akuten Lebensmittelvergiftung wenige Jahre später an. Es ist nicht auszuschließen, dass Bernard Bélibaste durch eine ähnliche Ursache starb, da die Zeitspanne zwischen der Mahlzeit und dem Eintritt des

Todes fast identisch zu der von Raymond Maurs ist. Bernard war mit Sicherheit nicht krank, als er Pierre Maury begegnete, da jemand, der krank gewesen wäre, wohl kaum Pläne gehabt hätte, im Sommer zur Weinlese zu gehen und vor dieser knochenharten Arbeit in den Weinbergen alles daranzusetzen, um seinen Bruder zu finden.[111]

Im September 1311 schloss Pierre Maury sich Guillaume Maurs in Bagà an, und sein kleiner Bruder Arnaud kehrte nach Montaillou zurück, wo sich die Situation inzwischen wieder beruhigt hatte. Arnaud war nun alt genug, um seinem älteren Bruder Bernard zur Hand zu gehen und sich mit ihm zusammen um ihren Vater zu kümmern. Pierre Maury nahm jetzt für zwei Jahre eine Arbeit bei Barthélemy Companho an, und zusammen mit einem Guillaume Gargalhet hütete er dessen Schafe in der Nähe des Binnenhafens von Flix am Ebro. (Karte 7) Diese Weiden waren bei den Hirten sehr beliebt, da es hier keine Wölfe gab, sodass sie nicht ganz so wachsam sein mussten und auch schon einmal für eine Nacht in die Stadt gehen konnten.

Flix liegt auf halber Strecke zwischen Lleida und Tortosa, das Pierre Maury von seinen früheren Aufenthalten in Katalonien kannte. Die Stadt hatte einen hohen arabischen (das heißt muslimischen) Bevölkerungsanteil, und Pierre Maury freundete sich mit einigen Sarazenen an. Als Hafenstadt war Flix ein Schmelztiegel für die beiden wichtigsten religiösen Kulturen des Mittelalters, in dem Muslime und Christen friedlich nebeneinander lebten.

Auf den Weiden von Flix erhielt Pierre Maury eines Tages von einem Einheimischen die Nachricht, dass ein Verwandter ihn sehen wolle. So begegnete er am nächsten Tag am Ufer des Ebro in Flix zum ersten Mal Raymond de Toulouse. Pierre schlich vorsichtig um den Fremden herum, der ihm erklärte, wer er sei; Pierre war jedoch erst beruhigt, als er sah, wie Raymond de Toulouse am Flussufer niederkniete und wie ein Parfait betete.

Raymond war etwa 40 Jahre alt, groß, hatte eine leicht rötliche Gesichtsfarbe und ein paar weiße Haare auf seinem kurz geschorenen Kopf (FR, f.215r). Er hatte einen unverkennbaren Toulouser Akzent, aber auch wenn er immer »de Toulouse« genannt wurde, kam er in Wirklichkeit aus Castelnau d'Estrétefonds, oberhalb von Toulouse und nicht weit von Grenade entfernt. Er war aus dem Gefängnis in Carcassonne geflohen und offenbar einer der Schatzmeister der katharischen Kirche gewesen. Als im Languedoc die Verfolgungen wieder eingesetzt hatten (die Gläubigen sprachen von einem *scandalum*, was Aufruhr oder Kampf bedeutet: FR, f.128v), hatte er seinem Neffen einen Schatz von über 16000 Goldstücken anvertraut, um sie in Sicherheit zu bringen. Das war eine unglaubliche Summe Geld. Sein Neffe brachte den Schatz in einen der katharischen Stützpunkte, entweder nach Sizilien oder in die Lombardei, in der Erwartung, dass sein Onkel ihm dorthin folgen würde. Stattdessen landete Raymond jedoch in Katalonien, wo er ewig darauf warten sollte, seinem Neffen zu begegnen.

Raymond de Toulouse gab in der Diaspora eine unglückliche Figur ab. Seine gebrechliche Konstitution machte es ihm schwer, seinen Lebensunterhalt zu verdienen; er hatte überdies kein Handwerk erlernt. Als er sich als Händler versuchte, machten bald seine Schultern wegen schwerer Schwellungen nicht mehr mit. Von ihm erfuhr Pierre Maury, dass sich Blanche und Raymonde Marty wie auch Guillaume Bélibaste, der sich inzwischen wahlweise »Pierre Bélibaste« und »Pierre Pentiner« (»Pierre der Kardätschenmacher«) nannte, und Raymond Issaurat in Sant Mateu aufhielten. Pierre Maury lud den Parfait ein, mit ihm im Haus seines sarazenischen Freundes Moferret zu Mittag zu essen, der ein Schäferkollege von ihm war. Moferrets Mutter bereitete für sie eine Mahlzeit aus getrockneten Feigen und Rosinen sowie aus Gemüse und Brot zu, und dazu gab es Wein. Dann verabschiedeten sie sich, und Pierre Maury kehrte auf seine Weiden zurück, während Raymond de Toulouse wieder nach Sant Mateu zurückging.

Anfang März 1313 erhielt Pierre Maury eines Morgens auf den Weiden von Flix Besuch von Guillaume Bélibaste, Raymond de Toulouse und Raymond Issaurat. Dies war das erste Mal seit fünf Jahren, dass er und Guillaume Bélibaste einander begegneten, und seit der Überquerung des Agly im September 1307 war viel geschehen.

Als Pierre Maury als Oberschäfer Moferret anwies, etwas von ihrem Brot mit den anderen zu teilen, wollte Moferret zunächst davon nichts wissen, vermutlich weil er gerne gesehen hätte, dass die drei Fremden sich ihren Teil zuerst einmal verdienten. Pierre brachte sie tatsächlich an die Arbeit und ließ sie Einzäunungen für die Schafe aufstellen, während er selbst seine Herde hütete.

Etwas später am selben Tag kam sein Bruder Jean Maury, offenbar zusammen mit Pierre Cortil, vorbei und wurde den anderen »Gästen« vorgestellt. Dann setzten sie sich alle zusammen, Pierre Maury, Guillaume Gargalhet, Jean Maury, Raymond de Toulouse, Moferret und ein weiterer Sarazene namens Cabitog, um gemeinsam zu Abend zu essen – es gab ein Knoblauchgericht, Brot und Wein. Die Männer aus der Cerdagne waren vertrauenswürdige Freunde, und die beiden Sarazenen gehörten eindeutig mit dazu, nicht zuletzt, da sie Feinde des verabscheuten katholischen Glaubens waren.

Bei diesem ersten Besuch bei Pierre Maury hat Guillaume Bélibaste wohl auch das Thema auf seine in Cubières verbliebene Familie gebracht. Er hatte dort noch seine ehemalige Frau, einen Sohn und eine Tochter, die er aus Frankreich herausholen wollte. Insbesondere wollte er seinen Sohn bei sich in Katalonien haben, um ihn als Credens zu erziehen; er wusste zu diesem Zeitpunkt noch nichts davon, dass seine Frau und sein Sohn in den letzten zweieinhalb Jahren gestorben waren. Es muss für ihn sehr schmerzlich gewesen sein, als er dies jetzt von Pierre erfuhr, der es in Puigcerdà von Guillaumes Bruder Bernard gehört hatte. Bélibaste wollte überdies seine verheiratete Schwester, deren Name de na Cavalha war, zu sich holen. Sie war eine Katharerin, die die Peyres aus Arques kannte, und lebte noch in Cubières, wo sie sich möglicherweise um seine kleine Tochter kümmerte.

Am nächsten Morgen brachen die beiden Parfaits und Raymond Issaurat nach Lleida auf, rund 55 Kilometer nördlich von Flix, wo sie bei einer Familie namens Servel aus Tarascon unterkamen und in den örtlichen Weinbergen arbeiteten. »Wir kennen sie bereits«, hatten die Parfaits über die Servels gesagt.

*

Im Jahr zuvor, 1312, waren Raymond de Toulouse, Guillaume Bélibaste, Blanche und Raymonde tatsächlich schon einmal bei den Servels gewesen. Sie hatten dort auf dem Weg nach Morella Station gemacht, von wo aus Bélibaste und seine beiden Schwestern dann weiter nach Sant Mateu gezogen waren. Raymond de Toulouse war geblieben, um Bérenger Servel in seiner Schmiede bei der Herstellung von Schmiedeeisen zu helfen. Sie waren Freunde geworden, und Servel hatte ihn gut bezahlt.

Bélibaste hatte die beiden Frauen unterdessen von Sant Mateu nach Tortosa hinaufgebracht, weil er Angst hatte, in einem Dorf an einer so frequentierten Transitstraße nach Valencia erkannt zu werden. Seine Ängste sollten sich als begründet erweisen. Es zog ihn bereits nach Morella, doch sollte es noch weitere anderthalb Jahre dauern, bis er sich schließlich dort niederlassen konnte.

Den Servels war es beschieden, eine wichtige Verbindung mit den Maurys aus Montaillou einzugehen, da Mathène Servel, Espertes Tochter, Pierre Maurys Schwägerin werden sollte. Esperte Servel, geborene den Orta, kam aus dem aufstrebenden Bürgertum, während Bérenger, genau wie Pierre Marty aus Junac, ein wohlhabender Schmied in Tarascon gewesen war. Der Familienbesitz im Sabarthès hatte Esperte gehört, er war jedoch gepfändet worden, als ihr Ehemann der Häresie überführt wurde, weil er dort gelebt hatte. Esperte selbst war auch nach Carcassonne zitiert worden, hingegen glimpflich mit ein paar Pater Noster, Ave Maria und einer Fastenstrafe davongekommen. Ihr Mann war zum Tragen der Kreuze verurteilt worden, genau wie sein Freund Raymond Issaurat.[112]

Als sie 1308/09 vor dem Ruin standen, hatten Esperte und ihr Mann sich entschlossen, das Sabarthès zu verlassen, da sie hier keine Arbeit finden konnten, um ihren Lebensunterhalt sicherzustellen. Beim Überqueren der Pässe entledigte sich Bérenger seiner Kreuze und versteckte sie an einem sicheren Ort, um sie wieder anbringen zu können, wenn er in den Zuständigkeitsbereich des Grafen von Foix zurückkäme. Sein Freund Raymond Issaurat entfernte seine ebenfalls und hängte sie auf einen Dornbusch in den Bergen. Die Servels ließen sich in Lleida nieder, wo sie sich am Ende der »Straße von Cugutz«, nahe der Brücke über den Fluss Segre, vermutlich ganz in der Nähe der heutigen Pont Vell, einrichteten.[113]

Im Frühjahr oder Frühsommer des Jahres 1313 machte Pierre Maury sich auf den Weg zu den Sommerweiden in Bagà. Als er sich an einer Kreuzung kurz hinter dem kleinen Ort La Palma d'Ebre, rund 13 Kilometer nordöstlich von Flix auf dem Weg nach La Granadella, befand, begegnete er Raymond de Toulouse, der eine Frau aus Tarascon namens Gaya bei sich hatte; sie war die Witwe eines Raymond Faure aus Tarascon. Raymond Issaurat, der die Verbindung nach Katalonien sicherstellte, hatte sie aus dem Sabarthès herausgebracht. Bei ihnen war außerdem noch Pierre Issaurat aus Larnat.

Raymond de Toulouse hatte, hinter einem Fels kniend, gebetet, Pierre Maury jedoch erblickt, als er sich erhob. Er war unterwegs nach La Granadella. Nachdem er am Abend zuvor in Flix jedoch erfahren hatte, dass Pierre mit seinen Schafen dort vorbeigekommen war, hatte er ihn gesucht. Warum Raymond de Toulouse unterwegs war, ist nicht bekannt; möglicherweise war er immer noch auf der Suche nach seinem verschollenen Neffen oder auf dem Weg zu einer Tröstung; hier war diese Praxis allerdings nicht mehr annähernd so verbreitet wie während der Zeit der Authiés im Sabarthès.

Pierre Maury bat ihn, mit der Herde schon einmal langsam weiterzuziehen, während er sich nach La Palma d'Ebre zurückbegab, um Mehl und Wein für eine gemeinsame Mahlzeit zu kaufen. Nachdem er die Herde wieder eingeholt hatte, ging er mit zwei Hirten und dem Mehl samt dem ganzen Gepäck, das sie dabei hatten, voraus, um einen großen Laib Brot vorzubereiten.

Sie hatten gerade mit dem Mittagessen angefangen, als ein Trupp von zwölf Männern aus dem benachbarten La Bisbal de Falset auf sie zugestürmt kam, um Pierre Maury und die anderen zu verhaften, weil sie das Gelände des Bischofs von Lleida widerrechtlich betreten hatten. Man einigte sich jedoch friedlich, und statt die Schäfer aus der Cerdagne zu verhaften, setzten sich die Männer des Bischofs zu ihnen. Nach dem Essen brach Raymond de Toulouse mit Gaya und Pierre Issaurat nach La Granadella auf.

Während sich Pierre Maury den Sommer über in Bagà aufhielt, zog es Guillaume Bélibaste von Tortosa nach Prades, einem Dorf beim Riu de Siurana in den Muntanyes de Prades, rund 50 Kilometer nordöstlich von Flix und ebenso weit südöstlich von Lleida entfernt. Er wohnte hier mit Blanche und Raymonde, die ihm als Tarnung dienten. Für die Außenwelt waren Raymonde und Guillaume Bélibaste ein Paar, wobei die Katharer vorgeblich davon ausgingen, dass ihrer beider Beziehung keusch war. Sie schliefen angeblich in getrennten Betten, und wenn sie gezwungen waren, sich ein Einzelbett zu teilen, hätten sie ihre Kleidung anbehalten und alles getan, um einander nicht zu berühren, denn Parfaits war jeder körperliche Kontakt mit einer Frau verboten. In Wahrheit waren die Katharer in der Diaspora bestens darüber informiert, dass Guillaume Bélibaste und Raymonde Marty-Piquier ein Verhältnis miteinander hatten.

Mit Ausnahme von Blanche Marty. Es erscheint unvorstellbar, dass sie über die Art der Beziehung zwischen Bélibaste und ihrer Schwester nichts gewusst haben soll. Dennoch war es so, bis Blanche eines Tages unversehens in das Zimmer kam, in dem Bélibaste und Raymonde für gewöhnlich schliefen. Guillaume befand sich in einer Missionarsstellung, allerdings nicht in der, die Blanche erwartet hatte:

»Ich sah Raymonde auf dem Bett mit angezogenen Knien, als wolle er sie gerade fleischlich erkennen oder hätte sie soeben fleischlich erkannt. Nachdem ich hereingekommen war, rief ich aus: ›O du missratenes Miststück, du hast unsere heilige Kirche ganz in Misskredit gebracht.‹« (FR, f.265r)

Raymonde und Bélibaste sprangen aus dem Bett hoch, und ein fürchterlicher Streit entbrannte. Blanche machte den beiden klar, dass sie für Bélibaste jetzt nur noch Verachtung übrig habe. Ihre Schwester versuchte, sie zu beruhigen, dass Bélibaste von Raymond de Toulouse erneut ordiniert werde, um sich davon reinzuwaschen, dass er mit einer Frau sexuell verkehrt habe, und wieder als zölibatärer Parfait zu leben. Blanche ließ sich davon jedoch nicht beeindrucken. Sie war schließlich die Schwester eines Parfaits, der für seinen Glauben gestorben war, und eine sehr fromme Katharerin. Dies war vielleicht der Grund, warum sie nie heiratete, da die Katharer jede Form von Sexualität, einschließlich des ehelichen Geschlechtsverkehrs, verabscheuten.

Die drei hatten keine Wahl, als sich zu trennen. Während Blanche in Prades blieb, zogen Raymonde und Bélibaste nach Südwesten in einen Ort namens Ortas, das heutige Horta de Sant Joan, auf halber

Strecke zwischen Flix und Morella und rund 70 Kilometer südwestlich von Prades. Es sollte über sieben Jahre dauern, bis Blanche ihre Schwester und ihren »Schwager« wiedersah.

Guillaume Bélibaste und Raymonde Marty waren sich wahrscheinlich im Ampurdan begegnet. Bélibaste hatte womöglich seit seiner waghalsigen Flucht aus Carcassonne im September 1307 dort gelebt. Es spricht alles dafür, dass Raymonde und Bélibaste ein hingebungsvolles und leidenschaftliches Paar waren und außerdem die gleiche Schuhgröße hatten (FR, f.266v)! Als Bélibaste wesentlich später glaubte, sie verloren zu haben, war sein Herz gebrochen.

Aber selbst wenn Blanche ihre Schwester und Bélibaste nicht überrascht hätte, hätte sie bald die Wahrheit entdeckt, spätestens als Raymonde schwanger wurde. Obwohl sie genauso wie Pierre Clergue Mittel zur Verhütung kannten, müssen diese Vorsichtsmaßnahmen bei einer Gelegenheit versagt haben. Wie sie auf die Schwangerschaft reagiert haben, ist nicht bekannt. Die Frage ist jedoch berechtigt, da Bélibaste sich bei Raymondes zweiter Schwangerschaft Jahre später zu einem äußerst fantastischen Täuschungsmanöver genötigt sah, um seine Vaterschaft zu verbergen.

Als Raymonde allmählich rundlich wurde, verließen sie Horta de Sant Joan, um nach Morella zu gehen, wo Bélibaste im Herbst 1313 einen Laden als Kardätschenmacher eröffnete.[114] Raymond de Toulouse folgte ihm dorthin und tat sich mit ihm als Geschäftspartner zusammen. Es sollte eine zeitlich sehr begrenzte Unternehmung sein. »Ich konnte nicht so hart arbeiten wie Guillaume«, beschwerte de Toulouse sich später, nachdem die Tatsache, dass er mehr ausgab, als er verdiente, zum Zerwürfnis zwischen ihnen geführt hatte.

Guillaume Bélibaste war notorisch geizig, und seine Geldgier sollte erheblich zu seinem Untergang beitragen. Seine Habgier war möglicherweise durch die Tatsache, dass Raymonde ein Baby erwartete, verstärkt worden. Und das Geschäft scheint auch nicht gut gelaufen zu sein, da er nicht viel später mit Raymonde nach Tortosa zurückkehrte und versuchte, unter Pierre Maury mit dem Schafehüten Geld zu verdienen.

Die Fronten zwischen Raymond de Toulouse und Guillaume Bélibaste blieben allerdings nicht auf Dauer verhärtet. Im Dezember war Raymond auf der Straße Richtung Lleida und Urgell unterwegs, wo er hoffte, sich als Händler seinen Lebensunterhalt verdienen zu können. Um Weihnachten 1313 führte ihn sein Weg von Morella in den Weiler von *Les Camposines*, der in einem breiten Wiesental vor Ascó rund sieben Kilometer südlich von Flix lag. Heute liegt Camposines an der Kreuzung der Straßen aus Flix und Alcañiz. Eine Hand voll Häuser an der Straße nach Gandesa zeugen von einer beständigen menschlichen Präsenz. Ein paar Meter östlich der ansonsten verlassenen Kreuzung steht eine Tankstelle, so hoffnungslos auf verlorenem Posten wie auf Hoppers Gemälde *Mobilgas*.

Raymond de Toulouse hatte Glück, dass Pierre Maury ihn sah, der mit zwei seiner Compadres, Raymond und Pierre Maurs, zufällig in einer Taverne war, wo sie sich Eier und Fleisch auf dem Herd zubereiteten. Er ging nach draußen und rief nach ihm. Raymond erzählte ihm von seinem Zusammenstoß mit Guillaume Bélibaste und von seinen Plänen und fragte Pierre, wo er ihn finden könne, wenn er wieder einmal in die Gegend käme. »Bei Raymond de Baias in Tortosa«, erwiderte Pierre.

Zum Abschied küsste er Raymond de Toulouse auf den Mund, wie es zwischen einem Credens und einem Parfait üblich war, und gab ihm fünf Barcelona-Schillinge. Raymond fragte ihn, ob er ihn nicht in die Gegend von Toulouse begleiten könne. Er wolle seine Bücher holen, die er in Castelsarrasin zurückgelassen habe, und überdies weiter nach seinen verschiedenen Neffen suchen. »Wie könnte ich denn in ein Land gehen«, antwortete Pierre ihm darauf, »in dem Parfaits und Credentes täglich verhaftet werden?«

In der Fastenzeit des Jahres 1314 (20. Februar bis 7. April) hatte der rastlose Guillaume Bélibaste Morella wiederum verlassen und sich in Tortosa niedergelassen. Hier hatte er ein Haus gemietet am Ende der Straße »de Moncade«, wo sich die beiden Straßen »Moncade« und »Saint-Jean« kreuzten. In diesem Haus hatte er auch seine Werkstatt eingerichtet. Als Pierre Maury ihn hier besuchte, traf er auch Pierre Issaurat an, über dessen Verbleib er sich zwei Monate zuvor noch Sorgen gemacht hatte, und außerdem eine schwangere Raymonde Marty.

Er kannte Raymonde noch nicht und konnte kaum ahnen, dass er gerade der Frau begegnet war, die sechs Jahre später seine Ehefrau werden sollte, wenn auch nur für 48 Stunden.

Obwohl Bélibaste als Kardätschenmacher tätig war, verdingte er sich für drei Monate bei Pierre Maury und dessen Arbeitgeber Pierre Castell, um auf den Weiden von Tortosa, in der Ebene von La Sénia, zu arbeiten. Mit Schafehüten war besseres Geld zu verdienen.

Er blieb von Ende Februar bis Ende Mai 1314 bei Pierre Maury und Guillaume sowie Pierre Maurs. Danach kehrten die Schäfer in die Pyrenäen und Bélibaste nach Tortosa zurück. Pierre Maury hatte den anderen Schäfern Bélibaste als einen Verwandten aus Laroque d'Olmes vorgestellt und ihn als hervorragenden Schäfer gepriesen. Nur den Maurs' scheint er die wahre Identität seines neuen Schützlings offenbart zu haben. Guillaume Maurs hatte überraschend verhalten darauf reagiert. Er beobachtete manchmal, dass Bélibaste sich von ihnen absetzte, um zu beten und dabei die Hände zum Himmel emporzustrecken, und hatte das ungute Gefühl, dass sie dadurch Probleme bekommen könnten.

Bélibaste bedrängte Pierre Maury nun, die Herde zu verkaufen. Mit dem Erlös hätten sie genug Geld, um in die Lombardei oder nach Übersee zu gehen, irgendwohin, weit weg von aller Verfolgung. Raymonde sollte als ihre Haushälterin mitgehen. Bélibaste und Raymonde müssen übereingekommen sein, dass es besser war, ihre wahre Geschichte in irgendeiner Form zu verschleiern. Was Bélibaste Pierre Maury im Einzelnen über den Vater von Raymondes Baby erzählt hat, ist nicht bekannt, es muss Pierre jedoch überzeugt haben, dass sie nicht die Konkubine des Parfaits war. Zu Bélibastes Plänen erklärte er, dass er Schäfer sei und es den Rest seines Lebens bleiben wolle.

Es dauerte nicht lange, bis die ersten unbequemen Fragen über Bélibaste gestellt wurden, der schließlich kein normaler Schäfer war. Während dieser Saison des Jahres 1314 waren Guillaume Maurs und Pierre Maury bei Raymond de Baias in Tortosa einquartiert, wo sie auch einen Teil ihrer Vorräte aufbewahrten. Der Großteil der Vorräte blieb jedoch draußen auf den Weiden, und Guillaume Maurs schlief einen Monat dort, vermutlich, um ihre Sachen zu bewachen.

De Baias hatte offenbar eine Art Wirtshaus mit besonderen Lagermöglichkeiten für die Schäfer, die auf ihrer Wanderung nach Katalonien kamen. Guillaume Maurs war kurz vor Ostern (7. April) von den Weiden zu de Baias zurückgekehrt. Bélibaste sprach ihn dort an und erkundigte sich nach Pierre Maury. Raymond de Baias war dabei und fragte Guillaume Maurs in Gegenwart von Bélibaste, ob er ihn kenne, was Bélibaste und Pierre Maury miteinander zu tun hätten und wo Pierre Maury her sei. Guillaume Maurs bestätigte ihm, dass Bélibaste ein Verwandter von Pierre Maury aus Laroque d'Olmes sei.

De Baias war jedoch misstrauisch und wollte wissen, warum Bélibaste nach Tortosa gekommen war. »Um mir mit der Herstellung von Kardätschen meinen Unterhalt zu verdienen«, hatte Bélibaste ihm entgegengehalten. Er habe jedoch vor, weiterzuziehen, fügte er hinzu, denn vom Kardätschenmachen könne man in Tortosa nicht gut leben: Morella oder die Berge Prades wären sicher günstigere Orte. De Baias pochte jedoch darauf, dass Tortosa für diese Art von Heimgewerbe einer der besten Orte war und dass Bélibaste vielleicht andere Gründe hatte, wenn er weiterziehen wolle: »Ich glaube nicht, dass Ihr die richtige Religion habt«, bemerkte er.

Konnten de Baias' Fragen auf irgendetwas anderes als reine Neugier zurückzuführen sein? Waren Handlanger der Inquisition aus der Grafschaft Foix vorbeigekommen, die Geld für Informationen angeboten hatten? Was auch immer dahinter steckte, Bélibastes Tarnung war aufgeflogen, und Guillaume Maurs sah sich veranlasst, dies Pierre Maury sofort zu berichten. Pierre lächelte jedoch nur. Für Bélibaste war dies jedoch zweifellos das Signal, aus Tortosa zu verschwinden. Um Ostern 1314 scheint er sich mit Raymonde wiederum auf den Weg nach Horta de Sant Joan gemacht zu haben, um dort in den Weinbergen zu arbeiten. In ihrem Windschatten folgten kurz darauf die meisten Katharer der Exilgemeinde.

Pierre Maury zog unterdessen von Tortosa aus nach Norden zu den Sommerweiden des *Collado de Pal*, einem Pass rund 25 Kilometer östlich der Cerdagne und nicht weit von Prats-de-Mollo entfernt. Unterwegs legte er eine Rast in Juncosa ein. Hier traf er seine Tante, die kühne und wahrscheinlich verwitwete Mersende Marty-Maury aus Montaillou, deren Schwester Guillemette Maury mit ihrem Ehemann Bernard

Marty, der kein Katharer war, und deren Sohn Arnaud. Es war mindestens sieben Jahre her, dass er sie das letzte Mal in Montaillou gesehen hatte. Seine Tante Guillemette und Arnaud waren in der Zwischenzeit in Carcassonne inhaftiert gewesen, nunmehr aber wieder frei.

Die Maury-Martys hatten sich in dem unscheinbaren Dorf Juncosa niedergelassen in der Hoffnung, hier Parfaits zu finden, die sich in der Gegend versteckt hatten. In den Bergen von Prades hatten sie vergebens nach ihnen gesucht. Vielleicht hatten sie sich von Gerüchten leiten lassen, dass die Söhne von Guillaume Authié dort wären. Sie lebten seit fünf Jahren, seit 1309, in Juncosa und freuten sich, nun von Pierre Maury zu erfahren, dass Guillaume Bélibaste in Katalonien war. Eifrig ließen sie sich beschreiben, wo in Horta de Sant Joan er zu finden war. Darüber hinaus muss die Aussicht, dass es weitere Mitglieder ihrer Familien aus dem Languedoc vertrieb, aufregend für sie gewesen sein. Tatsächlich waren Mersendes Tochter Jeanne und ihr Ehemann Befayt, ihr Bruder Pierre Maury aus Gebets und Guillemette Maurys anderer Sohn, Jean Maury, bereits auf dem Weg nach Juncosa. Sie wurden wahrscheinlich von Raymond Issaurat begleitet.[115]

Diese Maurys kamen im Laufe des Sommers 1314 in Juncosa an. Und von hier aus folgte die wieder vereinigte Familie Guillaume Bélibaste und Raymonde nach Horta de Sant Joan. Pierre Maury aus Gebets (*passim* Pierre Maury der Ältere) machte sich hingegen nach Sant Mateu auf den Weg, vermutlich, um sich dort dauerhaft niederzulassen. Alle anderen arbeiteten im Oktober in Horta de Sant Joan bei der Weinlese.

Zwei, die nicht in den Weinbergen arbeiteten, waren Bernard Marty und Raymonde Marty. Bernard war kurz zuvor gestorben, sodass jetzt beide Schwestern Maury verwitwet waren. Im Sommer war Raymondes Tochter Guillemette geboren worden, wodurch Guillaume Bélibaste zum dritten Mal Vater wurde. Raymonde konnte offenbar nicht widerstehen, ihrer Tochter den Namen ihres Geliebten zu geben. Die Geburt ihrer Tochter war wahrscheinlich der Grund, dass Raymonde nicht auf der Liste derjenigen auftauchte, die bei der Weinlese arbeiteten.

Im Oktober 1314 erlebte die kleine katharische Gemeinde um Guillaume Bélibaste in Horta de Sant Joan ein böses Erwachen, Letzterer sogar im wahrsten Sinne des Wortes. Die kürzlich eingetroffene Jeanne Befayt-Marty verabscheute, wie sich herausstellte, den katharischen Glauben und war entsetzlich boshaft. Sie muss in den Zwanzigern und ziemlich groß gewesen sein. Zumindest war sie stark genug, dass ihre eigene Mutter behauptete, um das Leben ihrer Neffen Arnaud und Jean gefürchtet zu haben, als diese sich erboten hatten, sie tätlich anzugreifen. Damit, dass sie Jeanne aus dem Sabarthès herausgebracht hatte, hatte sich die Exilkirche ein tragikomisches Dickens'sches Scheusal aufgehalst.

Es war vor dem Morgengrauen, und Bélibaste war dabei aufzustehen. Er war nicht bei den anderen in den Weinbergen, weil er später in riesigen Bottichen die Weintrauben pressen sollte. Als Jeanne ihn im Bett erblickte, ging sie auf ihn los: »Wenn das nicht der Herr Großkotz ist! Ihr seid noch immer hier? Ich verspreche Euch, ich werde *roger* noch durch Eure Rippen lecken lassen.« (FR, f.260r) Bélibaste war so schockiert, dass er in seinem Nachthemd, ohne seine Schuhe anzuziehen oder sich die Kleidung von seinem Bett zu holen, wegrannte. Später behauptete er, ohne anzuhalten zwischen drei und fünf Kilometer gerannt zu sein.

Der barfüßige Bélibaste, der im Nachthemd vor Jeanne die Flucht ergreift, mag zwar komisch angemutet haben, ihre Drohung war jedoch ernst zu nehmen. Dass sie einen vielleicht umgangssprachlichen okzitanischen Ausdruck für »in Flammen aufgehen« verwendete, beschwor bei Bélibaste und seinen Zuhörern entsetzliche Bilder herauf. Im Italienischen bedeutet *rògo* (vom lateinischen *rogus*) Scheiterhaufen, und die Formulierung ist tatsächlich auf der Gedenksäule für Giordano Bruno im Campo dei Fiori in Rom zu lesen, der am 17. Februar 1600 verbrannt wurde.[116]

*

Bélibaste beschloss, es sei besser, einen sicheren Abstand zwischen sich und Jeanne zu bringen, und so begab er sich mit seiner Familie, die sie ja nun waren, wieder auf die Straße, um an den Ort zu gehen, der ihnen von allen immer am liebsten gewesen war: Morella.

17 *(oben)* Frauen beim Kardätschen, Spinnen und Weben; aus einer illustrierten Handschrift des 14. Jahrhunderts (BN FR 12420, f.71r; mit freundlicher Genehmigung der Bibliothèque Nationale de France, Paris)

18 *(unten)* Darstellung einer gerichtlich angeordneten Verstümmelung; aus dem *Customary of Toulouse,* 13. Jahrhundert

19 *(oben)* Prades und die Kirche Saint-Pierre, von der *Matte majou* aus gesehen.

20 *(unten)* *Superius del angle*, der Marmare und der Coulobre

21 *(oben) Comba del gazel*, durch die ein Weg in die Sicherheit der Berge führte.

22 *(unten)* Der Platz, an dem das Gefängnis von Allemans stand. Heute ist es der Marktplatz von La-Tour-du-Crieu mit der Kirche Saint-Paul.

23 *(rechts)* Pierre de Gaillacs handschriftliche Aussage vom 23.10.1308, in der er die Katharer aus Larnat, Montaillou *(de Alione)* und anderen Orten auflistete, darunter Raymond Azéma und »jemanden namens Belot«.

24 *(unten)* Notre-Dame-de-Carnesses in Montaillou

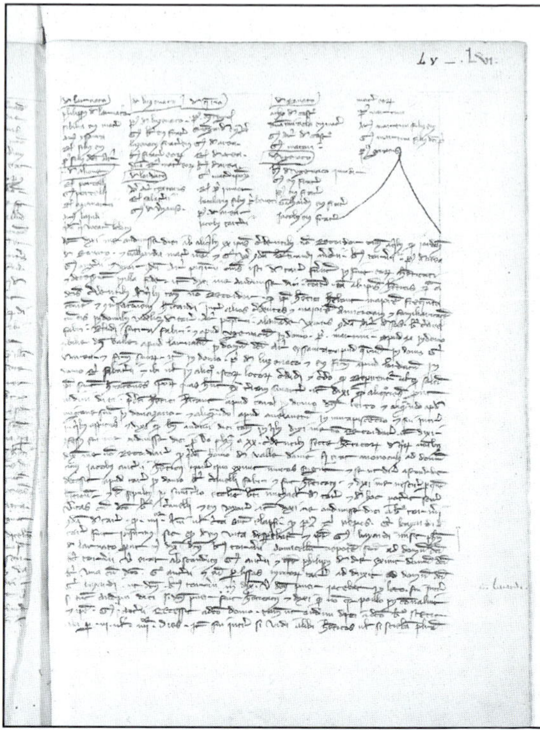

25 *(links)* Das Tal von La Terre Rouge

26 *(unten)* Die Kirche von Lladrós

27 *(rechts)* Jacques Fournier als Papst Benedikt VII. Büste von Paolo da Siena

28 *(unten)* Die Furt der Parfaits bei Tournefort

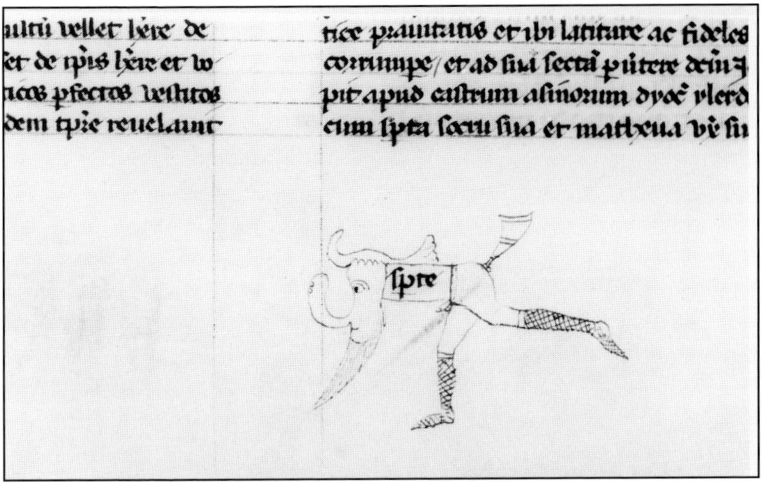

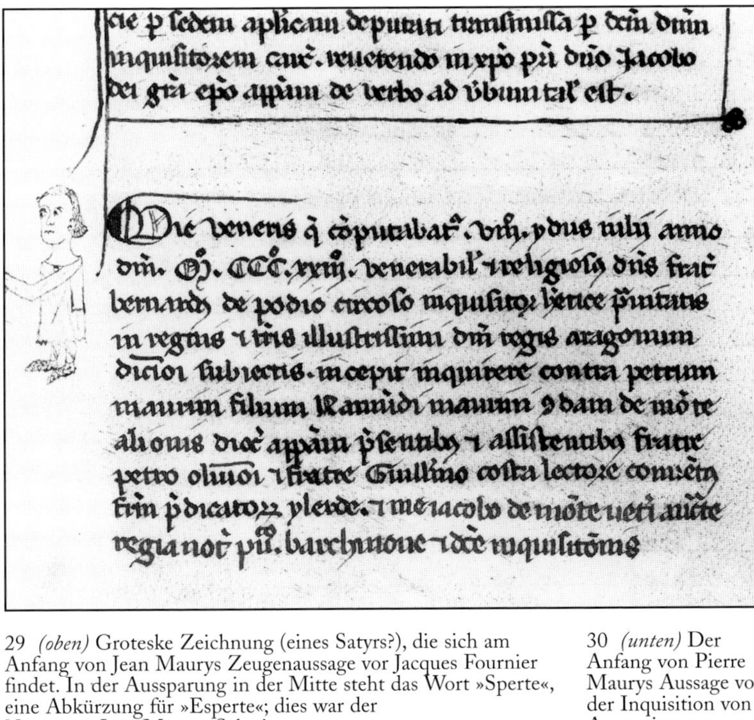

29 *(oben)* Groteske Zeichnung (eines Satyrs?), die sich am Anfang von Jean Maurys Zeugenaussage vor Jacques Fournier findet. In der Aussparung in der Mitte steht das Wort »Sperte«, eine Abkürzung für »Esperte«; dies war der Name von Jean Maurys Schwiegermutter.

30 *(unten)* Der Anfang von Pierre Maurys Aussage vor der Inquisition von Aragonien

31 *(oben)* Morella, von der Straße nach Sant Mateu aus gesehen.

32 *(unten)* Die Festung der Templer in Peñíscola. Als Pierre Maury von hier aus mit dem Schiff nach Mallorca fuhr, war sie gerade neu erbaut.

Im 14. Jahrhundert wurde die Stadt mit einem neuen massiven Ringwall umgeben, der bis auf den heutigen Tag erhalten ist. Hoch oben auf der Spitze des beeindruckenden »Hochzeitskuchen«-Berges, den Morella darstellt, stand eine sarazenische Burg, deren Ruinen noch immer weithin die Landschaft überragen. Heute gehören sie wie die Stadt zur Comunidad Valenciana und sind Teil des Patrimonio Artístico Nacional. Von Südosten, von der Küste und Sant Mateu her, wirkt die Stadt am prächtigsten. Dieser erste Eindruck ist selbst im Zeitalter des Internets so eindrucksvoll wie zu der Zeit, als Pierre Maury und Guillaume Bélibaste hierher gingen. (Farbabb. 31)

Guillaume Bélibaste zog mit seiner Familie in die »Häuser von Na Galiana«. Dies sollte für die nächsten fünf Jahre ihr Heim in Morella bleiben. Ihr Mann Galia wohnte selbst nebenan und bot Bélibaste seine Dienste als Wahrsager an. Auch wenn seine Adresse heute in Morella nicht mehr zu ermitteln ist, wissen wir, dass er innerhalb der Festungsmauern wohnte, vielleicht nicht weit vom Standort der Iglesia Arciprestal entfernt, dem mittelalterlichen Zentrum Morellas, wo Geschäftsleute wie Küfer, Weber, Kardätschenmacher und andere zu finden waren.

Von meinem Fenster im Hotel Cardenal Ram schaute ich direkt auf die enge, kopfsteingepflasterte Hauptstraße Morellas hinunter, die säulengeschmückte Calle Blasco de Alagón. Irgendwo dort unten, wahrscheinlich in meinem Blickfeld, hatte einst der letzte Parfait des mittelalterlichen Languedoc mit seiner »Familie« gewohnt. Zurückblickend war es unmöglich, nicht eine unendliche Trauer bei dem Gedanken an Guillaume Bélibaste zu empfinden, der sich danach gesehnt hatte, zusammen mit seiner Geliebten und seinen Kindern im milden Klima Kataloniens sein Dasein zu fristen. Während ich nichts über das Leben der geschäftigen Leute wusste, die jetzt, nachdem die Siesta vorbei war, wieder die Straßen belebten, hatte ich in einigen wenigen Jahren doch eine ganze Menge über einen Menschen erfahren, der vor Jahrhunderten genau auf diesem Felsen von Morella gelebt hatte.

Als ich an meinem ersten Abend in der Stadt allein im Hotelrestaurant saß, war mir bewusst, dass Bélibaste und seine Raymonde nur etwa 100 Meter von dem Ort entfernt, wo ich jetzt saß, ihr Abendbrot eingenommen hatten. Ich wusste zudem, was sie bei bestimmten Anlässen gegessen hatten und dass ihre Gäste durch dasselbe Sant-Mateu-Tor gegangen waren, das jeder Reisende und Autofahrer heute in den 1990er-Jahren immer noch passieren muss. Und an diesem Ort war Raymonde ein weiteres Mal von Bélibaste schwanger geworden, mit einem Sohn, den er sodann seinem Freund Pierre Maury unterzuschieben versuchte. Und hier war auch die kleine Guillemette groß geworden. Das mittelalterliche Morella erschien mit einem Mal greifbar nahe, nicht nur eine Vorstellung.

Etwa zur gleichen Zeit, als Bélibaste sich in Morella niederließ, zog Mersende mit ihrer Tochter Jeanne und deren Ehemann nach Beceite, das an der nördlichen Grenze des heutigen Reserva Nacional de Puertos de Beceite zu finden ist. Hier legte Mersende sich zur Vorsicht den Namen Tarragona zu, und ihre Schwester Guillemette Maury verschleierte ihre Identität auf gleiche Weise, als sie nach Sant Mateu ging. Beceite liegt etwa 20 Kilometer nordwestlich von Horta de Sant Joan und etwa 35 Kilometer von Morella entfernt. Es ist ein seltsamer Ort, den sich Mersende mit ihrer Familie ausgesucht hatte; heute ist der Ort nur über eine einzige Straße von Valderrobres von Norden her erreichbar. Von dort windet sich eine schmale Straße, eingezwängt zwischen nacktem Fels und dem Río Matarraña, den Cañon entlang, bis an dessen Ende der Blick auf Beceite frei wird, das jenseits einer von einer römischen Brücke überspannten Schlucht liegt. Nicht weit davon entfernt erstrecken sich die relativ sanften *Puertos* des Reserva Nacional.

Im Mittelalter scheint es noch einen anderen Zugangsweg über die Berge gegeben zu haben, der von den Schäfern benutzt wurde, die von der Cerdagne auf die Weiden von Tortosa und Càlig hinunterzogen. Pierre Maury dürfte bei seinen verschiedenen Besuchen wahrscheinlich mehrfach von Morella aus die Puertos überquert haben.

War es die relative Abgeschiedenheit des Ortes, die bei der Suche nach einem neuen Obdach den Ausschlag gegeben hatten, nachdem sich gezeigt hatte, dass Jeanne möglicherweise eine große Gefahr für die Katharer war? Hier war sie zumindest aus der Schusslinie und konnte so leicht keinen Schaden anrichten. Denn die gefährlichsten Orte für die Katharer in Katalonien waren die geschäftigen Handelsstädte wie Sant Mateu auf dem Weg nach Valencia und stark frequentierte Binnenhäfen wie Flix sowie Städte an Flussmündungen und der Küste wie Tortosa und Tarragona. Das war auch der Grund, der Bélibaste veranlasste, sich in Morella niederzulassen. Aber vielleicht schlummerte tief in seiner katharischen Seele auch die unbewusste Erkenntnis von der Ähnlichkeit Morellas mit Montségur, dem berühmten Katharer-Heiligtum, das er möglicherweise im Sommer 1307 gesehen hatte, als er bei der Flucht von Pierre Maurys Schwester ganz in der Nähe gewesen war.

Als Pierre Maury in jenem Winter nach Tortosa zurückkehrte, ging er in das Haus, in das sie immer gingen (zu einem Müller?), um ihr Mehl abzuholen. Dort erhielt er eine Nachricht von seinen Tanten, die ihm mitteilten, dass sie nach Horta de Sant Joan gekommen waren. So machte er sich auf den Weg und kam an einem Samstag dort an. Guillemette Maury und ihre beiden Söhne erwarteten ihn bereits. Sie verbrachten den Sonntag zusammen, und am darauf folgenden Montag machten sie sich auf den Weg nach Tortosa. Von dort zogen sie schließlich nach Sant Mateu weiter, wo sie mit Pierre Maury dem Älteren aus Gebets zusammentrafen.

Im Januar oder Februar 1315 kauften Guillemette Maury und ihre Söhne ein Haus in Sant Mateu. Es hatte einen Hof, der zugleich als Schafpferch genutzt wurde und ziemlich groß gewesen sein muss, weil sich zeitweise bis zu 15 Personen dort versammelten. Ihr Bruder wird nicht als Mitkäufer erwähnt; vielleicht wollte sie sichergestellt wissen, dass das Haus nach ihrem Tod an ihre Kinder überging. Sie nannte sich jetzt Mathena und gab vor, aus Saverdun zu kommen. Ihr Haus stand außerhalb des Festungswalls, nicht weit von dem nach Süden gehenden Valencia-Tor, das sich dort befand, wo heute das Convento de las Monjas Agustinas in der Calle Valencia steht. Ihre Straße hieß damals *Carreria laboratorum* oder die Straße der Pflüger, und ihr Haus war »das Haus der Cerdans«. Die Straße, in der die Maurys wohnten, wird immer noch so genannt, die Calle Llaurador (kastilisch *labrador*). Zu den wenigen Gebäuden dort gehört eine kleine Rote-Kreuz-Station, die vielleicht genau an der Stelle steht, wo sich einst das Haus der Maurys befand.

Zum Ende des Winters 1314/15 hatten die Exilkatharer somit eine Bleibe gefunden: Guillaume Bélibaste, Raymonde und ihr Baby Guillemette in Morella: Mersende Marty-Maury, Jeanne und Bernard Befayt in Beceite; und die anderen Maurys, Guillemette und ihre Söhne Arnaud und Jean sowie ihr Bruder Pierre, in Sant Mateu. Blanche blieb allein in Prades.

*

Kurz vor Weihnachten des Jahres 1314 versammelten sich Jean Maury, sein Freund Pierre Cortil und andere Schäfer, die für Pierre de Lilet aus Puigcerdà arbeiteten, auf den Weiden zwischen Flix und La Granadella um ein Lagerfeuer. Es war bitterkalt. Einige Zeit vorher war Jean Maury noch einmal Raymond de Toulouse in La Granadella im Haus eines Guillaume Moliner aus Lérida begegnet. Jetzt suchte Raymond de Toulouse Jean Maury auf, weil er krank war und sich Hilfe von Pierre Maurys Bruder erhoffte. Und ich vermute, insbesondere weil Jean Maury ein angehender Parfait und Cortil der Enkel eines Authiés war.

Jean Maury schenkte ihm einen alten braunen Mantel und Schuhwerk, damit er nicht fror. An jenem Abend predigte Raymond de Toulouse auf der Weide, wobei er sich nochmals über Bélibastes Knauserigkeit beklagte. Am nächsten Tag fragte er Jean Maury, ob er, solange er krank sei, bei ihm bleiben könne. Jean lehnte dies jedoch ab. Er hatte andere Pläne, wie sich herausstellte. So kehrte Raymond de Toulouse nach La Granadella zurück. Hier suchte er das Haus eines Dominique Ruig auf und starb dort, aber offenbar nicht, ohne vorher Bélibaste seine Hausiererbestände und seine Kleidung zu vermachen. Monate später wurden diesem die Sachen von Jean Maury gebracht. Raymond de Toulouse wurde auf dem örtlichen Friedhof begraben, und Ruig zahlte die Rechnung.

Dies ist jedoch allenfalls eine sehr grobe Darstellung der Ereignisse um den Tod von de Toulouse, bei der mit ziemlicher Sicherheit zwei entscheidende Details fehlen: die Anwesenheit Bélibastes an seinem Totenbett und die wahren Gründe, warum Jean Maury ihn scheinbar in seiner Not im Stich ließ, um stattdessen Blanche Marty in Prades zu besuchen.

Nach Aussage des Verräters Arnaud Sicre hatte Bélibaste ihm anvertraut, dass er bei Raymonds Beerdigung einem katholischen Priester assistiert und dabei fröhlich die anwesenden Trauergäste mit ein paar Tropfen »Weihwasser« besprengt habe. Es sei, hatte Bélibaste leichtfertig gemeint, nicht gefährlicher gewesen als ein Regentropfen für einen Reisenden. In Anwesenheit des Priesters hatte Bélibaste sich angeblich scherzhaft als »einen guten Christen« bezeichnet, womit natürlich ein Häretiker gemeint war. Solche Zweideutigkeiten waren bei den Parfaits eine beliebte Strategie, weil es ihnen nicht erlaubt war zu lügen. Bei einem Gespräch mit Arnaud Sicre hatte Pierre Maury unabhängig von Bélibaste dessen Behauptung bestätigt, dass er bei der Beisetzung des Parfaits dabei gewesen und darüber hinaus, als Raymonds Tod nahte, auch an sein Bett geeilt sei. Jean Maury erwähnte nichts davon.

Wenn er bei der Beerdigung war, warum hatte der geizige Bélibaste dann die Kleidung nicht mitgenommen, die de Toulouse ihm hinterlassen hatte? Und warum hatte Jean Maury ausgerechnet zu dem Zeitpunkt Blanche in Prades besucht? Ist es denkbar, dass Bélibaste und der junge Maury nicht heftig zerstritten waren, wie Pierre Maury es behauptete, sondern vielleicht gelegentlich bei Tröstungen zusammenarbeiteten? Und könnte es sein, dass Jean Guillaumes Socius, das heißt ein angehender Parfait in der Lehre war? Der einzige ausdrückliche Hinweis auf missionarische Aktivitäten Jean Maurys erwähnt Prades, und nach Prades hatte Jean Maury sich jetzt auf den Weg gemacht.

Die wahre Version des Ablaufs der Ereignisse stammt wiederum von Arnaud Sicre, der sich im Spätherbst 1320 in Sant Mateu aufhielt und zufällig Zeuge des Berichts über einen empörenden Vorfall wurde. Eines Tages lief ein Esel, genauer gesagt eine Eselin der Maurys in ein Weizenfeld hinein. In einem Wutanfall drosch Jean Maury fürchterlich auf sie ein und hätte sie vielleicht umgebracht, wenn Guillemettes Sohn Jean nicht eingegriffen hätte. Die Geschichte war umso tragischer, als die Maurys von ihren beiden Eseln abhängig waren, da sie ein Fuhrunternehmen betrieben. Arnaud Sicre war dabei, als Jean seiner Mutter erzählte, was sein Vetter getan hatte. Arnaud zufolge hatte Guillemette Maury daraufhin wütend aufgeschrien: *»o del diable ia se fasia recebedor d'armas«*, was übersetzt heißt: »O Hölle, und er war doch schon dabei, selbst einer zu werden, der die Seelen aufnimmt«, das heißt, in der Lehre, um ein katharischer Parfait zu werden, sodass jedes Blutvergießen doppelt schändlich war. Als Arnaud Sicre sich erkundigte, wo Jean Maury Seelen aufgenommen habe, sagte Guillemette, in Prades, wenn keine Parfaits verfügbar gewesen seien (FR, f.131r).

Ende Dezember 1314 war Bélibaste damit beschäftigt, sich um den sterbenden Raymond de Toulouse zu kümmern, und hatte daher vielleicht einen »Stellvertreter« nach Prades geschickt; möglicherweise hatte er die Aufgabe in Prades Jean Maury auch zugewiesen, weil er und Blanche sich noch nicht vergeben hatten.

Guillemette hatte dieses Geständnis offenbar auf der Stelle bedauert. Sofern Arnaud Sicre das Gespräch wahrheitsgetreu wiedergab, steht zweifelsfrei fest, dass Jean Maury heimlich als katharischer Priester ausgebildet wurde und bis Weihnachten 1314 noch kein *Dominus*, das heißt Parfait, geworden war. Dass dies auch Fourniers Sicht der Dinge war, ist an seinen theologischen Fragen bei der Vernehmung von Jean Maury ablesbar. Der Schreiber, der Jean Maurys Aussage abschrieb, brachte seine Verachtung in der Zeichnung einer grotesken Satyr-ähnlichen Figur am Anfang des Protokolls zum Ausdruck. Vielleicht zeichnete er die Figur auch von dem vor ihm liegenden Original ab, in dem Fall hätte ein Schreiber Fourniers, entweder Guillaume Nadin oder Jean Strabaud, die Zeichnung während der Vernehmung Jean Maurys angefertigt. (Farbabb. 29, 30) Dies würde auch erklären, warum Pierre Maury so eifrig die antikatharischen Äußerungen seines Bruders hervorhob, wohl wissend, dass Jean dem sicheren Tod entgegensah, wenn je bewiesen werden konnte, dass er ein Parfait war.

Jean Maury machte sich allein nach Prades auf den Weg. Die rund 55 Kilometer, die La Granadella und Prades trennen, waren ein harter Tagesmarsch, der durch die frostige Kälte erschwert wurde.

Die Schönheit der Serra de Montsant an einem klaren Wintertag ist atemberaubend, und unterhalb von Ulldemolins scheinen in den

Cañons das Licht der Provence und die satten Farbtöne der Erde Devons in vollkommener Harmonie miteinander zu verschmelzen. In den erhalten gebliebenen Unterlagen haben die Schäfer aus der Cerdagne im 14. Jahrhundert nie in irgendeiner lyrischen Form auf die Landschaften reagiert, in denen sie wohnten und die sie ernährten. Wir sollten jedoch nicht annehmen, dass sie nicht durch den grandiosen Anblick angerührt worden wären, der sich ihnen fast täglich bot. Eine leidenschaftliche Liebe zur Natur muss sie in ihrer Lebensweise bestärkt haben, die für uns heute in jeder Hinsicht unglaublich hart erscheint. Bisweilen war jeder Einzelne von ihnen ein Wordsworth oder ein George Mallory. Es war nicht nur die Kameradschaft unter den Wanderschäfern und das Leben in den Bergen, sondern der intime tägliche Kontakt mit der Landschaft, der sie nicht gerade wenig mit dieser Erde verbunden haben dürfte.

Jean Maury hatte zweifellos durch Guillaume Bélibaste und Pierre Maury von Blanche gehört, aber sicher nicht viel Positives, denn selbst Jahre später erinnerte Pierre Maury sich noch, dass Bélibaste und Raymonde ihm erzählt hatten, wie streitsüchtig sie sei. Und wir können sicher sein, dass Bélibaste niemandem die Wahrheit über die Ursache seines Zerwürfnisses mit Blanche erzählt hatte.

Es war Dienstag, der 24. Dezember 1314, als Jean Maury Blanche oder Condors, wie sie sich jetzt nannte, fand, und zwar im Haus eines Färbers oder *parayre de draps*, der den Dialekt von Toulouse sprach und aus Fanjeaux stammte, also aus dem Ort, von dem der heilige Dominikus seinen Kreuzzug gegen die Albigenser begonnen hatte. Blanche arbeitete als Magd in seinem Haushalt.

Jean Maury brachte in Prades, wie er später gestand, einige Nächte und den Weihnachtstag 1314 damit zu, mit Blanche über ihren Glauben zu reden. Blanche wusste, dass sie mit einem jungen angehenden Parfait sprach. Was sie von ihrem Besucher hielt, ist nicht überliefert, es sollte jedoch lange dauern, bis sie sich wieder begegneten. Die nächsten sechs Jahre lebte Blanche ein Leben, in dem sie von allen, die sie einst gekannt und geliebt hatte, abgeschnitten war.

Wen tröstete Jean Maury bei diesem Besuch in Prades? Wir werden es nie erfahren. Als er nach La Granadella zurückkam, bat Ruig ihn offenbar, ihm die Kosten für Raymonds Beerdigung zu ersetzen, was er ablehnte. Das klingt wiederum plausibel, aber genau wie bei der hinterlassenen Kleidung kann es sein, dass dies von der Tatsache ablenken sollte, dass Bélibaste bei de Toulouse war *und* Jean Maury ebenfalls, bevor er nach Prades aufgebrochen war. Umgekehrt kann es natürlich angesichts von Bélibastes Knauserigkeit ebenso gut sein, dass er versuchte, die Kosten der Beerdigung auf den jüngeren Maury abzuwälzen.

16. SANT MATEU, MORELLA, BECEITE UND WIEDERUM MONTAILLOU (1315-1318)

Etwa im März 1315 entschloss sich Pierre Maury, sich mit seiner Tante Guillemette Maury als Geschäftspartnerin in den Ebenen von Càlig und Sant Mateu, die im frühen 14. Jahrhundert an der Grenze zum Königreich Valencia lagen, selbstständig zu machen. Die Winterweiden waren vorzüglich. Die ganze Gegend genießt als zweitwärmste Region der Iberischen Halbinsel ein mildes Mikroklima, und darum war sie bei den Schäfern aus den Pyrenäen beliebt. Neben den breiten angeschwemmten Küstenebenen zwischen Tarragona und Valencia mit ihren Olivenhainen und satten Weiden gibt es hier einige niedrige Gebirgszüge, in denen die Schäfer mit ihren Herden Schutz suchen konnten, wenn im April die Temperaturen auf 27 Grad Celsius anstiegen.

Nachdem er Schäfer gewesen war, hoffte Pierre Maury nun, Schafzüchter zu werden, und ließ sich, um dies zu verwirklichen, auf eine Partnerschaft ein, wie es im Herdengeschäft seit Urzeiten gehalten

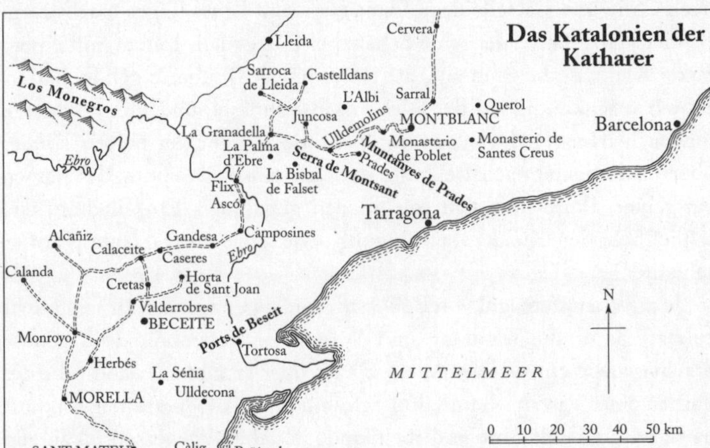

Das Katalonien der Katharer

wurde.[117] Die Vereinbarung galt für fünf Jahre, in denen die Gewinne und Verluste zu gleichen Teilen geteilt werden sollten. Die Einzelheiten hatten die beiden Pierre Maurys wahrscheinlich auf den Weiden von Tortosa ausgehandelt.

Wie Pierre Maury jedoch zu seinem Nachteil feststellen sollte, war es nicht ganz so einfach, Geschäfte mit der eigenen Familie zu machen. Und in diesem Fall wurden die Dinge auch nicht gerade durch Guillaume Bélibaste erleichtert, der plötzlich auftauchte. Er und Pierre hatten sich früher einmal sechs Schafe zusammen gekauft, nur dass die Rechnung dafür von Pierre bezahlt worden war. Da Pierre überdies die ganze Arbeit machte, stand Bélibaste sich gut dabei. Dennoch versuchte er, drei Schafe mit nach Morella zu nehmen, ohne zuvor seine Schulden zu begleichen. Dieses Mal aber weigerte sich Pierre, sich darauf einzulassen, zumal er Bélibaste auch noch »fünf Schillinge aus Liebe zu Gott« gegeben hatte. Bélibaste war jedoch hartnäckig; wenn er die Schafe jetzt nicht bekam, so wusste er zumindest, wo sie waren, und Morella war ein gutes Stück näher bei Sant Mateu als die Pyrenäenpässe, auf denen Pierre Maury den Sommer verbrachte.

Nicht lange danach, Ende April oder Anfang Mai 1315, als es schon wieder heiß war, hütete Pierre Maury die Schafe in der Nähe von La Sénia, das zu dem riesigen Flachland gehört, das sich von Tortosa nach Càlig und Castelló de la Plana erstreckt. Eines Tages tauchte sein Bruder Jean Maury, der seine Schafe bei Castelldans hütete, mit einem Paket Kleidung bei ihm auf, die Raymond de Toulouse gehört hatten. Er war offenkundig auf der Suche nach Bélibaste, und Pierre schickte ihn nach Morella. Der übereinstimmende Bericht der beiden Brüder über Jeans Suche nach Bélibaste und sein anschließendes Erscheinen bei seiner Tante liest sich mit all den genannten Einzelheiten, einschließlich der Kleiderüberbringung, wie eine ausgedachte Tarngeschichte.

Jean behauptete, gut von Bélibaste empfangen worden zu sein, nicht zuletzt, da er die Kleidung und Waren von Raymond de Toulouse brachte sowie ein Geschenk, ein blaues oder grünes Gewand – beides Farben eines Parfaits –, und fünf Schillinge. Am Abend seiner Ankunft hatte er mit Guillaume und Raymonde zu Abend gegessen. Während Jean und Raymonde oben am Tisch ihren Fisch gegessen hatten, hatte

Bélibaste sich hinter einem Schilfvorhang Brot hervorgeholt und gewartet, bis sie fertig waren, um dann nach ihnen am Tisch zu essen. Sie hatten an jenem Abend nicht über ihren Glauben gesprochen, erklärte Jean Maury später vor Fournier; dies widerspricht jedoch seiner Aussage, die er sechs Monate vorher in Aragonien gemacht hatte (FR, ff.215r, 213r).

Am nächsten Tag hatte er Morella wieder verlassen und sich auf den Weg nach Beceite gemacht, wo er Mersende und Jeanne besucht hatte. Er schuldete seiner Tante angeblich eine Entschädigung, weil seine Schafe irgendwann ein Rübenfeld ruiniert hatten, das ihr gehörte. Deshalb hatte er ihr die Summe von zweieinhalb Schillingen bezahlt und ihr ein Gewand im Wert von zwölf Barcelona-Pfennigen gegeben. Die Nacht hatte er bei Mersende verbracht und mit ihr über ihren Glauben gesprochen. Jeanne Befayt scheint nicht anwesend gewesen zu sein.

Jean Maury kehrte zunächst zu seiner Herde zurück und machte sich dann auf den Weg nach Montaillou, wo er im Juli 1315 ankam und sechs Wochen blieb. Mindestens *vier* unabhängige Hinweise bestätigen den Zeitpunkt dieses wichtigen Besuches, der offenbar sein erster seit 1310 war (FR, ff.212v, 213*bis*v, 215v, 240r). Rückblickend sieht es so aus, als habe er bei seinen Kurzbesuchen bei seinem Bruder, Bélibaste und Mersende Informationen gesammelt, bevor er ins Sabarthès zurückkehrte.

In Montaillou bewegte er sich frei im Dorf. Die Einwohner scheinen weiterhin ihrem katharischen Glauben verbunden gewesen zu sein, auch wenn sie jetzt des geistigen Beistands beraubt waren, den die Parfaits ihnen gegeben hatten. Jean Maury kam im Haus seines Vaters am Dorfplatz von Montaillou unter, in dem jetzt seine Schwester Raymonde, die Ehefrau von Guillaume Marty, lebte. Die Clergues waren zweifellos über seine Anwesenheit informiert. Gegen Ende seines Aufenthalts sollte Jean Bernard Clergues Hilfe suchen.

In Montaillou war inzwischen wieder ein gewisses Maß an Freiheit eingekehrt, auch wenn einige im Dorf die gelben Kreuze trugen. Offiziell war das katharische Kapitel beendet, und das Haus des Pfarrers war reicher, stärker und gefürchteter als je zuvor aus der Verfolgung hervorgegangen. Pierre Clergue war nun mittleren Alters, und die Jahre hatten seine Leidenschaft für Frauen nicht gemindert. Als Jean Maury wieder auf der Szene erschien, setzte er gerade tatkräftig seine Affäre mit der jungen Grazide Rives (jetzt Madame Lizier) fort, während er gleichzeitig mit Mengarde Buscailh schlief. In Montaillou hätte niemand erwartet, dass das Schlimmste erst noch kommen sollte.

Was Jean Maury für die meisten in Montaillou so interessant machte, war, dass er aus Katalonien kam, wo die Bonshommes unbehelligt und in Frieden lebten. Gab es jemanden, die Clergues vielleicht, der wusste, dass er ein angehender katharischer Priester war?

Es gab mehrere im Ort, die ihm aufgeschlossen begegneten.[118] Dazu gehörte vor allem Jean Pélissier, der 1315 sterbenskrank war. Aber acht Jahre später war er noch rüstig genug, um auszusagen; und 1329 war er nachweislich noch am Leben, da er in dem Jahr ins Gefängnis kam. Sofern man ihm glauben kann, hatte seine Großmutter ihn gedrängt, für die Bonshommes in Katalonien Geld zu spenden; er hatte dann Jean Maurys Schwester Raymonde zugeredet, fünf Barcelona-Schillinge anzunehmen, und ihr gesagt, er und seine Großmutter wollten, dass Jean Maury sie für die Parfaits mitnähme. Raymonde hatte ihm geraten, das Geld zu behalten, da er krank sei und es vielleicht selbst brauche; er hatte jedoch darauf bestanden, es ihr zu geben, und lakonisch gemeint, vielleicht brauche er es ja nicht mehr, falls er bald sterben würde. Es muss ein Teil des Geldes gewesen sein, das Jean Maury später Guillaume Bélibaste in der Ebene von La Sénia bei Tortosa gab. Diese einfache Episode zeigt, dass die Menschen im Sabarthès in ihren Herzen ihren toten Parfaits unerschütterlich treu geblieben waren.

Gegen Ende seines Aufenthalts in Montaillou geriet Jean Maury in den Bergen mit Schäfern aus Razès in eine Schlägerei, bei der er im Gesicht und an der Stirn verletzt wurde. Er beklagte sich wegen seiner Verletzungen bei Bernard Clergue als dem Bayle und ebenfalls beim Kastellan von Montaillou, dessen Identität nicht bekannt ist. Keiner von beiden war bereit, die Sache zu verfolgen.

Warum es zu dieser Auseinandersetzung kam, ist nicht bekannt, es war jedoch nicht die einzige, wie wir bald sehen werden. Die schwelenden Spannungen um Weiderechte und das widerrechtliche Betreten von Fluren in den Pyrenäen kamen gelegentlich zum Ausbruch. Der Viehtrieb war insgesamt jedoch zu wichtig für alle Betroffenen, um zuzulassen, dass es zu wirklichen Behinderungen kam. Erst als eine bewaffnete Auseinandersetzung zwischen zwei katalanischen Kriegsherren ausbrach, mussten die Schäfer sich wirklich in Acht nehmen (siehe S. 413).

Von Montaillou kehrte Jean Maury mit seiner Herde ins Capcir-Gebirge zurück, und in Bagà in der Serra del Cadí fand er schließlich seinen Bruder Pierre zusammen mit Guillaume und Pierre Maurs, die sich um die Herde von Pierre Castell kümmerten. Freischaffend bei ehemaligen Arbeitgebern einzuspringen, war offenkundig eine von Pierre Maurys Absicherungen, während er sein Schafzuchtgeschäft mit seiner Tante in Sant Mateu betrieb. Aber jetzt war es an der Zeit, dass die Dividenden hereinkamen. So machte Pierre Maury sich in dem Winter auf, um zu kassieren. Als er allerdings einige Zeit vor Weihnachten des Jahres 1315 in Sant Mateu ankam, musste er erfahren, dass seine Tante die Jahresgewinne aus der Wolle in Lämmer investiert hatte, von denen die meisten unter dubiosen Umständen gestorben waren. Ihre Bilanz wies somit rote Zahlen auf. Aber außerdem war auch noch Guillaume Bélibaste aufgetaucht und hatte einen Teil der Wolle mit nach Morella genommen.

Pierre fühlte sich betrogen. In seinem Ärger machte er sich auf den 50 Kilometer langen Weg zu Bélibaste nach Morella. Am Abend aßen sie zusammen, und dabei praktizierte Bélibaste das ganze katharische Ritual. Anschließend kamen noch einige Nachbarn zu Besuch, die bis spät am Abend blieben. In ihrem Beisein fiel kein Wort über die Häresie. Später teilte Pierre sich ein Bett mit Bélibaste. Am Ende ließ er ihn glimpflich davonkommen, aber nicht ohne ihn darauf hinzuweisen, dass man ihn allgemein für geizig hielt und es zwischen ihnen beiden in Zukunft sicher besser sein würde, jeden Pfennig zu zählen.

Am nächsten Morgen brach Pierre Maury nach Beceite auf. Hier flehte Mersende ihn an, ihren Bruder in Sant Mateu dazu zu bewegen, nach Beceite zu kommen, um sie von ihrer eigenen Tochter zu erretten. Trotz der Anwesenheit ihres Gastes, von dem sie zu dem Zeitpunkt noch nicht wusste, dass er ihr Vetter war, ging Jeanne auf ihre Mutter los und nannte sie eine »alte Häretikerin«, deren Schuld es sei, dass sie Montaillou verlassen habe. Offenbar war Jeanne unter irgendeinem Vorwand aus dem Sabarthès gelockt worden und verabscheute es, jetzt in einem fernen Winkel Kataloniens inmitten einer Zelle katharischer Flüchtlinge festzusitzen. »Du verdienst es zu verbrennen, und ich werde dafür sorgen«, drohte sie. Zu ihrer Verteidigung wies ihre Mutter sie darauf hin, dass sie selbst einmal eine gute Katharerin gewesen sei. Dies beeindruckte ihre Tochter jedoch nicht.

Als Pierre Maury dagegen Einspruch erhob, dass Jeanne in dieser Form mit ihrer Mutter redete, nannte sie ihn einen »Gelehrten der Häresie«. Als sie sich zur Nachtruhe zurückziehen wollten, geriet Jeanne ein weiteres Mal in Rage, weil Pierre Maury sich ein Bett mit ihrem Ehemann Bernard teilen und sie bei ihrer Mutter schlafen sollte. Sie nutzte die Gelegenheit, um mit einem Kissen auf Mersende einzuschlagen. An dem Punkt griff dann jedoch ihr Ehemann ein und schlug sie, mit dem Ergebnis, dass sie *ihn* jetzt einen Häretiker nannte.

Fand in jener Nacht in diesem Irrenhaus irgendjemand Schlaf? Und warum ließ die findige Mersende zu, von ihrer Tochter so behandelt zu werden? Am nächsten Morgen versprach Pierre seiner Tante, für Abhilfe zu sorgen. Dann machte er sich auf den langen Weg nach Sant Mateu. Dort berichtete er, was er erlebt hatte. Aber sein Onkel, Pierre Maury der Ältere, ließ sich davon nicht erweichen: »Meine Schwester hat den Teig, den sie geknetet hat«, erklärte er. Er war vermutlich bekannt wegen seiner blumigen Ausdrucksweise, da sein Neffe mindestens bei zwei Gelegenheiten seine volkstümlichen Sprüche zitierte. Aus seinen späteren Bemerkungen geht hervor, dass er seinen Schwestern die Schuld daran gab, dass Jeanne aus dem Sabarthès hierher gekommen war.

Pierre Maury war entschlossen, sich nicht von Jeanne einschüchtern zu lassen, und kehrte einige Monate später, in der Fastenzeit des Jahres 1316 (25. Februar bis 11. April), in Begleitung seines Vetters Arnaud Maury nach Beceite zurück. Zu seiner Verblüffung hatte sich Jeannes Verhalten gegenüber ihrer Mutter nur noch verschlimmert. Als er Mersende um Eier bat, mischte Jeanne sich ein: »Ihr werdet eher einen fetten Abszess haben, als dass Ihr irgendwelche Eier bekommt.« »Cousine«, sagte er, »seid doch nicht so böse.« »Und wie kommt es«, fragte sie ihn, »dass Ihr mein Vetter seid?« Pierre erklärte ihr, dass er der Sohn von Raymond Maury aus Montaillou sei. Dies veranlasste Jeanne zu der Bemerkung: »Und wieso hat die alte Hexe, meine Mutter, das das letzte Mal vor mir geheim gehalten?« (FR, f.260r)

Pierre Maury gab ihr Geld für Eier und Wein, die sie im Ort kaufen ging. Aber nachdem sie einigen Wein getrunken hatte, wurde sie nur noch zänkischer. Als ihr Mann an jenem Abend nach Hause kam, fing sie wieder an, ihre Mutter zu verfluchen. Bernard Befayt und Mersende machten daraufhin den Vorschlag, dass Pierre und Arnaud Maury zu Bélibaste gehen sollten, um ihn um Rat zu fragen, da Jeanne ihre ganze Arbeit gefährden könne, zumal sie in Sant Mateu gewesen war und alles über sie wusste: »Meine Frau ist ein Teufel, der uns erschienen ist«, meinte ihr Mann. Sie waren sich einig, wenn sie redete, würden sie alle verhaftet werden.

Auf ihrem Rückweg nach Sant Mateu gingen Pierre und Arnaud Maury in Morella bei Bélibaste vorbei, um ihm dies alles zu berichten. Bélibaste gab daraufhin seine Erfahrung mit Jeanne in Horta de Sant Joan zum Besten und verglich sie in einer Kurzpredigt mit dem heiligen Paulus: Während sich der Apostel auf dem Weg nach Damaskus von Saulus in Paulus gewandelt habe, sei es bei Jeanne genau umgekehrt, sie habe sich von einem wohlerzogenen katharischen Mädchen in eine verlorene Seele verwandelt. Sie solle entweder, meinte Bélibaste, in ein abgelegenes Dorf gebracht werden, weit weg von dem Ort, wo sie jetzt lebten, oder nach Montaillou zurückbegleitet werden. Pierre erbot sich, Jeanne auf seine eigenen Kosten bis nach Ax mitzunehmen.

Arnaud Sicre zufolge hatten Pierre Maury der Ältere und sein Neffe Arnaud erwogen, Jeanne auf eine Reise Richtung Heimat mitzunehmen, um sie dann auf einer geländerlosen Brücke hoch über einem steilen Abgrund hinunterzustoßen. Die dafür ins Auge gefasste Brücke hieß sinnigerweise *mala mohler*, »Böse Frau«. Jeanne hatte offensichtlich gedroht, sofort nach ihrer Rückkehr nach Hause zum Inquisitor nach Carcassonne zu gehen. Aber keiner dieser Pläne wurde verwirklicht.

Am Freitag, dem 10. September 1316, starb Geoffroy d'Ablis, der fast bis zu seinem Ende als Inquisitor tätig war, und wurde im Kloster der Dominikaner in Lyon beerdigt. Das Amt des Inquisitors von Carcassonne fiel jetzt Jean de Beaune zu. Wie d'Ablis' ehemalige Opfer in der Diaspora diese Nachricht aufnahmen, ist nicht bekannt.

Kurze Zeit danach versammelte sich eine Gruppe von Männern in Puigcerdà. Sie bestand aus Bernard Laufre aus Tignac, Raymond Maurs, einer der Brüder aus Montaillou, und Raymond Baralher aus Gebets. Sie wollten gemeinsam aufbrechen, um in der Nähe von Montblanc in den Wäldern des Monasterio de Poblet, rund 30 Kilometer nordwestlich von Tarragona und der Küste, Holz zu fällen.

Nachdem sie in Cervera angekommen waren, quartierten sie sich in einem Haus nahe den nördlichen Stadttoren ein. In einer Taverne der Stadt begegneten sie Guillaume Bélibaste. Warum er Anfang Oktober zusammen mit Raymonde und ihrer kleinen Tochter in Cervera, 180 Kilometer nordöstlich von Morella, gewesen sein sollte, ist nicht klar. Wir wissen allerdings, dass er auf der Suche nach Arbeit in den Weinbergen war. Er liebte schwere Arbeit, und Saisonarbeit wie die Weinlese scheint im Übrigen besonders einträglich gewesen zu sein, vielleicht war der Herbst auch sowieso eine Flauteperiode für die Kardätschenmacherei. Ansonsten wäre es kaum begreiflich, dass Bélibaste es sich leisten konnte, eine längere Zeit von zu Hause fort zu sein. Denn später erklärte er, es sei für ihn ein Ding der Unmöglichkeit, auch nur einige Tage wegzubleiben, weil er sonst seine Kundschaft verlöre. Aber warum sollte es ihn so weit weg, bis nach Cervera verschlagen, während Horta de Sant Joan, wo er früher schon in den Weinbergen gearbeitet hatte, so viel näher bei Morella lag?

Laufre behauptete vor Fournier, er und seine Freunde hätten Bélibaste zufällig in der Taverne getroffen. Ihnen sei aufgefallen, dass er Sardinen kaufte, während alle anderen Fleisch aßen. Dies, erklärte er, habe ihnen bewusst gemacht, dass er ein Parfait sei, zumal er ihr Fleischgericht auch noch als *feresa* bezeichnet hatte.

Als *feresa* sollte sich Raymond Maurs Blutwurst tragischerweise tatsächlich erweisen. Kurz nachdem er sie gegessen hatte, wurde er schlagartig schwer krank. Der Barbier des Ortes nahm einen Aderlass vor, und nach zwei Tagen ging es ihm wieder gut genug, um mit den anderen Richtung Montblanc aufzubrechen. Sie kamen bis nach Sarral, rund 25 Kilometer südlich von Cervera. Hier verschlechterte sich Raymonds Zustand dramatisch. Nachdem er noch drei Tage und drei Nächte ums Überleben gekämpft hatte, starb er um die Mittagszeit des vierten Tages offenbar aufgrund einer akuten Lebensmittelvergiftung.

Die Einwohner von Sarral führten eine Sammlung durch, um seine Beerdigung zu bezahlen und ihn auf dem Friedhof des Ortes beizusetzen. Laufre blieb unerschütterlich bei der Aussage, dass Raymond vor seinem Tod nicht getröstet worden sei, konnte sich seltsamerweise aber nicht mehr daran erinnern, wo sich auf dem Friedhof sein Grab befand. Die Inquisitoren waren natürlich misstrauisch. Laufres unwahrscheinliche Geschichte wurde von Pierre Maury unterstützt, der behauptete, von Guillaume Bélibaste gehört zu haben, dass dieser mit seiner Familie zwar zusammen mit den anderen in Cervera aufgebrochen, aber vor ihnen in Sarral angekommen sei, da die anderen durch einen Kranken aufgehalten worden seien und ihr Tempo nicht hätten mithalten können. Zu dem Zeitpunkt, als Raymond Maurs starb, seien die Bélibastes schon wieder fort gewesen.

Die Wahrheit sieht wahrscheinlich völlig anders aus, nämlich dass Raymond Maurs in Sarral getröstet wurde und das Treffen mit Bélibaste in Cervera vorher verabredet worden war, vielleicht weil eine katharische Filière durch die Stadt führte.

Nach dem Begräbnis von Raymond sahen sich die beiden Gruppen in Montblanc wieder, wo sie womöglich dem eigentlichen Grund von Bélibastes seltsamer Reise begegneten. Hier am nordöstlichen Rand der Muntanyes de Prades trafen sie, sechs Jahre nach dem Tod ihres Vaters, Arnaud und Pierre Authié, die Söhne von Guillaume und Gaillarde Authié. Die beiden Jungen waren in Begleitung einer unbekannten Frau aus Ax mit drei kleinen Töchtern und eines jungen Mannes, eines Neffen von Jacques Rauzy aus Ax.

Es ist unwahrscheinlich, dass die Frau Gaillarde Authié war, auch wenn diese zu der Zeit noch am Leben war und etliche Jahre später von Fournier vernommen wurde, da Laufre sie erkannt hätte. Dass die beiden männlichen Nachkommen der Authiés, Guillaumes eigene Söhne, in der Diaspora überlebt hatten, muss den Katharern wie ein kostbares Symbol für das Fortbestehen der berühmten Parfait-Dynastie erschienen sein. Bélibaste, der den inständigen Wunsch hatte, dass sein eigener Sohn seine Nachfolge in seinem heiligen Amt antrat, hatte möglicherweise das Bedürfnis, die jungen Authiés in Fleisch und Blut zu sehen.

Legte er zusammen mit Raymonde und ihrer Tochter auf dem Weg von Montblanc nach Morella einen Zwischenstopp im nahe gelegenen

Prades ein, um Blanche zu besuchen? Offenbar nicht. Wenn sie doch den Versuch einer Versöhnung unternommen hatten, so kam nichts dabei heraus.

Nachdem Bélibaste von Montblanc zurückgekehrt war, wurde er in Morella von Pierre Maury aufgesucht. Von hier zog Pierre nach Beceite weiter, mit einem Laib Brot im Gepäck, das Bélibaste für Mersende gesegnet hatte, da sie krank war und Bélibaste außerdem die Sorge hatte, Jeanne könnte sie eines Tages erwürgen.

Inzwischen waren Jeanne und ihr Mann in ein anderes Haus gezogen und wohnten nicht mehr bei Mersende. Sie war aber bei Mersende, als Pierre Maury ankam und ihrer Mutter erklärte, dass Bélibaste ihm das Brot für sie mitgegeben hatte. »*Benedicite*«, sagte Mersende und küsste es. Dann brach sie ein Stück davon ab und reichte es Jeanne mit der Bemerkung, es sei gesegnetes Brot.

»Ach, ich kenne dich doch!«, gluckste Jeanne, womit sie vermutlich sagen wollte, dass Mersende unverbesserlich war. »Meine Tochter«, erwiderte diese, »du scheinst alles vergessen zu haben.« Jeanne aß jedoch das Brot mit ihrer Mutter; vielleicht veranlasste das ihre Mutter, sie zu Ehren ihres Gastes Pierre Maury für den Abend zum Essen einzuladen. Es war ein schlimmer Fehler.

Als sie sich zum Abendessen hinsetzen wollten, fing Jeanne wiederum an, ihre Mutter zu schikanieren. Sie titulierte sie erneut als eine alte Häretikerin, die sie brennen sehen wolle. Schließlich schlug sie derart auf Mersende ein, dass der Lärm etliche Nachbarn alarmierte, die aufgebracht herbeieilten. Dann erschien Jeannes Ehemann. Er drosch wie wild auf sie ein und warf sie schließlich die Treppe hinunter. »Sie soll zum schlimmsten Teufel gehen!«, schrie er. Danach nahmen sie zu dritt das Abendbrot ein, und Mersende teilte mit Bernard etwas von Bélibastes Brot.

Bernard und seine Schwiegermutter erklärten Pierre, dass es das Beste sei, Jeanne loszuwerden, und wenn man sie in eine Schlucht hinunterstoßen müsse. Wurde dieser verzweifelte Gedanke durch den Cañon inspiriert, der einen halbkreisförmigen Bogen um den westlichen Zugang von Beceite beschreibt? Ein ähnlicher Vorschlag war bereits in Sant Mateu gemacht worden. Mersende solle tun, was sie wolle, gab Pierre ihr bissig zu verstehen, das habe sie ja auch getan, als sie Jeanne aus Montaillou herausgebracht habe. Die katalanischen Katharer machten Mersende zunehmend dafür verantwortlich, ihnen diesen psychotischen Kuckuck ins Nest gelegt zu haben.

Arnaud Sicre behauptete, Mersende habe versucht, ihre Tochter zu vergiften, indem sie ihr Nieswurz unter den Kohl gemischt habe. Er versicherte außerdem, Jeannes Leben gerettet zu haben, indem er seinen Freund Bartholomeo den Amigo, den Bruder des Apothekers von Sant Mateu, veranlasst habe, niemandem mehr medizinisches rotes Arsen *(realgar)* zu verkaufen, da Guillemette Maury geplant hätte, Jeanne damit umzubringen. Als Pierre Maury der Ältere später zu ihm kam und Arsen kaufen wollte, um damit vorgeblich die Krankheit seiner Esel zu behandeln, bestand Bartholomeo darauf, dass er die Esel zur Behandlung vorbeibringen sollte, statt ihm das gefährliche Medikament zu verkaufen.[119]

Arnaud Sicre dichtete sich in der Regel nichts zusammen, und so dürfen wir davon ausgehen, dass diese Geschichte im Wesentlichen der Wahrheit entspricht. Selbst Pierre Maury, der für sich in Anspruch nahm, jede körperliche Gewalt zu verabscheuen, hatte sich Arnaud Sicre gegenüber offenbar dazu hinreißen lassen zu erklären, sie sollten Jeanne am Besten zusammen umbringen, sie mit einer Lanze durchbohren und in einen Abgrund werfen. Wenn sie diese Mordpläne schmiedeten, zeigten die Maurys sich wohl kaum von ihrer besten Seite. Es unterstreicht jedoch, wie tief ihre Furcht war, was Jeanne ihnen antun konnte. Und es sei ihnen zugute gehalten, dass keiner ihrer Pläne in die Tat umgesetzt wurde.

Nachdem er eine Zeit lang auf den Weiden gewesen war, kehrte Pierre Maury im Februar 1317 nach Sant Mateu zurück, um Guillaume Bélibaste zu treffen. Und Jean Maury stattete in jenem Sommer ein weiteres Mal Montaillou einen kurzen Besuch ab. Er zeigte sich dort relativ offen, aber dieses Mal erwähnte niemand die *entendensa del be*.

Seit seinem Besuch 1315 war etwas geschehen, das die Katharer von Montaillou zum Schweigen gebracht hatte, und das konnte nur die Amtsübernahme von Jacques Fournier vor drei Monaten in Pamiers gewesen sein. Die Ernennung Fourniers hatte direkte Auswirkungen auf die Dorfbewohner, weil ein »Vetter« von ihm, Pierre Azéma, hier lebte.

Bis jetzt hatte Azéma sich zurückgehalten, weil der inquisitorische Wind 20 Jahre lang aus Carcassonne geweht hatte, und Carcassonne und die Clergues waren eins gewesen. All das sollte sich jetzt ändern.

Ungefähr ein Jahr später, im Mai oder Juni 1318, weidete Pierre Maurys Herde auf dem Puymorens-Pass, als sein jüngerer Bruder Arnaud ihn aufsuchte, um ihn zu warnen, dass er von dem neuen Bischof von Pamiers schon zweimal ausgerufen worden sei. Es ist davon auszugehen, dass seit dem Winter 1317/18 auf die Ergreifung von Pierre Maury und anderen wie die Brüder Maurs, die Issaurats, die Schwestern Marty und natürlich Guillaume Bélibaste Belohnungen ausgesetzt waren.

Entsprechend den Vorschriften der Bulle *Multorum querela*, die festlegte, dass der Inquisitor und der Bischof zusammenarbeiten mussten, ersuchte Fournier 1318 den Inquisitor von Carcassonne, Jean de Beaune, ihm den vorgeschriebenen Inquisitor beizustellen. Ihm wurde der schon etwas ältere und gefürchtete Dominikaner, Bruder Gaillard de Pomiès, aus Pamiers zugewiesen. Am 10. Dezember 1318 konnte die Inquisition in Pamiers ihre Arbeit aufnehmen.

Fourniers Ruf verbreitete sich rasch. Arnaud Maury zufolge lud der Bischof »die Leute von Montaillou vor und verfuhr hart mit ihnen, weil viele von ihnen nicht einmal die Hälfte der von ihnen begangenen häretischen Vergehen gestanden hatten«. Dem Bischof wurde nachgesagt, er sei gut darin, den Angeklagten die Würmer aus der Nase zu ziehen, *»exire las agnas«*, wie es wörtlich hieß, wie sehr dies den Beschuldigten auch missfallen haben mochte (FR, f.261v).[120]

Ende Juni 1318 verließ Pierre Maury den Puymorens und zog mit seinem Bruder und anderen Schäfern im Gefolge auf die Pässe von Château-Verdun weiter. Die Maurs' und Guillaume Baille waren nicht mit dabei, da sie, wie wir sehen werden, anderweitig beschäftigt waren.

Pierre Maury war jetzt auf der Hut. Bei allem fröhlichen Fatalismus kann ihm die Sorge um seine Sicherheit unmöglich gleichgültig gewesen sein. Wenn sie auf den Bergen von Château-Verdun weideten, scheinen Pierre und seine Gefährten für gewöhnlich ihr Lager nördlich des Pic de Fontargenta an einem Platz, der »Garsan« genannt wurde, aufgeschlagen zu haben. Hier bereitete Pierre als Oberschäfer Brot und Käse zu.

In Garsan hörte Pierre zum ersten Mal, dass Pierre Clergue jetzt den Spitznamen »der kleine Bischof« *(episcopus parvus)* hatte, was mit ziemlicher Sicherheit eine Anspielung auf den »großen« neuen Bischof in Pamiers war (FR, f.261v). Pierre Clergue war immer ein rücksichtsloser Opportunist. Und es war den Leuten im Sabarthès bekannt, dass er sich, nicht zum ersten Mal, der geänderten Situation angepasst und sich vor Fournier als katholischer Eiferer hingestellt hatte. Durch den Ausdruck *parvus* wurde der Versuch Clergues lächerlich gemacht, als mächtiger Kirchenmann zu erscheinen; treffender wird der Spott noch dadurch, dass Clergue tatsächlich klein war.

Nichts demonstrierte Clergues Größenwahn mehr als die Tatsache, dass er seine Mutter in Notre-Dame-de-Carnesses beigesetzt hatte. Auch davon scheint Pierre Maury das erste Mal in Garsan gehört zu haben. Als er später seiner Tante Mersende davon erzählte, meinte diese: »Wenn der Bischof von Pamiers wüsste, wie würdig [das heißt *un*würdig] Mengarde Clergue war, dann würde er anordnen, dass sie ausgegraben und aus der Kirche hinausgeworfen wird. Pierre Clergue, der jetzt so mächtig ist und uns verfolgt, ist selbst nicht so katholisch, dass er die Gläubigen in die Flucht treiben dürfte, wie er es tut.« (FR, f.261v)

Während Pierre und Jean Maury oberhalb von Château-Verdun in Garsan waren, hielten die Maurs' sich auf dem Riucaut-Pass im Capcir-Gebirge auf.[121] Hier stieß Guillaume Baille zu ihnen, der vorher auf den Weiden im Arque-Tal gewesen war.

Für die Maurs' war endlich der Augenblick gekommen, gegen Pierre Clergue loszuschlagen. Die Wahl des Zeitpunktes hatte möglicherweise auch mit der neuen Verfolgungswelle zu tun, bei der er als wahrer Kollaborateur an vorderster Spitze stand.

Guillaume Baille war seit ein paar Tagen auf dem Riucaut, als Guillaume Maurs mit zwei Männern bei ihm eintraf. Sie hießen Comi und Pierre. Guillaume Maurs hatte sie aus Katalonien mitgebracht und angeheuert, um Pierre Clergue zu ermorden. Guillaume Baille sollte sie zum Kirchweihfest in Ax mitnehmen, das am 14. September gefeiert wurde, und ihnen Clergue dort zeigen. Einer der beiden, Comi, wurde als eine Art »leichter« Schäfer beschrieben, worunter wohl ein Schäfer zu verstehen ist, der bei der Viehwanderung Hilfsarbeiten übernahm, während andere die eigentlichen Aufgaben erledigten, die bei den Herden anfielen (FR, f.198*bis*r). Guillaume Maurs hatte den beiden die riesige Summe von 500 Schillingen angeboten, was dem Gegenwert von 50 Schafen entsprach. Nach seinem Plan sollte Comi Pierre Clergue töten, er selbst wollte ihm jedoch den ersten Schlag versetzen.

Kurz vor dem beabsichtigten Anschlag kehrte Guillaume Maurs an einem Abend nach Montaillou zurück, um seinen Bruder Pierre aufzusuchen. Der Besuch muss dazu gedient haben, Pierre zu informieren und ihm Bescheid zu geben, dass das Leid ihrer Mutter und die Entehrung ihrer Familie jetzt gerächt würden.

Pierre, der im Gefängnis gesessen hatte und sich nach seiner Rückkehr nach Montaillou jetzt als Schafwollhändler durchzuschlagen versuchte, wollte davon jedoch nichts wissen. Er flehte Guillaume an, den Pfarrer nicht zu ermorden, sonst wären sie alle verloren. Er muss sich in irgendeiner Form mit den Clergues nach seinem Aufenthalt in Carcassonne arrangiert haben, sonst hätte er in Montaillou nicht überleben können. Die Tatsache, dass Guillaume Maurs sich oft offen in Ax aufhielt und für gewöhnlich bei einer seiner verheirateten Schwestern übernachtete, deutet des Weiteren darauf hin, dass die Fehde aus Sicht der Clergues beendet war.

Die Einstellung seines Bruders war bei Guillaume offenbar durchaus ins Gewicht gefallen, aber nicht genug, als dass er die Operation jetzt ganz abgebrochen hätte. Nachdem er die beiden Handlanger von so weit her mitgebracht hatte, wollte er, dass sie sich Clergue zumindest einmal ansahen.

1318 wurde das Kirchweihfest in Ax am Donnerstag, dem 14. September, gefeiert. Guillaume Baille bezog zusammen mit Comi und Pierre auf dem Platz Stellung, auf dem die Tiere zum Verkauf zusammengetrieben wurden und der später zur Place du Couloubret wurde, links unterhalb der Kirche Saint-Vincent. Im 14. Jahrhundert lag er im Westen der *vieille ville*. Viehmärkte gab es hier noch bis zum Anfang des 20. Jahrhunderts. Heute befindet sich hier der Kurgarten der Stadt, mit Casino und Restaurants am nördlichen Ende und einem *parking payant* am südlichen Ende des Parks.

Wie erwartet, tauchte Pierre Clergue auf dem Kirchweihfest auf. Guillaume Baille entdeckte ihn bei den Viehgattern. Er zeigte ihn Comi, der daraufhin spontan meinte, Clergue sei aber ein »kleiner

Mann« (FR, f.198*bis*r). Die Verwendung des Wortes *parvus* bekräftigt, dass er sowohl klein als auch widerlich war. Das Charisma des Mannes muss beeindruckend gewesen sein, indes getragen von Reichtum und Macht. Ihm ging ein derart furchterregender Ruf voraus, dass Comi eindeutig erwartet hatte, einem großen Mann mit einer offensichtlich imposanten Erscheinung zu begegnen.

Guillaume Baille ging schließlich zu Guillaume Maurs zurück, während Comi und sein Gefährte sich vermutlich auf den Heimweg nach Puigcerdà machten. Vielleicht war Guillaume Maurs letzten Endes durch das Zureden seines Bruders verunsichert worden. Guillaume Maurs trug eigentlich einen Kampf von gestern aus, während sich in der Zwischenzeit bereits eine weitaus größere und völlig unerwartete Gefahr in Katalonien zusammenbraute.

Pierre Maury zog mit seiner Mannschaft von Château-Verdun auf den Riucaut, wo er sich um das Fest des heiligen Matthäus (21. September) der Gruppe der Maurs' anschloss. Gleich am ersten Abend wurden sie von bewaffneten Männern aus Andorra angegriffen. Dabei wurde ihr Gefährte Arnaud Moyshart verletzt. Guillaume Baille floh nach Latour-de-Carol, um Hilfe zu holen, und Guillaume Maurs eilte nach Puigcerdà, um den Vorfall den Justizbeamten des Königs von Mallorca zu melden. Die Nachricht löste in beiden Städten heftige Reaktionen aus, sodass viele Männer aufgebracht losstürmten, um es mit den Andorranern aufzunehmen.

Dass die Angreifer als »Andorraner« bezeichnet wurden und die stürmische Reaktion der Einwohner deuten darauf hin, dass es sich bei diesem Scharmützel um einen Grenzzwischenfall handelte, der durch Gebietsrivalitäten provoziert worden war, die seit 1278 in Andorra häufig vorkamen, nachdem es unter die gemeinsame Herrschaft der Grafen von Foix und der Bischöfe von La Seu d'Urgell gekommen war.

Um den Michaelistag (29. September), der traditionell der Stichtag für den Aufbruch zu den Winterweideplätzen war, zahlte Pierre Maury 1000 Schillinge (50 Pfund) für 100 Schafe an Raymond Barri aus Puigcerdà. Barri war ein weiterer großer Schafzüchter in Puigcerdà, bei dem Pierre sich zuvor schon als Schäfer verdingt hatte.[122] Arnaud Maurs oder Jean Maury verbürgten sich für ihn.

Zusammen zogen sie dann – Pierre Maury, Arnaud und Guillaume Maurs, Guillaume Baille, Jacques d'Odeillo und Guillaume de Via – zu den Weideplätzen nach Càlig hinunter und von dort aus nach Sant Mateu weiter. Guillaume Maurs und Pierre Maury scheinen zu der Zeit enge Freunde gewesen zu sein. Von Maurs wurde sogar gesagt, er habe Pierre Maury fast abgöttisch verehrt und darauf bestanden, dass er der Oberschäfer war.

Auf den Weiden und im Haus seiner Tante in Sant Mateu hatte Pierre Maury, der schließlich die größten Parfaits gekannt hatte, manchmal das Gefühl, dass er die Rolle des Einäugigen unter den Blinden zu spielen hatte. Bei der Erläuterung verschiedener katharischer Lehren hatte er bei einer Gelegenheit, laut Aussage eines Zeugen, gesagt, die Verwandlung von Brot und Wein in den Leib und Blut Christi sei ein Ding der Unmöglichkeit, weil die Priester, nachdem sie das Brot gegessen und den Wein getrunken hätten, beides mit den Exkrementen ausschieden; dies wäre wohl kaum denkbar, wenn Gott in dem Wein und Brot wäre. Er würde gewiss nicht zulassen, gegessen und als Exkrement ausgeschieden zu werden.

Den Winter 1318/19 blieb Jean Maury in Castelldans in der Diözese Lleida, während Pierre Maury offenbar mit Guillaume Baille und Raymond Baralher in die Ebene von Sant Mateu zog. Baralher hatte für die Verpflegung der wandernden Schäfer zu sorgen, indem er zwischen den Weideplätzen und ihren Vorräten, die sie im Haus eines Antoine le Cerdan in Càlig gelagert hatten, hin und her pendelte.

In der Vorweihnachtszeit 1318 setzte Pierre Maury sich wiederholt mit der Entschuldigung von der Herde ab, er müsse nach Tortosa und Sant Mateu gehen, um Wacholderöl für sich zu kaufen, das er angeblich als Diuretikum brauchte. In Wirklichkeit besuchte er jetzt seine Verwandten häufiger, und der Grund dafür wird bald erkennbar werden.

17. DER VERRÄTER, DER PARFAIT, EINE HOCHZEIT UND EINE SCHEIDUNG (1318-1320)

In Sant Mateu erfuhr Pierre Maury eines Tages Anfang November 1318 von Guillemette Maury die aufregende Neuigkeit, dass etwa vor einem Monat Arnaud Sicre in Sant Mateu eingetroffen war, der Sohn von Sibylle Baille aus Ax und Bruder eines toten Parfaits. Pierre Maury ließ sofort nach ihm in die Schusterwerkstatt schicken.

Als Arnaud zur Tür hereinkam, saß Pierre gerade auf einer Bank. Er erhob sich und begrüßte Arnaud mit einem breiten Lächeln. Sie setzten sich zusammen hin, und Pierre fragte ihn, ob er tatsächlich der Sohn von Sibylle Baille sei. Nachdem Arnaud dies bestätigt hatte, meinte Pierre: »Ihr seid der Sohn einer aufrechten Frau. Ich wünschte, ich wäre, wo die Seele Eurer Mutter jetzt ist, denn sie war die beste und hingebungsvollste von allen Gläubigen.« (FR, f.121r)

Arnaud war jetzt Anfang 20. Beim Gedanken an Sibylle Baille, die er zuletzt vor über zehn Jahren gesehen hatte, schmolz Pierre Maury

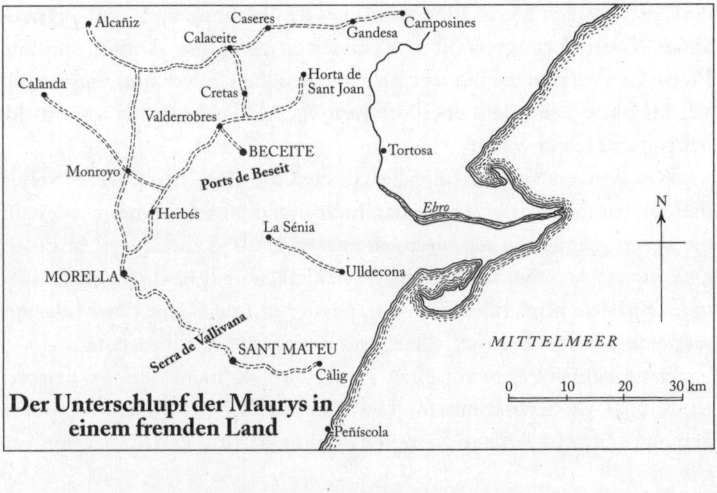

Der Unterschlupf der Maurys in einem fremden Land

das Herz. Er erinnerte sich noch, Arnaud an der Brust seiner Mutter gesehen zu haben. Und er erinnerte sich auch, dass der sechsjährige Arnaud seinerzeit von seiner Mutter weggeschickt worden war, um zu verhindern, dass er die Gläubigen mit seinem kindlichen Plappern unbedacht hätte verraten können. Pierre erzählte dann von Guillaume Bélibaste, den Arnaud drei Wochen vorher getroffen hatte. Pierre seufzte, als er sagte, Bélibaste sei ein armer Prediger im Vergleich zu Pierre und Jacques Authié und dass ihm ihre Bildung fehle.

Sie tranken etwas Wein zusammen. Dann machte Pierre sich zum Aufbruch bereit, um wieder zu den Weiden zurückzukehren. Draußen auf dem Hof fragte er Arnaud beim Abschied noch, warum er eigentlich nach Sant Mateu gekommen sei. Arnaud erklärte, er habe alles verloren, weil seine Mutter wegen Häresie verbrannt worden sei, und jetzt suche er in Katalonien nach seiner reichen Tante Alazais und seinem Bruder Bernard. Er habe die Hoffnung, dass sie beide bei ihr leben könnten. »Wenn Ihr sie findet und sie herbringt, sodass wir nahe beim *be* leben können, dann wäre ich sehr glücklich«, erwiderte Pierre Maury. Er dürfte sich an Bernard Baille erinnert haben, den er aus Ax kannte.

Es sei wichtig, erklärte Pierre ihm weiter, zur Zeit des eigenen Todes nahe bei Parfaits zu sein, um getröstet zu werden, denn dann würden 48 Engel erscheinen und die Seele zum Paradies hinaufbringen. Er verglich die Hingabe und Würde der Bonshommes beim Sterberitual mit dem gewinnsüchtigen Opportunismus der Dominikaner und Franziskaner. Diese Letztgenannten kultivierten zwar die Armut, spottete Pierre in Wortspielereien mit dem lateinischen *minor* und *magnus*, in Wirklichkeit seien sie jedoch oft vermögend, das heißt, dass sie wohlhabende Philister waren.

Was Arnaud Sicres Armut betraf, erzählte Pierre ihm, wie er selbst dreimal vor dem Nichts gestanden habe und dennoch immer wieder auf die Beine gekommen sei. Jetzt war er reicher als je zuvor, weil er die *entendensa del be* habe, wonach man alles mit einem bedürftigen Bruder teile. Er hätte hinzufügen können, dass er mit der Gabe des Midas gesegnet war, wonach er mit allem, was er anfasste, Geld machte.

Dann kehrte Pierre zu seiner Herde zurück, nicht ohne zu versprechen, bald wiederzukommen. Hatte er wirklich in dieser Frühphase keine Zweifel an Arnaud Sicre, obwohl er wusste, dass dieser von seinem Vater großgezogen worden war, einem Mann, der dafür bekannt war, die Katharer zu verabscheuen, und der an der Razzia in Montaillou beteiligt gewesen war? Es ist kaum zu glauben, dass Pierre Maury, der gerade erst über seine Ausrufung unterrichtet worden war, keinen Zusammenhang zwischen diesem Ereignis und dem Auftauchen eines Fremden in Sant Mateu herstellte, dem einzigen Besucher aus dem Sabarthès, der ohne fremde Hilfe zu ihnen kommen sollte. Hier waren keine Issaurats als Passeurs bemüht worden. Sicre war allein gekommen. Diese Tatsache hätte ihn und die anderen Katharer doppelt alarmieren und vor ihm warnen müssen.

Auch wenn die katalanischen Katharer wiederholt von ihrem neuen Mitglied als »Arnaud Baille« sprachen, der er für sie war, werde ich ihn durchgehend »Arnaud Sicre« nennen, da »Sicre« der Name seines Vaters war und der Name, mit dem er sich auswies, als er vor Fournier erschien.

Die Datierung von Arnaud Sicres erstem Besuch in Sant Mateu anhand der Protokolle ist ein mühseliges, aber nicht unmögliches Unterfangen. Er erklärte selbst, dass er etwa dreieinhalb Jahre vor dem Oktober 1321 damit begonnen hatte, in Katalonien nach Parfaits zu suchen. Das heißt, dass das Gespräch mit seinem Bruder Pierre in La Seu d'Urgell, das den Anstoß zu der langen Reise nach Katalonien gab, um den Mai 1318 herum stattfand. Aus den von den Schreibern der Inquisition erstellten Protokollen geht ganz klar hervor, dass Arnaud Sicre Fournier in Pamiers zum ersten Mal im Oktober 1319 Bericht erstattete. Bei sorgfältiger Untersuchung der zeitlichen Angaben in den einleitenden Seiten seiner Aussage kristallisiert sich heraus, dass er in der ersten Oktoberhälfte des Jahres 1318 in Sant Mateu ankam.

Zu dem Zeitpunkt, als Guillaume Bélibaste ihm riet, seine Suche nach seinen Verwandten im Pallars-Tal aufzuschieben, weil Weihnachten nahe sei und die Tage kürzer würden, war Arnaud Sicre bereits seit etwa 73 Tagen in Sant Mateu (FR, f.124v). *Wenn* die Formulierung, dass Weihnachten nahe war, so gedeutet werden kann, dass darunter etwa zehn Tage zu verstehen sind, und wenn Anmerkungen über »ein paar Tage« als »etwa drei oder vier Tage« aufzufassen sind (da Wochen und Zeiträume von 14 Tagen in der Regel in den Protokollen spezifiziert werden), dann kam Arnaud Sicre in Sant Mateu etwa Anfang Oktober 1318 an, was in etwa Weihnachten 1318 minus 83 Tage gewesen wäre. Dieser Zeitpunkt wird durch den genauen Vergleich der Aussagen von Arnaud Sicre mit denen von Pierre Maury und insbesondere von Guillaume Maurs und Guillaume Baille bekräftigt.[123]

Arnauds Rache hatte, genau wie die von Guillaume Maurs, eine lange Geschichte. Aber im Gegensatz zu der von Guillaume Maurs war die von Arnaud Sicre ein hervorragend ausgeführter, langfristig vorbereiteter Schlag, der in den Annalen der Spionageabwehr des 14. Jahrhunderts zu den erfolgreichen Undercover-Operationen zählt.

Dass Arnaud Sicre zweieinhalb Jahre, vom Oktober 1318 bis zur Fastenzeit 1321, die Nerven behielt, mit dem Feind zusammen lebte und schlief, mit ihm trank und aß und dabei seine Gastfreundschaft in Anspruch nahm, ist eine erstaunliche Leistung an Überzeugungskraft, Verschlagenheit und Selbstdisziplin. Seine Tarnung flog nie auf. Und dies zeigt wiederum, wie vorsichtig und diskret Fournier mit diesem verbitterten und gnadenlosen Agenten umging, der den Katharern vorwarf, seine Familie zerstört zu haben, und der geschworen hatte, sich sein Erbe zurückzuholen, das ihnen durch die Unterstützung, die seine Mutter den Authiés hatte angedeihen lassen, verloren gegangen war. Nicht einmal die hervorragenden Dienste, die sein Vater 1308/09 der Inquisition geleistet hatte, hatten Sibylle Bailles Haus in Ax ihren Söhnen zurückbringen können. Deshalb Arnauds Entschlossenheit, Kopfgelder zu kassieren, insbesondere die, welche auf die wenigen verbliebenen Parfaits ausgesetzt waren.[124]

Wie Arnaud Sicres erste Begegnung mit Pierre Maury verdeutlicht, war er darauf bedacht, Maury davon zu überzeugen, dass er eine reiche Tante und einen verschollenen Bruder hätte. Dem fügte er hinzu, dass seine Tante irgendwo im Pallars-Tal lebe, das, wie wir von Béatrice' Flucht her wissen, Katalonien mit den Grenzen der Grafschaft Foix verbindet. Diese fiktive und gezielt vage Angabe über den Aufenthaltsort seiner Verwandten hatte zwei Vorteile: Sie ermöglichte es ihm, bei seiner scheinbaren Suche nach seiner Tante die Gelegenheit wahrzunehmen, dem Bischof im Sabarthès Bericht zu erstatten, ohne Argwohn zu erwecken; und wenn es ihm außerdem gelang, Guillaume Bélibaste in diesen Teil Aragoniens zu locken, konnte er ihn hier verhaften lassen, da sich die Zuständigkeit der Gerichtsbarkeit der Grafschaft Foix bis ins Pallars-Tal erstreckte.

Es dauerte nicht lange, bis Arnaud Sicre seine Geschichte mit einem weiteren »verschollenen« Mitglied seiner Familie, seiner jüngeren Schwester Raymonde, vervollkommnen und ergänzen sollte. Er brachte sie als Kandidatin für eine Heirat zwischen ihr und Arnaud Maury aus Sant Mateu, Pierre Maurys Vetter, ins Spiel. Arnaud Sicre benutzte diese Verwandten, weil sie vielleicht alle, außer seinem Bruder Bernard, bereits tot waren. Aber *wenn* sie nicht mehr lebten, muss er darauf gesetzt haben, dass es in der katalanischen Diaspora niemanden gab, der es wusste. Da insbesondere Pierre Maury und Guillaume Maurs ihre Ohren ständig offen hielten, ging er ein hohes Risiko ein, aufzufliegen. Die katalanischen Exilkatharer schnappten nicht nur Neuigkeiten von umherziehenden Hausierern und Schäfern aus der Cerdagne auf, sondern auch von deren Verwandten und Bekannten, die regelmäßig nach Ax, Tarascon und in andere Teile des Ariège zurückgingen. Außerdem kam Arnaud Sicre aus einer Familie, die mit einer auf dem Scheiterhaufen verbrannten Mutter und einem toten Parfait als Bruder berühmt war in der katharischen Überlieferung und verrufen in den Augen der katholischen Kirche. Hätte das Schicksal der Mitglieder einer solchen Familie nicht Beachtung finden und weithin bekannt gewesen sein müssen? Und das katharische Spionagenetz war trotz des Verlustes ihrer maßgebenden Führer auch noch nicht ganz zerstört. Warum machte sich niemand die Mühe, Arnaud Sicre genauer zu überprüfen, insbesondere in Tarascon?

Arnaud Sicres meisterlicher Plan wurde fortwährend angepasst, und er erwies sich als ein brillanter Psychologe und flexibler Stratege. Er hatte begriffen, dass die Gier anderer seine schärfste Waffe sein würde. Nachdem er Guillaume Bélibaste getroffen und von seinem Geiz gehört hatte, wusste er, wie er den flüchtigen Katharern beikommen konnte. Der Umfang und Aufwand seiner Unternehmung haben etwas Erschreckendes, vor allem bei jemandem, der so jung war.

Es war sein Bruder Pierre, der Arnaud ursprünglich erzählt hatte, dass sie mit der Rückerstattung des Vermögens ihrer Familie rechnen könnten, wenn sie einen Parfait nach Pamiers brächten. Und so hatte Arnaud sich auf seinen persönlichen Kreuzzug gegen den Geist seiner Mutter ins Königreich Aragonien begeben. Denn es war bekannt, dass sich dort Katharer versteckten. Wie Satan im Buch Hiob (1,7) durchstreifte er ganz Katalonien, hin und her, anfänglich jedoch ohne Erfolg.

Die weiten Flächen von Los Monegros und die Ebro-Ebene sind heute so verlassen wie zu der Zeit, als Julius Cäsar 49 v. Chr. hier in Lleida (damals »Ilerda«) die Truppen von Pompejus schlug. Vor fast 700 Jahren, im Sommer 1318, durchquerte Arnaud Sicre sie allein, verbissen und bei Temperaturen, die gewöhnlich 38 Grad Celsius erreichen. Am Ende kam er »sehr zermürbt« in Sant Mateu an. Er beschloss, ein paar Tage hier zu bleiben und verdingte sich bei dem Schuster Jacques Vital, der ein Geschäft an der Ecke der Hauptstraße, wahrscheinlich der Calle Morella, und dem Marktplatz von Sant Mateu besaß.

Arnaud war ein geschickter Handwerker und ein ausgezeichneter Schuster. Pierre Maury erklärte, Arnaud habe ihm die besten Schuhe, die er je hatte, aus einem einzigen Stück Korduanleder gemacht, und er habe mehr als nur einmal Schuhe für Guillaume Bélibaste bei ihm bestellt. Nur einmal hatte ihm Arnaud Sicre freundlich Vorhaltungen gemacht, dass er für den sesshaften Parfait in Morella so solide und teure Wanderschuhe kaufe, wo doch einfachere genügten, denn im Unterschied zu Pierre Maury würde er nicht ständig durch die Wälder und Fluren marschieren. Selbst Arnaud Sicre war von der Großzügigkeit beeindruckt, die Pierre Maury an den Tag legte.

Einige Tage nach seiner Ankunft in Sant Mateu, Arnaud saß gerade bei der Arbeit, war draußen auf der Straße die Stimme einer Frau, Guillemette Maury, zu hören, die rief: »Hat irgendjemand Korn zu mahlen?« Ein gewisser Garaut, der in der Werkstatt bei Arnaud war, sagte zu ihm: »Arnaud, hier ist eine Landarbeiterin aus Eurer Nachbarschaft.« Arnaud ging nach draußen zu Guillemette, um sie zu fragen, woher sie komme. »Aus Saverdun«, antwortete sie. Er wies sie jedoch darauf hin, dass sie den Akzent von Prades und Montaillou sprach. »Wer seid Ihr?«, fragte sie ihn zurück. Als sie hörte, dass er der Sohn von Sibylle Baille aus Ax war, wurde sie offener und schlug vor, dass sie sich an Sonn- und Feiertagen treffen sollten.

Kurz danach war Markttag in Sant Mateu. Arnaud Sicre war in seiner Werkstatt, als Guillemette Maury und ihr Sohn Jean in Begleitung von Guillaume Bélibaste hereinkamen. Sie wechselten ein paar Worte zur Begrüßung, derweil Bélibaste Arnaud aufmerksam betrachtete. Ohne irgendetwas zu sagen, ging er sodann mit Guillemette und Jean von dannen, nachdem Guillemette Arnaud Sicre mehrfach aufgefordert hatte: »Macht, macht, mein Herr, im Namen Gottes.« Bei einer früheren Gelegenheit hatte Arnaud Sicre ihr gesagt, er habe die *entendensa del be*. Diese kurze Begegnung genügte Bélibaste jedoch, um Verdacht zu schöpfen, dass dem in Wirklichkeit nicht so war, weil Arnaud nicht hatte erkennen lassen, dass er das Melioramentum, die rituelle Ehrerbietung der Gläubigen gegenüber den Parfaits, kannte.

Die Werkstatt war indes ein öffentlicher Ort, und so bekam Arnaud etwa drei Wochen später eine neue Chance, unter Beweis zu stellen, dass er tatsächlich, wie er behauptete, die großen Authiés kennen gelernt hatte. Guillemette lud ihn in ihr Haus ein. Bis er ihre Tür erreichte, hatte er einen langen Irrweg entlang der Stadtmauer hinter sich, einen »Umweg«, wie er es nannte. Normalerweise hätte er nur fünf Minuten gebraucht, um von der Werkstatt seines Meisters am Marktplatz der Stadt zum Valencia-Tor zu gehen. Aber dann hätte man beobachten können, wohin er ging, vermutlich, weil das Haus der Maurys vom Tor aus zu sehen war, wo er seinen Namen hätte angeben müssen. So hatte er einen Umweg gemacht und war durch ein anderes Tor hinausgegangen. Arnaud war immer ein Meister darin, falsche Fährten zu legen.

Er betrat das Haus und begrüßte Guillemette Maury, ihren Bruder und ihre Söhne sowie Guillaume Bélibaste, der in der Nähe des Feuers stand. Bélibaste erinnerte sich später an diese Begegnung und bereute es bitter, dass er seinem Instinkt damals nicht vertraut hatte. Als er und Arnaud in Castellbó aneinander gefesselt waren, sagte Bélibaste: »Judas, als Ihr mich das erste Mal besucht habt, wusste ich sofort, dass Ihr gelogen habt, als Ihr Guillemette erzählt habt, dass Ihr *las bonas barbas* [die guten Bärte] gesehen hättet.[125] Wenn Ihr sie gesehen *hättet*, hätten sie Euch das Melioramentum beigebracht, das sich für jemanden gehört, der uns besucht.«

Wenn Bélibaste misstrauisch gegenüber Arnaud war, so hielt ihn dies zumindest nicht davon ab, Geschenke in Form von Nahrungsmitteln und sonstigen Dingen wie Kleidung und vermutlich Schuhe von diesem meisterlichen Handwerker anzunehmen. Derselbe Arnaud, der ihn schließlich für ein Kopfgeld verkaufen sollte, wartete auf dem Markt von Sant Mateu auch auf die tägliche Lieferung frischer Hochseefische, um diese als besonderes Geschenk für Bélibaste in Morella zu kaufen. Er fing überdies einen intensiven geselligen Umgang mit den Maurys an, der mit häufigen Besuchen in ihrem Haus und Mitbringseln in Form von Wein, Brot, Käse und Fisch gepflegt wurde. Diese Ausgaben wurden anfänglich aus seinem Verdienst als Schuster finanziert, später erhielt er von Fournier eine finanzielle Unterstützung für seine Mission. Rückblickend fragt man sich, ob Arnaud sich sein Vermögen nicht mit einfacher, ehrlicher Arbeit als erfolgreicher Schuster hätte verdienen können.

Obwohl die beiden Häuser höchstens 800 Meter voneinander entfernt lagen, blieb Arnaud mehrfach über Nacht bei den Maurys; vermutlich auch deshalb, weil die Stadttore von Sant Mateu spät am Abend geschlossen wurden. Der Umstand, dass das Haus der Maurys *extra muros* lag, erwies sich für Arnaud als ein Segen. Dadurch hatte er einen guten Vorwand, dort zu übernachten, was ihm ermöglichte, leichter hinter ihre Geheimnisse zu kommen und eine vertraute Beziehung mit ihnen aufzubauen.

Nach dem Abendessen predigte Bélibaste in der Regel. An einem der ersten Tage, die Arnaud Sicre bei den Maurys verbrachte, erläuterte er das Gleichnis von den Arbeitern im Weinberg, worin diejenigen, die in der elften Stunde angeworben wurden, genauso großzügig entlohnt wurden wie jene, die den ganzen Tag gearbeitet hatten: »So werden die Letzten die Ersten sein und die Ersten die Letzten.« (Mt 20,1-16) An Arnaud gewandt, sagte er: »Da Ihr die *entendensa del be* habt, werden Euer Lohn und Eure Hoffnung so groß wie meine sein, der ich so lange gefastet und schlimme Nächte verbracht habe.« (FR, f.122)

Daraufhin legte Guillemette Maury vergnügt ihren Arm um Arnaud Sicre: »Arnaud, Ihr solltet glücklich sein, denn Euer Lohn wird genauso groß wie der des Herrn [Bélibaste] sein, der sich bereits so vielen Bußen unterzogen hat.« In Anspielung auf die »schlimmen« Nächte erklärte Bélibaste, dass er als Parfait nachts mehrmals aufstehen müsse, um zu beten. Arnaud, der bei verschiedenen Gelegenheiten bei ihm geschlafen hatte, behauptete jedoch, dass er es mit der Erfüllung dieser Pflicht nicht so genau nahm.

In jener Nacht teilte Arnaud ein Bett mit Bélibaste, und er erinnerte sich später, dass Bélibaste seine Weste und Unterwäsche nicht ausgezogen hatte, was darauf hinweisen dürfte, dass Arnaud im Nachthemd schlief. Diese sachliche häusliche Beobachtung und banale intime Bemerkung über den Mann, den er den Flammen ausliefern wollte, hat etwas Erschreckendes.

Während Guillaume Bélibaste und Arnaud Sicre im Bett lagen, wanderte Pierre Maury von den Weiden nach Sant Mateu. Er kam in den frühen Morgenstunden im Haus an und schlief auf einer Bank, bis es hell wurde. Zum Frühstück, das er zusammen mit Arnaud Sicre einnahm, gab es ein Stück Schinken, das Pierre mithilfe einer Leiter von dem von der Decke herabhängenden großen Schinken abgeschnitten hatte. Dazu tranken sie beide Wein, den Arnaud beigesteuert hatte.

Anschließend begaben Pierre und Arnaud sich in die Stadt, um Fisch für Guillaume Bélibastes Mittagessen zu kaufen. Sie erstanden zwei große frische Seebarsche, für die sie insgesamt elf Pfennige bezahlten, von denen Pierre neun übernahm. Als sie mit dem Fisch zu Bélibaste zurückkamen, hielt Pierre den ganzen Kauf jedoch Arnaud zugute. Der Seebarsch wird auch als Wolfsbarsch bezeichnet, und Bélibaste scherzte, er wünsche sich, dass alle Wölfe in den Bergen so wie die sein könnten, die sie gekauft hatten, das heißt tot und wohlschmeckend. Er ahnte nicht, dass es der sprichwörtliche Wolf im Schafspelz aus Pierre Cardenals Gedicht war, der ihm den Seebarsch anbot.

Kurz darauf, noch vor Weihnachten 1318, ging Arnaud Sicre nach Morella hinauf, um Bélibaste zu besuchen. Er war auf dem Weg nach Calanda, das 40 Kilometer nördlich von Morella lag, wo er einen sarazenischen Wahrsager konsultieren und nach dem Verbleib seiner Tante und Schwester fragen wollte. In Morella wurde er instruiert, diesen nicht nach Guillaume Bélibaste zu fragen. Raymonde gab ihm jedoch ein Kleidungsstück für den Wahrsager mit, um einen Rat für ihre Herzbeschwerden zu erhalten. Arnaud Sicre hatte ebenfalls ein viereckiges Stück Stoff von Guillemette Maury aus Sant Mateu bekommen, die gerne wissen wollte, ob ihr Haus verhext sei, weil ihre Herde als Einzige in der Gegend durch Krankheiten dezimiert worden war. Sie scheint 150 Tiere verloren zu haben. Denkbar ist auch, dass die Verluste der

Maurys auf Sabotage statt auf eine Krankheit zurückzuführen waren, die sich einzig ihre Herde ausgesucht hatte, zumal ihre Herde drei Jahre vorher schon einmal ähnlich heimgesucht worden war. Wenn dem so war, dann muss es schwelende Spannungen zwischen den Einwanderern aus der Cerdagne und den einheimischen Katalanen gegeben haben.

Arnaud Sicre hielt seine Rolle bei dem Sarazenen durch, weil dies seine Glaubwürdigkeit bei den Katharern förderte. Es dürfte insgeheim für ihn ein Nervenkitzel gewesen sein, vor einem Wahrsager zu sitzen, der nicht den leisesten Verdacht hatte, dass sein Gegenüber im Begriff war, genau die Personen zu verraten, für die er jetzt seinen Rat suchte.

Um Ostern 1319 wurde Arnaud Sicre in der Schusterwerkstatt Vitals Guillaume Maurs vorgestellt. Kurze Zeit später begegneten sie sich wieder im Haus von Guillemette Maury, wo Guillaume Maurs sich zwei Tage aufhielt. Es dürfte der Ostersonntag gewesen sein, als sie an einem großen Fischessen teilnahmen, bei dem über ein Dutzend weitere Gäste zugegen waren, einschließlich Guillaume Bélibaste, der in einem separaten Raum aß. Als Guillaume Maurs sich beschwerte, dass es nur Fisch zu essen gab, den er nicht mochte, schickte Guillemette einen ihrer Söhne los, um Ziegenleber zu kaufen, die Guillaume Maurs mit den anderen teilte.

Pierre Maury hatte jetzt seit einiger Zeit auf den Weiden eine Frau bei sich. Zwischen Ostern 1319 und seinem nächsten Besuch bei seinen Verwandten, Ende Oktober 1319, scheint aus der Affäre eine ernstere Sache geworden zu sein. Als Ergebnis dessen gab es eine ungewöhnlich lange Funkstille zwischen ihm und Guillaume Bélibaste und seiner Verwandtschaft. Als Bélibaste von Pierres Liebschaft hörte, beschloss er, sie für einen verrückten, für ihn vorteilhaften Plan auszunutzen.

In jenem Sommer 1319 hielt sich Pierre, vermutlich in Gesellschaft seiner Geliebten, wieder auf den Pässen von Château-Verdun auf und arbeitete zu der Zeit wieder für die Lehnsherrin Brunissende. Bei ihm in Garsan war sein Bruder Jean, der um Freitag, den 14. September 1319, dem Fest der Kreuzerhöhung, nach Montaillou zurückkehrte und dann weiter zum Kirchweihfest in Ax ging. Dort traf er sich unter anderem mit Pierre Cortil und seiner Mutter, angeblich, um über Heiratspläne zu sprechen; in Wirklichkeit dürfte es sich dabei jedoch um eine Krisensitzung gehandelt haben, bei der über die Entwicklungen in Pamiers beraten wurde. Pierre Maury hielt in jenem Sommer weder mit den Maurs' noch mit seinen sonstigen Verbündeten engen Kontakt. Und das bedeutete, dass sie keine Nachricht von ihm hatten, die sie an seine Familie hätten weitergeben können, als sie zusammen mit Guillaume Baille im Oktober 1319 nach Càlig zurückgingen.

Unterdessen überwinterten Pierre und Jean Maury mit Brunissendes Schafen in der Tiefebene von Tarragona. Genauer gesagt waren sie in Querol am Rand der Tiefebene nahe des Klosters von Santes Creus. Sie dürften Mitte Oktober hier eingetroffen sein, aber dieses Mal machte Pierre sich erst um den Tag des heiligen Andreas (30. November) herum auf den Weg nach Beceite, um seine Tante Mersende zu besuchen, also über einen Monat später als gewöhnlich.

Während Pierre Maury sich wegen weltlicherer Interessen weniger um seine Familie und die *entendensa del be* kümmerte, machte Arnaud Sicre sich Richtung Pyrenäen und Pamiers auf den Weg. Es war Ende September oder Anfang Oktober 1319. Offiziell hatte er die Absicht, nach seiner Familie im Pallars-Tal zu suchen, in Wirklichkeit zog es ihn jedoch nach Pamiers, um Jacques Fournier Bélibaste anzubieten.

Zu Beginn seiner weiten Reise ins Languedoc ging er noch bei Bélibaste in Morella vorbei. Beim Abschied bat Raymonde ihn, in Tarascon und Junac vorbeizuschauen, um einige der persönlichen Dinge abzuholen, die ihr am Herzen lagen und die sie vor ihrer Flucht Freunden zur treuen Verwahrung anvertraut hatte.

Diese Gefälligkeit erwies Arnaud Sicre ihr gerne. In Junac ging er zunächst zum Fischhändler, um gesalzenen Fisch zu kaufen. Während der Verkäufer noch damit beschäftigt war, den Preis auszurechnen, betrat Gaillard de Junac den Laden. Arnaud Sicre erkannte ihn, vermutlich durch Raymondes Beschreibung, oder vielleicht hatte er ihn auch in seiner Kindheit in Tarascon gesehen. Er gab Gaillard ein Zeichen, einen Schritt beiseite zu kommen, um vertraulich ein paar Worte mit ihm zu wechseln. Dann richtete er ihm Grüße von Raymonde Piquier aus. »Wo ist sie jetzt?«, erkundigte sich Gaillard. Sie sei ganz in der Nähe, antwortete Arnaud, und habe ihn geschickt, um ihre Sachen bei den de Junacs abzuholen.

Gaillard lud ihn ein, ihn zur Burg hinaufzubegleiten. Als sie dort waren, rief Gaillard laut nach seiner Schwester Esclarmonde, die daraufhin aus einem der Räume zu ihnen in den Hauptsaal kam. Arnaud wiederholte ihr gegenüber sein Anliegen. Sie richtete ihm Grüße für Raymonde aus und bat ihn, ihr zu sagen, dass sie sie sehr gerne wiedersehen würde. Esclarmonde und Gaillard versprachen, Raymondes Sachen zusammenzusuchen, und schlugen vor, sie ihm am darauf folgenden Dienstag in Tarascon zu übergeben. Dann aßen die drei zu Mittag; es gab Brot, Wein und Käse.

An jenem Dienstag auf dem Marktplatz von Tarascon fragte Gaillard ihn dann jedoch, ob er Raymonde nicht bei Nacht oder vor dem Morgengrauen an einen nahe gelegenen Ort wie die Kirche Notre-Dame-de-Sabart oder die Burg von Junac geleiten könne: »Es ist um ihretwillen, dass wir sie sehen möchten, und sie weiß darum.« Die Absprache zwischen den de Junacs und den Martys wurde also eingehalten.[126]

Arnaud Sicre verzieh den de Junacs nicht, dass sie ihn überlistet hatten. Es nagte 18 Monate später immer noch an ihm, als er im April 1321 erneut bei ihnen auf der Burg auftauchte, um ihnen *sein* erfolgreiches Doppelspiel höhnisch vor Augen zu halten. Er erzählte ihnen, dass er alles über das Vorzeigen eines Messers *(canivet)* als Erkennungszeichen wusste, und verlangte jetzt die Herausgabe von Raymondes Sachen, und zwar unter der Androhung, die de Junacs seinem Herrn und Meister Fournier auszuliefern.

Gaillard de Junac muss gewusst haben, dass das Spiel vorbei war. Er war jedoch bereit, sich kampflos zu ergeben. Schließlich war er ein Aristokrat und hatte mächtige Verbündete. »Jetzt wissen wir, wenn wir verraten werden, dass nur Ihr das gewesen sein könnt«, sagte er und fügte finster hinzu: »*e bosom* [?], Euer Herr und Meister wird nicht ewig leben.« »Droht Ihr mir?«, fragte Sicre. »Nein«, erwiderte Gaillard, »aber wir haben Euch nichts getan, und wir erwarten deshalb, dass Ihr uns ebenfalls nichts tut.« (FR, f.129r)

Dies war eine vergebliche Hoffnung, zumal Arnaud wusste, dass, wenn er nichts gegen die de Junacs unternahm, sie ihm zuvorkommen und sich seiner entledigen würden. Dass er sie verriet, wird durch seine Zeugenaussage belegt. Zweifellos hat er sie unmittelbar nach diesem

Gespräch angezeigt. Und dies war möglicherweise der Grund, dass Jacques und Gauserande und nicht Gaillard und Esclarmonde im Frühjahr 1323 das Anwesen der de Junacs führten, als sie Bernard Marty drängten, um ihrer aller willen aus der Gegend zu verschwinden (FR, f.281v; siehe S. 291).

Arnaud Sicre kam im Oktober 1319 in Pamiers an. Er berichtete, Guillaume Bélibaste und andere Häretiker gefunden zu haben, und erbot sich, sie herbeizuschaffen. Fournier erklärte sich mit seinem Plan einverstanden und erteilte ihm die Sondergenehmigung, die Rolle eines Katharers zu spielen und sich an allen ihren Ritualen zu beteiligen. Er räumte ihm auch einen stattlichen Kredit ein. Fourniers Geld ermöglichte es ihm nun, den katalanischen Katharern einen Vorgeschmack auf die Annehmlichkeiten zu geben, die die Reichtümer seiner Tante ihnen bringen konnten.

Arnaud kehrte mit der guten Nachricht nach Katalonien zurück, dass er seine reiche Tante gefunden habe. Es bleibt ein Rätsel, warum niemand auf die Idee kam, die Authentizität seiner Geschichte zu prüfen – bis es zu spät war. Warum, wenn Pierre Maury und andere das Pallars-Tal doch kannten, zogen sie dann keine Erkundigungen ein, zumal sie selbst Angst hatten, eine Reise in den Norden zu unternehmen? Die katalanischen Katharer hatten unterdessen ihren wichtigsten Kundschafter, Raymond Issaurat, bereits angewiesen, die Gegend um Murcia zu erforschen, da man weiter nach Süden zu gehen hoffte. Arnaud Sicre dürfte sicherlich dafür gesorgt haben, dass seine fiktive Tante und Schwester schwer zu finden waren; das wäre auch logisch gewesen, da sie vorgeblich Katharer waren und in einer Gegend wohnten, die in die Zuständigkeit der Gerichtsbarkeit der Grafschaft Foix fiel.

Als Pierre Maury schließlich Ende November 1319 nach Beceite zu Besuch kam, erzählte Mersende ihm, sie und Guillaume Bélibaste hätten schon Sorge gehabt, er sei von Fournier gefasst worden. Als er ihr berichtete, dass Pierre Clergue erpicht darauf sei, sowohl sie als auch ihre Schwester Guillemette zu schnappen, tat sie dies unwirsch als bloßes Gerede ab: »Was immer er sagen mag, er wird mich lieber weit weg als nahe sehen«, dies sollte heißen, dass sie Clergue mit hineinziehen könnte. Sie bedrängte Pierre Maury, nicht mehr ins Sabarthès zu gehen, weil es dort jetzt zu gefährlich für ihn sei. »Ich könnte in diesen Breiten nicht leben«, entgegnete er lakonisch, »und nichts kann mein Schicksal verhindern.«

Nach dem Besuch bei seiner Tante und seiner Cousine zog Pierre Maury nach Morella weiter, um bei Bélibaste vorbeizuschauen. Dieser machte sich Sorgen, Pierre Maury sei zum Spion für die Inquisition geworden. Pierre beteuerte ihm seine unverbrüchliche Treue. Bélibaste war jedoch nicht zu überzeugen und wollte auch nicht mehr, dass Pierre noch einmal ins Sabarthès zurückkehrte. Er wies ihn darauf hin, dass es dort, wenn er krank würde, vielleicht niemanden gäbe, der ihn trösten könnte, und seine Freunde würden auch nichts von seinem Schicksal erfahren. »Wenn es mein Schicksal will«, entgegnete Pierre ihm, »dass ich am Ende getröstet werde, dann wird es so sein; wenn nicht, werde ich den Wegen folgen, die mir beschieden sind.« Die Transhumanz war sein Leben, und dabei sollte es bleiben. Später an jenem Abend spottete Bélibaste über die Verwandlung von Brot und Wein in den Leib und das Blut Christi, indem er den Leib Christi mit »einem großen Berg, wie der Berg von Morella« verglich.

Bélibastes Sorge um Pierre Maurys Sicherheit war sowohl aufrichtig als auch eigennützig. Pierre war schließlich ein zuverlässiger und erprobter Freund sowie gelegentlich auch der Bankier und Lieferant der Garderobe Bélibastes. Er hatte zudem viel riskiert, als er Bélibaste vor zwölf Jahren bei seiner Flucht aus dem Fenouillèdes geholfen hatte, und er hatte nie irgendetwas dafür verlangt.

Jetzt brauchte Bélibaste ihn wieder, dieses Mal ging es jedoch um eine delikate Angelegenheit. Raymonde war wiederum schwanger, und Bélibaste wollte, dass Pierre Maury die Vaterschaft für das neue Kind übernahm. Er konnte ihn aber nicht offen darum bitten, ohne das Gesicht und damit möglicherweise auch Pierres guten Willen und seine Wertschätzung zu verlieren. Durch seine Erfahrung mit Blanche Marty hatte er diese Lektion gelernt. Als Ausweg hatten Guillaume und Raymonde sich überlegt, dass sie Pierre Maury »heiraten«, mit ihm schlafen und sich alsbald danach wieder von ihm trennen würde.

Bélibastes Gambit erfolgte gleich am ersten Abend nach Pierres Ankunft in Morella. Bélibaste machte ihm Vorhaltungen über seine Affäre. Er benutzte das okzitanische Wort *arloteiar*, Hurerei, um Pierres Verhältnis mit dieser Frau zu beschreiben. Da Pierre nicht ohne Frauen auskäme, meinte Bélibaste, werde er versuchen, eine aus der *entendensa del be* für ihn zu finden. Dies war als solches nichts Ungewöhnliches. Da die Katharer in der Diaspora darauf bedacht waren, ihre Position durch die Verknüpfung von Familienbanden zu festigen, waren sie begeistert, als sich alsbald zwei weitere Eheschließungen innerhalb der *entendensa del be* abzeichneten. Außerdem hatte Pierre Maury einen derartigen Heiratsvorschlag schon in Arques bei den Peyres erlebt.

Am nächsten Tag brachen Pierre und Guillaume nach Sant Mateu auf. Auf der ersten Etappe ihres Marsches wurden sie von zwei weiteren Reisenden begleitet, von denen einer ein Maultiertreiber war, der Guillaume die ersten sieben Kilometer auf einem Esel reiten ließ. Zu Mittag machten sie bei der *beguda* oder Taverne von Na Gargalha Halt, die sie regelmäßig frequentierten. Anschließend setzten Pierre und Bélibaste ihren Weg nach Sant Mateu fort. Dabei begann Bélibaste erneut, Pierre zu bedrängen, dass es für ihn besser sei, zu heiraten. Als Pierre ihn fragte, ob er dabei an jemanden dächte, bot Bélibaste ihm Raymonde an. Pierre lehnte dies kategorisch ab und wies darauf hin, dass ihr Ehemann Piquier immer noch lebte. Ohne zu bestreiten, dass Piquier noch am Leben sei, meinte Bélibaste jedoch, es sei höchst unwahrscheinlich, dass er ihn verfolgen würde.

Pierre und Bélibaste kamen am späten Nachmittag in Sant Mateu an. Als sie ins Haus der Maurys kamen, färbte Guillemette Wolle zusammen mit einer Frau, die Pierre nicht kannte. Guillemette servierte ihnen ein leichtes Abendessen, und als Pierre und Bélibaste wieder allein waren, brachte Bélibaste erneut das Thema auf Raymonde. Er wollte jedoch auf keinen Fall, dass Pierre etwa seinen Onkel, Pierre Maury den Älteren, deswegen um Rat fragte. Auch wenn Pierre Maurys Familie und seine Freunde wahrscheinlich während seiner Abwesenheit die Hoffnung geäußert hatten, dass Pierre sesshaft werde, zumal jetzt das *scandalum* ins Sabarthès zurückkehrte, so bezweifelte Bélibaste dennoch klar, dass sie eine Verbindung mit Raymonde gutheißen würden. Blut war dicker als Wasser und selbst als die Treue zu einem Parfait, und deshalb war es klüger, sie vor vollendete Tatsachen zu stellen. Dies hatte er ganz richtig gesehen.

Am Ende gab Pierre sich angesichts von Bélibastes Überzeugungskraft geschlagen. Am Abend nahmen sie zusammen mit seinem Onkel und seiner Tante, der Färberin sowie einem Bettler, den Guillemette »um der Liebe Gottes willen« verpflegte, das Abendbrot ein. Während des Essens fiel sein Onkel in den Chor derjenigen mit ein, die ihn vor einer Rückkehr ins Languedoc warnten, und zwar mit der rätselhaften Bemerkung: »Ihr seid sehr erpicht darauf, in diese schlimmen Länder zu gehen, und eines Tages werdet Ihr dort den Kuckuck mit Federn bedecken.« (FR, f.262v)

Meinte er, Pierre würde bei seiner Verhaftung eine »Feder« (Trophäe) an der Haube des Kuckucks Fournier sein? Wir sind der Vorliebe Pierre Maurys des Älteren für blumige, volkstümliche Ausdrucksweisen bereits begegnet. Vielleicht zitierte sein Neffe zwei davon, weil diese Art witziger, treffender Volkstümlichkeit einer der liebenswertesten oder auch äußerst ärgerlichen Züge seines Onkels war.

Jetzt war Guillemette an der Reihe, das Thema Heirat zwischen Männern und Frauen ihres Glaubens anzusprechen, und damit sprang sie Bélibaste unwissentlich zur Seite. Sie beschäftigte vor allem die Übereinstimmung und die *entendensa del be*, da ihr Sohn Jean sehr in eine Frau aus Sant Mateu verliebt war, die nicht die *entendensa del be* hatte. Allein die Tatsache, dass er an dem Abend, trotz der Ankunft des Senher, nicht anwesend war, zeigte, wem er sich im Augenblick stärker verbunden fühlte. Guillaume Bélibaste scheint sich an jenem Tag nicht stark genug für einen weiteren Kampf um das Thema Männer und Frauen gefühlt zu haben, und so bemerkte er, wenn Jean diese Frau so sehr liebe, dann sollten sie zulassen, dass er sie zur Frau nähme; sie bräuchten sich jedoch nicht die Mühe zu machen, ihn zur Hochzeit einzuladen.

Am darauf folgenden Abend wurden Pierre Maury und Guillaume Bélibaste einem abtrünnigen Priester aus der Gascogne, entweder aus Saint-Girons oder aus Condom, vorgestellt, der in Begleitung einer Frau war. Der Priester war etwa 30 Jahre alt, von mittlerer Statur und wurde von Guillaume Maurs als dunkelhäutig beschrieben. Jean Maury behauptete hingegen, er habe eine recht blasse Gesichtsfarbe und blaue Augen gehabt, was vielleicht ein weiterer Versuch Jean Maurys war, die Inquisitoren durch Desinformationen von der richtigen Spur abzulenken. Der Vorname des Gascogner war Guillaume, seinen Nachnamen gab er jedoch nicht preis. Nach seinem Akzent zu urteilen, kam er irgendwo aus der Gegend zwischen Toulouse und der Gascogne. Er wohnte in einem Haus am Marktplatz von Sant Mateu in der Nähe der Iglesia Arciprestal, die immer noch mit ihrem tadellos erhalten gebliebenen romanischen Säulengang am selben Platz steht.

Als Jean Maury über eine Predigt von Guillaume Bélibaste mit ihm diskutierte, sprach der Priester sich zugunsten des katharischen Glaubens aus und offenbarte, dass er nur ein katholischer Priester sei, weil er sich seinen Lebensunterhalt verdienen wolle. Sein Vater hatte offenbar durch Ketzerei ein riesiges Vermögen verloren. Der abgefallene Priester besaß auch eine in rotes Leder gebundene häretische Bibel und behauptete, in den Gegenden von Carcassonne, Toulouse, Agenais und Quercy gäbe es mehr Häretiker als im Sabarthès, womit er gleichlautende Aussagen von Raymond de Toulouse bestätigte. Als der Gascogner später von der Verhaftung Guillaume Bélibastes erfuhr, floh er zusammen mit der Frau, die seine ständige Gefährtin oder Geliebte zu sein schien. Die Anwesenheit des abtrünnigen Priesters beunruhigte Bélibaste, da er sich nicht sicher war, ob er ihm vertrauen konnte. Wenn er doch nur ebenso auf der Hut vor Arnaud Sicre gewesen wäre, der so viel näher vor seiner Haustür lauerte.

Als sich Pierre Maury und Guillaume Bélibaste zwei Tage später wieder auf dem Rückweg von Sant Mateu nach Morella befanden, kehrten sie abermals bei Na Gargalha ein. Nach dem Essen versuchte Bélibaste, Pierre ein weiteres Mal zu bearbeiten, der zustimmte, aber meinte, es wäre ihm lieber, wenn Bélibaste mit Raymonde spräche. Nachdem sie in Morella angekommen waren, nahm Bélibaste Raymonde beiseite und sprach mit ihr.

Als sie dann zu viert, einschließlich der kleinen Guillemette, vor dem Essen am Feuer saßen, führte Bélibaste für Pierre Maury und Raymonde die denkbar unfeierlichste Trauungszeremonie durch, da die Ehe von den Parfaits als Freibrief für die sündigsten fleischlichen Genüsse betrachtet wurde. Sie mussten nur vor Guillaume Bélibaste erklären, dass sie den Wunsch hatten, verheiratet zu werden. Pierre fragte Raymonde, und sie bejahte. Bélibaste war so beglückt, dass er lachte. Jetzt waren Pierre und Raymonde Mann und Frau. Und die katalanischen Katharer sprachen von Raymonde fortan tatsächlich als von Pierre Maurys Frau, obschon einige von ihnen scharfen Einspruch dagegen erhoben, wie Bélibaste Pierre Maury behandelt hatte.

Nach dieser kurzen Trauungszeremonie Mitte Dezember 1319 in Morella aßen sie zum Abendessen Seeaal, und Guillaume Bélibaste segnete das Brot, das dazu gereicht wurde. In jener Nacht schliefen Pierre und Raymonde miteinander, oder, wie er es formulierte, »wir lagen fleischlich in jener Nacht zusammen« (FR, f.263v).

Im Hause Bélibastes kann es kaum sehr viel Raum für ungestörte Sexualität gegeben haben. Und es bleibt zu fragen, wo die kleine Guillemette in jener Nacht schlief. Aber wenn Bélibastes schäbiger Plan, mit dem er eigennützig das Gesicht wahren wollte, aufgehen sollte, dann musste Raymonde Pierre zum Samenerguss bringen. Pierre Maury mag kein Zuchthengst gewesen sein, nach seiner jüngsten sexuellen Geschichte stand jedoch zu vermuten, dass man darauf vertrauen konnte, dass er dies schaffte. Und das tat er.

Am nächsten Morgen war der zuvor fröhliche Bélibaste jedoch mürrisch und verdrießlich. Er fühlte sich zu niedergeschlagen, um das Essen für den Tag zu beschaffen, und so bat er Pierre Maury, in die Stadt zu gehen, um all die Dinge einzukaufen, die gebraucht wurden. Es war ein Vorwand, um ihn wegzuschicken, damit er mit Raymonde allein sprechen konnte. Als Pierre mit einem Pfund Hammelfleisch zurückkam, war sein Gastgeber immer noch schlecht gelaunt, und er konnte Pierre auch nicht erklären, warum.

Raymonde bereitete das Mittagessen zu, setzte das Fleisch auf dem unteren Herd auf und den Seeaal auf der oberen Flamme, damit keine *feresa* in den Topf des Parfaits gelangen konnte. Nach dem Essen versuchte Guillaume zu arbeiten, er konnte aber nicht. Er warf sich aufs Bett und begann ein Bußfasten, das drei Tage und drei Nächte dauerte. Er weigerte sich, Pierre Maury zu erzählen, was ihn so aufgeregt hatte. Vermutlich hatten Bélibaste und Raymonde während Pierres kurzer Abwesenheit Geschlechtsverkehr miteinander gehabt – deshalb Guillaumes selbst auferlegte reinigende Strafe.

Während der drei Nächte von Bélibastes Buße dürften Pierre und Raymonde in einem Bett geschlafen haben. Als Pierre am Ende von Bélibastes privater Fastenzeit einmal von draußen ins Haus kam, traf er

Raymonde und Bélibaste heftig miteinander streitend an. Sie war offenbar unverschämt gegenüber dem Parfait gewesen und hatte ihm ungehörige Widerworte gegeben. »Ihr dürft auf die Launenhaftigkeiten von Frauen nichts geben«, warf Pierre ein. »Ach«, gab Guillaume zurück, »für ihre Launen habe ich gearbeitet. Ich sehe, dass ich hier nicht mehr bleiben kann.« Bélibaste war insbesondere verletzt, weil sie ihm Verrat an seinem heiligen Stand vorgeworfen hatte, als sie sagte: »Behauptet ihr Leute denn nicht, dass der Mund, der die Macht hat zu segnen, nicht fluchen darf?« (FR, f.263v)

Er fing an, sein Werkzeug zusammenzupacken und es in einer Reisetasche zu verstauen, als wolle er abreisen. Pierre versuchte, ihn davon abzuhalten, und schlug vor, sie sollten erst einmal zusammen zu Mittag essen, da es draußen bitter kalt war und wahrscheinlich auch schneite. Aber weder Raymonde noch Bélibaste konnten etwas essen. So setzte sich Pierre stattdessen mit der kleinen Guillemette an den Mittagstisch.

Pierre Maury war ein einfacher Mann, aber nicht töricht. Er wusste, dass er in einen Streit zwischen Liebenden geraten war. Warum Bélibaste so durcheinander war, war nicht schwer zu erraten. Er verehrte Raymonde, und die Umstände hatten ihn genötigt, sie seinem Freund zu überlassen, und sei es auch nur für einige wenige Nächte. War sie bei ihren Begegnungen mit Pierre zu leidenschaftlich gewesen? Es ist durchaus möglich, dass es etwas so Grundlegendes, Menschliches und Vergiftendes wie Eifersucht war, was ihm solchen Kummer bereitete.

Die gespannte Atmosphäre in Bélibastes Haus wurde für den Schäfer aus Montaillou, der es gewohnt war, ständig durch die Lande zu ziehen und frische Luft zu haben, zu erstickend. Pierre verließ daher das Haus und machte einen Spaziergang. Für diesen Wanderer, der lange Märsche gewohnt war, kam es nicht infrage, in der Stadt zu bleiben, und so ging er den Hügel hinunter ins Flachland. Als er sich am Abend wieder auf den Heimweg machte, scheint er in einen Schneesturm geraten zu sein. Seiner Tante Mersende zufolge, die aber vielleicht übertrieb, hat es ihn fast sein Leben gekostet.

Nach seiner Rückkehr aßen die drei zusammen zu Abend, und die Atmosphäre begann sich wieder zu entspannen. Am nächsten Morgen unternahmen Bélibaste und Pierre zusammen einen Spaziergang außerhalb der Stadtmauern. Nach einem kurzen Anlauf machte Bélibaste ihm den Vorschlag, er und Raymonde sollten sich scheiden lassen, mit dem edelmütigen Zusatz: »Solltet Ihr sie geschwängert haben, schicke ich Euch das Kind, das Raymonde zur Welt bringen wird, ob es ein Junge oder ein Mädchen ist.«

Pierre war damit einverstanden, sich von seiner »Frau« zu trennen. Und Bélibaste arrangierte alles. Er erklärte Pierre, genau wie die hastige Eheschließung habe die einfache Scheidung vier oder fünf Tage später den Segen des Allmächtigen. Sicherheitshalber nahm er Pierre das Versprechen ab, mit Raymonde nicht mehr zu schlafen. Pierre bemerkte, dass Raymonde ähnliche Instruktionen erhalten hatte, »weil sie sich mir gegenüber nicht mehr so verhielt, wie eine Ehefrau es gewöhnlich bei ihrem Ehemann tut« (FR, f.263v).

Wenn Pierre Maury in seiner Aussage angibt, dass er und Raymonde damals (Dezember 1319) bis zur Verhaftung von Bélibaste im Frühjahr 1321 aufgehört hatten, miteinander zu schlafen, so scheint er damit anzudeuten, dass sie danach wieder eine körperliche Beziehung aufgenommen haben. Wir werden es nie wissen. Denn Pierre verriet Raymonde Maury-Bélibaste-Piquier-Marty nicht. Sie und ihre zwei Kinder sowie ihre Schwester kamen ungeschoren davon.

Nun, da Raymonde und Bélibaste wieder miteinander versöhnt waren, nachdem sie sich um einen gewissen persönlichen Preis davor geschützt hatten, diskreditiert zu werden, entschieden sie sich letztlich für die Quadratur des Kreises und baten Pierre Maury, nach Prades zu gehen und Blanche zu holen. Wurde Blanche gebraucht, um ihrer Schwester während der Schwangerschaft und bei der Geburt oder beim Großziehen eines zweiten Kindes zu helfen? Tatsächlich war Letzteres der Fall. Denn Blanche kam erst einige Zeit nach der Geburt in Morella an. Die Geburt von Bélibastes Sohn stand etwa im Juni oder Juli an, da Raymonde im Oktober oder Anfang November bereits schwanger gewesen sein muss. Deshalb die Eile, Pierre Maury hineinzuziehen.

Pierre erinnerte seine Gastgeber daran, dass sie Blanche stets als ein zänkisches Weib beschrieben hatten. Sie blieben jedoch dabei, dass sie sie dennoch bei sich haben wollten. Pierre sollte im Haus eines Notars namens Pierre Fontana nach »Condors« fragen. Wenn sie nicht dort war, würde Fontana zumindest wissen, wohin sie gegangen war.

Von Morella begab Pierre sich zunächst nach Beceite, wo er bei

Mersende übernachtete, die es sichtlich betrübt aufnahm, wie Bélibaste ihren Neffen behandelt hatte. Sie schlussfolgerte daraus, dass es ihm an einigen der lauteren Qualitäten fehlte, die sie bei den Parfaits gekannt hatte, denen sie in Montaillou begegnet war. Sie missbilligte allerdings auch Raymondes »Stolz«. Sie erinnerte sich auch, wie zwei Katharer in ihrem Haus getröstet und in ihrem Garten begraben worden waren. Die Parfaits, die die beiden getröstet hatten, seien fähige und prächtige Männer gewesen, sagte sie, und einer von ihnen sei Pons Baille gewesen. Der junge Parfait Baille war Mersende in jenen Tagen wohl wieder in den Sinn gekommen, nachdem sein Bruder in Katalonien so unerwartet wieder aufgetaucht war. Pons Baille und der andere Parfait, der ebenfalls Pons hieß, waren vor der letzten Verhaftungswelle nach Condom hinaufgegangen. Pons Baille war am Ende jedoch nicht entkommen. Wir wissen, dass er am 2. April 1323 mit Sicherheit, wahrscheinlich jedoch schon lange vorher tot war.

Mersende und ihr Neffe unterhielten sich an jenem Abend auch über Montaillou und den Reichtum der Clergues. Dies konnten sie, ohne auf Jeanne, die an diesem Abend wohl in ihrem eigenen Haus war, Rücksicht nehmen zu müssen.

Am nächsten Tag machte Pierre sich auf den Weg nach Castelldans, wo er seinen Bruder Jean traf. Er erzählte Jean von seinen jüngsten Abenteuern in Morella und behauptete später, Jean sei verärgert über Guillaume Bélibaste gewesen und habe ihn scherzeshalber den *sent peire* (also Papst) von Morella genannt.

Pierre und Jean verbrachten den Rest des Winters 1319/20 in Castelldans im Haus eines Bérenger de Sagria. Bald darauf brach zwischen dem Lehnsherrn von Castelldans und einem Nachbarn ein Grenzkrieg aus, sodass die Schäfer in den Jahren 1320 und 1321 und vielleicht noch darüber hinaus Castelldans mieden und stattdessen mit ihren Herden nach Sant Mateu gingen.

In dieser Zeit, um Weihnachten und Neujahr 1320, heiratete Jean Maury aus Sant Mateu seine geliebte Maria, und die Neuvermählten legten in Sant Mateu einen Weinberg an.

Im Laufe jenes Winters oder Anfang des Frühjahrs 1320 zog Arnaud Sicre für drei Monate nach Beceite, wo er sich wieder als Schuster betätigte. Er hatte erfahren, dass Guillemette Maurys Schwester hier lebte, und hoffte wahrscheinlich, von ihr weitere Informationen zu bekommen, ehe er wiederum seinem Herrn und Meister in Pamiers Bericht erstattete. Auf seinem Weg nach Norden hatte er vor, auch bei den katharischen Servels in Lleida vorbeizugehen, deren hübsche Tochter Mathène von seinen neuen Freunden als seine künftige Frau gehandelt wurde.

Arnaud Sicre war über Jeanne informiert worden, ehe er nach Beceite ging. Und er erkannte instinktiv, dass er am schnellsten Mersendes Vertrauen gewinnen konnte, indem er sie wegen ihrer psychotischen Tochter bemitleidete. Mersende brüstete sich vor ihm, sie habe in ihrem Leben über 20 Parfaits, einschließlich der Authiés, gesehen. Sie sang auch ein Loblied auf Jeannes Ehemann, Bernard Befayt. Er war krank, als Arnaud Sicre in Beceite war, aber offenbar nicht sterbenskrank, da er wieder genügend zu Kräften kam, um im Wald zu arbeiten. Arnaud Sicres Bericht beweist recht schlüssig, dass Befayt im Frühjahr 1320 noch am Leben war, obwohl Pierre Maury fest behauptete, er sei 1319 gestorben.[127]

Nach seinem Aufenthalt in Beceite kehrte Arnaud Sicre zu einem dreitägigen Besuch nach Sant Mateu zurück, ehe er sich schließlich auf den Weg zu den Servels in Lleida machte. Die Maurys hatten ihn instruiert, sich mit einer Art Losung auszuweisen. Diese bestand darin, einen kurzen und prägnanten Wortwechsel zwischen Blanche Marty und Raymond de Toulouse zu erzählen, bei dem es um 20 Schillinge ging, die er ihr schuldete. Arnaud bestand den Test, und jetzt bat Esperte ihn, genau wie Raymonde Marty es im Jahr zuvor getan hatte, ihr, wenn möglich, aus Tarascon ein paar von ihren Sachen mitzubringen, die sie dort in sicherer Verwahrung zurückgelassen hatte. Auf seinem Weg durch die Pyrenäen muss Arnaud Sicre in jenem Spätsommer 1320 das Gefühl gehabt haben, sein Ziel erreicht zu haben. Er konnte dem Bischof nun versichern, dass er die meisten, wenn nicht gar alle Geheimnisse der exilierten Katharer kannte.

Bevor er die Winterweideplätze verließ, um nach Norden zu ziehen, löste Pierre Maury sein Versprechen ein, Blanche zu holen, und begab sich im Mai 1320 nach Prades. Blanche war inzwischen in das Haus einer anderen Frau gezogen, an deren Namen Pierre sich später nicht erinnern konnte. Blanche war jedoch nicht zu Hause, als er nach ihr rief. Offenbar hatte er eine Beschreibung von ihr erhalten, vermutlich von seinem Bruder Jean, und möglicherweise sah sie ihrer Schwester auch ähnlich. Denn als Pierre ihr auf dem Marktplatz von Prades begegnete, grüßte er sie mit ihrem Namen. Sie fragte ihn, wieso er wisse, wer sie sei. Und er erzählte ihr, dass der Senher von Morella und ihre Schwester Raymonde ihr Grüße schickten. Als Blanche dies hörte, brach sie in Freudentränen aus und umarmte Pierre. Er sagte ihr, dass er gekommen sei, um sie zu ihnen zu bringen, und dass sie das Zerwürfnis bedauerten, das entstanden war.

Blanche war bereit, ihn zu begleiten, und Pierre nahm sie zunächst bis nach Castelldans mit. Dort begegnete sie gleich am ersten Abend Jean Maury wieder, der ihr vor fünfeinhalb Jahren in Prades einen für uns so mysteriösen Besuch abgestattet hatte. Pierre Maury versprach ihr, sie von hier nach Morella zu begleiten, wenn er Anfang Oktober aus den Bergen zurückkomme. In der Zwischenzeit könne sie sich in Castelldans als Erntehelferin verdingen. Von Castelldans brachen die beiden Maurys dann nach Norden zum Pass von Bacivier auf, der vermutlich in den Isábena-Benasque-Bergen von Aragonien lag.

Zur gleichen Zeit, als die Maurys Richtung Isábena zogen, waren Pierre und Arnaud Maurs wie auch Guillaume Baille von Càlig zum Riucaut unterwegs. Guillaume Maurs war nicht bei ihnen, sondern schlug sich allein nach Tortosa durch, wo er sich mit seinen Kameraden an der Ebro-Fähre in Flix treffen sollte. Sie trieben ihre Schafe mit ziemlicher Sicherheit über die Puertos de Beceite und kamen über die Berge im Hinterland in den Ort hinein. Dort stießen Mersende und Jeanne zu ihnen, die sie aus der Stadt hinausbegleiteten und den Schäfern halfen aufzupassen, dass die Schafe nicht in jene Gärten und Weinberge gerieten, wo Jean Maurys Schafe früher einmal ein Rübenfeld, das Mersende gehörte, beschädigt hatten. Nachdem sie die Stadt, was wahrscheinlich hieß, die Schlucht und die Brücke, sicher hinter sich gelassen hatten, setzten sie sich alle zu einem Imbiss zusammen.

Vom Riucaut machten Guillaume Baille und Pierre Maurs sich dann auf den Weg nach Montaillou, wo sie um das Fest Mariä Empfängnis, den 15. August, der 1320 auf einen Freitag fiel, eintrafen. Guillaume

Baille kam im Haus seines Bruders unter, das vermutlich am Dorfplatz von Montaillou lag. Guillaume war 1308 zu klein gewesen, um auf der Liste der Inquisition zu stehen, und genoss somit womöglich ein gewisses Maß an Immunität vor Verfolgung, sofern er sich in der Zwischenzeit nichts hatte zuschulden kommen lassen, was aber natürlich der Fall war.

Weder er noch die Maurs' hatten vorhersehen können, dass sie sich zum schwierigsten Zeitpunkt, den Montaillou seit 1308 erlebte, dorthin begeben hatten. Genau zu der Zeit, als sie dort eintrafen, legte die Kastellanin ihre verheerende Aussage vor dem Bischof von Pamiers ab. Die Einwohner des Ortes wurden wiederum vorgeladen. Und am Tag Mariä Empfängnis wurde im Dorf bekannt, dass das Undenkbare geschehen war: Pierre Clergue war in Pamiers verhaftet worden. Damit war die Macht der Clergues über den Ort jedoch nicht gebrochen, da Bernard Clergue nach wie vor das Amt des Bayles versah und alle ihm zur Verfügung stehenden Mittel nutzte, um seinen älteren Bruder aus dem Gefängnis zu holen.

Mit der Nachricht von diesen umwälzenden Entwicklungen machte Guillaume Baille sich auf den Weg nach Puigcerdà, und hier traf er um den 29. September 1320 Guillaume und Arnaud Maurs sowie zwei weitere Schäfer, die im Begriff waren, nach Càlig weiterzuziehen. Aus irgendeinem Grund ging Guillaume Baille nicht mit ihnen nach Süden, sondern kehrte stattdessen nach Montaillou zurück. Hier schloss er sich Pierre Maurs und Pierre Benet an, die sich in die Gascogne aufmachen wollten.

18. DER GEGENSCHLAG

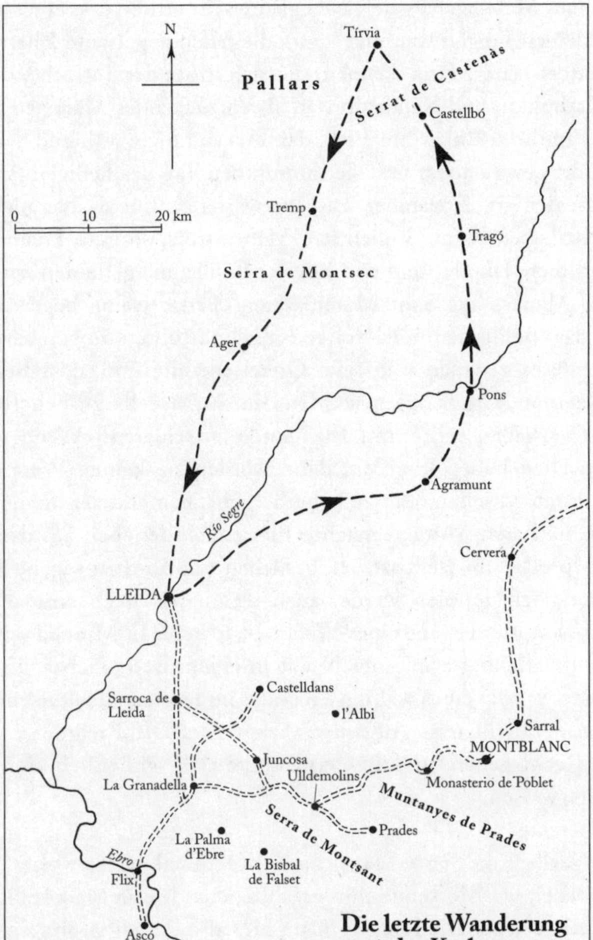

Am Vorabend des Allerheiligentages 1320 kehrte Pierre Maury nach Sant Mateu zurück. Es war ihm nicht möglich gewesen, Blanche auf dem Rückweg aus den Bergen in Castelldans abzuholen, offenbar weil er es nicht wagte, seine Herde dort durch die Ebene zu treiben, da nicht auszuschließen war, dass sie von Gefolgsmännern des einen oder anderen Kriegsherren unsicher gemacht wurde.

In Sant Mateu gab es viele Neuigkeiten. Er erfuhr, dass er jetzt Vater eines kleinen Jungen war, und lernte die frisch angetraute Ehefrau seines Vetters Jean, Maria, kennen, die sich, trotz der Tatsache, dass sie eine Katholikin und Katalanin war, als entzückendes Mädchen erwies. Seine Familie erzählte ihm auch, dass Arnaud Sicre während des Sommers dort gewesen war und sie ihn um den Tag des heiligen Andreas, also um den 30. November, zurückerwarteten. Ob sie das nicht gut gemacht habe, fragte Guillemette Maury stolz, so gute Freunde wie Arnaud Sicre [Baille] und den Priester Guillaume gefunden zu haben.

Die Maurys aus Sant Mateu waren ebenso wenig begeistert darüber, dass Bélibaste ihrem Neffen Raymonde unterschoben hatte, wie Mersende es gewesen war. Sein Onkel erzählte ihm, dass Bélibaste und Raymonde sich hüten würden, ihn in Morella zu beherbergen, falls er vorhaben sollte, mit Raymonde zu schlafen: »Wenn sie nur Eure Sachen haben könnten, dann würden sie keinen Wert darauf legen, Euch zu sehen oder zu beherbergen«, bemerkte er bissig.

Am nächsten Morgen machte Pierre sich dennoch auf den Weg nach Morella, um Bélibaste zu besuchen und ihm zu sagen, dass er Blanche noch abholen werde, auch wenn dies noch einmal einen Marsch von mindestens einer Woche bedeutete. In Morella schliefen Pierre und Bélibaste in jener Nacht in einem Bett. Pierres Treue zu Bélibaste war die eines wahren Freundes und sicher auch die eines Katharers, der Bélibastes Autorität akzeptierte. Die Ereignisse sollten Pierre Recht geben, und Bélibaste sollte sich schließlich als wahrer Parfait erweisen.

Von Morella ging Pierre Maury zunächst einmal, wie gewohnt, in Beceite vorbei, wo Mersende ihm erzählte, dass Jeanne sie kürzlich fast stranguliert habe. Die Dinge gingen hier also ihren gewohnten Gang. Pierre erklärte Mersende, dass er auf dem Weg war, um Blanche abzuholen, und vorhatte, auf dem Rückweg mit ihr in Beceite vorbeizukommen.

Von Beceite nach Castelldans, wo die Lage inzwischen sehr angespannt gewesen sein muss, brauchte er zwei ganze Tage. Bei seiner Ankunft musste er feststellen, dass Blanche inzwischen nach Lleida aufgebrochen war, um dort bei »einer Frau und ihrer Tochter nahe der Brücke« zu wohnen. Nach der Beschreibung wusste Pierre, dass sie zu ihren alten Freunden, den Servels, gegangen war. Er folgte ihr dorthin. Und von hier aus machten Pierre und Blanche sich dann schließlich nach Beceite auf.

Sie blieben »zwei Nächte und einen Tag« bei Mersende, und brachen am Morgen des dritten Tages auf. Während des ganzen Tages, den sie in Beceite verbracht hatten, hatte Pierre die beiden Frauen weitgehend allein gelassen. Mersende scheint spontan Gefallen an Blanche gefunden zu haben.

Am zweiten Abend war Jeanne jedoch zum Essen erschienen. Nachdem sie ziemlich viel getrunken hatten, hatte Mersende einen fürchterlichen Streit mit der Bemerkung entfacht, ihre Tochter sei, nachdem sie eine Zeit lang gut gewesen sei, wieder schlecht geworden. Als sie dann auch noch die Strangulierung erwähnte, höhnte Jeanne: »Ach, du alte häretische Kuhhirtin, du musst einmal ordentlich ausgequetscht werden, weil du bis zum Rand voll von Häresie bist!« Pierre wies sie zurecht, dass sie sich so aufführte. »Wenn das nicht unser Bakkalaureus ist!«, fauchte sie zurück. »Ihr seid genauso voll von Häresie wie sie!« (FR, f.264v)

Die Bezeichnung »Bakkalaureus«, die sie bei einem ähnlichen Ausbruch einige Zeit vorher im Sinne von »Gelehrtem« verwendet hatte, enthält hier eine Anspielung auf sein Junggesellendasein, was zeigt, dass Mersende ihr erzählt hatte, wie Bélibaste mit Pierre Maury umgesprungen war (FR, f.260r).

»Irgendwo in dieser Gegend«, setzte Jeanne nach, »ist noch ein weiterer dieser Schurken übrig geblieben. Ich weiß aber nicht wo. Ich habe in Ortas alles getan, dass er *roger* zwischen die Rippen bekommt, er ist jedoch geflohen.«

Dann ging sie. Aus Mersendes nächster Bemerkung ist abzulesen, dass Blanche ihr bereits anvertraut hatte, warum sie ihre Schwester und Guillaume Bélibaste verlassen hatte. »Wenn Ihr feststellt«, sagte Mersende, »dass es unmöglich ist, friedlich mit dem Senher und Eurer Schwester Raymonde zu leben, dann kommt hierher zu mir zurück, dann wohnen wir zusammen.« Die Aussicht, »du côté de chez Mersende-Jeanne« zurückzukehren, war allerdings wohl kaum verlockend; da war ein Parfait, der mit ihrer Schwester schlief, vielleicht doch vorzuziehen.

Als Pierre Maury Blanche unterstellen wollte, sie wäre bestimmt nur einem Trugbild aufgesessen und hätte sich nur *vorgestellt*, gesehen zu haben, dass sie miteinander Geschlechtsverkehr hatten, wollte Blanche davon nichts wissen. Tatsache ist, dass Pierre Maury sehr wohl wusste, was sich zugetragen hatte. Er weigerte sich jedoch, sich dies einzugestehen, da er dann als Tölpel dagestanden hätte.

Am nächsten Tag brach Pierre mit Blanche nach Morella auf, wo sie am selben Tag noch rechtzeitig zum Abendessen eintrafen. Es muss ein bewegender Augenblick für die beiden Schwestern gewesen sein. Seit ihre Wege sich vor sieben Jahren getrennt hatten, war vieles geschehen. Raymonde hatte jetzt neben der kleinen Guillemette noch ein zusätzliches Kind, und ihre Tante Blanche hatte die Kinder bisher noch nicht gesehen.

Es ist keine Frage, dass Blanche erriet, wer der Vater des kleinen Jungen war. Und wenn nicht, dann hatte ihre Schwester es ihr womöglich am nächsten Tag erzählt, nachdem Pierre Maury und Guillaume Bélibaste sich auf den Weg nach Sant Mateu gemacht hatten.

Weil er in Eile war, befand sich Pierre nicht in Beceite, als irgendwann in der zweiten Novemberwoche Guillaume Maurs mit seinen Schafen dort vorbeikam. Als die Bewohner von Beceite die Herde sahen und sagten, dass sie Schäfern aus der Cerdagne gehörten, ging Mersende nach draußen, um zu sehen, wer es war. Sie erkannten sich beide sofort. Mersende erkundigte sich nach Neuigkeiten aus Montaillou, und Guillaume erzählte ihr, dass Pierre Clergue wegen Häresie verhaftet worden sei. »Als sie dies hörte«, sagte er später, »hob sie die Hände zum Himmel und sagte: ›Dank sei Gott, jetzt wird alles herauskommen, da er genauso sehr ein Häretiker war wie wir anderen, die er aus der Gegend vertrieben hat.‹« (FR, ff.155v, 156r)

Zwischen dem 11. und 30. November hütete Guillaume Maurs seine Schafe auf den Weiden von Peñíscola, wo er Jean Maury, Guillemette Maury, deren Söhnen Jean und Arnaud, ihrem Bruder Pierre und Arnaud Sicre begegnete, die er anschließend in Sant Mateu wiedertraf. Pierre Maury und Guillaume Bélibaste waren schon vor ihm dort angekommen und bereits wieder zu den Weideplätzen aufgebrochen. Arnaud Sicre sollte bald zurück sein, und Jean Maury scheint in der Nähe von Sant Mateu gearbeitet zu haben.

Es war Mitte November oder vielleicht etwas später, als Jean Maury vor Wut die Fassung verlor und wild auf den Esel seiner Tante eindrosch. Wir haben bereits gesehen, dass seine Tat Guillemette Maury zu einer unbesonnenen Indiskretion verleitete. Wusste Guillemette von Jeans Tröstung in Prades sechs Jahre zuvor, weil Blanche kürzlich in Morella oder in Beceite etwas hatte durchsickern lassen?

Kurz nach dem Zwischenfall mit dem Esel kam es auf den Weiden von Sant Mateu angeblich zu einem Zusammenstoß zwischen Jean Maury und Bélibaste. Pierre Maury zufolge hatte Jean sich zunächst darüber belustigt, wie Bélibaste das Brot gesegnet hatte, und als dieser fragte, ob er ein Lamm mitnehmen könne, um es in Morella aufzuziehen, hatte Jean dies abgelehnt. Ein weiteres Zeichen von Jeans spiritueller Abkehr zeigte sich darin, dass er dazu übergegangen war, seine Schafe als *dels iregiasses* (»dreckige Häretiker«) zu beschimpfen, wenn er sich über sie ärgerte. Zumindest behauptete Pierre Maury dies. Aber Jacques Fournier ließ sich durch all das nicht täuschen, obwohl es offenbar tatsächlich Spannungen zwischen Jean Maury und Bélibaste gab.

*

Arnaud Sicre war mit einer gut abgestimmten Strategie und entsprechenden finanziellen Mitteln von seinem zweiten Besuch in Pamiers zurückgekehrt. Das Glück ist mit dem Mutigen, und als zusätzlichen Bonus entdeckte Arnaud bei seiner Rückkehr zufällig, dass Jean Maury zum Parfait ausgebildet wurde.

In Sant Mateu informierte er die Menschen, die er verraten wollte, über den Stand der Entwicklungen im Sabarthès. Er bestätigte, dass Pierre Clergue tatsächlich verhaftet worden war. Pierre Maury warf ein, dass er und Pierre Clergue einmal an einem Essen mit zwei Parfaits teilgenommen hätten, ohne dass Bernard Clergue je etwas davon erfuhr. Arnaud Sicre schwärmte nun davon, dass er seine Tante gefunden habe, die seinen Worten zufolge so reich wie Krösus war und dass sie von seiner Schwester in einem Dorf im Pallars-Tal gut versorgt wurde.

Da Weihnachten bald nahte, erklärte Arnaud Sicre, dass er Guillaume Bélibaste sehr gerne ein besonderes Weihnachtsgeschenk mit den Goldgulden (Münzen mit jeweils einem Wert von bis zu zehn Schillingen oder einem halben Pfund) machen würde, die seine »Tante« ihm für seine Rückkehr gegeben habe. Arnaud und Pierre Maury waren damit einverstanden, dass Arnaud an diesem Weihnachtsfest alles für sich und für Bélibaste bezahlen würde, während Pierre Maury die Kosten, die für seine »Frau« Raymonde und für ihn selbst anfielen, übernehmen sollte. Die beiden Kinder und Blanche wurden vermutlich stillschweigend mitgezählt.

An Heiligabend machten Pierre Maury und Arnaud Sicre sich auf den Weg nach Morella. Pierre erklärte ihm unterwegs das Ritual des Melioramentum. Arnaud bemühte sich vermutlich, einen gewissen Eifer zu zeigen, um nicht in letzter Minute noch das Vertrauen von Guillaume Bélibaste zu verlieren.

An jenem Abend des 24. Dezember 1320 begegnete Arnaud Sicre zum ersten Mal Blanche Marty. Welchen Eindruck sie voneinander hatten, ist nicht überliefert. Vor dem Abendessen präsentierte dieser beeindruckende Lügner weitere Einzelheiten über seine Begegnung mit seiner »Tante«. Er erzählte seinen Gastgebern, seine Tante leide an Gicht, die sie daran hindere, selbst nach Morella zu reisen, und dass seine Schwester sie nicht allein lassen könne. Seine Tante habe jedoch den inständigen Wunsch, ihre Nichte mit einem gesunden jungen Mann von der *entendensa del be* verheiratet zu sehen, und sie habe angeboten, Arnaud Maury eine großzügige Mitgift zu geben. Sie hatte sich früher schon einmal, erklärte Arnaud Sicre, eine Zeit lang um das Wohlergehen zweier Parfaits gekümmert, und diese hätten vor, über Ostern (19. April) 1321 wieder zu ihr zu kommen. Unterdessen habe sie ihm, Arnaud Sicre, genügend Geld gegeben, um Bélibaste, wenn nötig zu Pferd, mit ins Pallars-Tal zu bringen.

Überdies habe sie ihm erklärt, wie sehr sie sich wünsche, ihren Neffen Bernard bei sich zu haben, weshalb sie Arnaud Sicre bedrängt habe, nach ihm zu suchen. Die Geschichte, wonach seine Tante sich nach einem Wiedersehen mit Bernard Baille sehne, war natürlich eine geschickte Finte, und Arnaud Sicre muss verlässliche Informationen von Fournier bekommen haben, dass sein Bruder nach Sizilien gegangen war. *Hätte* er ihn gefunden, wäre er als Verräter entlarvt worden. Aber es konnte seine Glaubwürdigkeit in den Augen der katharischen Gemeinde nur erhöhen, wenn man sah, dass er nach ihm suchte.

Die letzten Hinweise auf Bernard kamen aus Valencia. Mit welcher Energie und welchem Aufwand Arnaud Sicre sein Ziel verfolgte, wird daran deutlich, dass er sich einige Wochen später in Begleitung von Pierre Maury auf den Weg nach Valencia machte, wohl wissend, dass ihre Unternehmung vergeblich war.

Die umsichtige Empfehlung seiner Tante, dass sie mit ihrer Reise ins Pallars-Tal bis zur Fastenzeit warten sollten, sollte außerdem Bélibaste in einem falschen Gefühl der Sicherheit wiegen. Dahinter stand die Idee, dass die Parfaits in der Fastenzeit mit ihrer fleischfreien Ernährungsweise nicht auffielen.

Arnaud Sicre war ein überzeugender Doppelagent, der die Fähigkeit besaß, wenn es erforderlich war, die Persönlichkeit zu wechseln. Ein Teil von Arnaud fühlte sich augenscheinlich bei den Katharern wohl, und es machte ihm Spaß, Informationen und Klatsch über das Sabarthès und die bösartigen Angriffe des neuen Bischofs mit ihnen auszutauschen. Als er seiner Zuhörerschaft in Morella erzählte, dass Fournier von dem Dominikaner Gaillard de Pomiès unterstützt wurde, rief Blanche aus, dass sie ihn kenne und er schon alt sei und fügte dann hinzu: »*O del dyable tant a viscut*«, das heißt: »Warum hat der Teufel so lange gelebt!« (FR, f.130v) Es hätte Blanche noch mehr bedrückt, hätte sie gewusst, dass der alte Dominikaner am Freitag, dem 13. Januar 1329, noch immer für die Inquisition tätig war (D 27, S. 141v). Später an jenem Abend, als sie nach dem Essen am Feuer saßen, gab Blanche für Arnaud Sicre ihre Geschichte zum Besten, wie sie d'Ablis getäuscht hatte.

In jener Nacht des Heiligabend 1320 teilten sich die drei Männer ein Bett, wobei Pierre Maury in der Mitte schlief, da Guillaume Bélibaste nachts wiederholt auf seiner Seite des Bettes aufstehen musste, um zu beten. In den homerischen Epen heißt es, dass die Schäfer sich an ihre Hunde und ihr Vieh kuschelten, um warm zu bleiben. Wie war es in diesen Schlafkammern des 14. Jahrhunderts, wenn zwei oder manchmal drei Männer sich ein Bett teilten? Was ging Arnaud Sicre durch den Kopf, als er so eng neben jenem Mann lag, den er verraten und den Flammen auf dem Scheiterhaufen ausliefern wollte?

Nach dem Weihnachtsessen am Donnerstag, dem 25. Dezember 1320, machten die drei Männer mittags einen Verdauungsspaziergang. Arnaud Sicre zeigte ihnen unterwegs einen Goldgulden. Er bot ihn zusammen mit den übrigen sieben, die er noch hatte, dem Parfait an mit der Beteuerung, es sei der ausdrückliche Wunsch seiner Tante, dass Bélibaste sie bekomme. Dieser nahm das Geschenk mit den Worten an: »Es sei aus Liebe zu Gott, und Gott möge unsere Freunde und Freundinnen retten.«

Bélibaste muss das Auftauchen von Arnaud Sicres Tante als einer reichen Gönnerin wie die Antwort auf seine Gebete erschienen sein. Wenn er vor seiner Ordination einen begüterten Lebensstil wie die Authiés hätte genießen können, wäre er vielleicht weniger anfällig für die Verlockungen des Mammons und die Annehmlichkeiten gewesen, die man sich damit erkaufen konnte. Guillaume Bélibaste war jedoch ein hart gebeutelter Schäfer auf der Flucht, und Arnaud Sicre breitete vor seinen Augen Reichtümer aus, mit dem Versprechen, dass noch mehr zu erwarten sei. Während dieses weihnachtlichen Spaziergangs nach dem Essen hat Bélibaste sich offenbar überreden lassen, in der Fastenzeit ins Pallars-Tal zu gehen. Arnaud Sicre gab in seiner Aussage an, sie seien irgendwann nach dem 15. März von Sant Mateu ins Pallars-Tal aufgebrochen.

Pierre Maury und Arnaud Sicre blieben bis zum 29. Dezember bei Bélibaste und seiner Familie in Morella und bekamen während dieser Zeit einige seiner Predigten zu hören. Dann machten sie sich nach Valencia auf den Weg, nur um festzustellen, dass Bernard natürlich schon lange nicht mehr dort war. Die Kosten ihrer Reise hatten sie geteilt. Nach ihrer Rückkehr nach Sant Mateu zog es Pierre Maury wieder zu seiner Herde und seinem Bruder, während Arnaud Sicre vermutlich wiederum in Vitals Schusterwerkstatt unterkam.

Um den 22. Januar 1321 begab sich Guillaume Maurs auf der Suche nach einem Schäfer, den er engagieren wollte, nach Sant Mateu. Er bat Pierre Maury, ihm auszuhelfen; Pierre konnte jedoch nicht, angeblich weil er krank war; er versprach hingegen, in ein paar Tagen zu kommen. In Wahrheit war sein Bruder krank, und Pierre kümmerte sich draußen auf den Weiden um ihn. Dies war das letzte Mal, dass Guillaume Maurs ihn, seinen Bruder oder irgendeinen der anderen aus Sant Mateu zu Gesicht bekam.

Anfang Februar ging Pierre Maury nach Morella, vorgeblich um Guillaume Bélibaste etwas Wolle zu bringen. Er blieb nur eine Nacht dort und eilte sodann wieder zurück. Der wahre Grund für den Besuch bei Bélibaste war mit großer Wahrscheinlichkeit, dass er glaubte, Jean könne sterben, und er den Parfait holen wollte, um ihn trösten zu lassen. Bélibaste war dazu jedoch nicht bereit, vielleicht weil er Jean Maury immer noch nachtrug, dass dieser ihm das Lamm verweigert hatte. Jean war unterdessen so krank, dass sie ihn nach Sant Mateu brachten, wo er bessere Chancen hatte, wieder zu genesen oder zumindest unter bequemeren Umständen zu sterben. Nach Pierre Maurys Aussage hatte sein Bruder Jean gedroht, seine eigene Familie bei der Inquisition anzuzeigen, wenn sie weiterhin darauf bestünde, einen Parfait herbeizuholen; und Guillemette hatte angeblich zu Pierre gesagt, dass sein Bruder, ihr Neffe, vom Teufel besessen sei und vergiftet werden sollte.

Dass es zwischen Jean Maury und seiner Tante noch immer Feindseligkeiten wegen der Geschichte mit ihrem Esel gab, ist durchaus denkbar; und dass seine Tante darauf beharrte, dass er mit der Endura beginnen solle, ging Jean möglicherweise zu weit. Was sich aber wirklich während der fast tödlichen Krankheit Jean Maurys ereignete, fasste Arnaud Sicre treffend so zusammen:

»Am selben Ort [Sant Mateu] erzählte mir Jean Maury, dass er einmal, als er krank war, nach Guillaume Bélibaste geschickt hatte, um von ihm getröstet zu werden. Guillaume weigerte sich jedoch unter dem Vorwand, ihm fehle das nötige Geld für die Reise. Jean verurteilte ihn deswegen. Er sagte, er habe sich schlecht verhalten und sich nicht an die ordnungsgemäße Praxis anderer Parfaits gehalten: Das hätte er sich nicht zuschulden kommen lassen dürfen, selbst wenn er hätte durchs Feuer gehen müssen.« (FR, f.209r)

Als Pierre Maury seine – nach meiner Überzeugung zwischen den Brüdern abgestimmte – Version vor Fournier erzählte, wusste er, dass seine Tante und ihre Söhne entweder tot oder außerhalb der Reichweite der Inquisition waren. Er verhielt sich deshalb so, wie die Angeklagten es oft taten, nämlich pragmatisch die ganze Schuld auf die Toten oder Untergetauchten zu schieben, weil sie nicht zur Rechenschaft gezogen werden konnten. Er war offenkundig zuversichtlich, dass Guillemette und ihre Sippe nicht vor den Richter geschleppt werden konnten. Nur Arnaud Sicres Aussage stand gegen seine und die seines Bruders. Und die beiden Brüder hatten nach Bélibastes Verhaftung jede Menge Zeit, um ihre Geschichten aufeinander abzustimmen, was eine wesentliche Voraussetzung war, dass Jean Maury dem Scheiterhaufen entkommen konnte.

*

Nun war die Zeit gekommen, um Arnaud Sicres fiktive Tante zu besuchen und die Heirat von Raymonde Baille und Arnaud Maury zu organisieren. Dadurch würde sich die katharische Gemeinde in Katalonien weiter ausdehnen, und er versprach Bélibaste eine Art von Pension, die er ersehnte.

Die Reise dauerte insgesamt neun Tage. Diese Episode ist so bedeutsam, dass ich den Ablauf der einzelnen Tage nacheinander wiedergeben möchte.

1. TAG: Etwa Mitte März einigten sich die Beteiligten auf den Plan für diese falsche Reise. »Kurz danach« brachen Pierre Maury der Ältere, sein Vetter Arnaud und Arnaud Sicre nach Morella als ihrer ersten Station auf dem Weg ins Pallars-Tal auf. Ich gehe davon aus, dass »kurz danach« um den 20. März gewesen sein dürfte.[128]

Guillaume Bélibaste hatte Pierre Maury einige Tage zuvor rufen lassen, dieser konnte jedoch nicht kommen. Bélibaste war seinerseits auch nicht bereit gewesen, stattdessen nach Sant Mateu zu gehen. Als Pierre schließlich in Morella zu ihm kam, nahm Bélibaste ihn beiseite und vertraute ihm an, dass sein Nachbar ihm Schlimmes für seine Reise ins Pallars-Tal prophezeit hatte. Ein prophetischer Schuhtest hatte geweissagt, dass es ihm vorherbestimmt sei, nicht zurückzukehren. Pierre bat seinen Freund, nicht abergläubisch zu sein, wenn er sich jedoch große Sorgen mache, dann solle er einfach nicht reisen. Bélibaste erklärte ihm indes feierlich, dass er um jeden Preis gehen würde, da er es Arnaud versprochen habe, und »wenn Gott, mein Vater, mich ruft, dann ist die Zeit gekommen, um zu Ihm zu gehen«.

Die Anziehungskraft von Fourniers Geld trübte jetzt ernsthaft sein Urteilsvermögen, und Arnaud sorgte dafür, dass es dabei blieb, indem er an jenem Abend in Morella einen Ehevertrag für Arnaud Maury und Raymonde Sicre-Baille entwarf. Arnaud Sicre zufolge wurde Raymondes Mitgift auf 40 Pfund festgelegt, neben einer vollständigen Garderobe und einem Maultier, das die Kleidung befördern sollte. Pierre Maury erinnerte sich hingegen an den doppelten Betrag und zwei Maultiere. Der Handel wurde eidesstattlich besiegelt und von Guillaume Bélibaste beglaubigt.

2. TAG: Am nächsten Morgen kehrte Pierre Maurys Onkel nach Sant Mateu zurück, während Pierre und Arnaud Maury, Arnaud Sicre und Guillaume Bélibaste sich auf die zweite Etappe ihrer Reise, nach Beceite, machten. Als sie sich dem Ort näherten, gingen die beiden Maurys voraus, um zu sehen, ob Jeanne bei ihrer Mutter war; sie wollten nicht, dass sie den Parfait zu sehen bekam. Nachdem sie feststellen mussten, dass sie dort war, zogen sie es vor, das Gasthaus von Pierre Prior am Marktplatz von Beceite aufzusuchen, das wahrscheinlich ganz oben im Dorf lag, wo noch heute der Marktplatz zu finden ist. Beceite war damals eindeutig groß genug, dass Bélibaste und die anderen dort bleiben konnten, ohne befürchten zu müssen, von Jeanne gesehen zu werden.

Vor dem Abendessen suchten die beiden Vettern Mersende auf, um sie über die Anwesenheit Bélibastes im Ort zu informieren. Sie baten sie, so zu tun, als sei sie krank, und früh zu Bett zu gehen, um Jeanne aus dem Haus zu bekommen, damit sie sie später noch besuchen könnten. Anschließend aßen die vier in dem Gasthaus zu Abend. Und als es draußen stockdunkel war, schlichen Pierre Maury und Bélibaste zu Mersende. Dort aßen sie ein zweites Mal mit ihr. Anschließend setzten sie sich zusammen, um zu reden. Pierre Maury ging schließlich ins Bett. Seine Tante und Bélibaste redeten jedoch noch bis in die frühen Morgenstunden.

Als Pierre erwachte, begann Mersende, besorgt auf ihn einzureden, dass sie von der Reise Abstand nehmen sollten, da so viele Parfaits verraten worden seien. Da Arnaud Sicres Lauterkeit noch nicht erwiesen sei, wäre es nicht besser, wenn Pierre oder Arnaud oder Pierre Maury der Ältere vorab ins Pallars-Tal gingen, um sich rückzuversichern? Dann wäre immer noch Zeit, dass Guillaume Bélibaste später nachkommen könnte. Pierre Maury berief sich zur Antwort auf Bélibastes neu entdeckten Fatalismus, berichtete später jedoch Arnaud Sicre von seinem Gespräch mit Mersende und sagte: »Arnaud, Arnaud, nehmt Euch in Acht, dass Ihr uns nicht verratet, denn andere in Eurer Familie waren schlecht und Verräter der Kirche Gottes.«

3. TAG: An diesem Tag marschierten die vier die ganze Strecke bis nach Ascó. Pierre Maury erinnerte sich in seiner Aussage, dass Arnaud in Ascó betrunken war. Mehr sagte er nicht dazu und ging anschließend gleich zu ihrer nächsten Anlaufstelle über: Flix. Arnaud Sicres Erinnerung an Ascó war um einiges konkreter.

Was war dort geschehen? Pierre Maury und Guillaume Bélibaste hatten beschlossen, Arnaud auf die Probe zu stellen, vielleicht wegen der Sorgen, die Mersende sich machte. Sie kauften zwei Weine, und Pierre vertauschte sie heimlich, um Arnaud Sicre einen besonders hochprozentigen Trank zu verabreichen. Arnaud hatte sie jedoch sofort durchschaut und beschloss, dieses Täuschungsmanöver für seine eigenen Zwecke zu nutzen.

Nachdem er den Wein mit dem besonders hohen Alkoholgehalt getrunken hatte, tat er so, als sei er völlig betrunken und ließ sich neben dem Tisch zu Boden fallen. Pierre Maury brachte ihn ins Bett. Arnaud erhob sich jedoch gleich wieder, um am Kopfende des Bettes zu urinieren. Um ihn davon abzuhalten, schleppte Pierre ihn auf die

Straße hinaus und flüsterte ihm, als sie allein waren, zu: »Arnaud, warum bringen wir den Häretiker da drinnen nicht gleich ins Sabarthès und kassieren 50 oder 100 Pfund für ihn? Davon könnten wir redlich leben, denn dieser Bauer da drinnen erzählt nichts als schlimmen Unsinn.« Arnaud tat so, als sei er empört über den Vorschlag, und protestierte, er werde nicht tatenlos zusehen, wie Pierre Maury Guillaume Bélibaste verrate. Vor sich hin brummend, ging er ins Haus zurück und warf sich auf sein Bett, »als sei er sturzbetrunken«.

Pierre Maury zog ihm die Schuhe und Kleidung aus und deckte ihn zu. Während Arnaud so tat, als schliefe er, erzählte Pierre Bélibaste, was geschehen war und dass Arnaud Sicre zuverlässig sei und sie nicht verraten werde. Arnaud hörte jedes Wort, das sie sprachen. Am nächsten Morgen fragte Pierre ihn, wie er geschlafen habe und ob er sich aus der Nacht noch an vieles erinnern könne. Er erinnere sich, antwortete er, guten Wein getrunken zu haben, und dass er sich selbst ausgezogen und ins Bett gelegt habe.

4. TAG: Am darauf folgenden Tag aßen sie in Flix im Haus von Pons Ortola, einem Freund von Pierre Maury, zu Mittag und zogen dann noch bis nach Sarroca de Lleida weiter, wo sie die Nacht verbrachten. Am nächsten Morgen trafen sie zum Mittagessen bei Esperte in Lleida ein, wo sie den Rest des Tages und die Nacht über blieben. Da Esperte und Mathène offenbar in beengten Verhältnissen lebten, überließen die beiden Frauen den vieren ihre Räumlichkeiten und übernachteten selbst bei einem Nachbarn.

5. TAG: Von Lleida wanderten sie nach Nordosten bis nach Agramunt, ein Tagesmarsch von rund 40 Kilometer. Unterwegs versuchte Bélibaste, Arnaud Sicre zuzureden, dass er Mathène heiraten solle, da sie eine gute katharische Kandidatin sei.

6. TAG: Von Agramunt führte ihr Weg nach Pons, wo sie zu Mittag essen wollten. Ehe sie den Ort erreichten, lief dreimal vor ihnen eine Elster quer über die Straße und krächzte dabei jedes Mal. Bélibaste fasste das sofort als schlechtes Omen auf und setzte sich, traurig und beunruhigt, auf einen Stein. Pierre Maury und Arnaud Sicre nahmen

ihn jedoch in ihre Mitte und trieben ihn zum Weitergehen an. Sie setzten ihren Marsch fort, aber nicht bevor Bélibaste mahnend gefragt hatte, ob Arnaud auch sicher sei, sie an einen guten Ort zu bringen. Arnaud bekräftigte dies nachdrücklich.

Nach dem Mittagessen gingen sie nach Tragó weiter, einer kleinen Stadt, die dort gelegen war, wo sich heute der Staudamm von Rialp befindet. An einer Stelle mussten sie einen Fluss überqueren. Wie der heilige Christophorus trug der große Pierre Maury jeden seiner Gefährten auf seinen Schultern ans andere Ufer hinüber.

7. / 8. TAG: Nach einer Übernachtung in Tragó legten sie den Weg bis nach Castellbó und am nächsten Tag bis nach Tírvia zurück, das hoch oben auf einem Bergvorsprung auf der rechten Seite eingangs des Cardós-Tales liegt. Nur etwa zwölf Kilometer weiter oben erhebt sich das Dorf Lladrós, wo Béatrice de Planisolles und Barthélemy Amilhat fünf Jahre zuvor gelebt hatten. Hier in Tírvia sollte die angehende Braut von Arnaud Maury angeblich leben. Wenn dem so war, warum nahmen sie dann nicht sofort mit dieser Familie Kontakt auf? Stattdessen sah Pierre Maury in Tírvia nur Arnaud Sicre mit dem örtlichen Bayle sprechen, und er hörte diesen sagen: »Das geht in Ordnung.«

9. TAG: Am nächsten Morgen erschien der Bayle in Begleitung mehrerer Männer in dem Haus, in dem sich die vier einquartiert hatten, und verhaftete sie alle. Sie wurden in sein Haus gebracht, und hier erklärte Arnaud Sicre Pierre Maury und seinem Vetter, dass es ihnen beiden freistehe zu gehen. »Mit ihnen habe ich keinen Ärger«, sagte er zu den Männern, die sie gefangen genommen hatten, und fügte hinzu, dass er ihnen keinen Schaden zufügen wolle. »Ich habe wegen der Häretiker unseren ganzen Familienbesitz verloren, und ich will ihn durch die Verhaftung eines Parfaits zurückgewinnen«, sagte er.

Bei der Vernehmung von Pierre Maury erklärte er dem Bayle, dass die beiden Maurys seine Verbündeten seien und deshalb freigelassen werden sollten. Arnaud Sicre brachte es offenbar nicht über sich, Pierre Maury zu schaden, zumindest noch nicht. In späteren Gesprächen mit seinen Schäferfreunden dramatisierte Pierre seine schlichte Freilassung zu einer waghalsigen Flucht (FR, f.199v).

Bevor er abgeführt wurde, gab Guillaume Bélibaste, als er bereits unter Bewachung stand, Pierre Maury zwei Barcelona-Schillinge, vielleicht, um eine alte Schuld zu begleichen. Die beiden Freunde sollten sich nie wiedersehen. Bélibaste fand sich jetzt mit einem Fußeisen an den Mann gefesselt, der ihn für Geld verraten hatte. Dass Angeklagter und Kläger so aneinander gefesselt wurden, war möglicherweise unter bestimmten Umständen üblich, um falsche Anklageerhebungen auszuschließen. Bélibaste titulierte Arnaud jetzt als »Judas«, »Sohn einer Natter« und nannte ihn einen Bastard. All dies schien Arnaud Sicre nicht zu bewegen. Er war entschlossen, Bélibaste lebend der Inquisition zur Verbrennung auszuliefern.

Sobald er verhaftet war, begann Bélibaste mit der Endura, in der Hoffnung zu sterben, ehe er auf den Scheiterhaufen geschleppt wurde. Es ist bezeichnend für die Überzeugungskraft, die Arnaud Sicre besaß, dass es ihm selbst unter diesen Umständen gelang, Bélibaste zu dem Glauben zu verleiten, dass er seine Tat bereue und ihm helfen werde, zu fliehen. Das könne Bélibaste nur, wenn er körperlich in guter Verfassung sei. So gab er sein Fasten auf.

Auf dem Weg nach Ax kamen Guillaume Bélibaste und Arnaud Sicre kurz nach der Verhaftung, noch immer aneinander gefesselt, auf die Festung von Castellbó. Oben im Hauptturm wurden sie gefangen gehalten. Hier sagte Bélibaste zu Arnaud:

»Ihr könnt Euer moralisches Gewissen wiederentdecken und bereuen, was Ihr mir angetan habt. Ich werde Euch trösten, ehe wir zusammen von diesem Turm herunterspringen. Unsere beiden Seelen werden sofort zum Himmlischen Vater aufsteigen, wo Kronen und Throne auf uns warten werden. Und 48 Engel mit goldenen und mit kostbaren Steinen besetzten Kronen werden kommen und uns zum Vater führen.« (FR, f.128r)

Er erklärte, dass ihn sein Leib nicht kümmere, weil er den Würmern gehöre und die Schöpfung des Gottes der stofflichen Welt, des Teufels, sei. Gott, der Vater, sei nur an seiner Seele interessiert, die der Teufel vor langer Zeit verleitet habe, den Himmel zu verlassen.

Wenn Guillaume Bélibaste Arnaud Sicre auch nicht beeindrucken konnte, so erlebte er jetzt selbst eine spirituelle Erneuerung. In dieser verzweifelten Situation verwandelte sich der gefallene Parfait aus Cubières in einen echten Heiligen, indem er sich weigerte, sein Leben durch eine öffentliche Widerrufung zu retten. Vielleicht wollte er letztlich seinem Schöpfer beweisen, dass Er Recht hatte, dieses unwürdige Gefäß als einen Apostel des wahren Glaubens zu erwählen. Vielleicht hoffte er, dass seine Geliebte und seine Kinder stolz auf ihn wären.

Unterdessen hatten die beiden Maurys völlig fassungslos den Rückweg nach Lleida angetreten. Innerhalb von nur zwei Tagen bewältigten sie die Strecke vom Cardós-Tal über Lleida bis nach Beceite, was vier normalen Tagesmärschen entsprach. Nach einem anstrengenden rund 70 Kilometer langen Marsch erreichten sie Ager im Süden der Serra de Montsec. Von hier brachen sie am nächsten Morgen nach Lleida auf, wo sie bei den Servels zu Mittag aßen. Esperte war am Boden zerstört angesichts der Nachricht und verließ fast sofort mit ihrer Tochter die Stadt. Mathène zufolge kamen sie um den 1. oder 2. April in Juncosa an. Als Grund für ihren Aufbruch gaben sie später die Weizenernte an, die in der Ebene von Lleida früh beginnt.

Nachdem Pierre und Arnaud Maury sich gestärkt hatten, zogen sie nach Beceite weiter, ein erneuter Gewaltmarsch von über 80 Kilometern. Schnelligkeit war jetzt alles, wenn die kleine katharische Gemeinde in irgendeiner Form überleben sollte. Es war in der Nacht, wahrscheinlich sogar in den frühen Morgenstunden, als sie in Beceite ankamen. Mersende war überrascht, sie zu sehen. Als Pierre Maury ihr erklärte, dass Bélibaste durch den Verrat des Arnaud Sicre verhaftet worden war, begann sie untröstlich zu klagen.

Pierre Maury versprach, am nächsten Tag zurückzukommen, um Mersende in Sicherheit zu bringen. Nach einer vermutlich kurzen Rast machten er und Arnaud sich wieder auf den Weg, diesmal nach Morella. Raymonde und Blanche brachen bei der Nachricht von der Verhaftung und angesichts des Loses, das ihrem Geliebten und – in Blanches Fall neu gefundenen – Freund beschieden war, in anhaltendes Wehklagen aus. Es blieb jedoch keine Zeit, richtig zu trauern, denn sie mussten dringend aufbrechen, um sich in Sicherheit zu bringen.

Mithilfe von Pierre Maury verkauften sie sofort Bélibastes ganzen Besitz in Morella. Dann brachte Pierre die beiden Frauen wie vermutlich auch Guillemette und ihren kleinen Bruder nach Valderrobres. Es muss schon nach Mitternacht gewesen sein, als sie ihr Ziel erreichten.

Pierre Maury war an diesem Tag von Beceite nach Morella gelaufen, hatte geholfen, den Besitz seines Freundes zu verkaufen, und befand sich nun in Valderrobres. All das zu schaffen wäre heutzutage schon mithilfe eines Autos eine Herausforderung; für einen Schäfer im Jahr 1321 ist es ein erstaunlicher Kraftakt.

Während Pierre Maury den beiden Frauen, Blanche und Raymonde, alles erzählte, zog sein Vetter Arnaud nach Sant Mateu weiter und bewältigte den normalerweise zweitägigen Marsch von Beceite nach Morella und Sant Mateu ebenfalls an nur einem Tag. Als er in Sant Mateu ankam, war auch Pierre Maurys Bruder Jean bei der Familie seiner Tante. Tief bestürzt über diese Neuigkeiten, verkauften oder verpachteten die Maurys ihr Haus und den neu erworbenen Weinberg. Sie zerstreuten sich auf der Stelle, obwohl sie nach einiger Zeit wieder zurückkamen, um ihr Eigentum zurückzugewinnen. Pierre Maury der Ältere machte sich sofort nach Norden auf den Weg, um seiner Schwester Mersende zu helfen, die er mit ihrer Tochter Jeanne nach Alcañiz brachte.

Er fand sie wahrscheinlich in Herbés, denn dorthin waren sie unmittelbar nach Pierre Maurys Besuch geflohen. In diesem Weiler, auf halber Strecke zwischen Morella und Beceite, hatte Pierre Maury sie eingeholt und dort zurückgelassen, während er nach Sant Mateu weiterzog. Hier traf er seine Tante Guillemette, die angeblich wütend auf ihn war. »Ihr wart es, der den Senher verkauft hat«, sagte sie zu ihm und fügte hinzu, dass ihr der Tod von Pierre, Arnaud Sicre und ihrem eigenen Sohn Arnaud lieber gewesen wäre als die Verhaftung Bélibastes. Genau wie verschiedene andere blutrünstige Äußerungen, die Pierre Maury seiner Tante zuschrieb, klingt auch diese äußerst unwahrscheinlich. Sie befand sich offensichtlich außerhalb von Fourniers Reichweite. Deshalb fühlte er sich frei, sie als eine fanatische Katharerin und mordlustige Fanatikerin hinzustellen. Dadurch hoffte er vermutlich das Belastungsmaterial, das sie Arnaud Sicre gegen seinen Bruder Jean geliefert hatte, zu entkräften. Denn die schwerwiegendste Beschuldigung, die gegen Jean Maury vorlag, nämlich dass er ein angehender Parfait sei, schrieb Arnaud Sicre in seinem Bericht ihr zu.

Da keine Zeugen zugegen waren, als sie dies sagte, war Arnaud Sicres Aussage in diesem Punkt rechtlich wertlos, was sehr viel bedeutete.

Was sich die Inquisition ansonsten auch zuschulden kommen ließ, sie hielt sich im Großen und Ganzen an ihre eigenen Gesetze. Aber woher wusste Pierre Maury, dass sie ausgeplaudert hatte, dass Jean Maury als angehender Parfait in Prades war? Weil sie es, wie ich vermute, nach der Verhaftung von Guillaume Bélibaste selbst eingestanden hatte.

Die beiden Brüder lieferten dem Inquisitor gut abgestimmte und sorgfältig zurechtgelegte Aussagen, und mangels eines gegenteiligen Zeugnisses, das nur Blanche hätte liefern können, war Fournier nicht bereit, den jüngeren Maury auf den Scheiterhaufen zu schicken. Guillemette Maury und ihre Familie waren am 7. Juli 1324 immer noch auf freiem Fuß, da Raymonde Belot-Lizier an diesem Tag, als sie in Pamiers vernommen wurde, davon sprach, dass sie »flüchtig« seien.

Pierre Maury verkaufte sodann seine Schafe in Morella und kassierte dafür einen Erlös von 700 Barcelona-Schillingen. Nachdem er seinem Bruder Jean geholfen hatte, dessen Herde nach Castelldans zu bringen, suchte er Mersende in Alcañiz auf und händigte ihr die fürstliche Summe von 500 Schillingen aus. Selbst der rastlose Pierre Maury war wohl nie so voller Aktivität wie jetzt, da es darum ging, seine Familie vor dem Sog zu retten, den die Verhaftung Bélibastes nach sich zog.

Von Alcañiz eilte er nach Valderrobres hinunter, um Blanche und Raymonde abzuholen. Dort schickte man ihn jedoch nach Cretas weiter, wohin sie inzwischen gegangen waren. Hofften sie, nach Horta de Sant Joan zurückkehren zu können, da sie den Ort aus früheren Jahren gut kannten? Pierre fand sie in Cretas und wünschte ihnen viel Glück, da er wahrscheinlich nach Mallorca gehen würde.

Seit die Gruppe mit Guillaume Bélibaste ins Pallars-Tal aufgebrochen war, waren erst gut 14 Tage vergangen, aber in dieser Zeit war die Welt der katalanischen Katharer-Gemeinde auf den Kopf gestellt worden. Noch vor kurzem war sie so stabil erschienen, mit der Aussicht auf neue Mitglieder und finanzielle Mittel, und jetzt lag sie in Trümmern.

Als Guillaume Maurs kurze Zeit darauf seine Herde auf dem Weg nach Norden zum Riucaut durch Beceite trieb, fragte er nach Mersende und Jeanne. Von den Nachbarn erfuhr er, dass ein Vetter (Pierre Maury) sie abgeholt und nach Sant Mateu oder Morella gebracht habe. Was Maurs davon hielt, ist nicht festgehalten, es muss ihm jedoch seltsam erschienen sein, da er mit ziemlicher Sicherheit von der geplanten Reise nach Tírvia wusste.

Pierre Maury kehrte nach Sant Mateu zurück und ging von dort nach Peñíscola weiter. (Farbabb. 32) Die gewaltige Festung der Templer in Peñíscola sollte eines Tages dem Gegenpapst Pedro de Luna Schutz bieten, und viele Jahrhunderte später diente ihre beeindruckende Silhouette bei dem Hollywood-Epos *El Cid* als Kulisse.

Pierre Maury setzte nach Mallorca über, wo er drei Wochen blieb, bis ihm klar wurde, dass er dort nicht bleiben wollte. Gegen Ende April 1321 landete er wieder in Tortosa und verbrachte die Winter 1321/22 und 1322/23 bei Guillaume und Pierre Espa. Er kannte die Gegend gut von früheren Viehtrieben.

19. PAMIERS (1321/22)

Etwa eine Woche bevor die katalanischen Katharer zu ihrer verhängnisvollen Reise nach Tírvia aufbrachen, waren Béatrice de Planisolles und andere Büßer im Kloster der Dominikaner in Pamiers versammelt. Es war vor neun Uhr am Morgen, Sonntag, der 8. März 1321. Von hier wurden sie in einer feierlichen Prozession zum Friedhof Saint-Jean-Martyr gebracht, um dort offiziell wegen Häresie verurteilt zu werden. Sie dürften durch die »Carriera dels Frays Menors« (die Straße der Franziskaner) gekommen sein, die heute Rue Jacques Fournier heißt, und dann hinter der Kirche Notre-Dame-du-Camp rechts abgebogen und am Kloster der Franziskaner hinauf und über den Kanal durch die Porta dels Layros (das Tor der Diebe) zum Hügel des Friedhofs gegangen sein. Ihr Weg lässt sich Schritt für Schritt nachvollziehen. Später am selben Tag wurden Béatrice und Barthélemy Amilhat beide in Allemans eingekerkert. In den Verliesen des Kerkers

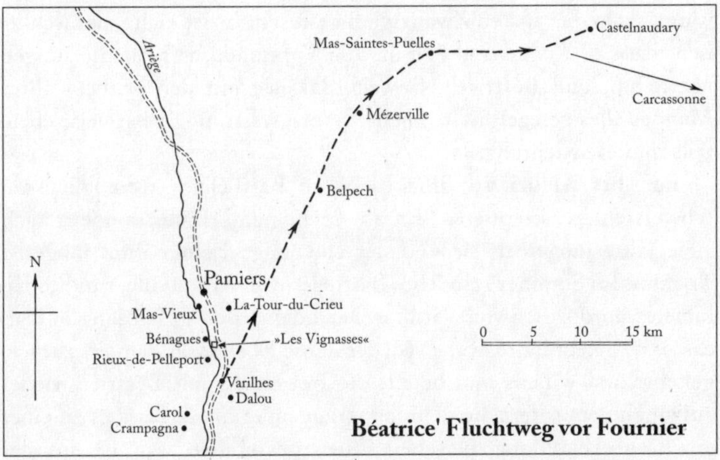

Béatrice' Fluchtweg vor Fournier

wurden einige Gefangene an Händen und Füßen gefesselt und mit der Folter bedroht (FR, f.307v).

Im Frühsommer des Jahres 1320 hatte Béatrice' Leben in Varilhes noch ganz anders ausgesehen, nachdem es inzwischen in eine ruhigere Phase eingetreten war. Ihre Kinder waren erwachsen, und sie war nun mehrfache Großmutter, mit mindestens zwei Jungen unter ihren Enkelkindern. Es muss sie gefreut haben, dass ihre Töchter in der Nähe lebten, da sich Mutter und Töchter nach ihrer eigenen Aussage nahe standen. Ihre jüngste Tochter Philippa hatte sich 1320 verlobt. Es war nicht etwa so, dass die Töchter immer auf die Mutter gehört hätten. So hatte sich Condors ja zum Beispiel ihrem Vorschlag widersetzt, mit Heilkräutern und Senfkohl die Epilepsie ihres Sohnes zu behandeln. Es ist schwer zu sagen, was diese jungen Frauen von einer Mutter hielten, die in ihrem Leben zweimal verheiratet war und mit mindestens drei weiteren Männern längere Zeit eine sexuelle Beziehung unterhalten hatte, mit Pathau, der sie vergewaltigt hatte, und zwei Priestern.

Es ist erstaunlich, dass Béatrice nur einmal, und bei der Gelegenheit nicht einmal namentlich, ihre Söhne von de Roquefort erwähnte. Sie waren schließlich ihre erstgeborenen Kinder. Waren sie in jungen Jahren gestorben, oder hatten sie ihre Verbindung mit ihrer Mutter und ihrer Familie wegen deren katharischen Neigungen gelöst? 1320 wären sie in den späten Zwanzigern gewesen. Es ist nicht auszuschließen, dass de Roqueforts Familie die Vormundschaft für die Jungen übernahm, und Béatrice' Hinweis, dass sie mit den »Erben« ihres Mannes alles geregelt hatte (siehe S. 101), weist möglicherweise ebenfalls in diese Richtung.

Für ihre Kinder war ihre Liebe zu Barthélemy womöglich am schwersten zu akzeptieren. Er war nicht nur Priester, sondern auch viele Jahre jünger als sie und der ehemalige Lehrer ihrer jüngeren Töchter. Im Sommer 1320 lebte Barthélemy in Mézerville, rund 30 Kilometer nordöstlich von Varilhes. Nachdem er eine Zeit lang in Carcassonne gelebt hatte, war er wieder in die Ebene von Pamiers zurückgekehrt und willens und bereit, die Beziehung mit Béatrice wieder aufzunehmen, sofern sie denn jemals geendet hatte. Dass es zu einer gewissen Abkühlung zwischen ihnen gekommen war, ist aus der

Tatsache zu schließen, dass sie von Spannungen sprach, als sie ihre Gefühle für ihn beschrieb.

Als Barthélemy sie am 1. Juli 1320 fragte, ob sie sich der Häresie schuldig fühle, hatte sie ihm, laut Protokoll, mit »nein« geantwortet und gesagt, »dass er dies sehr wohl wissen müsse, denn wenn sie sich in dieser Form irgendetwas hätte zuschulden kommen lassen, dann hätte sie es ihm, den sie sehr geliebt hatte *(adamaverat)*, offenbart« (FR, f.43v).

Dass sie hier das Plusquamperfekt verwendete, deutet vielleicht darauf hin, dass sie ihn im Sommer 1320 nicht mehr so sehr liebte; allerdings kann die Formulierung auch einfach dazu gedient haben, die Vergangenheit deutlich vom Zeitpunkt ihrer Zeugenaussage abzuheben. Barthélemy war jedenfalls nicht weit weg, und als Béatrice ihn brauchte, kam er, um sie zu retten.

Am Donnerstag, dem 19. Juni 1320, hatte in Pamiers ein Guillaume Roussel aus Dalou gegen Béatrice ausgesagt, indem er zitierte, wie sie zehn Jahre zuvor den Glauben, Christus würde zulassen, von Priestern gegessen zu werden, für absurd erklärt hatte. Darüber hinaus lieferte er eine Liste von Béatrice' engen Freunden, von denen anzunehmen war, dass sie ihre Geheimnisse kannten. Dazu zählten Grazide, die Witwe von Bernard Pujol aus Dalou, Bernarde, die Frau von den Garsiot aus Varilhes, Mabille, die Frau von Raymond Gouzy aus l'Herm, Sibylle, die Magd von Michel Dupont aus Foix, Esperte, die Frau von Arnaud aus Varilhes, und andere. Ich nenne diese Namen hier hauptsächlich, um unseren Eindruck von der früheren Kastellanin zu bestärken, dass sie jemand war, der einen engen Freundeskreis hatte, zu dem sowohl Männer als auch Frauen zählten.

Fournier nahm sie mit ziemlicher Sicherheit unter Beschuss, weil er gegen die Clergues vorgehen und seine vorbereitenden Ermittlungen mithilfe der ehemaligen Kastellanin vervollständigen wollte. Im vorhergehenden Jahr war eine »Hexe« verhaftet worden. Sie hatte einen Abend in Béatrice' Haus verbracht, und das wurde nicht bestritten. Dass es fast ein Jahr dauerte, bis dieser Vorfall in eine Klageschrift Eingang fand, liefert uns vielleicht einen Anhaltspunkt, wie sie in den größeren Zusammenhang passt. Was die Clergues anging, musste selbst Fournier sich vor der Macht ihrer Freunde in Carcassonne in

Acht nehmen, zumal die Loyalität Gaillard de Pomiès', der ihm von Jean de Beaune zu Seite gestellt worden und als dessen Stellvertreter bei allen größeren Vernehmungen zugegen war, in erster Linie Carcassonne gehörte.

Ich gehe davon aus, dass Fournier irgendwann 1319/20 dahinter kam oder zumindest einen Eindruck davon gewann, in welchem Maße die Clergues ein doppeltes Spiel spielten. Seine Quelle waren höchstwahrscheinlich die Informationen, die Arnaud Sicre bei Pierre Maury und anderen Maurys wie Pierres Tante Mersende und vielleicht auch Guillaume Maurs gesammelt hatte. Clergues verspätete Begeisterung für die Verfolgung der Gläubigen seit der Ernennung Fourniers in Pamiers hatte sehr viel Unmut gegen ihn hervorgebracht. In Montaillou waren die Menschen hilflos gegenüber den Repressalien der Clergues, im Ausland waren sie diesen Zwängen jedoch nicht ausgesetzt. So fühlten sie sich frei, untereinander offen über sie zu sprechen, da sie keine Ahnung hatten, dass die Augen und Ohren des neuen Bischofs im wahrsten Sinne des Wortes überall, auch bei ihnen waren. Denkbar ist außerdem, dass Arnaud Sicre sich überdies an Gespräche erinnerte, die er in seiner Kindheit mitbekommen hatte. Jeder, der im Sabarthès in den 1290er-Jahren die Ohren offen gehalten hatte, dürfte eine Vorstellung von den Verwicklungen der Clergues gehabt haben, insbesondere der Sohn von Sibylle Baille. Jetzt, da es einen Bischof in Pamiers gab, der den Clergues nicht gefügig war, konnte die Wahrheit letztlich ans Licht kommen.

Etwas über eine Woche nach Roussels Zeugenaussage wusste Béatrice, dass sie denunziert worden war und vermutlich vorgeladen werden würde. Pons Bole, ein Notar aus Varilhes und ein Freund der Familie, hatte ihr den Hinweis gegeben. Als Reaktion schickte sie einen Hilferuf an Barthélemy in Mézerville, der einverstanden war, sich am Dienstag, dem 1. Juli 1320, mit ihr zu treffen, genau eine Woche nach dem Fest der Geburt von Johannes dem Täufer.

Nachdem Barthélemy in Pamiers angekommen war, schickte er einen Jungen zu Béatrice nach Varilhes. Anschließend trafen sie sich, Béatrice zufolge, in der Nähe von Varilhes und »sprachen« miteinander. Er riet ihr, Fourniers Vorladung Folge zu leisten, weil der Bischof ihr nichts tun würde, wenn sie wirklich unschuldig sei. Dann ging er wieder. Dies ist natürlich eine bereinigte Version dessen, was wirklich geschah, und das dürfte Folgendes gewesen sein.

Unterwegs von Pamiers nach Varilhes begegnete, vielleicht nach vorheriger Absprache, Barthélemys Laufbursche in Rieux-de-Pelleport Béatrice' Magd Alazais. Zudem haben Béatrice' Töchter womöglich in dem Ort gelebt. Er wies Alazais an, nach Varilhes zurückzugehen und ihrer Herrin auszurichten, dass sie sich in dem alten Kloster von Mas-Vieux, das sich knapp einen Kilometer südlich von Pamiers befand, mit Barthélemy treffen sollte. Die romanische Kirche von Mas-Vieux ist bis auf den heutigen Tag auf einer kleinen Halbinsel in einer Schleife der Ariège erhalten geblieben. Sie heißt heute Cailloup und wird gegenwärtig aufwändig renoviert. Die Ariège teilt sich hier vorübergehend in zwei Flüsse und fließt nahe an der Kirche vorbei.

Das breite, fruchtbare Tal muss seit Urzeiten zur Besiedelung eingeladen haben, wobei durch Überschwemmungen hier alles auch schnell wieder zunichte gemacht werden kann. Das könnte der Grund gewesen sein, der die Mönche schon früh ihr Kloster auf die andere Seite des Flusses nach Mas-Saint-Antonin verlegen ließ (Claeys, 1981, S. 48). 1320 scheint Mas-Vieux schon kaum mehr als eine klösterliche Außenstelle mit einer kleinen Restbelegschaft gewesen zu sein. Wenn man Barthélemys Aussage wörtlich nimmt, dann gab es dort nur noch einen einzigen Mönch, der ein bescheidenes Wirtshaus betrieb.

In Begleitung ihrer Magd legte Béatrice die acht Kilometer von Varilhes nach Max-Vieux so zeitig zurück, dass sie »im Hause des Mönchs der Kirche« mit Barthélemy zu Mittag essen konnte (FR, f.46r). Vielleicht war der Mönch ein Freund von Barthélemy, dass er diesen Treffpunkt gewählt hatte. Nach dem Essen gingen die drei zusammen auf der Westseite des Flusses die »obere Straße« entlang, wie sie damals genannt wurde, Richtung Varilhes zurück. Unterwegs, kurz hinter dem Weiler Bénagues, verschwanden Barthélemy und Béatrice in einem Weinberg, der nahe an der Straße lag, und liebten sich zwischen den Weinstöcken. Alazais wartete auf der Straße, bis sie fertig waren. »Sie wusste seit langem, dass ich Béatrice sehr liebte«, erklärte Barthélemy später.

Dank der Langlebigkeit der Namen im Ariège ist der Ort, an dem dieser Geschlechtsakt im Mittelalter unter freiem Himmel vollzogen wurde, nach 680 Jahren noch ziemlich genau auszumachen, da es unmittelbar südlich von Bénagues bis heute ein Flurstück gibt, das Les Vignasses heißt. Hier wurde seit Menschengedenken Wein angebaut, wobei die Weinstöcke inzwischen allerdings Wiesenflächen gewichen sind.

Erst als sie ihren Weg Richtung Rieux-de-Pelleport fortsetzten, scheint Béatrice ihrem Liebhaber erzählt zu haben, warum sie ihn zu Hilfe gerufen hatte. Ehe sich ihre Wege wieder schieden, gab Barthélemy ihr 15 Schillinge und Alazais zwei. Erst am Montag, dem 28. Juli, sollte er sie in Belpech wiedersehen.

Am Mittwoch, dem 23. Juli 1320, wurde ihr die gefürchtete Vorladung der Inquisition von dem Pfarrer von Varilhes zugestellt. Béatrice sollte am Samstag, dem 26. Juli, vor Fournier in Pamiers erscheinen.

Als sie an diesem Tag das Amtszimmer des Inquisitors betrat, fühlte sie sich durch die Anwesenheit eines großen bischöflichen Gefolges eingeschüchtert. Denn sie deutete dies als Zeichen, dass sie hier und jetzt verhaftet werden könnte. Sie wurde von dem Archidiakon von Mallorca und Pierre, dem Pfarrer von Pelleport, begleitet, die sich beide bei Fournier für sie einsetzten.

Fournier verzichtete darauf, sie vor dem Verhör zu vereidigen, empfing sie aber unfreundlich. Er befragte sie hartnäckig zu ihrer Bemerkung über den Leib Christi und den Berg Margail. Sie bestritt, solches je geäußert zu haben. Dann fragte er sie, ob sie in ihrem Haus in Dalou jemals die Parfaits Pierre, Jacques und Guillaume Authié oder andere Häretiker willkommen geheißen und verehrt habe, wobei er vermutlich an Prades Tavernier, Arnaud Marty, Pons Sicre und Philippe d'Aylarac dachte. Sie gestand, Pierre Authié begegnet zu sein, als er als Anwalt bei einem Kaufvertrag ihres Mannes eingeschaltet worden war. Sie wies jedoch darauf hin, dass ihm zu dem Zeitpunkt noch nicht nachgesagt wurde, ein Häretiker zu sein, und sie ihn danach nicht mehr gesehen habe. Auch gab sie zu, einmal die »Hexe« in ihr Haus gelassen zu haben.

Fournier äußerte die Überzeugung, dass sie lüge, und erinnerte sie daran, dass ihr Vater Philippe ein ehemaliger Häretiker war, der zum Tragen der Kreuze verurteilt worden war. Er lehnte es ab, sich die guten Worte anzuhören, die ihre beiden Zeugen für sie einlegen wollten. Solange sie nicht die Wahrheit sage, erklärte er, sei er nicht bereit, sich irgendetwas anzuhören, was für sie sprach. Dann entließ er sie mit der Auflage, am darauf folgenden Dienstag erneut zu erscheinen, um unter Eid auszusagen.

Als Béatrice später an jenem Tag aus Pamiers nach Hause zurückkehrte, kamen ihre Töchter Condors, Esclarmonde, Ava und Philippa und weinten bitterlich über ihr Schicksal. Sie waren durch den Pfarrer von Pelleport informiert worden, der wahrscheinlich Pfarrer ihrer eigenen Pfarrei war. Er hatte ihnen erzählt, dass Fournier ein gefährlicher Mann sei, der es rundweg abgelehnt habe, sich seine Fürsprache für ihre Mutter anzuhören, und dass er Fournier außerdem erklärt habe, dass die Menschen in der Grafschaft Foix durch seine Verfolgungen wegen Häresie zugrunde gerichtet würden und seine Vorgehensweise der Gräfin von Foix äußerst missfiele. Fournier hatte dies mit der Bemerkung abgetan, dass die Gräfin ihn nicht möge und dass es nichts gäbe, was ihn daran hindern könne, seine Pflicht zu tun.

Diese Nachrichten lösten bei Béatrice und ihren Töchtern nur noch mehr Trostlosigkeit aus. Was Béatrice vor allem Angst machte, war die erneute Verhaftung von Lorda Bayard und ihrer Tochter (entweder Mathende oder Ricarde), trotz der guten Beziehungen der Familie ihres Mannes. Ihre abermalige Verhaftung zeigte, dass niemand vor Fourniers Zugriff sicher war.

Am selben Abend riet Pons Bole, der Notar aus Varilhes, ihr, über die Pässe zu fliehen, um sich vor Fournier in Sicherheit zu bringen. Béatrice entschloss sich jedoch stattdessen, nach Limoux zu gehen und dort bei ihrer Schwester Gentille unterzutauchen. Was sie nicht offenbarte, war, dass es von Limoux nach Perpignan und damit nach Katalonien eine Filière gab (FR, f.159r). Sie behauptete später, außer Barthélemy habe niemand von ihrem Fluchtplan gewusst. Im Gegensatz zu ihrem Geliebten war sie darauf bedacht, niemanden hineinzuziehen, nicht ihre Töchter, nicht den Pfarrer von Pelleport und nicht den Notar Pons Bole. Sie wusste nur zu gut, wie der Tatbestand der Unterstützung von Flüchtlingen und Beihilfe zur Flucht von der Inquisition geahndet wurde.

Am nächsten Tag, Sonntag, dem 27. Juli 1320, traf Béatrice die Vorbereitungen für ihre Flucht. Neben etlichen Kleidern packte sie noch verschiedene andere Dinge mit ein, die später von den Vollzugsbeamten der Inquisition detailliert aufgelistet wurden. Am frühen Montagmorgen erklärte sie ihrer Tochter Condors, dass sie jetzt nach Pamiers aufbrechen werde. Dann ging sie geradewegs nach Belpech, etwa 24 Kilometer nordöstlich von Varilhes und rund sechs Kilometer südwestlich von Mézerville gelegen, wo Barthélemy arbeitete. Dort fand sie in der Nähe der Burg eine Unterkunft, vielleicht nicht weit von dem Hügel entfernt, wo sich heute das Postamt befindet.

Von dort schickte sie einen Boten nach Mézerville. Er sollte Barthélemy ausrichten, dass eine Freundin ihn sehen wolle und ihn dringend bäte, nach Belpech zu kommen. Barthélemy ließ sich von dem Jungen diese Freundin beschreiben und wusste sodann, dass es Béatrice war. Er machte sich sofort auf den Weg nach Belpech. Dort ließ er sie ihre Sachen aus ihrer bisherigen Unterkunft holen und brachte sie in das Haus von Guillaume Mole, einem Pergamenthersteller aus Belpech, der möglicherweise ein Freund des »Buchbesitzers« Barthélemy war. Hier konnten sie allein, ohne Zeugen, miteinander reden.

Er bemerkte, dass sie viel Gepäck dabeihatte, und fragte sie, wohin sie wolle. Sie erklärte ihm, sie sei auf der Flucht vor Fournier, und erzählte ihm von ihrem ersten Verhör und der anschließenden Beratung mit ihren Töchtern und dem Notar aus Varilhes. Als Barthélemy sie drängte, sich am nächsten Tag in Pamiers zu stellen, lehnte sie dies ab. Sie bat ihn unter Tränen, sie nach Limoux zu begleiten. Er war bereit, ihr zu helfen, behauptete jedoch, nicht vor dem Jahrestag der Berufung des heiligen Stephan zum Papst (am Sonntag, dem 3. August 1320) aus Mézerville abkömmlich zu sein, da er der Schutzpatron seiner Pfarrkirche sei und an dem Tag sein Fest gefeiert werde, und schlug vor, sie zunächst einmal nach Mas-Saintes-Puelles zu begleiten. Dort, meinte er, sei sie, abseits der ausgetretenen Pfade, vor Fourniers Häschern sicher. Ihre Hoffnung sei, erklärte sie ihm, dass die Inquisition letztlich, wenn man sie nicht finden konnte, das Interesse an ihr verlöre.

Béatrice und Barthélemy aßen zusammen zu Mittag. Nachdem ihm klar geworden war, dass sie sich nicht aufhalten ließ, gab er ihr für die Reise den Betrag von acht Schillingen. Er versprach ihr, darüber hinaus vor ihrer Reise nach Limoux noch weiteres Geld aufzutreiben. Sie teilten sich in jener Nacht in Belpech »ein« Bett und hatten somit, Barthélemy zufolge, auch sexuellen Verkehr.

Der nächste Tag war Dienstag, der 29. Juli, an dem Béatrice erneut vor Fournier erscheinen sollte. Stattdessen machte sie sich fertig, um nach Mas-Saintes-Puelles zu fliehen. Sie hatten sich vergeblich bemüht, ein Maultier oder Packpferd aufzutreiben. Ihr Gastgeber hatte ihnen jedoch versichert, in Mas-Saintes-Puelles würden sie mit Sicherheit eines finden. Deshalb hatte Barthélemy die Dienste eines Mannes aus dem Ort angenommen, der Béatrice' Gepäck bis nach Mas-Saintes-Puelles trug, und ihm für seine Mühe einen Schilling gezahlt. Mit einem weiteren Schilling beglich er ihre Rechnungen in Belpech.

Auf halbem Wege begann Béatrice, vermutlich dort, wo sich ihre Wege schieden und Barthélemy nach links Richtung Mézerville abbiegen musste, erneut zu weinen und flehte ihn an, sie die ganze Strecke bis nach Limoux zu begleiten. Dies konnte er nicht. Er willigte jedoch ein, sie nach Mas-Saintes-Puelles zu bringen.

Noch ehe er in seine Pfarrei zurückkehren konnte, wurden sie beide von Fourniers Häschern verhaftet. Sie hatten nicht lange gebraucht, um sie ausfindig zu machen, nachdem Béatrice vor Fournier nicht erschienen war. Die Handlanger der Inquisition waren gut organisiert, schnell und beritten, während die Kastellanin und ihr junger Liebhaber nur langsam vorankamen und vermutlich allgemein auffielen.

Barthélemy wurde erst am Donnerstag, dem 11. September, zum Verhör geladen, während Béatrice bereits am Erntefest, Freitag, dem 1. August, kurz vor Fournier erscheinen musste. Fournier wollte mit ihrer Vernehmung unbedingt vorankommen, da er hinter einer größeren Beute her war, die nur sie ihm liefern konnte.

Das nächste Verhör durch Fournier und Gaillard de Pomiès fand am Donnerstag, dem 7. August, statt. Es war gegen Ende dieser Vernehmung, dass sie zum ersten Mal Pierre Clergue in die Geschichte hineinzog, indem sie von seinen Versuchen, sie zu verführen, und von seinen haarspalterischen katharischen Argumenten, mit denen er sein Verhalten zu rechtfertigten suchte, berichtete. An diesem Punkt war ihre Vernehmung für den Tag beendet. Brauchte Fournier Zeit, um die Tragweite dieser Enthüllung ermessen zu können?

Am nächsten Tag, Freitag, dem 8. August, nahm sie den Faden wieder auf. Nun verstrickte sie Pierre Clergue tief in die Verbreitung häretischen Gedankenguts, indem sie – in dieser Reihenfolge – von seinen Ansichten über Inzest erzählte, ihrem Geschlechtsverkehr in der Heiligen Nacht, seinen ketzerischen Bemerkungen über die Beichte und den Papst und seinem spirituellen Eintreten für die Bonshommes. Sie berichtete über seine manichäische Anschauung von der dualistischen Schöpfung, dass er den Glauben der Katharer an eine neunfache Seelenwanderung teile und demgemäß auch die Fleischwerdung Christi durch die jungfräuliche Geburt bestritte.

Im Laufe ihrer langen Aussage an diesem Tag gab Béatrice jegliche Zurückhaltung bezüglich Clergue auf. Einige seiner Ansichten haben wir durch ihren Bericht bereits kennen gelernt. Im Folgenden ist wiedergegeben, was er ihrer Aussage nach im Einzelnen über die Beichte gesagt haben soll:

»Er [Pierre Clergue] fügte hinzu, dass ich die Sünde [des sexuellen Verkehrs], die ich mit ihm beging, keinem anderen Priester beichten dürfe, weil es genüge, Gott zu beichten. Er kenne unsere Sünde und könne sie vergeben, was kein Mensch tun könne. Und um mich zu dem Glauben zu verleiten, dass weder der oberste Pontifex noch irgendein Bischof oder Priester, die ihm unterstehen, die Macht habe, Sünden zu vergeben, behauptete Pierre Clergue, dass der heilige Petrus nicht zu Lebzeiten Papst gewesen sei, sondern erst nach seinem Tod, und dass seine Gebeine in eine Grube geworfen worden seien, wo sie viele Jahre geblieben seien. Und als man seine Gebeine schließlich wiedergefunden habe, seien sie erhöht und auf einen Thron gesetzt worden, auf dem nun auch der römische Pontifex sitze. Und da die Gebeine des heiligen Petrus nicht die Macht der Vergebung der Sünden besessen hätten, als sie inthronisiert und zu Papstwürden erhoben wurden, könnten weder Petrus, der auf diese Weise Papst geworden sei, noch die römischen Bischöfe, die auf jenem Stuhl Papst würden, Sünden vergeben. Die Einzigen, die dies könnten, seien die guten Christen, die unter Verfolgung und Tod litten, so wie der heilige Laurentius, der heilige Stephanus und der heilige Bartholomäus darunter gelitten hätten. Die Bischöfe und Priester, die die Gefolgsmänner der römischen Kirche und Ketzer und Verfolger der guten Christen seien, hätten jedoch nicht die Macht der Absolution. Gott habe sie dieser Fähigkeit beraubt und sie sich selbst vorbehalten und sie dann den guten Christen gegeben, wobei er vorher um ihre Verfolgung gewusst und sie prophezeit habe ... [Pierre Clergue] erzählte mir auch, dass Gott nur den Geist erschaffen habe, der weder verdorben noch zerstört werden könne, da die Werke Gottes ewig seien, dass aber jede sichtbare und greifbare Materie, nämlich der Himmel und die Erde und alles, was darauf lebe, vom Teufel, dem Herrscher der Welt, geschaffen sei. Und da sie seine Schöpfung seien, seien sie alle verderbt, weil er kein festes und beständiges Artefakt schaffen könne.« (FR, f.39v)

Das war reinste katharische Lehre, und der Mann, der sich dieses Zeugnis anhörte, kein Minderer als ein künftiger Papst, kann kaum Zweifel an der Schwere von Pierre Clergues Vergehen gehegt haben. Es scheint Fournier nicht in den Sinn gekommen zu sein, dass die Kastellanin sich davon irgendetwas ausgedacht haben könnte, um sich an ihrem früheren Geliebten zu rächen. Sie scheint völlig aufgelöst gewesen zu sein in ihrer Verzweiflung, alles enthüllen zu wollen, wie anstößig oder unerhört es auch sein mochte.

Am Samstag, dem 9. August, begann sie ihre Aussage mit dem Bericht, wie Clergue sie nach ihrer Heirat mit Othon in der Ebene von Pamiers besucht hatte. Im Anschluss daran erging sie sich in allgemeineren Erinnerungen an Montaillou während des Höhepunktes der katharischen Erneuerung.

Am 12. August wurde sie wieder vernommen, und erneut waren zunächst die Clergues Gegenstand des Verhörs, bevor Fournier sich mehr theologischen Fragen zuwandte. Darum ging es im Wesentlichen auch bei ihrer Vernehmung am nächsten Tag. Bezeichnend war, dass sie es vorzog, nur Clergue, statt auch andere Häretiker wie Raymond Roussel, zu belasten.

Nach dem 13. August wurde ihr eine Pause bis Freitag, dem 22. August, eingeräumt, als sie wieder vor Fournier und Gaillard de Pomiès erscheinen musste. Diesmal wurde sie aufgefordert, näher auf die Einzelheiten ihres Sexuallebens mit dem Pfarrer einzugehen, und bei der

Gelegenheit offenbarte sie, dass er irgendeine Form von Verhütungsmittel benutzt hatte.

Es wäre interessant, diese neue Spur mit der Aussage zu vergleichen, die Grazide Lizier am Dienstag, dem 19. August, machte. Sie war in Begleitung der gehbehinderten Alazais Azéma nach Pamiers gekommen und hatte gegen Pierre Clergue ausgesagt, mit dem sie sechs oder sieben Jahre lang ein Verhältnis hatte, nachdem er ihr im Alter von 14 Jahren ihre Jungfräulichkeit genommen hatte. Hatte die junge Frau mehr gesagt, als in den Akten (die unvollständig sind) erhalten geblieben ist? Hatte sie ebenfalls darauf hingewiesen, dass Clergue Verhütungsmittel verwendet hatte? Dies wäre als solches bereits eine Sünde gewesen. Und wollte Fournier von der ehemaligen Kastellanin eine weitere Bestätigung haben? Oder ging es um die Argumente über die Unrechtmäßigkeit der Ehe und das Lustprinzip, mit denen Clergue ihre Skrupel wegen ihrer Affäre immer wieder abgetan hatte?

Die Beweise gegen den Pfarrer häuften sich, und Fournier erließ kurz nach Béatrice' ersten Aussagen, wahrscheinlich am 8. oder 9. August, einen Haftbefehl. Pierre Clergue muss am 12. oder 13. August verhaftet worden sein, da dies bereits am 15. August in Montaillou bekannt war. Und der Hinweis von Bernard Clergue vom 2. November 1321 auf die *15* Monate, die sein jüngst verstorbener Bruder im Gefängnis verbracht habe, bestätigt eine Datierung auf Anfang August.

Obwohl Pierre Clergue jetzt unter Bewachung stand, scheint es sich dabei doch eher um eine milde Form von Hausarrest, wahrscheinlich in Mas-Saint-Antonin, gehandelt zu haben. Er konnte ungehindert nach Pamiers hinuntergehen und auf Zeugen einwirken, insbesondere wenn sie, wie vielleicht Béatrice, auf dem Dachboden der bischöflichen Residenz festgehalten wurden.

Bis Freitag, dem 22. August, hatte Béatrice noch kein Wort über Barthélemy gesagt. Sie hatte versucht, ihn nicht hineinzuziehen, da sie vielleicht immer noch hoffte, zu gegebener Zeit wieder zu ihrem jungen Liebhaber gehen zu können. Nach ihrer Aussage an diesem Freitag scheint sie jedoch einen Nervenzusammenbruch erlitten zu haben.

Bei ihrer Vernehmung am Montag, dem 25. August, war sie so

krank, dass sie kaum imstande war, sich vom Bett zu erheben, und im Protokoll ist vermerkt, dass sie *sehr* wahrscheinlich sterben werde. Fournier legte ihr deshalb nahe, sich die Wahrheit von der Seele zu reden. Das Ergebnis war, dass sie Pierre Clergue nun vom Vorwurf des Manichäismus und dass er die jungfräuliche Geburt in Abrede gestellt hätte entlastete und diese Äußerungen stattdessen Raymond Roussel zuschrieb, der inzwischen wahrscheinlich tot war und nicht mehr bestraft werden konnte; *und* er konnte ihr nicht mehr widersprechen.

Warum änderte sie ihre Aussage, wenn die erste Version doch wahrscheinlich stimmte und es absehbar war, dass Barthélemy, dem sie alles anvertraut hatte, und andere aus Montaillou sie bestätigen würden? Es wurde vermutet, dass sie stark unter Druck gesetzt oder gar gefoltert worden sei, da sie mit ihrer Aussage einen so prominenten Kollaborateur der Inquisition, wie Pierre Clergue es zuletzt geworden war, mit dem Vorwurf der Häresie erheblich belastete (Duvernoy, 1978, S. 289, Anm. 59). Wir wissen jedoch, dass Fournier sich bei diesen Verhören nur einmal, nicht jedoch bei dieser Geschichte, der Folter bediente.[129] Außerdem war Béatrice zu dem Zeitpunkt auf dem Dachboden des Bischofspalastes in Pamiers in Haft und nicht etwa in Allemans, dem einzigen Ort, wo sie hätte gefoltert werden können.

Fournier hat zudem auch bei der halsstarrigen Raymonde Guilhou, die mit Arnaud Vital aus Montaillou verheiratet gewesen war, auf die Folter verzichtet. Sie hatte die Clergues anfänglich ebenfalls belastet, dann jedoch einen Rückzieher gemacht, nachdem sie, während sie vorübergehend wieder zu Hause gewesen war, Besuch von den Clergues erhalten hatte. Wiederholt und über mehrere Sitzungen hinweg drängte Fournier sie nachdrücklich, zu ihrer ursprünglichen Version zurückzukehren. Sie zog es aber vor, bei ihrer Lüge zu bleiben. Es ist dem Bischof zugute zu halten, dass er Zurückhaltung übte und ihre Herausforderung ausschlug, zum schlimmsten Mittel zu greifen und sie zu verbrennen.

Wir dürfen davon ausgehen, dass die Krankheit der Kastellanin, von der sie sich eindeutig wieder erholte, natürliche Ursachen hatte, die heute nicht mehr zu ermitteln sind. Aber warum hatte sie den plötzlichen Rückzieher gemacht? Eine Hypothese, die sich aufdrängt, ist, dass Pierre Clergue an dem Wochenende vom 24. August 1320 in

Pamiers an sie herangekommen war, genau wie er acht Monate später, am 4. April 1321, versuchte, Alamande Guilabert von draußen auf dem Dachboden der bischöflichen Residenz einzuschüchtern. Die Ruinen des Festungswalls von Pamiers reichen immer noch nahe an die Spitze des Gebäudes heran. Clergue konnte leicht vom Wehrgang aus mit ihr gesprochen haben. Vielleicht war ihm durch Bestechung sogar eine direkte Begegnung mit Béatrice im Gefängnis gelungen.

Wenn dem so war, war diese erste Begegnung zwischen ihnen, seit sie sich das letzte Mal 1308 in Varilhes gesehen hatten, unerwartet liebevoll? Und könnte dies der Grund sein, warum sie nun Barthélemy Amilhat in die Geschichte hineinzog, während sie gleichzeitig die katharischen Bekehrungsbemühungen Pierre Clergues nun Raymond Roussel zuschrieb? Aber selbst wenn der reifere Clergue momentan als Hyperion gegenüber dem Satyr Barthélemy erschienen sein mochte, stand doch fest, dass man sie über kurz oder lang unweigerlich mit ihrer Affäre mit Barthélemy konfrontieren würde, da sie zusammen verhaftet worden waren.

Angesichts der Unnachgiebigkeit, mit der Fournier Raymonde Guilhou unter Druck setzte, ist es seltsam, dass er bei Béatrice keinen Versuch unternahm, sie von ihrer neuen Version abzubringen. Alles, was er brauchte, waren Beweise für ausschweifende Promiskuität, weil vielleicht die geheimen Informationen, die er aus Katalonien und von anderswo hatte, darauf hinwiesen, dass dies der vielversprechendste Ansatzpunkt war.

20. DIE LETZTEN PROZESSE VON MONTAILLOU

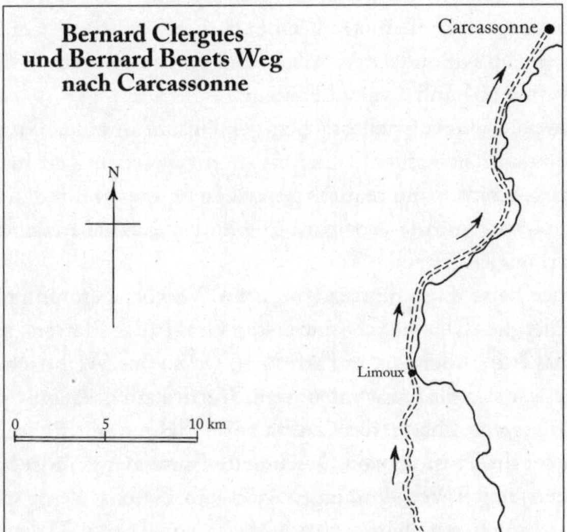

Fournier hatte es jetzt auf die Männer und Frauen von Montaillou abgesehen und verschickte Vorladungen, noch während Béatrice vernommen wurde. Eine Reihe von Frauen wurde kurzfristig nach Pamiers zitiert, und vier davon – Grazide Lizier, Alazais Azéma, Alazais Faure und Esclarmonde Clergue-Fort – waren Geliebte des Pfarrers gewesen. Vorgeladen wurden außerdem Gauzia Clergue (B), Alazais Faures Schwester Guillemette Cléments, Fabrisse Rives, Guillemette Clergue (B), Raymonde den Arsen und Brune Pourcel sowie Guillaume Authié (B) und Arnaud Faure.

Die meisten Geladenen brachen gemeinsam in einer Gruppe von Montaillou auf, sie kamen jedoch nicht zur gleichen Zeit in Pamiers an. Alazais Azéma »konnte nicht gut gehen und nicht mit den anderen mithalten«, wegen ihrer Arthritis. Die junge Grazide Lizier kam mit ihr hinterher (FR, f.57v).

Béatrice hatte ihren fünften (von neun) Verhörtagen hinter sich, als Gauzia Clergue (B), eine Cousine ersten Grades des Pfarrers, an Mariä Himmelfahrt in Allemans in Haft kam, wo sie bis Weihnachten 1320 blieb. Sie war vorgeladen worden, weil Béatrice am 9. August von dem Gespräch berichtet hatte, das Gauzia vor 20 Jahren mit Pierre Maurys Mutter über die Tröstung von Guillemette Faure-Bar geführt hatte.

Bei den ersten Vernehmungen 1320 gab Gauzia wenig preis, sie räumte lediglich ein, häretisches Gerede von Pierre Maurys Tante Mersende gehört zu haben. Sie hatte zwar kein Verhältnis mit dem Pfarrer gehabt, aber ihre Tochter war getröstet worden, und sie selbst war eine treue Katharerin gewesen. Dass Gauzia keine längere Strafe für ihr Gespräch mit Alazais Maury erhielt, war vielleicht darauf zurückzuführen, dass, abgesehen von Béatrice, die einzige Zeugin die inzwischen verstorbene Alazais war.

Dies lässt darauf schließen, dass die Rechtsvorschriften der Inquisition von Fournier, genau wie vorher von d'Ablis, beachtet wurden, sodass es ohne glaubwürdige erhärtende Beweise nicht zu einer Verurteilung kam. Es konnte jedoch noch einen anderen Grund mit weitreichenderen Folgen gegeben haben, und das war die Tatsache, dass sich in Montaillou ein neuer Machtfaktor in der Person Pierre Azémas, dem loyalen Katholiken und Verwandten von Jacques Fournier, etabliert hatte.

Gauzia behauptete später, Pierre Azéma habe ihr im Herbst 1320 abgeraten, die Tröstung ihrer Tochter zu bekennen, und er hatte ihr offenbar Vorhaltungen gemacht, dass sie so viel über den Bekehrungseifer von Pierre Maurys Tante gesagt hatte. Deswegen werde sie dort bleiben müssen, statt mit ihm nach Montaillou zurückzukehren, hatte er angeblich gesagt. Gauzia und Pierre Azéma waren damals beide im Haus eines Bernard Montanié, vielleicht einem Wirtshaus in Pamiers, untergekommen. Pierre Azéma behauptete, er habe bereits vom Bischof die Genehmigung erhalten, Gauzia mit nach Hause zu nehmen. Er erzählte ihr, er könne sehr viel Gutes für sie tun, denn »solange wie dieser Herr Bischof lebt, gehöre ich zu seinem Haus und werde viele gute Dinge tun können« (FR, f.295v). Einer seiner Pläne war, seine Tochter mit einem von Gauzias Söhnen zu verheiraten. Aber dieser Antrag, meinte er, sei nur gültig, solange sie nicht alles wegen Häresie verlor.

Pierre Azéma spielte bei seinem Versuch, die Clergues durch Fournier zu vernichten, um hohe Einsätze. Er muss dem Bischof genug Informationen über die Clergues, die Kastellanin und andere geliefert haben, dass er in Pamiers gut dastand, aber sein Einfluss reichte nicht so weit, dass man ihm erlaubt hätte, durch Beeinflussung von Zeugen in das Gerichtsverfahren einzugreifen. Wann Azéma das erste Mal an den Bischof herantrat, ist nicht bekannt, vielleicht wie Arnaud Sicre im Sommer 1318, nachdem Pierre Maury und andere öffentlich zum ersten Mal ausgerufen worden waren.

Wenn dem so war, dann fand er sich jetzt auf derselben Seite der fanatischen Katharer-Gegner wie die Clergues. Im Gegensatz zu ihnen fehlten diesem Neuling im Spiel mit der Inquisition jedoch die nötigen finanziellen Mittel, um ernsthaft Einfluss kaufen zu können; und Fournier verabscheute nach eigenem Bekunden Vetternwirtschaft. Während die Untersuchung gegen die Clergues von Mitte August 1320 bis zum Sommer und Herbst 1321 geführt wurde, wurden Pierre Azémas Bemühungen, gegen die bereits Schuldigen noch weiter zu intrigieren, zu einer zunehmenden Belastung und drohten den Erfolg von Fourniers gesamter Untersuchung zu gefährden, die schließlich den Segen des Inquisitors von Carcassonne, Jean de Beaune, haben musste. Darüber hinaus sickerten Einzelheiten von den Verfahren in Pamiers immer wieder zu den Clergues durch, und die Quelle dieser Indiskretionen müssen ihre Verbündeten bei der Inquisition in Carcassonne gewesen sein.

Von August 1320 bis zu seiner Verhaftung im Juli 1321 hatte Pierre Azéma auf etliche Zeugen eingewirkt, in dem sicheren Gefühl, dass sie es nicht wagen würden, seine Rolle bei diesbezüglichen Aktivitäten gegenüber seinem Verwandten, dem gefürchteten Bischof, zu enthüllen.

Vier Tage nach Gauzia wurde am Dienstag, dem 19. August 1320, Grazide Lizier vernommen. Béatrice hatte sie mit ihrer Aussage nicht in einem einzigen Punkt in die Sache verwickelt, da Grazide und Pierre Clergue ihr Verhältnis erst viele Jahre nach der Abreise der Kastellanin begonnen hatten. Grazides Anwesenheit in Pamiers war vermutlich auf Informationen von Pierre Azéma zurückzuführen, und Béatrice' völlig unabhängige und noch andauernde Vernehmung war hier nur ein passender Vorwand, um Zeugen aus Montaillou vorzuladen, ohne die Quelle zu verraten.

Grazide Liziers allererster Satz, mit dem sie eine Frage beantwortete, belastete Pierre Clergue sofort, als sie erzählte, wie er sie als Jungfrau verführt hatte. Ihre weiteren Bemerkungen über Clergues Einstellungen zur Sexualität stimmten bemerkenswert mit der der Kastellanin überein. Grazides freimütige Ehrlichkeit bewahrte sie vor schwerer Strafe, und sie konnte das Gefängnis, wenn auch mit den Kreuzen am Gewand, am 4. Juli 1322 verlassen. Es gibt ein paar dürftige Hinweise, dass sie es letztendlich schaffte, sich ein neues Leben aufzubauen, indem sie einen Guillaume Bonclergue aus Montaillou heiratete. Denn am 16. Januar 1329, als sie ihre Kreuze ablegen durfte, wurde sie als *uxor Guillelmi de Bene Clerici de Montealionis* bezeichnet (D 27, f.147v).

Ihre naive Offenheit in Bezug auf Pierre Clergue ist umso erstaunlicher, da sie auf dem Weg nach Pamiers von der anderen Geliebten des Pfarrers, Alazais Azéma, bedrängt wurde, ihn in ihrer Aussage nicht zu belasten. Alazais selbst wurde zum ersten Mal am 20. August vernommen und noch einmal am 23. August. Sie erwähnte Pierre Clergue mit keinem Wort, bis Fournier sie gegen Ende des zweiten Vernehmungstages direkt fragte, ob es in Montaillou ein Gerücht über »Inzest« zwischen Clergue und Béatrice gegeben hätte (FR, f.58v). Sie antwortete ausweichend, dass man gefunden habe, dass die Kastellanin und Pathau Clergue (der am 26. Oktober 1320 tot war) sich zu nahe standen. Nach dieser Feststellung weigerte sie sich, noch irgendetwas zu dem Thema zu sagen (FR, f.51r). Am 17. November belastete sie jedoch Bernard Clergue, und am 4. Januar 1321 gestand sie alles, was sie über Mengarde Clergue wusste, und offenbarte auch, dass der Pfarrer von Guillaume Authié ein »Buch, das ein Kalender genannt wurde«, erhalten hatte. Darüber hinaus belastete sie Clergue nicht. Hielt sie ihm die Treue, weil sie ihn als die einzige verbliebene Hoffnung der katharischen Sache ansah oder weil sie unempfänglich gegenüber dem Druck und den Schmeicheleien ihres Schwagers war?

Genau wie Grazide bekannte sich Alazais Faure zu ihrer Affäre mit Pierre Clergue, während andere wie ihr Ehemann Arnaud und ihr Schwager Guillaume Authié (B) bei ihren Berichten über die Ereignisse in Montaillou immer darauf achteten, ihre eigenen Spuren zu verwischen. Diese Aussagen sind nicht erhalten geblieben, es ist jedoch möglich, dass sie zwischen der Vernehmung von Alazais Azéma am 23. August und dem nächsten erhalten gebliebenen Aussageprotokoll von Fabrisse Rives vom 26. September gemacht wurden. Sie lagen dem Abschreiber des MS 4030 (des Fournier-Registers) offensichtlich nicht vor, und er wusste auch nichts von ihnen, denn die Foliierung des MS 4030 weist hier keine Lücken auf.

Zu den fehlenden Aussagen gehören möglicherweise auch die von Guillemette Cléments und Esclarmonde Clergue-Fort, die kurz danach zur Vernehmung erscheinen mussten, um gegen den Pfarrer auszusagen. Jemand hatte Fournier erzählt, dass Esclarmonde ein Verhältnis mit ihrem Schwager hatte, was bedeutete, dass sie beide unter der Anklage des Inzests standen. War es Alazais Faure, die es Fournier zuerst erzählt hatte? War das der Grund für die Feindseligkeit zwischen den beiden Frauen nach ihrer Rückkehr nach Montaillou? Wenn nicht, dann hat Alazais dies Fournier aber mit Sicherheit bestätigt, als er sie im April des darauf folgenden Jahres wegen einer anderen Angelegenheit wieder verhörte.

Fournier ging in seinen Verhören eindeutig systematisch vor. Nachdem er sich mit den Geliebten von Clergue – Béatrice, Grazide, die beiden Alazaises und wahrscheinlich Esclarmonde – befasst und damit den Pfarrer diskreditiert hatte, war er so weit, sich mit seinen häretischen Aktivitäten auseinander zu setzen. Wir wissen nicht, was Arnaud Faure und Guillaume Authié (B) aus Montaillou über Pierre Clergue gesagt haben, außer dass sie den Pfarrer beschuldigten, Katharer gewesen zu sein. Diese Beschuldigung findet sich in drei Aussagen, die in demselben Zeitraum gemacht wurden und im MS 4030 erhalten geblieben *sind*, und zwar in der von Fabrisse Rives (26. September 1320) und von zwei Männern aus Ax, Raymond Vaissière (26. Oktober) und Guillaume Mathieu (31. Dezember). Beide Männer waren zehn Jahre vorher schon von Geoffroy d'Ablis vernommen worden, und keiner von ihnen hatte es damals gewagt, ein Wort gegen die Clergues zu sagen.

Fabrisse Rives-Clergue war vorgeladen worden, weil Fournier berichtet worden war, dass sie »viele Dinge« über Pierre Clergue wisse. Ihre Tochter Grazide war *möglicherweise* die Quelle dieser Information, aber die wahrscheinlichere Spur führt auch hier zu Pierre Azéma. Fabrisse' Aussage war vernichtend, insbesondere da sie den Parfait Guillaume Authié direkt ins Arbeitszimmer des Pfarrers brachte. Ähnlich verheerend war Raymond Vaissières Zeugnis, weil er Fabrisse' Behauptung bestätigte, dass der Pfarrer und Guillaume Authié befreundet und katharische Amtsbrüder waren. Und nicht nur, dass er der Liste von Clergues sexuellen Eroberungen noch weitere Namen aus Ax hinzufügte, er führte die Macht der Familie auch scharfsinnig auf die Ausbeutung der Angst der Menschen vor der Inquisition zurück.

Am Mittwoch, dem 31. Dezember 1320, lieferte Guillaume Mathieu schließlich weitere vernichtende Beweise sowohl gegen Pierre als auch gegen Bernard Clergue. Er wies darauf hin, dass Pons Rives ihm selbst nach der Massenverhaftung von 1308 erzählt habe, dass das Haus der Clergues katharisch war. Guillaume Mathieu war ein Wendehals, der jetzt offen für Fournier arbeitete. Warum er die Clergues hasste, ist nicht erkennbar, er hatte vor Jahren jedoch Guillaume Maurs bereits bei der Verschwörung zum Anschlag auf Clergues Leben geholfen. Trotzdem zögerte Mathieu im Herbst 1321 keinen Augenblick, zusammen mit Arnaud Sicre seinen einstigen Kameraden Guillaume Maurs in Puigcerdà zu verhaften. Es verwundert kaum, wenn Azéma, Vaissière und Mathieu neben Pierre de Gaillac, dessen Rolle in dieser Geschichte, wie bei allem, was er tat, nicht zu durchschauen war, von Bernard Clergue als seine Todfeinde bezeichnet wurden.

Geradezu erdrückende Beweise wurden gegen die Clergues zusammengetragen. Bernard Clergue und sein Bruder, mit dem er trotz dessen Gefangenschaft in Kontakt hatte treten können, beschlossen zurückzuschlagen. Dabei scheinen sie allerdings über die Rolle, die Pierre Azéma spielte, noch nicht vollständig informiert gewesen zu sein. Dies beweist, dass Fourniers Spionagenetz nicht nur gut, sondern im Gegensatz zu den Aussagen *in camera* selbst für die verschiedenen Maulwürfe der Clergues unzugänglich war.

Die Strategie der Clergues war ein risikoreiches und rachsüchtiges Unterfangen, das darauf abzielte, ihre Gegner zu diskreditieren, und das sich als verheerender Rohrkrepierer erweisen konnte. Ihr Plan war, Bernard Benet durch Bestechung und Einschüchterung dazu zu bringen, Aussagen über die Guilabert-Tröstung in Carcassonne zu machen. Er hatte in jener Mai-Nacht des Jahres 1308 schließlich Guillaume Belot begleitet, um Prades Tavernier zu holen, und da er damals noch ein Kind war, würde er glimpflich davonkommen, erst recht, wenn Bernard Clergue seinen Einfluss in Carcassonne geltend machte.

Es war ein einleuchtender, wenn auch verzweifelter Plan, da verschiedene Ankläger des Pfarrers dabei gewesen waren. Die Sache hatte jedoch einen Haken. Dreizehn Jahre zuvor war ein kleines Mädchen, Esclarmonde Fort, auf der Suche nach seiner Mutter unversehens in das Zimmer gekommen, in dem Guillaume Guilabert gerade getröstet wurde. Esclarmonde war jetzt Madame Raymond Clergue und damit die Schwägerin des Pfarrers und Bernards. Sie war damals ein Kind gewesen und genoss somit eine gewisse Immunität vor Strafverfolgung; es galt jedoch, die Situation ihres Vaters zu bedenken. Wenn herauskommen sollte, dass Guillaume Fort dabei war, wäre klar, dass er 1316 vor dem damaligen Inquisitor gelogen hatte.

*

Um Aschermittwoch (4. März 1321) schaute Bernard Clergue bei Bernard Benet herein, der offenbar in seinem Elternhaus gegenüber den Clergues wohnte. Er war Anfang 20 und trug die gelben Kreuze. Clergue lud ihn zu einem Spaziergang hinter das Haus der Testanières ein, was immer bedeutete, dass es um eine wichtige Sache ging. Hier instruierte Clergue ihn, nach Carcassonne zu gehen, um die Guilabert-Tröstung zu enthüllen. Er würde sich für seine Rückkehr verbürgen. Bernard Benet sollte aussagen, bei der Tröstung Guillaume Authié (B) aus Montaillou, Arnaud Faure, Alazais Faure und Guillemette Cléments-Guilabert gesehen zu haben. Damit wurden die drei Forts sowie Alamande Guilabert und der inzwischen verstorbene Guillaume Belot ausgespart. Clergue ermahnte ihn auch ausdrücklich, Jean Guilabert herauszuhalten. Als Belohnung stellte ihm Bernard Clergue die Entfernung der Kreuze in Aussicht. Nur um sicher zu gehen und weil er noch andere Geschäfte zu erledigen hätte, werde er mit seiner Frau und seinem Neffen Pons Gary aus Laroque d'Olmes am selben Tag ebenfalls nach Carcassonne kommen. Bernard Benet hatte kaum eine andere Wahl, als sich darauf einzulassen, und der 12. März wurde als Datum für den Gang nach Carcassonne festgelegt.

Interessant ist der Zeitpunkt dieses Besuchs bei Bernard Benet, da er nahezu mit dem nächsten Verhör von Béatrice de Planisolles durch Fournier am Donnerstag, dem 5. März 1321, zusammenfällt. An dem Tag saß der Inquisitor aus Carcassonne, Jean de Beaune, höchstpersönlich neben dem Bischof im großen Saal des bischöflichen Palastes in Pamiers, und die Verkündung des Urteils gegen Béatrice auf dem Friedhof von Saint-Jean wurde auf Sonntag, den 8. März 1321, festgesetzt. Zugegen waren außerdem Bruder Gaillard de Pomiès, der normalerweise de Beaunes Stellvertreter war, und verschiedene andere Mönche, Priester sowie die beiden Notare Guillaume Peyre-Barthe (für den Bischof) und Barthélemy Adalbert (für die Inquisition).

Die Anwesenheit von Jean de Beaune und seinem Stellvertreter am 5. März in Pamiers lässt darauf schließen, dass Fournier seinen Vorgesetzten über die brisanten Vorwürfe in Kenntnis gesetzt hatte, die sich gegen die Clergues angehäuft hatten. Vielleicht wollte er, dass de Beaune die Hauptzeugin der Anklage selbst in Augenschein nahm, um sich ein Bild von ihrer Arglosigkeit zu machen. Umgekehrt kann de

Beaune natürlich auch selbst darauf bestanden haben, sie zu sehen, womit er nur dasselbe wie Fournier getan hätte, als dieser fürchtete, Tron wäre in Carcassonne etwas angehängt worden (siehe S. 346).

Es ist davon auszugehen, dass die Clergues über diese Vorgänge um den Aschermittwoch herum informiert wurden. Wenn dem so war, dann dürfte die undichte Stelle beim Pfarrer zu suchen sein, der Jean de Beaune durchaus in Mas-Saint-Antonin oder im Kloster der Dominikaner in Pamiers begegnet sein kann. Es ist kaum vorstellbar, dass es zwischen Ereignissen in Pamiers und dem fast gleichzeitig getroffenen Entschluss der Clergues, den Spieß umzudrehen und es mit ihren Feinden aufzunehmen, keinen kausalen Zusammenhang gab.

Zwischen Aschermittwoch und dem 12. März 1321 stattete Raymond Clergue Martin Guilabert aus Montaillou einen Besuch ab. Dieser war ein Verwandter der Guilaberts, bei denen die besagte Tröstung stattgefunden hatte, und seine jugendliche Frau Sibylle war die kleine Schwester und Erbin von Guillaume Guilabert; die Ehefrauen von Raymond Clergue und Martin Guilabert waren somit Cousinen.

Clergue erzählte ihm, sein Bruder wolle den jungen Bernard Benet zu einer Aussage über die Tröstung zwingen: Konnte Martin dem jungen Benet nicht ein paar Lämmer oder irgendetwas anderes geben, um ihn von der Aussage abzuhalten? Martin lehnte dies ab, da er glaubte, eine völlig weiße Weste zu haben. Sollte er aber versuchen, Bernard Benet zu bestechen, sähe es so aus, als hinge er mit drin.

Raymond bat ihn, dann wenigstens mit Arnaud Faure zu sprechen. Martin tat dies, aber Arnaud Faure, der sich kompromittiert fühlte, weigerte sich ebenfalls, durch Bestechung zu versuchen, das Unvermeidliche zu verhindern. Guillaume Authié (B), an den Martin Guilabert als Nächstes den Vorschlag von Raymond Clergue herantrug, lehnte es genauso ab, Bernard Benet 30 Schillinge für sein Verschwinden zu bezahlen; Guillaume Fort hatte die Idee geäußert, sie alle sollten zusammenlegen und ihm 30 Schillinge geben, damit er verschwinden könne. Stattdessen ging schließlich die Ehefrau von Guillaume Authié (B) zu Bernard und fragte ihn: »Warum wolltet Ihr, dass ich geschieden werde?«, da ihre Ehe durch seine Enthüllungen, die ihren Mann ins Gefängnis brächten, zerstört würde.

Die Faures und die Familie Authié (B) wussten jedoch, dass die Guilabert-Tröstung nicht länger geheim zu halten war, wenn die Clergues beschlossen hatten, diese anzuzeigen. Es war sinnlos, etwas dagegen zu tun. Was ihnen allenfalls blieb, war, es so aussehen zu lassen, als lehnten sie es prinzipiell ab, mittels Bestechung aus der Sache herauszukommen. Sie müssen sich gefragt haben, ob Raymond Clergue sich seinem Bruder wegen seiner Frau und seinem Schwiegervater entgegenstellte, indem er sie dazu bringen wollte, Bernard Benet zu bestechen, oder ob dies Teil einer konzertierten Clergue-Strategie war. Die Art und Weise, wie Raymond Clergue wenig später Vuissane Testanière behandelte, lässt mit Sicherheit den Schluss zu, dass die Solidarität der Clergues nach wie vor ungebrochen war (siehe S. 466ff.) und dass sie vielleicht nur zynisch versucht haben, ihre Opfer dazu zu bringen, Bernard Benet für ihren eigenen Untergang zu bezahlen, womit sie sich selbst die Kosten erspart hätten.

Am Tag der Abreise, am Donnerstag, dem 12. März, war Bernard Benet nicht zu finden. So mussten die Clergues ohne ihren Nachbarn aufbrechen. Bernard Benet war zur verabredeten Stunde nicht da, weil er als verurteilter Häretiker nicht noch einmal dem Inquisitor gegenübertreten wollte. Stattdessen entschloss er sich, die Clergues allein gehen zu lassen und anschließend Alazais Faure aufzulauern.

Er traf sie auf dem Burgplateau, als sie vom Feld zurückkam. Er war vermutlich hinaufgegangen, weil er von hier oben eine gute Sicht hatte und sie von hier eher erspähen konnte. Er bat sie, ihm genügend Schafe zu geben, damit er, statt nach Carcassonne zu gehen, in die Gegend von Narbonne verschwinden konnte. Sie lehnte entschieden ab und sagte ihm, später würde er dann immer nur noch mehr verlangen.

Bernard Benets letzter Versuch, sich den Clergues zu widersetzen, war fehlgeschlagen. Jetzt musste er sich beeilen, um die Gruppe, die nach Carcassonne unterwegs war, noch einzuholen. Er erreichte sie noch rechtzeitig zum Mittagessen in einer Taverne in Brenac, das 24 Kilometer von Montaillou entfernt liegt. Von hier aus gingen sie auf direktem Wege über Rouvenac nach Limoux. Bernard Benet hatte es sich nach dem Essen in Brenac allerdings kurzzeitig noch einmal anders überlegt, war noch einmal bis nach Coudons zurückgegangen und von dort wieder Richtung Carcassonne umgekehrt.

Am nächsten Tag kamen alle zusammen in Carcassonne an, und hier wurde Bernard Benet zweimal an zwei aufeinander folgenden Tagen zur Guilabert-Tröstung vernommen. Dass er selbst als Zeuge dabei gewesen war, sagte er erst, nachdem Bernard Clergue es ihm befohlen hatte, da seine Aussage sonst wertlos gewesen wäre. Als er zehn Tage später in Pamiers vernommen wurde, versuchte Bernard Benet Fournier zunächst weiszumachen, dass seine Aussagen in Carcassonne vom 13. und 14. März reine Erfindung gewesen seien. Fournier ließ sich davon jedoch nicht täuschen und vermutete zu Recht, dass sie weitgehend der Wahrheit entsprachen.

Während Bernard Benet vor der Inquisition seine Aussage machte, versuchte Bernard Clergue seinen gefangenen Bruder freizukaufen. Er machte dem weltlichen Herrscher von Mirepoix, Gui de Lévis, ein Geschenk von 300 Pfund, der im Begriff war, zur römischen Kurie nach Avignon aufzubrechen. Weitere 150 Pfund gab Bernard ihm für seinen Schwager (wahrscheinlich Pons Gary), der de Lévis begleitete. Außerdem schenkte er de Lévis' Frau Constance, einer Tochter von Roger-Bernard III. von Foix, ein Maultier, damit sie bei dem Bischof ein gutes Wort für seinen Bruder einlegte. Tatsache ist, dass als Ergebnis dessen mehrere Kardinäle und andere mächtige Mitglieder der Kurie insgesamt vier Bittbriefe zugunsten von Pierre Clergue an Fournier schrieben, aber ohne Erfolg.

Bernard bedachte sogar verschiedene Freunde und Bekannte Fourniers mit Geld, selbst den älteren Arnaud Sicre aus Tarascon, was ein Akt der Verzweiflung gewesen sein muss. Aber all dies erwies sich als fruchtlos. Je mehr man beim Bischof bettelte (das heißt, ihn zu bestechen versuchte), stellte Bernard verbittert fest, desto mehr verbiss sich dieser in die Sache. Wenn man Barthélemy Amilhats Aussage glauben kann, gab Bernard die stattliche Summe von 14000 Schillingen (oder 700 Pfund) bei dem Versuch aus, seinen Bruder Pierre freizukaufen.

Wo war Pierre Azéma, als die Clergues nach Carcassonne aufbrachen, und warum hatte er die Reise nicht verhindern oder zumindest bei Bernard Benet intervenieren können? Vielleicht hielt er sich in seiner neu entdeckten Rolle als Verwandter Fourniers in Pamiers auf. Er war jedenfalls wieder in Montaillou, als Bernard Benet nach Hause zurückkam. Letzter hatte sich wahrscheinlich am Sonntag, dem 15. März, von den Clergues in Limoux getrennt und seiner verheirateten Schwester in Bélesta noch einen Besuch abgestattet, das rund 16 Kilometer nordöstlich von Montségur liegt.

In Montaillou wartete Pierre Azéma auf ihn. Es ist gut möglich, dass Alazais Faure ihn aufgesucht hatte, nachdem Bernards Erpressungsversuch in letzter Minute fehlgeschlagen war. Er hatte erfahren, dass Bernard Benet als Gegenleistung für einen Meineid Land versprochen worden war, und deshalb konfiszierte er im Namen des Grafen von Foix Bernards gesamten Viehbestand. Wenn dieses Vorgehen rechtmäßig war, bedeutet dies möglicherweise, dass Pierre Azéma entweder der neue Bayle von Montaillou oder dass der eigentliche Amtsinhaber suspendiert war, solange die Untersuchungen gegen die Clergues anhängig waren.

Als Bernard Benet jedoch drohte, sich Hilfe suchend an den Bayle von Prades (statt an Bernard Clergue) zu wenden, bat Azéma ihn, dies nicht zu tun. Er versprach, ihm sein Vieh noch am selben oder am nächsten Tag zurückzugeben.

Der neue Vikar von Montaillou, Raymond Trilh (vielleicht dieselbe Familie, nach der der Ort »Trialh« benannt ist), war bei diesem Gespräch zugegen. Pierre Azéma hatte während der Unterredung seinen Sohn Raymond losgeschickt, um Bernard Marty, den »Konsul« von Montaillou, zu holen, ein Amt, das bis 1308 in Montaillou keine Bedeutung hatte. Es ist auch nicht erkennbar, wer Bernard Marty war, ob er aus einer der gleichnamigen katharischen Familien kam (und damit den Maurys wohlgesinnt war, die durch Heirat mit den Martys verbunden waren) oder ob er aus der einzigen nichtkatharischen Marty-Familie stammte, deren Sohn aber dennoch eine Maury geheiratet hatte (siehe S. 366f.).

Vor dem Konsul und dem Vikar verlangte Azéma, dass Bernard Benet seine Aussage von Carcassonne zurückziehe und sich bereit erkläre, unter Eid auszusagen, dass er weder bei der Tröstung von Guillaume Guilabert dabei gewesen sei noch irgendetwas davon wisse. Währenddessen stiegen sie zusammen zur Burg von Montaillou hinauf. Vor der Burg befahl Pierre Azéma dem Statthalter des Kastellans plötzlich, Bernard Benet zu verhaften und ihn im Verlies des Burgturms einzusperren, da er ein Häretiker und vor dem Grafen von Foix auf der Flucht sei (FR, f.82r).

Bernard Benet blieb zwei Tage und zwei Nächte im Verlies und hatte Zeit, über alles nachzudenken. Hier war er außer Reichweite von Bernard Clergue, der vielleicht nicht einmal wusste, dass Bernard ins Dorf zurückgekehrt war. Azéma holte ihn schließlich ab, um ihn nach Lordat zu bringen, der ersten Station auf ihrer Reise nach Pamiers zu Fournier. Da Bernard Carcassonne am 15. März verließ und in Pamiers am 25. März seine Aussage machte, können wir seinen Aufenthalt in den Verliesen von Montaillou in etwa auf den 22. März 1321 datieren.

Auf dem Weg zwischen Caussou und Lordat erklärte Pierre Azéma seinem Gefangen Bernard Benet, der wahrscheinlich gefesselt war (FR, f.82r), dass er ihn in Lordat in den Kerker werfen und erhängen ließe, wenn er seiner Forderung nicht nachkam, Bernard Clergue die »erfundene« Tröstung vor Fournier anzulasten. Erinnerungen an die Rolle, die der Kastellan von Lordat bei der ersten Verhaftungswelle in Montaillou 1308 gespielt hatte, standen Bernard Benet möglicherweise noch lebhaft vor Augen, da seine Mutter an jenem Tag unter den Gefangenen gewesen war. Ihm wurde klar, dass er keine Wahl hatte. Am Mittwoch, dem 25. März, erschien er vor Fournier.

Zum zweiten Mal im selben Monat legte Bernard Benet, diesmal vor dem gefürchteten Bischof, ein falsches Zeugnis ab, indem er behauptete, seine Aussage in Carcassonne sei eine Erfindung von Bernard Clergue gewesen, der damit jene habe diskreditieren wollen, die gegen den Pfarrer ausgesagt hätten. Fournier nahm ihm seine Geschichte nicht ab. Er brachte die Wahrheit, einschließlich der Hintergründe, wie Pierre Azéma ihn zu dieser falschen Aussage genötigt hatte, aus ihm heraus, noch ehe Alazais Faure und die anderen erschienen, um ihre Version darzulegen.

Dies zeigt, dass Fournier und Pierre Azéma nicht verbündet waren, um den Clergues etwas anzuhängen, wie sehr der Bischof Pierre Azémas Informationen über sie auch geschätzt haben mochte. In dem Fall hatte Azéma eindeutig versucht, Bernard Clergue ohne Wissen des Bischofs zu verunglimpfen.

*

Nachdem es sich in Montaillou herumgesprochen hatte, dass Bernard Benet nach Pamiers zur Zeugenaussage gebracht worden war, entschlossen sich Alamande Guilabert und ihre Tochter wie auch Arnaud Faure und Guillaume Authié (B), nicht zu warten, bis sie vorgeladen wurden, sondern von sich aus vor Fournier ein Geständnis abzulegen. Dies ist ein klarer Beweis, dass sie nicht mit Pierre Azéma gemeinsame Sache machten, der Bernard Benet genötigt hatte, alles zu bestreiten.

Sie kamen bis Les Cabannes, wo sie die Vorladung des Bischofs erreichte. So konnten sie aber zumindest zeigen, dass sie sich aus eigenem Antrieb nach Pamiers aufgemacht hatten. Solche Einzelheiten spielten bei den Verfahren der Inquisition eine wichtige Rolle. Diese Gruppe, die es nicht gewagt hatte, nach Carcassonne zu gehen, musste jetzt auf den gefürchteten Bischof in Pamiers vertrauen, dass er sie vor dem Zorn der Clergues beschützte, der ihnen im Zweifel Schlimmeres verhieß als das, was sie von der Inquisition zu erwarten hatten.

Aber nicht in jedem Fall. Im Gegensatz zu seiner Schwester und seiner Nichte verhielt Guillaume Fort sich zurückhaltend, nicht zuletzt, weil die Clergues ihn erklärtermaßen bei ihrem privaten Kreuzzug ausgelassen hatten. Am Montag, dem 6. April 1321, erging jedoch eine Vorladung an ihn, seine Schwägerin Guillemette Benet, seine Tochter Esclarmonde Clergue-Fort, an Bernard Clergue und seine Frau Raymonde sowie an Raymonde (Vuissane) Testanière. Sie sollten am folgenden Samstag, dem 11. April, vor Fournier erscheinen. Es hatte nicht einmal einen Monat gedauert, bis die Strategie der Clergues zusammenbrach.

Inzwischen hatten die beiden Faures, Alamande Guilabert und Guillaume Authié (B) ihren Bericht über jene tragische Nacht in Montaillou vor 13 Jahren bereits abgegeben. Während der Zeit der Verhöre waren Alazais Faure, Alamande Guilabert und später Guillemette in der bischöflichen Residenz in Haft. Alamande Guilabert war entweder am Freitag, dem 3. April, oder am nächsten Tag dort, als Pierre Clergue »hinter dem Dachboden *(granerium)* des Bischofssitzes in Pamiers vorbeiging, wo sie festgehalten wurde« (FR, f.87r). Er fragte sie, ob sie gestanden habe. Als sie dies bejahte, ging er murrend mit der Bemerkung weg, ihre Tochter und ihr Schwiegersohn hätten ihn umgebracht.

Die Aussage, die Guillaume Fort kurz danach zur Guilabert-Tröstung machte, bestätigte im Wesentlichen die der anderen, wobei er jedoch versuchte, seine eigene Rolle dabei herunterzuspielen. In Carcassonne war er vor fünf Jahren glimpflich davongekommen, als er am 28. März 1316 von Geoffroy d'Ablis, der etwa sechs Monate später starb, zum Tragen der Kreuze verurteilt worden war. Für ihn bestand keine größere Gefahr als für alle anderen, bis er aus unerklärlichen Gründen bei seiner Vernehmung am 21. April kundtat, dass er an die physische Auferstehung des menschlichen Körpers nicht glauben könne, da der Leib nach dem Tod in der Erde verrotte. Und am 1. August desselben Jahres gestand er vor einer riesigen Versammlung kirchlicher Würdenträger, darunter die Inquisitoren aus Carcassonne (Jean de Beaune) und aus Toulouse (Bernard Gui), dass er seit drei Jahren zu diesen häretischen Ansichten zurückgekehrt sei. Damit sprach er sein eigenes Todesurteil. Für die Kirche war er damit ein Rückfälliger, genau »Wie ein Hund, der zurückkehrt zu dem, was er erbrochen hat, so ist ein Tor, der seine Dummheit wiederholt« (Spr 26,11; L, S. 258).

Inzwischen brauchte Pierre Azéma keine Zeugen mehr einzuschüchtern, um sein Ziel zu erreichen. Allein indem sie die Wahrheit sagten, zogen Raymonde (Vuissane) Testanière, Raymonde Guilhou und Guillemette Benet die Clergues immer tiefer in den Abgrund.

Vuissanes freimütige Aussage über die Vorgänge in Guillaume Authiés Hauptquartier in Montaillou während der Jahre, die sie als Magd bei den Belots verbracht und zur Befriedigung sexueller Bedürfnisse hergehalten hatte, wurde zu einer einzigen vernichtenden Anklage gegen die Clergues. Pierre Azéma hatte sie nicht gedrängt, irgendetwas anderes als die Wahrheit zu sagen, er hatte sie jedoch gebeten, sich selbst, Gauzia Clergue (B), Raymonde Lizier, die Brüder Raymond, Bernard und Pierre Maurs sowie Vital Baille und seine Frau Esclarmonde *nicht* zu belasten. Wir haben bereits gesehen, dass er damit liebäugelte, mit Gauzia Clergue (B) ein Bündnis einzugehen, und er wollte natürlich auch mit den Maurs, den eingeschworenen Feinden der Clergues, gemeinsame Sache machen. Aber warum die anderen?

Vuissane kehrte nach ihrer letzten Vernehmung am 30. April 1321, zu Recht voller Angst vor den Folgen ihrer Aussage, nach Montaillou zurück und verkroch sich in ihrem Haus. Vor dem Haus gab es einen Garten, von dem aus der Ortskern gut zu überblicken war, und so sah sie drei Wochen später, wie zwei Männer des Grafen von Foix Bernard Clergue unter Hausarrest stellten, indem sich einer von ihnen gegenüber dem Haus der Clergues am Tor der Benets postierte und der andere ein Stück weiter unten bei den Liziers.

Bevor dies aber geschah, war Raymonde Clergue, frühere Belot, zu ihr herübergekommen und hatte folgende Schimpftirade über sie losgelassen:

»Ihr seid gegangen und habt ein falsches Zeugnis wider mich, meinen Mann und Hochwürden Pierre Clergue abgelegt, und dennoch konntet Ihr nichts gegen mich sagen, weil ich bei Euch nichts gesehen habe und Ihr auch nicht bei mir; und das wollte ich auch nicht, weil ich Euch zu gering geschätzt [*parum*: LS] habe. Ihr habt genauso zu wenig [um Beweise zu liefern] bei meinem Mann gesehen, der keine Lust hatte, irgendetwas bei Euch zu sehen, weil Ihr in seinen Augen nicht genug Wert habt. Mein Mann und ich haben alles gebeichtet, wenn wir etwas Unrechtes getan haben, und jetzt haben wir in Carcassonne unsere Ablassschreiben abgeholt. Wir sind nicht geflohen, wie manche sagten, und niemand kann uns mit seiner Aussage etwas anhaben. Jetzt wird Hochwürden Pierre Clergue bei all jenen gerächt, die gegen ihn ausgesagt haben, und sie werden wegen der Anschuldigungen, die sie gegen ihn erhoben haben, vor ihm Rede und Antwort stehen.« (FR, f.96v)

Als Vuissane ihr erklärte, dass sie weiter nichts getan habe, als zu erzählen, dass Bernard Clergue und seine Brüder bei den Belots mit den Parfaits verkehrt hätten, schleuderte ihr Raymonde entgegen: »Ihr habt nie irgendwelche Häretiker in unserem Haus gesehen, und deshalb wird niemand Euren Beschuldigungen glauben. Aber aus diesem Grund werden wir Euch alles, was Ihr habt, wegnehmen.«

In den ersten beiden Wochen des Mai 1321 schickte Bernard Clergue mehrfach jemanden bei Vuissane vorbei, um ihr ausrichten zu lassen, dass sie bei den Clergues erscheinen solle. Sie hatte jedoch zu große

Angst, ihn in seinem Haus aufzusuchen, falls die Clergues ihr etwas antun wollten. Um den 18. oder 19. Mai kamen dann die Männer der Inquisition aus Pamiers und stellten Bernard unter Hausarrest, weil er Fourniers Vorladung nicht gefolgt war. Bernard sollte sie in Kürze nach Pamiers begleiten, und daher stattete er Vuissane jetzt höchstpersönlich im Haus ihres Bruders einen Besuch ab und drohte ihr wütend mit Racheakten und Bloßstellung, wenn sie ihre Aussage nicht zurückzog und sie den Machenschaften Pierre Azémas zuschrieb.

Bernard wurde nach Pamiers gebracht, wo er am Freitag, dem 22. Mai, zum ersten Mal verhört wurde. Aber durch die vorübergehende Entfernung des Familienoberhauptes und Stellvertreters des Grafen war die Macht der Clergues vor Ort nicht geschwächt. Als Vuissane krank wurde, floh sie nach Caussou (wahrscheinlich in ihr Elternhaus), weil sie Angst hatte und eine gewisse räumliche Distanz zwischen sich und Montaillou bringen wollte.

An ihrem Krankenbett erhielt sie im Juli Besuch von dem neuen Pfarrer von Montaillou, Raymond Trilh, der wahrscheinlich gekommen war, um ihr die Vorladung zum »Gnadenakt« am 2. August zur Urteilsverkündung zuzustellen. Ihre Krankheit bewahrte Vuissane vor dem grauenvollen Erlebnis, der Hinrichtung von Guillaume Fort beiwohnen zu müssen. Sie »beichtete« Trilh jetzt, die Clergues zu Unrecht belastet zu haben, und er erstattete darüber ordnungsgemäß Raymond Clergue in Montaillou Bericht. Die Wahl des Zeitpunktes hätte kaum besser sein können, da einer der mächtigsten Verbündeten der Clergues, Hugues de Polignac, seine Freunde in Montaillou besuchen wollte. Vielleicht war er aber auch schon dort.

Angeblich kam er in Montaillou vorbei, weil er sich auf dem Weg zu den Bädern in Ax befand und von dort nach Pamiers zu einem Treffen mit Fournier weiterreisen wollte. Die Clergues verlangten jetzt die ihnen geschuldeten Gefälligkeiten. Die kranke Vuissane erhielt eine Vorladung von Raymond Clergue, mit der sie unter Androhung eines gewaltigen Bußgeldes zwingend aufgefordert wurde, vor de Polignac zu erscheinen, um die Beschuldigungen, die sie gegen seinen Bruder erhoben hatte, zurückzunehmen. Als die ehemalige Magd der Belots krank und gebrechlich vor de Polignac in seinem üblichen Quartier in Montaillou, Pierre Clergues oberen Räumen, erschien, wurde ihr

Widerruf von einem französischen Schreiber protokolliert, der de Polignac begleitete. Der Handlanger der Clergues, de Polignac, versicherte ihr, Fournier werde Mitleid mit ihr haben.

Vuissane überstand die Feuerprobe bei den Clergues und kehrte in ihr Haus in Montaillou zurück. Hier erhielt sie kurze Zeit später Besuch von Pierre Azéma, der wissen wollte, warum sie »nicht erfreut über ihn« war (FR, f.96v). Sie erklärte ihm, dass sie bei ihm und bei dem Bischof gut angeschrieben sein wolle, er müsse sie jedoch entschuldigen, weil sie sehr krank sei. Da sie sich machtlos und von den zwei Parteien in Montaillou in die Zange genommen fühlte, floh sie erneut, sobald es ihr gut genug ging, dieses Mal aber weiter weg.

Sie war nicht die Einzige, die ihr Geständnis widerrief. Andere wie Raymonde Lizier taten es ebenso, als sie vor de Polignac zitiert wurden. Er hatte wahrscheinlich auch während seines Aufenthalts in Montaillou veranlasst, dass Pierre Azéma verhaftet und nach Carcassonne gebracht wurde, um dort angeklagt zu werden. Azéma war am 21. Juli zweifellos in Haft, da Raymonde Gilhou in Allemans zu dem Zeitpunkt von seiner Einkerkerung sprach (FR, f.163v). Allem Anschein nach holte de Polignac gleichzeitig auch zum Schlag gegen Pierre de Gaillac aus.

21. IM GEFÄNGNIS VON ALLEMANS IM JAHR 1321

Bernard Clergue traf am 25./26. Mai 1321, zwei Wochen vor Pfingsten (7. Juni), in Allemans ein. Mit ein Grund, Bernard nach Allemans zu verbringen, war die Tatsache, dass sein Bruder Pierre gleichzeitig überwacht und in Pamiers oder in Mas-Saint-Antonin unter Hausarrest stand. Es war wichtig, die beiden Clergues getrennt zu halten.

Indem Fournier Bernard in Allemans einkerkerte, schien er den Wolf in den Schafstall zu sperren, da abzusehen war, dass Bernard versuchen würde, all jene unter Druck zu setzen, die gegen seinen Bruder, ihn selbst und ihre Familie ausgesagt hatten. Hier waren Béatrice de Planisolles, Barthélemy Amilhat, Grazide Lizier und andere inhaftiert. Grazides Mutter, Fabrisse Rives, kam später dorthin, ebenso die beiden Guilabert-Frauen, die ihre Haftstrafen in Allemans nach dem »Gnadenakt« vom Sonntag, dem 2. August 1321, antraten und damit in seinen Wirkungskreis gerieten.

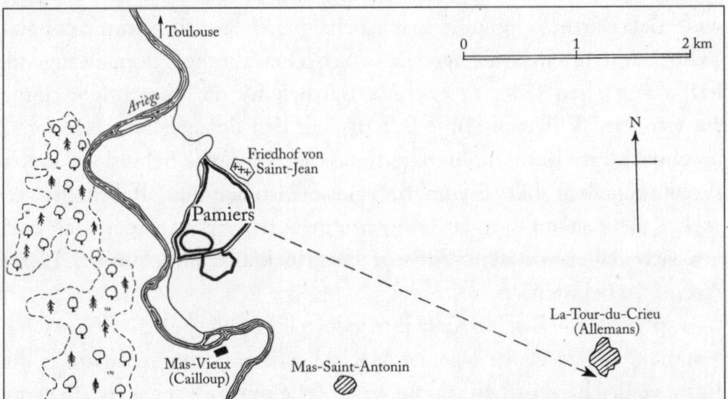

Pamiers mit seinen Klöstern und seinem Gefängnis

Getreu der Tatkraft und Strategie der Clergues machte Bernard sich im Gefängnis an die Arbeit. Als Erstes sicherte er sich das Wohlwollen des Wärters Garnot und seiner Frau Honors, indem er ihnen als Geschenk Schafwolle von vier Fellen brachte. Nach dieser Gefälligkeit, die bescheiden im Vergleich zu Bernards sonstigen freigebigen Maßstäben war, wurde ihm das Privileg gewährt, sich fast im ganzen Gefängnis frei zu bewegen. Wenn Garnot abwesend war, überließ seine Frau Bernard sogar die Gefängnisschlüssel, sodass er besuchen konnte, wen er wollte; und das tat er, allerdings verstohlen, wie einer der Zeugen bemerkte. Der Gefängnisdirektor, Maître Marc Rivel, scheint davon nichts gewusst zu haben, oder vielleicht war er stillschweigend damit einverstanden oder nahm es einfach hin. Obwohl ihm mindestens eine Beschwerde gegen Bernard Clergue vorgetragen wurde, nämlich von Alazais Faure, die sich gegen dessen grob beleidigende Ausdrucksweise ihr gegenüber verwahrte, tritt er im Zusammenhang mit Bernards Haft nicht weiter in Erscheinung.

Bernard wurde der Zellengenosse von Barthélemy Amilhat, dem letzten Geliebten von Béatrice de Planisolles. Ihre Zelle befand sich im zweiten Stock des Turms von Allemans. Sein Plan war, Béatrice durch diesen Mittelsmann zu beeinflussen. Er scheint sich mit Barthélemy gut verstanden zu haben und versprach ihm unter anderem 50 Gulden (ca. 50 Pfund), wenn er Béatrice dazu bringen könne, dass sie ihre Aussage widerrief. Barthélemy sollte später behaupten, dass die Summe doppelt so hoch war, um in den Augen des asketischen Bischofs doppelt tugendhaft dazustehen (FR, f.175v). Als Barthélemy die berechtigte Sorge äußerte, ein Widerruf könne Béatrice auf den Scheiterhaufen bringen, beschwichtigte Bernard ihn damit, dass sie die ganze Schuld auf Pierre Azéma schieben solle. Seine Strategie war einfach und effektiv: Er versuchte die Zeugen dazu zu bringen, ihre Aussagen zu widerrufen und, um sich dabei vor dem Vorwurf des Rückfalls zu schützen, Pierre Azéma zu belasten.

Der gerissene Bischof hatte ihm jedoch eine Falle gestellt. Wäre Clergue nicht so von seiner eigenen Macht berauscht gewesen, hätte er die Ratte vielleicht gerochen, als sie seine Zelle mit ihm teilte. Barthélemy war ein Spitzel. Fournier hatte ihm als Gegenleistung für gute Dienste, sprich gute Informationen, vermutlich eine milde Strafe in Aussicht gestellt. Als Bernard endlich Amilhats Hinterhältigkeit bemerkte, schien es ihn nicht mehr zu kümmern (FR, f.176v). Es ist beeindruckend, in welchem Umfang Barthélemy Bernard Clergue und andere in Allemans ausgehorcht hat, und er gab die dabei gewonnenen Informationen schamlos bei seiner Aussage vom 14. November 1321 zu Protokoll.

Etwa 14 Tage nach seiner Einlieferung unternahm Bernard die ersten Schritte, sich und seinen Bruder zu entlasten. Es war an einem der ersten zehn Junitage. Er stieg zum Erdgeschoss des Turms hinab, der durch eine stabile verschlossene Tür mit einem großen Saal verbunden war, der über der zentralen Eingangshalle der Festung lag. Dieser Saal, zu dem Bernard keinen Zugang hatte, hatte ein Fenster (oder mehrere), das auf den Burggraben hinausging. Hier war eine Reihe weiblicher Gefangene versammelt, deren Schlafstätten oder Zellen wahrscheinlich von diesem Saal abgingen.

Auch wenn Béatrice sich gelegentlich in diesem Saal und der darunter liegenden Haupthalle aufhielt, die zu bestimmten Zeiten auch von den Guilabert-Frauen aufgesucht wurde, versuchte Bernard während seines fünfmonatigen Gefängnisaufenthaltes vergeblich, eine direkte Begegnung mit Béatrice, Grazide, Fabrisse oder einer anderen aus dieser Gruppe zu arrangieren. Warum ihm dies nicht gelang, ist nicht ersichtlich, da sein Zellengenosse Barthélemy durchaus direkt mit Béatrice in Verbindung treten konnte.

Bernard musste sich daher dazu erniedrigen, über Dritte Kontakt zu Béatrice aufzunehmen, indem er sich vor der verschlossenen Tür hinkniete und durch den Spalt an der Türschwelle sprach. Er klopfte an die Tür und rief nach Grazide Lizier. Grazide, das muss er gewusst haben, teilte sich ein Bett mit Béatrice, und genau wie sie war sie die Konkubine seines Bruders Pierre gewesen. Er flehte Grazide an, Béatrice entweder zu holen, sodass er direkt mit ihr sprechen könne, oder, wenn das nicht möglich sei, sie dazu zu bringen, ihr Geständnis zurückzunehmen. Wenn Béatrice das tue, »dann werden wir alle hier herauskommen«, sagte er ihr. »Wegen ihr sind wir alle in großes Unglück geraten«, raunte er und bedrängte sie, herauszufinden, ob Béatrice von Pierre Azéma und Pierre de Gaillac veranlasst worden sei, falsches Zeugnis wider seine Familie abzulegen.

Bei denselben »unterwürfigen« Verhandlungen versuchte er auch,

Grazide dazu zu bewegen, ihre Aussage zu widerrufen. Sie hatte in ihrer Jugend unter dem Einfluss und sexuellen Bann Pierre Clergues gestanden, und selbst jetzt schien sie vorübergehend noch bereit, zu widerrufen und das Risiko des Scheiterhaufens für die Clergues einzugehen. Als sie Bernard daran erinnerte, dass sie ihre ganze Habe verloren hatte, gab er zynisch zurück, dass ihr noch genug geblieben sei, da Reichtümer bestenfalls schlechte Dinge seien. Sie wankte, weigerte sich jedoch, Azéma zu belasten. Es sei richtig, räumte sie ein, dass er sie gelegentlich aufgefordert habe, über Pierre Clergue die Wahrheit zu sagen, er habe jedoch nie den Vorschlag gemacht, dem Priester etwas anzuhängen.

Grazide übermittelte Béatrice pflichtgetreu Bernards Ansinnen, die dem verächtlich eine kategorische Absage erteilte. Sie habe, antwortete sie, Pierre Azéma seit 20 Jahren nicht gesehen und, soweit sie wisse, Pierre de Gaillac nie zu Gesicht bekommen. Grazide brachte das Thema bei Béatrice nicht mehr zur Sprache, obwohl sie anschließend noch zwei- oder dreimal von Bernard diesbezüglich aufgefordert wurde.

Im Sommer wurde Grazides Mutter, Fabrisse Rives, in Allemans eingeliefert, obwohl sie offenbar am 8. März 1321 zusammen mit den anderen verurteilt worden war. Jetzt teilte sie sich ein Gefängnisbett mit ihrer Tochter und Béatrice. Alle drei waren mit den Clergues aus Montaillou durch sexuelle oder familiäre Bande eng verbunden gewesen. Zwei von ihnen gehörten derselben Generation an, und eine von ihnen war eine Edelfrau; und Fabrisse' Bruder Pathau hatte die Kastellanin vor 24 Jahren vergewaltigt.

Im Bett unterhielten sich Fabrisse und Béatrice eines Abends über die Unternehmungen von Bernard Clergue. Fabrisse erzählte ihr, wie Bernard sie hartnäckig bedrängt habe, ihr Geständnis zu widerrufen, wegen dem sie die Kreuze trug. Und er habe ihr versprochen, wenn sie sich darauf einlassen wolle, würde er zwei Hilfspfarrer kommen lassen, um sich ihren Widerruf anzuhören. Béatrice riet ihr davon ab und sagte, sie für ihren Teil werde sich unter keinen Umständen darauf einlassen. Fabrisse warf ein, dass Bernard ihr massiv gedroht habe, weil sie gegen ihn und andere Mitglieder seiner Familie ausgesagt hatte. Auf Béatrice' Frage, ob sie widerrufen werde, sagte sie »nein«, weil es ihr lieber sei, wenn Bernard statt ihrer verbrannt werde.

Auch wenn Barthélemy Amilhat und Bernard Clergue nur Zellen-

und keine Seelengefährten waren, scheint sich zwischen dem opportunistischen Katharer Bernard und dem selbst erklärten geläuterten Priester eine gewisse Affinität entwickelt zu haben, obwohl Barthélemy sich weigerte, Béatrice zu einem Widerruf zu überreden. Bernard glaubte offenbar, dass der Geistliche ihm in mehr als nur einer Hinsicht gute Dienste leisten könne. Auch wenn er sich weigerte, seine Geliebte Béatrice in Gefahr zu bringen, ließ er sich sicher dazu gewinnen, als williger Zeuge eines Widerrufs oder einfach einer unachtsamen Bemerkung aufzutreten, die vielleicht irgendwann nützlich sein konnte.

Die beiden Männer verbrachten ihre Tage manchmal damit, auf der Plattform oben auf dem Turm von Allemans in der Sonne zu sitzen oder auch die Eigentümlichkeiten des anderen zu beobachten. Bernard spottete über die kanonischen Stundengebete des Priesters (Matutin, Prim, Terz, Sext, Non, Vesper und Komplet) und versuchte ihn zu überreden, damit aufzuhören: »Ihr könnt natürlich Eure Stundengebete sprechen, weil sie Euch kaum etwas oder nichts genützt haben. Seht doch, wie Eure Stundengebete Euch geholfen haben, seit Ihr hier seid. Gott hat Euch wahrlich gut belohnt für Eure Stundengebete.« (FR, f. 176r)

Bernard weigerte sich auch zu fasten, außer am Vorabend von Allerheiligen (1. November), er bekreuzigte sich nicht, ehe er sich schlafen legte, bis Barthélemy ihn dazu anhielt, und er versäumte es auch regelmäßig, das Kreuzzeichen über sein Essen zu machen. Bernard erzählte ihm, dass die Katharer kein Kreuzzeichen schlagen, wenn sie eine Kirche betraten, weil sie es so verachteten, wie ein Mann den Baum verabscheuen würde, an dem sein Vater gehängt wurde. Stattdessen taten sie so, als würden sie ihre Nasen, Bärte und Ohren berühren, und sprachen dabei zu sich: »*aysi es le front et aysi es la barba et aysi la una aurelha et aysi l'autra*« (FR, f.176v).[130]

Darüber hinaus hegte Bernard offene Feindseligkeit gegenüber dem Bischof und unterstützte den Waldenser Jean de Vienne, der im ersten Stock des Turms unter Bernard und Barthélemy eingekerkert war. Der Grund, warum der Bischof gegen das Volk im Sabarthès vorging, war Bernard zufolge, wie Barthélemy berichtete, dass sie ihm seinen Zehnten auf ihren Viehbestand verweigerten. Bernard war nicht mehr »Marxist« oder Intellektueller als Pierre den Hugol (siehe S. 340f.), aber er war reich genug, um die vorgebliche Spiritualität von Fourniers Unternehmung richtig einzuschätzen.

Seine Erfahrungen mit der Bestechung der Mächtigen von seinem Herrschaftsbereich auf dem Berg aus hatten bei ihm die feste Überzeugung hinterlassen, dass jeder seinen Preis hatte, außer Fournier, wie er feststellen musste. Allerdings behandelte dieser Bernard außergewöhnlich zuvorkommend, als hätte der Prälat Scheu, alle Register zu ziehen, und er ging sogar so weit, widerstrebende Verteidiger zu Bernards Gunsten zu instruieren. Lag es an dem fragwürdigen Dienst, den die Clergues dem Staat erwiesen hatten, oder handelte der Bischof mit Rücksicht auf den Inquisitor von Carcassonne, Jean de Beaune, der Bernard Clergue möglicherweise protegierte?

Als Bernard die Neuigkeit erfuhr, dass Azéma und de Gaillac im Juli 1321 von de Polignac verhaftet worden waren, reagierte er euphorisch, kniete auf dem Turm von Allemans nieder und hob die Hände gegen Himmel:

»Jetzt frohlocke ich, weil diese zwei verhaftet sind, weil sie um meinetwillen ergriffen wurden. Um meinetwillen haben meine Freunde sie verhaftet oder ließen sie verhaften. Und ihre Verhaftung kam mich teuer zu stehen, weil diese beiden Verräter sich zusammenrotteten, dass Unheil über unser Haus kam, und sich gegen meinen Bruder, den Pfarrer, verschworen, und sie haben dafür gesorgt, dass Leute vor dem Herrn Bischof erscheinen mussten. Jetzt sind sie gefangen worden und werden an einen üblen Ort kommen. Von dort werden sie nicht mehr herauskommen, wie zahlreich oder einflussreich ihre Freunde auch sein mögen. Ich weiß das, weil Maître Jacques, der Gefängniswächter, so sehr mein Freund ist, dass es diesen beiden Gefangenen im Gefängnis von Carcassonne schlimm ergehen wird. Und wenn ich selbst dort hingehen könnte, würde er ihnen eine noch härtere Behandlung angedeihen lassen.

Es gibt noch zwei andere, deren Verhaftung mich glücklich machen würde. Aber einer von ihnen ist bereits ein Häftling hier, nämlich Raymond Vaissière, den ich [als Rückfälligen] verbrannt sehen will. Der andere ist Guillaume Mathieu, der schlecht, falsch und ein Verräter ist. Und diese beiden haben Zeugnis wider meinen Bruder abgelegt, und wenn ich hier herauskommen kann, werde ich alles tun, um für die Verhaftung dieses Guillaume Mathieu und dafür zu sorgen, dass er an demselben Ort wie Pierre Azéma und Pierre de Gaillac eingekerkert wird.« (FR, f.176r)

Jacques de Polignac mag gehalten haben, was sein Wort oder Bernards Geld versprach, aber Fourniers Schutz aus der Ferne rettete Pierre Azéma wahrscheinlich vor den schlimmsten Übergriffen im Gefängnis von Carcassonne. Er überlebte dort bis zum 26. Juni des darauf folgenden Jahres, 1322, als er von Carcassonne nach Allemans zur Gegenüberstellung mit Raymonde Guilhou gebracht wurde. Und er war Ende Juli 1322 noch am Leben, da er Ende Juli oder im August 1322 Vuissane Testanière gegenübergestellt wurde, nachdem Vuissane am 22. Juli 1322 in Saurat (hinter Bédeilhac) verhaftet und in Allemans eingekerkert worden war. Am 3. März 1323 war er tot.

Pierre de Gaillac verließ nach nicht allzu langer Zeit und relativ unbeschadet das Gefängnis, da er in der Fastenzeit 1322, kaum ein halbes Jahr nach seiner Verhaftung, wieder zurückgekehrt war und nahtlos seine Fehde mit Tron weiter verfolgte, der in der Fastenzeit 1321 in Carcassonne entlassen worden zu sein scheint.[131] De Gaillac starb jedoch im Februar 1324, rund vier Monate vor Pierre de Luzenac (FR, f. 300v). Bernard lebte lange genug, obwohl er selbst krank war, um sich an dem Tod eines seiner Erzfeinde zu weiden.

Wie ernst es die Inquisition meinte, wurde Bernard und allen anderen in Allemans Anfang August klar. Am Sonntag, dem 2. August 1321, wurde der freundliche Jean de Vienne aus seiner Zelle im ersten Stock geholt und zum Friedhof von Saint-Jean geschleppt. Dort wurde er zusammen mit seiner Frau Huguette und Guillaume Fort aus Montaillou auf dem Scheiterhaufen verbrannt.

An diesem berüchtigten Gerichtsort wurden am selben Tag Alazais Faure, Alamande Guilabert und Guillemette Benet zu »strengsten Haftbedingungen bei Brot und Wasser und in Ketten« verurteilt. Auch wenn die Realität dieser erschreckenden Strafe sich als weniger fürchterlich herausstellen sollte, als die wortwörtliche Formulierung vermuten ließ, so mussten Alazais und Alamande dennoch das grausige Schauspiel mit ansehen, wie ihr Onkel und ihr Bruder Guillaume Fort als Rückfälliger lebendig verbrannt wurde. Die Schuldgefühle, die Alazais empfand, sollte Bernard Clerge gnadenlos ausnutzen, der in Allemans schon auf die beiden Frauen wartete, als sie später am Tag dorthin zurückgebracht wurden.

Sie wurden zusammen mit Guillemette Benet, der Schwägerin von Guillaume Fort, und einer Frau namens Alazais de Vernaux eingesperrt. Ihre Zelle lag jenseits der Galerie, neben dem Turm und links oben neben der Treppe. Alazais de Vernaux war am selben Tag wie die übrigen drei Frauen, allerdings zu einer wesentlich leichteren Strafe, verurteilt worden, weil sie Guillaume Authié und einem anderen Parfait, einem feist aussehenden Mann mit einem dicken und runden Gesicht, im Haus einer Freundin begegnet war und ihnen Essen geschickt hatte. Sie war, ihrer Aussage zufolge, ein unschuldiges, unbedeutendes Opfer der Inquisition und scheint bei ihrem Ortspfarrer beliebt gewesen zu sein, der ihr angeboten hatte, sie zum Bischof zu begleiten. Letztendlich brachte Alazais de Vernaux drei Jahre in Allemans zu und wurde mit der Auflage, die Kreuze zu tragen und Pilgerfahrten zu unternehmen, am 12. August 1324 aus dem Gefängnis entlassen.

Vier Jahre und vier Monate später verließen Alazais Faure und ihre Mutter Alamande nach über sieben Jahren Haft Allemans, um zu ihrer Familie oder besser zu dem, was von ihr noch übrig geblieben war, in Montaillou zurückzukehren (D 27, f.148r). Alazais Ehemann wurde am selben Tag in Carcassonne entlassen. Und auch Brune Pourcel, Guillaume Baille, Pierre Maurys Schwester Raymonde Marty und Raymonde Castanière konnten das Gefängnis verlassen, ebenso die furchtlose Raymonde Guilhou und ehemalige Madame Vital.

Am Dienstag, dem 4., oder Mittwoch, dem 5. August 1321, begegnete Bernard den beiden Guilabert-Frauen in der Nähe seiner Zelle auf der Galerie. Möglicherweise auf Veranlassung von Bernard hatte sich Barthélemy Amilhat hinter der Zellentür versteckt und belauschte das Gespräch, um als Zeuge auftreten zu können, falls es Bernard gelang, Alazais zu einer Falschaussage zu verlocken.

Bei dieser ersten Gelegenheit scheinen sich die beiden Frauen gefreut zu haben, einem vertrauten Gesicht aus Montaillou zu begegnen, was sie Bernard auch sagten. Er versicherte ihnen, dass er sich im Gefängnis frei bewegen könne und dass er alles tun werde, um ihnen ihr Leben erträglicher zu machen.[132] Irgendwie kamen sie dann unweigerlich auf den »Gnadenakt« des Sonntags zu sprechen, und Alamande sagte: »Es wäre alles so gut gegangen, wenn mein Bruder bei diesem ›Gnadenakt‹ nicht gestorben wäre.« Bernard pflichtete ihr bei, dass der Verlust von Guillaume Fort ein schwerer Schlag war. Aber »das alles«, sagte er, »ist die Schuld Eurer Tochter hier, und sie hat nicht nur diese schlimme Sache gemacht, sondern sie ist auch für viele andere verantwortlich, weil sie gestanden hat, dass sie die Hure meines Bruders, des Geistlichen, war, während sie es doch überhaupt nicht war. Es wäre eine gute Sache, wenn sie widerrufen würde, was sie gegen meinen Bruder vorgebracht hat«. Dann weinten die drei zusammen. Wenn dieser Bischof lange lebte, sagten sie, dann werde alles zugrunde gehen, weil er der Teufel sei, der auf die Erde gekommen ist.

Am nächsten Tag befanden Alazais und Guillemette Benet sich allein in ihrer Zelle, weil Alazais Mutter und Alazais de Vernaux zu einem Fenster auf der Galerie gegangen waren. Alazais klagte, dass sie und ihre Mutter mit der Einlieferung ins Gefängnis alles verloren hätten. Guillemette antwortete darauf, dass sie schon lange vorher alles verloren habe, dass Alazais aber tatsächlich ein schwerer Schicksalsschlag getroffen habe, da sie und ihr Mann jetzt beide im Gefängnis seien, im Gegensatz zu Jean Guilabert, Alazais Vater, der sich weiterhin seines Besitzes erfreuen könne. Dann erzählte Guillemette Alazais von dem berechnend feigen Verhalten ihres Vaters im Mai 1308. Guillemette, deren Schwester Sibylle bereits zuvor in Carcassonne gestorben war, war Ende November 1321 ebenfalls tot. Vielleicht war sie bei der Unterhaltung mit Alazais schon krank und wollte deshalb ihr Gewissen von diesem wohl gehüteten Geheimnis erleichtern.

Wie tief Alazais von dieser Enthüllung der Falschheit ihres Vaters getroffen war, lässt sich an ihrem unbedachten Ausbruch kurz nach diesem Gespräch ermessen. Einige Tage später, am Montag, dem 10. August 1321, stieg sie in Begleitung von Bernard Clergue den Gefängnisturm hinauf. Oben trafen sie auf Barthélemy Amilhat, der sich dort sonnte. Clergue zeigte auf die Berge des Sabarthès, die von La Tour-du-Crieu deutlich zu sehen sind, und bemerkte, dass ihr *pays*, ihr Land, dort drüben läge. Alazais Faure entgegnete ihm, dass ihr und ihrer Mutter in jenem Land überhaupt nichts geblieben sei. Daraufhin sagte Clergue, ihr Vater werde ihr ihre Freiheit erkaufen und ihr ihren Besitz wiedergeben. Ihr Vater habe sie im Stich gelassen, gab sie zurück: »Wir haben einen schlechten Vater gehabt, denn wenn er gewollt hätte, wären wir nicht hier; er hätte uns bestrafen sollen, weil damals [im Mai 1308] die ganze Gegend bereits starr vor Angst und Schrecken war *(englassiada et empaurucada)*. Stattdessen hat mein Vater uns in dieses Elend gebracht.« (FR, f.175v)

Hätte die liebevolle Alazais so gesprochen, wenn sie gewusst hätte, dass sie ihren Vater nie wiedersehen würde, weil er offenkundig in den ersten zwei oder drei Jahren ihrer Haft starb? Bernard stieß sie sofort mit dem Ellenbogen an, um ihr zu signalisieren, dass sie still sein sollte, aber es war schon zu spät. Alazais wurde blass und still und stieg vom Turm hinunter. Die Wahrheit war heraus, und Barthélemy Amilhat wusste jetzt über Jean Guilaberts geheimes Einverständnis mit den Katharern Bescheid.

Bernard hatte Alazais vermutlich Amilhat in der Hoffnung vorgestellt, sie letztlich zu einem Widerruf vor diesem Zeugen des geistlichen Standes erweichen zu können. Er war jedoch nicht auf ihren Fauxpas bezüglich ihres Vaters gefasst, mit dem die Clergues wahrscheinlich einen Handel abgeschlossen hatten. Solange das Oberhaupt der Familie unverdächtig und der Besitz sicher in seinen Händen war, würde er mithilfe der Clergues und ihrer Handlanger in Carcassonne seine Familie aus Allemans herausholen können, vorausgesetzt natürlich, dass sie mit den Clergues kooperierten.

Es ist durchaus möglich, dass Bernard Clergue sein Wissen über die stillschweigende Komplizenschaft des alten Guilabert als Trumpfkarte benutzen wollte, um die beiden Guilabert-Frauen zur Kooperation gefügig zu machen. Alazais hatte durch ihre Unvorsichtigkeit jedoch vor Amilhat die Katze aus dem Sack gelassen, und damit war de facto Bernards Macht über sie gebrochen.

Bernard und Barthélemy Amilhat blieben noch auf dem Turm. »Bernard«, hob Barthélemy an, »jene Worte, die von Eurer *commère* gesprochen wurden, sind schlecht und häretisch.« »Gewiss, ja«, erwiderte Bernard, »lasst uns zusehen, dass kein Übel weder über Euch noch über mich kommt.« Mit dieser verschleierten Drohung stieg Bernard von der Plattform des Turmes hinab und ging zu den Guilabert-Frauen in ihre Zelle. Oben auf dem Turm versuchte Barthélemy zu belauschen, was unter ihm gesprochen wurde, aber außer Bernards Stimme und Alamandes Weinen konnte er nur einen Satz verstehen, den Alazais Mutter weinend sagte: »Nicht einmal jetzt kann sie still sein, obwohl sie schon so viel Schaden angerichtet hat.«

Gegen sechs Uhr abends verließ Barthélemy den Turm, vielleicht, um an einem Gottesdienst teilzunehmen. Als er an der Zelle der Guilaberts vorbeikam, kam Alazais heraus und trat mit demütig vor ihrer Brust verschränkten Armen auf ihn zu. Sie flehte ihn an, wegen der Worte, die sie auf dem Turm gesprochen hatte, kein Unheil über sie kommen zu lassen und sie nicht preiszugeben. Barthélemy versicherte ihr seine Verschwiegenheit, vorausgesetzt, Bernard halte sich an *seinen* Rat. Alazais erwiderte darauf, sie wisse jede Menge gegen Bernard vorzubringen, wenn er über sie rede, weil es das Haus der Clergues gewesen sei, wo die Parfaits sich aufgehalten, gegessen und getrunken hätten, und es seien die Clergues gewesen, die sie durch das Dorf und die verschiedenen Häuser geführt hätten.

Kurz darauf stieg Bernard die Treppe zur Zelle der beiden Frauen hinauf. Sich oben links an der Treppe ins erste Fenster lehnend, sprach er Alazais an, die vor ihrer Zelle entlangspazierte. Bernard hatte diese Situation sorgfältig bühnenreif vorbereitet, sodass Barthélemy strategisch so platziert war, dass er mithören konnte und somit Zeuge der nachfolgenden Unterhaltung war. Er hielt sich in einem Raum neben dem Turm versteckt.

Bernard erzählte Alazais, dass der Pfarrer von Prades vom Bischof verhaftet worden sei, weil er heimlich mit dem Pfarrer von Montaillou (Trilh?) konspiriert habe. Sich selbst gratulierend, sagte Bernard: »Dieser Verräter von einem Möchtegern-Priester ist verhaftet, weil er sich mit Pierre Azéma verschworen hatte, um meinen Bruder, den Pfarrer von Montaillou, zu vernichten. Jetzt sind die zwei, die die Verhaftung meines Bruders verursacht und geplant haben, Gefangene.«

Er erzählte ihr dies vermutlich, um sie zur Begüßung mit einer Geschichte über das Schicksal, das die Feinde der Clergues zu erwarten hatten, gefügig zu machen. Denn jetzt bat er sie unverblümt, ihr Geständnis zu widerrufen und die ganze Schuld dafür auf Pierre Azéma zu schieben, der sie dazu angestiftet hätte. Wegen seines verborgenen Zeugen und um Alazais leichter zu überzeugen, gab er vor zu glauben, dass Azéma sie tatsächlich zur Verleumdung angestiftet habe. Er scheint ihr sogar vorgeschlagen zu haben, anzugeben, Azéma habe um sexuelle Gefälligkeiten gebeten, die sie ihm gewährt hätte. Kurz, er wollte Azéma zu dem Schurken machen, der sein Bruder nach einer Reihe feindseliger Aussagen sein sollte. Als Gegenleistung für ihre Einwilligung bot Bernard ihr die sofortige Freilassung ihres Ehemannes aus Carcassonne an. Er habe, versicherte er ihr, jede Menge Geld und würde Maître Jacques die erforderliche »Gebühr« zahlen, damit Arnaud Faure freigelassen würde.

Alazais kannte jedoch die Gefahren, die mit einem Widerruf verbunden waren, und wusste, dass sie sich damit höchstwahrscheinlich ihre Grube selbst nur noch tiefer grub. Weinend und vielleicht durch seinen Zynismus aufgestachelt, fuhr sie Bernard an, schimpfte ihn einen »Verräter« und lehnte es kategorisch ab, sich darauf einzulassen. »Dafür werdet Ihr bezahlen«, drohte er und wies darauf hin, dass einige bereits seinem Rat gefolgt waren, zu widerrufen und Azéma zu belasten, einschließlich Raymonde Belot-Lizier, Gauzia Clergue (B), Vuissane Testanière, Fabrisse Rives und Guillemette, die Frau von Pierre Clergue (B) aus Montaillou. Triumphierend fügte er hinzu, Azéma und Pierre de Gaillac würden nie aus Carcassonne herauskommen. »Ihr habt gesagt, dass Ihr die Hure meines Bruders wart, um ihn zu vernichten, während Ihr dies jedoch niemals wart.« Alazais beteuerte, dass sie es sehr wohl war und es bitter bereue. Dann drehte sie sich, immer noch weinend, um und ging weg.

Bernard gab nicht auf und versuchte, sie noch bei drei weiteren Gelegenheiten, wenn er ihr auf der Galerie begegnete, unter Druck zu setzen. Die Beleidigungen, die er ihr an den Kopf warf, reichten von *na gossa* (»Miststück«) bis *na canassa* (»ekelhaftes Miststück«) und *canassa e truissa* (»ekelhaftes Miststück und Drecksau«).

Als er ihr einmal auf der Galerie begegnete, sagte er mit berechnender Grausamkeit zu ihr: »Ekelhaftes Miststück, Ihr habt dafür gesorgt, dass Euer Onkel Guillaume Fort, der Bruder Eurer Mutter, verbrannt wurde. Hättet Ihr nicht vor dem Herrn Bischof enthüllt, dass er bei der Tröstung Eures Bruders dabei war, wäre er nie verdächtigt worden. Wegen Eures Geständnisses wurde er verbrannt. Er war wahrhaft aufrecht und anständig und ein großes Familienoberhaupt. Alles wäre in Ordnung gewesen, wenn dieser ehrenwerte Mann nicht verbrannt worden wäre.« (FR, f.177v)

Oft, wenn sie sich allein begegneten, raunte er ihr zu: »Ekelhaftes Miststück und Sau, Ihr seid schuld, dass Euer Onkel verbrannt wurde!«

Eines Tages ging sie nach unten in die große Halle, um sich bei Maître Marc Rivel über Bernards Beleidungen zu beschweren. Als sie die Halle verließ, rief Béatrice nach ihr und fragte: »Was sagte Bernard Clergue über Euch?« Worauf Alazais antwortete, er würde versuchen, sie dazu zu bringen, ihr Geständnis zu widerrufen. Béatrice erzählte ihr, dass Bernard auch zu anderen im Gefängnis seine Boten schickte, um sie zum Widerruf zu bewegen. »Seid auf der Hut, tut es nicht«, fügte sie hinzu.

Noch »zur Zeit der Weinlese« bedrängte er Alamande, ihre Tochter unter Druck zu setzen, dass sie widerrufen solle, was darauf hinweist, dass Pierre Clergue Anfang Oktober 1321 noch am Leben war. Alamande erklärte Bernard, dass sie und Alazais sich zerstritten hätten und dass ihre Tochter nichts auf ihre Veranlassung hin tun würde. Er drohte ihr daraufhin mit »*velha malnada* [wörtlich »alter Bastard«], wenn Ihr nicht tut, was ich Euch sage, seid Ihr an einem schlimmen Ort«. Das sollte heißen, dass er ihr das Leben im Gefängnis zur Hölle machen wollte.

Eine Frau, die widerrief und sich danach trotz des massiven Drucks von Fournier weigerte, ihren Widerruf zurückzunehmen, war Raymonde Guilhou. Die erhaltenen Unterlagen lassen darauf schließen, dass Raymonde entweder mehr Angst vor den Clergues als vor dem Bischof hatte oder dass sie als Witwe von Arnaud Vital und überzeugte Katharerin sich am Ende für den gefährlichen Kurs entschied, der Inquisition die Stirn zu bieten. Oder liebte sie Bernard Clergue noch immer, mit dem sie früher »sehr vertraut« gewesen war (FR, f.95r)?

Ihre ersten Anhörungen wurden in Pamiers auf den 29. April und 2. Mai festgesetzt. Nachdem diese vorbei waren, durfte sie nach Hause, nach Vernaux, zurückkehren, wo ihr Mann ihr bittere Vorwürfe machte, dass sie ihn über ihre früheren ketzerischen Sympathien im Unklaren gelassen habe. Die Clergues warteten auch auf sie.

Am Samstag, dem 30. Mai, begegnete sie Arnaud Clergue in Lordat. Es ist unwahrscheinlich, dass dies eine Zufallsbegegnung war. Sein früherer Werdegang deutet darauf hin, dass seine Onkel Pierre und Bernard ihn benutzten, um ihren Gefolgsleuten einen Tipp über bevorstehende Razzien zu geben oder ihnen ein gut konstruiertes Alibi zu verschaffen. In dem Fall dürfen wir sicher sein, dass Arnaud ihr mehr als nur eine freundliche Verwarnung gab. Ihrer zweiten Aussage zufolge erklärte er ihr, dass seine Schwiegermutter, Raymonde Belot-Lizier, durch ihre Schuld sehr viel weine, weil sie durch ihre Angaben belastet worden sei, dass Lizier mit den Belots vertraut gewesen sei und in ihrem Namen Parfaits versteckt habe. Raymonde Guilhou behauptete, diesen Vorwurf zurückgenommen zu haben, und widerrief ihn später tatsächlich. Was sie jedoch nicht konkret widerrief, waren ihre Beschuldigungen gegen Pierre Clergue.

Als Raymonde am Dienstag, dem 21. Juli, vor dem Bischof erschien, zog sie die Vorwürfe, die sie gegen Raymonde Belot-Lizier und Mengarde Clergue erhoben hatte, zurück. Darüber hinaus belastete sie jetzt Pierre Azéma genau in der Art, die Bernard Clergue anderen im Gefängnis vorgeschlagen hatte. Was diesen Sinneswandel hervorrief, ist nicht zu sagen, ob die Clergues angekündigt hatten, andere Mitglieder ihrer Familie an den Pranger zu stellen, oder gedroht hatten, ihren Kindern Leid anzutun, oder was auch immer.

Am 21. Juli wurde Raymonde in Allemans zu einer Haftstrafe verurteilt wegen ihrer Falschaussage gegen Raymonde Belot-Lizier und Mengarde Clergue wie auch in Bezug auf sich selbst und auch, weil Fournier den Verdacht hatte, dass ihr Widerruf wiederum falsch war. Es war zwischen diesem Tag und Sonntag, dem 2. November, als Bernard Clergue aus Allemans entlassen wurde, dass Barthélemy Amilhat eines Tages ein Gespräch zwischen Bernard und Raymonde Guilhou belauschte.

Raymondes Zelle befand sich über den Ställen im zweiten Stock der Nordseite der Festung, gegenüber der Kirche Saint-Paul. Von einem Fenster auf der Galerie aus sprach Bernard oft mit ihr. Bei dieser Gelegenheit erzählte sie ihm, dass sie entsetzliche Angst habe, er drängte sie jedoch, sich keine Sorgen zu machen und einfach still zu sein.

Sie gehorchte und setzte damit ihr Leben aufs Spiel, ließ sich aber in ihrem Standpunkt fortan nicht mehr erschüttern. Die Inquisitoren wussten, dass sie in Bezug auf Azéma log. Am Samstag, dem 26. Juni 1322, acht Monate nach Bernards Entlassung, musste sie vor Bruder Gaillard de Pomiès und Bruder Arnaud du Carla sowie dem Gefängnisdirektor Maître Marc Rivel und dem Notar Guillaume Peyre-Barthe zur Vernehmung in der großen Halle in Allemans erscheinen. Sie wiederholte ihren Widerruf. Gaillard de Pomiès stellte ihr dann Azéma gegenüber, der bestritt, Raymonde instruiert zu haben. Er beharrte darauf, dass er sie allenfalls gedrängt habe, die Wahrheit bezüglich ihrer häretischen Aktivitäten zu sagen, und dass der Bischof Mitleid mit ihr haben würde, wenn sie dies tue. Raymonde blieb bei ihrer Darstellung.

Als ihr mit einem weiteren Verfahren gedroht wurde, erklärte sie, sie würde lieber verbrannt werden, als nicht die Wahrheit zu sagen. Von dieser Position wich sie nie ab und wurde entsprechend als eine »verstockte und unbußfertige Häretikerin« verurteilt. Die Strafe, die am 19. Juni 1323 über sie verhängt wurde, war angesichts der Umstände hingegen glimpflich: Sie wurde zu einer »strengen Gefängnishaft« verurteilt und mit der Auflage, die Kreuze zu tragen, am 17. Januar 1329 freigelassen. Hatte ihre Beharrlichkeit die Inquisitoren zur Nachsicht bewegt, oder glaubten sie, dass Azéma sie tatsächlich erfolgreich hatte beeinflussen können? Er bestritt schließlich nicht, sie angewiesen zu haben, die Wahrheit zu sagen, und die Inquisitoren wussten nur zu gut, dass solche »Anweisungen« viele Formen annehmen konnten.

Verfuhren die Inquisitoren nachsichtig mit ihr, weil sie allenfalls ein Dienstmädchen war, das zuerst von ihren katharischen Arbeitgebern, dann von ihrem Ehemann Arnaud Vital und jetzt von den mächtigen Clergues ausgenutzt wurde? Der Bischof wusste nur zu gut um deren weitreichenden Einfluss und ihre Macht, die sie nutzten, um andere einzuschüchtern und zu vernichten. Deshalb weigerte er sich auch, Bernard die Namen derjenigen zu geben, die ihn beschuldigt hatten, obwohl Bernard einige natürlich selbst erraten konnte. Fourniers Grund war, dass »für viele arme und schwache Leute, die gegen Bernard ausgesagt hatten, eindeutig große Gefahr bestünde, wenn man ihm ihre Namen preisgeben würde« (FR, f.180v).

Während Bernard den fünften Monat in Allemans verbrachte, starb sein Bruder Pierre Clergue. Er dürfte Ende 40 gewesen sein. Fest steht, dass er um den 29. September und wahrscheinlich Anfang Oktober, als Bernard Alamande Guilabert gedroht hatte, noch am Leben war. Am Samstag, dem 10. Oktober 1321, sprach Guillaume Maurs indes von dem »verstorbenen« Pierre Clergue, das heißt, dass er in der Zwischenzeit gestorben sein musste (FR, ff.152r, 178r).

Bernard Clergue reagierte auf die Nachricht, die ihm von Garnot überbracht wurde, mit einem Anfall von Schmerz und Trauer, den Alazais Faure und die meisten in Allemans miterlebten. Weinend rief er immer wieder aus: »Jetzt ist mein Gott tot, und was soll ich nun mit meinem Gott anfangen, da *le mieu capdel e le mieu dieu* [das beste Oberhaupt und der beste Gott] tot ist und ich ihn nie wiedersehen werde.« (FR, f.177v) Bernard hörte nicht auf, bis Esclarmonde, die Frau von Maître Marc Rivel, ihm sagte, er solle nicht solche Worte hervorbringen, sondern um seinen Bruder so trauern, wie gute Menschen für gewöhnlich um ihre Brüder trauerten.

Der Tod hatte Pierre Clergue vermutlich in der Abtei von Mas-Saint-Antonin ereilt, obgleich der Ort, an dem er in Haft gehalten wurde, von der Inquisition zumindest bei einer Gelegenheit als »Gefängnis« bezeichnet wurde, und zwar als in ihrer Anklageschrift gegen Bernard Clergue auf die Haft von Pierre Clergue Bezug genommen wurde (FR, f.179r). Zwischen August 1320 und seinem Tod im Oktober 1321 muss er verschiedentlich von Fournier verhört worden sein, im MS 4030 sind jedoch keine Unterlagen erhalten geblieben. Und es sind in dieser Handschrift auch keine Hinweise auf eine Aussage von Pierre Clergue zu finden.

Dass das MS 4030 unvollständig ist, ist leicht nachzuweisen, da darin auch andere Aussagen fehlen (siehe S. 455). In keinem dieser Fälle ist eine Lücke vermerkt, weil der Abschreiber offenkundig nichts von der Existenz der fraglichen Protokolle wusste. Wir dürfen davon ausgehen, dass der Abschreiber ebenso keinen Zugang zu den Unterlagen oder Protokollen von Pierre Clergue hatte.

Dass keine Aussage von Pierre Clergue erhalten ist, kann nicht auf ein Versehen zurückgeführt werden. Seine Angaben dürften die brisantesten von allen gewesen sein, obwohl die Behauptung seines Bruders Bernard, der Pfarrer habe bei den Vernehmungen nichts gesagt, vielleicht einen anderen Schluss zulässt. Pierre Clergue dürfte damals, 1321, hingegen kaum die Möglichkeit gehabt haben, sich vor einem Inquisitionsgericht auf sein Schweigerecht zu berufen, obgleich er vielleicht versucht hat, Fournier auszumanövrieren.

Warum lagen seine Unterlagen dem Kopisten nicht vor? Wurden sie in der Abtei Mas-Saint-Antonin zurückgehalten, weil die Inquisitoren von Carcassonne und Toulouse Fournier überstimmten und die Protokolle über die Aussagen des Pfarrers zu streng vertraulichen Dokumenten erklärten? Waren sie so vertraulich, dass sie nicht einmal in ein konsolidiertes bischöfliches Register wie das MS 4030 Eingang finden konnten, das Fournier damals vielleicht schon geplant hatte?

Pierre Clergue bleibt von allen Beteiligten in dieser Geschichte die rätselhafteste Figur. Wir haben vielfältige Berichte von anderen, von seinen Geliebten, seinen Feinden und seinem Bruder, über ihn, aber dass uns keine eigene Aussage von ihm vorliegt, ist ein großer Verlust. Eine detaillierte Darstellung seiner verbalen Gefechte mit Fournier und seiner Widerlegung der Beschuldigungen, die die Kastellanin und andere wegen seiner ruchlosen Herrschaft in Montaillou gegen ihn erhoben hatten, hätte wertvolle Einsichten sowohl über seinen Charakter als auch für diese Geschichte geliefert. Wurde er je nach der Beisetzung seiner getrösteten Mutter in der Kirche von Montaillou gefragt? Nach den Belegen über Fourniers sonstige Vernehmungen müsste er danach gefragt worden sein. Da Mengardes Grabesruhe jedoch nicht gestört worden zu sein scheint, dürfte er diese Runde, trotz der Zeugenaussagen, für sich gewonnen haben.

Die bedeutsamste Frage ist jedoch die, ob Fournier ihn je direkt mit seinen Machenschaften mit den de Polignacs aus Carcassonne konfrontierte. Fournier hatte zweifellos den starken Verdacht, dass die Clergues und Carcassonne unter einer Decke steckten. Wenn er dieser hochbrisanten Frage in seinen Verhören, die in der Regel vor Zeugen durchgeführt und protokolliert wurden, nachgegangen war, dann könnte dies erklären, warum diese Dokumente in den erhaltenen gebliebenen Unterlagen fehlen.

Sicher ist, dass Pierre Clergue zwischen seiner Verhaftung im August 1320 und seiner Begegnung mit Alamande Faure im April 1321 eine gewisse Bewegungsfreiheit genoss. Aber durch Bernard Clergues Bemühungen in Allemans wird ebenso deutlich, dass es diesem nicht gelang, Fournier von der Unschuld seines Bruders zu überzeugen. Darüber hinaus ist die Tatsache, dass der Bischof Barthélemy Amilhat zu Bernard Clergue in die Zelle steckte, ein Beweis, dass er zwischen Mai und dem Tod des Pfarrers im Oktober 1321 gegen den abtrünnigen Pfarrer weiter ermittelte.

Über die Umstände von Pierre Clergues Tod ist nichts bekannt. Wir müssen davon ausgehen, dass er erkrankte und infolge natürlicher Ursachen starb, zumal die Haftbedingungen in Mas-Saint-Antonin, sofern er tatsächlich dort war, ungleich komfortabler als in den modernden Zellen in Allemans waren. Nach der Schilderung von Bernards Reaktion auf die Nachricht über das Ableben seines Bruders zu urteilen, scheint sein Tod unerwartet eingetreten zu sein, obwohl dies natürlich nicht sicher ist. Bernard wäre in jedem Fall vom Tod seines Bruders tief getroffen gewesen.

Die Zeit seiner Gefangenschaft muss für Pierre Clergue eine bittere Erfahrung gewesen sein. Über 25 Jahre hatte er die absolute Macht in seinem »Reich« im Pays de Sault, einschließlich der *Droits de seigneur* über die Frauen, genossen. Und es waren seine ehemaligen Mätressen und Opfer, die ihn jetzt durch ihre Aussagen vor dem Prälaten aus Saverdun vernichteten. Ein Leben ohne Frauen dürften den sexuell unersättlichen Clergue schmerzlich an seine eigene Sterblichkeit erinnert haben.

Gewiss ist, dass er zeitweise Kontakt mit seinem Bruder in Allemans hatte, denn die Wahl des Zeitpunkts, an dem Bernard Clergue verschiedene Gefangene ins Visier nahm, wurde wahrscheinlich durch den Verlauf der Verhöre des Pfarrers durch Fournier diktiert. Man kann nur spekulieren, wie bitter es für Pierre Clergue gewesen sein muss, letztlich festzustellen, dass er es mit jemandem zu tun hatte, der nicht käuflich war und sich den Bittgesuchen der Kardinäle, die sich für Clergue verwendet hatten, verschloss.

Der ehemalige Pfarrer von Montaillou scheint den geistlichen Trost der katholischen Kirche, als er im Sterben lag, abgelehnt zu haben, denn sieben Jahre und drei Monate nach seinem Tod hieß es, er sei »unbußfertig« gestorben (siehe S. 496, 541). Genau wie Arnaud Teisseyre, der Schwiegersohn Pierre Authiés, der am 20. Mai 1323 in einer Zelle in Allemans starb, ohne dem Katharismus abzuschwören, hat der Pfarrer vielleicht hochmütig die Sakramente der Kirche, die er verachtete, abgelehnt. Wir dürfen ziemlich sicher sein, dass seine Freundschaft mit Guillaume Authié auch die Convenenza eingeschlossen hatte und dass dies der Grund seiner Halsstarrigkeit angesichts seines Endes war. Er hinterließ offenbar kein Geständnis, und wir werden nie wissen, was ihn zu seinem Verhalten trieb. Die Belege im MS 4030 lassen hingegen vermuten, dass er seinen Frieden mit Béatrice de Planisolles schloss, ob dies auch soweit ging, dass sie ihre Beschuldigungen gegen ihn widerrief, wissen wir nicht. Am Ende starb er nur etwa zwei Kilometer von dem Ort entfernt, an dem sie und andere seiner zahlreichen Mätressen im Kerker darbten.

Wo er begraben wurde, ist nicht bekannt. Mit dem Tod von Pierre Clergue war der Würgegriff, mit dem seine Familie die Menschen im Ort umklammert hielt, gelockert, obwohl ihre Nachfahren noch viele Jahrhunderte ihre Herrschaft über Montaillou ausübten.

Es war vielleicht der Schock über Pierre Clergues Tod, der Bernards Gesundheit angegriffen hatte. Dem aus Fournier, Gaillard de Pomiès und anderen bestehende Gremium, das ihn am 2. November verhörte, war seine Blässe aufgefallen, und es hatte sich dadurch offensichtlich zu Nachsicht bewegen lassen (FR, f.175r). Nach dem Protokoll zu urteilen, gab es zahlreiche Diskussionen und Einwände, und die Anmerkung des Schreibers, dass die Länge seiner Haft für mildernde Umstände in Bernards Fall sprach, klingt nicht überzeugend, zumal er in Klammern auch noch anmerkte, dass Bernard sich in der ganzen Festung frei bewegen konnte, als wüsste er nicht so recht, was er eigentlich protokollieren sollte. Bernard wurde unter gerichtlichen Auflagen vorbehaltlich bis zum Fest der heiligen Lucia (13. Dezember 1321) entlassen, an dem er wiederum vor dem Bischof in Pamiers erscheinen musste.

An jenem Abend des 2. November 1321 kehrte Bernard als freier Mann nach Allemans zurück. Er stieg zur Galerie hinauf, um sich dort freudig von seinem Zellengenossen Barthélemy Amilhat zu verabschieden. Zum Abschluss ermahnte er, laut die Treppe hinabrufend, alle Insassen höhnisch, seinem und seines Bruders Beispiel zu folgen und den Mund zu halten:

»Während ich hier war, habe ich gebeten, mir von zu Hause zehn oder 15 oder 30 Schillinge zu schicken, und sie wurden mir immer sofort geschickt, was nicht so gewesen wäre, wenn der Graf von Foix meine Sachen konfisziert hätte. Hätte ich den Mund so weit aufgemacht wie Arnaud Cocul oder Arnaud de Savignan, wäre ich von zu Hause kaum so gut versorgt worden, weil der Graf von Foix anderen Gefangenen so großzügige Zugeständnisse nicht gewährt.« (FR, f.177v)

Zwischen dem 2. November 1321 und seiner Verurteilung am 13. August 1324 entwickelte sich zwischen dem Bischof und dem Padrone von Montaillou ein bemerkenswertes Tauziehen. Fourniers Nachsicht gegenüber Bernard und sein Beharren, dass Clergue einen Anwalt zu seiner Verteidigung einschaltete, selbst wenn dies bedeutete, dass Bernard sich den ganzen Weg bis nach Toulouse frei bewegen durfte, erscheinen nahezu unglaublich. Das Gleiche gilt für den spröden Hinweis, dass Bernard früher immense Geldbeträge ausgegeben habe, um sicherzustellen, dass »eine bestimmte Person [Pierre Clergue], die stark unter dem Verdacht und der Anklage der Häresie stand, aus dem Gefängnis, in dem sie inhaftiert war, freigelassen wurde« (FR, f.179r). Der ansonsten kompromisslose Prälat war bei den verschiedenen Begegnungen mit Bernard offenbar entschlossen, dem Angeklagten gegenüber milde und absolut unparteiisch aufzutreten.

Zur Vorbereitung seiner Verteidigung erhielt er eine Abschrift der Aussagen belastender Zeugen, deren Namen ihm nicht genannt wurden. Seinen Termin in Pamiers am 12. März 1323 nahm er jedoch nicht wahr. Stattdessen erschien sein Bruder Raymond, um zu erklären, dass Bernard zu krank sei, um von Montaillou hierher zu kommen. 17 Monate später lieferte Bernard sich am 7. August 1324 auf Gedeih und Verderb dem Erbarmen »des Bischofs und des Großinquisitors von Carcassonne« aus, indem er auf eine formale Verteidigung verzichtete. Am Donnerstag, dem 9. August, wurde er der Unbußfertigkeit für schuldig befunden, mit der Empfehlung, ihn dem weltlichen Arm des Strafvollzugs zu übergeben. Diese Nachricht verbreitete sich in ganz Pamiers. Aber am darauf folgenden Montag wurde er zu einer Haftstrafe in Carcassonne, dem Gefängnis seiner ergebenen Freunde, verurteilt. Er muss tatsächlich krank gewesen sein, denn am Freitag, dem 14. September 1324, war er tot, da Gaillard de Pomiès an dem Tag auf den »verstorbenen Bernard Clergue« Bezug nahm.

Es ist zu bezweifeln, dass Bernard je anders als nominell in Carcassonne in irgendeiner Form seine Haft antrat, zumal wir wissen, dass die de Polignacs innerhalb des Gefängnisses private Räumlichkeiten hatten, wo sie ihren alten Freund wahrscheinlich unterbrachten. Am 8. Oktober 1324 war auch der ältere Arnaud Sicre tot (FR, f.300r); er hatte zuletzt Eigentum eingetrieben, das wegen Häresie namens der Krone gepfändet worden war (CR 1285-1314: S. 8463, S. 8616f. usw.). Sein Sohn Arnaud, die Nemesis der katalanischen Katharer, war zu dem Zeitpunkt noch am Leben und arbeitete noch 1329 für die Inquisition.

Am 25. Juni 1324 wurde Pierre Maury zum ersten Mal von Fournier verhört. Sowohl er als auch sein Bruder waren durch Arnaud Sicre dem Bischof in die Hände gefallen.

Nach Pierres Rückkehr aus Mallorca hatten die beiden Brüder den Sommer 1321 auf den Weiden von Castanesa verbracht, der Gegend des Serrat de Castenàs, die zwischen Tírvia und Castellbó liegt. Es müsste eigentlich der letzte Ort auf Erden gewesen sein, an dem man die Maurys so kurz nach der Verhaftung ihres Freundes und Mentors Guillaume Bélibaste vermutet hätte, da die Gegend wahrscheinlich der Jurisdiktion von Pinhana, dem Bayle von Tírvia, unterstand.

Guillaume Bélibaste war zu diesem Zeitpunkt bereits tot. Er war durch den Erzbischof von Narbonne in Villerouge-Termenès, vermutlich auf einem Platz zwischen der Burg und der Kirche Saint-Étienne, auf dem Scheiterhaufen verbrannt worden. Jean Maury gab später vor, zu glauben, dies sei in Carcassonne geschehen, so, als wolle er damit seine Distanz zu Bélibaste unterstreichen. Heute wird in der Festung von Villerouge-Termenès dem Schäfer-Parfait aus dem nahe gelegenen Cubières in einer dreidimensionalen *exposition audiovisuelle* auf bewegende Weise Tribut gezollt. Die Dokumentation »Le Monde de Bélibaste, dernier Parfait Cathare« veranschaulicht Bélibastes Reise von Morella und die anschließende (nicht dokumentierte) Konfrontation mit dem Erzbischof Bernard de Farges, einem Neffen von Papst Klemens V.

Während sich die Maurys wieder in der Gegend von Tírvia aufhielten, verbrachten Guillaume und Arnaud Maurs den Sommer auf dem Riucaut. Bei ihnen waren außerdem noch Vezian Tournier aus Prades,

Jacques d'Odeillo und Bernard, der Bruder von Brune Pourcel, der Tochter des verstorbenen Prades Tavernier. Schließlich stieß auch noch Guillaume Baille aus Montaillou zu ihnen, wo zu dem Zeitpunkt ein offener Krieg zwischen den Clergues und Azéma herrschte.

Zum 2. September 1321, dem Fest des heiligen Antonius, begab sich Arnaud Maurs zum Kirchweihfest nach Pamiers, wo er verhaftet wurde. Bei ihm war Raymond Bar aus Montaillou, der vermutlich ein Vetter mütterlicherseits von Mengarde Bar war. Arnauds Bruder Guillaume wartete in Puigcerdà und bereitete sich auf den Winterviehtrieb vor. Da ihm widersprüchliche Gerüchte über Arnauds Schicksal zu Ohren gekommen waren, ging er zum Riucaut hinauf, um Guillaume Baille und Jacques d'Odeillo zu suchen. Nachdem er sich mit ihnen beraten hatte, schlug er vor, nach Ax zu gehen, um Arnaud zu suchen. Jacques d'Odeillo riet jedoch davon ab, denn wenn man Guillaume verhaftete, würde ihre Herde gepfändet werden.

Guillaume Maurs bat somit Guillaume Baille, nach Ax hinunterzugehen und seine (Guillaume Maurs') Schwester Guillemette aufzusuchen, während er selbst nach Puigcerdà zurückkehren wollte, um die nötigen Vorkehrungen für Càlig zu treffen. Auf der Strecke zwischen Ax und Mérens lief Baille Raymond Bar über den Weg, der seine Ziegen nach Ax brachte. Bar bestätigte ihm, dass Arnaud in seinem Beisein verhaftet worden war, und fügte hinzu, dass es aus sicherer Quelle das Gerücht gab, dass der Bischof von Pamiers vorhatte, alle Schäfer aus der Cerdagne vorzuladen.

Guillaume Maurs wurde um den 21. September in Puigcerdà verhaftet. Zu dem Zeitpunkt waren die Schäfer, die zu seiner Gruppe gehörten, entweder oben in Campcardós (IGN 2249 OT) oder auf dem Pass von Guils, oberhalb des Dorfes Guils de Cerdanya, in der Nähe von Puigcerdà. Die Schafe von Guillaume und Arnaud Maurs wurden von den Männern des Königs von Mallorca beschlagnahmt. Ehe die Schafe wieder freigegeben wurden, musste sich ein Mathieu Pélissier aus Puigcerdà dafür verbürgen. Guillaume Baille und die anderen Schäfer schworen Pélissier, die Schafe der Maurs in jedem Fall wieder aus Càlig zurückzubringen und sie in der Zwischenzeit nicht den Maurs' zu übergeben.

Drei Monate später suchte Pierre Maury um Weihnachten Guillaume Baille in Càlig auf und erfuhr, dass die beiden Maurs' verhaftet worden waren. Bei dieser Nachricht wetterte Pierre wütend gegen Fournier und behauptete, auf den Bischofssitz in Pamiers sei in der Gestalt von Fournier ein böser Geist herabgekommen. Aber Fournier, schwor er, würde nach seinem Tod weniger Frieden als jeder andere haben, weil er »ein schlimmerer Häretiker als Guillaume Maurs oder diejenigen ist, die als Häretiker bezeichnet werden«. Guillaume Baille sagte später, er habe Pierre Maury geglaubt, weil er, Guillaume, von der Kraft der Parfaits beseelt war, für ihren Glauben dem Tod durch das Feuer ins Auge zu sehen (FR, f.199r).

Guillaume Baille wurde um den Juli oder August 1322 von den Häschern des Bischofs verhaftet und Guillaume Maurs am Montag, dem 5. Juli 1322, in Carcassonne ins Gefängnis eingeliefert. Zusätzlich wurde er sowohl in Pamiers als auch in Carcassonne wegen Fälscherei und Erpressung an den Pranger gestellt (L, S. 297). Dass Maurs in Carcassonne und nicht in Parmiers inhaftiert wurde, klingt unheilvoll, denn, auch wenn der Einfluss der Clergues geschwunden war, die Macht der de Polignacs war ungebrochen, und die Feinde ihrer Freunde waren auch ihre Feinde.

Pierre Maury scheint in jenem Sommer 1322 in Katalonien geblieben zu sein. Nachdem er seinen Bruder Jean in Castelldans besucht hatte, ging er nach Alcañiz, um sich das Geld zurückzuholen, dass er seiner Tante und seiner Cousine geliehen hatte. Bei seiner Ankunft musste er jedoch feststellen, dass beide gestorben und dort begraben worden waren. Und mit ihnen war sein Geld, rund 500 Schillinge, verschwunden.

Auch hier haben wir nur wieder Pierre Maurys Wort für den Tod seiner Angehörigen. Es war jedoch etwas ganz anderes, dafür zu sorgen, dass Guillemette Maury und ihre Familie in Vergessenheit gerieten, als den gleichen Gefallen auch einem Paar zu erweisen, zu dem die Katharer-Hasserin Jeanne gehörte, die es darauf abgesehen haben könnte, ihren Nutzen aus der Inquisition zu ziehen. Nach einem flüchtigen Besuch in Alcañiz machte Pierre Maury sich auf den Weg, um Blanche und Raymonde zu suchen. Er fand sie in Caseres, nicht weit von Cretas entfernt. Trotz des herben finanziellen Verlustes, den er gerade erlitten hatte, gab er Raymonde 25 Barcelona-Schillinge als Unterhalt für »seinen« Sohn.

Den Winter 1322/23 verbrachte er in Tortosa. Um Pfingsten (15. Mai) 1323 lief er eines Abends auf der Brücke, die in der Stadt über den Ebro führt, Raymond Issaurat über den Weg. Sie kauften Brot, Wein und Käse und verließen dann die Stadt, um jenseits der Stadtgrenzen in den Olivenhainen zu übernachten. Bei dieser Begegnung in der Abenddämmerung teilte Pierre Maury seinem Gefährten Issaurat die traurige Nachricht mit, dass Bélibaste bereits tot sei. Sein Kampfgefährte war tief betroffen und erklärte: »Bis jetzt hatte ich gehofft, noch einmal gute Zeiten und Spaß mit ihm zu erleben, und ich wollte, dass er mit mir nach Sizilien hinüberging, weil es ein gutes Land [für die Gläubigen] und reich ist. Ich habe Bernard Baille in Palermo zurückgelassen, weil er nach Sardinien gehen wollte, um dort zu kämpfen.« (FR, f.267v)

In jener Nacht tauschten sich die beiden über die jüngsten Ereignisse aus. Sie sprachen auch über den Unterschied zwischen den beiden Brüdern Sicre-Baille, und Raymond erkundigte sich, wo Blanche und ihre Schwester abgeblieben waren. Pierre erklärte ihm, dass sie sich wahrscheinlich ganz in der Nähe, in der Gegend von Ulldecona, an der Küste zur Ernte aufhielten und von dort anschließend zur Ernte in die Berge von Benifassà aufbrechen wollten. Raymond erzählte Pierre, dass er seinen Bruder Jean besuchen wolle und auch vorhabe, die beiden Marty-Frauen aufzusuchen, »um mich aufzumuntern«.

Am nächsten Morgen trennten sie sich. Pierre Maury ging geradewegs nach Flix, und Raymond wollte ihm dorthin folgen, sobald er seine verschiedenen Besuche erledigt hatte. In Flix wurde Pierre Maury gegen neun Uhr am Abend bei Einbruch der Dämmerung vom örtlichen Bayle auf Anweisung von Arnaud Sicre festgenommen. Von Flix wurde er zu einer kurzen Voruntersuchung nach Barcelona in Aragonien gebracht. Anschließend ging es auf die weite Reise nach Pamiers, wo er über 13 Monate nach seiner Verhaftung schließlich Jacques Fournier von Angesicht zu Angesicht gegenübersaß.

Während des Winters 1321/22 war Jean Maury offenkundig von dem Bayle von Castelldans vor die Wahl gestellt worden, entweder ein einheimisches Mädchen zu heiraten, das heißt, sich einzubürgern, oder seine Herde von den Weiden von Castelldans zu entfernen. Anscheinend gab es dort jedoch keine Frau, die ihn heiraten wollte. Der wiederholte Hinweis in seiner Aussage, die Suche nach einer Ehepartnerin sei die prägende Kraft in seinem Leben gewesen, klingt genauso überzeugend wie Bernard Clergues Beteuerung seiner leidenschaftlichen Liebe zu seiner Frau.

Jean verließ Castelldans und ging nach Albi, rund 20 Kilometer südöstlich von Castelldans, um dort einen Mönch namens Bérenger Moliner aus dem nahe gelegenen Kloster von Poblet zu suchen, bei dem er angeblich zwei Schafböcke versetzt hatte. Handelte es sich bei diesem Mönch um einen Bruder jenes Guillaume Moliner aus Lleida, der einige Jahre zuvor in La Granadella sowohl Jean Maury als auch Raymond de Toulouse beherbergt hatte? Wenn dem so war, dann war Moliner womöglich Teil eines Notfallplans zur Rettung des jungen Maury.

Moliner war sinnigerweise nach Juncosa unterwegs, und Jean Maury folgte ihm. Tatsächlich begab er sich dorthin, weil sein Bruder Pierre Maury ihm erzählt hatte, dass Esperte Servel und ihre Tochter Mathène sich seit Anfang April 1321 dauerhaft dort niedergelassen hatten. Von seiner späteren Behauptung, er habe nichts davon gewusst, dass seine künftige Frau Mathène Katharerin gewesen sei, ließ sich niemand täuschen, am wenigsten Fournier. Mathène war Jeans Lebensversicherung gegen den Scheiterhaufen.

Jean Maury und Mathène verlobten sich am Samstag, dem 2. Januar 1322, und heirateten am Samstag, dem 23. Januar. Mathène dürfte 18 und Jean etwa 26 Jahre alt gewesen sein. Bei der Vernehmung wurde viel Aufhebens um diese öffentliche und orthodoxe Hochzeitsfeier gemacht. Die Inquisition wusste der jungen Mathène die nur zu selbstverständliche Tatsache zu entlocken, dass die Eheschließung offiziell in den Kirchenbüchern von Juncosa eingetragen war. Schriftlich war in der Heiratserlaubnis die irreführende Feststellung vermerkt, dass die Familie der Braut aus Foix (statt aus Tarascon) stammte, weil Foix in einer weitaus weniger katharischen Gegend lag.

Eine offizielle Eintragung der Eheschließung in die Kirchenbücher entsprach völlig dem üblichen Vorgehen. Die Inquisitoren fragten danach, weil sie den Verdacht hatten, es handele sich hierbei um ein abgekartetes Spiel zur Rettung Jeans. Die Neuvermählten zogen sofort nach Castelldans und nahmen Esperte mit. Dort konnten sie noch weitere anderthalb Jahre zusammen ihre Freiheit genießen, ohne Nachkommen, wie es sich, abgesehen von Bélibaste, für »verheiratete« Parfaits schickte. Fest steht, dass sie um den 15. Mai 1323 noch in Freiheit waren, dann aber wahrscheinlich kurz nach Pierre Maury festgenommen wurden.

Arnaud Sicre scheint darauf bedacht gewesen zu sein, seine Aufgaben in Katalonien vor der Wanderung zu vollenden, die die Schäfer aus der Cerdagne nach Norden auf die Pässe führen würde, wo sie wesentlich schwerer zu fassen waren. Deshalb ist wohl davon auszugehen, dass Jean Maury Mitte bis Ende Mai 1323 zusammen mit seiner Frau und seiner Schwiegermutter in Castelldans verhaftet wurde.

Mit Jean Maury hatte die Inquisition in Pamiers den letzten angehenden Parfait in Katalonien dingfest gemacht. Aus dem Umfang der Verhöre der beiden Maurys geht hervor, dass Fournier sehr wohl wusste, dass er hier die wichtigsten katharischen Akteure in der Diaspora vor sich hatte. Es war jedoch sein Kollege in Aragonien, der Jean Maury das berühmte katharische Gebet entlockte, das im Protokoll original in Okzitanisch wiedergegeben ist. Es lautet, wörtlich übersetzt:

»Heiliger Vater, gerechter Gott der guten Geister, der keine Falschheit kennt, noch Lügen, noch Irrtümer, noch aus Angst vor dem Tod zögert, in der Welt des fernen Gottes zu verweilen, da wir nicht von dieser Welt sind, noch die Welt von uns ist, gewähre uns, das zu wissen, was Du weißt, und zu lieben, was Du liebst. Ihr treulosen Pharisäer, die ihr an den Toren des Königreiches steht und verhindert, dass diejenigen, die eintreten möchten, es tun, und ihr anderen, die ihr nicht dorthin gehen möchtet, deshalb bete ich zum Heiligen Vater der guten Geister, der die Macht hat, die Seelen zu retten, der es für die guten Geister sprießen und blühen lässt und der um der Guten willen den Schlechten das Leben gewährt und sie sogar in die Welt der Guten gehen lässt, wenn in den geringeren Himmeln der sieben Königreiche von den meinigen keine mehr da sind, die aus dem Paradies fielen, aus dem Luzifer sie unter dem trügerischen Vorwand gelockt hat, dass Gott ihnen nur Gutes versprochen habe. Und weil der Teufel sehr falsch war, versprach er ihnen Gutes und Schlechtes und gab ihnen Frauen, die sie zu sehr liebten und denen er die Herrschaft übereinander überließ; und unter ihnen würden jene, die Könige und Grafen und Kaiser sind, einen Vogel haben, mit dem sie andere Vögel fangen können, und ein Tier das andere; alle Menschen würden die Untertanen derjenigen sein, die herabsteigen, und sie würden Götter sein und die Macht haben, Böses und Gutes zu tun, genau wie Gott oben, und sie würden es nie bedauern, Götter zu sein, die die Macht haben, Böses und Gutes zu tun, während der eine Gott oben ihnen immer nur Gutes gegeben hat; und so kletterten sie auf einen gläsernen Himmel, und so viel sie kletterten, fielen sie und gingen zugrunde. Und Gott kam vom Himmel herab mit zwölf Aposteln und verschattete sich in der heiligen Maria.« (FR, f.213v)

Am Sonntag, dem 12. August 1324, wurden Pierre und Jean Maury zu strenger Gefängnisstrafe bei Brot und Wasser, aber ohne Ketten verurteilt. Unter den gegebenen Umstände gehörte ihr Strafmaß zu den glimpflicheren der durch Fournier gefällten Urteile.

Am 4. Juli 1322 wurde Béatrice de Planisolles Haftstrafe in die Auflage, die doppelten Kreuze zu tragen, umgewandelt, während Barthélemy Amilhat als freier Mann, nur mit geringfügigen Bußauflagen, das Gefängnis verlassen konnte. Fournier hatte sein Versprechen offenbar gehalten. Nur Guillemette Clergue (B) kam genauso glimpflich davon, denn wenn sie auch am 2. August 1321 zum Tragen der doppelten Kreuze verurteilt wurde, hat sie möglicherweise nur ein Jahr in Allemans verbracht. Ebenfalls am 4. Juli 1322 wurde Grazide Lizier freigelassen mit der Strafe der doppelten Kreuze. Ihre Mutter Fabrisse wurde nicht eigens erwähnt, sie erschien jedoch mit ihre Tochter am Montag, dem 16. Januar 1329, zu den »Gnadenakten«, bei denen die Kreuze aufgehoben wurden (L, S. 294; D 27, ff.147-148). Die ehemalige Kastellanin wurde in dieser Liste nicht aufgeführt, möglicherweise deshalb, weil die doppelten Kreuze, wie es in ihrem Urteil hieß, in ihrem Fall auf Dauer getragen werden sollten oder weil sie zu diesem Zeitpunkt bereits gestorben war. Ihr Bruder Bernard aus Caussou wurde an jenem Tag wegen Falschaussage zum Tragen der Kreuze verurteilt (D 27, f.149r). Das Hauptereignis an jenem Montag des Jahres 1329 war jedoch die posthume Verurteilung von Pierre Clergue, dem ehemaligen Pfarrer von Montaillou.

Am Freitag, dem 13. Januar, war sein Fall in Pamiers verhandelt, eine

Entscheidung jedoch auf den nächsten Tag verschoben worden, um dem Rechtsexperten des Gremiums mehr Zeit einzuräumen (D 27, f.142v). Am Samstag, dem 14. Januar, wurde dann einvernehmlich, *duobus exceptis* (mit zwei Ausnahmen), die Entscheidung gefällt, dass Clergues Überreste als die eines unbußfertigen häretischen Eiferers exhumiert und posthum verbrannt werden sollten (D 27, f.145v). Waren die beiden, die dagegen gestimmt hatten, die de Polignacs, da wir wissen, dass Jacques de Polignac auch bei einer früheren Inquisitionssitzung am Samstag, dem 17. Dezember 1328, in Pamiers zugegen war (D 27, f.140r)? Das Urteil wurde am 16. Januar 1329 verkündet. Es lautete:

Infrascriptae personae defunctae obierunt impenitentes, et eorum ossa pronunciata fuerunt // exhumanda, et ignibus concremanda Petrus Clerici Rector olim Ecclesiae de Montealionis… (D 27, ff.148v-149r)[133]

Dass der Fall Pierre Clergue jetzt wieder aufgenommen wurde, lässt darauf schließen, dass neue Beweise über seine katharischen Aktivitäten ans Licht gekommen waren. Hatte Béatrice auf dem Totenbett vielleicht eine Beichte abgelegt? Wir werden es nie erfahren.

Wäre Fournier 1326 nicht nach Mirepoix versetzt und 1327 zum Kardinal ernannt worden, wären die Unterlagen erhalten geblieben. Er war nicht nur übergenau und ließ Abschriften von seinen inquisitorischen Aktivitäten anfertigen, sondern sein weiteres Leben führte ihn und seine Bücher nach Avignon, und von dort fand seine Bibliothek den Weg nach Rom. Dort befindet sie sich heute in der Biblioteca Apostolica Vaticana, wodurch sie den Verwüstungen der Französischen Revolution entgangen ist.

EPILOG
BENEDIKT XII. UND DIE BÜRGER

Innerhalb von zehn Jahren nach diesen Ereignissen wurde Jacques Fournier am 20. Dezember 1334 in Avignon zum Papst gewählt. Am 8. Januar 1335 fand die Krönung statt. Als Referenz an seine zisterziensischen Ursprünge nahm er den Namen Benedikt XII. an. Der neue Papst widmete sieben Jahre seines Pontifikats der Errichtung eines Palastes neben der Kirche in Avignon. Hunderttausende von Menschen sind seither durch den *Vieux Palais* Benedikts XII. gegangen, und sein Schlafgemach, der Raum, in dem er starb, wird im Sommer regelmäßig von Strömen dürftig bekleideter Touristen heimgesucht.

Fourniers Ruf des Asketen wird durch die aufwändigen Wandgemälde in seinem Schlafgemach Lügen gestraft, auf denen vor blauem Hintergrund ein prächtiges Mosaik aus Eichhörnchen, Vögeln, leeren Vogelkäfigen, Weinblättern und reich verzierten Arabesken zu sehen ist. Und die schmuckvollen Teppiche auf dem Boden seines angrenzenden Arbeitszimmers sind seit Mitte der 1330er Jahre, als sie ausgelegt wurden, tadellos erhalten. Von seinen Privatgemächern hatte der vorgeblich genügsame Fournier, der 15 Jahre zuvor so viele Menschen in die feuchten und modernden Zellen von Allemans geschickt hatte, eine herrliche Aussicht auf seine Gärten und Obstplantagen, die sich im Osten des Palastes erstreckten.

Genau wie die Authiés liebte Fournier Bücher und insbesondere illustrierte Handschriften. Zwischen dem 27. April 1336 und dem 6. Januar 1338 gab sein Bibliothekar Jean Engilbert, ebenfalls Zisterzienser und Privatsekretär, 578 Goldgulden für Abschriften von Büchern aus. Es ist wohl Fourniers Archivierungstrieb zu verdanken, dass das ansonsten unauffällige und schmucklose MS 4030 erhalten blieb, dass den Großteil unserer Unterlagen über die Inquisition in Pamiers enthält. Er war darauf bedacht, erfahren wir aus Maurice Faucons Studie über die päpstliche Bibliothek in Avignon, seine eigenen Werke zu erhalten (Faucon, 1886, S. 47). Es war jedoch nicht so sehr diese spezielle Eitelkeit als vielmehr der Vorwurf der Simonie, der Verderbtheit und des Größenwahns, durch den er den Zorn mehrerer Zeitgenossen, allen voran Petrarch, auf sich zog.

Jacques Fournier starb am 25. April 1342 an Nekrose. Er wurde in Notre-Dame-des-Doms in Avignon, rechts neben dem päpstlichen Palast, in der Mitte der vierten Kapelle zum nördlichen Querschiff hin, beigesetzt. Er ruht auf der anderen Seite des Ganges gegenüber von Johannes XXII., dessen Denkmal unter Fourniers Aufsicht errichtet worden war. Am 31. Mai 1342 erhielt der Steinmetz Jean Lavenier aus Paris den Auftrag zur Ausführung von Fourniers Grabstätte. Das Mausoleum blieb bis 1689 intakt, als der obere Bereich und insbesondere die Spitzen beschädigt wurden; ein getreues Abbild des Bauwerks aus dem 14. Jahrhundert war in einer Zeichnung festgehalten worden (Duhamel, 1888, S. 32 f.). Benedikt XII. war es aber nicht vergönnt, in Frieden zu ruhen, und er wurde, wie Johannes XXII., ausgegraben – und zwar bevor die Revolution die königlichen und kirchlichen Gräber in ganz Frankreich entheiligte.

Am Montag, dem 21. Oktober 1765, sechs Jahre nach der Öffnung des Grabes von Johannes XXII. und 423 Jahre, nachdem er zur Ruhe gebettet worden war, wurden Fourniers Überreste gestört. Der Grund war, dass die »Gilde der Schneider für Männer- und Frauenkleidung« aus Avignon Anstoß an der zentralen Lage des Grabes und den Unebenheiten des Pflasters um das Grab nahm, während sie ihre Gottesdienste in der ihnen zugewiesenen Kapelle hielten. Sie beantragten daher, das Monument an die Seite der Kapelle verschieben zu dürfen. Dies wurde ihnen bewilligt. Die Ironie der Tatsache, dass das Handwerk der Schneider so eng mit dem der Weber und Flickschneider verbunden ist, den beiden bevorzugten Gewerbezweigen der mittelalterlichen Parfaits, dürfte den kirchlichen Würdenträgern, die der Exhumierung zustimmten, nicht bewusst gewesen sein.

Über die Öffnung des Grabes an diesem Herbstnachmittag in der muffigsten und trostlosesten Kirche der Provence sind drei zuverlässige Berichte erhalten geblieben, darunter ein sehr detaillierter *procès verbal*. Gefunden wurden die erbärmlichen und spärlichen Überreste eines stark verfaulten alten Kiefernsargs, der ein paar zerfallende Knochen eines verblüffend großen Mannes enthielt. Nur Bruchteile seines Kopfes und Kiefers waren erhalten geblieben, und nach den Worten des Augenzeugen Abt Massilian, »waren viele Lederstücken darin«. Seine Pantoffel, die aus Kork waren, hatten ihre Form behalten, zerfielen jedoch bei Berührung. Die meisten Knochen waren bereits zu Staub zerfallen. Der Hohlraum von Fourniers Grab, der gerade einmal zwei Meter mal einen halben Meter maß und nicht mehr als einen Meter tief (also schmal und flach) war, war über Jahrhunderte hinweg vom Sickerwasser aus den darüber liegenden Gärten an der Nordseite der Kirche durchnässt worden. Er dürfte kaum den legendären Duft verströmt haben, der im Mittelalter, als Fournier lebte, den Leichen von Heiligen nachgesagt wurde.

Drei Schmuckstücke wurden gefunden, darunter ein gewaltiger Ring mit einem Achat, in den als Relief der Kopf Christi und der Kopf der Jungfrau Maria eingraviert waren, eingefasst von 21 kleinen Granat- oder Rubinsteinen, von denen 19 noch in ihrer Fassung saßen. Außerdem waren zwei kleine Silberschmuckstücke »mitten auf die Handschuhe des Papstes gelegt worden« (Duhamel, 1888, S. 22), das heißt auf seine Finger. Eines zeigte die Jungfrau mit der Inschrift *Ecce ancilla Domini* (»Siehe die Magd des Herrn«) und das andere den Erzengel Gabriel mit der Inschrift *Missus est Angelus* (»Der Engel wurde gesandt«).

Der Schmuck wurde nicht mit den Überresten in den neuen Sarg gelegt, sondern vom Erzbischof in Verwahrung genommen. Sofern die Revolutionäre sie nicht in die Hände bekamen, dürften diese drei materiellen Bindeglieder zu der Geschichte der letzten Katharer noch irgendwo – entweder in Avignon oder in Rom – erhalten geblieben sein.

Am Donnerstag, dem 24. Oktober 1765, wurden die sterblichen Überreste von Benedikt XII. gegen drei Uhr nachmittags an der Westseite der Kapelle der Schneider wieder in die Erde versenkt. Die Revolution stand jedoch bereits vor der Tür und sollte die gerade neu geweihten Gräber der beiden mittelalterlichen Päpste Benedikt XII. und Johannes XXII. entweihen. Zwischen 1765 und 1838, als sie schließlich hoch oben an der Nordwand derselben Kapelle ihre letzte Ruhe fanden, hatten Fourniers sterbliche Überreste so viele Stationen durchlaufen, dass der Gedanke, sie seien von einem katharischen Fluch verfolgt worden, verzeihlich ist.

Fournier hatte im Mittelalter viele Leichen ausgraben lassen und sie ihrer Würde beraubt, indem er sie auf Scheiterhaufen verbrennen ließ; dabei hatte er die Herzen ihrer Angehörigen gebrochen. Derselbe Jacques Fournier hatte Guillaume Fort aus Montaillou auf dem Scheiterhaufen verbrannt, weil dieser bestritt, an die leibhaftige Wiederauferstehung des menschlichen Leibes zu glauben, der in der Erde verrottet. Glaubten diejenigen, die die wenigen sterblichen Überreste Jacques Fourniers sahen, tatsächlich, dass diese Teile von ihm eines Tages im Himmel sein würden? Im Zuge der umwälzenden Revolution 1789 gegen die Tyrannei der Kirche – die, im Unterschied zu derjenigen der Katharer, nicht aufzuhalten, völlig weltlich und immer noch unter uns ist – erlitten seine Gebeine womöglich ein ähnliches Schicksal, wie es Guillaume Guilaberts Gebeinen beschieden war.

Im Februar 1998 saß ich eines Abends mit Alain Fayet, dem derzeitigen Bürgermeister von Montaillou, zusammen, um ein Video über »sein« Dorf anzuschauen. Als ich mich auf den Weg machen wollte, um etwas höher am Berg an den Ort zu gehen, wo einst das mittelalterliche Montaillou stand, ermahnte er mich, angesichts der mangelnden Beleuchtung vorsichtig zu sein. »Ne tombez pas là-haut«, sagte er.

Es war nahe der Geisterstunde, als ich auf dem alten Dorfplatz von Montaillou stand, an demselben Platz, wo sich einst das Haus der Rives' erhob. Mir gegenüber hatte Pierre Maury sein Haus, und genau hier hatte auch Guillemette Clergue (B)-Rives mit ihren vielen Kindern gelebt. Gut 50 Meter hoch oben hinter mir lag das Burgplateau, und auch wenn ich es nicht wirklich sehen konnte, war ich mir des in den Nachthimmel zurückstrahlenden Lichtes der Scheinwerfer bewusst, mit denen die Ruine angestrahlt wird.

Es war fast Vollmond und eine milde Nacht für die Jahreszeit. Es war sehr still. Ein Duft von Holzfeuer lag in der Luft, wie es hier den ganzen Winter üblich ist. Zu meiner Linken, abgehoben gegen den nächtlichen Himmel, konnte ich die Silhouette der Matte majou erkennen, der Senke im Sarrat de Prades, die Prades Tavernier in jener Nacht im Mai 1308 durchquert hatte, als er gekommen war, um Guillaume Guilabert zu trösten. Zu meiner Rechten und hoch über der Comba del Gazel waren der Pic de Pénédis und der Col de Balaguès mit einem Hauch von Schnee bedeckt, der den Mondschein reflektierte. Weiter unten stand das Wäldchen Peyra del Fug, wo im selben Monat, im Mai 1308, Guillaume Authié und Prades Tavernier Unterschlupf gesucht hatten. Mir kamen Worte aus einem englischen Roman, der in den Mooren Yorkshires spielt, in den Sinn: »… wie irgendjemand glauben könnte, die Schläfer in dieser stillen Erde schlummerten nicht in Frieden.« Ich dachte an Agilo, den Goten, der Montaillou vielleicht seinen Namen gegeben hat. Und ich fragte mich erneut, ob Mengarde Clergue wohl immer noch in der Apsis von Notre-Dame-de-Carnesses ruht.

DANKSAGUNG

In den letzten fünf Jahren habe ich eine Reihe von Schulden angehäuft, zu denen ich mich hiermit gerne bekennen möchte.

Im Languedoc habe ich Alain Fayet, dem Bürgermeister von Montaillou, für seine Ratschläge und Hilfe sowie Georges Clergue und Michel Descat für ihre Gastfreundschaft zu danken. Dank schulde ich überdies André Rieu und Philippe Barthe aus Dalou, in ihren Häusern einen Fremden empfangen zu haben, genau dort, wo Béatrice de Planisolles einst lebte. Zu Dank verpflichtet bin ich auch Louis Claeys in Pamiers und dem Personal der Archives Départementales de l'Ariège in Foix. Danken möchte ich zudem Jean-Claude Dupuis vom Institut Géographique National für seine fachkundigen Auskünfte zur Ortsnamenkunde in Frankreich. Darüber hinaus gingen die Bürgermeister von Larnat und Junac bereitwillig auf meine Fragen zur Geschichte ihrer Dörfer während des Mittelalters ein, und André Vacquié aus Mérial zeigte mir die verborgene Kirche von Gebets.

Die drei wichtigsten Handschriften, auf denen dieses Buch basiert, sind über drei große Bibliotheken verteilt: das Fournier-Register in der Bibliothek des Vatikans in Rom, das d'Ablis-Register in der Nationalbibliothek in der Rue de Richelieu in Paris und schließlich die Urteile der Inquisition von Pamiers unter der Registratur MS 4697 und in Limborchs Werk in der British Library in London, nur ein paar Schritte von meinem Büro im University College London entfernt. Ich habe der Belegschaft und den Kuratoren dieser unermesslich wertvollen Sammlungen wie auch der Belegschaft der Bibliothek des University College London sowie insbesondere John Allen zu danken.

Als Schüler eines Lycée classique hatte ich das große Glück, unter Eugène Leytem Latein zu lernen, der mir dank seiner großen Gelehrtheit und engagierten Lehre Zugang zu den mittelalterlichen Inquisitionsakten verschaffte, welche die Grundlage dieses Buches darstellen. Anmerken möchte ich auch, wie dankbar ich Lex Jacoby für den Austausch über seine Erfahrungen als Autor und für seine ermutigenden Worte bin.

Ebenso danken möchte ich Emmanuela Tandello vom Fachbereich Italienisch des University College London und Diego Zancani vom Balliol College in Oxford, die mir ausgesprochen großzügig ihre Zeit geopfert haben und eine unendlich wertvolle Hilfe waren. Karl Miller ist für mich seit jeher, seit ich sein Schüler war, eine Quelle der Inspiration gewesen, und ich möchte ihm für seinen Glauben an dieses Projekt ausdrücklich danken. Nicht versäumen möchte ich, auch Dan Jacobson für seine fortwährende Unterstützung, seine Klugheit und seine Freundschaft meinen Dank zu sagen. Überdies stehe ich auch in der Schuld von David Henn vom Fachbereich Spanisch und Lateinamerikanische Studien des University College London für seine Ausführungen über das Pallars-Tal in Katalonien. In meinem eigenen Fachbereich hat Sarah Wintle mich auf eine Fehlinterpretation der Topografie des modernen Montaillou hingewiesen, und Richard North war mir bei gotischen Namen behilflich. Charles Mitchell vom King's College London ließ mich an seinem juristischen Fachwissen teilhaben, und ich genoss die kurze Unterweisung, die meine Studentin Sarah Lee, eine der begabtesten jungen Fotografinnen des Landes, mir angedeihen ließ. Ihr ist es zu verdanken, dass die Fotografien in diesem Buch nicht schlechter geworden sind. Dank schulde ich auch dem Deans Fond des University College London für die großzügige finanzielle Unterstützung meiner Arbeit im Vatikan sowie Sonja Weis und Patrick Thill, dass sie mich auf eine wichtige Quelle der Katharer-Studien aufmerksam gemacht haben.

Meine Verleger betrauten die akribische und gescheite Annie Lee mit dem Lektorat meines Manuskriptes. Ich habe ihr zu danken ebenso wie Reginald und Marjorie Piggott für ihre ausgezeichnete Arbeit an den Karten. Danken möchte ich auch Carol Janeway für ihre Anmerkungen zum Manuskript. Es ist mir ein Vergnügen, Bill Hamilton und Sara Fisher von A. M. Heath für ihre besonnene Effizienz und treue Unterstützung sowie auch Andrew Kidd vom Viking Verlag als einem denkbar anregenden und freundlichen Redakteur zu danken. Und sehr vieles, was die Katharer angeht, habe ich nicht zuletzt den bahnbrechenden Werken von Jean Duvernoy und Emmanuel Le-Roy Ladurie zu verdanken.

Danken möchte ich zudem Michael Worton für seine Unterstützung und Maryse Brochard-Hansen für ihre liebevolle *amitié*. Den größten Dank schulde ich jedoch erneut Jean. Ohne ihre Ermutigung und Geduld wäre dieses Buch nicht geschrieben worden, und ich möchte ihr für alles danken, was sie für mich getan hat.

René Weis
University College London, 2000

KARTEN

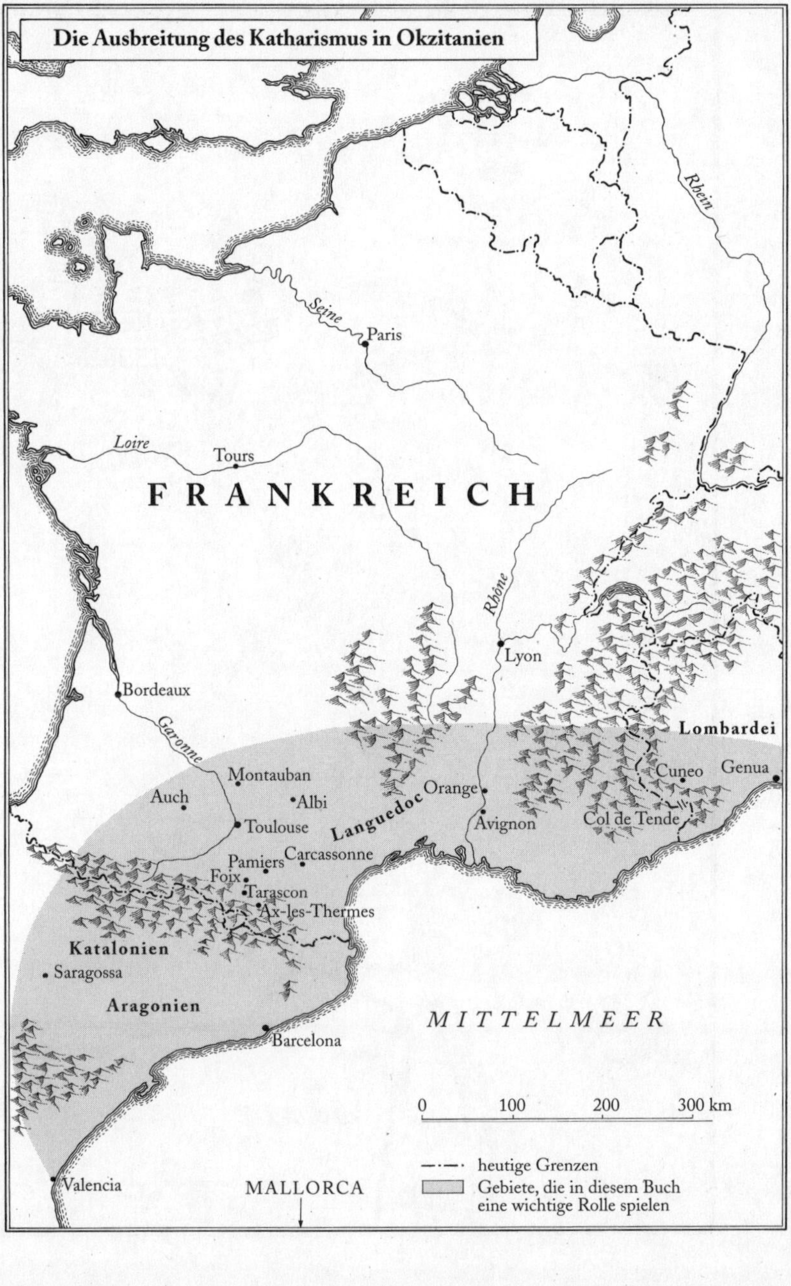

Die Ausbreitung des Katharismus in Okzitanien
Rhein
Seine
Paris
Loire
Tours
FRANKREICH
Rhône
Lyon
Bordeaux
Garonne
Lombardei
Montauban
Cuneo
Genua
Auch
Albi
Orange
Toulouse
Languedoc
Avignon
Col de Tende
Pamiers
Carcassonne
Foix
Tarascon
Ax-les-Thermes
Katalonien
Saragossa
Aragonien
MITTELMEER
Barcelona
0
100
200
300 km
heutige Grenzen
Gebiete, die in diesem Buch eine wichtige Rolle spielen
Valencia
MALLORCA

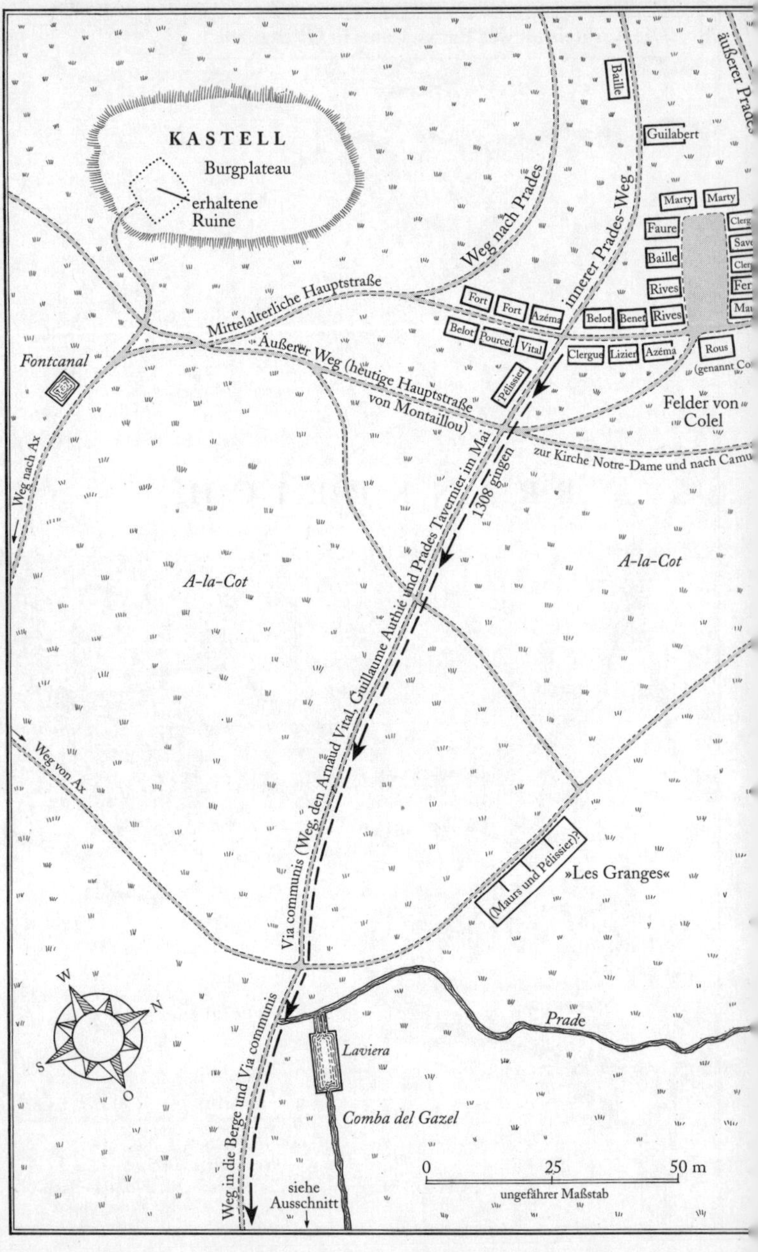
KASTELL
Burgplateau
erhaltene Ruine
Fontcanal
Weg nach Ax
Weg von Ax
Mittelalterliche Hauptstraße
Äußerer Weg (heutige Hauptstraße von Montaillou)
Weg nach Prades
innerer Prades-Weg
äußerer Prades
Baille
Guilabert
Marty
Marty
Faure
Baille
Rives
Rives
Fort
Fort
Azéma
Belot
Benet
Belot
Pourcel
Vital
Pélissier
Clergue
Lizier
Azéma
Rous
(genannt Co
Felder von Colel
zur Kirche Notre-Dame und nach Camu
1308 gingen
Via communis (Weg, den Arnaud Vital, Guillaume Authié und Prades Tavernier im Mai
A-la-Cot
A-la-Cot
A-la-Cot
(Maurs und Pélissier)?
»Les Granges«
Prade
Laviera
Comba del Gazel
Weg in die Berge und Via communis
siehe Ausschnitt
W
N
S
O
0
25
50 m
ungefährer Maßstab

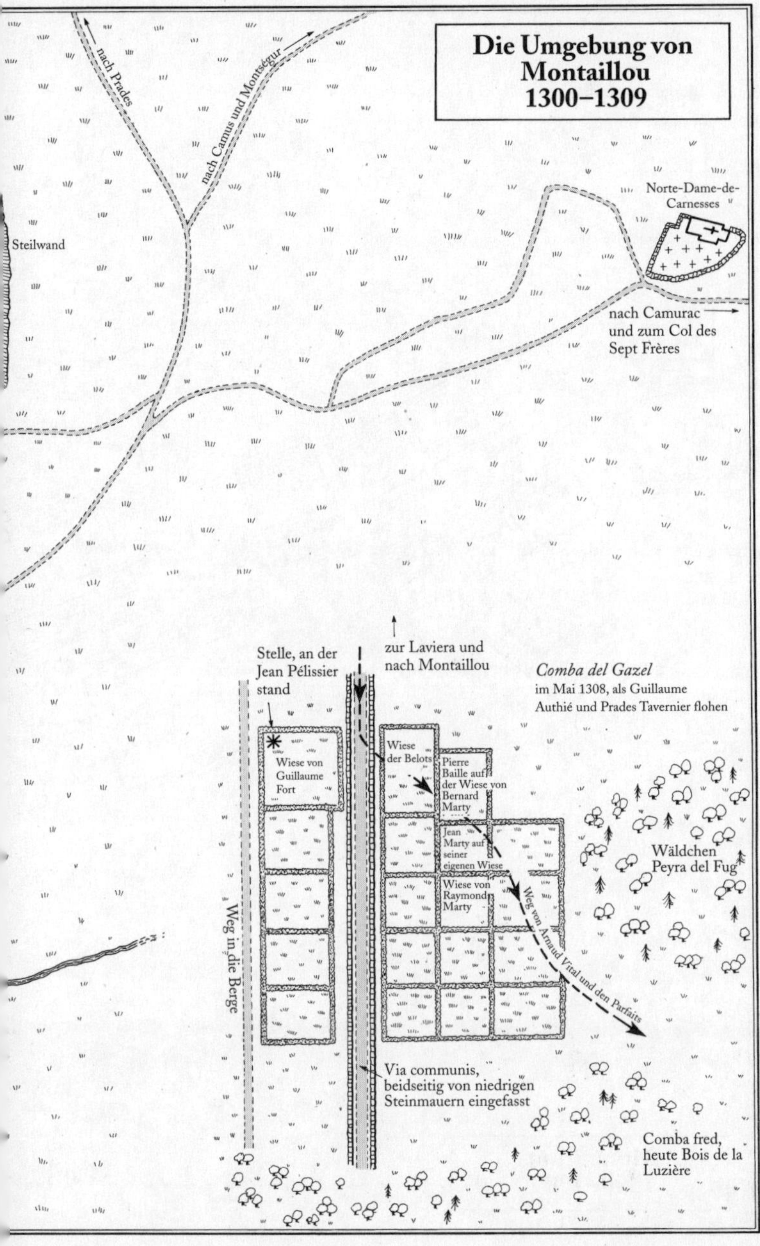

Die Umgebung von Montaillou 1300–1309
nach Prades
nach Camus und Montségur
Norte-Dame-de-Carnesses
Steilwand
nach Camurac und zum Col des Sept Frères
Stelle, an der Jean Pélissier stand
zur Laviera und nach Montaillou
Comba del Gazel
im Mai 1308, als Guillaume Authié und Prades Tavernier flohen
Wiese von Guillaume Fort
Wiese der Belots
Pierre Baille auf der Wiese von Bernard Marty
Jean Marty auf seiner eigenen Wiese
Wiese von Raymond Marty
Wäldchen Peyra del Fug
Weg von Arnaud Vital und den Parfaits
Weg in die Berge
Via communis, beidseitig von niedrigen Steinmauern eingefasst
Comba fred, heute Bois de la Luzière

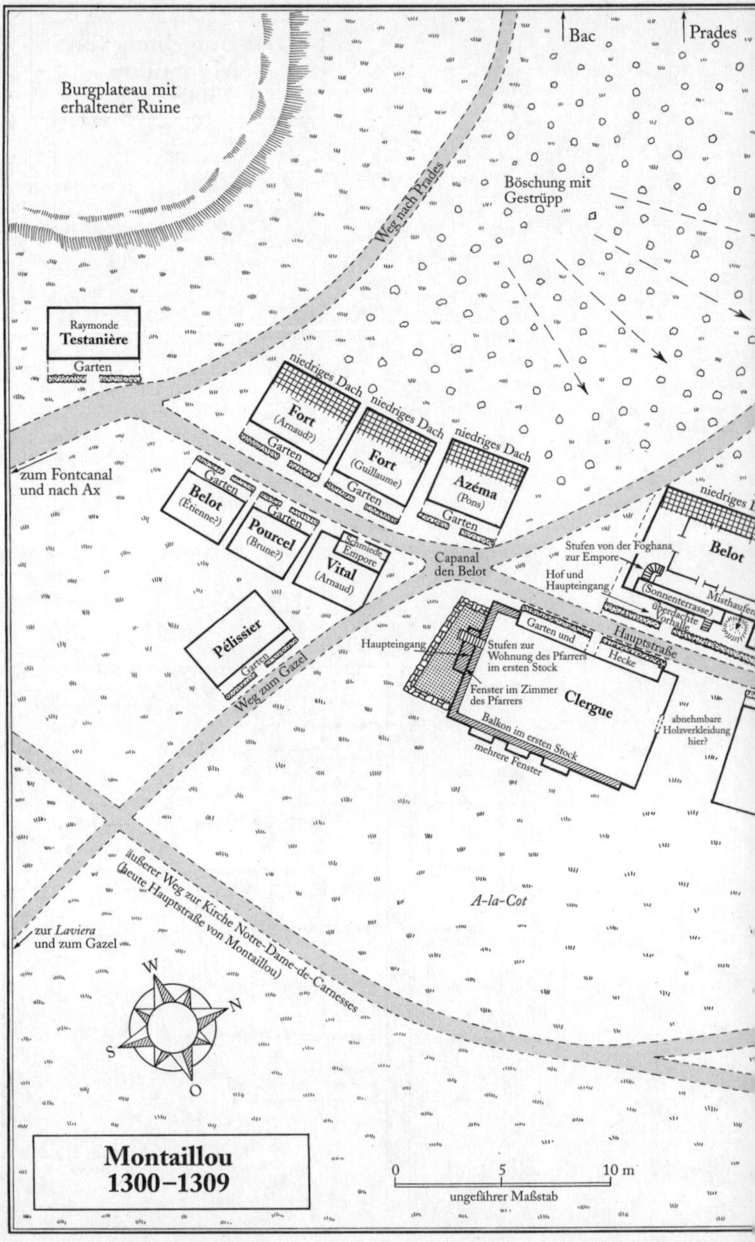

Burgplateau mit erhaltener Ruine
Bac
Prades
Weg nach Prades
Böschung mit Gestrüpp
Raymonde Testanière
Garten
niedriges Dach
niedriges Dach
niedriges Dach
Fort (Arnaud?)
Garten
Fort (Guillaume)
Garten
Azéma (Pons)
Garten
zum Fontcanal und nach Ax
Garten
Belot (Étienne?)
Garten
Pourcel (Brune?)
Schmiede Empore
Vital (Arnaud)
Capanal den Belot
niedriges
Stufen von der Foghana zur Empore
Belot
Hof und Haupteingang
(Sonnenterrasse)
überdachte Vorhalle
Misthaufen
Pélissier
Garten
Weg zum Gazel
Haupteingang
Garten und
Hauptstraße
Hecke
Stufen zur Wohnung des Pfarrers im ersten Stock
Fenster im Zimmer des Pfarrers
Clergue
Balkon im ersten Stock
mehrere Fenster
abnehmbare Holzverkleidung hier?
äußerer Weg zur Kirche Notre-Dame-de-Carnesses (heute Hauptstraße von Montaillou)
A-la-Cot
zur Laviera und zum Gazel
W
N
S
O
Montaillou 1300–1309
0
5
10 m
ungefährer Maßstab

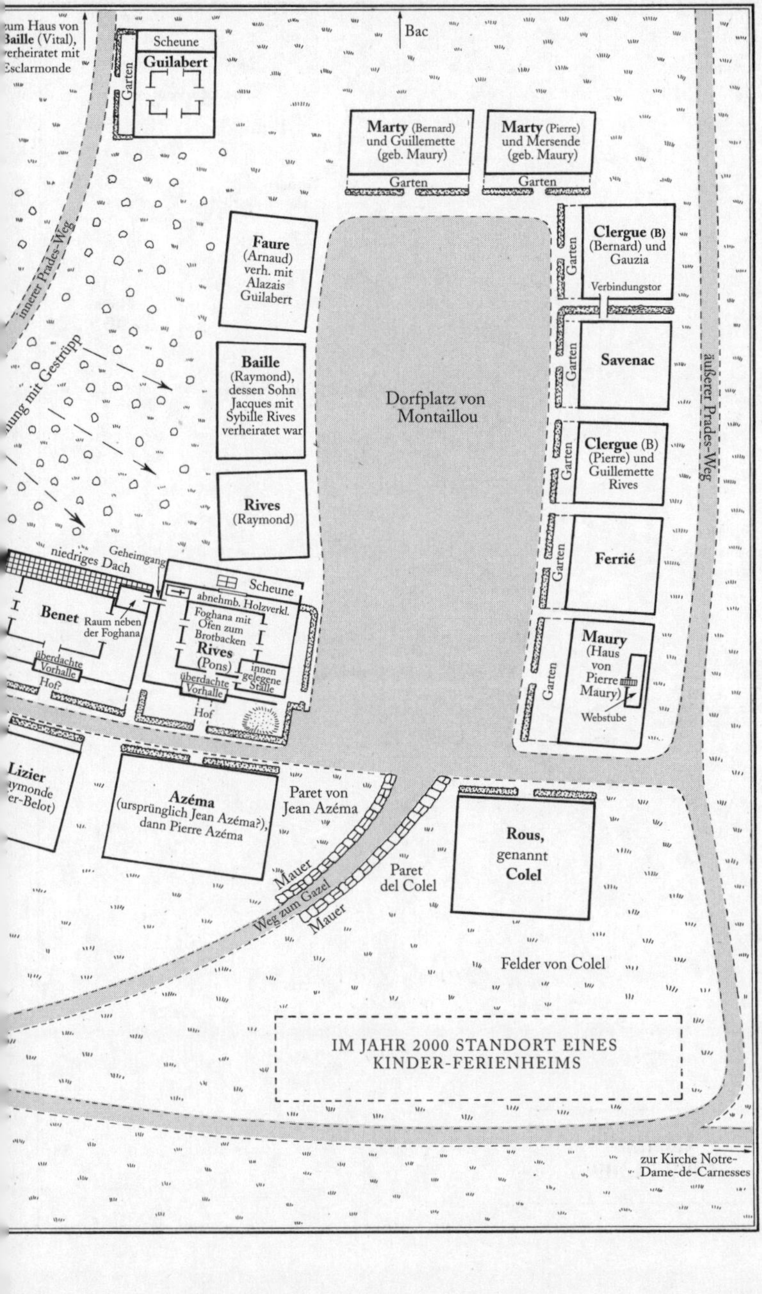
zum Haus von
Baille (Vital),
verheiratet mit
Esclarmonde
Scheune
Garten
Guilabert
Bac
Marty (Bernard)
und Guillemette
(geb. Maury)
Garten
Marty (Pierre)
und Mersende
(geb. Maury)
Garten
innerer Prades-Weg
Faure
(Arnaud)
verh. mit
Alazais
Guilabert
Clergue (B)
(Bernard) und
Gauzia
Garten
Verbindungstor
Baille
(Raymond),
dessen Sohn
Jacques mit
Sybille Rives
verheiratet war
Dorfplatz von
Montaillou
Garten
Savenac
ung mit Gestrüpp
Clergue (B)
(Pierre) und
Guillemette
Rives
Garten
äußerer Prades-Weg
Rives
(Raymond)
Garten
Ferrié
Geheimgang
niedriges Dach
Scheune
abnehmb. Holzverkl.
Benet
Raum neben
der Foghana
Foghana mit
Ofen zum
Brotbacken
Rives
(Pons)
innen
gelegene
Ställe
überdachte
Vorhalle
Hof?
überdachte
Vorhalle
Hof
Garten
Maury
(Haus
von
Pierre
Maury)
Webstube
Lizier
aymonde
er-Belot)
Azéma
(ursprünglich Jean Azéma?),
dann Pierre Azéma
Paret von
Jean Azéma
Mauer
Weg zum Gazel
Mauer
Paret
del Colel
Rous,
genannt
Colel
Felder von Colel
IM JAHR 2000 STANDORT EINES
KINDER-FERIENHEIMS
zur Kirche Notre-
Dame-de-Carnesses

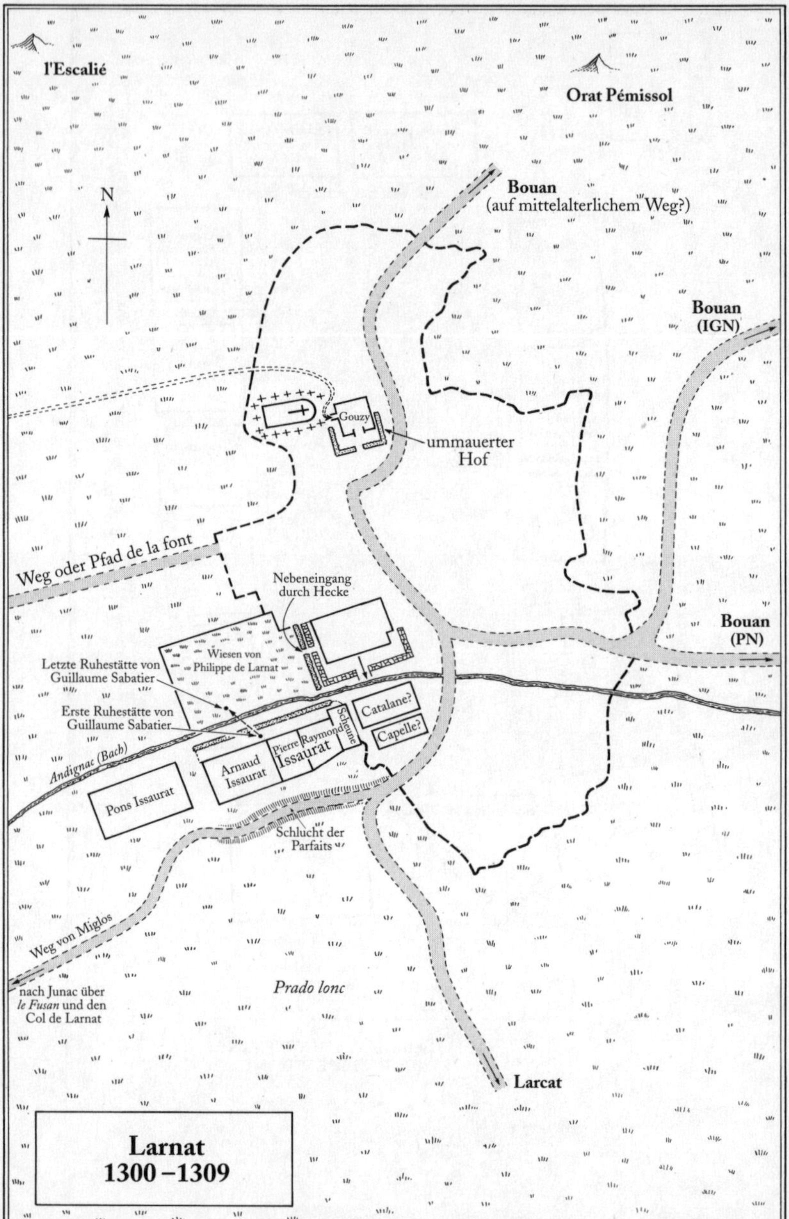
l'Escalié
Orat Pémissol
N
Bouan
(auf mittelalterlichem Weg?)
Bouan
(IGN)
Gouzy
ummauerter
Hof
Weg oder Pfad de la font
Nebeneingang
durch Hecke
Bouan
(PN)
Wiesen von
Philippe de Larnat
Letzte Ruhestätte von
Guillaume Sabatier
Erste Ruhestätte von
Guillaume Sabatier
Catalane?
Capelle?
Scheune
Pierre Raymond
Issaurat
Arnaud
Issaurat
Andignac (Bach)
Pons Issaurat
Schlucht der
Parfaits
Weg von Miglos
nach Junac über
le Fusan und den
Col de Larnat
Prado lonc
Larcat
Larnat
1300 –1309

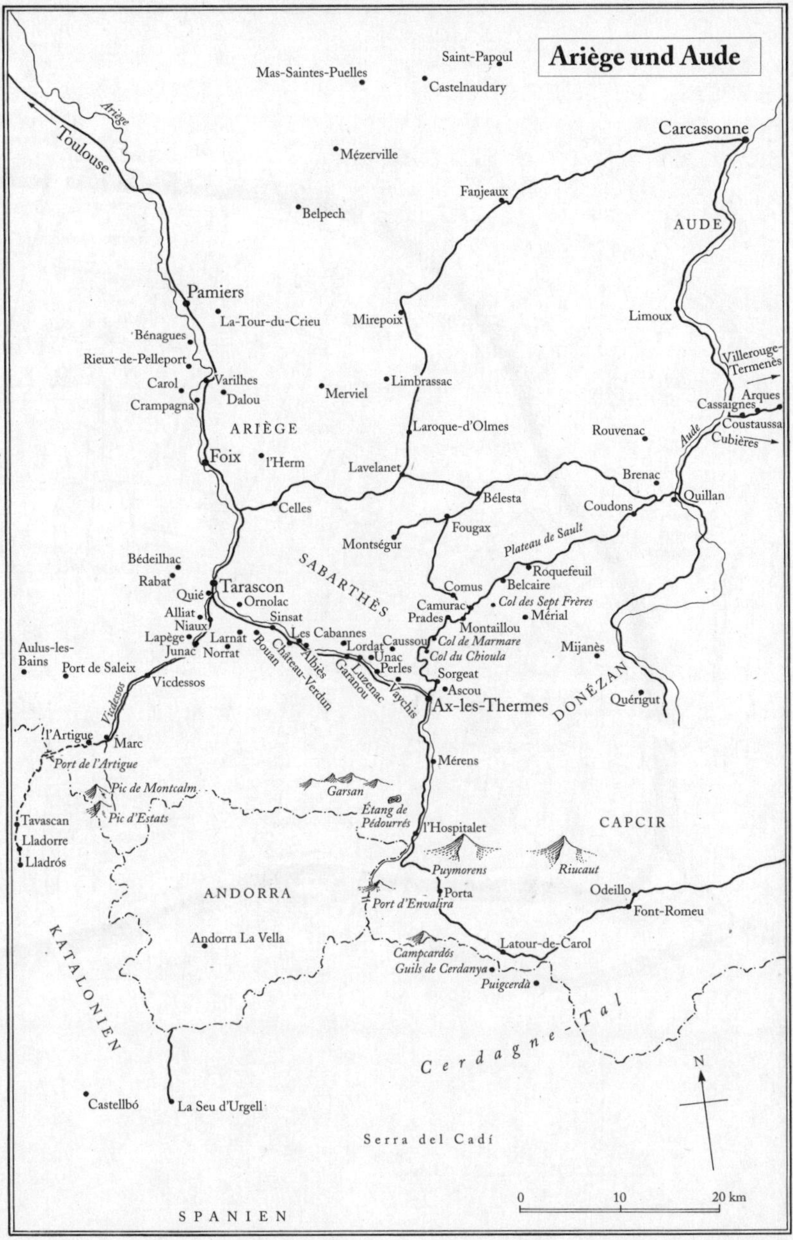

Ariège und Aude
Saint-Papoul
Mas-Saintes-Puelles
Castelnaudary
Ariège
Toulouse
Carcassonne
Mézerville
Fanjeaux
Belpech
AUDE
Pamiers
La-Tour-du-Crieu
Mirepoix
Limoux
Bénagues
Rieux-de-Pelleport
Villerouge-Termenès
Varilhes
Carol
Limbrassac
Merviel
Dalou
Crampagna
Arques
Cassaignes
Coustaussa
ARIÈGE
Laroque-d'Olmes
Rouvenac
Aude
Cubières
Foix
l'Herm
Lavelanet
Brenac
Bélesta
Quillan
Celles
Coudons
Fougax
Montségur
Plateau de Sault
Bédeilhac
Roquefeuil
Rabat
SABARTHÈS
Comus
Belcaire
Quié
Tarascon
Ornolac
Camurac
Col des Sept Frères
Alliat
Prades
Mérial
Niaux
Sinsat
Montaillou
Lapège
Larnat
Les Cabannes
Caussou
Col de Marmare
Aulus-les-Bains
Junac
Norrat
Bouan
Albiès
Lordat
Unac
Col du Chioula
Mijanès
Château-Verdun
Garanou
Luzenac
Perles
Port de Saleix
Vicdessos
Vaychis
Sorgeat
Ascou
Ax-les-Thermes
DONÉZAN
Quérigut
Vicdessos
l'Artigue
Marc
Port de l'Artigue
Mérens
Pic de Montcalm
Garsan
Étang de Pédourrès
Pic d'Estats
Tavascan
l'Hospitalet
CAPCIR
Lladorre
Lladrós
Puymorens
Riucaut
ANDORRA
Porta
Odeillo
Port d'Envalira
Font-Romeu
KATALONIEN
Andorra La Vella
Latour-de-Carol
Campcardós
Guils de Cerdanya
Puigcerdà
Cerdagne-Tal
N
Castellbó
La Seu d'Urgell
Serra del Cadí
0
10
20 km
SPANIEN

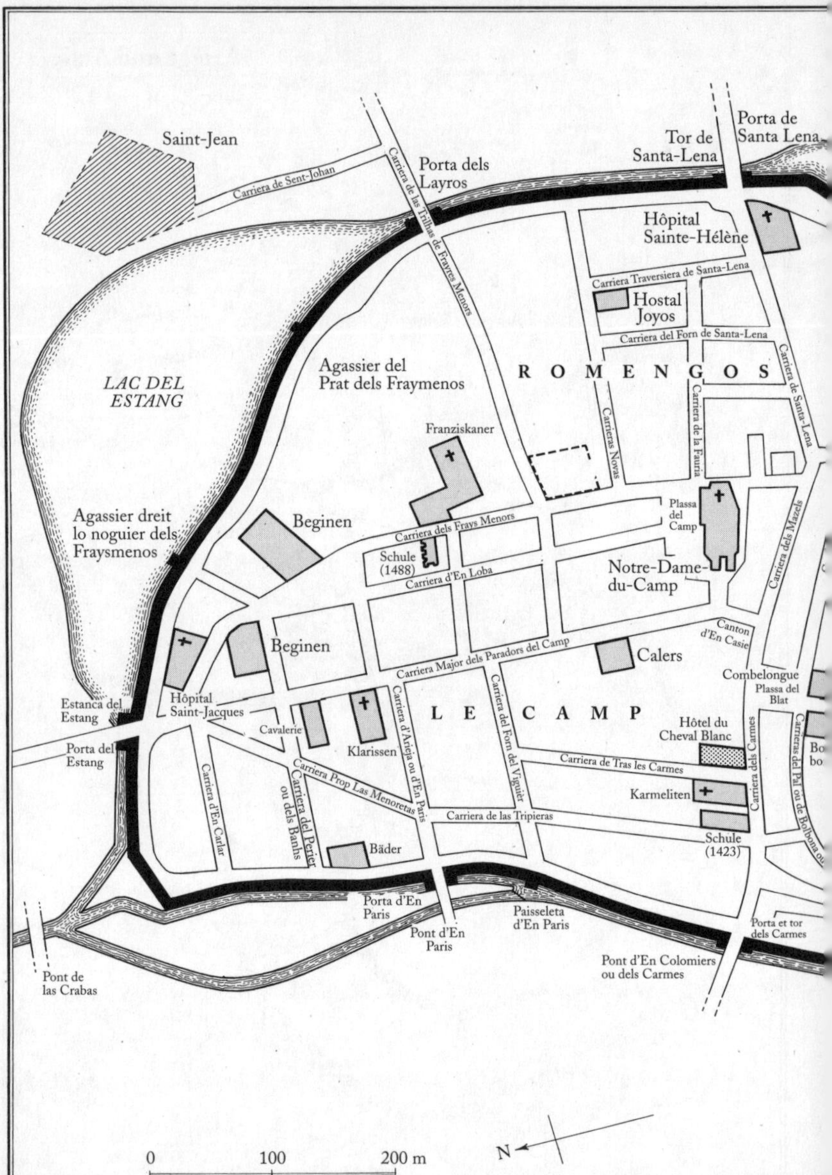

Saint-Jean
Carriera de Sent-Johan
Porta dels Layros
Carriera de las Trilhas de Frayres Menors
Tor de Santa-Lena
Porta de Santa Lena
Hôpital Sainte-Hélène
Carriera Traversiera de Santa-Lena
Hostal Joyos
Carriera del Forn de Santa-Lena
ROMENGOS
Carriera de Santa-Lena
Carrieras Novas
Carriera de la Fauria
LAC DEL ESTANG
Agassier del Prat dels Fraymenos
Franziskaner
Agassier dreit lo noguier dels Fraysmenos
Beginen
Carriera dels Frays Menors
Schule (1488)
Carriera d'En Loba
Plassa del Camp
Notre-Dame-du-Camp
Carriera dels Mazels
Canton d'En Casie
Beginen
Carriera Major dels Paradors del Camp
Calers
Combelongue
Plassa del Blat
Estanca del Estang
Hôpital Saint-Jacques
Cavalerie
Klarissen
LE CAMP
Carriera d'Arieja ou d'En Paris
Carriera del Forn del Viguièr
Hôtel du Cheval Blanc
Porta del Estang
Carriera d'En Carlar
Carriera Prop Las Menoretas
Carriera del Perier ou dels Banhs
Carriera de Tras les Carmes
Karmeliten
Carriera dels Carmes
Carriera de las Tripieras
Schule (1423)
Bäder
Porta d'En Paris
Pont d'En Paris
Paisseleta d'En Paris
Porta et tor dels Carmes
Pont d'En Colomiers ou dels Carmes
Pont de las Crabas
0
100
200 m
N

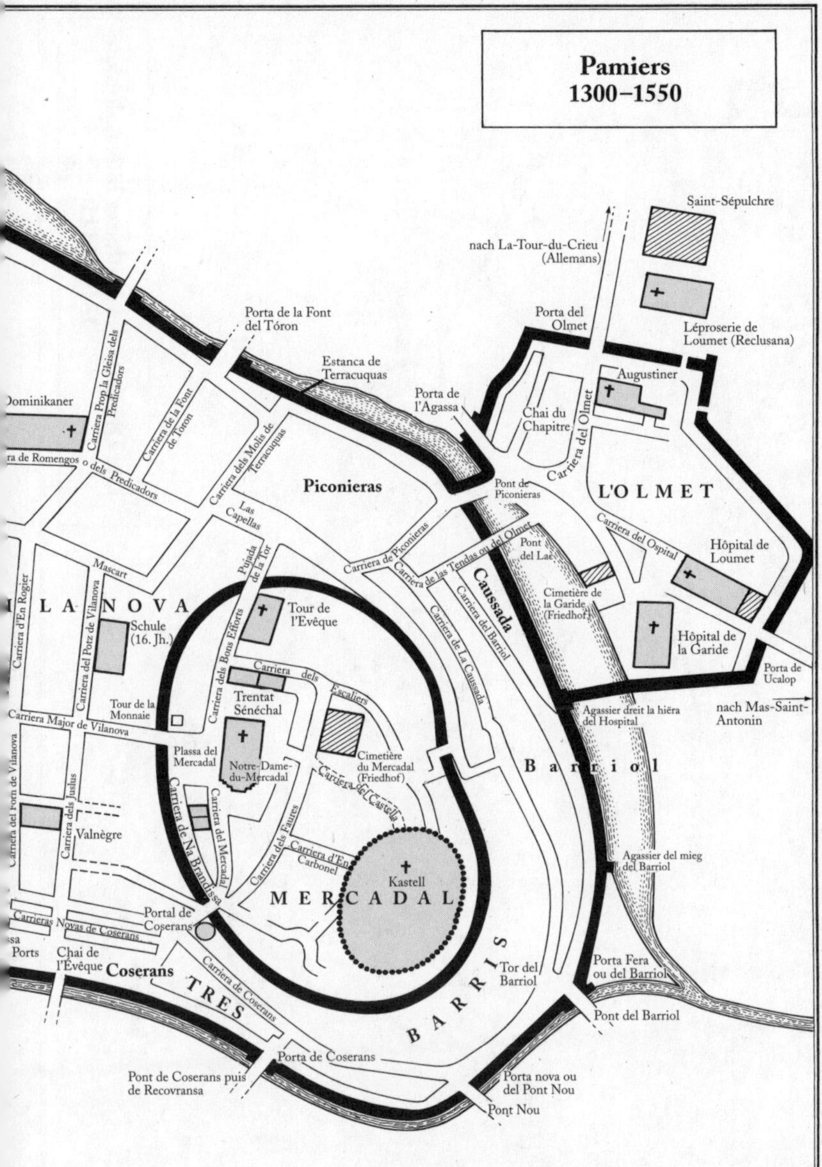

(Nach François Baby, 1980, mit freundlicher Genehmigung des Office de Tourisme du Pays Pamiers)

Die Diaspora der Katharer in Katalonien
1310–1323
Baciero
Pallars
Isábena-Benasque
Tírvia
Serrat de Castenàs
Castellbó
Cerdagne
Puigcerdà
Serra del Cadí
Bagà
Albères
Perpignan
Figueres
Castelló d'Empúries
Ampurdan
Torroella de Montgrí
Girona
Torelló
Berga
Cardona
Tremp
Serra de Montsec
Tragó
Ager
Río Segre
Pons
Agramunt
Cervera
LLEIDA
Ebro
Los Monegros
Sarroca de Lleida
Castelldans
l'Albi
Sarral
Querol
Juncosa
Monasterio de Poblet
La Granadella
Ulldemolins
MONTBLANC
Monasterio de Santes Creus
La Palma d'Ebre
Muntanyes de Prades
Prades
La Bisbal de Falset
Serra de Montsant
Barcelona
Flix
Ascó
Camposines
Tarragona
Alcañiz
Calaceite
Caseres
Horta de Sant Joan
Gandesa
Calanda
Cretas
Valderrobres
BECEITE
Ports de Beseit
Monroyo
Herbés
La Sénia
Tortosa
MORELLA
Ulldecona
Serra de Vallivana
SANT MATEU
Càlig
Peñíscola
Mallorca
MITTELMEER
N
0 10 20 30 40 50 km

LISTE DER ABKÜRZUNGEN

CE	The Catholic Encyclopaedia (1907–1918)
CR	Fawtier/Maillard, *Comptes royaux*
D	Doat, *La Collection Doat à la Bibliothèque Nationale* (1699)
d'AR	MS 4269, Bibliothèque Nationale, Paris (d'Ablis-Register)
f.	Folio
FR	MS 4030, Bibliothek des Vatikans (Fournier-Register)
G	Gaffiot, *Dictionnaire Latin-Français* (1934)
IGN	Institut Géographique National
L	Limborch, *Historia Inquisitionis* (1692)
LS	Lewis/Short, *A Latin Dictionary* (1969)
LT	Mistral, *Lou Trésor dóu Félibrige* (1968)
N	Niermeyer, *Mediae Latinitatis Lexicon Minus* (1984)
OED	*The Oxford English Dictionary*
passim	im ganzen Text
PN	*Plan Napoléonien*

ANMERKUNGEN

1 Auch wenn der Fisch ein altes Symbol für Christus und die Eucharistie ist, hatte der Fischverzehr der Parfaits damit offenbar nichts zu tun. Sofern er überhaupt eine biblische Wurzel hat, geht er eher auf die Speisung der 5000 mit fünf Broten und zwei Fischen zurück (Mk 6,38-44), vielleicht auch darauf, dass Jesus nach der Auferstehung ein Stück gebratenen Fisch aß (Lk 24,42), oder darauf, dass er bei seiner dritten Erscheinung nach seiner Auferstehung von den Toten seinen Jüngern Brot und Fisch gab (Joh 21,13-14).

2 »*Le catharisme n'est plus aujourd'hui qu'un astre mort, dont nous recevons à nouveau la lumière fascinante et froide, après un demi-millénaire d'occultation.*« (LeRoy Ladurie, 1982, S. 625)

3 Die okzitanische Bezeichnung *Comba del Gazel* bedeutet wörtlich »die Talmulde von Gazel«, worunter also ein Tal oder eine Senke zu verstehen war.

4 Das heutige Katalanisch und die Sprache, die von den Personen in dieser Geschichte gesprochen wurde, sind eng miteinander verwandt, und das waren sie auch im Mittelalter, als die Schäfer aus Okzitanien nach Katalonien zogen, ohne von einer Sprachbarriere behindert zu sein. Natürlich wurden sie in Katalonien aufgrund ihres Akzents als aus der Cerdagne Stämmige erkannt und konnten sich im Übrigen auch untereinander an ihren Akzenten erkennen und jeweils regional zuordnen. Der Akzent des Pays d'Aillou, der beiden Dörfer Montaillou und Prades, unterschied sich zum Beispiel von dem in Ax, dem heutigen Ax-les-Thermes, das am Fuß des Berges liegt. Und das zufällige Erkennen eines bestimmten Akzents an einem fernen Ort sollte sich im Rahmen dieser Geschichte als entsetzlich folgenschwer erweisen.

5 Im Gegensatz zu den Inquisitoren von Montségur in den 1240er-Jahren ließ Fournier es nicht zu, dass dieser Titel verwendet wurde. Die Parfaits mussten stattdessen *heretici* genannt werden, und in der Sprache Fourniers wurde das katharische Ritual der »Tröstung« der Sterbenden stets als »häretizieren« bezeichnet.

6 Der lateinische Text lautet: *alium pannum lineum blosetum et subtile*. Das Wort *blosetum* ist unklar, es kann jedoch dem Begriff *bluetum* entsprechen, was »blauer Stoff« bedeutet und wovon *blouetum* eine alternative Schreibweise ist (N).

7 Etwa um die Zeit von Béatrice' Geburt oder in ihrer frühen Kindheit waren Menschen in größerer Zahl von Caussou in die Lombardei in Norditalien ausgewandert, die, wie wir noch sehen werden, für die okzitanischen Katharer zu einem Zufluchtsort geworden war. An diese Auswanderung erinnerte sich 50 Jahre später die alte Guillemette Bec, deren Mädchenname Rauzy in Caussou heute noch zu finden ist. Eine Frau namens Alazais Record,

eine Cousine von Guillemettes Mutter, brach mit einer anderen Frau namens Gauzia und zwei Kindern, einem Bruder, Simon, und einer Schwester, Mathende, in die Lombardei auf. Von den vieren, die Caussou verließen, kehrte Simon Mitte der 1290er-Jahre in seine alte Heimat zurück. Er kam zusammen mit seiner lombardischen Ehefrau und wohnte im Haus von Pierre Rauzy, Guillemettes Vater.

Der »Lombarde« freundete sich mit dem Edelmann Pons de Planisolles, Béatrice' Onkel, an. Es überrascht nicht, dass Béatrice' Vater Philippe zum Tragen der gelben Kreuze verurteilt worden war. Sein Vater – und damit Béatrice' Großvater – war möglicherweise der Katharer Arnaud de Planisolles, dessen Frau Béatrice hieß (D 24, f.275v). Arnaud war wahrscheinlich der Bruder von dem Guillaume de Planisolles, der im April 1241 den berühmten Parfait Bertrand Marty in Montségur aufsuchte (D 22, f.127r). Ihr Vater, Béatrice' Urgroßvater, war aller Wahrscheinlichkeit nach der Raymond de Planisolles, der in Garanou Parfaits versteckt hatte (siehe S. 56). Sie lebten alle in Cassou.

8 Die Kreuze waren gelb *(de filtro crocei coloris)* und ihre tatsächliche Größe hängt davon ab, ob man das lateinische *palmus* als die Länge einer Hand (LS), das heißt 18 bis 23 Zentimeter, oder als die Handbreite (G, N) interpretiert, was siebeneinhalb bis zehn Zentimeter entspräche. Letzteres war wahrscheinlich die »Handfläche«, die die Inquisitoren vor Augen hatten, da die Kreuze und vor allem die Doppelkreuze *(duplices)* sonst zu groß gewesen wären, um sie zu tragen. Die Kreuze, die Guillaume Fort aus Montaillou von Geoffroy d'Ablis auferlegt wurden, waren jedoch länger; bei ihnen war ein Querbalken »zweieinhalb Handflächen lang« und der andere »zwei Handflächen« (FR, f.93v). Dies lässt vermuten, dass er zu der schwereren Strafe der Doppelkreuze verurteilt wurde, die tatsächlich zweieinhalb Handflächen lang waren (L, S. 286). Wie die Einzelkreuze *(simplices)* wurden auch die Doppelkreuze gleichzeitig vorn auf der Brust und hinten auf dem Rücken getragen.

9 In der Sprache, die von den Personen in dieser Geschichte gesprochen wurde: *serian enpaubrezit/ De lor grans manentias, don eran eriquit*, was übersetzt heißt: »sie werden ihre großen Besitztümer verlieren, an denen sie so reich waren« (*Chanson*, 1931-1961).

10 Bei mindestens einer Gelegenheit nach seiner Ordination als Parfait tat Guillaume Authié sich mit einem weiteren Parfait, Prades Tavernier, zusammen, um seinen angeheirateten Verwandten bei der Ernte zu helfen, und Guillemette Garsen erinnerte sich später, ihnen Wein und Pflaumen zur Stärkung gebracht zu haben. Bei diesen zeitlosen saisonalen Arbeiten wurden selbst hochverehrte Parfaits wie Guillaume Authié vorübergehend zu ganz normalen Landarbeitern.

11 Alain Fayet vertritt in seiner faszinierenden Studie *À la recherche de Montaillou*, 2000, eine andere etymologische These, die tief in der örtlichen Geschichte verwurzelt ist.

12 Ein unabsichtlich komischer Vorfall, bei dem es sowohl um Häresie als auch um das Brotbacken ging, ereignete sich, als eine junge Frau aus Montaillou, Guillemette, eine andere Clergue (B), verheiratete Tochter von Alazais Rives, Nichte von Prades Tavernier und somit Brunes Halbcousine, denselben Ofen der Rives' benutzte. Sie hatte das

Brot in einem Teigtrog vorbereitet und war damit zum Haus ihres Vaters gegangen. Dort entzündete sie in einer Kohlenpfanne ein Feuer, das in den Ofen geschoben werden sollte, um ihn zu heizen. In dem Augenblick kam Arnaud Belot, ein Nachbar, herein, der unter dem Mantel etwas trug, das in ein Hemd gewickelt war. Als er Guillemette erblickte, versteckte er heimlich, auf Anweisung ihrer Mutter, sein Päckchen hinter der kleinen Tür im Ofen und ging wieder.
Hatte Guillemette sich durch sein heimlichtuerisches Verhalten verwirren lassen? Tatsache ist, dass sie es versäumte, einen Blick in den Ofen zu werfen, ehe sie die Kohlenpfanne hineinschob, sodass das Päckchen mit kleinen Fischen, Löffeln und einigen anderen Gegenständen Feuer fing. Als sie merkte, dass im Ofen irgendetwas brannte, versuchte sie, es herausziehen, die Hitze war jedoch zu stark. Wenig später erkundigte sich ihre Mutter bei ihr, ob sie den Ofen kontrolliert habe, ehe sie das Feuer hineinschob. Als Guillemette ihr Versehen zugab, schimpfte ihre Mutter wütend auf sie. Acht Tage später – wahrscheinlich brauchten sie so lange, um sich wieder zu versöhnen – erfuhr Guillemette von ihrer Mutter, dass in dem Päckchen Fisch gewesen war, den Prades Tavernier ihr einige Tage zuvor, als er bei ihr gewesen war, gegeben hatte.
13 Als Pons Clergue versuchte, den Schäfer Pierre Maury vor seinem Sohn Pierre Clergue, dem Dorfpfarrer, zu beschützen, bat er Pierre Maurys Vater, den jungen Pierre zu bedrängen, keinem hinterhältigen Priester zu trauen: »Sagt Pierre Maury, dass er, wenn er auf dem Col des Sept Frères ist, zum Col de Marmare fliehen soll und vom Col de Marmare zum Puymorens, wo die Zuständigkeit und Gerichtsbarkeit des Bistums Pamiers aufhört; aber selbst dort sollte er nicht bleiben, sondern weiter fliehen.« (FR, f.155r)
14 Es war der »äußere« Prades-Weg, den Pons Rives und Prades Tavernier wählten, um vom Haus der Rives zur Burg zu gehen: »Sie stiegen zur Burg von Montaillou auf dem Weg hinauf, der nach Prades führt.« (FR, f.66v) Dies beweist überdies, dass die Burg einen Westeingang wie auch einen Südosteingang hatte, der zum Fontcanal, zur Laviera und im Notfall in die Berge führte.
15 In den Protokollen wird sowohl der Begriff *Capanal* als auch *Caparal* verwendet, wobei es sich wahrscheinlich um ein Problem der Unterscheidung zwischen »n« und »r« in der Handschrift handelt. (FR, ff.162v, 95v) Ich vermute, dass *Capanal* richtig ist, nach der Analogie mit *Fontcanal-Lacanal*, und dass *Capanal* eine Wasserstelle anzeigt, natürlich nicht die Hauptquelle. Vielleicht wurde vom Fontcanal Wasser hierher geleitet. Die Tatsache, dass sich Arnaud Vitals Schmiede ganz in der Nähe befand, erhärtet des Weiteren die Vermutung, dass durch den Capanal Wasser floss, da Wasser in diesem Metier eine wesentliche Voraussetzung ist.
16 Über Raymond Rous-Colel ist nur so viel bekannt, dass er eine Affäre mit Gauzia Clergue (B) hatte und dass in seinem Haus 1307/08 die Tröstung eines Raymond Banqui stattfand. Banqui war von Prades Tavernier getröstet worden, der am helllichten Tag als Hausierer verkleidet nach Montaillou hineingeschmuggelt worden war. Pierre Clergue, der Pfarrer, hatte damals am Parede von Jean Azéma die Rolle des Wachpostens übernommen. Rous selbst

starb getröstet, und seine Gebeine wurden später exhumiert und verbrannt.
17 Viele dieser Namen wurden von mehr als nur einer Familie getragen, und für zwei Namen, Bonclergue und Castanier, gibt es nur eine Quelle: D 27, ff.147v - 148r.
18 Drei, wenn Arnaude den Terras eine Belot war (siehe S. 265).
19 Als Gauzia de Savenac und ihr Ehemann Pierre Dachdeckerarbeiten zu erledigen hatten, brauchten sie einen großen Bohrer, um Löcher für die Zapfen ins Holz zu bohren, die die Schindeln halten sollten (in FR f.294r steht *tarabellum* für »großer Bohrer«, was jedoch in N, LS, G nicht zu finden ist; aber in N ist *taratrum* = großer Bohrer aufgeführt). Gauzia borgte sich den Bohrer von den Benets, die zur selben Zeit, im November, selbst mit Dachdeckerarbeiten beschäftigt waren. In einer Haferkiste scheinen sie jedoch noch einen zweiten Bohrer aufbewahrt zu haben, den sie erübrigen konnten. Die Häuser von Montaillou hatten Schindeldächer, die mit dünnen, versetzt übereinander liegenden Schindeln aus Buchenholz gedeckt waren, die an einem Ende dicker als am anderen waren und reihenweise versetzt und überlappend auf dem ansteigenden Dach verlegt wurden.
20 In den Protokollen ist nirgends erwähnt, dass sie während der Unruhen in Montaillou gewohnt hätten, und es steht fest, dass sie außerhalb des Pays d'Aillou heirateten. Bernard Clergue bezeichnete einen seiner Schwäger als einen engen Verbündeten des weltlichen Herrn von Mirepoix. (FR, f.176r) Dabei kann es sich um den Vater seines Neffen Pons Gary gehandelt haben, der 1321 seinen Onkeln in Montaillou zu Hilfe kam. Die Clergue-Töchter waren die Einzigen, die in Gegenden außerhalb des direkten Blickfeldes des Dorfes heirateten.
21 So zahlte Guillaume Mondon aus Ax die gewaltige Summe von fünf Pfund, was dem Gegenwert von zehn Schafen entsprach, um sich davon freizukaufen, die gelben Kreuze zu tragen. (FR, f.51v) Damit entledigte er sich nicht nur der Schande dieser stigmatisierenden, sichtbaren Embleme der Scham, sondern stellte auch ganz praktisch seinen Lebensunterhalt sicher, da andere ihm so weniger aus dem Weg gingen, aus Angst, selbst in die Mühlen der Inquisition hineingezogen zu werden.
22 Pierre Maurys Auflistung und die Zeugenaussage von Raymonde Testanière deuten vage darauf hin, dass das Haus von Pons Azéma an der Kreuzung Capanal den Belot stand. Dann hätte es auf die Häuser der Clergues und Belots wie auch auf das Haus geblickt, das Arnaud Vitals Schmiede werden sollte. Die »große« Tür der Belots, wie Bernard Clergue sie nannte, scheint von den Azémas aus, genau wie die der Clergues, zu sehen gewesen sein. (FR, f.95v) Darüber hinaus ging Alazais Azéma im Haus der Belots so häufig ein und aus, dass nicht nur von einem rein verwandtschaftlichem Interesse, sondern von einer sehr engen Beziehung auszugehen ist.
23 »Azéma« ist die für das Midi typische Form von »Adhémar«, was »berühmter Vater« bedeutet. (Dauzat, 1951) Die Familie war in Montaillou befreundet mit den Pélissiers, den Fourniers und der Familie von Raymonde Martre oder Na Longa, wie sie genannt wurde.
24 Raymond Maury hatte mindestens zwei Schwestern und zwei Brüder. Seine Schwester Ermessende oder Mersende war mit einem Pierre Marty

im Dorf verheiratet. Sie hatten zwei Kinder, eine Tochter namens Jeanne und einen Sohn, der Raymond hieß. Ihr Haus hatte einen Garten, und sie wohnten am Dorfplatz von Montaillou. Raymond Maurys andere Schwester Guillemette heiratete ebenfalls einen Marty namens Bernard. Sie und ihre Kinder, Jean und Arnaud, waren im Ort allerdings immer unter dem Namen Maury bekannt. Die beiden Brüder von Raymond Maury hießen Bernard und Pierre – also noch ein Pierre Maury, der jedoch in Gebets lebte. Dieser Pierre Maury aus Gebets folgte seinen Schwestern Mersende und Guillemette nach Katalonien ins Exil.

25 Alle vier Brüder Jeans, Raymond, Guillaume, Bernard und Pierre, wurden vermutlich Ende der 1280er- bzw. Anfang der 1290er-Jahre geboren. Es gab noch eine weitere Familie Pélissier, und zwar die von Julien Pélissier, dessen Haus Jean erwähnte. Julien Pélissier war möglicherweise ein Bruder von Jean Pélissiers Vater. Sicher ist dies jedoch nicht. Ziemlich sicher ist nur, dass sein Vater einige Zeit vor seiner Mutter starb, die 1306 noch am Leben war.

26 Dass Pierre Maury bei seiner Schilderung nicht willkürlich, sondern systematisch vorging, ist daraus ersichtlich, dass er zunächst von den Rives', seiner eigenen Familie, dann von ihren Nachbarn am Dorfplatz, Pierre Ferrié, und schließlich von den Gruppierungen Belot-Vital und Lizier-Benet-Rous sprach. Nach dem, was aus dem Protokoll von *»et domus bernardi riva …«* bis *»erat bona credens hereticorum«* (FR, f.257v) hervorgeht, ließ Pierre Maury den Ort, angefangen beim Dorfplatz und dann von Südwesten her zum Capanal den Belot hoch bis zu den Azémas und Belots, vor seinem geistigen Auge Revue passieren.

27 Die Tatsache, dass die Martys und Bernard und Gauzia Clergue (B) am Dorfplatz Nachbarn waren, erklärt vielleicht, warum Letztere berichtete, sie habe am Allerseelentag (2. November) 1301 Pierre Marty, »wie es in Montaillou Brauch war«, als Almosen ein großes Stück Brot gebracht. (FR, f.293v)

28 Raymond Baille vom Dorfplatz in Montaillou war mit seiner Frau Guillemette das Oberhaupt der Hauptfamilie der Bailles. Sie waren beide streng katharisch und hatten vier Söhne, von denen der jüngste, Guillaume, in den ersten Jahren des 14. Jahrhunderts geboren wurde. Er war noch ein Kind, als sein Vater verhaftet wurde. Bei ihnen lebte möglicherweise auch noch der »alte Arnaud Baille«. Er erwies sich als treuer Freund von Pierre Maury, als dieser 1305 nach Montaillou zurückkehrte, und fand beim Ehemann seiner Tochter in Ax Arbeit für ihn. Jahre später kümmerte Pierre Maury sich dann umgekehrt um die Bailles, als sie sich in Katalonien als Flüchtlinge wiederfanden.

29 Die Formulierung »hinter« bedeutet hier »über«, woraus zu schließen ist, dass das Haus hoch oben am Weg und damit südwestlich vom Dorfplatz stand.

30 Es scheint noch ein zweites Fort-Haus gegeben zu haben, das von »Arnaud« Fort, das genau zu dem Zeitpunkt von der Inquisition niedergebrannt wurde, als zwei Parfaits vom Haus der Belots nach A-la-Cot hinunter flohen. Es ist zwar nicht auszuschließen, dass es sich bei »Arnaud« um einen Fehler handelt und in Wirklichkeit »Guillaume« heißen sollte, fest

steht jedoch, dass Guillaume Fort erst 1316 der Ketzerei überführt wurde, und zu diesem Zeitpunkt waren alle Parfaits, die in Montaillou gewesen waren, schon lange tot. Insofern weist die zeitliche Übereinstimmung eines Hausbrandes mit der Flucht der Parfaits vermutlich darauf hin, dass es sich hier um das Haus eines weiteren Fort handelt, vielleicht eines Bruders von Guillaume.

31 Guillemette, die Tocher von Pierre Caravessas, Besitzer eines weiteren nicht identifizierten Hauses, heiratete einen Guillaume Arzelier, den sie als *malum vel austerum*, das heißt »böse und streng«, beschrieb. (FR, ff.243v, 244r)

32 Dass Teile von Norditalien und insbesondere die Lombardei für die Katharer ein relativ sicherer Hafen waren, war damit zu erklären, dass diese Regionen seit dem 12. Jahrhundert von den beiden widerstreitenden Parteien, den Guelfen (den Papst-Getreuen) und Ghibellinen (den Anhängern des Kaisers) umkämpft wurden. Wo immer die Ghibellinen herrschten, wurden die Katharer geduldet. Erst nach der Massenverbrennung von Katharern in der Arena von Verona am 12. Februar 1278 verloren die Katharer auf der italienischen Halbinsel an Rückhalt. Gleichwohl geht aus den Fournier-Akten klar hervor, dass die Katharer in Orten wie Cuneo, wohin Pierre und Guillaume Authié 1296 aufgebrochen waren, noch lange danach fest verwurzelt waren. Erwähnenswert ist noch, dass »Lombardei« im 13. Jahrhundert bisweilen in einem umfassenden Sinne für ganz Italien gebraucht wurde (wie zum Beispiel in der *Chanson*, 1931-1961).

33 Kurz nach den fehlgeschlagenen Versuchen ihrer Mutter, die Kastellanin in die Ketzerei zu verwickeln, brachte Guillemette eine Tochter zur Welt, sodass sie wie auch Béatrice im Herbst des Jahres 1295 ein kleines Mädchen großzuziehen hatte. In einem Dorf des 13. Jahrhunderts wie Montaillou gab es unter den Frauen zweifellos eine starke Solidarität. Die Frauen waren darauf angewiesen, sich gegenseitig vor allem bei Geburten zu helfen. Von Generation zu Generation übernahmen die Mütter, Tanten und andere Frauen im Dorf bei ihren Töchtern und Nichten die Rolle der Hebamme. Die Tatsache, dass es in Montaillou keine registrierten Todgeburten gab, bestätigt den Eindruck, dass die Bewohner gut ernährt und in einer allgemein gesunden Verfassung waren.
Die Geburt eines Kindes war im wahrsten Sinne des Wortes eine Gemeinschaftsaufgabe. Aber nicht jede junge Frau war gegen ihre körperlichen Aspekte gefeit. Zu ihrer Schande machte die Inquisition von Pamiers gerade eine solche Frau zu ihrem allerersten Opfer (15. Juli 1318), und zwar die 25-jährige Aude aus Merviel, die an Epilepsie litt.
Sie hatte in der Kirche gehört, wie eine Frau am Abend zuvor auf der Straße in aller Öffentlichkeit ein kleines Mädchen geboren hatte, ehe es ihr gelungen war, nach Hause zu kommen. Während des Gottesdienstes, erinnerte sich Aude, »habe ich über das Scheußliche nachgedacht, das Frauen bei der Geburt ausstoßen, und als ich die Erhebung der Hostie auf dem Altar sah, dachte ich, das Sie durch solche Scheußlichkeit beschmutzt wird. Aus diesem Grund ließ ich mich zu dem falschen Glauben verleiten, auf dem Altar sei nicht der Leib unseres Herrn Jesus Christus.« (FR, f.136r)

Die Kluft zwischen der hohen Spiritualität des Christentums und den physiologischen Realitäten der Fleischwerdung in einem sich ernährenden und entleerenden menschlichen Körper war in den Augen der Katharer der unumstößliche Beweis für die rein symbolische Natur der Verwandlung von Brot und Wein in den Leib und das Blut Christi und des Verzehrs der Hostie. Aude hatte wahrscheinlich nie die Absicht, sich mit ihrer Reaktion auf die Geburt die katharische Auffassung zu Eigen zu machen, aber genau so wurde ihre Äußerung von der Kirche und ihren Nachbarn aufgefasst.

34 Die Fastenzeit fiel im Languedoc allerdings auch in den Frühling, und dies inspirierte Guillaume de Tudèle, den Dichter des ersten Teils der *Chanson* zu lyrischen Höhenflügen, die Béatrice gekannt haben dürfte: *A l'intrat de caresma, cant baicha la freidor / E comensa a venir lo dous temps de Pascor …* (»Zu Beginn der Fastenzeit, wenn die Kälte nachlässt / Und das milde Wetter Osterns heranrückt …«) (*Chanson*, 1931-1961, I.62).

35 Gauzias Vater war folglich der Onkel von Bernard und Pierre Clergue, und sie war deren Cousine. Ehe sie ihren Mann Bernard Clergue (B) geheiratet hatte, war sie die Geliebte von Raymond Rous aus Montaillou und Ax, dessen Gebeine später exhumiert und verbrannt wurden. (FR, f.273v; d'AR, f.11v) Gauzia war außerdem mit den Schwestern Guillemette Benet und Sibylle Fort, der Frau von Guillaume Fort, befreundet, die beide fromme Katharerinnen waren.

36 Dreiundzwanzig Jahre nach der Begegnung zwischen ihrer Mutter und Béatrice de Planisolles in Unac waren Arnaud und Guillaume-Bernard de Luzenac in genau derselben Kirche zu finden, wo sie, rehabilitiert und auf fragwürdige Weise wieder zu ihrem Besitz gekommen, pflichtgetreu am Gottesdienst teilnahmen.

37 Sie beschrieb diesen Abschied als »Hinuntergehen« aus dem Pays d'Aillou. Irritierenderweise gab sie Mariä Himmelfahrt, Dienstag, den 15. August, sowohl als den Tag ihrer Abreise aus Prades, um zu heiraten, als auch als den Tag ihrer zweiten Eheschließung an. (FR, ff.40v, 42r) Wenn sie tatsächlich am selben Tag aus Prades aufgebrochen wäre, an dem sie Othon in Crampagna heiratete, hätte sie zu Pferd eine beachtliche Strecke hinab durchs Val de Caussou zurücklegen müssen, wo Mitglieder ihrer Familie sich ihr angeschlossen hätten. Dies ist nicht unmöglich, aber kaum denkbar. Wahrscheinlicher ist, dass sie am 15. August Prades verließ, zunächst nach Caussou ging und von dort einige Tage später ihre Reise nach Crampagna fortsetzte, um dort am Samstag, dem 19. August 1301, zu heiraten.

38 Das im Midi geläufige Wort *pech* bezeichnet eine Anhöhe oder einen Berg mit einem abgerundeten Gipfel; es ist im Lateinischen mit *podium* zu übersetzen und entspricht dem nordfranzösischen *puy*.

39 Es waren die Authiés, die 1272 die langwierigen Verhandlungen über die umstrittenen Ansprüche Frankreichs und Aragoniens auf die Burgen des Sabarthès führten und versuchten, die Rechte darüber für Jacques I. von Aragonien zu sichern, dem Roger-Bernard III. seinen Besitz für den Fall vermacht hatte, dass er dem Druck Frankreichs nicht würde standhalten können; was dann ja auch eintrat. (Pailhès, 1996, S. 47, 73)

40 Es ist unwahrscheinlich, dass dieser frühere Raymond Authié der Vater der Authiés war, die in den 1290er-Jahren auswanderten. Er hätte seine Berufung aufgeben müssen, um heiraten und Kinder haben zu können, was in den Jahren vor Montségur, als sich die »häretischen« Einstellungen verhärteten, unwahrscheinlich war. Wahrscheinlicher ist, dass die Authié-Familie der 1290er-Jahre über eine Seitenlinie mit Raymond Authié verwandt war, das heißt, dass es sich bei unseren Authiés wohl um die Kinder eines Bruders des Parfaits Raymond Authié handelte und der Vater von Pierre, Guillaume und deren Geschwistern selbst im zweiten Jahrzehnt des 13. Jahrhunderts geboren wurde. Dieser ältere Authié aus Ax könnte ein direkter Zeitzeuge des Falls von Montségur und damit von Quéribus gewesen sein und diese Geschichte seinen Kindern überliefert haben, deren Vornamen, Pierre und Guillaume, in ihrer Familie möglicherweise traditionelle Namen waren.

41 Sie wird in den Protokollen als seine *druda* bezeichnet, was, wenn es sich dabei um Latein handelt, »enge Beraterin« (N) oder »Geliebte« (DuCange, 1840) heißt; der okzitanische Begriff *drudarié* wird in LT mit *»cajolerie, caresses d'amour«*, also Liebkosungen übersetzt.

42 Durch die Heirat eines weiteren Barre aus Ax, Raymond, mit Raymonde de Junac, einer katharischen Aristokratin aus dem Dreieck Larnat-Junac-Tarascon, kamen die Barres mit den mächtigen Bayards in Kontakt, die auch mit den de Junacs befreundet waren.

43 Es dürfte kein Zufall sein, dass noch ein weiterer Barre, Valentine Barre, 1319/20 in Ax in einen berüchtigten Mordfall verwickelt war, dieses Mal als Opfer. (FR, ff.23r, 24r) Er geschah auf dem Friedhof der »Altstadt«, wo die Straße beginnt, die steil zum Col de Chioula und dann nach Prades und Montaillou führt.
Später kehrte die Familie Barre jedoch rechtzeitig wieder in den Schoß der Kirche zurück, um den Angriff der Inquisition abzuwenden, obgleich Simon dem Kerker nicht entging. Eine Generation nach dem Besuch d'Ablis' hatten die Barres im Krieg gegen England durch eine zeitlich gut abgestimmte Zuwendung an den Hof von Foix ihre lokale Macht erheblich gesteigert. (Moulis, 1970, S. 127)

44 Das war zumindest die Summe, die Martin Francès dafür gezahlt wurde, dass er Amiel de Perles mit zurück in die Lombardei nahm, um dort von dem Ancien Bernard Audoyn abermals geheiligt zu werden. (L, S. 68)

45 Es ist davon auszugehen, dass Jacques sich während der vierjährigen Abwesenheit seines Vaters und seines Onkels von Zeit zu Zeit bei Arnaud Teisseyre aufhielt. Wenn er ein so genannter Schläfer im Sinne des Kalten Krieges war, so hatte er vermutlich die Aufgabe, im Ariège die entsprechende Infrastruktur für die Rückkehr der Authiés mit aufzubauen und zu koordinieren. Er war jung, aber es gab auch noch ältere und erfahrenere Personen, zum Teil zweifellos aus seiner eigenen Familie, die ihn unterstützten. Wir können mit ziemlicher Sicherheit davon ausgehen, dass Stéphanie de Château-Verdun durch ihren Bayle über das Schicksal der neuen Parfaits auf dem Laufenden gehalten wurde und dass Prades Tavernier und der regionale Adel daran arbeiteten, den Boden für ihre Rückkehr zu bereiten.

46 Genau wie die Lombardei war auch

Sizilien ein Zufluchtsort für die Exilkatharer, zumindest seit 1282, nachdem die Fürsten des Angevinischen Reiches und die französischen Barone, die Verbündete des Papsttums waren, durch die Sizilianische Vesper aus dem Land vertrieben worden waren und Peter III. von Aragonien die Herrschaft über die geschundene Insel übernommen hatte.

47 Im Jahr 1306 trat ebendieser Ysalguier bei der Vertreibung der Juden durch Philipp den Schönen als Agitator und Nutznießer ihres Elends in Erscheinung. Er wurde mit der Liquidation jüdischen Grundbesitzes in Toulouse beauftragt und konnte dabei einen Profit von 75 265 *livres tournois* einstreichen, eine wahrhaft gewaltige Summe. (Chalande, 1919, S. 420; Ramet, 1935, S. 184)

48 Die *Decretales* stellten den juristischen Rahmen für das Studium des Kirchenrechts dar, wie Gratian es in seinem um 1140 verfassten Standardlehrwerk *Decretum Gratiani* formuliert hatte. Pierre de Luzenac und Pierre de Gaillac studierten beide etwa zur selben Zeit die Decretales in Toulouse. Später sollten diese beiden Jurastudenten aus dem Ariège sich sehr gut kennen lernen und eine maßgebende Rolle bei der Inszenierung des katharischen Dramas im Sabarthès spielen.

49 Auch wenn in Pierre de Luzenacs Aussage vom 28. November 1308 die Datierung seiner ersten Begegnung mit Pierre Authié etwas durcheinander geht, spricht seine Erinnerung an die Jahreszeiten und die Erwähnung des Herbstsemesters sehr für das Jahr 1299 als den Zeitpunkt ihrer ersten Begegnung. Und ebenso die Tatsache, dass Pierre Authié noch nicht wieder im Sabarthès war, als er de Luzenac begegnete.

50 In seiner Aussage stellte Bernard sich selbst listig als ein unbedeutendes und widerstrebendes Rädchen im katharischen Getriebe dar. Diesem Candide war es jedoch gelungen, die Inquisition d'Ablis' zu überlisten, sodass man ihn in Ruhe ließ, während jedes andere Mitglied seiner Familie, das überlebt hatte, einschließlich seiner beiden Schwestern, vorgeladen wurde. Jahre später bot er die Findigkeit eines Telemachos auf, als er auf der Suche nach seinen Schwestern, die beide sowohl d'Ablis als auch Fournier entkommen waren, durch das Languedoc wanderte.

51 Als Bernard kurze Zeit später zur Burg von Rabat zurückkehrte, erfuhr er, dass die drei Söhne seines Arbeitgebers im Sterben lagen. Es scheint sich jedoch eher um eine schlimme Wintergrippe als um eine regelrechte Seuche gehandelt zu haben. Der schwarze Tod hatte das Languedoc noch nicht erreicht, auch wenn er schon vor der Tür stand; aber die Influenza war nicht unbekannt.

52 Pierre-Raymond de Saint-Papoul wird in den Dokumenten als *pulcrum* beschrieben, was in diesem Fall möglicherweise »edel, erlaucht, ehrwürdig« (LS) bedeutet. Wenn das Attribut hingegen auf den jungen Sanche Mercadier angewendet wurde, dann bezog es sich wohl eher auf sein gutes Aussehen. (L, S. 185; siehe S. 310)

53 Bei den Gouzys handelt es sich wahrscheinlich um dieselbe Familie wie die Regouzys. Bernard Marty unterscheidet in seiner Aussage von 1324 zwar zwischen beiden, die Issaurats aus Larnat jedoch nicht in ihrer von 1308. Es gab mit Sicherheit mehr als nur eine Familie Gouzy, die während dieser Ereignisse hier lebte. Ich gehe im Weiteren hier von der Annahme aus, dass

der von Bernard Marty genannte Pierre Regouzy identisch mit dem im d'Ablis-Protokoll erwähnten Pierre Gouzy ist. Seine beiden Söhne hießen Bernard und Amiel, und sein Bruder war wahrscheinlich der Uhrmacher Guillaume Gouzy, der Ehemann von Mathène und Vater von Raymond. Zu den verschiedenen jungen Frauen der Familie, die hier in jener Zeit lebten, gehörten Monète Gouzy und Cerdagne, die Ehefrau von Raymond Issaurat.

54 Zu Arnauds Familie gehörten seine Frau Mengarde oder Ermengarde (geborene Mir), seine Söhne Raymond, Guillaume und Pierre, und die vier Töchter Guillemette, Margante, Sibylle und Marguerite (in der Annahme, dass sie nicht identisch mit Margante ist), die scheinbar auch einfach »Rose« genannt wurde und als Dienerin der Ehefrau von Bertrand de Taix' Ehefrau in Pamiers arbeitete, ehe sie heiratete und nach Ax zog. (d'AR, ff.4r, 43v)

55 Das Gleiche galt für den Tod von Montolive Francès, deren Endura ganze sechs Wochen dauerte; sie war ebenfalls von Pierre Authié getröstet worden. (L, S. 28, 204)

56 Die längste Endura, die in den Protokollen vermerkt ist, war die einer Frau, die ebenfalls aus Coustaussa kam, einem kleinen Bergdorf im Aude, in dem auch die Parfaits Raymond Faure und der ebenso bekannte wie beliebte Philippe d'Aylarac beheimatet waren. (d'AR, f.30r) Sie war vor ihrem Ehemann geflohen und hatte sich selbst die Endura auferlegt, die sie im Hause von Sibylle Baille durchstand. Sie hungerte sich *zwölf* Wochen lang zu Tode.

Ähnlich fließend war die Grenze zwischen Selbstmord und Endura im Falle von Guillemette Marty, die panische Angst hatte, von der Inquisition gefasst zu werden, ehe sie durch die Prozedur der Endura gestorben sein würde. Dies geschah kurz nach der Verhaftung von Jacques Authié im Jahr 1305, die Guillemette entsetzlich aufgeregt hatte. Deshalb beschaffte ihre Freundin ihr »einen tödlichen Trank aus Waldgurkensaft [wilde?] und Glassplittern« und brachte ihr eine lange Nähnadel, um sie sich ins Herz zu stechen, falls die Handlanger der Inquisition zu ihr kommen sollten. Am Ende starb sie offenbar an Vergiftung, was eine Gnade gewesen sein dürfte, da sich die beiden Frauen nicht einig darüber waren, auf welcher Körperseite sich das Herz befand. (L, S. 71, 76)

57 Ein solcher Ort war nicht zu finden; in der Nähe von Larnat erheben sich jedoch zwei riesige Felsen, die im Laufe der Jahrhunderte Gegenstand einer eigenen Mythologie geworden sein müssen. Der eine ist der Escalié, der sich im Nordwesten oberhalb des Dorfes und damit in entgegengesetzter Richtung zum Prado lonc befindet. Der andere, im Nordosten, ist der Zuckerhutberg Orat Pémissol. Schwingt in seinem Namen noch ein uraltes Echo von Predigten *(orationes)* mit, die hier in der fernen Vergangenheit gehalten wurden? Wenn ja, waren dies sicherlich keine katharischen Predigten, da wir von Augenzeugenberichten wissen, dass die katharischen Gläubigen sich in Larnat in Kellern versammelten und nur Geladene teilnehmen durften.

58 Warum Dunkelblau oder Dunkelgrün die Identität katharischer Parfaits besser schützen sollte als Schwarz, ist rätselhaft, da sowohl die Bevölkerung in Montaillou als auch die Inquisitoren die neue Kleiderordnung kannten. Denkbar (wenn auch vielleicht etwas

weit hergeholt) ist, dass Dunkelgrün und Dunkelblau einen doppelten Zweck erfüllten, zum einen als Tarnfarben in den Waldgebieten der Pyrenäen, und zum anderen blieb man damit bei der dunklen (und nüchternen) Kleidung, für die das traditionelle Schwarz der früheren Parfaits gestanden hatte.

59 Roger-Bernard III. von Foix schloss 1266 mit einem Arnaud Sicre einen Vertrag, also sechs Jahre ehe es den ersten Vermerk darüber gibt, dass die Authiés für denselben Grafen tätig wurden, und zwar in einem Fall, bei dem Béatrice' Vater Philippe de Planisolles als Zeuge auftrat. Dieser Sicre war jedoch möglicherweise der Großvater jenes Arnaud, der nach Katalonien ging, um die Katharer aufzuspüren und zu vernichten. Der Sicre von 1266 wird in Zusammenhang mit der Verleihung der Stadtrechte, der *consuetudines, usus et libertates* an Tarascon als »Arnaldus Cicreda Notarius Publicus Savartesii« genannt. (Devic u.a., 1872-1905, 9, c692, 8. April 1266)

60 Im Mittelalter verlief die Hauptstraße, die von Ax nach Tarascon führt und auf der PN als »ancien chemin dit d'Espagne« ausgewiesen wird, rechtsseitig der Ariège durch Ornolac und Ussat. Kurz vor Tarascon führt sie direkt an den großen Wiesen »le Pré Lombard« vorbei. Da dies die einzigen Wiesen im Süden von Tarascon überhaupt sind, müssen es dieselben sein, die Raymond Lombard gehörten und wo die Authiés Unterschlupf fanden. Prés Lombards gibt es überall in Frankreich, in diesem Fall mag die namentliche Übereinstimmung, die einen Bogen vom 14. zum 20. Jahrhundert spannt, jedoch mehr als nur ein Zufall sein.

61 Bemerkenswert ist, dass wir nichts von Tröstungen hören, die von Jacques Authié gespendet wurden, obschon wir hören werden, wie er predigte. Dies kann bedeuten, dass ein neu ordinierter Parfait zunächst als *socius* eines älteren Parfaits eine Art Lehrzeit absolvieren musste, wie beispielsweise Jacques Authié bei Prades Tavernier oder Pons Sicre-Baille und Arnaud Marty bei Guillaume Authié.

62 Etwa zur selben Zeit hatte Raymond Vaissière, als er draußen vor seinem Haus in Ax in der Sonne saß, beobachtet, wie ein Bekannter von ihm, Guillaume l'Andorran, seiner Mutter aus einem Buch vorgelesen hatte. Raymond hatte ihn gebeten, ihm das Buch zu zeigen. Darin hatte er gelesen: »in principio erat verbum«, die einleitenden Worte des Johannes-Evangeliums, und ihm war aufgefallen, dass der gesamte Band in Latein und Okzitanisch verfasst war. (FR, ff.52v-53r)

63 Es ging zum einen um Gauda und Blanche Faure und zum anderen um die verheiratete Ermessende Magre und ihre verheiratete Schwester Arnaude. Wie bereits an anderer Stelle gesagt, war diese Form von biblischem Inzest im Ariège des 14. Jahrhunderts in Mode gekommen und wurde als ebenso spannend wie erregend empfunden. Bayard tat Einwände dagegen mit dem geläufigen Wort *faytilhas*, das heißt »Aberglaube«, ab (siehe auch Pierre Clergues *affitilhas*, S. 103), mit dem die Katharer alle Lehren der römischen Kirche bedachten, die sie nicht akzeptierten, wie etwa die Wandlung von Brot und Wein in das Fleisch und Blut Christi.

64 Zu diesem heute verschwundenen Ort siehe S. 24f.

65 Ihr Bruder hatte zudem Guillemette de Larnat, eine Schwester des Edelmannes Philippe, geheiratet. Diese Guillemette und ihre Schwester Sibylle,

die mit einem Miglos von der anderen Seite des Berges verheiratet war, waren um das Jahr 1302 fast gleichzeitig im Haus des Edelmannes gestorben, nachdem sie von den Authiés getröstet worden waren. Es kann kaum bezweifelt werden, dass die Authiés bestrebt waren, die Brückenköpfe, die de Larnat-Gouzy (Larnat) und Peyre-Gouzy (Arques) sowie durch die Heirat von Pierre de Miglos und Ricarde Bayard auch die Bayards darstellten, möglichst effizient zu nutzen.

66 Es ist denkbar, dass die Authiés ihr Geld bewusst an einem Ort aufbewahrten, an dem es nicht so leicht zugänglich war. Als Pierre de Luzenac von Pierre Authié in Tarascon die Summe von neun oder zehn Pfund borgen wollte, wurde ihm gesagt, er solle das Geld in Limoux abholen, aber, hatte Pierre Authié warnend hinzugefügt, vorher müsse er noch mit seinen Gefährten über das Darlehen sprechen. Wenn man de Luzenac dazu bewegte, vom Ariège-Tal bis nach Limoux zu wandern, so war es umso schwieriger für ihn, irgendetwas anderes als Bargeld in die Hände zu bekommen.

67 Es ist durchaus möglich, dass dieses Weideland den mächtigen Peyres gehörte und dass der Name »Peyresols« (»die Felder der Peyres«?) die Tatsache widerspiegelt, dass dieses Land seit undenklichen Zeiten zu den Ländereien der Familie gehörte. Bei Pierre Maury waren unter anderem Jean Maulen und Guillaume Marty aus Montaillou.

68 Klemens V. begründete am 9. März 1309 den Papstsitz in Avignon. Dieser blieb 69 Jahre in der Provence, bis er wieder nach Rom zurückverlegt wurde.

69 Er meinte entweder, dass es »18 Jahre her« war, oder »dieses Weihnachten«, da die Aussage in Pamiers im Sommer 1324 gemacht wurde, und wir wissen, dass er Weihnachten 1305 nach Montaillou kam.

70 Der junge Passeur Raymond Azéma legte die rund 50 Kilometer lange Strecke von Limoux bis zum Haus seiner Mutter in Montaillou in einer einzigen Nacht zurück. Am nächsten Morgen war er von dem Marsch allerdings so erschöpft, dass er sich nicht von seinem Bett erheben konnte und seine Mutter bitten musste, die Kleidung, die er für die Parfaits in Ax mitgebracht hatte, zu Sibylle Baille nach Ax zu bringen.

71 In jedem anderen Bergdorf hätten solch auffällige architektonische Veränderungen sofort als ein Indiz häretischer Aktivitäten einen wachsamen Inquisitor alarmiert. In Montaillou hatten jedoch die Clergues das Sagen, die bei der Inquisition in Carcassonne großen Kredit und uneingeschränkte Glaubwürdigkeit besaßen. Sie entschieden, was verdächtig war und was nicht.

72 Nach seinem Tod rund zehn Jahre später heiratete sie einen Bernard Guilhou aus Vernaux, einem Dorf zwischen Lordat und Unac, und wurde Raymonde Guilhou. Unter diesem Namen machte sie ihre Aussage vor Fournier.

73 Es gab jedoch eine Alazais Gonelle aus Gebets, die die Geliebte von Guillaume Clergue war und mit ihm einen Sohn hatte. Kann es sein, dass Gavelle und Gonelle hier verwechselt wurden? Es wurde auch schon vermutet, bei Alazais Gavelle könnte es sich um Alazais Faure handeln, mit der Arnaud tatsächlich ein sexuelles Verhältnis hatte. (Duvernoy, 1978, S. 488, Anm. 2) Diese Beziehung, die verheerende Konsequenzen für Alazais Faure und ihre Familie haben sollte, begann jedoch erst einige Jahre später.

74 Brune war hier bei ihrer Aussage vor Fournier möglicherweise nicht ganz aufrichtig, oder es war ihr wirklich ein Rätsel, weil die Belots, ebenso wie die Rives', Clergues und andere wie die Benets und Maurys, ihren eigenen Backofen gehabt haben müssen.

75 Der Austausch von Geschenken zwischen den Parfaits und ihren Anhängern war eine gängige Praxis. Neben Geld erhielten die Parfaits von ihrer Anhängerschaft jede Menge Esswaren wie auch fein gemusterte Tischtücher, ellenweise Stoff, Handtücher und bei einer Gelegenheit auch einen langen schwarzen Schaffellmantel. Als Gegenleistung verteilten sie Leinenhüte, Seidenhauben, Handschuhe, Hemden und Jacken, Schmuck, Parma-Messer und Kalender.

76 Die beiden Wege scheinen in Ax an zwei verschiedenen Punkten herausgekommen zu sein. Der eine führte in die Straße mit den Thermalquellen hinunter, vermutlich in die Stadtmitte von Ax beim Bassin de Ladres, und der andere kam hinter der Altstadt und dem Friedhof heraus und entsprach in etwa dem Verlauf der heutigen Départementsstraße Richtung Chioula.

77 Seltsamerweise geben sowohl Pierre Maury als auch Doat fälschlicherweise an, Fabrisse Clergue sei mit Raymond Rives verheiratet gewesen. Sie war jedoch die Frau von Pons Rives. (FR, f.257v; D 27, f.147v)

78 Dies waren Guillaume, Bernard, Jean und Arnaud, der damals noch klein war. Sein Bruder Raymond war zu dem Zeitpunkt wohl nicht in Montaillou, sofern Pierre 20 Jahre später nicht einfach vergaß, dass er ebenfalls dabei gewesen war. Was seine beiden Schwestern betraf, so war eine, Guillemette, in Laroque d'Olmes verheiratet, während die andere, Raymonde, die Guillaume Marty aus Montaillou geehelicht hatte, Weihnachten bei ihrer eigenen Familie verbrachte. Dennoch ist es denkbar, dass sie ihr Elternhaus an den Feiertagen besucht hatte.

79 Bei *Lasitardor* dürfte es sich um die von Fourniers Schreiber verwendete phonetische Schreibweise von »l'Asilador« handeln, das »l'Assaladou« sehr nahe kommt. Zudem wird »l'Assaladou« oberhalb von Sorgeat immer noch *la Coste* genannt, was auch die Bezeichnung ist, die Pierre Maury 1324 für Lasitardor verwendete (FR, f.256v). Der Unterschied zwischen den zwei Streckenabschnitten kommt in der rhetorischen Nuancierung in Pierre Maurys Aussage zum Tragen. Er erklärte, dass sie (Hervorhebung durch den Autor) »*iverunt* versus soriatum et deinde *ascendentes* per costam vocatam lasitardor«, was übersetzt heißt: »Sie *gingen* Richtung Sorgeat und *kletterten* dann den Hang, der Lasitardor genannt wird, hinauf.«

80 Diese Heirat wurde gemeinsam von einer Familie Barbier aus dem nahe gelegenen Niort im Aude und von Bernard und Arnaud Marty aus Montaillou betrieben. Dies lässt vermuten, dass die Barbiers und Martys Raymonde Liziers übrig gebliebene Verwandtschaft waren, die das Recht hatten, ihre Hand zu vergeben.

81 Die politischen Motive, die hinter der Heirat von Arnaud Belot und Raymonde Lizier standen, sollten in den darauf folgenden Jahren deutlich werden, als Raymondes Tochter mit dem Neffen des Pfarrers, Arnaud Clergue, dem unehelichen Sohn von Guillaume Clergue und Alazais Gonelle, den Ehebund einging. Zudem heiratete Raymondes Sohn Pierre später Grazide

Rives, deren Mutter Fabrisse eine Clergue war. Und die jugendliche Grazide verlor ihre Jungfräulichkeit durch den Vetter ihrer Mutter, den Pfarrer Pierre Clergue. Aber bis dahin sollte Raymonde schon lange wieder verwitwet sein.

82 Die Verbindung der Familien Guilabert und Faure wurde durch die Eheschließung zwischen Raymonde Cléments aus Gebets, der Tochter von Alazais Schwester Guillemette Cléments-Guilabert, und einem weiteren Pierre Faure noch mehr gefestigt. Dieser zweite Pierre Faure gehörte wahrscheinlich zur Generation von Pierre Maury. Aber dennoch wäre er rund 20 Jahre älter als seine Braut Raymonde Cléments gewesen, die kurz nach der Jahrhundertwende geboren sein dürfte. Dass er impotent war und Raymonde deshalb den Wunsch hatte, sich von ihm zu trennen, war im Dorf bekannt. Dies kam natürlich nicht zuletzt dem Pfarrer von Montaillou zu Ohren, der sich über ihre Tante Alazais an sie heranzumachen versuchte. Dieses Mal hatte er jedoch kein Glück, was die junge Raymonde ihrer Tante zu verdanken hatte.

83 Arnaud war nicht dabei, weil er vermutlich nach seiner Hochzeit mit seiner Frau in ihr großes Haus neben den Clergues gezogen war.

84 Sie brachte die Dinge noch weiter durcheinander, als sie behauptete, zum Zeitpunkt ihres Besuches hätte Na Roche gerade mit den beiden Familienmüttern der Clergues und Belots geschwatzt, während Na Roche bereits drei Jahre zuvor gestorben war. Guillemette Belot und Na Roche mögen *commères*, Klatschbasen, gewesen sein, und Mengarde Clergue war mit beiden befreundet. Vielleicht war es das, was Fabrisse in ihrer Erinnerung verwirrte. Könnte dies auch die Ursache für einen ähnlichen Fehler sein, als sie behauptete, von Vuissane Testanière gehört zu haben, wie Guillemette Belot und Na Roche sich über die kürzliche Heirat von Bernard Belot und Guillemette Benet unterhalten hätten? Beide Zeuginnen könnten uns fälschlicherweise zu dem Glauben verleiten, Na Roche hätte 1308 noch gelebt.

85 Fabrisse' Richtungsangaben und insbesondere der pointierte Hinweis, dass der Tisch sich am »östlichen« Ende des Raumes befand, lassen keinen Zweifel daran, dass die Vorderseite des Hauses der Clergues und das Zimmer von Pierre Clergue nach Süden bzw. Südwesten zur Kreuzung Capanal den Belot hin ausgerichtet waren. Dies deckt sich mit anderen Angaben, dass die zur Hauptstraße hin liegende Seite des Hauses nach Nordwesten zeigte. Die auf der Bac-Seite der Straße liegenden Häuser waren demgegenüber zur Straße hin ausgerichtet und hatten damit eine optimale Sonnenlage. Für die Rekonstruktion von Montaillou im 14. Jahrhundert ist die Aussage von Fabrisse Rives von entscheidender Bedeutung.

86 Raymond Benet war sein entfernter Cousin von der Seite seiner Mutter Alamande, denn ihr Bruder Guillaume Fort war mit einer Sibylle verheiratet, die Guillemette Benets Schwester war.

87 *Matte majou-mayou* (LT) ist die okzitanische Bezeichnung für das lateinische *matte maior* im Text (FR, f.80v). Die Stelle wird immer noch la Matte genannt und ist unter dieser Bezeichnung auf der PN für Montaillou vermerkt. Und ebenso *Maténénique*, das dem lateinischen *matte minor* oder dem okzitanischen *matte menè* (oder *meniè*, *menic*: LT) entspricht.

88 Später glaubte Alazais sich fälschlicherweise daran erinnern, dass ihr Mann und Guillaume gegangen seien, als Prades das Haus betrat. Fast 20 Jahre später behauptete sie fälschlicherweise auch, dass Guillaume Authié (B) die Foghana verlassen habe, weil er sich nicht in einem Raum mit einem Belot aufhalten wollte. Ihr nachträglicher Versuch, ihren Mann aus der Tröstung herauszuhalten, entsprang möglicherweise einem tiefen Schuldgefühl, weil sie ihn durch ihre Affäre mit Arnaud Vital in die Häresie hineingezogen hatte und ihn später auch noch mit Pierre Clergue betrogen hatte.

89 Diesen Weg gibt es dort immer noch, und er verläuft im Osten der GR7B, die heute nach Jasse de Balaguès auf der westlichen Flanke des Gazel hinaufführt. *Peyra del Fug*, das Jean Pélissier ein *collis* nannte, ist das Wäldchen vor dem Bois de la Luzière. Der dem Dorf zugewandte Teil von Peyra del Fug ist heute Weideland und unter der Bezeichnung »Fontanal« bekannt. Bei der »Comba fred« muss es sich um den Bois de la Luzière, den Ausläufer direkt im Nordosten des Gazel, handeln. Da Pélissier in der südwestlichen Ecke der Comba del Gazel stand, konnte er nur einen Teil des Waldes Comba fred sehen, aber nicht mehr erkennen, was die Schäfer in der Comba fred machten, nachdem sie hinter dem Wäldchen verschwunden waren.

90 Es muss sich dabei um seine Großmutter mütterlicherseits, die alte »Maura« gehandelt haben, deren katharische Überzeugungen bis in die Zeit von Montségur zurückgingen.

91 Die in den Büchern aufgeführten Kosten für einen Gefangenen in Carcassonne lagen Anfang der 1320er-Jahre bei durchschnittlich zwölf Pfund pro Jahr oder *per diem 8 d.* (CR, 1285-1312, S. 8718f.). Damit waren Guillaume Martys Schulden erheblich höher, als sie hätten sein dürfen. Oder hatte er diese horrende Summe erfunden, um seine wahren Absichten zu vertuschen, so wie Pierre Authié es zuvor getan hatte, oder ließ der korrupte de Polignac sich von den Häftlingen für eine bessere Behandlung im Gefängnis bezahlen?

92 Pierre Maury gab an, die Inquisition sei »um« *(circa)* das Fest der Geburt der Jungfrau herum nach Montaillou gekommen. Guillemette Arzelier behauptete hingegen, dies sei an Mariä Himmelfahrt, am Donnerstag, dem 15. August, geschehen, und im Gegensatz zu Pierre Maury war sie zur fraglichen Zeit im Dorf (FR, f.242v). Dass der Monat September in den d'Ablis-Akten völlig fehlt, spricht vielleicht dennoch zugunsten des 8. September. Die Verhöre fanden vom 10. Mai bis zum 28. November 1308 statt (ein für den 2. Dezember angesetzter Termin wurde abgesagt), *außer* im September. Allein im August 1308 gab es sechs oder sieben Sitzungstage, auch am 12., 16. und 21. August, also um Mariä Himmelfahrt herum. Es ist durchaus möglich, dass der freie Monat September mit der Razzia in Montaillou und der Verarbeitung entsprechender Informationen zusammenhing.

93 Merkwürdigerweise las de Gaillac seine eigene Aussage am folgenden Tag »Wort für Wort und in der üblichen Sprache verständlich« vor, obwohl er sie in Lateinisch geschrieben hatte (d'AR, f.57r). Warum er seinen eigenen Text ins Okzitanische übersetzt haben soll, ist nicht verständlich, da er und die Inquisitoren fließend Latein sprachen. Raymond Peyre hatte sogar persönlich mit-

erlebt, dass de Gaillac sich mit Jean de Beaune in Lateinisch unterhielt (FR, f.305v).

94 Da Guillaume wahrscheinlich einer der jüngeren Söhne war, der sechs Jahre vor den Ereignissen von 1308 nicht in Montaillou gelebt hatte, war er dem Pfarrer vielleicht weniger gefährlich als sein Bruder und sein Vater erschienen. Warum seine Brüder Raymond und Arnaud und seine beiden Schwestern nicht vorgeladen wurden, bleibt unklar. Dass Guillaumes Mutter Mengarde nicht erwähnt wurde, deutet darauf hin, dass sie zu diesem Zeitpunkt schon tot oder wegen der Verstümmelung ihrer Zunge außerstande war, eine Aussage zu machen.

95 Dieser letzte Ort wurde sowohl von Vidal als auch von Duvernoy nahe bei dem auf einem Hügel liegenden Weiler Beaupuy angesiedelt, das könnte jedoch einer Fehlinterpretation des Textes von Limborch gleichkommen. Es stimmt zwar, dass der Vater der neuen Gastgeber von Pierre Authié aus Beaupuy kam und dass sie in den Jahren 1305/06 dort zu wohnen »pflegten«, Pierre Authiés letztes Versteck wird im Text jedoch von Arnaud Maurel und von Jeanne, der Frau von Perrin Maurel, ausschließlich als nahe bei *(juxta)* Verdun-sur-Garonne bezeichnet, laut Vidala Salas, der Frau von Bertrand Salas, lag es nahe bei *(prope)* Bouillac. Limborch unterscheidet eindeutig, dass die Maurels damals *(modo)* in Beaupuy lebten und nunmehr *(nunc)* in der Nähe von Verdun (L, S. 123*bis*).

96 Das Wort *filia* im Zitat kann für den umfassenderen Begriff *filiafamilias* stehen (LS: *FILIA*, A), das heißt für eine »Tochter« der größeren Authié-Sippe, wobei es sich nicht unbedingt um ein leibliches Kind des Parfaits handeln musste.

97 Wir sollten die Authié-Tochter aus Lordat jedoch nicht ganz ausschließen, nicht zuletzt weil ihr Ehemann Arnaud dem alten Parfait nahe stand und Jahre später ohne jede Reue als Authié-Getreuer in Allemans starb (FR, ff.161v bis 162r). Und Guillemette Teisseyre-Authié war im Juli 1312 im Gefängnis in Carcassonne.

98 Amiel de Perles war Pierre Authié mindestens noch ein letztes Mal nach ihrer beider Verhaftung begegnet. Er bekannte sich offen zu Pierre als seinem Ancien und entbot ihm das Melioramentum. Am 23. Oktober 1309 wurde er verurteilt und dem weltlichen Arm der Strafgerichtsbarkeit zur Verbrennung auf dem Scheiterhaufen übergeben (L, S. 37).

99 Der okzitanische Text lautet: »*Que no fesson pudor a nostra gent estranha / Aicelas malas res.*«

100 Das Urteil der Inquisitoren besagt, dass die Gebeine der Getrösteten nach dem Tod verbrannt werden, um damit die Schändlichkeit ihres Vergehens zu symbolisieren: »*ut in signum perditionis ossa ipsorum si ab aliis Catholicorum ossibus possint discerni de sacris cimiteriis exhumentur et comburantur in detestationem criminis tam nephandi.*« (L, S. 80)

101 In den erhaltenen Dokumenten wurde Étienne Belot nie irgendein ketzerisches Vorgehen zur Last gelegt. Er wurde schließlich mit der Auflage, die Kreuze zu tragen, aus der Haft entlassen und davon am 16. Januar 1329 in Pamiers von den Inquisitoren Henri de Chamayou und Pierre Brun befreit (D 27, f.147v).

102 Das lateinische *burgus* bedeutet Vorort einer Bischofsstadt.

103 Warum er Bernard Clergue hasste, ist nicht klar, es kann allerdings mit

seiner Freundschaft mit Guillaume Mathieu aus Ax zusammengehangen haben, den Clergue später zu seinen drei Todfeinden zählte.

104 Im Jahr 1318/19 hatte Jacques Tartier, der zusammen mit den Brüdern Pierre und Raymond Peyre eine lange Haftstrafe in Carcassonne verbüßte, Pierre den Hugol und Raymond de Laburat offen vor de Polignac der Häresie bezichtigt. Dieser hatte daraufhin umgehend Pierre Clergue informiert, der sofort seinen Freund Raymond de Laburat gewarnt hatte.

105 Frisco Ricomanni war damals der berühmteste Anwalt des Languedoc und erhielt im Steuerjahr 1302/03 als *patronus causarum regis*, das heißt als königlicher Anwalt, ein Jahressalär von 90 Pfund (Strayer, 1970, S. 123f., 126), was genau der Summe entspricht, die Carcassonne für den Bau der Chapelle Saint-Louis zahlte. 1320 erwarb er den von einem »Häretiker« gepfändeten Besitz für nicht weniger als 846 Pfund, die er der Krone in Raten zahlte, angefangen mit 100 Pfund im Jahr 1320, 150 Pfund 1321, und »80l.6s.7d.« 1322 (CR, *1285–1314*, S. 8462). Seine Karriere ist der klare Beweis, in welchem Umfang im Rechtswesen des Languedoc im 14. Jahrhundert Geld verdient wurde. Aber nicht nur, dass de Gaillac ganz in seiner Nähe in Carcassonne lebte und versuchte, einen Angestellten aus seinem Büro zu bestechen, sondern drei seiner früheren Aussagen, und zwar die vom 23. und 24. Oktober 1308 sowie die vom 18. April 1309, waren von Ricomanni bezeugt worden (d'AR, f.58v).

106 Pierre de Gaillac war unverzagt und kündigte seinen Mitverschwörern an, er werde in Kürze nach Montaillou gehen, und auf dem Weg dorthin werde er in Ax vorbeischauen, um noch mehr Zeugen für eine Aussage gegen Tron zu finden.
Bernard Clergue war inzwischen schon halbwegs paranoid in seinem verzweifelten Bemühen, die häretische Vergangenheit seiner Familie zu vertuschen. Wahrscheinlich lag er aber richtig, als er in der Tatsache, dass Pierre de Gaillacs Frau nach dem »Gnadenakt« vom 8. März 1321 die Kreuze von ihrer Kleidung entfernte, den Beweis für die Komplizenschaft zwischen Fournier und de Gaillac sah. Nach Bernards Vorstellung wurde de Gaillac damit von Fournier dafür belohnt, dass er Béatrice de Planisolles dazu gebracht hatte, Pierre Clergue zu belasten. Er irrte sich, was die Verbindung zu Béatrice anging, aber dennoch war es höchst wahrscheinlich eine Belohnung, und das war vermutlich auch die Befreiung von den Kreuzen, die Vaissières Frau Guillemette am 4./5. Juli 1322 erteilt wurde.

107 Bernard Bélibaste war entweder aus dem Gefängnis in Carcassonne geflohen, oder er war freigelassen worden (das lateinische *exiverat* ist zweideutig). Er befand sich damals in Begleitung von Pierre Issaurat.

108 Obwohl Pierre Maury bei den Verhören vor der Inquisition 1307 und erneut 1324 fortwährend bestritt, die Parfaits gesehen zu haben, kann es keinen Zweifel daran geben, dass Guillaume Maurs die Wahrheit sagte, als er erzählte, dass Pierre Maury ihm die Geschichte von einem Besuch Guillaume Bélibastes anvertraut habe.

109 Nachdem Jean Maury seinen kleinen Bruder Arnaud in Montaillou abgeholt hatte, brachte er ihn nach Quérigut im Donézan, das rund 40 Kilometer von Montaillou entfernt war. Dort kamen sie zunächst bei ihrem Onkel Guillaume Estèbe unter. Estèbes

Frau war jedoch unglücklich über ihre Anwesenheit und insbesondere über die Tatsache, dass sie offen untereinander über Häresie sprachen. Der kleine Arnaud wurde dann von seinem Bruder Jean von Quérigut nach Puigcerdà gebracht, wahrscheinlich weil er selbst noch zu jung war, um seinen kleinen Bruder großzuziehen.

110 Raymond war offenkundig ungetröstet gestorben, da die Parfaits auf dem kurzen Weg von Ax nach Vaychis in einen gewaltigen Sturm geraten waren, der verhinderte, dass sie noch rechtzeitig eintrafen. Die Cortils und Maurys scheinen der Meinung gewesen zu sein, dass ihre Familien eine gesunde Allianz gründen könnten, da Pierres Mutter Rixende sich 1319 oder 1320 in ihrem Haus mit Jean Maury traf, offenbar um über Heiratspläne zwischen Jean Maury und ihrer Tochter Guillemette Cortil zu sprechen. Die Wahrheit war allerdings mit ziemlicher Sicherheit eine völlig andere. Denn Jean Maury hatte, wie wir noch sehen werden, nie die Absicht zu heiraten, zumindest nicht im konventionellen Sinne des Wortes.

111 Bernard Bélibastes Tod bleibt ein Geheimnis. Nicht minder verblüffend ist die Tatsache, dass sein Bruder Guillaume, der Parfait, einige Zeit nach seinem Tod in Puigcerdà erschien, um die Kleidung seines Bruders abzuholen. Er und Pierre Maury sind sich dabei jedoch nicht begegnet. Es sollte noch weitere zweieinhalb Jahre dauern, bevor Pierre Maury den Parfait in Flix traf.

112 Espertes Bruder verbürgte sich bei der Inquisition für ihren Mann und ließ sich später von dem Priester in Tortosa eine offizielle Todeserklärung ausstellen, um auf diese Weise von seinen Verpflichtungen entbunden zu werden. Vor 1308 war Espertes Haus in Tarascon eine Anlaufstelle für Parfaits wie Jacques und Guillaume Authié, Raymond Faure und Amiel de Perles gewesen. Sie kannte in Tarascon auch Sibylle Bailles Ehemann und den 13-jährigen Arnaud Sicre vom Sehen. Sie hätte sich kaum vorstellen können, dass dieser Junge sich Jahre später in den Rachegott der katharischen Diaspora verwandeln würde.

113 Esperte verlor später, im Jahr 1316, in Lleida (durch Krankheit?) ihre beiden Söhne, und im selben Jahr verstarb ihr Mann in Tortosa, wo er auf dem Friedhof von Sainte-Marie beerdigt wurde. Sie behauptete, bei seinem Tod nicht dabei gewesen zu sein und sich erst danach nach Tortosa begeben zu haben, um zu veranlassen, dass Messen für sein Seelenheil gelesen würden. Dies war möglicherweise eine List, um zu verbergen, dass er vor seinem Tod getröstet worden war. Sie konnte sich überdies offiziell nicht daran erinnern, wo er begraben lag, was ein sicheres Zeichen war, dass sie die Sorge hatte, er könnte exhumiert und nachträglich noch als Häretiker verbrannt werden. Dabei hatte Servel sich vermutlich eigens nach Tortosa begeben, um hier von Guillaume Bélibaste getröstet zu werden. Dort wurde auch eine Todesbescheinigung für ihn ausgestellt.

114 Kardätschen wurden benutzt, um die Wolle zum Spinnen vorzubereiten. Das Kardätschen kam im 12. und 13. Jahrhundert aus Norditalien und Katalonien und ersetzte allmählich die traditionelle Methode, wonach die Wollfasern per Hand gekämmt wurden; Kardätschen hatte im Unterschied zum Kämmen den Vorteil, dass die kurzen Fasern dabei unbeschadet blieben. Die Kardätsche war eine rechteckige (nicht

ganz DIN A4 große) Drahtbürste mit angewinkelten Drahtborsten auf der Innenseite. Beim Kardätschen wurde die Wolle auf eine Kardätsche gelegt und dann mit einer zweiten gegen den Strich darüber gezogen, bis die Wolle von der fest liegenden Kardätsche ganz auf die bewegte gezogen worden war.

115 Genau wie ihre Mutter, waren auch Jeanne und Bernard Befayt der Inquisition entkommen. Pierre Maury gab später an, Mersende Maury, ihre Tochter und ihr Schwiegersohn seien gemeinsam geflohen, weil Mersende und Jeanne von dem Stadtschreier in Carcassonne »ausgerufen« worden seien. Guillemettes Bruder Pierre Maury, der in Gebets lebte, und sein Neffe Jean Maury, der ebenfalls nicht in Montaillou wohnte, waren 1308 auf ähnliche Weise einer Gefangennahme entgangen.

116 Ich arbeitete zufällig an Brunos Todestag in der Bibliothek des Vatikans in Rom. Von der Via della Conciliazione, wo ich mich einquartiert hatte, um in der Nähe der Bibliothek zu sein, überquerte ich jeden Abend den Tiber zum Campo dei Fiori, um dort in einer der beliebten Pizzerien in der Nähe des Carbonara-Hotels zu Abend zu essen. An jenem Abend des 17. Februar hatte sich die Gesellschaft der *pensiero libero* um die Statue von Giordano Bruno mit Spruchbändern und brennenden Kerzen versammelt. Die Spruchbänder prangerten die Todesstrafe an und erinnerten an die Gräuel der Inquisition. Es erschien passend, dort zu stehen, nachdem ich den ganzen Tag an Jacques Fourniers Akten gearbeitet hatte.
Der Gegensatz zwischen der verehrten Statue Brunos im Campo dei Fiori und der einsamen Büste Fourniers als Papst Benedikt XII. in den Grotten der Peterskirche könnte kaum stärker sein. Obwohl ich im Palais des Papes in Avignon eine lebensgroße Büste von Fournier gesehen hatte, wollte ich gerne das Original sehen, um sie für dieses Buch zu fotografieren. Nachdem ich sie in den Räumen, die der Öffentlichkeit zugänglich waren, nicht gefunden hatte, gelang es mir, von einem Wächter im Innern der Kathedrale die Erlaubnis zu erhalten, einige der geschlossenen Grotten zu betreten. Er zog den größten Schlüssel hervor, den ich je zu Gesicht bekommen hatte. Kurz darauf stand ich von Angesicht zu Angesicht dem Bildnis des Mannes gegenüber, der mehr als jeder andere den Menschen geschadet hatte, die in die Akten Eingang gefunden hatten. Da das Abbild im Vatikan mit Sicherheit dem lebenden Modell entspricht (siehe S. 330), konnte ich davon ausgehen, hier den Menschen zu sehen, den der Bildhauer Paolo da Siena betrachtet hatte; und wiederum 20 Jahre vorher hatte dieses massige, große Gesicht rachsüchtig auf Béatrice de Planisolles und den kleinen (aber vermutlich nicht eingeschüchterten) Pierre Clergue herabgeblickt. Zumindest Pierre Maury, der selbst groß war, hätte auf gleicher Höhe mit Fournier gestanden.

117 Die lateinische Formulierung im Protokoll lautet: »posuit oves suas quas habebat in parsaria cum dicta guillelma«, das heißt: »Er brachte die Schafe, die er besaß, in die Partnerschaft mit Guillemette ein« (FR, f.259r). Dies erinnert an das Beispiel, das in LS aus den *Digesta* geliefert wird, den klassischen Abhandlungen über die Rechtswissenschaft, worin unter PARTIARIUS zitiert wird: »pecora partiaria pascenda suscipere« und übersetzt wird mit: »sodass ihr Zuwachs zwischen dem Besitzer und dem Hirten geteilt wird«.

118 Dazu gehörten Brune Pourcel, Jean Maurys Bruder Arnaud, Alazais, die Frau von Bernard Authié aus Montaillou, ein Raymond Malet aus Prades d'Aillou, dessen Frau vermutlich die Tochter von Raymond Peyre aus Arques war, Raymonde, die Frau von Guillaume Argelier und »Mondine«, die frühere Raymonde Lizier und jetzige Witwe von Arnaud Belot.

119 Wenn Arnaud tatsächlich Jeannes Vergiftung verhinderte, dann müssen wir davon ausgehen, dass sie sich weiterhin bis zum Winter 1318 und darüber hinaus abscheulich aufführte.

120 Der Begriff *agnas* leitet sich möglicherweise von dem okzitanischen *anha* (Schlehe: LT) und nicht aus dem Lateinischen, *agna* (Halm, Stroh: LS) ab, da der scharfe und bittere Geschmack der Schlehe durchaus mit der Idee zu verbinden ist, dass etwas widerstrebend durch den Mund gezogen *(facit exire)* wird, sodass Schlehen mit der bitteren Wahrheit gleichgesetzt werden.

121 Der Riucaut wird bisweilen als nicht mehr identifizierbare Gegend bezeichnet; er erstreckt sich jedoch von der Cerdagne bis ins Capcir-Gebirge, direkt nordöstlich von Font-Romeu. Zu den Riucaut-Weiden dürften die herrlich offenen Gebiete gehört haben, die sich südlich des Staudammes von La Bollosa ausdehnen und von den Gipfeln des Puig Peric und El Petit Peric überragt werden.

122 Pierre Maury kassierte diese riesige Summe wahrscheinlich, als er sich auf den Pässen oberhalb von Château-Verdun aufhielt. Denkbar ist auch, dass dieses Geld aus einem katharischen Vermögen stammte, das irgendwo im Ariège-Tal treuhänderisch verwahrt wurde, vielleicht sogar in Château-Verdun selbst, das traditionell eine Hochburg der Katharer war.

123 Dennoch sind die Belege wiederholt widersprüchlich. So erinnerte Pierre Maury sich korrekt an die Jahreszeiten seiner ersten Begegnungen mit Arnaud Sicre, ordnete sie jedoch ein Jahr zu früh ein. Guillaume Maurs gab die Fastenzeit und Ostern 1318 (wobei er 1319 meinte) als Datum eines Treffens von Arnaud Sicre, Pierre Maury, Guillaume Maurs und, sozusagen hinter den Kulissen, Guillaume Bélibaste an. In derselben Erklärung versichert Maurs, dass er Arnaud Sicre zum ersten Mal in Begleitung von Pierre Maury gesehen habe, nachdem Pierre bei Barri 100 Schafe gekauft hatte. Dies stimmt soweit mit dem korrekten Datum überein; dann fügt Guillaume Maurs jedoch hinzu, dass Pierre Maury und seine Tante an demselben Osterfest einen heftigen Streit um die Einnahmen aus den Wollverkäufen gehabt hätten, auf die Pierre einen Anspruch zu haben glaubte – aber diese Episode hatte sich in Wirklichkeit mehrere Jahre vorher zugetragen.

124 Arnauds Karriere entwickelte sich schließlich vom Verräter und Kopfgeldjäger zu einer Art von Beamten im öffentlichen Dienst, von dem als Letztes zu hören war, dass es ihm einige Zeit nach Fourniers Abreise aus Pamiers ausgesprochen gut ging.

125 Sie wurden so genannt, da sich die Parfaits vor den Kreuzzügen nicht zu rasieren pflegten (Nelli, 1969, S. 45).

126 Ebenso wenig Glück hatte Arnaud Sicre bei seiner Begegnung mit Raymondes ehemaliger Nachbarin La Gasc. Er traf sie an einem Ort, den er folgendermaßen beschrieb: »beim Kreuz, das unterhalb der Stadt Tarascon an der Straße nach Ax steht«, das heißt unten

an der Ariège an der heutigen D23. La Gasc reagierte genauso wie die de Junacs, und Arnaud ging mit leeren Händen. Dass er bereit war, ihre Habe mit nach Katalonien zu nehmen, deutet darauf hin, dass er bei diesen langen Reisen ein Maultier dabei hatte, das er vielleicht sowieso brauchte, um diese langen Wanderschaften zu bewältigen.

127 Pierre zufolge hatte er beim Abendessen mit Mersende und Jeanne Ende November 1319 erfahren, dass Jeannes Ehemann in den Wäldern von Benifassà, südlich von Beceite, dem heutigen Reserva Nacional de Puertos de Beceite, ums Leben gekommen war. Er hatte einen Baumstamm weggezogen, dabei hatten sich oberhalb von ihm Wurzeln und Steine gelöst und waren auf ihn gefallen. Ein dicker Stein hatte ihm den Magen zerquetscht und ihn auf der Stelle getötet. Er wurde in Beceite beerdigt. Diese Version des Hergangs wurde von Guillaume Maurs bestätigt, allerdings ohne das Datum. Ihre und Arnaud Sicres Version widersprechen sich nicht unbedingt, abgesehen davon, dass sie bei der Jahresangabe erstaunlicherweise um ein Jahr differieren. Es gibt keine Belege, dass die Witwenschaft Jeanne hätte friedfertiger werden lassen.

128 Dieses Datum wird von Mathène Servel untermauert, die angibt, *sofort*, nachdem sie von Guillaume Bélibastes Verhaftung gehört hatte, aus Lleida geflohen zu sein, »acht Tage und ein paar« vor Palmsonntag, der 1321 auf den 12. April fiel. Da sich die Gesamtzeit, die die Expedition von Sant Mateu bis ins Pallars-Tal und für ihre überstürzte Rückkehr brauchte, auf elf Tage belief, bedeutet dies, dass sie am 12. April minus »acht Tage und ein paar (zirka drei oder vier)« und minus elf aufbrachen, was ein Datum um den 20. März ergibt.

129 In diesem einen Fall, beim Verhör des Leprakranken Guillaume Agasse aus Pamiers, ist die Anwendung der Folter im Protokoll des Verfahrens vermerkt. Was dem unglückseligen Agasse auch immer angetan wurde, als Ergebnis kam dabei eine Reihe weitschweifiger »Eingeständnisse« bezüglich einer Verschwörung von Leprakranken zur Ermordung von nicht leprakranken Christen in der Gegend von Toulouse heraus. Agasse gestand, selbst die Ariège und verschiedene Brunnen von Pamiers vergiftet zu haben.
Es dürfte auf der Hand liegen, dass Fourniers Schreiber nicht versucht hätten, die Anwendung der Folter zu verbergen, die seit der Bulle *Ad extirpanda*, die Papst Innozenz IV. 1252 erlassen hatte, in den Gerichtsverfahren der Inquisition als legales Mittel vorgesehen war. Es ist jedoch unvorstellbar, dass ein Mann von Fourniers respekteinflößender Intelligenz ein Wort von dem aberwitzigen Bekenntnis geglaubt hätte, das aus Agasse herausgequetscht wurde.
Er suchte die Wahrheit, und er wusste, dass ein Folteropfer sagen würde, was er hören wollte.

130 »Dies ist meine Stirn, und dies ist mein Bart, und dies ist ein Ohr und dies das andere.«

131 Es gibt jedoch Belege, die dagegen sprechen: siehe Duvernoy, 1978, S. 1259, Anm. 1, wonach Tron im Jahr *1320* in einem Gerichtsverfahren auftrat.

132 Er hatte jedoch keinen Zugang zu dem Gefängnisbereich, in dem Béatrice de Planisolles in Haft war.

133 »Folgende verstorbene Personen starben unbußfertig, und es wird angeordnet, dass ihre Gebeine exhumiert und im Feuer verbrannt werden:
Pierre Clergue, ehemaliger Pfarrer der Kirche von Montaillou ...«

LITERATURVERZEICHNIS

Allgemeines Lexikon der bildenden Künstler von der Antike bis zur Gegenwart, 26 Bde., hrsg. v. H. Vollmer, Leipzig 1907ff.

Amargier, Paul (O.P.), »Benoît XII«. In: *Dictionnaire historique de la papauté*, hrsg. v. Philippe Levillain, Paris 1994, S. 206ff.

Attwater, Donald mit Catherine Rachel John, *The Penguin Dictionary of Saints*, 3. Aufl., Harmondsworth 1995.

Baudrillart, A. u.a., *Dictionnaire d'histoire et de géographie ecclésiastiques*, Paris 1909ff.

Belpech, André, »Les Issaurat de Larnat«. In: *Heresis*, Nr. 16, Centre National d'Études Cathares, Villegly 1991, S. 1-20.

Beugnot, Comte de (Hrsg.), *Les Olim, ou registres des arrêts rendus par la Cour du Roi sous les règnes de Saint Louis, de Philippe le Hardi* ..., 4 Bde., 1839-1848.

Bisson, Thomas N., *Medieval France and her Pyrenean Neighbours*, London 1989.

Brenon, Anne, *Les femmes cathares*, Paris 1992.

Brundage, J. A., *Medieval Canon Law*, London 1995.

Chalande, Jules M., *Histoire des rues de Toulouse*, 1919, Reprint 1980.

La Chanson de la Croisade Albigeoise, hrsg. u. übers. aus d. Provenzalischen v. E. Martin-Chabot, 3 Bde., Paris 1931-1961.

Cheney, C. R., *Handbook of Dates for Students of English History*, Cambridge 1955.

Claeys, Louis u.a., *Histoire de Pamiers*, Pamiers 1981.

Cross, F. L. (Hrsg.), *The Oxford Dictionary of the Christian Church*, Oxford 1997.

Customary of Toulouse, 1286, BN Lat.9187.

Dauzat, A., *Dictionnaire étymologique des noms de famille et prénoms de France*, Paris 1951.

Dauzat, A./C. Rostaing, *Dictionnaire étymologique des noms de lieux en France*, Paris 1963.

Deggau, Hans-Georg, *Befreite Seelen. Die Katharer in Südfrankreich*, Köln 1995.

Devic, Dom C./Dom J. Vaissette/Auguste Molinier, *Histoire générale de Languedoc*, 16 Bde., Toulouse 1872-1905.

Doat, Jean de, *La Collection Doat à la Bibliothèque Nationale*, Bd. 22-24, 27, 28, 34, 93, 1699.

Döllinger, I. v., *Beiträge zur Sektengeschichte des Mittelalters*, München 1890.

Dondaine, Antoine (O.P.), *Les hérésies et l'Inquisition, XII*e*-XIII*e *siècles. Documents et études*, hrsg. v. Yves Dossat, Aldershot 1990.

Douais, C., *Documents pour servir à l'histoire de l'inquisition dans le Languedoc*, Paris 1900ff.

Douais, C. (Hrsg.), *Practica inquisitionis heretice pravitatis, auctore Bernardo Guidonis* O.F.P., Paris 1886. Teilausgabe v. G. Mollat, *Bernard Gui, Manuel de l'inquisition*, 2 Bde., Paris 1926.

Dubin, Marc, *The Pyrenees*, London 1998.

DuCange (d. i. Charles du Fresne), *Glossarium ad Scriptores mediae et infimae latinitatis*, 7 Bde., Paris 1840.

Duhamel, L., *Le tombeau de Jean XXII à Avignon, Avignon 1887.*

Duhamel, L., »Le tombeau de Benoît XXII à la Métropole d'Avignon«. In: *Bulletin Monumental*, 1888, S. 3-23.

Dupré-Theseider, E., »Le Catharisme languedocien et l'Italie«. In: *Cahiers de Fanjeaux*, Nr. 3, Toulouse 1968, S. 299-316.

Duvernoy, Jean, *Le Registre d'Inquisition de Jacques Fournier, Évêque de Pamiers, 1318-1325* (MS Vat. Lat. 4030), 3 Bde., Toulouse 1965.

Duvernoy, Jean, »Pierre Authié«. In: *Cahiers d'Études cathares*, Nr. 47, 1970, S. 9-49.

Duvernoy, Jean, *La Religion des Cathares*, Toulouse 1976.

Duvernoy, Jean, *Le Registre d'Inquisition de Jacques Fournier, Évêque de Pamiers, 1318-1325*, 3 Bde., übers. u. mit Anmerkungen v. Jean Duvernoy, Paris 1978.

Duvernoy, Jean, *Le Dossier de Montségur*, 2 Bde., Toulouse 1998.

Ehrle, F., *Historia Bibliothecae romanorum Pontificum tum Bonifatianae tum Avenionensis*, Rom 1890.

Fabra, Pompeu, *Diccionari general de la llengua catalana*, 15. Aufl., Barcelona 1981.

Faucon, Maurice, *La Librairie des Papes d'Avignon, sa formation, sa composition, ses catalogues (1316-1420)*, Paris 1886.

Fawtier, Robert u. a., *Les registres de Boniface VIII. Recueil des Bulles de ce Pape publiées ou analysées d'après les manuscrits originaux des Archives du Vatican*, Paris 1884.

Fawtier, Robert/François Maillard, *Comptes royaux, 1285-1314*, 3 Bde., Paris 1953-1956. (Recueil des historiens de la France. Documents financiers, Bd. 3); *Comptes royaux, 1314-1328*, 2 T., Paris 1961. (Recueil des historiens de la France. Documents financiers, Bd. 4).

Fayet, Alain, *À la recherche de Montaillou*, Montaillou 2000.

Filippini, Laura, »Paolo da Siena«. In: *La Scultura nel Trecento in Roma*, Turin 1908.

Gaffiot, F., *Dictionnaire Latin-Français*, Paris 1934.

Gilles, Henri, »Les *Coutumes de Toulouse (1286)* et leur premier *Commentaire (1296)*«. In: *Recueil de l'Académie de Législation*, 1967-1968.

Griffe, Élie, *Le Languedoc cathare et l'inquisition 1229-1329*, Paris 1980.

Guiraud, J., *Histoire de l'Inquisition au moyen âge*, 2 Bde., Paris 1935-1938.

LeRoy Ladurie, Emmanuel, *Montaillou, village occitan de 1294 à 1324*, Paris 1975, überarb. Aufl. 1982; dt.: *Montaillou. Ein Dorf vor dem Inquisitor 1294 bis 1324*, übers. u. bearb. v. Peter Hahlbrock, Berlin 2000 (Ullstein Propyläen Tb., 26571).

Levillain, Philippe (Hrsg.), *Dictionnaire historique de la papauté*, Paris 1994.

Levy, E., *Provenzalisches Supplement-Wörterbuch*, 8 Bde., Leipzig 1892-1924.

Lewis, Charlton/Charles Short, *A Latin Dictionary*, Oxford 1879, 1969.

Lexikon für Theologie und Kirche, hrsg. v. Walter Kasper, begr. v. Michael Buchberger, 3., neubearb. Aufl., Freiburg/Breisgau 1993.

Limborch, Philip, *Historia Inquisitionis* (einschl. *Liber Sententiarum Inquisitionis Tholosanae 1307-1323*), 1692.

Mistral, Frédéric, *Lou Trésor dóu Félibrige, ou Dictionnaire provençal-français embrassant les divers dialectes de la langue d'oc moderne* ... Mit einem Anhang, der nach den Notizen v. Jules Ronjat usw. verfasst wurde. 3. Aufl., 2 Bde., Aix-en-Provence 1968.

Molinier, Ch., *L'Inquisition dans le Midi de la France au XIIIe et au XIVe siècle*, Toulouse 1880.

Moulis, Adelin, *Ax-les-Thermes. Huis de l'Andorre*, Nîmes 1970, Reprint 1996.

Nelli, René, *Les cathares du Languedoc au XIIIe siècle*, Paris 1969.

Nickson, A. E., »Locke and the Inquisition of Toulouse«. In: *British Museum Quarterly*, Bd. 36, 1972, S. 83-92.

Niermeyer, J. F., *Mediae Latinitatis Lexicon Minus*, Leiden 1984.

Oldenbourg, Zoé, *Le bûcher de Montségur. 16 mars 1244*, Paris 1959, 1989 (Trente journées qui ont fait la France); engl.: *Massacre at Montségur: A History of the Albigensian Crusade*, übers. v. Peter Green, London 1961, London 1998.

Ourgaud, J., *Notice historique sur la ville et le pays de Pamiers, ancien royaume de Frédelas*, Pamiers 1865.

Pailhès, Claudine u. a., *Histoire de Foix et de La Haute Ariège*, Toulouse 1996.

Paladilhe, Dominique, *Les papes en Avignon ou l'exil de Babylone*, Paris 1974.

Pales-Gobilliard, Annette, »Passage de Languedoc en Italie à l'occasion du Jubilé de 1300«. In: *Cahiers de Fanjeaux*, Nr. 15, Toulouse 1980, S. 245-255.

Pales-Gobilliard, Annette, »Bernard Gui, inquisiteur«. In: *Cahiers de Fanjeaux*, Nr. 16, Toulouse 1981, S. 253 bis 264.

Pales-Gobilliard, Annette, *L'Inquisiteur Geoffroy d'Ablis et les Cathares du Comté de Foix (1308-1309)*, (*MS BN Latin 4269*), hrsg., übers. u. mit Anmerkungen v. Annette Pales-Gobilliard, Paris 1984.

Paterson, Linda M., *The World of the Troubadours: Medieval Occitan Society, c. 1100-c.1300*, Cambridge 1993.

Paul, Jacques, »Jacques Fournier inquisiteur«. In: *Cahiers de Fanjeaux*, Nr. 26, Toulouse 1991, S. 39-67.

Peire Cardenal, *Poésies complètes du troubadour Peire Cardenal*, hrsg. v. R. Lavaud, Toulouse 1957.

Poirion, Daniel, *Tacuinum Sanitatis*, hrsg. v. Daniel Poirion u. Claude Thomasset unter dem Titel *L'art de vivre au moyen âge*, Paris 1995.

Poux, Joseph, *La Cité de Carcassonne. Histoire et Description*, Bd. 1, Toulouse 1931.

Ramet, Henri, *Histoire de Toulouse*, Toulouse 1935.

Raynouard, F., *Lexique roman ou Dictionnaire de la Langue des Troubadours*, 6 Bde., Paris 1838-1844.

Runciman, Steven, *The Medieval Manichee: A Study of the Christian Dualist Heresy*, 1947, Cambridge 1969.

Sinclair, John D., *The Divine Comedy of Dante Alighieri*, mit Übers. u. Kommentar, 3 Bde., Oxford 1961.

Spufford, Peter, *Money and its Use in Medieval Europe*, Cambridge 1988.

Strayer, Joseph R., *Les Gens de Justice du Languedoc sous Philippe le Bel*, Toulouse 1970.

Strayer, Joseph R. (Hrsg.), *Dictionary of the Middle Ages*, 13 Bde., New York 1982-1989.

The Catholic Encyclopaedia, 17 Bde., New York 1907-1918.

The New Catholic Encyclopaedia, 15 Bde., New York 1967.

Vidal, J. M., *Le Tribunal d'Inquisition de Pamiers*, Toulouse 1906.

Vidal, J. M., »Les derniers ministres de l'albigéisme en Languedoc, leur doctrine«. In: *Revue des Questions historiques*, Paris 1906 (b), S. 57-107.

Vingtain, Dominique, *Avignon: Le Palais des Papes*, Frankreich 1998. (*Le ciel et la pierre*, Bd. 2.)

Wakefield, Walter L., *Heresy, Crusade and Inquisition in Southern France 1100-1250*, London 1974.

Wolff, P., »Une ville pyrénéenne au XIIIe siècle, l'exemple de Foix«. In: *Annales du Midi*, 1965, S. 137-155.

ZEITTAFEL

1208
Die Ermordung des päpstlichen Legaten Pierre de Castelnau führt zum Aufruf des Kreuzzugs gegen die Albigenser durch Papst Innozenz III.

1209 - 1211
Massaker von Béziers, Minerve und Lavaur.

1233
Papst Gregor IX. betraut die Dominikaner mit der Bekämpfung der Häresie.

1244
Kapitulation von Montségur, dem Mittelpunkt des okzitanischen Katharismus.

1255
Fall der letzten katharischen Hochburg Quéribus.

um 1270
Geburt von Pierre Clergue in Montaillou.

um 1274
Geburt von Béatrice de Planisolles in Caussou (?).

um 1282
Geburt von Pierre Maury in Montaillou.

um 1291
Béatrice de Planisolles heiratet Bérenger de Roquefort.

1294
August: Raymond Roussels Versuch, Béatrice zu verführen.

1295
Sommer: Geburt von Béatrice' erster Tochter.
Juli: Alazais Rives' Versuch, Béatrice zu einer Begegnung mit Prades Tavernier zu bewegen, während ihre Tochter Guillemette Clergue (B) in den Wehen liegt.

1296
Ende Juni: Guillemette Clergue (B) besucht das Kirchweihfest in Prades.
Oktober: Pierre und Guillaume Authié verlassen das Languedoc, um in der Lombardei als Parfaits ordiniert zu werden. Prades Tavernier und Stéphanie de Château-Verdun brechen nach Katalonien auf.
Herbst: Pierre Clergue kehrt als Pfarrer nach Montaillou zurück.

1297
Januar/Februar (?): Vergewaltigung von Béatrice de Planisolles durch Pathau Clergue.

1298
Februar: Tod von Bérenger de Roquefort; Béatrice zieht aus der Burg in Montaillou aus.

1299
März: Pierre Clergues Versuch, sich hinter dem Altar von Notre-Dame-

de-Carnesses an Béatrice »heranzumachen«.
Anfang Juli: Béatrice gibt Pierre Clergue nach; Beginn ihrer Beziehung.
Herbst: Rückkehr der Parfaits nach Toulouse; Pierre Authié wird von Pierre de Luzenac erkannt.
Allerheiligen 1299 bis Frühjahr 1300: Aufenthalt der Parfaits Guillaume Authié und Pierre-Raymond de Saint-Papoul bei den Martys in Junac.
Dezember: Tröstung von Guillemette Faure in Montaillou.
Heiligabend: Béatrice und Pierre Clergue haben sexuellen Verkehr.

1300
Béatrice' Umzug nach Prades; Pierre Maury geht nach Arques.
Ende März bis Anfang April: Rückkehr der Authiés ins Haus ihres Bruders Raymond in Ax.
August: Ordination von Jacques Authié und Pons Sicre-Baille in Larnat.

1301
etwa Januar: Béatrice' Affäre mit Pierre Clergue endet.
15. August: Béatrice verlässt Prades, um Guillaume-Othon de Lagleize zu heiraten und sich mit ihm in der Nähe von Pamiers niederzulassen.
September: Tröstung von Gentille d'Ascou im Hospital in Ax.
Oktober: Pierre Clergue sucht Béatrice in ihrem Haus in Dalou auf, wo sie im Keller Sexualverkehr haben.

1303
Geoffroy d'Ablis wird Inquisitor von Carcassonne.

1304
etwa April: Pierre Maury wird von Pierre Authié in Arques in die Gemeinde der Katharer aufgenommen.
August: Tröstung von Pierre de Gaillacs Mutter in Tarascon.
Verstümmelung von Mengarde Maurs.
Ermordung von Arnaud Lizier in Montaillou.

1305
Januar: Tod von Na Roche.
Januar/Februar: Tod von Alazais Benet in Montaillou, die von Guillaume Authié getröstet worden war.
Frühjahr (?): Vertreibung von Fabrisse Rives aus dem Haus ihres Ehemanns.
Ostern: Besuch von Pierre Maury in Cubières, dem Heimatort von Guillaume Bélibaste.
5. Juni: Wahl von Klemens V. zum Papst; er wird am 14. November in Lyon zum Papst gekrönt.
um Pfingsten: Tod von Raymond Benet.
Besuch von Béatrice bei ihrer Schwester; Besuch der Messe in der Kirche Notre-Dame-de-Marceille.
8. September: Jacques Authié und Prades Tavernier geraten in Limoux in einen Hinterhalt; ihnen gelingt aber wenig später die Flucht.
Weihnachten: Rückkehr von Pierre Maury nach Montaillou.

1306
Anfang des Jahres: Pierre Maury nimmt eine Arbeit bei Barthélemy Bourrel in Ax an und geht zum ersten Mal nach Katalonien.

1307
Frühjahrsanfang (?): Geoffroy d'Ablis arbeitet mit Bernard Gui, dem Inquisitor von Toulouse, zusammen.
Juni: Pierre Maury hilft seiner Schwester Guillemette bei ihrer Flucht vor ihrem Ehemann und bringt

sie zu Bernard und Guillaume Bélibaste.
September: Flucht der Parfaits Guillaume Bélibaste und Philippe d'Aylarac aus Carcassonne und Überquerung des Flusses Agly.
Mitte September: Heirat von Bernard Clergue und Raymonde Belot.
Herbst: Hochzeit von Arnaud Belot und Raymonde Lizier.
Dezember: Alazais Guilabert heiratet Arnaud Faure.

1308
Januar: Heirat von Bernard Belot und Guillemette Benet.
Fastenzeit: Gaillarde Authié, die Ehefrau des Parfaits Guillaume Authié, wird nach Carcassonne zur Zeugenaussage geladen.
Mitte April: Der Parfait Guillaume Authié wird in Pierre Clergues Arbeitszimmer gesehen.
Mai: Tod von Guillaume Guilabert, der von Prades Tavernier getröstet wurde; kurz nach dem 10. Mai (?) folgt die erste Razzia in Montaillou, die von Pierre de Luzenac geleitet wird.
8. September: Großrazzia in Montaillou durch die Inquisition.
Herbst: Pierre Clergue besucht die kranke Béatrice.
Ende 1308/Anfang 1309: Tod von Pons Clergue aus Montaillou.

1309
Januar/Februar: Verhaftung und Verurteilung von Jacques Authié.
9. März: Verlegung des Papstsitzes unter Klemens V. von Rom nach Avignon.
April: Blanche Marty flieht aus dem Languedoc nach Katalonien.
Tod und Begräbnis von Mengarde Clergue.
Ende August: Verhaftung von Pierre Authié.
September: Begegnung von Pierre Maury und Guillaume Maurs in Puigcerdà.
Ende des Jahres: Verhaftung des Parfaits Guillaume Authié.

1310
9. April: Hinrichtung von Pierre Authié in Toulouse.

1311
September: Pierre Maurys Aufbruch nach Bagà in Katalonien.

1312
Aufenthalt von Raymond de Toulouse, Guillaume Bélibaste, Blanche Marty und Raymonde Piquier-Marty bei den Servels in Lleida.

1313
Januar: Erstes Treffen von Pierre Maury und Raymond de Toulouse in Flix, Katalonien.
April: Guillaume Bélibaste arbeitet bis Ostern mit Pierre Maury zusammen.
Sommer: Blanche Marty überrascht Bélibaste und ihre Schwester im Bett.
Hochsommer: Pierre Clergue beginnt in Montaillou eine Affäre mit der jugendlichen Grazide Rives
Herbst: Bélibastes erster Versuch, sich in Morella als Kardätschenmacher selbstständig zu machen; Raymond de Toulouse wird kurzzeitig sein Geschäftspartner.
Weihnachten: Treffen von Pierre Maury und Raymond de Toulouse in Camposines.

1314
etwa April: Bélibastes religiöse Glaubwürdigkeit wird in Tortosa infrage

gestellt, sodass er sich veranlasst sieht, nach Horta de Sant Joan zu ziehen.
April/Mai: Pierre Maury trifft Mitglieder seiner Familie in Juncosa.
Sommer: Geburt von Bélibastes und Raymondes Tochter Guillemette.
Oktober: Jeanne Befayt droht Bélibaste, ihn zu verraten.
Winter (?): Bélibaste, Raymonde und Guillemette ziehen nach Morella.
um Weihnachten: Tod von Raymond de Toulouse in La Granadella.
24. Dezember: Jean Maury reist als angehender Parfait ins katalanische Prades und begegnet Blanche Marty.

1314/15
Mersende Marty zieht mit ihrer Tochter Jeanne Befayt und deren Ehemann nach Beceite.

1315
Januar/Februar (?): Pierre Maurys Familie lässt sich in Sant Mateu nieder.
um Ostern: Pierre Clergue versucht sich an Mengarde Buscailh aus Prades heranzumachen.
Juli: Jean Maury taucht wieder in Montaillou auf.
Dezember: Erste Begegnung von Pierre Maury mit Jeanne Befayt.

1316
Januar: Beginn der Affäre zwischen Béatrice und Barthélemy Amilhat.
Juni: Aufbruch von Béatrice, Barthélemy und Philippa nach Lladrós.
10. September: Tod des Inquisitors Geoffroy d'Ablis, dessen Nachfolger Jean de Beaune wird.
etwa Oktober: Die beiden Söhne von Guillaume Authié tauchen in Montblanc, Katalonien, auf.

1317
19. März: Jacques Fournier wird Bischof von Pamiers.
Sommer: Béatrice und Barthélemy Amilhat kehren ins Languedoc zurück; Jean Maury sucht ein weiteres Mal Montaillou auf.

1318
Mai/Juni: Pierre Maury wird gewarnt, dass er von Fournier ausgerufen worden sei.
September: Zwei Männer mit Mordauftrag werden auf Pierre Clergue angesetzt.
Anfang Oktober: Ankunft von Arnaud Sicre in Sant Mateu.
Anfang November: Erste Begegnung zwischen Pierre Maury und Arnaud Sicre.
vor Weihnachten: Besuch von Arnaud Sicre bei einem muslimischen Wahrsager.

1319
September/Oktober: Arnaud Sicre kehrt ins Languedoc zurück und sucht Jacques Fournier in Pamiers auf.
Mitte Dezember: Pierre Maury »heiratet« in Morella die schwangere Raymonde, Bélibastes Lebensgefährtin, und wird wenige Tage darauf wieder »geschieden«.

1320
Mai: Pierre Maury trifft Blanche Marty in Prades in Katalonien.
Spätsommer: Zweiter Besuch von Arnaud Sicre bei Jacques Fournier in Pamiers.
26. Juli: Erstes Erscheinen von Béatrice vor Jacques Fournier.
7. August: Béatrice belastet mit ihrer Aussage Pierre Clergue.
etwa 10./11. August: Verhaftung von Pierre Clergue in Montaillou.

24. bis 29. Dezember: Pierre Maury, Arnaud Sicre, Guillaume Bélibaste, Blanche und Raymonde feiern zusammen in Morella Weihnachten.

1321
8. März: Verurteilung von Béatrice in Pamiers.
Ende März: Verhaftung von Bélibaste in Tírvia.
3./4. April: Pierre Clergue versucht, die inhaftierte Alamande Guilabert in der bischöflichen Residenz in Pamiers unter Druck zu setzen.
22. Mai: Erstes Erscheinen von Bernard Clergue vor Fournier.
Juli: Verhaftung von Pierre de Gaillac und Pierre Azéma.
2. August: Guillaume Fort wird auf dem Scheiterhaufen verbrannt.
Anfang Oktober: Tod des Pfarrers Pierre Clergue.
2. November: Freilassung von Bernard Clergue aus dem Gefängnis Allemans.

1322
23. Januar: Heirat von Jean Maury und Mathène Servel in Juncosa.
4. Juli: Freilassung von Béatrice und Barthélemy Amilhat aus dem Gefängnis Allemans.

1323
Die Affäre Arnaud de Verniolle.
Mitte Mai: Die Inquisition verhaftet Pierre Maury in Flix und kurze Zeit später auch Jean Maury und die Servels.

1324
Februar: Tod von Pierre de Gaillac.
Sommer: Tod von Pierre de Luzenac.
25. Juni: Erstes Erscheinen von Pierre Maury vor Fournier.
9. August: Verurteilung von Bernard Clergue wegen Häresie.
August/September: Tod von Bernard Clergue in Carcassonne.

1326
Versetzung Fourniers nach Mirepoix.

1327
Ernennung Fourniers zum Kardinal.

1329
16. Januar: Urteilsverkündung, dass Pierre Clergues sterbliche Überreste als die eines Unbußfertigen posthum verbrannt werden sollen.

1334
20. Dezember: Wahl von Jacques Fournier zum Papst in Avignon.

1342
25. April: Tod Fourniers und Beisetzung in Notre-Dame-des-Doms.

REGISTER